金裕盛教授 停年紀念

勞動法의 存在와 當爲

2006

金裕盛教授
停年紀念論文集 刊行委員會

金裕盛 教授 近影

발 간 사

한국의 노동법학을 반석 위에 올려놓으신 김유성 선생님의 정년을 기리기 위해 저희 제자들이 자그마한 정성이나마 『勞動法의 存在와 當爲』라는 정년기념논문집을 편찬하여 선생님께 삼가 바치는 영광을 가지게 되었습니다. 아직도 연부역강하시고 퇴임 후에도 열정적으로 제자들을 일깨워 주시며, 현재 중앙노동위원회 위원장의 중책을 맡아 우리의 노사관계 발전에 심혈을 기울이시는 선생님을 생각할 때마다, 저희 제자들은 무한한 자부심과 기쁜 마음을 감출 수가 없습니다. 우리 모두 한 마음으로 선생님의 건강과 행복을 두 손 모아 축원합니다.

우리의 헌정사만큼이나 한국의 노동법은 우여곡절을 겪으면서 이제 새 시대를 맞이하려 합니다. 선생님은 서울대학교 법과대학에 부임한 이후 38년간 역사의 한 가운데에서 우리 노동법학의 발전을 위해, 묵묵하고 겸허하게 외길을 걸어오셨습니다. 그러면서도 항시 앞을 내다보시고 시대를 앞서가는 선진적인 이론을 제공하였으며, 제자들의 미래를 열어 주셨습니다. 선생님은 한국 노동법의 발전단계를 '효율성 강조의 시기 — 형평성 제고의 시기 — 효율성과 형평성의 조화 시기'로 나누어 분석하였는데, 지금 돌이켜 보면 이 구분은 단순히 한국 사회의 객관적 진단에 그치지 않고 선생님의 실천적 고민과 학문적 접근방식에 직·간접으로 영향을 주지 않았나 생각됩니다.

'노동'이라는 단어조차 금기시되던 권위주의 정부 하에서 정의와 인권이 실종되고 효율과 성장의 논리만이 난무하던 시절에, 선생님은 울분을 삭이면서 조용히 '노동법의 봄'을 치밀하게 준비하고 계셨습니다. 그것은 우리의 민주화를 염원하는 기나긴 구도의 과정이었다고 저희는 생각합니다. 개인적인 고초를 겪기도 하셨지만 넉넉한 품성과 학문적 열정으로 저희 제자들이 갈 길을 인도해 주셨습니다. 아직 한국의 노사관계가 제대로 형성되지 않은 사정을 감안하여, 선생님은 외국의 노사관계나 노동법제의 흐름에 관심을 가지고 향후 예상되는 쟁점들에 대한 글을 쓰시는 데 주력하셨습니다. 아울러 학문적 후속세대에 밑거름을 제공하기 위해 서울대학교노동법연구회의 태동을 오랜 기간 준비하였고, 대학원생과 사법연수원생 등 노동법에 관심을 가지는 후학도에게 따스한 배려와 지도 · 편달을 게을리하지 않으셨습니다.

1987년 민주화 대투쟁 이후 우리의 노동법에 정의와 인권의 햇살이 비치기 시작할 때 선생님의 학문적 행보는 보다 신속해졌습니다. 그 당시 현안으로 제기되던 문제뿐만 아니라 향후 예상되는 쟁점들에 관한 선도적인 연구에 박차를 가하셨습니다. 정리해고, 여성차별, 구조조정 등 시대를 앞당긴 연구는 그 이후의 법 제·개정과정에서 많은 영향을 끼쳤습니다. 우리나라의 역동적 변화를 법이론적으로 탐구하고 '한국적 언어'로 집필한 「노동법Ⅱ」는 그 당시 노동법학에 동력을 제공하였고 후학도들의 교본이 되었습니다. 노학자의 학문적 정열에 저희는 옷깃을 여미지 않을 수 없었습니다. 학문적 실천 활동을 본격화하여 서울대학교노동법연구회를 발족시키고 제자들의 공부를 지원하기 위해 몸소 「국제노동법연구원」을 설립하셨습니다. 선생님께서도 어디에선가 회고하시기를, 서울대학교노동법연구회를 빼고선 당신의 학문 생활이나 교수 생활을 이야기할 수 없다고 할 정도로, 이 연구회에 온 정열과 관심을 쏟아 부으셨습니다. 매달 한 번씩 열리는 정기세미나에서 선생님께서는 빈틈없는 법논리로 저희를 단련시켰고, 학계 · 법조계 · 실무계를 망라한 회원들 간의 열띤 토론을 통해 저희들이 학문적으로 성장할 수 있도록 지도하셨습니다. 선생님의 학덕과 은혜에 다시 한 번 감사의 말씀을 올립니다.

1997년 대대적 법개정을 통해 우리의 노동법제가 어느 정도 제자리를 잡아갈 즈음에 선생님은 균형감각과 포용력을 특히 강조하셨습니다. 이론과 현실을 접목시키고 학자와 실무가의 유기적 협력을 진작시키기 위해서는 불편부당의 자세와 역지사지의 지혜가 필요함을 일깨워 주셨습니다. 형평성과 효율성의 조화 또는 노동유연성과 고용안정성의 조화라는 시대적 과제를 해결하려면 열린 자세와 넉넉한 인품이 필요하다는 선생님의 가르침을 저희는 몸소 실천하려고 합니다. 서울대학교 법과대학 학장을 역임하시고 노사정위원회와 노동위원회의 공익위원으로 활동하는 등 바쁜 와중에서도 선생님은 왕성한 연구 활동을 계속하셨습니다. 퇴임 직전에 집필하신 「노동법 Ⅰ」을 통해 선생님께서는 저희에게 또 다른 과제를 안겨 주셨습니다. "21세기는 개별적 근로관계법의 시대가 될 것이다"고 선생님께서 던져 주신 화두를, 저희 제자들은 예전과 다름없는 진지한 연구와 열띤 토론을 통해 그 해답을 찾아 나설 것입니다. 그것만이 선생님의 은혜에 조금이라도 보답하는 길이라고 믿습니다. 항시 건강하시어 저희를 지켜봐 주시고 지도해 주시기 바랍니다.

선생님! 선생님께서는 "소인은 세상을 구하려 들지만 군자는 자기를 다스린다(小人爲人, 君子爲己)"라는 성인의 가르침을 몸소 실천하셨습니다. 서울대학교노동법연구회가 본 궤도에 오른 이후에도 상당 기간 대외적 활동을 자제토록 저희 제자들에게 당부하신, 그 심모원려의 정신을 받들겠습니다. 뿌리 깊은 나무가 바람에 아니 휘듯, 겸허한 자세로 평생을 두고 학문적 연찬을 쌓아가도록 노력하겠습니다. 선생님께서 닦아 놓으신 학문적 공동체에 풍성한 열매가 맺힐 수 있도록 더욱 정진하겠습니다. 그리고 선생님께서 서울대 법대 정년퇴임사에서 강조하신 "남에게 베풀기 위하여 공부하는" 봉사정신을 잊지 않고 실천하도록 노력하겠습니다. 학자로서 한 길을 걸어 오셨고, 정년 후에야 비로소 사회적 실천에 뛰어드신 선생님의 고귀한 결단에 부디 좋은 결실이 맺어지기를 저희는 두 손 모아 기원합니다.

선생님의 정년기념논문집 표제를 "勞動法의 存在와 當爲"로 정한 것은, 40여 년의 성상을 한결같이 현실과의 교감 속에서 마땅히 있어야 할 미래를 치열하게 모색해 오신 선생님을 표상하고, 또한 선생님께서 던지신 화두를 길이 간직하고 싶기 때문입니다. 비록 논문집의 내용이 미흡하더라도 선생님께서 항상 그렇게 하셨듯이 대인의 풍모로 빙그레 웃으며 저희들의 정성을 너그러이 받아 주시기 바랍니다.

2006. 11. 17

김유성교수 정년기념논문집 간행위원회

간행위원 일동

김유성(金裕盛) 교수 연보 및 연구업적

출 생 일 : 1940년 9월 24일(양력)
본　　적 : 서울시 종로구 당주동 79
주　　소 : 서울시 서초구 방배 4동 838-1 월드빌리지 B동 102호

1. 가족관계

임옥빈 : 배우자, 1946년 2월 20일생, 중앙대학교 음악대학 피아노과 교수
김은정 : 딸, 1977년 4월 14일생, 이화여자대학교 대학원 박사과정 재학
김희준 : 아들, 1980년 4월 21일생, 연세대학교 재학

2. 학　　력

1960년 2월　서울고등학교 졸업
1964년 2월　서울대학교 법과대학 졸업　법학사
2002년 2월　일본 큐우슈우대학　법학 박사

3. 경　　력

◦ 연구 및 대학 경력

1967. 10.-1968. 9.　일본 토오쿄오대학 대학원 법학정치학연구과 외국인 연구생과정 수료
1979. 9.-1980. 8.　미국 캘리포니아 버클리대학 방문연구원
1985. 9.-1986. 3.　일본 토오쿄오대학 법학부 방문연구원
2000. 8.-2001. 7.　미국 하버드 로스쿨 방문연구원
1969. 1.-1972. 6.　서울대학교 법학연구소 전임강사
1972. 7.-2006. 2.　서울대학교 법과대학 전임강사, 조교수, 부교수, 교수

○ 활동 경력

1988-현재	서울대학교노동법연구회 회장
1992-2006	사단법인 국제노동법연구원 원장
1993-2006	산업재해보상보험심사위원회 위원
1994-1998	행정쇄신위원회 위원
1996-1997	노사관계개혁위원회 위원
1997-1999	한국노동법학회 회장
1996-2000	중앙노동위원회 공익위원
1998-2000	서울대학교 법과대학 학장
2003-2006	중앙노동위원회 공익위원
2003-2006	노사정위원회 공익위원
2004-2006	대통령자문 정책기획위원회 위원
2005-2006	노사정위원회 제조업발전특별위원회 위원장
2006-현재	중앙노동위원회 위원장
2006-현재	서울대학교 법과대학 명예교수

4. 상 훈

1997. 10. 15.	서울대학교 30년 공로표창
1998. 1. 1.	국민훈장 동백장
2000. 6. 30.	서울대학교 공로패
2006	홍조근정훈장

5. 주요 저서

1971	ILO 가입에 따르는 법률상의 제문제(공저)
1984	노동법, 한국방송통신대학교재
1985	사회보장법, 한국방송통신대학교재
1985	사회보장법, 동성사
1987	판례교재 노동법(공저), 법문사

1989 노동법 I (공저), 한국방송통신대학교재
1991 노동법 I (공저), 한국방송통신대학출판부
1991 한국사회보장법론, 한국방송통신대학출판부
1992 한국사회보장법론, 초판, 법문사
1992 사회보장법(공저), 한국방송통신대학출판부
1992 노동법 I (공저), 한국방송통신대학출판부
1992 노동법 II(공저), 한국방송통신대학출판부
1996 노동법 II — 집단적 노사관계법, 초판, 법문사
1997 한국사회보장법론, 전정판, 법문사
1999 한국사회보장법론, 제 3 판, 법문사
1999 노동법 II — 집단적 노사관계법, 전정판, 법문사
2000 한국사회보장법론, 제 4 판, 법문사
2000 노동법 II — 집단적 노사관계법, 전정판증보, 법문사
2001 韓國勞働法の展開 — 經濟的効率化, 政治的民主化, 社會的衡平化 —, 信山社
2002 한국사회보장법론, 제 5 판, 법문사
2005 노동법 I — 개별적 근로관계법, 법문사

6. 주요 논문

1968 서독의 단체협약에 관한 연구, 서울대 법학 10권 2호
1972 한국노사협의제도의 법리와 현실, 4대기업의 실태조사와 비교법적 견지에서, 서울대 법학 특별호 2권
1974 노동법상의 노동자의 의의, 고시연구 4호
1974 사회보장제도의 법리와 현실, 서울대 법학 15권 1호
1975 근로계약의 개념, 고시연구 16호
1976 근로계약에 관한 소고, 서울대 법학 17권 2호
1977 외국인 투자기업체의 노동문제, 서울대 법학 18권 1호
1978 법정임금제의 확립을 위한 연구, 서울대 법학 18권 2호
1978 노동법과 산업사회, 대학신문 1024호

1978 1976년도 노동법 판례회고 5호
1980 과학기술의 진보와 법의 발전, 서울대 법학 20권 2호
1981 단체교섭의 대상사항—미국을 중심으로, 판례월보 134호
1983 남아시아의 노사관계, 김치선교수 화갑기념 논문집, 박영사
1983 정리해고에 관한 소고, 서울대 법학 25권 2·3호
1984 공적부조법에 관한 일고찰, 김진웅교수 화갑기념 논문집, 일신사
1985 사회보장법에 관한 비교법적 연구, 서울대 법학
1986 통근도상의 재해, 서울대 법학 27권 4호
1987 생활보호법의 이념과 기본원리, 대한변호사협회지 102호
1987 남녀고용평등법의 비교법적 고찰, 서울대 법학 28권 3·4호
1988 일본의 남녀고용평등법의 소개, 사회과학의 제문제, 임원택교수 정년기념 논문집
1989 쟁의기간중의 임금(상), 인권과 정의 152호
1989 쟁의기간중의 임금(하), 인권과 정의 153호
1989 노동조합법 제3조 단서 5호(복수노조)의 문제, 노동법학 2호, 한국노동법학회
1989 정리해고의 법리, 노사관계 1권 1호, 한국노사발전연구원
1990 노조의 자율성과 현행 노동법제의 문제점, 한일법학연구 9집
1991 이른바 위장폐업과 부당노동행위, 노동판례
1991 위법쟁의행위와 근로자측의 책임, 경영계
1992 산업구조 조정과 경기변동에 따른 근로자의 보호, 노동법연구 2권 1호, 서울대노동법연구회
1992 사용자의 안전배려의무(상·하), 사법행정 377호 · 378호, 한국사법행정학회
1992 해고협의조항의 효력(상·하), 법률신문 2158 · 2159호
1992 정년제의 의의와 법적 문제, 서울대 법학 33권 2호
1993 ILO 단결권 관련조약과 국내 노동관계법의 정비에 관한 고찰, 서울대 법학 92호
1993 노동관계법의 개정방향, 법제연구 4호, 법제연구원
1993 조합대표자의 단체교섭 권한과 협약체결 권한, 사법행정 392호

1993 노동조합을 결성할 수 있는 근로자, 법률신문 2240호

1994 사용자개념의 외부적 획정, 노동법에 있어서 권리와 책임, 김형배교수 화갑기념 논문집, 박영사

1994 외국인근로자와 노동관계법 적용, 비상근연구위원논문집 8집, 법무연수원

1994 신고용정책시대의 몇 가지 과제, 노동법연구 4호, 서울대노동법연구회

1996 근로자파견의 의의와 근로자파견법(안)의 검토, 서울대 법학 37권 2호

1996 공무원쟁의행위금지규정에 대한 헌재결정, 노동법학 6호, 한국노동법학회

1996 신고용정책과 근로자보호, 한국노사관계의 새지평, 서울대 경영대학 노사관계연구소

1996 공무원의 쟁의행위금지 규정에 대한 헌재 및 대법 판례의 검토, 노동법학 6호, 한국노동법학회

1997 개정노동법의 평가와 과제, 노동법연구 6호, 서울대노동법연구회

1998 韓國における1996・97年勞働關係法改正, JILL Forum Special Series No. 2

2000 韓國における整理解雇法制の導入背景とその實際, 法政硏究 66권 4호, 일본구주대학

목 차

제 1 부 노동법의 개념과 방법론 재검토

제 2 부 노동판례 검토

제 3 부 국제노동법의 최근 경향

제 4 부 노동법의 새로운 과제

〈부 록〉

제 1 부

노동법의 개념과 방법론 재검토

근로계약법제와 관련한 방법론적 검토

이 철 수*

Ⅰ. 서 언

세계는 지금 대전환기를 맞고 있다고 해도 과언이 아니다. 이른바 신보수주의의 기치 하에 가치와 이념의 이데올로기는 퇴조하고 경쟁과 효율의 논리가 강세를 띠고 있다. 20세기를 이념화 · 산업화의 시대라고 한다면 21세기는 탈이념화 · 정보화의 시대로 특징지을 수 있다.[1] 세계가 하나의 경제영역으로 좁아지고 국경 없는 무한경쟁시대가 도래하면서 기업경쟁력의 제고는 국가생존전략의 제 1 요소로 인식되고 이를 위해 인적자원의 효용을 극대화하는 것이 노사관계의 핵심과제로 등장하고 있다.[2] 지식 · 정보 · 기술의 주체인 근로자가 경쟁력의 원천이기 때문에 노동의 유연성을 제고시켜야 하며 전통적인 대립적 모델을 탈피하고 근로자들의 자발적인 참여와 협력을 유도할 수 있도록 노사관계를 새롭게 설계하여야 한다는 주장이 강세를 띠고 있다. 우리와 전혀 이질적인 법제도를 취하고 있는 영국의 일이긴 하지만, 최근 휴 콜린스(Hugh Collins)는 "노동법에도 제 3 의 길은 있는가?"라는 글에서 향후의 노사관계의 주요 역할은 산업민주주의의 이상인 단체교섭을 통한 공정한 분배 대신에 산업경쟁력의 강화가 있다

* 서울대학교 법과대학 교수.

1) 김유성, "개정노동법의 평가와 과제," 「노동법연구」 제 6 호(서울대학교 노동법연구회편), 진원, 1997, 9면 참조.

2) 범세계적으로 자원의 이동이 자유롭게 무한경쟁이 벌어지는 WTO체제하에서는 국가간 이동이 어려운 인적자원의 질이 경쟁력의 핵심요소로 부각될 수밖에 없고 이는 세계적인 추세라 할 수 있다. 미국의 던롭보고서에서도 "향후의 국가경쟁력 및 삶의 수준을 규정하는 국가자원은 바로 국민의 능력"임을 밝히고 있다. Commission on the Future of Worker-Management Relations, 「Fact-Finding Report」, 1994. 5. 서문 참조.

고 강조하고 있다.[3)]

현상적인 측면을 살펴보더라도 전통적인 노사관계질서에서 예상하기 힘들었던 상황들이 전개되고 있다. 우선 근로자상의 변화를 꼽지 않을 수 없다. 굳이 '20대 80의 사회'라는 개념을 원용하지 않더라도, 고용형태와 취업형태가 다양화됨으로써 하나의 이해집단으로 묶기에는 이질성과 차별성이 더욱 확대되고 있다. 급락하는 노동조합의 조직률로 인해 종래에 기대되었던 대표성과 근로조건 결정 기능에 의문이 제기되고 있다. 기업 또는 사용자는 경쟁에 노출되고 자본시장이 자유화됨으로써 주주가치에 민감한 기업지배구조(corporate governance)의 요청이 강해지고 그 결과 신인사제도 · 주변부 전략 등 노무관리에 있어 새로운 기법이 실험되고 있다. IMF 이후 급증하는 비정규직 문제는 재론의 여지없이 우리의 미래를 어둡게 만들고 있으며, 특수직종사자와 같이 자본시장과 노동시장의 중간에 존재하는 이른바 회색지대(gray zone)의 현상은 우리들에게 신사고를 요구한다.

이러한 일련의 흐름들은 규범학에 많은 고민을 던져준다. 일차적으로 노동법을 종속노동자의 보호에 관한 법이라고 이해해 온 전통적 패러다임이 앞으로도 여전히 유효할까라는 의문이다. 인식주체가 대상을 통찰할 때 사용되는 패러다임이라는 인식의 도구틀은 역사성과 사회성을 지닐 수밖에 없다. 따라서 종속노동론은 언제 · 어떠한 조건 하에서 형성되어 왔고 그 조건은 변화가 없는가, 종속노동론 위에 구축된 노동법 체계는 앞으로도 여전히 유효한가, 노동법제를 형성함에 있어 새로운 사고틀이 필요하지 않은가 등의 물음에 관해 지속적인 관심을 기울이게 한다.

노사관계의 룰은 그 주체 · 경제 · 사회 · 이데올로기의 복합적 산물이기[4)] 때문에, 새로운 패러다임을 모색함에 있어서는 인접 사회과학과의 학제적인 연구가 필요함은 물론 연구자 스스로가 노사관계 전반에 관한 종합적이고 체계적인

3) Hugh Collins, "Is there a Third Way in Labor Law?," *Labor Law in an Era of Globalization* (edi. by Conaghan), Oxford University Press, 2004, 451면.

4) Blain과 Gennard의 공식에 따르면 R(rule)=F(A. T. E. S. I)의 방정식이다. A는 이 법칙에 포함된 배우(사용자, 근로자, 정부), T는 기술, E는 시장에서의 경제발전, S는 사회, I는 이데올로기를 상징한다. Blain/Gennard, Industrial Relations Theory, British Journal of Industrial Relations, 1970, Heijden, Heijden, "Post-Industrial Labour Law and Industrial Relations in the Netherlands," *Labour Law in Post-Industrial Era,* Dartmouth, 1994, 143면에서 재인용.

인식능력이 선행되어야 할 것이다. 필자의 능력이 이에 미치지 못하여 본고에서는 전통적 방법론의 핵심이라 할 수 있는 '단체의지의 우위' 관념을 비판적으로 검토함으로써 새로운 패러다임 논의의 단초를 제공하고자 한다. 무차별적 보호 방식이 사물의 본성에 적합한 규율양식인가? 전체성의 시각에서 개별성이 무시된 경험은 없는가?, 단체협약은 개별의사로 대체할 수는 없는가?가 본고의 기본적 문제의식이다. 방법론상의 논의인 만큼 그 경로가 다양하고 논자마다 인식의 편차가 존재하는 등 의사소통이 원활하지 않기 때문에, 본고에서는 노동법학의 핵심개념인 '근로계약'을 둘러싼 입법론적 · 해석론적 공방에 주된 관심을 두고자 한다.

Ⅱ. 전통적인 노동법학의 방법론과 새로운 경향

1. 전통적인 노동법학의 방법론상의 요체

전통적 의미의 노동법학은 '종속노동론'을 패러다임으로 삼고 있다. 즉 노동의 '종속성'은 자본주의 체제 내에서 본질적이고 구조적인 특성이기 때문에 이를 법적 계기로 포착하여 기존의 시민법과 다른 접근방식으로 규율되어야 한다는 것이다. 따라서 '종속노동론'의 관심은 종속노동이 실제로 어떻게 존재하는가를 개별적으로 규명하는 데에 있지 않다. 총노동과 총자본의 관계에서 시민법질서의 특성 또는 '상품'으로서의 노동력의 특성[5] 등으로 인해 노동이 자본에 예속될 개연성이 높기 때문에 불평등을 해소[6]하고 실질적 평등을 구현하기 위해 특별한 보호가 필요하다는 점을 강조한다. 결국 종속노동론은 유형적 접근방식을 선호하고 노동법의 독자성을 강조하기 위한 이데올로기적 기능을 수행하여 왔다.[7]

요컨대 종속노동은 노동법을 독립된 법영역으로 성립시키는 기본적 범주이며 노동법학을 체계적으로 구성하는 중심적 개념으로 파악된다.[8] 이를 바탕으로

5) 무엇보다도 노동력은 일반 상품과 달리 저장이 불가능하기 때문에 가격법칙이 작동하는 자본주의 시장질서에서 불리하게 판매될 가능성이 높다. 아울러 노동력을 사용자가 처분하는 과정에서 인격적 침해가 발생할 가능성이 높다.

6) 불평등의 원인을 분석하기 위해서 경제적종속설, 계급적종속설, 인적종속설, 법적종속설, 조직적종속설 등의 제 학설이 제시되어 왔다.

7) 이에 관해서는 이철수 편역, 「노동법사전」, 법문출판사, 1990, 21면 참조.

8) 김영문, "노동관의 변천과 노동법," 「한림법학forum」 제 6 권, 한림대학교법학연구소, 1997, 203면 참조.

지금까지의 노동법학은 노동법의 독자성을 강조하고 단결권과 집단적 노사관계법의 원리적 우월성을 인정하는 바탕 위에서 법적 실천을 중시하여 왔다는 점에 기본적인 특징을 찾을 수 있을 것이다.

전통적인 노동법학은 노동법의 주체로서의 근로자를 추상적 인격체(Person)가 아닌 일종의 계급적 존재(der Mensch als Klassenwessen)로 파악하고 계급성의 특징을 이른바 '노동의 종속성'에서 구하면서,[9] 노동법의 기본이념을 이러한 근로자의 생존권의 실현에 두고 이를 위해 법질서 내부에서의 노동법의 독자성을 강조한다.[10] 그 결과 기존의 시민법 질서와의 관계에 있어 노동법은 시민법과 대립하면서 이를 수정하는 의미를 지니며, 근로자의 생존권은 재산권 또는 시민적 자유권에 대해 우월적·제약적 의의를 갖는다고 해석하는 경향이 강하다.[11] 예를 들어 유니언 숍 등의 조직강제를 허용하거나 노동삼권의 보장을 위해 사용자의 언론의 자유가 보다 강하게 제약받는 경우를 들 수 있을 것이다. 노동의 종속성에 기초하여 근로계약을 노동법상의 독자적 개념으로 파악하여 이에 대해 여타의 계약에서 찾아보기 힘든 사회법적·보호법적 규제가 당연시되는 것으로 이해하는 경향도 이와 유사한 예라 할 수 있다. 이러한 이론적 경향은 안톤 맹거(Anton Menger)나 진쯔하이머(H. Sinzheimer)로 대표되는 독일의 바이마르 전후의 생존권 이론에 영향을 받은 바가 크다.

근로삼권이 법적인 권리로서 적극적으로 보장받게 됨에 따라 개별근로자와 사용자의 자유로운 계약을 유일한 계기로 파악하려는[12] 고전적 시민법의 원리적 입장은 일정부분 수정되지 않을 수 없게 되었고 이와 더불어 노동법은 그 나름의 독자적인 영역을 확보할 수 있게 되었다. 그런데 집단적 노동단체법과 개

9) 시민법적 인간상으로서의 유적 존재(Gattungswesen)와 노동법적 인간상으로서의 계급적 존재(Klassenwesen)와 관련하여서는 Sinzheimer, *Arbeitsrecht und Rechtssoziologie,* Gesammelte Aufsätze und Reden, Europäisch Verlagsanstalt, Frankfalt, 53면 이하 참조.

10) 강희원, "노동법의 역사적 전개,"「노동법학」제 7 호, 한국노동법학회, 1997, 158면 참조.

11) 片岡 昇,「現代勞働法 展開」, 岩波書店, 1983, 10면 이하, Wedderburn, "Labour Law and the Industrial Relations in Post-Industrial Societies," *Labour Law in Post-Industrial Era,* Dartmouth, 1994, 10면 참조.

12) 강희원 교수는 이점과 관련하여 근대법의 본질을 '계약법'이라고 분석하면서, 이와 대비되는 개념으로 전근대법을 '신분법,' 현대법을 '역할법'이라는 용어를 사용하고 있다. 이러한 분석틀을 바탕으로 노동법의 발전 단계를, 종속노동의 전근대법으로서의 물권법 — 종속노동의 근대법으로서의 채권법 — 종속노동의 현대법으로서의 노동법으로 정리하고 있다(강희원, "역할질서로서의 노동법," 「노동법에 있어서 권리와 책임」, 김형배교수 화갑기념논문집, 박영사, 1994, 13-22면 참조).

별적 노동자보호법과의 관계에 있어서는, 후자가 전자에 대하여 원리적으로 종속되고 기능적으로는 보충적 역할을 담당하는 것으로 이해하는 것이 일반적인 경향이라 할 수 있다.[13)] 현행법상 단체협약의 강행적 효력은 이러한 경향을 제도화한 것이라 할 수 있다. 즉 사용자의 사회적·경제적 힘의 우위를 예정하여 개체화된 근로자들의 '개별의사'를 의심하고, 노동조합의 단결력을 통해 교섭력의 균형을 확보하고 이에 터잡은 '단체의지'를 우선시하고자 한다.

2. 새로운 경향의 대두

(1) 노동법의 독자성에 대한 회의적 시각들

독일 노동법의 초석을 다진 Sinzheimer가 1929년 9월 뒤셀도르프에서 "노동법의 기본원리"라는 주제 하에 "노동법은 독자적인 원리와 독립된 형태를 갖춘 별개의 독립한 법학의 일부가 되었다"라고 언급했을 때 그의 어조는 확신과 낙관으로 가득차 있었다. 그는 "노동법의 주된 임무는 인간의 존엄성을 유지하는 것이고…(중략) 노동법은 이상주의적 인도주의에 비해 훨씬 가치있는 진정한 인간성을 구현한다"라고 부연하고, 마지막으로 노동법은 현대의 새로운 법이라고 단호하게 주장하였다.

그 반세기 후 Hugo Sinzheimer의 빛나는 낙관론은 비관론으로 바뀌었다. 물론 어느 누구도 독립한 노동법 규범의 필요성에 대하여 공적으로는 의문을 제기하지는 않았다. 그러나 특별영역으로서의 노동법 체계와 이와 동등하게 효율성을 인정받는 단체협약을 둘러싼 의구심은 Sinzheimer의 수제자인 영국의 Kahn-Freund가 1978년 12월 British Academy에서 근로관계의 "遺産과 適合性"이라는 주제로 행한 연설에서 드러났다. 그는 근로자의 변화된 특징을 조심스럽게 묘사하고, 서비스 산업을 강조하며 노동조합의 조직수준과 전문성의 퇴보에 초점을 맞추었다. 근로자와 소비자간의 이해관계가 충돌할수록 집단적 노사관계법의 발전에 중대한 위협이 초래된다는 딜레마를 직시하였다. Sinzheimer와 Kahn-Freund의 초기 언급과는 달리, 말기의 Kahn-Freund는 근로자의 요구가 사회 전체의 이익을 최우선적이고 구체적으로 대변한다는 사실을 더 이상 받아들이지 않았다. 단체협약이 사회발전의 진정한 원동력이 되며 조합원의 이해

13) 片岡 昇, 앞의 책, 139면 이하 참조.

관계가 사회전체의 이해관계와 합치한다는 포괄적 등가성은 급부행정(給付行政)으로의 국가행정의 전환에 의하지 아니한 경우 더 이상 유효하지 않다고 보았다. 그 결과 이러한 상황에서 과거의 관점에 입각하여 과거의 절차를 맹목적으로 추종하는 것은 매우 위험한 일이며, 근로자와 소비자의 이중적 역할을 연계할 새로운 방안을 모색하여야 한다고 그는 역설하였다.[14)]

1980년에 프랑스의 Lyon-Caen는 한걸음 더 나아갔다. Kahn-Freund가 회의적이지만 절제된 용어로 자신의 입장을 드러낸 것에 비하면, 그는 노동법의 "위기"에 대하여 전체적으로 언급하였다. 그는 노동법의 전개는 기술적 발전의 상태에 의해 규정된다는 것을 전제로, 지식자본주의사회에서는 전통적인 근로관계가 명백하게 동요하고 있음을 간파하고 "모든 가치의 재평가"[15)]에 따라 '노동의 위기'[16)]는 노동법의 위기로 전환된다고 주장하고 있다.

다소 과장된 듯이 보이는 위의 진단은 그러나 세기말적 대전환과 구조조정의 격랑 속에서 향후 노사관계의 변화를 예고해 주기도 한다. 공평하게 전세계적 발전과정을 지배해오던 보편성의 원리가 신뢰성을 상실하고, '다운사이징', '외부자원관리'(outsourcing), '리엔지니어링'의 획일적인 진행이[17)] 손에 잡힐 뿐이다.

변화와 유지의 변증법으로 전통적 가치가 존속될 수는 없을까?[18)] 노동법에 가해지는 집중 포화의 총구는 원리를 향하고 있는가 아니면 그 방법을 향하고 있는가?[19)] 개인, 구조, 이데올로기의 다양성을 포섭할 수 있는 통일적 실천원리는 앞으로 진정 존재할 수 없는가?[20)] 등 근원적인 물음들이 제기되고 있다. 뉴질랜드에서 이미 노동의 종속성을 고려하지 않은 '근로계약법제'가 도입되는 등

14) Simitis, "Is There Still a Future for Employment Law?," *5th European Regional Congress for Labor Law and Social Security,* Leiden, The Netherlands, 1996. 7, 1-3면 참조.

15) Caen, Caen, "The Evolution of Labor Law," *Labour Law in Post-Industrial Era*(edi, by Weddburn), Dartmouth, 1994, 104면 이하 참조.

16) 리프킨은 기술의 진보로 기계가 인간의 노동을 대체하게 됨에 따라 장래에는 현재의 일자리의 최소 20% 내지 최대 50%까지만 유지되고 결국에는 노동과 노동사회의 종말이 올 것이라고 예측하고 있다. 이영호(역), 「노동의 종말」, 민음사, 1996, 21면 이하 참조.

17) Simitis, 앞의 글 참조.

18) Caen, 앞의 글 참조.

19) 이에 관해서는 Heijden, "Post-Industrial Labour Law and Industrial Relations in the Netherlands," *Labour Law in Post-Industrial Era,* Dartmouth, 1994 참조.

20) 관련논의로 Wedderburn, "Labour Law and the Industrial Relationa in Post-Industrial Societies," *Labour Law in Post-Industrial Era,* Dartmouth, 1994 참조.

변화의 징후가 곳곳에서 발견되기도 하고,[21] 노동법의 세밀한 보호규정이 싸잡아 공격을 받고 있을 뿐만 아니라 쟁의행위라는 자력구제에 기초한 오늘날의 단체교섭제가 21세기에도 여전히 존재할 수 있을 것인가에 관한 회의론이 제기되기도 한다. 다수의 세계적인 협약과 권고, 나아가 비교법 진열장에서 규범의 카탈로그를 집대성한다 하더라도 미래를 예단하기 어려운 난제[22]가 우리를 기다리고 있다고 지적되기도 한다. 최근 국내에서 발표된 글 중 노동법학의 방법론상의 독자성에 의문을 제기하고 사법체계의 통일적 운용의 틀 속에서 노동법리를 접근하여야 한다는 하경효 교수의 주장[23]도 이러한 논의와 흐름을 같이하고 있다고 평가할 수 있다.

(2) 노동법의 유연화와 규제완화의 경향

20세기 말부터 선진국에서 노동법의 화두는 노동법의 탄력화 및 규제완화가 되고 있다. 그 구체적인 실현방식은 국가마다 다르지만 어떻든 이들 국가들의 향후 노동법의 방향은 유연화와 규제완화를 배제하고서는 이해할 수 없게 되었다.[24]

유연화의 배경으로 경제의 지구화, 경제의 불안정화, 실업문제의 심각화, 급속한 기술혁신 및 산업구조의 변화, 국가의 규제기능 축소, 고용형태의 다양화 등이 거론되고 있다.[25] 아울러 근로자들의 생활환경, 인생관 등이 다양화되고 이에 따른 다양한 근로방식이 요구되고 있다는 점도 노동법의 유연화를 촉진하는 한 요인이 되고 있다.[26]

유연화는 근로조건의 결정 시스템과 내적 연관성을 가진다. 예컨대 파트타임 근로, 재택근무의 보급은 적어도 부분적으로는 그러한 근로형태를 희망하는

---

21) Wedderburn, 앞의 글, 15면. 뉴질랜드나 호주의 일부 주의 이러한 움직임은 영미법상 해고의 자유법리(employment-at-will doctorine)에 터잡은 바가 많다는 점에 주의를 요한다.

22) Simitis, 앞의 글, 13면.

23) 하경효, "노동법의 기능과 법체계적 귀속,"「社會變動과 私法秩序」, 김형배교수정년퇴임기념논문집, 2000.

24) 김소영, "선진국 노동법제의 변화추세와 우리 노동법의 과제,"「노사포럼」제16호, 경총노동경제연구원, 2001. 6, 5-6면 참조.

25) 西谷 敏, "勞働法における規制緩和と彈力化,"「勞働法における規制緩和と彈力化」日本勞働法學會誌 93号, 總合勞働硏究所, 1999, 9-14면.

26) Zöllner, Flexibilisierung des Arbeitsrechts, ZfA 1988, S. 268; Däubler, Perspektiven des Normalarbeits- verältnisses, AuR 1988, S. 305; Matthies/Mückenberger/Offe/Peter/Raasch, Arbeit 2000, 1994, S. 20ff(西谷 敏, 앞의 글, 13면에서 재인용).

근로자의 존재를 원인으로 하는 것인바, 이 경우 법률이나 단체협약에 의한 근로조건의 집단적·획일적 결정의 의의를 후퇴시키고 개별계약에 의한 근로조건 결정의 비중을 증대시키게 된다. 전통적인 관점 하에서 근로조건은 국가의 근로자보호법을 최저기준으로 하여 주로 단체협약, 취업규칙 의해 결정되는데, 유연화의 추세는 국가법이나 산업별 단체협약의 비중을 저하시키고 하위수준(사업장수준 또는 개인수준)에서 결정의 자유를 확대할 것을 요구한다. 요컨대 유연화로 인해 최저기준을 정한 법률적 규제의 완화, 법률규정으로부터 당사자 자치로의 이전, 그리고 단체협약으로부터 사업장 혹은 개인수준으로의 중심 이동 등이 수반될 수밖에 없다.[27] 이는 통상 규제완화 또는 분권화(decentralization)의 경향으로 표현되는바, 결국 노동법의 유연화의 현상형태는 규제완화 즉 크게 '법률적 규제의 완화'와 '근로조건 결정시스템의 변경'으로 나타난다.

노동보호법제를 채택하고 있는 대륙법계에서는 법률상의 규제완화가 강하게 요구된다. 그 전형적인 예가 독일과 일본이다. 독일에서는 1980년 후반부터 비정규고용 범위의 확대, 폐점시간을 포함한 근로시간제도의 유연화, 해고제한의 완화, 최저기준의 저하 등을 위해 지속적으로 법을 개정하여 왔다.[28] 일본에서는 1998년의 법개정을 통해 근로계약기간, 근로시간 등에서 노동의 유연화를 제고시키고 있다.[29]

이와 더불어 근로조건을 결정함에 있어 하위 시스템의 비중이 높아지는 경향이 보인다. 20세기부터 이미 유럽제국에서는 법률적 규제가 완화되면서 산별 단체협약이나 집단적 협정을 중시하는 방향으로 근로조건 결정시스템이 제도화되어 왔다. 최근에 와서는 산업별 단체협약에 의한 횡단적 근로조건 결정이 후퇴하고 기업 수준의 노사관계의 중요성이 증가되는 경향이 보인다. 산업 수준의 단체협약과 기업 수준의 경영협정의 이원적 구조를 이루는 독일의 경우 종업원평의회가 체결하는 경영협정의 비중이 증대하는 현상이 보이고 있다. 일본에서도 법률적 규제로부터 당사자 자치로의 중심 이동이 현저하다.[30]

---

27) 西谷 敏, 앞의 글, 6-8면 참조.

28) 자세한 내용은 和田肇, "ドイシ勞働法の變容一標準的勞働關係概念を中心に一," 「勞働法における規制緩和と彈力化」, 日本勞働法學會誌 93号, 總合勞働硏究所, 1999 참조.

29) 자세한 내용은 野村晃, "JR不採用事件(中勞委命令取消訴訟)," 「勞働法における規制緩和と彈力化」, 日本勞働法學會誌 93号, 總合勞働硏究所, 1999 참조.

30) 西谷 敏, 앞의 글, 25면.

Ⅲ. 독일과 일본에서의 근로계약법제 논의

1. 독 일[31)]

(1) 개 괄

독일에서는 이미 20세기 초부터 산재해 있던 개별적 근로관계법률을 통합하려는 목적에서 통일적인 근로계약법제를 마련하려는 노력을 기울여 왔다.[32)]

1990년 8월 31일에 체결된 동서독 통일조약은 통일 이후 정치·사회·경제적 변화를 수용하는 포괄적인 노동계약법의 제정을 요청하였다. 이후 14명의 저명한 노동법학자들로 구성된 '독일통일노동법연구회'의 연구를 거쳐 1992년에 '근로계약법안'이 작성되었다. 동법안에 대해 제59차 독일법조인대회에서 집중적인 논의와 토론이 이루어지면서 통합 근로계약법의 필요성을 강조한 선언문이 채택되기에 이르렀다. 정치적인 이유로 아직도 근로계약법이 제정되지는 않았지만, 이후의 개별법 개정에 있어 많은 영향을 미친 것으로 평가된다.

현재에도 근로계약법제의 제정 필요성에 관한 학계의 논쟁은 계속되고 있다. 제정론자들은 ① 노동관계법이 특례법과 판례법으로 분산되어 있어 일반인들이 이해하기 어렵고 법률관계가 불명확하게 된다는 점, ② 법원이 법해석기능을 넘어 광범위한 법형성기능을 담당하게 됨으로써 권력분립의 원칙이 손상된다는 점을 들어 통일법제정을 주장하고 있다. 이에 대해 ① 단체협약 등의 당사자자치를 통하는 것이 보다 바람직하다는 점, ② 노사문제가 복잡하고 유형화하기 힘들기 때문에 법제정은 경직화를 초래할 우려가 있다는 점 등을 들어 반대하는 입장이 있다.

---

31) 이철수, 앞의 글, 206-207면에서 인용.

32) 자세한 내용은 이승길, "근로계약법제에 관한 연구," 성균관대학교 법학과 박사학위논문, 1998, 10-17면 참조.

(2) 1992년 근로계약법안의 주요 내용[33)]

1) 법안의 제정 목적

동 법안에서는 다음과 같은 목적을 제시하고 있다: ① 노동법에 있어서의 법률의 통일성의 창출, ② 기본적 규범의 성문화에 의한 법적 안정성의 확보, ③ 위헌적 법규정의 철폐, ④ 시대에 맞지 않는 법규정의 폐지 ⑤ 노동법 적용의 일관성 확보를 위한 개별법규의 동향 ⑥ 일반조항 및 불확정한 개념의 구체화, ⑦ 불분명하고 다양한 판례의 입법화 ⑧ 유럽통합에 발맞춘 국내법과 유럽법과의 조화촉진 ⑨ 구 동독 국민들에게 이해되기 어려운 법관법의 어려움을 통일법전으로 해소.

2) 구성 및 내용

동 법안은 전체 6장 166개 조문으로 구성되어 있고, 각 장은 총칙, 근로관계의 성립, 근로관계의 내용, 근로관계의 종료, 소멸시효와 제척기간, 보칙에 관해서 규정하고 있다.

제1장 총칙(제1조-제10조)에서는 사적 자치의 원칙(Privatautonomie)을 강조하고 민법상의 계약구조 위에 개별적 근로관계를 구축할 것을 예정하고 있다. 국가의 후견적 보호보다는 대등한 당사자간의 자율적, 자주적 결정을 중시하는 것을 반영한 것으로 평가된다.

제2장 근로관계의 성립단계(제11조-제27조)에서는 '모집과 계약의 개시', '근로계약의 체결', '근로계약기간'으로 나누어 사용자와 근로자의 권리, 의무를 상세히 규정하고 있다.

제3장 근로관계의 내용(제28조-제116조)에서는 노무제공, 임금, 일시적 근로장애와 휴일에 대한 임금지급, 휴가·특별휴가·면책, 재교육 등에 관해 규정하고 있다. 또한 근로계약상의 신의측의무를 개별화하여 규정하고 있다. 사용자측의 부수적 의무로 안전한 작업환경조성의무, 정보제공의무·사전통보의무, 근로자의 열람권보장, 근로자 개인정보 보호 등을 규정하고 있고, 근로자측의 부수적 의무로 작업과정에서 재해를 피하기 위한 예방의무, 건강진단의무, 작업복 착

33) 이승길, 앞의 글, 24면, Zachert, "The New Trends of Labor Law in Germany,"「주요국 노동관계법의 신조류에 대한 국제세미나 자료집」, 한국노동연구원, 1995. 11. 9. 이하를 참조한 것임. 관련 자료로 Thilo Ramm U.a., *Welche Wesentliche Inhalte Sollte ein nach Art. 30 des Einigungsvertrages zu Schaffendes Arbeitsvertragsgetz Haben?*, C.H.Beck, 1992.

용 및 안전요건 준수의무, 수뢰금지의무, 영업상의 비밀유지의무, 경업피지의무 등을 규정하고 있다. 아울러 근로자의 근로계약위반에 대한 책임을 정형화하고 있다.

제 4 장 근로관계의 종료(제117조-제156조)에서는 해고예고기간, 사용자의 해고제한, 근로관계의 종료사유, 사업양도, 해고구제절차, 근로관계 청산에 관한 규정을 두고 있다.

제 5 장 소멸시효와 제척기간(제157조-제159조)에서는 근로관계에 의한 소멸시효를 2년으로 규정하고 있다.

(3) 최근의 근로계약 관련 개정 논의 — 아젠다 2010을 중심으로

2002년 8월 사민당의 슈뢰더 총리와 폭스바겐사의 사장 하르츠 박사가 독일 노동시장 개혁의 마스트플랜(Moderne Dienstleistungen am ArbeitsMarkt)을 전격 공개하고 2003년 1월 1일부터 법적인 효력을 부여받게 되었다. 이 개혁프로그램은 노동시장의 변화 또는 위기에 대응하여 늦어도 2010년까지 완전취업을 달성하기 위한 국가적 과제를 설정하고 있다. 개혁안은 13개의 개혁모듈(Innovationsmodule)을 핵심 내용으로 하며 그 대상은 사회보험, 직업훈련, 일반교육제도의 개혁, 자영업자의 창업지원, 세제개혁 등 전방위에 이른다.[34] 그 중 노동시장과 노동법의 개혁 및 이를 통한 경제성장의 동력의 확보가 주요 아젠다로 채택되고, 이와 관련하여 해고제한법, 단시간 근로 및 유기근로계약법, 근로자파견법 등이 개정되었다.

해고제한법 관련 경영상 해고의 해고대상자 선정에 있어 기업의 수요를 참작할 수 있도록 하고, 10인 이하 사업장에 해고제한법이 적용되지 않으며, 경영상 해고의 경우 해고보상청구권제도를 도입하고 있다.

---

34) 자세한 내용은 Klaus Adomeit, Die Agenda 2010 und das Arbeitsrecht -Eine Reform im Kampf gegen Widerstande, *AKTUELL,* 2004/Wolfgang Clement, Hartz Ⅳ Menschen in Arbeit bringen, Bundesministerium für Wirtschaft und Arbeit, 2004// "Zusammenfassung und Bewertung der Vorschlage der Kommission — Moderne Dienstleistungen Am Arbeitsmarkt," Bundesvereinigung der Deutschen Arbeitgeherverhande, 2002. 8. 16/"Hartz wird konkret — Positionen des DGB zu den ersten Gesetzesentwürfen zur Umsetzung der Vorschläge der HartzKomission," Deutscher Gewerkschaftsbund -Abteilung Arbeitsmarktpolitik und internationale Sozialpolitik, 2002. 12. 12/"Agenda 2010 — Deutschland bewegt sich," Press and Information Office of the Federal Government, 2004. 2/박지순, 「독일의 '아젠다2010'과 노동시장 개혁에 관한 연구」, 노동경제연구원, 2004 참조.

단시간 근로 및 기간제근로자 관련, 고령근로자에 대해서는 기간제근로자를 사유의 제약을 받지 않고 사용할 수 있고, 신설회사의 경우 4년 동안은 최고 4년의 근로계약기간을 설정할 수 있으며, 근로자파견법의 개정을 통하여 기존의 사유제한을 폐지하고 균등대우의 문제로 접근하고 있다.[35)]

2. 일　　본

(1) 논의의 배경

1947년 노동기준법이 제정된 이후로 근로계약에 관한 규정들에 거의 변화가 없었기 때문에 현실적합성이 떨어진다는 비판이 오래 전부터 제기되어 왔다. 이미 1980년대부터 노동성의 자문기구인 "노동기준법연구회"를 중심으로 연구가 진행되어 왔고, 1990년 1월에 '근로계약법제부회'를 설치하여 노동법기준의 미비점과 한계점을 보완하기 위한 본격적인 작업에 착수하였다.[36)] 그 결과 1993년 5월 '금후의 근로계약법 등 법제의 방침에 대하여'라는 보고서를 발간하기에 이르렀다.

동보고서는 1998년의 노동기준법 개정[37)]에 많은 영향을 미친 것으로 평가된다.[38)] 그러나 이 보고서에 대하여 외형상의 서술양식은 시민법상의 계약구조를 따르고 있지만 각 내용간의 연관성이 불명확하고 새로운 노사관계의 이념에

---

35) 2005년 3월 15일 쾰른대학교에서 "노동시장개혁 — 하르츠 법률에 대한 중간평가"라는 주제로 제3차 쾰른 사회법학회가 개최된 바 있는데, 중평은 대체로 아직 일자리 부족 해소의 효과는 가시적이지 않으나 현존하는 일자리를 신속하게 제공하는 데에는 도움이 된다는 데에 모아졌다. Joschka Schneider, *Neue Juristische Wochenschrift(NJW)*, 2005년 16호, p. XX.

36) 그 당시 일본에서 계약법리의 도입이 강조된 배경과 관련하여서는 이유로 첫째, 고도성장기를 거치면서 근로조건이 향상된 결과 근로자기준법상의 최저기준의 의미가 감소되었다는 점, 둘째 산업구조 조정기를 맞이하면서 고용형태와 취업구조가 다양화·유연화되게 됨에 따라 정규직 근로자와 같은 전형적 고용관계에 대한 획일적 기준을 정하고 있는 노동기준법으로서는 이에 적절히 대응하기가 어렵다는 점(横井芳弘, "労使關係の變容と労働法解釋の方法論的課題,"「季刊労働法」제150호, 1989 참조) 및 시민으로서의 개인적인 권리의식이 성장함에 따라(西谷 敏, "現代の労働者像と労働法學の課題,"「季刊労働法」제150호, 1989, 1면 참조) 근로계약의 내용 형성에 있어 근로자의 개성과 자율을 존중해야 한다는 점 등이 거론되었다.

37) 1998년의 주요 법개정 내용은 근로계약기간의 상한규제의 3년으로 완화, 근로계약 체결시의 근로조건의 명시방법 보완, 사용증명서에 '퇴직사유(해고이유)' 추가, 근로자대표의 신분보장, 개별분쟁에 대한 상담서비스 강화인데, 그 기본 발상은 후술하는 근로계약법보고서에 연원하고 있음을 알 수 있다.

38) 자세한 내용은 労働基準法報告書,「今後の同契約法等法制のあり方について」, 労働省労働基準局監督課, 1993, 9면 참조.

대한 검토없이 단순히 노동기준법의 연장선상에서만 처방전을 제시하고 있을 뿐이라는 비판[39] 또는 근로계약법의 성격, 규제대상 및 기존의 근로기준법 및 판례법리와의 관계 등과 관련하여 포괄적인 근로계약법제의 모습으로는 불충분하다[40]는 비판 등이 제기되어 왔다.

이 후 2004년 4월에 후생노동성 산하에 '근로계약법연구회'[41]가 발족되어 20여회에 이르는 논의를 거쳐 2005년 9월 15일 최종보고서를 발표함으로써 근로계약법제의 도입을 둘러싼 논의가 다시 활발해지고 있다.

(2) 2005년 최종보고서의 주요 내용

동보고서의 주요 내용은 다음과 같다.[42]

1) 총　론

㈎ **근로계약법제의 필요성**　　인사관리의 개별화 또는 취업형태나 취업의식의 다양화 등으로 인해 근로조건에 대한 개별적 결정현상이 두드러지고 있는바, 노사 당사자가 최저기준에 저촉하지 않는 범위에서 근로계약의 내용을 그 실정에 따라 자주적으로 결정하는 것이 중요하다.

이에 따라 노사 당사자의 행동규범이 될 공정하고 투명한 룰을 설정할 필요가 있는바, 현재의 룰은 주로 판례에 의해 형성되어 예측가능성이 부족하고 행동규범화하기 어렵다. 이를 위해 민사적 효력을 규정하는 것이 필요한데 이를 근로기준법에 포함시키게 되면 법률적 체계성이 손상될 우려가 있기 때문에 근로'기준'법과는 별도로 근로계약 분야에 있어 민법의 특별법으로 '근로계약법'을 제정할 필요가 있다. 특히 근로시간제의 경우 기존의 근로기준법의 내용을 재검토하고 근로자의 창조적 · 전문적 능력을 발휘할 수 있는 자율적인 노동방법을 강구하여야 하는데, 이를 위해 근로계약법의 형식은 필수적이다.

㈏ **근로계약법의 내용 및 규정의 성격**　　근로계약법에 있어서도 근로계약 내용의 공정함을 담보하는 강행규정은 당연히 필요하지만, 근로계약의 다양성을

---

39) 毛塚勝利, "勞動契約法制の立法論的 課題,"「ジュリスト」1030호, 1993. 9, 70면 참조.

40) 華田肇, "勞働契約法の性格と規制內容に関する覚書,"「勞働法律旬報」1594호(2005. 2. 25), 28면.

41) 정식명칭은 '향후의 바람직한 근로계약법제에 관한 연구회'이다.

42) 이하의 내용은 今後の勤働契約法制の在り方に関する研究会,「今後の勞動契約法制の在り方に関する研究会報告書」, 2005. 9. 15, 1면 이하; 이정,「일본적 고용관행의 변화와 전환기의 노동법제」, KLI 보고자료, 2005. 6. 17, 33면 이하 참조.

존중하면서도 불명확성을 극소화하고 분쟁을 미연에 방지하기 위해 임의규정이나 추정규정[43])을 마련하는 것이 적절하다. 근로계약의 공정성을 확보하기 위해 실체규정 뿐만 아니라 절차규정도 중요하고 사항에 따라 양자를 적절히 조합하여야 한다.

근로계약법의 이행과 관련하여서는 원칙적으로 개별노동분쟁 해결제도에 따르고 행정관여(감독지도)는 가급적 절제하는 것이 바람직하지만, 노사당사자의 정보수집능력의 차이 · 교섭력의 격차 등이 존재한다는 점을 고려하면, 상담 · 해석지침 · 정보제공 등의 행정적 지원은 필요하다.

근로조건의 결정에 다양한 근로자의 이익을 공정하게 대표하고 사용자와의 협의를 촉진하기 위해 상설적인 위원회의 설치가 필요하다.

2) 보고서의 구체적 내용

㈎ **근로관계의 성립** 채용내정의 경우 해고예고의 예외를 인정하는 근로기준법의 규정에 대한 검토가 필요하다. 채용내정의 취소와 관련하여 준칙을 마련하는 것이 필요하다.

시용기간의 상한을 정하는 방향으로 검토하고 서면으로 시용기간을 분명하게 제시하지 않으면 해고의 자유가 제한되어야 한다.

근로조건의 명시의무에 위반한 경우 근로자는 명시된 근로조건의 이행을 주장할 수 있도록 한다.

㈏ **근로관계의 전개** 취업규칙이 존재하더라도 양 당사자는 여기에 따른다는 의사가 추정될 뿐이고 이 추정은 반증을 들어 뒤집을 수 있다. 취업규칙의 구속력발생 요건으로 근로자에의 주지, 종업원 과반수의 의견청취, 행정관청에의 신고가 필요하다. 취업규칙의 작성 · 변경에 노사위원회의 참여를 인정하고, 취업규칙의 강행적 효력을 인정하는 규정을 근로계약법제에 규정하는 것이 적절하다.

사회통념상의 합리성이 있으면 취업규칙을 불이익하게 변경할 수 있고 근로자는 이에 거부할 수 없다는 것을 법률로 명시하고, 과반수 노조의 합의 또는 노사위원회 위원의 5분의 4 이상의 결의가 있으면 변경의 합리성이 추정된다는

43) 예컨대 취업규칙의 불이익변경의 경우 노사위원회 위원의 5분의 4 이상의 결의가 있으면 변경의 합리성을 추정하거나 또는 배치전환 · 해고 등의 권리남용 여부를 판단할 때 노사위원회에서 사전협의나 고충처리가 행해졌는지를 참작하는 방식을 들 수 있다. 今後の勤労契約法制の在り方に関する研究会, 앞의 보고서, 30면 참조.

점에 대해 검토할 필요가 있다.

근로계약의 변경에 있어 근로자가 고용을 유지하면서 근로계약변경의 합리성을 다투는 것을 가능케 하는 제도(고용계속형 계약변경제도)를 도입할 것을 검토하여야 한다.

배치전환의 권리남용 법리와 관련하여 법률로 분명히 하는 것에 대해 깊은 논의가 필요하다. 전출에 관해 명시의무를 강화하거나 취업규칙의 필요적 기재사항으로 하는 것을 검토할 필요가 있다. 출향(사외파견)을 명하기 위해서는 적어도 개별적 합의·취업규칙 또는 단체협약에 근거해야 한다는 점을 명시하고, 출향 시의 권리의무관계를 보다 명확히 하기 위한 입법정책을 강구하는 것이 필요하다. 근로자를 전적시킬 경우에는 전적 후의 근로조건에 관해 서면을 통해 설명하도록 하고 근로자의 개별적 동의를 얻게 하는 것이 필요하다. 휴직을 취업규칙의 필요적 기재사항으로 하는 것이 적절하다.

복무규율·징계, 징계의 근거·절차·한계를 법률로 명확하게 하는 것이 필요하다. 승진·감등 등의 인사권 행사에 있어 권리남용이 되지 않도록 검토가 필요하다.

근로계약에 수반하는 근로자측의 부수적 의무 중 겸업금지의무는 원칙적으로 무효로 하고, 경업피지의무와 비밀유지의무는 개별적 서면합의, 취업규칙 또는 단체협약에 근거가 있어야 함을 법률로 명확하게 하는 것이 필요하다. 사용자측의 안전배려의무·개인정보 보호의무에 관해서도 법률로 명확하게 하는 것이 적절하다.

유학연수비용에 관한 금전소비대차계약은 위약금예정에 해당되지 않는다는 점을 분명히 하고 의무복무기간의 상한선을 5년으로 한정하는 방향으로 검토하는 것이 적절하다.

(다) **근로관계의 종료** 해고는 근로자측에 원인이 있는 경우, 기업의 경영상 필요성에 의한 경우, 유니온 숍 협정에 의하는 경우가 아니면 안된다는 점을 분명히 하는 것을 검토할 필요가 있다.

사용자가 해고시 취해야 할 조치를 지침으로 제공하는 방향으로 검토하는 것이 적절하다.

해고에 관한 제18조 제 2 항[44]은 민사적 효력에 관한 규정으로 벌칙부과나 신

44) "해고가 객관적으로 합리성을 결하고 사회통념상 상당하다고 인정되는 경우에는 그 권리를

고의 대상이 되지 않기 때문에 근로계약법에 규정할 것을 검토하는 것이 적절하다.

정리해고권의 남용을 방지하기 위해 요건을 보다 명확하게 하기 위한 심도 있는 논의가 필요하고, 정리해고 시 사용자가 강구하여야 할 조치를 지침 등으로 제시하는 것에 대하여 검토할 필요가 있다.

해고분쟁의 구제수단의 선택의 폭을 넓히기 위하여 해고의 금전해결제도를 도입할 경우, 이 제도가 실효성이 있고 남용되지 않도록 제도설계가 가능한 지를 법이론상 검토하여야 한다.

합의해약의 신청 또는 사직의 의사표시가 있는 경우 근로자가 철회할 수 있는 기간(cooling off period)을 설정할 것을 검토할 필요가 있다.[45)]

㈑ **유기근로계약** 유기계약을 둘러싼 법률상의 문제점을 해소하기 위해 이에 관한 실태조사와 절차법적 접근이 필요하다. 구체적 대안으로 ① 계약체결 시 계약기간이 서면으로 명시되지 않는 경우에는 기간의 정함이 없는 계약으로 간주하고, ② 갱신이 있을 수 있다는 내용이 명시되어 있는 경우[46)] 근로자의 정당한 권리행사를 이유로 근로관계를 단절시킬 수 없으며, ③ 계약기간 만료 후 계속하여 기간의 정함이 없는 계약을 체결할 가능성이 있는 경우에는 그 취지 및 본채용의 판단기준 명시하여 유기계약의 법률상의 지위를 명확히 할 것을 검토할 필요가 있다.

㈒ **중재합의** 개별적 노사분쟁을 대상으로 하는 중재합의의 효력에 관하여는 향후 노동심판제도의 활용상황이나 노동시장의 국제화 등을 고려하여 근로계약의 문제로서 계속적으로 검토되어야 하고 이를 법률상 명확하게 하는 방향으로 검토하는 것이 바람직하다.

(3) 소 결

앞에서 살펴본 바와 같이 독일의 근로계약법안은 그 동안 산재해 있던 기존의 개별적 노동관계법들을[47)] 통합하고, 불명확하고 시대에 뒤떨어진 법규정들을

남용한 것으로 무효로 한다." 동규정은 2003년 2월의 근로기준법 개정 때 신설되었다.

45) 철회가능기간은 '8일'로 할 것을 권고하고 있다. 今後の勤勞契約法制の在り方に關する硏究会, 앞의 보고서, 65면 참조.

46) 일본 후생노동성 2002년 고시(2004년 개정보완)에서 유기계약의 남용을 방지하기 위해 계약 체결 시에 기간만료 후의 갱신의 유무를 명시할 것(갱신을 예정하는 경우 그 기준도 명시) 등을 요구하고 있다.

47) 독일은 근로계약에 관한 일반법이 없고 민법, 동독 노동법, 상법, 고용촉진법, 임금계속지급

개정하고 구체적 사례에 적합한 판단을 내릴 수 있도록 다수의 지침규정을 두고 있다.[48] 동 근로계약법안은 방법론상으로 일반 계약법과의 접합을 중시하고 계약의 자유원칙을 보다 강조함으로써 근로계약법제의 모형을 추구하고자 하는 점에서 그 특징을 발견할 수 있다.

일본의 2005년 보고서는 근로기준법과 민법의 중간영역에 별도의 근로계약법의 제정을 권고하고 있다는 점이 가장 큰 특징이다. 최저기준의 설정만으로는 현재의 다양한 노사관계를 적절히 규율할 수 없고 법리상의 불명확성을 제거하여 분쟁의 소지를 줄이기 위해서는 계약당사자의 행위준칙을 보다 구체화하여야 하는바, 이를 위해 보다 자유롭고(입법기술상의 다양한 선택, 보호 관념으로부터의 탈피) 통칙적인 입법형식이 필요하다는 것이다. 행위준칙의 구체화를 위해 기존의 판례법리를 대폭적으로 원용하고 있고, 이 점은 근로관계의 변경 부분에 가장 잘 드러나고 있다. 아울러 보호법 경직성을 완화하기 위해 변경해지제도나 금전보상제도의 도입을 권고하고 있다.

독일과 일본의 근로계약법제 논의에서 발견되는 공통적인 지향점은, 법운용상의 불명확성의 제거, 근로관계 전영역에 걸친 통칙적 규정의 정비, 민사적 계약법제와의 접합 시도, 편면적 보호관념보다는 행위준칙으로서의 의미 강조이다. 그러나 일본의 경우 독일의 근로계약법안에서 근로자의 의무를 포괄적으로 규정하고 있는 것과 대비된다. 일본의 보고서에도 경업금지의무 · 경업피지의무 · 비밀유지의무와 같은 근로자의 부수적 의무 및 손해배상규정에 관해 언급하고는 있으나, 이는 실제 사례에서 발생하는 구체적 문제영역에 대해 학리와 판례법리를 원용하는 선에 그치고 毛塚勝利가 지적하는 바와 같이 노사관계의 이념에 대한 검토작업은 결여[49]되어 있다고 볼 수 있다. 하나우(Peter Hanau)가 최근의 근로계약법제를 전통적인 철학과 새로운 철학의 충돌로 이해하고[50] 이를 원리

에 관한 법, 연방휴가법, 해고제한법, 경영조직법 등에 산재해 있다. 이에 관해서는 이철수, "4인 이하 사업장에 대한 근로기준법의 적용확대," 「노동법연구」 제 6 호(서울대학교 노동법연구회편), 진원, 1997 참조.

48) 자세한 내용은 Zachert, "The New Trends of Labor Law in Germany," 「주요국 노동관계법의 신조류에 대한 국제세미나 자료집」, 한국노동연구원, 1995. 11. 9. 참조.

49) 毛塚勝利, 앞의 글, 70면 참조.

50) Hanau는 전통적인 노동법제가 "노동시장의 메카니즘을 무력화시킬 때 근로자는 가장 잘 보호된다"라는 사고방식에 터잡은 것이라면 근로계약법제의 논의는 "근로자보호규정을 완화하고 사용자의 부담을 줄이는 것이 근로자 특히 실업자에게 유리하다"는 사고방식에 기초한 것이라고 진단한다(Peter Hanau, Arbeitsrecht und Arbeitgerichtsbarkeit von Kaiser Wilhelm II

적으로 비판하는 것에 비하면, 일본은 아직 원리적인 차원에서 이 문제를 접근하지 않은 듯 보인다. 이 점은 독일이 아젠다 2010에서 대대적인 개혁프로그램을 마련하는 데에 보다 적극적인 자세를 취한 데에서 잘 대비된다. 독일의 아젠다 2010은 과거의 패러다임을 부분적으로 수정하고 손질하는 데에 그치지 않고 노동시장의 현대적 전개를 적극적으로 수용하는 데서 출발하고 있는바,[51] 그간의 근로계약법제 논의가 그 이론적 지반을 제공한 것으로 풀이할 수 있을 것이다.

Ⅳ. 한국에서의 근로계약법제 논의와 총론적 검토

1. 논의의 현황

한국에서는 아직 근로계약법제의 논의가 활발하지는 않지만 김형배 교수는 이 문제에 대하여 상당한 관심을 보이고 있다. 김형배 교수는 현재의 근로자상은 노동보호법제가 마련되기 시작한 19세기 당시의 근로자상과는 사회적·경제적·정치적 위상을 달리하며, 그들이 보유하고 있는 학력·기능·기술의 정도에 있어서도 커다란 차이가 있을 뿐만 아니라 기업 내에서의 위치와 영향력도 전혀 비교될 수 없다고 전제한 후 19세기적 상황에서 이루어졌던 보호 관념을 오늘의 상황에 그대로 적용할 수는 없으며 비현실적 보호 관념은 과감히 수정되어야 하고 형해화된 보호규정은 삭제하는 것이 바람직하다고 주장한다. 김형배 교수는 근로자들에 대한 보호제도는 후견적·시혜적 차원에서부터 자치적·협조적 차원으로 과감히 이전되어야 하며 근로기준법의 현대적 모습은 근로자들의 실질적이고 합리적인 보호를 위한 필수적인 보호규정과 개선을 요하는 규정들은 그대로 유지하면서 근로자와 사용자 사이의 건전하고 균형잡힌 개별적 근로계약관계의 유지를 위하여 근로자의 기본적인 의무와 준수해야 할 사항도 근로자보호규정과 함께 포괄적이고 체계적으로 규정하는 것이어야 할 것이라고 주장한다.[52]

---

bis Bundeskanzler Dr. Kohl, *NZA* 1993, 338면; 和田肇, 앞의 글, 58면에서 재인용).

51) 박지순, 앞의 책, 15면.

52) 김형배, 앞의 글, 15면 참조.

요컨대 근로기준법은 근로자보호법으로서의 성격을 탈피하고 근로자들에게 참여의 권한과 함께 책임도 부여하는 근로계약기본법으로 재구성되어야 한다는 것이다.

이승길 박사도 이와 유사한 주장을 하고 있다. 이승길 박사는 노동시장과 노사관계 성격의 변화는 근로계약의 형태나 내용의 변화를 가져오고 있기 때문에, 근로기준법은 과거와 같이 단순히 근로자의 일방적 보호·규제차원에서 벗어나 당사자간의 의사를 존중하는 계약자유의 원칙에 충실하게 재구성되어야 한다[53]는 문제의식을 가지고 근로계약법제에 대한 검토가 필요하다고 주장하고 있다. 이승길 박사는 근로기준법은 단순히 근로조건의 최저기준을 설정하는 단계가 아닌 근로계약의 내용을 체계화하는 방향으로 무게 중심이 옮겨져야 한다고 주장하면서, 구체적으로 근로자의 모집·채용의 근로계약 체결에서부터 해고 또는 고용종료의 단계까지 고용관계의 전단계에 결쳐서 노사의 자율성을 전제로 한 근로자와 사용자의 권리의무를 체계적·포괄적으로 규율함과 동시에 근로기준법을 모체로 한 특별보호 법규를 통칙할 수 있는 근로계약상의 기준의 적정화 및 계약의 불분명으로 인한 문제의 소지를 예방하는 차원에서 계약절차의 명확화를 도모해야 할 필요가 있음을 강조하고 있다. 이승길 박사는 근로계약의 체결, 근로계약관계의 변동, 근로계약관계의 종료, 취업규칙의 전영역에 걸쳐 구체적인 입법론을 제시하고 있다.[54][55]

하경효 교수는 노동법의 독자성에 의문을 제기하면서 보다 적극적인 입론을 개진하고 있다. 하교수는 노동법도 사법질서의 일부분이고 본질적으로 사법질서에 귀속되어야 하며 노동법은 근로자보호뿐만 아니라 이해관계조정의 규율체계로 이해되어야 한다고 전제한다.[56] 그에 따르면 예컨대 임대차보호법과 노동법상의 보호의 차이는 양적인 차이에 불과하며 공히 당사자의 구조적 불균형을 시정해야 한다는 공통된 과제를 안고 있으며,[57] 다만 노동법은 집단자치(Tarifautonomie) 체계를 통해 사적자율의 기능흠결을 보완하는 데에 차이가 있을 뿐이라고 진단한다.[58] 따라서 노동법은 근로자보호 뿐만 아니라 이해관계조정의 규율체계로

53) 이승길, 앞의 글, 2-3면 참조.
54) 자세한 내용은 이승길, 앞의 글, 314-325면 참조.
55) 이철수, 앞의 글, 209-210면.
56) 하경효, "노동법의 기능과 법체계적 귀속,"「社會變動과 私法秩序」, 김형배교수정년퇴임기념논문집, 2000, 223면 참조.
57) 하경효, 앞의 글, 245-246면 참조.
58) 하경효, 앞의 글, 244면 참조.

이해되어야 하고 법의 해석·적용·발견에 있어서 노동법만의 고유한 방법론은 인정되기 어렵다[59]고 전제한 후, 노동법학도 규범학의 범주를 벗어날 수 없고 학문적 논증에 따라야지 근로자이익보호라는 이데올로기적 선판단에 영향을 받아서는 안된다는 점을 강조한다. 이러한 진단에 따라 하교수는 민법과 노동법을 구분하여 근로자의 문제를 별도의 법체계적 사고와 방법론에 의해서 해결되는 것으로 이해할 것이 아니라 私法이론의 새로운 발전이라는 큰 틀에서 인식되어야 할 것을 주장하고, 스위스와 네달란드의 경험을 인용하면서 민법전의 고용편의 내용과 노동법상의 근로계약에 관련된 내용을 통합규율할 필요성을 제안하고 있다.[60]

2. 평가 및 근로계약법제의 의미 분석

우리나라에서는 사용자측에서 근로계약법제에 보다 흥미를 가지고 있는 듯하다. 사용자측에서는 현재의 근로기준법이 근로자보호에 치중하고 있어 생산적이고 합리적인 근로관계를 형성하는 데 장애가 된다고 보고 있고, 향후의 법개정의 기본방향을 무차별적인 근로자보호원리가 아닌 개별근로자의 의사와 사업의 특수사정을 감안한 자율적 결정원리에 바탕을 두어야 한다고 주장한다. 김형배 교수의 지적대로, 집단우위의 관점에서 근로자 개인의 의사나 자유를 주변적인 것으로 취급해 온 전통적인 노동법 이론[61]은 근로자의 개성과 이질적·가변적 요소가 중시되는 탈산업사회의 노사관계[62]에 이를 무차별적으로 적용하는 것은 무리이고 따라서 근로계약의 체결 또는 내용형성에 있어 근로자 개인의 자기결정요구를 최대한 반영하는 방향으로 노동보호법이 개정되어야 한다는 주장은 설득력이 있다고 생각한다.[63] 그러나 근로계약법제가 헌법상의 생존권 보장

59) Preis, "Perspektiven der Arbeitrechtswissenschaft," RdA 1995, S. 337 f.

60) 스위스 채무법은 1971년 제10편 "고용계약"(Dienstvertrag)을 근로계약(Arbeitsvertrag)으로 개편하고 내용상의 개정도 단행한 바 있으며(제319조 내지 제362조 참조), 네덜란드민법전 역시 "근로계약"으로 하여 상세한 규율을 하고 있다.

61) 이에 관해서는, Sinzheimer, *Grundzüge des Arbeitsrechts,* Jena, 1927; Davies/Freedland, *Kahn-Freund's Labour and the Law*(3rd edi), London, 1983; Wedderburn(edit.), *Labour Law in the Post-Industrial Era,* Dartmouth, 1994 참조.

62) Wedderburn, 앞의 글 참조.

63) '노동의 종말', '노동법의 최후'에 관한 최근의 서구에서의 논의는 우리 상황에서는 다소 생소한 감이 있지만 전통적 노동법이론이 연대기에나 존재하는 공룡의 신세를 면하기 위해서는

취지를 간과하고 경영 전략적 관점에서 아전인수식으로 해석될 우려가 있다는 점에 주의를 요한다. 이러한 우려를 자아내게 하는 가장 주된 이유는 기본적으로 우리나라에서 논의되고 있는 근로계약법제의 내용이나 법정비의 방법론이 불분명하다는 점에 있다. 근로계약법론의 본지가 '근로자보호법으로서의 성격 탈피'에 있는 것으로 이해하여 법정 기준을 하향조정하거나 근로자의 신의측상의 의무를 가중시키는 논거로 작용될 우려도 없지 않다. 시대에 뒤떨어진 보호조항은 그것이 '있다면', 당연히 시정되어야 함은 물론이다. 그러나 그러한 조항의 존재양식에 대한 세심한 성찰없이 단순히 보호관념의 탈피를 주장하는 것은 그 추상성으로 말미암아 오해의 소지가 있을 수 있다.

필자는 근로계약법론은 개별 근로자의 진정한 의사를 (보다) 중시하려는 점에서 공통점을 지닌다고 이해한다. 근로계약법론의 원리적 정당성은 "만일 개별 근로자가 사용자와 동등하게 자기 미래를 결정할 수 있다면(A) 개별 근로자의 의사를 최우선시하는 것이 가장 바람직하다(B)"는 명제에서 찾을 수 있을 것이다. 다시 말해 개별 근로자의 계약의사가 사적 자치에 의해 굴절없이 반영될 수 있다는 전제조건이 충족된다면, 우리는 개별의사를 최우선시하는 데 이의를 달지 않을 것이다.

전통적인 노동법학은 A라는 전제조건을 의심하는 데에서 출발한다. 전통적인 '종속노동론'은 종속노동의 개별적인 존재양식보다는 총체적 시각에서 노동과 자본의 불평등관계를 법적 계기(moment)로 편입시키기 위한 의제적 이론이다. 그리고 이를 통하여 노동법의 독자성을 규명하고자 하는 이데올로기적 기능을 수행해 왔다.

최근의 근로계약법제나 노동법학의 패러다임의 변화논의는 이러한 '종속노동론'의 이데올로기적 기능에 대한 반성이라 해도 과언이 아니다. 종속노동론이라는 안경을 벗어버리고 각 사안마다 실제적인 종속의 정도를 파악하여 특수한 접근의 필요성이 있음을 강조하려고 한다.[64] 다시 말해 노사관계의 영역에서도 A의 전제조건이 충족되는 경우가 있음을 상정하고[65] 이러한 사안에 대해서는

자기 변신의 지혜가 필요함을 일깨워 준다. Simitis, 앞의 글; Lyon-Caen, 앞의 글; Hepple, "The Future of Labor Law," *Comparative Labor Journal,* v. 17, 1997 참조.

64) 水町 勇一郎, "勞働契約の成立過程と法,"「講座 21世紀の勞働法 第4券 勞働契約」, 日本勞働法學會, 2000, 40-44면 참조.

65) 하교수는 과거와 달리 오늘날에는 근로자는 사회구성원의 대부분을 차지하고 더 이상 사회적 · 경제적 약자의 지위에 있는 부분계층이 아니라는 점, 근로자참가제도의 확산을 통해 기업

시민법적 원리에 따라 형평의 관념을 존중하여 개별적인 해법을 찾을 것을 요구한다.

이러한 의미에서 근로계약론은 하나의 '형식'이자 방법론에 관한 것이라고 할 수 있다. 현재로서는 이러한 형식 속에 '노동보호법의 경직성', '법을 통한 규제의 완화', '개별의사의 존중과 자기결정권의 확대', '의사결정시스템의 변화' 등의 관점이 자주 거론된다. 근로계약법론의 실질은 향후의 논의에 기대해 볼 수밖에 없고, 따라서 현재에는 논자마다 입장의 스펙트럼은 매우 다양하다고 할 수 있다.

지금까지의 논의를 참고하면 대체로 다음과 같은 명제가 근로계약법론에 친한 것이 아닌가 한다.[66]

① 무차별적인 보호관념은 수정되어야 한다.

② 개별의사와 사적자치에 의한 합의는 존중되어야 한다.

③ 근로조건결정 시스템의 변화가 필요하다.

①의 명제는 근로계약법제가 논의되는 배경 또는 논리적 전제에 해당되고 ②와 ③의 명제는 이를 구현하기 위한 실천전략이라 할 수 있다. '개별의사의 존중'이 가지는 사회적 함의는 앞에서 설명한 바의 전제조건(A)의 충족도와 함수관계가 있기 때문에 그 정당성 여부는 일률적으로 논할 수 없는 성질의 것이고 가치관의 문제이기도 하기 때문에 본고에서는 판단을 유보하고자 한다.

3. 근로계약법론의 핵심 요소

(1) 개별의사와 사적자치의 존중 — 개별의사를 존중하기 위한 해석론적 접근

이와 관련하여 개별합의의 복권을 주장하는 野田 進의 논법은 매우 흥미롭다. 그는 기본적으로 지금까지 근로계약의 내용을 결정하는 것은 노동법규·단체협약·취업규칙의 중층적 제도가 만들어 낸 '신분'이고 이로 인해 계약적 의미는 퇴색하고 "계약에서 신분으로" 이동되었다는 문제의식을 가지고 있다.[67]

권한이 배분되고 경영에 대한 통제와 조정이 가능하게 된 점 등을 들어 노동법체계에서 자유와 강제에 대한 새로운 사고가 요구되며 기존의 자유로운 의사결정과 사적자치에 대한 불신에서 벗어나 자유와 자율영역을 확대할 필요가 있다고 주장한다. 하경효, 앞의 글, 247면 참조.

66) 이하의 내용은 이철수, 앞의 글, 212-213면.

67) 이와 유사하게 中窪 裕也는 근로계약은 근로자와 사용자의 관계설정 및 그 내용의 형성이라는 두 가지 기능을 가지지만, 당사자간의 구체적인 의사나 합의가 존중되지 않았기 때문에 두

따라서 개별합의의 복권을 통하여 "신분에서 계약으로" 회복되는 것이 노동법학의 과제라고 진단한다.

> "20세기 노동법의 발전은 개별합의의 지배를 제한·배제하는 것으로 특징지워진다. 노동법은 개별합의를 의심하는 것에서부터 출발하였다. 근로계약의 내용을 결정하는 것은 단체협약이나 취업규칙 등의 제도적 지배 하에 두어졌고 계약당사자간의 개별적 합의는 예외적으로 된다. 개별합의는 픽션에 불과하고 근로계약은 일종의 유사계약(pseudo-contract)일 수밖에 없었고 근로계약은 '쇠퇴'하고 '계약에서 신분으로'의 이동이 요청된 것이다."[68]

그는 개별합의의 역할이 낮은 평가를 받은 원인을 일차적으로 근로계약이 가지는 집단적·장기적·종속적인 성격에서 찾는다. 이로 인해 개별합의가 획일적·가변적·편면적인 것으로 되고 법원으로서 중시될 수 없다는 것이다. 여기에다가 판례와 학설을 통해 개발된 의제적 합의론으로 인해 근로자의 개별의사가 무시되는 경우가 자주 발생한다고 지적하는 한편, 배치전환과 관련한 판례의 예를 들어 개별합의의 중요성을 부각시키기 위한 논리학적 해부를 시도한다. 그는 합의를 '성립요건으로서의 합의'와 '해석대상으로서의 합의'로 나누고, 후자는 '기본적 합의'와 '추가적 합의'로 구성된 중층적·가변적 구조를 취하고 있기 때문에 근로계약 체결 이후의 근무기간 동안의 고용실태와 근로자의 효과의사를 최대한 반영하는 것이 해석론의 과제라고 주장한다.[69] 근로계약의 기간이나 파트타임 여부와 같은 근로조건은 계약체결시의 '기본적 합의'로서 대부분이 합의되고 '추가적 합의'가 수행하는 역할이 적은 반면에, 배치전환이나 출향은 기본적 합의는 일반적이거나 합의의 외피에 불과하고 그 후에 대폭적인 추가적 합의가 행해져 비로소 합의로서 완성되기 때문에, 해석학적 과제는 달라진다는 것이다. 이러한 측면에서 보면 이른바 '포괄적 합의설'은 근로계약 체결시의 개괄적인 기본합의의 포괄적 성격을 강조한 나머지 그 후 근로관계의 전개과정에서 구

번째 기능이 약하다고 지적한다. 그는 입법적 보완을 통해 내용상의 명확화를 기할 것을 주장한다. 中窪 裕也, "労働契約の意義と構造,"「講座 21世紀の労働法 第4巻 労働契約」, 日本労働法學會, 2000, 8-9면/16면 참조.

68) 野田 進, "労働契約上の權利義務,"「講座 21世紀の労働法 第4巻 労働契約」, 日本労働法學會, 2000, 19면 참조.

69) 이와 유사하게 水町 勇一郎은 21세기에는 계약의 성질결정과 구체적 해결영역을 구분하여 구체적이고 다양한 분석이 필요한 영역에서는 20세기처럼 문제를 정형적으로 파악하여 연역적으로 처리하는 방식을 탈피하여야 한다고 주장한다. 水町 勇一郎, 앞의 글, 41면 참조.

체적인 근무태양에 따라 새로운 합의가 추가된다는 점을 간과하고 있다고 비판한다. 그에 따르면 사외파견에 관해 포괄적으로 동의한 경우에도, 파견기간·사용사업주·파견 중의 근로조건 등에 관하여 파견시점에서 구체적인 설명을 받은 후에야 합의가 완성될 수 있다.[70)]

野田 進은 주로 취업규칙과 근로계약과의 관계에 있어 근로자의 구체적 계약의사를 최대한 반영하기 위한 해석론적 방법론을 제안하고 있지만, 단체협약상의 단체의지와 개별적 근로계약의사 간에도 긴장관계가 존재할 영역이 많아지고 있다면 점을 감안한다면, 이러한 문제의식을 유추하여 원용할 수 있을 것이다.

(2) 근로조건 결정시스템의 변화

전통적인 노동조건결정시스템은 노동보호법이 최저기준을 설정하고 이보다 유리한 근로조건이 단체협약 등을 통해 확보되면 이것이 개별 근로계약의 내용으로 되는 것이다. 그러나 노동주체와 노동환경의 급격한 변화로 인해 개별의사를 존중할 필요성이 제기됨에 따라 종래의 근로조건 규제방식에 대해 비판적 문제제기가 필요하다.

1) 전통적 규제방식과 비판적 검토

나라마다 접근방식상 다소의 차이는 있지만 최저기준를 법정화하는 방식과 발상은 보편적이다. 당사자의 계약자유를 직접적으로 제약하고 최저기준 위반의 당사자 합의는 무효로 한다(강행적 효력). 최저기준을 통해 근로조건의 일률적·획일적 규제를 선호하기 때문에 산업별 특수성이나 개별기업의 사정을 고려하기를 꺼려하고 근로자가 다양화됨에 따라 개별적 욕구가 증대함에도 이를 반영하지 않는다. 따라서 우선 이러한 다양성과 개별성을 제도적으로 수렴하기 위해 기존의 최저기준을 유연화하는 방안이 필요할 것이다. 어떠한 사항을 어떠한 방법으로 규정하는 것이 구체적 타당성을 높일 것인가. 현행법에서는 근로시간 규정에 이러한 시도가 발견되지만(특히 재량근로제), 미국과 같이 근로조건별로 적용범위를 달리하는 방안도 검토해 봄직하다. 또한 최저근로조건을 집단적 규율을 매개로 하여 유연화하는 방법을 다수의 유럽 국가에서 활용하고 있는 바, 이 점도 참고할 만하다. 보다 근원적인 문제로 최저기준이 존재하더라도 근로자 개인의 동의에 의해 적용상의 예외를 인정할 수 있을지에 관해서도 검토가 필요하

70) 野田 進, 앞의 글, 20-40면 참조.

다.[71] 일본의 최종보고서가 임의규정을 확대하는 대신 절차적 정비를 통해 사용자의 권한 남용을 방지할 것을 주문하는 것도 이와 유사한 맥락이라 평가할 수 있다.

집단적으로 근로조건을 설정하기 위해 전통적 시스템에서는 노동조합을 법적으로 승인하여 교섭력의 대등성을 확보하고 단체행동권에 민·형사 면책을 부여하여 노동력의 집단적 공급거부를 통해 경제적 압력을 행사할 수 있는 방식을 채택하고 있다. 아울러 단체교섭의 결과 체결된 단체협약에 대해 특수한 법적 효력(이른바 규범적 효력과 일반적 구속력 제도)을 부여한다. 요컨대 교섭력의 불균형을 노동삼권을 통해 해소하고 근로조건의 유지・개선을 도모하려는 것이다.

이러한 전통적 시스템은 구조조정과 저성장경제의 시대에 들어와 기능적 한계성을 드러내고 있다. 무엇보다도 경제성장이 지속된 시대에는 근로조건의 유지・개선이 주관심사였지만 현재에는 구조조정의 와중에서 고용안정이 우선적 과제로 등장하고 있기 때문이다. 이 경우 집단적 결정을 통해 근로조건을 조정하거나 불이익 변경하는 사례가 증가하는바 두 종류의 문제상황을 상정해 볼 수 있다. 우선 집단적 결정이 법정기준에 저촉하는 경우에 언제나 이를 무효로 할 것인가에 관한 문제의식이다. 법정 근로조건의 수준이 향상되면서(대표적으로 근로시간제) 단체협약 등을 통해 근로조건을 하향화하는 것이 근로자의 진정한 의사로 볼 수 있는 현실적 상황이 존재할 수도 있기 때문이다. 이는 규범체계와 관련된 보다 근원적인 문제로서 입법론상의 신중한 접근이 필요한 대목이다.

또 다른 하나는 법정기준과의 저촉문제는 발생하지 않으나 집단적 결정을 통해 기존 근로조건을 불이익하게 변경할 때 발생하는 문제이다. 종래의 단체협약의 기준보다 하회하는 새로운 단체협약을 체결하는 것이(이른바 양보교섭, concession bargaining) 가능한지가 법리상 다투어질 수 있다. 우리의 실무관행이나 판례 또는 제외국의 예에 비추어, 이는 해석론상 가능할 것이다. 문제는 집단규범간의 충돌문제가 발생할 때이다. 우선 산별협약과 기업별 차원의 협약과의 규범충돌의 문제이다. 우리나라와 같이 산별조직화의 진전속도와 교섭권한의

71) 이러한 예외를 인정할 경우 강행법규가 임의적 규범화하거나 종속노동론의 기초가 흔들릴 우려가 있기 때문이다. 그러나 예컨대 여성보호법제로 인해 현실적으로 취업기회가 상실될 우려가 있는 경우 일정한 조건과 절차를 거쳐 개별적 예외를 인정하는 것이 보다 합리적일 경우가 있을 수 있다. 이와 관련 西谷敏은 근로자의 자기결정권을 존중하기 위해서는 ① 근로자의의 진의에 기초할 것, ② 경솔한 판단으로부터 보호, ③ 근로자간의 경쟁 유발 방지의 조건을 제시하고 있다. 松本博之・西谷敏 編,「現代社會の 自己決定權」, 信山社, 1997, 235면 참조.

분배방식이 각기 상이하고 이에 관한 확립된 법리나 관행이 형성되어 있지 않는 상황에서 노동조합간의 내부 권한문제로 환원시키기에는 법적 안정성의 견지에서 바람직하지 않는 상황이 발생할 수 있다. 우리나라 판례가 노동조합의 지부에 독자적 교섭권을 인정하고 있는 관계로 단위노조와 지부의 교섭권 충돌은 논리필연적으로 예정되어 있다. 향후 창구단일화 제도가 도입된다면 산별협약과 사업장별 교섭대표가 체결한 협약간의 관계에 관해 해석론상으로 풀기 어려운 복잡한 문제상황이 발생하게 된다.[72] 마지막으로 단체협약과 사업장 과반수 대표가 체결하는 협정・취업규칙・개별협약간의 충돌문제를 상정해 볼 수 있는데 이는 유리조건우선의 원칙을 인정할 것인가의 문제와 연결되어 있는바, 이에 관해서는 입장의 대립이 심각하고 아직 판례도 확립되어 있지 않는 상황이다.[73]

2) 개별적 결정 영역의 증대와 새로운 접근의 필요성

근로자의 다양화・개별화와 더불어 기업의 인사노무관리도 개별화되기 때문에 근로조건의 결정・변경도 근로자의 자기결정권을 존중하자는 주장이 제기된다. 앞서 언급한 바대로 野田 進이 비판하는 바와 같이, 근로관계 존속 중의 근로조건의 변경의 경우, 전통적 결정시스템은 개별의사를 반영하기 어렵다. 즉 현행법에서는 노사당사자간에 합의가 성립하는 것을 전제로 그 최저기준을 법정화하거나 또는 합의에 도달하는 과정에 법이 개입하거나 합의내용에 법이 특수한 효력을 부여하는 방식을 취하고 있을 뿐, 근로관계 존속 중의 계약내용의 변경과 관련하여서는 구체적 해석기준을 제시하지 않고 있다. 그러나 최근 근로관계존속 중에 직무평가와 연봉제 등을 통해 근로조건이 재조정되거나 구조조정적 차원에서 배치전환이나 사외파견 등의 인사관리가 빈번하게 활용되고 있어, 노사 당사자간에 갈등이 증폭되고 있지만 제도적으로 이에 충분히 대처하지 못하고 있는 실정이다.

사용자가 제안하는 근로조건의 변경 내용에 대해 근로자가 합의하지 않는 경우 계약해지가 가능한지, 일방적 변경이 가능한지, 제 3 자의 결정에 맡길 것인지 등이 문제되나, 이에 관해 종래의 결정시스템과 그에 기초한 해석론과 판례는 뚜렷한 해결책을 제시하지 못하고 있다. 근로기준법 제30조의 '정당한 이

72) 이에 관해서는 이철수, "교섭창구단일화와 관련한 법률적 쟁점,"「노동법연구」제18호, 서울대학교노동법연구회, 2005. 6, 22-24면 참조.

73) 이에 관해 새로운 접근의 필요성은 하경효, 앞의 글, 240-242면 참조.

유’ 또는 제97조의 ‘불이익변경’의 불확정 개념만이 해석론상의 매개개념으로 활용될 뿐이고 법원의 판결도 사용자의 재량권을 보다 존중하는 경향성을 보이고 있어, 현실적으로 보면 사용자가 일방적으로 근로조건을 변경할 가능성이 높아지고 있다.[74] 더구나 근로조건의 변경문제는 실제로 해고와 연관되어 있기 때문에 문제의 심각성은 배가된다. 사용자의 변경 요구에 불응할 경우 이를 이유로 징계해고를 행하는 경우에 법원이나 노동위원회에서는 변경의 정당성이 인정되면 대부분 징계해고를 유효한 것으로 판단하는 경향이 강한데, 이로 인해 보다 엄격하게 해석되어야 할 해고의 정당화 요건이 근로조건변경의 정당성 문제로 환원되어 해고제한법리가 무색해진다. 근로조건 변경과 해고 간의 기계적 연계성을 차단할 법제도적 기제가 전무하고, 실제적으로는 해고의 자유가 보장되는 미국식의 외부노동시장 모델[75]을 용인하는 결과로 된다. 이와 관련 현재 노사관계선진화위원회에서 논의된 바 있는 유보부 승낙의 변경해약제도를 입법론적으로 검토해보는 방안도 생각해 볼 수 있다.[76] 근로조건변경의 문제가 해고와 채용과정에서 해소되는 미국과 달리 우리나라에서는 근로관계의 존속을 전제로 한 해법을 찾아야 하고 법원 또는 공적기관의 검증과정을 매개하는 것이 필요하기 때문이다.

근로조건의 개별화는 분쟁시스템의 확충과 내적 연관성을 갖는다. 새로운 유형의 분쟁 중 근로조건의 변경이나 업적평가 등을 둘러싼 개별적 권리·이익분쟁의 비중이 높아지고 있음에도 불구하고 이에 대비한 사회적 인프라의 구축은 미비하다고 할 수 있다.[77] 이는 작금의 노동법원 논의와 맥이 닿아 있다. 최근 일본에서 개별적 분쟁처리를 위해 노동심판제도를 도입하는 등 대폭적인 제도개선을 하는 것은 같은 이유이다.

---

74) 같은 취지로 이정, 앞의 글, 5면 참조.

75) 외부노동시장 모델은 미국과 같이 해고의 자유(employment at will doctrine)가 보장되어 근로계약의 내용을 현상 그대로 유지하지 못하는 이상, 계약을 해지하고 새로운 근로조건에 동의하는 자를 외부노동시장으로부터 새로이 채용하는 방식 말한다. 이에 반해 우리나라와 일본, 독일 등에서는 해고를 제한하고 있기 때문에 근로조건의 변경에 관한 합의가 성립하지 않는 경우에도 고용을 유지한 상태에서 내부노동시장에서 대처하는 방식(내부노동시장모델)을 법제도적으로 상정하고 있다고 할 수 있다.

76) 노사관계선진화연구위원회, 「노사관계법·제도선진화방안」, 2003. 11, 152-155면. 본 보고서에서는 변경해지제도의 이론적 타당성이나 현실적 유용성을 인정하면서도 이 제도가 사용자에게 악용될 소지도 있음을 환시시키고, 장기적 연구과제로 제안하고 있다.

77) 이에 관해서는 박은정, “노동분쟁해결제도연구 — 실태분석 및 입법론적 개선방안을 중심으로,” 이화여자대학교법학과 박사학위논문, 2005, 129면 이하 참조.

이 외에도 연봉액의 결정 등과 같은 근로자의 개별적 교섭이 증대할 것에 대비하여 이와 관련한 지원방안을 검토하는 것이 필요하다. 예컨대 상담기능의 강화, 정보접근과 교육훈련을 위한 행정적 지원, 개별교섭에 대한 고충분쟁처리 시스템의 정비, 전직지원을 위한 외부노동시장의 정비, 종업원대표 기능의 강화 및 종업원 개인의 자기결정권 존중 시스템 개발 등을 생각해 볼 수 있을 것이다. 이렇듯 근로조건의 개별화에 대응한 합리적 규율은 탈규제가 아니라 역설적으로 국가기능의 강화를 요청한다. 이흥재 교수가 상생노동의 새로운 패러다임을 위해 적극적 고용정책을 실시하는 '국가'를 노동법의 주체로 상정하여야 하여야 한다는 주장[78]은 매우 전향적인 접근방식이라 할 수 있다.

V. 근로계약법리의 현대적 전개 — 각론적 분석

근로계약법제가 근로자보호법의 반대 개념으로서가 아니라 노사관계의 새로운 모델을 설정함에 있어 기존의 인식의 지평을 확대시키는 계기로 활용되어야 할 것이다. 다시 말해 근로자보호법 자체의 존재가치는 오늘날 우리의 상황에서도 인정되기 때문에 근로자보호법의 일반적·추상적 비판에 초점을 맞출 것이 아니라 이와 다른 차원에서 근로계약법제의 적극적·발전적인 측면을 강조하고 양자를 현실 여건에 맞게 발전·통합시키는 데 현재의 계약법론의 의의를 찾아야 할 것이다.

앞에서 살펴본 대로 근로자 개인의 진정한 개별의사를 존중하기 위한 입법론적·해석론적 재검토가 필요하고 특히 단체의지를 최우선시해 온 기존의 의사결정시스템에 대한 비판적 분석이 요구된다. 아울러 노동시장의 변화로 인해 제기되는 새로운 문제영역이 대해 적절한 입법적 대응[79]이 필요하다고 할 수 있다.

---

78) 이흥재, "21세기 노동법적 과제와 새로운 패러다임 모색," 「한·중·일 노동시장의 변화와 노동시장법제 패러다임의 전환」, 한국비교법학회 · 한국외국어대학교 법학연구소, 2005. 2, 172-174면 참조.

79) 이하에서 언급하고 있는 내용 이외에도 새로운 문제영역 유형으로, 1) 특수직 종사자와 근로자 개념의 재정립, 2) 근로조건 변경과 관련한 입법적 보충, 3) 영업양도 등 사업주 변경과 관련한 입법적 보충, 4) 채용내정과 시용에 대비한 입법적 보충, 5) 정보화 시대의 신의칙 의무를 들 수 있을 것이다.

1. 단체협약법제의 비판적 검토

현행법에서는 단체협약의 강행적 효력을 인정하여 단체협약에 반하는 취업규칙·근로계약을 무효화하는 규범력을 부여하고 있다. 이는 독일·프랑스 등의 대륙법계에서 보편적으로 도입하고 있고 단결체의 힘을 통해 사회적·경제적 힘의 열위에 있는 개별 근로자의 근로조건 유지·개선을 유지하기 위해 필요한 제도라 할 수 있다. 그러나 단체의지가 과도하게 강조되어 개별적 의사가 무시되는 경우가 있음도 부정할 수 없다.

우선 유니온 숍의 위헌성 문제이다. 유니온 숍 협정은 다수노조의 단결력을 강화하는 데에는 기여하나 소수노조의 단결권[80] 또는 개별 근로자의 단결선택권 내지 근로권을 침해할 우려가 높다. 국내 노동법학계의 통설에 따라 근로자의 소극적 단결권을 인정하지 않는다 하더라도, 유니온 숍은 제한적 조직강제의 일종으로서 개별 근로자의 적극적인 단결권(단결선택의 자유)을 침해하기 때문에 대부분의 국가에서는 이를 인정하고 있지 않다. 2007년부터 동일 사업 내에서도 복수노조가 존재할 경우를 상정하면 이와 관련하여 노동조합 간의 이해가 충돌할 가능성이 높은바 전향적인 검토가 필요하다.

아울러 일반적 구속력제도의 개정이 필요하다. 우리나라에서 일반적 구속력을 도입하게 된 배경이 불분명할 뿐만 아니라 그 입법취지에 관해서도 학자마다 설명이 다르다. 지역단위 일반적 구속력의 취지에 관해서는 단체협약상의 기준을 그 지역의 동종근로자를 위한 최저기준으로 함으로써 사용자 상호간의 근로조건 저하 경쟁 및 이로 인한 불공정거래를 방지하기 위한 것으로 설명하는 것이 일반적이다. 독일의 일반적 구속력을 계수한 것으로 일응의 제도적 타당성은 인정된다 할 것이다. 그러나 행정관청이 2/3요건(노동조합법 제36조)을 기초로 기계적으로 결정하는 것은 바람직하지 않다. 독일과 같이 노사동수 위원회에서 심사하여 당해 지역 또는 산업에 일반적 구속력을 인정하는 것이 적절한지의 여부를 노사가 자치적으로 결정하도록 하여야 할 것이다. 문제는 사업장 차원의 일반적 구속력제도에 더욱 두드러진다. 사업장 단위 일반적 구속력제도의 취지와 관련하여 해

80) 최근 대법원 2002. 10. 25. 선고 2000다23815 판결에서는 유니온 숍협정이 체결된 노동조합을 탈퇴하여 조직대상을 같이 하면서 독립된 단체교섭권을 가지는 다른 노동조합에 가입한 경우에도 유니온 숍 협정이 적용된다고 판시하고 있어 소수노조의 단결권을 침해할 소지가 높다.

당기업의 근로조건을 통일함으로써 비조합원을 보호하려는 규정이지만, 부수적으로 비조합원의 우대를 저지하여 노동조합도 보호할 수 있다는 점도 배려한 규정이라고 설명된다.[81] 그러나 비조합원을 보호할 필요가 무엇인지에 관해 적극적 입론을 개진하지 않고 있는바, 오히려 무임승차(free-rider)를 조장할 우려가 있다. 아울러 개별적 교섭을 통해 보다 유리한 근로조건을 확보할 수 있다고 판단하여 조합에 가입하지 않는 근로자에 대해서는 근로제공과 관련한 자기결정권을 침해할 소지가 있을 뿐만 아니라 근로조건의 개별화 추세에도 맞지 않는다. 무엇보다도 1/2요건을(노동조합법 제35조) 충족하면 별다른 절차없이 법률상 당연히(ip so jure) 적용되어 노사의 의사에 반할 경우가 많다. 요컨대 사업장 차원의 일반적 구속력 제도는 독일에서도 발견되지 않거니와 그 제도적 타당성을 의심하지 않을 수 없는바, 폐지되어야 할 것이다.

조직형태의 변화에 대응하여 입법적 개선이 필요하다. 현재에는 기업별 단위노조가 주종을 이루고 있지만, 한국노총과 민주노총 공히 산별체제로 이행할 것을 조직의 목표로 삼고 있고 현재에 금속·보건·금융산업에 있어 일정부분 산별화가 진행되고 있다. 산별화에 따라 교섭체계가 중층화되고 그 결과 다수의 단체협약이 존재할 가능성이 높은바, 각 단체협약 간의 규범적 위계 문제를 입법적으로 해결하여야 할 것이다. 아울러 단체협약과 취업규칙 간에 이른바 '유리조건우선의 원칙'을 인정할 것인지에 대해서도 입법론적 검토가 필요하다. 사업 내의 표준적·정형적 근로조건을 정하고 있는 사업별 단체협약과 취업규칙 간에 동원칙을 인정하게 되면, 노동조합의 지지기반을 약화시키고 부당노동행위를 조장하게 할 우려가 높다.[82] 그러나 초기업적 차원에서 체결되는 산별·직종별·지역별 단체협약은 당해 산업·직종·지역 내의 최저기준을 정하는 기능을 하기 때문에, 특정 사업에서 독자적으로 유리한 근로조건을 결정할 수 있도록 하여야 할 것이다. 이 경우에는 노동조합의 지지기반을 약화시킬 개연성도 높지 않은바, 이를 긍정적으로 검토하여야 할 것이다.

---

81) 임종률, 「노동법」 제 5 판(전면개정), 박영사, 2006, 159면 참조.

82) 같은 취지로 김유성, 「노동법 II」, 법문사, 2000, 170면 및 임종률, 앞의 책 144면 참조.

2. 취업규칙에 대한 근원적 재검토

현행의 취업규칙은 이론적으로나 실무적으로 여러 가지 문제를 발생시키고 있고 계약법리의 형성에 장애가 되고 있기 때문에 근원적인 재검토가 필요하다.

우선 취업규칙의 법적 성격이 불분명함으로써 발생하는 분란을 지적하지 않을 수 없다. 계약설과 법규범설 등의 이론적 탐색이 시도되어 왔으나, 어느 이론도 정설적 지위를 가질 수 없을 것이다. 왜냐하면 사용자가 '일방적'으로 작성하는 취업규칙에 그 자체로 규범력을 부여하는 방식은 매우 이례적이고 비교법적으로 다른 나라에서 찾아 보기 어려운 전근대적이기 때문이다.

아울러 현행의 취업규칙제도는 사적 자치에 바탕을 둔 의사합치를 근간으로 하는 계약법리에 결코 친하지 않고 취업규칙이 설계하는 직장질서에 개별의사가 매몰될 위험성이 높다. 근로자보호의 관점에서 현행법에서는 사용자의 취업규칙 작성의무를 부과하면서 근로조건을 거의 망라하다시피 한 필요적 기재사항을 규정하고 있지만(근로기준법 제94조), 취업규칙의 법규범적인 효력의 범위와 한계가 불명확하기 때문에 취업규칙이 본래의 근로자보호의 기능을 수행하지 못하고 오히려 취업규칙을 통한 사용자의 근로조건의 일방적 결정·변경권한을 인정하는 결과를 초래할 가능성이 많다. 실무적으로 볼 때에도 개별적인 근로계약의 해석문제가 대부분 집성적인 취업규칙의 해석 문제로 환원해 버린다고 해도 과언이 아니다. 이는 계약법리의 형성을 저해하는 요인이 될 수 있을 것이다. 불이익 변경시에 근로자대표의 동의를 얻도록 하고 있지만 대법원의 판결에서는 사회통념상 합리성이 인정되면 근로자대표의 동의 없이도 일정한 불이익 변경이 가능한 것으로 해석하기 때문에[83] 계약내용 변경에 있어 근로자측의 의사가 배제될 우려가 있기도 하다.

단기적으로는 취업규칙의 법적용상의 합리성과 명료성을 도모하기 위한 조치가 필요하다. 우선 취업규칙의 효력 요건을 보다 명확히 정리하고, 불이익 변경과 관련 불이익의 판단기준, 동의의 주체, 동의절차와 방법 등을 보다 자세히 규정하여야 할 것이다.[84] 이런 점에서 일본의 2005년 최종보고서는 보다 진일보한 접근방식이라 평가할 수 있다. 왜냐하면 취업규칙을 통한 통일적 근로조건

83) 대법원 1988. 5. 10. 선고 87다카2853 판결.

84) 같은 취지로 박종희, "취업규칙 제도 검토," 노동부 근로기준연구회 발표문, 2005. 10. 31.

형성보다는 근로자측의 의사 반영을 보다 중시하고 있기 때문이다. 아울러 취업규칙의 변경에 있어 노사위원회의 참여를 통해 취업규칙의 형성력을 제한하고자 노력하고 있다.

장기적인 관점에서 보면 사용자와 종업원 전체의 이익을 대변하는 기구와 실제로 일정한 협정을 체결하는 형식으로 취업규칙을 마련하도록 하여야 할 것이다. 독일식의 경영협정(Betribsvereinbarung) 체결 방식과 유사하다고 볼 수 있다. 사업장 내의 세부적 근무조건 및 직장규율은 근로자의 지위에 직접적으로 영향을 미치는바, 자기결정권의 원칙이 최대한 존중되어야 하기 때문이다. 그러나 아직 종업원 전체의 이익을 대변할 기구가 정비되어 있지 않고, 기업별노동조합과 산별노동조합이 혼재되어 있는 현실적 상황을 감안한다면 노사관계의 진전에 따라 종합적이면서 면밀한 준비와 검토가 요구된다 할 것이다. 이는 노사협의회의 기능 강화 문제와 근로자 대표기능의 재정비 문제와 연관되어 있기도 한다.

3. 유연안정성(flexicurity)과 해고법제의 개선

노동의 유연화는 세계적 추세로 노동법학계에서도 이 흐름을 거역할 수는 없을 것이다. 1990년대에 들어와 노동의 유연성을 제고시키기 위한 법제 개혁논의가 시작된 이후 탄력적근로시간제 · 파견근로 · 정리해고 등의 법개정이 있어 왔다. 전통적인 보호법제만으로는 새로운 노동환경의 변화에 대응할 수 없고 기업경쟁력의 제고가 전제되지 않고는 근로자 보호를 기대할 수 없다는 것이다. 즉 노동시장의 유연성을 제고하면서도 근로자의 고용안정과 근로조건보호를 조화시키는 방안 즉 유연성과 안정성 중 어느 일방만을 추구하는 것이 아니라 양자를 조화시킬 수 있는 방안에 대한 고민이 이 시대 노동담론의 중심테마가 되고 있다. 2004년 OECD 보고서[85]가 적절히 지적한 바와 같이 핵심적인 이슈는 한편으로는 지속적으로 변화하는 시장에 적응해야 한다는 기업측의 필요와 다른 한편으로는 고용보장이라는 근로자측의 필요를 어떻게 조화시켜야 하는가(how to keep a balance) 하는 것이다.

노동시장 유연화론에서의 주된 타깃은 정규직 근로자를 대상으로 하는 고용

85) OECD, *OECD Employment Outlook 2004,* 61면 이하 참조.

보호법제(Employment Protection Legislation: EPL)이다. 고용보호법제란 상당히 다의적인 용어로서 넓게는 노동관계법 전반을 가리키지만, 통상적으로는 해고규제를 중심으로 하는 좁은 의미의 근로조건 보호법제를 가리킨다. 특히 근로기준법 제30조 내지 제33조에서 정하고 있는 해고제한 법규정이 핵심이다. 우리의 해고법제는 미국식의 해고의 자유(employment at will doctrine)를 인정하고 있지 않는바, 경영계 및 경영학·경제학계에서 이로 인해 우리나라의 노동시장이 매우 경직적이고 해고법제의 제한을 푸는 것이 노동시장의 현대화의 관건이라고 주장한다. 우리나라의 노동시장이 경직적인지의 여부에 관해 논란이 있을 뿐만 아니라 해고제한법제 자체의 타당성 여부는 전체 법질서와 연계되어 있는 문제이니만큼 입법정책적으로 간단하게 결정할 문제는 아니다. 따라서 현행법제의 기본은 그대로 유지하면서도 고용의 엄격성을 완화하거나 효율적인 제도 운영을 위해 개선을 필요로 하고, 또한 개선 가능한 사항을 점검해 보는 것이 보다 생산적이다.

우선 부당해고 구제시스템의 효율성을 제고시킬 방안을 강구하여야 할 것이다. 해고를 둘러싼 당사자들의 비용과 부담은 해고에 관한 실체법적 규정에 의해서만 좌우되는 것은 아니다. 비록 실체법이 잘 정비가 되어 있더라도 절차적으로 시간이 많이 걸리거나 비용이 많이 든다면, 근로자측으로서는 해고 소송이나 구제신청을 제기하기 어렵게 되고, 사용자측으로서는 해고분쟁으로 인해 겪게 될 어려움으로 인해 해고 자체를 꺼리게 된다. 따라서 분쟁해결의 효율성을 제고할 수 있는 절차적 시스템의 마련은 해고분쟁의 신속한 해결과 함께, 해고 자체의 유연성을 제고할 수 있는 방안이 된다. 현재 부당해고를 당한 근로자는 법원에 대해 해고무효확인의 소를 제기하거나 또는 노동위원회에 부당해고구제신청을 제기할 수 있다. 이러한 이원적 시스템은 그 동안 일정한 긍정적 평가를 받았음에도 불구하고, 가장 큰 문제는 분쟁의 장기화이다. 당사자가 계속 다투는 경우 결국 행정소송으로 전환되어 사실상 5심제로 운영(지방노동위원회-중앙노동위원회-행정법원-고등법원-대법원)되어 분쟁이 2년에서 3년까지 지속될 수 있다. 또 다른 문제점은 구제기관의 상이함으로 인해 동일한 사건에 대한 법적 판단과 법적용상 통일성이 침해될 수도 있다. 최근의 노동법원 논의는 이 문제와 직접적 연관성이 있다.

부당해고 구제내용의 탄력성을 제고시킬 필요가 있다. 현행법상 부당해고의 구제 내용은 임금지급과 원직복귀뿐이다. 그런데 현실에서는 해고로 인해 근로관계의 계속(원직복귀)을 원하지 않거나 그것이 바람직하지 않은 경우도 드물지 않다. 이런 문제점을 고려하여 일부 선진국에서는 당해 해고가 부당하기는 하지만, 당사자의 일방 또는 쌍방이 고용계속을 원하지 않는 경우에는 일정한 금전보상을 전제로 근로관계를 종국적으로 해소할 수 있는 제도를 두고 있다. 이것이 이른바 '근로관계청산금제도' 또는 해고보상금제이다. 노사관계선진화 방안에서도 동제도의 도입을 조심스럽게 제안하고 있는바,[86] 전향적으로 검토해 볼 만하다.

의사표시의 해석문제로 인한 분쟁을 줄이기 위해 해고에 대한 서면통지를 의무화할 필요가 있다. 현행법상 해고 시 해고사실 및 해고사유에 대해 사용자가 서면으로 통지할 의무가 없다. 이에 따라 해고의 존부와 해고사유를 둘러싼 당사자간의 분쟁이 적지 않게 벌어지고 있다. 이러한 불필요한 분쟁을 막기 위해 서면에 의한 해고사유 등의 통지를 사용자의 의무로 하는 것에 대해서는 학계에서 별다른 이견이 없어 보인다. 참고로 노사관계선진화방안에서는 해고 이외에도 기본적 근로조건에 관해서는 근로계약체결을 서면화할 것을 제안하고 있다.[87] 아울러 사직의 의사표시 또는 합의해약의 신청이 있는 경우 일정기간 내에 근로자가 철회할 수 있는 기간을 설정할 것을 검토해 볼 필요가 있다. 근로자의 사직서 제출이 청약에 불과한 것인지 아니면 해지의 의사표시인지의 여부는 전적으로 사용자의 처분에 맡겨져 있기 때문에 형평의 관념에서 일정한 철회기간을 설정하는 것이 합리적이기 때문이다. 채용내정 및 시용계약이 빈번하게 활용되고 있지만, 노사 간의 법인식의 차가 현격할 뿐만 아니라 의사표시의 존재 여부를 둘러싸고 다툼이 자주 발생하는바, 분쟁의 소지를 줄이기 위해 시용기간 · 서면통지의무 규정을 마련하여 법적으로 해결할 것을 검토해 볼 필요가 있다.

일본의 최종보고서에서 제안한 바 있는 변경해지제도에 관한 논의가 필요하다. 변경해지(Änderungskundigung)제도란 사용자가 근로관계의 해지와 함께 변경된 근로조건의 내용으로 근로관계를 존속시키고자 하는 청약을 하고, 만약 이를 근로자가 거부하는 경우에는 근로관계가 해지되도록 하는 제도이다. 즉 근로

86) 노사관계제도선진화연구위원회, 「노사관계법 · 제도 선진화 방안」, 2003. 11, 138면 참조.
87) 위 보고서, 144-145면.

자로 하여금 근로조건의 변경과 해고 중에서 선택하도록 함으로써 노동능력, 근로환경 등에 변경이 있을 때 해고라는 극단적인 선택(all or nothing) 대신에 보다 완화된 조건을 근로자가 수용할 수 있는 가능성을 열어 놓음과 동시에, 사용자로서는 변화된 환경에 대응하여 근로조건을 변경할 수 있도록 하는 것이다. 변경해지제도는 상당한 장점을 가진 제도이지만, 현재 우리나라에서는 이에 대한 연구나 소개가 미약하여 노사의 이해가 부족한 상태이다. 노동계에서는 제도도입에 따른 불안심리가 상당히 강하게 존재하고 있고, 경영계에서도 이 제도에 대한 오해에 기인하여 편법적 이용의 가능성이 적지 않다. 따라서 이 제도에 대한 상당한 이해가 축적된 이후에 이 제도의 도입에 대해 검토를 하는 것이 바람직할 것이다.

4. 고용형태에 따른 차별해소와 국가의 역할 재정립

'비정규직의 정규화'라는 표현이 무색할 정도로 우리의 비정규직의 비율은 높을 뿐만 아니라 빠른 속도로 확산되고 있다. 외환위기 이후에 비정규직이 급격히 증가하면서[88] 이들에 대한 근로조건 · 복지 등의 차별, 위법 · 탈법행위 사례 등이 문제로 대두되었다. 2005년 8월 현재 비정규직근로자 수는 작년 동기 대비 9만명이 증가한 548만명으로 전체 임금근로자의 36.6%를 차지하고 있다. 또한 월 평균임금은 116만원으로 정규직의 185만원의 62.6%으로 2004년의 65% 수준에 비해 오히려 떨어졌고 정규직과 비정규직간 임금격차는 69만으로 2004년의 62만원에 비해 커졌다. 또한 사회보험가입률도 36%대로 정규직의 절반 수준에 머무르고 있다.[89]

IMF 이후의 이러한 경향을 감안하여 정부는 비정규직 근로자에 대한 불합리한 차별적 처우를 금지하고 남용을 규제하되 노동시장의 유연성과 조화를 도모하기 위해, 노사정위원회 등의 논의를 거쳐 2004년 9월에 비정규법안을 마련하였으나 노사간의 이견이 심해 아직 법률로 제정되지 못하고 있는 상황이다.

88) 정부설명에 따르면 고용형태에 따른 비정규직 비중이 2001년 8월의 27.3%에서 2003년 8월에 32.6%로 증가한 것으로 나타나고 있다. 임시, 일용직의 비중은 97년 45.7%에서 2000년 52.1%로 급격히 증가하다가 그 이후 하향세를 보여 2003년 12월 현재 49.3%를 차지하고 있다. 노동부, 「비정규직 입법관련 Q&A」, 2004. 9. 10 참조.

89) 2005년 10월 27일자 노동부 보도자료.

노동계의 주장은 비정규직은 특별한 예외사유가 없는 한 '반가치적인 것'이라는 전제에 입각하고 있는 반면, 사용자의 주장은 비정규직은 시대의 추세이기 때문에 자유롭게 허용 내지는 권장되어야 한다는 인식에 터 잡고 있다. 노동계는 비정규직을 둘러싼 탈법, 차별을 구조적인 문제로 파악하기 때문에 실사구시의 입장에서 개량적 해결을 모색하기보다는 법을 통한 총체적 규제를 선호한다. 사용자는 우리의 노동유연성이 턱없이 부족하다는 사실인식을 가지고 있으며 그 원인이 정규직의 과보호에 있다고 진단하기 때문에 비정규직 문제의 해법은 오히려 정규직에 대한 과규제를 해소함으로써 시장원리가 원활히 작동되어야 한다는 점을 강조한다.

이렇듯 노사의 철학과 방법론의 차이로 인해 비정규직의 유연안정성을 제고시키기 위한 방안을 마련하기가 용이하지가 않다. 무엇보다도 기존의 정규직 고용보호법제(EPL)가 비정규직에 미치는 영향에 대해 학자들 간에도 논란이 있을 뿐만 아니라,[90] 노사간의 견해차가 너무나 현격하기 때문이다. 필자는 비정규직 보호방안과 관련하여 노사간에 벌여지는 "벼랑끝의 결투"를 해결하는 길은 별도의 노동시장정책에서 찾아야 하지 않을까 하는 생각을 가진다.

정부의 노동시장정책은 고용안정성의 보장, 실직자의 신속한 취업 기회 및 소득의 보장 등의 다양한 측면을 고려하여야 한다. 지금까지 논의되어 온 EPL은 취업자의 고용안정성을 보장하는 것을 주목적으로 삼는다. 그러나 동일한 고용보호법체계 내에서도 노동시장의 실질을 들여다 보면 정규직 남성과 비정규직·연소자·여성 간의 차별 또는 긴장관계가 존재한다. 나아가 고용보호법은 실직의 위험을 줄이는 경향이 있지만 다른 한편으로 실업에서 취업으로 전환하는 데에 부정적인 영향을 미칠 수 있기 때문에 양자의 긴장관계가 존재한다. 이러한 긴장관계를 해소하기 위해서는 한 가지 이상의 정책이 종합적으로 실시되어야 하며 고용보호법만을 따로 분리하여 그 역할을 기대하기란 어렵다. 따라서 고용보호법은 신중하게 설계된 실업보험급여와 효과적인 노동시장 개입정책(이른바 적극적노동시장정책, ALMP)을 포함하는 포괄적 전략의 한 부분으로 고려되어야 한다. 이 점에서 노동시장의 유연성을 보장하는 대신 복지정책과 ALMP를 적극

90) 극단적으로 엄격한 노동시장규제를 걱정하는 것은 시간낭비라는 주장이 있는 반면(Nickel/Layard), 엄격한 EPL은 노동시장에 치명적이라는 진단이 행해진다(Heckman/Pages). OECD, 앞의 책, 76면 참조.

적으로 추진하는 덴마크의 경험은 우리에게 시사하는 바가 크다.[91] 이홍재 교수가 제안하는 바와 같이 적극적 고용정책을 실시하여야 할 국가를 또 하나의 노동법 주체로 상정하여 노사간의 예각적 충돌을 제도적으로 해소할 필요가 있다.[92]

5. 개별적 분쟁 증가에 대비한 합리적 해결모델 개발

현재 대부분의 노동분쟁은 개별적 영역에서 발생하고 있다. 그 사실은 다음의 표를 통해서도 확인해볼 수 있다.

〈표〉 노동분쟁의 현황 — 개별분쟁과 집단분쟁의 구분을 기초로 함[93]

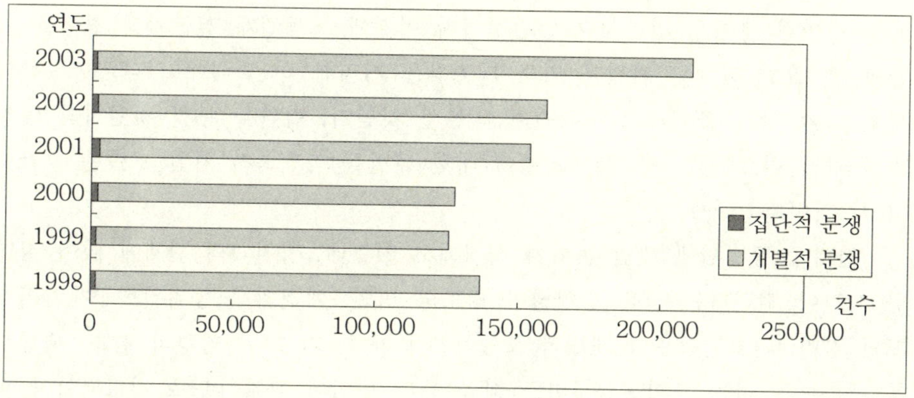

※ 집단적 분쟁에는 조정신청사건과 부당노동행위신청사건이 포함됨.
※ 개별적 분쟁에는 근로감독관에 대한 신고접수건수와 부당해고신청사건 및 노동민사사건이 포함됨.

이러한 추세는 근로조건의 개별화 경향에 따라 더욱 가속화될 것을 충분히 예견할 수 있다. 그럼에도 불구하고 현행 조정제도는 집단분쟁에 초점이 맞추어져 있고, 개별분쟁에 대해서는 근로감독관을 통한 근로관계법 위반사실의 적발

91) 덴마크 모델에 관해서는 OECD, 앞의 책, 97면 이하 참조. 이와 관련 미국의 실업급여와 관련한 적극적 노동시장정책에 관해서는 김소영, "적극적 노동시장정책을 위한 미국 실업보험제도의 변화와 시사점,"「노동정책연구」제 5 권 제 2 호, 한국노동연구원, 2005 참조.

92) 이홍재, "민주헌정이후 노동판례 경향의 특징 — 노동보호규제의 완화와 단결활동 규제의 강화,"「노동법학」, 노동법학회, 2002. 12, 173면 이하 참조.

93) 박은정, 앞의 박사학위논문, 105면의 도표 Ⅲ-3을 인용한 것임. 이 도표에 대한 박은정 박사의 설명에서는 노동사건을 별도로 취급하지 않는 법원통계의 제한상 1998년 이후의 경향만을 나타내 보일 수 있었다고 밝히고 있다.

과 규제, 노동위원회에 의한 부당해고의 보호, 법원에 의한 분쟁해결제도를 마련해 놓고 있을 뿐이다. 아울러 그나마 존재하는 분쟁해결 방식도 상호 유기적으로 연계되지 못함으로써 절차가 중복되는 등의 문제가 발생하고 있다.

일본에서 오랜 기간 동안 근로기준법의 개정논의를 토대로 하여 최근 개별분쟁 해결을 촉진하기 위해 대폭적으로 관련 제도를 개선하였는바, 유의미한 시사점을 제공하고 있다. 개별적 분쟁의 특수성을 고려하여 그 해결을 모색하기 위하여 2001년 7월 11일에 이미 "개별노동관계분쟁해결의 촉진에 관한 법률"을 제정하여 노동행정기관의 알선과 조정을 축으로 하면서 노동분쟁에 대한 상담과 조언을 수행하고 있다.[94] 또한 2004년 5월 12일 노동심판법(勞働審判法)을 제정하여 지방법원에서부터 독특한 심판제도를 운용하고 있다. 동제도의 요체는 개별적 분쟁을 법률적으로 판정하기 이전에 노동관계 전문가의 경험을 활용할 수 있고 신속한 해결을 위하여 조정을 거치게 하는 데에 있다.[95] 우리의 경우 이와 같은 조정을 노동위원회를 통할 것인지, 법원을 통할 것인지의 여부는 논의가 필요하겠지만, 개별분쟁에 대한 해결을 촉진하기 위한 노력은 시급하다 할 것이다.

현재 노동법원에 관한 논의가 시작되고 있는데, 법원과의 관계에 있어 상당한 시간이 걸린다는 점을 감안하면 별도의 방안, 예컨대 노동위원회구제절차제도의 정비, 근로감독관의 개별적 노동분쟁에 대한 기능 및 역량의 강화, 노동부를 주축으로 하는 종합상담서비스 제공 등의 방안이 다각적으로 검토되어야 할 것이다.

V. 결 어

근로계약법제 또는 노동법의 유연화와 관련하여, 근로계약의 체결 및 내용형성에 있어 근로자의 자기결정요구를 최대한 반영하고 보호법제의 경직성을 완화시키고자 하는 기본 논지에는 찬성한다. 이러한 점에서 노동법의 독자성을 강

94) 자세한 내용은 厚生勞働省大臣官房地方課勞働紛爭處理業務室(編), 「個別勞働紛爭解決促進法」, 2001, 11-93면 참조.

95) 노동심판제도도입과 관련된 논의에 대해서는 村中孝史, "勞働審判制度の概要と意義," 「季刊勞働法」 205號(2004年 夏季), 勞働開發硏究會 참조.

조하고 단체법 우위의 사상에 바탕을 둔 기존의 주류적인 노동법학도 새로운 패러다임의 모색에 관심을 기울여야 할 것이다. 종속노동론을 통해 시민법상의 형식적 평등의 허구성을 지적하고 단체의지의 지원을 받아 근로자의 생존권을 구현하려는 전통적 방법론은, 20세기 굴뚝 산업 근로자(proletariat)의 사회적·경제적 지위 향상에 지대한 역할을 수행해 왔다. 그러나 근로자의 분해, 근로조건과 고용형태의 개별화 추세가 가속화 되는 금일의 상황에서, 개체마다의 특수성을 고려하지 못하고 현실적 변화에 탄력적으로 적응하지 못한다는 비판이 제기된다.96) 아울러 1987년 노동자대투쟁 이후 민주화의 진전과 더불어 노동법제가 일정부분 개선되고 형평성과 효율성의 조화를 모색하기 위해 노사정위원회 등의 사회적 조합주의를 실험하는 금일에 와서97) '노동과 자본의 이원적 대립'만을 강조하는 것이 과연 타당할 수 있을까라는 의문이 제기되기도 한다.98)

그러나 근로계약법제 또는 노동법의 유연화가 근로기준법의 보호법적 기능을 등한시하거나 노동보호법의 반대개념으로 논의되는 것은 경계하여야 한다. 노동의 유연화 추세는 분명 노동법의 독자성을 와해시키려는 경향성99)을 지니고 있다. 그러나 대부분의 국제조약과 우리 헌법이 상정하고 있는 바와 같이, 생산수단으로부터 분리된 근로자는 특별히 보호되어야 한다는 기본 관념을 포기하지 않는다면, 고용보장과 유연화의 긴장관계를 상생적으로 해결하려는 노력을 기울이지 않으면 안된다. 이홍재 교수의 지적대로, 현재의 노동법구조 내에서의 개선을 최대한 시도하지 않은 채 다른 패러다임의 도입을 논의하는 것은 자칫 문제의 본질을 호도할 우려가 있다.100)

근로계약법론은 무차별적인 노동보호법의 경직성을 완화하기 위한 '방법론상의 회의'일 뿐 결코 시민법으로의 회귀를 지향해서는 안 될 것이다. 이런 점에서 일본의 최종보고서에서 제안하는 바와 같이 근로계약법을 근로기준법과 민법

96) 김형배, "한국노동법의 개정방향과 재구성,"「인권과 정의」제223호, 대한변호사협회, 14면 이하. 그는 구체적으로 "근로자의 권리와 노동조합의 단체적 활동을 지나치게 강조한 나머지 생산성 확보와 경쟁력 강화라는 경영의 관념을 등한시하고 그 결과 노동과 경영을 유기적으로 결합시킬 수 있는 제도적 장치로서 노동법이 기능하지 못한다"고 지적하고 있다.

97) 한국 노동법의 생성과 전계의 자세한 내용으로는 金裕盛,「韓國勞動法の展開」, 信山社, 2001; 이철수, "Collective Labor Laws," *Employment and Industrial Relations in Korea,* 한국국제노동재단, 2003, 215면 이하 참조.

98) 이홍재, 앞의 글, 172-173면 참조.

99) 이를 Simitis는 근로계약에서 노무임대차 계약(locatio conductio operarum)으로의 환원이라는 표현으로 압축하고 있다. Simitis, 앞의 글, 8면 참조.

100) 이홍재, 앞의 글, 171면 참조.

의 중간영역에 존재하는 별도의 법영역으로 설정하는 데에 찬성하지 않는다. 앞서 소개한 세 학자들(김형배, 이승길, 하경효)[101]도 통일적 규율을 위해 근로계약법이라는 형식이 필요하다는 점에 인식을 같이하고 있는 듯하다. 그러나 근로계약법의 신설이 우리나라의 노사지형에서 어떠한 '풍토적'[102] 함의를 지닐 것인가에 대해서는 좀더 비판적 안목이 필요하다. 일본과 독일의 경험에서 보듯 근로계약법제의 논의는 통일적 규율이라는 입법기술상의 요청이 강하게 작용하고 있지만, 우리의 법운용 상황을 보면 이것이 단순히 기술적인 함의에 그치지 않을 것이라는 점에 주의를 요한다. 최근 판례의 친자본화 경향[103] 등을 통해 간취할 수 있듯이, 우리 사회에서 노동법이 시민법의 안티테제로서 제대로 기능하는지에 대해 비판적 문제의식을 가진다면, 근로계약법이 자칫 시민법 원리를 무차별적으로 확산하는 기제로 작용하는 것을 경계할 필요가 있기 때문이다. 아울러 우리와 달리 독일에서는 고용계약과 근로계약의 구별이 전통적으로 희박한 점, 근로삼권의 보장수준이 제도적 보장에 그친다는 점, 사회적 시장경제질서를 구현하기 위한 국가의 기능 및 고용보장시스템 등의 사회적 인프라의 정비수준이 매우 상이하다는 사정 등을 간과해서는 안 될 것이다.

필자는 근로계약법론을 계약으로서의 적정성과 명확성을 기하고 법운용에 있어 구체적 타당성을 제고시키기 위한 합리화·현대화 과정으로 이해하고자 한다. 근로계약법론이 지향하는 개별의사의 존중과 이를 위한 의사결정시스템의 변화는 노동조합의 단체의지의 후퇴를 초래하기는 하지만 다른 한편으로 법률관계의 구체적 타당성을 높이고 개인의 자기결정권을 제고시키는 역할을 할 것이다. 그러나 노동의 유연화 추세와 맞물리면서 사용자의 결정권이 강화될 개연성을 지니고 있기 때문에 국가의 적극적 지원을 통해 역기능을 해소하는 것은 필수적이다. 근로계약법론의 '자기 영역'은 점진적으로 형성되어야 하고 학계의 이론적 연구, 사법실무에서의 사례의 집적 등이 선결조건이 선행되어야 한다.[104]

---

101) 하경효 교수는 정치한 논증을 거쳐 법해석과 적용·발견 과정에서 노동법학 방법론상의 독자성을 부정하고 있는데(이것이 노동법의 독자적 존재의의를 부정하는 것인지는 불분명하지만), 이로 인해 근로계약법제에 보다 친화적인 태도를 보이는 것이 아닌가 추측해 볼 수 있다. 하경효, 앞의 글, 244-426면 참조.

102) 이흥재, 앞의 글, 171면 참조.

103) 이에 관해서는 이흥재, 앞의 글, 129면 이하 참조.

104) 彭光華, "중국 노동계약법의 성립과 과제," 「한·중·일 노동시장의 변화와 노동시장법제 패러다임의 전환」, 한국비교법학회·한국외국어대학교 법학연구소, 2005. 2, 44면 참조.

근로계약법론의 '형식' 속에 어떠한 내용을 담을 지는 앞으로의 과제가 될 것이다. 본고는 그 시론으로서 현대적 노동시장의 재편에 따라 이를 반영하여 새로운 문제의식을 가지고 접근하여야 필요성을 제기하고 다음과 같은 관점이 현대적 근로계약법제 논의에 있어 우선적으로 반영될 것을 제안한다.

첫째, 단체협약의 전일적 지배에 대한 비판적 분석이 요구되면 유니온 숍, 일반적 구속력제도 등 개인의 계약의사를 존중하는 방향으로 재검토되어야 한다.

둘째, 취업규칙제도는 그 법적 성격이 불분명할 뿐만 아니라 이론적으로나 실무적으로 계약법리의 형성을 저해가 우려가 있기 때문에 전면적으로 재검토되어야 한다.

셋째, 현행의 해고법제 골간을 그대로 유지한다 하더라도 구제절차의 중복 방지, 구제방법의 탄력성 제고, 의사해석의 예측가능성 제고 등 효율적인 제도 운영을 위해 개선사항을 점검하여야 한다.

넷째, 비정규직 등의 문제는 일률적 규제방식보다는 차별 개념을 적용하는 것이 보다 바람직하며, 거시적인 국가의 고용정책·산업정책과의 연관 속에서 적극적 노동시장정책(ALMP)의 매개는 필수적이다.

마지막으로 근로조건의 개별화 추세는 개별적 분쟁을 확대시키기 때문에 일본의 예에서 보듯 개별적 분쟁해결시스템의 정비가 긴요하다.

사업 개념의 재검토: 가능태로서의 사업

박 제 성*

Ⅰ. 서 론

노동관계의 '유연화' 현상은 노동법의 규범력을 근저에서부터 뒤흔들고 있다. 이는 전혀 다른 의미에서의 노동법의 '경직화', 말하자면 노동법적 개념의 경직화에서 기인되는 측면이 있다. 가장 대표적인 것이 바로 '근로자' 개념에 관한 문제이다. 이른바 '특수고용종사자'의 노동관계를 둘러싼 갈등에는 우리 노동법에서 '근로자' 개념이 갖는 또는 대법원에서 이 개념에 부여하고 있는 '경직성'이 한 몫을 하고 있다. 또한 원하청 관계에서 하청업체의 근로자들과 원청업체의 사업주 사이에 빈번하게 발생하는 갈등의 주된 요인 중의 하나도 역시 우리 노동법에서 '사용자' 개념이 갖는 또는 대법원에서 이 개념에 부여하고 있는 '경직성'이다. 이와 동일한 선상에서 우리 노동법상의 중요한 개념들 중의 하나인 '사업' 개념에 대해서도 숙고할 필요가 있다. 한편에서의 사업의 집중 현상(특히 이른바 '재벌')과 다른 한편에서의 사업의 분열 현상(분사, 사내하청, 위장도급, 불법파견 등) 속에서는 누가 누구의 근로자인지, 누가 누구의 사용자인지를 특정하기가 갈수록 힘들어진다. 노동법의 개념이 '경직'된 상태로 머물러 있는 한, 갈수록 '유연'해지고 있는 외부의 환경에 조응하기 힘들 수밖에 없다. 그것은 곧바로 노동법이 노동관계를 규율하는 기본법으로서 마땅히 가져야 할 규범력을 상실하는 결과로 이어진다. 이에 '개념의 유연화'에 대해서 고민하지 않을 수 없다. 이 글은 이러한 문제의식에서 사업 개념을 재검토하고자 한다.

---

* 한국노동연구원 연구위원.

Ⅱ. '가능태'로서의 사업

사업이란 개념은 우리 노동관계법이 가장 많이 사용하는 개념의 하나이다. 근로기준법은 예컨대 그 적용 범위와 관련하여 "상시 5인 이상의 근로자를 사용하는 모든 사업"(제10조 제1항)이라고 규정하고 있으며, 근로자의 정의와 관련해서는 "직업의 종류를 불문하고 사업 또는 사업장에 임금을 목적으로 근로를 제공하는 자"(제14조)를 말한다고 규정하고 있고, 경영상 이유에 의한 해고의 제한과 관련해서는 "경영악화를 방지하기 위한 사업의 양도, 인수, 합병은 긴박한 경영상의 필요가 있는 것으로 본다"(제31조 제1항)라고 규정하고 있다. 노동조합및노동관계조정법에서도 예컨대 단체협약의 일반적 구속력(제35조)과 관련하여 "하나의 사업 또는 사업장에 상시 사용되는 동종의 근로자 반수 이상이 하나의 단체협약의 적용을 받게 된 때에는 당해 사업 또는 사업장에 사용되는 다른 동종의 근로자에 대하여도 당해 단체협약이 적용된다"라고 규정하고 있으며, 노동쟁의 조정의 특칙과 관련하여 '공익사업' 또는 '필수공익사업'이라는 개념을 사용하고 있고, 복수노조의 설립 금지를 규정한 부칙 제5조에서도 "하나의 사업 또는 사업장에 노동조합이 조직되어 있는 경우에는(…)"이라고 규정하는 등 역시 '사업' 개념을 광범위하게 사용하고 있다. 근로자참여및협력증진에관한법률에서도 노사협의회의 설치 단위와 관련하여 "노사협의회는 근로조건의 결정권이 있는 사업 또는 사업장 단위로 설치하여야 한다"(제4조 제1항)라고 규정하고 있다.

그러나 사업 개념을 사용하고 있는 그 어떤 법에서도 사업을 정의하고 있지 않다. '사업'(事業)을 글자 그대로 풀이하면, 우선 '사'(事)는 깃발이 매달려 있는 대를 쥐고 서 있는 모습을 형상하며 그럼으로써 '부리다'(누군가로 하여금 깃대를 잡고 서 있도록 하다) 또는 (깃발에 의하여 대표되는 자를) '섬기다'라는 의미를 나타낸다. 그리고 '업'(業)은 받침대 위에 작은 종을 매단 악기를 가리키는데 그럼으로써 '정해진 목적에 상시적으로 소용되다'라는 의미를 나타낸다. 그런데 사(事)는 깃발로 상징되는 집단적 정체성을 고려한다면 어딘가에 '속하다'라는 의미도 갖는 것으로 해석할 수 있다. 사(事)의 용례로 볼 때, '속하다'라는 해석은 채택하기가 쉽지 않아 보이지만, 적어도 그러한 해석은 우리 법에서 강하게 드러나는 '사업'의 공동체적 성격을 파악할 수 있도록 해 준다는 장점을 갖는다. 요컨대 사업은 '일정한 소속 관계 속에서 섬기는 특정한 목적'이라는 의미를 나타낸다고 할 수 있다. 표준국어대사전에서는 사업이란 "어떤 일을 일정한 목적과 계획을 가지고 짜임새 있게 지속적으로 경영하는 것 또는 그 일"을 말한다고 새기고 있는데, 같은 의미라고 할 수 있다.

그렇다면 이러한 의미로 이해되는 '사업'이 법의 영역에서는 어떠한 의미 변주의 과정을 겪게 되는가·

우선, 여러 법령에서 사용되고 있는 '사업' 개념은 통일적으로 파악되어야 한다. 근로자 개념과 같이 해당 법령의 입법 목적에 따라 달리 파악되어야 한다고 말할 지도 모르지만, 근로자 개념은 근로기준법과 노조법에서 각각 달리 정의하고 있기 때문에 그러한 접근 방식이 가능하지만, '사업' 개념은 어느 법에서도 특별히 정의하고 있지 않기 때문에 근로자 개념과 동일하게 접근할 수는 없다. 마치 '노동조합'을 근로기준법과 노조법 또는 근로자참여법에서 각각 달리 파악할 수는 없는 것과 마찬가지로, '사업' 개념도 근로기준법과 노조법 또는 근로자참여법에서 각각 달리 파악할 수는 없고 통일적으로 파악되어야 한다.

다음으로, 법적인 사업의 개념을 이해하는 방식은 전통적으로 두 가지로 나누어 볼 수 있다. 첫째는 개인주의적 접근 방식이다. 이에 따르면, 사업이란 생산수단의 소유권과 계약의 자유가 결합되어 설정된 개념이다. 여기서 자본의 소유자는 그 자본의 가치를 어떤 법적 형태로 현실화시킬 것인지를 결정할 수 있는 권한을 갖는다. 그리고 사업이 법적으로 귀착하게 되는 제계약관계는 여하한 공동체를 조직하기 위한 것이 아니라, 자본의 소유자와 다른 경제 행위자(근로자를 포함) 사이의 관계를 설정하기 위한 것일 뿐이다. 이러한 개인주의적 접근은 인간을 호모에코노미쿠스로 추상화하는 경제적 자유주의의 측면으로만 그 뿌리를 대고 있는 것이 아니라, 자본과 노동의 대립이라는 사상에 조응하는 마르크스주의의 측면으로도 뿌리를 대고 있다. 둘째는 공동체주의적 접근 방식이다. 이에 따르면, 사업이란 자본의 소유자와 근로자 및 경영진을 하나의 공동체 속에 결합하는 일종의 '제도'(institution)로 파악된다. 즉, 사업이란 자본의 소유자에 의하여 또 그를 위하여 구성되는 법적, 경제적 기능 관계가 아니라, 자본과 노동을 공동의 이익(사업 자체의 이익. 우리 근로자참여법의 표현에 의하면 '노사 공동의 이익')을 중심으로 결합하는 제도라는 것이다. 이러한 관점은 독일의 게르만법사상에서 발달한 것인데,[1] 우리나라를 비롯하여 많은 나라에 영향을 미쳤다.[2] 공동체주의적 관점에서는 노동법이 뿌리 내릴 수 있는 자연적 소여를 사업 속에서 발견한다. 다시 말하면, 하나의 노동공동체가 단일한 권위 아래로 결합된다는 하나의 '상태'를 사업 속에서 보는 것이다.[3]

그러나 오늘날 사업 환경의 변화는 이러한 '상태'를 사업 속에서 더 이상 찾아보기 어렵게 만들고 있다. 하나의 사용자와 그의 근로자들로 구성되는 공동체의 단일성과 영속성은 점점 물러나고, 그 자리에는 사업 형태의 다양성과 단절성이 자리잡고 있으며, 거기에서는 누가 결정권자인지를 파악하기가 점점 더 어려워지고 있다. 요컨대 오늘날 사업은 더 이상 자연적인 노동공동체로만 이해할 수가 없게 되었다. 그렇다고 해서 개인주의적 관점이 이해하는 바대로 사업을 소유권과 계약의 자유가 전권을 행사하는 영역으로 좁게 이해하는 것도 적절하지 않다. 노동법이 근로자에게 보장하는 개별적, 집단적 제권리는 사업이 보다 복잡하고 보다 '개명된'(civilisée) 양상을 띠도록 만들기 때문이다.

결론부터 말하자면, 오늘날 노동법에서 사업은 하나의 '가능태'(可能態)로 이해하여야 한다. 가능태로서의 사업은 하나의 사용자에 의하여 지휘되는 근로자 집단의 법적 성격을 선험적으로 정의하지 않으며, 그것을 넘어 하나의 객관적 준거로서의 가치를 드러내는 것이다. 그러므로 가능태로서의 사업은 사용자에 의하여 결정되는 사업의 법적 형태에 구속되지 아니한다. 주어진 상황에서 법이 요구하는 바에 따라 이 가능태는 다양한 모습으로 표현된다. 즉, 가능태로

1) 사람을 그의 자연적 또는 사회적 결합관계에서 해체하여 현실적인 생활관계와 분리된 추상적 개인을 권리주체로 파악하고 모든 법률행위의 효과를 개인의 의사에 귀속시키는 개인주의적 법사상을 발전시킨 로마법과 달리, 게르만법은 모든 사람을 독립적이고 자족적인 존재가 아니라 그가 소속하는 공동체의 구성원으로 파악하여 개인에게는 단체성원으로서의 법적 의미만을 부여했을 뿐이었다. 따라서 개인의 의사나 이익보다 단체의 전체의사와 이익이 우선하여 모든 성원은 단체의 이익을 위하여 행동할 포괄적인 의무, 성원 간의 형제적 우애로써 다른 성원을 지원할 의무, 그리고 상대방의 이익을 고려할 배려의무가 있었으며, 이러한 성원 간의 유대감정은 모든 성원이 기쁨과 고통을 함께 하며 단체의 이익과 명예를 위하여 싸워야 할 윤리적 의무를 지닌 운명공동체의식으로 승화되었다(현승종/조규창, 「게르만법」, 박영사, 1990, 27-28면 참조).

2) 예컨대 개인주의적 전통이 강한 프랑스 같은 나라에서도 사업을 '제도'로 파악하는 관점은 P. Durand 같은 노동법학자에 의하여 도입되어 강한 영향력을 행사하였다(P. Durand, *Traité de droit du travail,* tome I, Dalloz, Paris, 1947, 404면 이하 참조). 한편, 프랑스에서 공동체주의적 관점은 카톨릭 사회주의적 교리에서 그 뿌리를 발견할 수도 있다(교황 레오 13세의 1891년 회칙(RERUM NOVARUM)은 "자본은 노동 없이 있을 수 없고 노동은 자본 없이 있을 수 없다"라는 관점에서 당시의 계급 갈등을 해결하고자 하였다).

3) A. Supiot, *Critique du droit du travail,* PUF, Paris, 1994, 177-179면 참조.

서의 사업은 더 이상 하나의 '정태'(靜態)로 이해되는 것이 아니라, 법의 요구에 따라 표현을 달리 하는 '동태'(動態)로 이해되는 것이다. 토마스 쿤의 표현을 빌리자면, 가능태로서의 사업 개념은 일종의 '패러다임'으로서의 사업 개념이며, 새로운 조건 또는 보다 엄격한 조건 아래에서 조정되고 수정되고 구체화된다. 토마스 쿤은 그의 「과학혁명의 구조」에서 판결과의 유사성에 기대어 패러다임을 다음과 같이 정의하고 있다: "커먼로(common law)에서의 판례처럼, 그것(패러다임)은 새로운 또는 보다 엄격한 조건 아래서 조정되고 구체화되어야 하는 대상이다."[4] 이렇게 정의된 패러다임의 개념적 풍요는 역으로 법의 영역에서도 그 결실을 맺기에 충분해 보인다.[5] 즉, 사업은 "새로운 변화를 수용할 수 있는 열린 개념"[6]이다. 그렇게 하여 나타나는 사업의 '표현태'는 기업 그 자체(하나의 기업으로 나타나는 사업)일 수도 있지만, 기업의 하부 단위(하나의 기업을 구성하는 복수의 사업) 또는 기업의 상부 단위(복수의 기업으로 구성되는 하나의 사업)일 수도 있다.[7]

Ⅲ. 사업의 다양한 '표현태'

사업은 하나의 기업 그 자체로 나타날 수 있다. 판례나 학설에서 흔히 사용하는 '기업별 노동조합', '기업별 교섭', '기업별 협약' 등에서 말하는 '기업'이 무엇을 의미하는지, 사업과는 같은 것인지 다른 것인지, 다르다면 어떻게 다른지 등의 문제는 아직 명쾌하게 해명되고 있지 않다. 공정거래법에서도 '기업집단' 또는 '기업결합'이라는 용어는 사용하고 있으나 '기업' 자체를 법적으로 정의하여 사용하고 있지는 않다. "즉 '기업'이라는 말은 일반적인 개념으로 사용되고

4) Thomas S. Kuhn, *The structure of scientific revolutions,* The University of Chicago Press, Chicago and London, 1962, Third edition, 1996, 23면.

5) A. Supiot, "Groupes de sociétés et paradigme de l'entreprise," *Revue trimestrielle de droit commercial,* 1985, 621면 이하는 이를 적극적으로 수용하여 '사업'(entreprise)을 패러다임으로 재구성하고 있다.

6) 박종희, "단체교섭 당사자 확정의 법리," 「노동법학」, 제17호, 2003. 12, 158면.

7) 근로자를 그가 고용된 기업으로부터 다른 기업으로 적을 옮겨 다른 기업의 업무에 종사하게 하는 '전적'(예컨대 대법원 2006. 1. 12. 선고 2005두9873 판결, 판례공보, 2006, 244면)에서, 전적이 일어나는 일단의 기업들 사이의 관계를 하나의 사업으로 파악하는 것이 사업을 '패러다임'으로 바라보는 방식의 한 예일 수 있다.

있으나, 실정법에서 일정한 법률적 개념을 가지는 용어로 확정되어 있지 않다"[8] 라고 말할 수 있다. 근로자참여법 제 3 조는 노사협의회에 대하여 "근로자와 사용자가 참여와 협력을 통하여 근로자의 복지증진과 기업의 건전한 발전을 도모함을 목적으로 구성하는 협의기구를 말한다"라고 정의하고 있다. 제 4 조와 관련시켜서 보면, 노사협의회는 '사업 단위로 설치되는 기업 차원의 노사협의기구'인 셈이다.

일반적으로 기업(企業)은 "영리를 얻기 위하여 재화나 용역을 생산하고 판매하는 조직체"(표준국어대사전)를 말한다. 다시 말하면, 영리의 취득이라는 특정한 목적을 위하여 영업 행위를 상시적으로 수행하는 경제적 조직체로 정의될 수 있다. 그러므로 기업의 개념을 특징짓는 것은 그 목적과 조직성에 있다. 어떤 조직체가 물적, 인적 수단을 사용하여 상시적인 업무를 수행하더라도 영리 목적을 갖지 않는 경우에는 기업이 아니다. 반면에 사업은 반드시 영리의 취득을 목적으로 하지 않는다. 이승욱 교수에 따르면, 사업은 "사업주가 물질적, 비물질적 수단을 이용하여 재화와 용역의 생산이라는 기술적 목적을 상시적으로 수행하는 조직체이며, 기업은 이윤의 획득이라는 경제적 목적에 의하여 특징지워진다."[9] 예컨대 협동조합이나 협회[10] 또는 교회에서 운영하는 유치원[11]은 모두 영리성이 없는바 기업은 아니지만 사업에는 해당된다. 말하자면, 기업은 경제적 개념이고 사업은 사회적 개념인 것이다.[12]

목적에 따라서 기업과 사업을 구분하는 것은 노동법학자들에 의하여 광범위하게 지지되고 있지만, 민법학자 또는 상법학자들은 이를 부정하면서 기업이나 사업은 동일한 개념을 서로 다르게 표현하고 있는 것일 뿐이라고 한다.[13]

8) 김형배, 「노동법」, 박영사, 2005, 496면.

9) 이승욱, 「사업양도와 근로자의 지위」, 서울대학교 박사학위 논문, 1997, 14면 이하. 여기서 말하는 '기술적 목적'이란 '비영리적 목적' 또는 '비경제적 목적'으로 이해된다.

10) 노동부 행정해석도 "노사협의회는 근로조건 결정권이 있는 상시 30인 이상 근로자를 사용하는 모든 사업 또는 사업장에 설치하도록 되어 있으며 영리를 목적으로 하지 않는 사업 또는 사업장이라 해서 설치대상에서 제외되지는 않음"이라는 입장을 취하고 있다(노사 68107-151, 1997. 6. 18, 노동부 편저, 「근로자참여및협력증진에관한법률 질의회시집」, 한국경영자총협회, 2000. 7, 6면, 이하 「질의회시집」이라 함).

11) 대법원 1992. 2. 14. 선고 91누8098 판결, 판례공보, 1992, 1049면.

12) 독일에서는 기업(Unternehmen)과 경영체 또는 사업장(Betrieb)의 개념을 법적으로 구별하고 있다. 전자는 영리추구를 그 기능으로 하면서 자연인 또는 법인이 운영하는 경제적 일체를 뜻하는 것이고, 후자는 통일적 지배 하에 사용자가 단수 또는 복수의 노동기술적 목적을 추구(예컨대 상품의 판매, 생산, 고객 자문, 서비스 용역 등)하는 인적, 물적 시설의 조직적 일체를 말한다. 이상 김형배, 「노동법」, 앞의 책, 496면 각주 2) 참조.

13) 예컨대 김지형, "영업양도와 근로관계의 승계," 「민사재판의 제문제」 제 8 권, 민사실무연구회,

판례는 후자의 입장에 동조하고 있는 것으로 보인다.[14] 대법원은 "(구)근로기준법 제28조 제 2 항[15]의 입법취지는, 하나의 사업 내에서 직종(예컨대 사무직과 생산직), 직위(예컨대 고위직과 하위직), 업종(예컨대 제조업과 서어비스업)별로 서로 다른 퇴직금제도를 두어 차별하는 것을 금지하고 하나의 퇴직금제도를 적용하게 하고자 함에 있는 것이므로, 거기에서 말하는 '사업'은 특별한 사정이 없는 한 경영상의 일체를 이루는 기업체 그 자체를 의미한다 할 것이고, 따라서 경영상의 일체를 이루면서 유기적으로 운영되는 기업조직은 하나의 사업으로 파악하여야 할 것"[16]이라고 한 바 있다. 또한, 무역관계업무를 취급하는 서울의 본사와 섬유제품 등을 생산하는 지방의 공장을 갖고 있는 기업에 대해서 구 근로기준법(1980. 12. 31. 법률 제3349호로 개정된 것) 제28조에서 규정하고 있던 퇴직금 제도와 관련하여, "근로기준법 제28조 제 2 항의 입법취지는 하나의 사업 내에서 직종, 직위, 업종별로 서로 다른 퇴직금 제도를 두어 차별하는 것을 금지하고 하나의 퇴직금 제도를 적용하게 하고자 함에 있는 것이므로 여기에서 말하는 '사업'은 특별한 사정이 없는 한 경영상의 일체를 이루는 기업체 그 자체를 의미한다고 할 것이다"[17]라고 판시한 바 있다. 대법원이 사업의 의미를 퇴직금 제도와 관련해서만 기업으로 이해하고 있는 것인지, 아니면 일반적인 차원에서 사업을 기업으로 이해하고 있는 것인지는 완전히 명확하지는 않다. 한편으로는 "여기에서 말하는 '사업'은 특별한 사정이 없는 한"이라는 표현을 고려할 때, 전자의 의미로 이해하고 있는 것으로 볼 수 있다. 다시 말하면, 사업은 문제의 맥락에 따라 달리 해석될 수 있다는 점을 인정하고 있는 것이라고 볼 수 있다. 그러나 다른 한편으로는 "특별한 사정이 없는 한"이라는 표현은 일반화의 위험을 피하기 위하여 우리 법원이 즐겨 사용하는 상용어구라는 점과 특별한 사정을 고려하여 사업과 기

1994, 1030면 참조.

14) 대법원 1990. 3. 13. 선고 89다카24445 판결, 판례공보, 1990, 881면; 1992. 5. 12. 선고 90누9421 판결, 판례공보, 1992, 1877면; 1993. 2. 9. 선고 91다21381 판결, 판례공보, 1993, 928면; 1993. 10. 12. 선고 93다18365 판결, 판례공보, 1993, 3068면.

15) "제 1 항의 퇴직금제도를 설정함에 있어서 하나의 사업 내에 차등제도를 두어서는 아니된다" 이 규정은 현재 근로자퇴직급여보장법 제 4 조 제 2 항에 "제 1 항의 규정에 의한 퇴직급여제도를 설정함에 있어서 하나의 사업 안에 차등을 두어서는 아니된다"라는 내용으로 재규정되고 있다.

16) 대법원 1993. 2. 9. 선고 91다21381 판결, 판례공보, 1993, 928면.

17) 대법원 1993. 10. 12. 선고 93다18365 판결, 판례공보, 1993, 3068면. 같은 취지로 대법원 1997. 11. 28. 선고 97다24511 판결, 판례공보, 1998, 59면; 1999. 8. 20. 선고 98다765 판결, 판례공보, 1999, 1864면.

업을 다르게 파악한 예가 없다는 점을 생각할 때, 우리 대법원은 사업을 기업과 동일한 의미로 이해하고 있다고 보는 것이 더 타당할 것이다.[18] 학설 중에도 사업을 "경영상의 일체를 이루는 기업체로서, 예컨대 법인체 또는 개인사업체를 말하는 것이라고 해석해야 한다"라는 입장이 있다.[19]

행정해석도 상기의 학설과 유사하게 사업을 경영상의 일체를 이루는 하나의 기업체, 즉 법인체로 보고 있는 것 같다. 예컨대 다음과 같은 행정해석을 보자.

〈질의〉 외국의 다국적 그룹사 내에서 업종을 달리하는 세 개의 계열사가 공동으로 투자하여(단, 형식적인 모회사는 동 그룹내 홍콩소재 아시아지역을 관할하는 지주회사로서 동사 역시 회사 내부적으로는 위 세 개 계열사의 업종 구분과 같이 3개 사업부로 나누어 서로 완전한 독립경영상태임) 하나의 한국법인을 설립하고 각각 해당 업종 부서로 나누어 감독, 운영하는 체제로서 해당 각 부서(A업종 35명, B업종 35명, C업종 15명)마다 독립적인 인사, 노무관리 및 영업관리 체제로 운영하고 있어 근로조건의 결정권을 부서별로 따로 갖고 있음. 한국법인의 대표이사는 외국에 상주하는 외국인(법률상, 명목상 대표이사에 불과하며 실제 경영에는 관여치 않고 보수도 지급받지 않음)이고 업종별 각 부서의 운영은 해당 부서 책임자(본부장)가 외국의 해당 업종 담당 line과 협의하여 독립경영체제로 운영하고 있음. (법인의 대표는 3인의 대표이사를 두어 3개 업종 부서별로 각자 대표권을 분담 행사하여 부서별로 독립경영체제로 운영함.) 외국회사 한국법인의 경우 노사협의회 설치를 근로조건의 결정권을 갖고 있는 사업장 단위로 하여 근로자가 30인 이상되는 A업종 및 B업종에만 설치하고 30인 미만인 C업종(15명)에는 설치하지 아니하여도 되는지? (위와 같은 외국회사 한국법인의 경우 노사협의회 설치 단위를 근로자참여및협력증진에관한법률 제 4 조 제 1 항의 규정에 의거 근로조건 결정권이 있는 사업부서별 단위로 하여 노사협의회를 설치하여도 되는지?)

〈회시〉 법인이 사업을 행하는 경우 원칙적으로 법인은 사업주로서 노동관계법상 사용자책임과 이에 대응하는 근로조건의 결정 권한을 갖는 것이며, 법인의 대표자는 사업경영담당자로서의 역할을 수행하는 되는 것임. 귀 질의에서 대표이사가 근로조건의 결정권을 행사하지 않고 각 사업부서가 외국 관련부서로부터 지휘, 감독을 받는다 하더라도 위와 같은 사정은 변함이 없으므로 전사업부서를 통할하는 노사협의회를 설치해야 한다고 판단됨. (따라서 귀 질의와 같이 하나의 법인이면서 업종이 다른 3개 부서가 각각 다른 대표이사의 관할 아래 독립경영을 하고 있

18) 이승욱, 「사업양도와 근로자의 지위」, 서울대학교 박사학위 논문, 1997, 19면은 대법원 판례를 사업과 기업 개념을 동일시하고 있는 것으로 이해하고 있다.

19) 김형배, 「노동법」, 앞의 책, 625면. "그러므로 경영상의 일체를 이루면서 조직상 유기적으로 운영되는 지점, 출장소, 공장 등은 모두 하나의 사업으로 총괄하여 파악되어야 한다. 따라서 하나의 사업이냐 아니냐 하는 문제는 장소적 관념에 따라 결정될 것은 아니다."

는 경우에도 법인의 정관내용, 각종 내부규정의 내용 및 제정, 변경권의 소재, 회계, 인사의 등에 있어서 각 부서가 근로조건의 결정권이 있는 사업 또는 사업장으로서의 요건을 갖추어야만 각 부서별 노사협의회를 설치, 운영할 수 있다고 생각함.)[20]

회시 내용의 핵심은 각각 다른 대표이사의 관할 아래 독립경영을 하고 있는 사업이라도 제규정을 보아 이 사업이 하나의 독립된 기업체로 볼 수 있는 경우에만 별도의 노사협의회를 설치할 수 있다고 보는 데 있다. 비록 "근로조건의 결정권이 있는 사업 또는 사업장으로서의 요건을 갖추어야만" 사업별 노사협의회를 설치할 수 있다고 하여 독립된 사업 개념을 인정하고 있는 듯이 보이지만, 여기에서 말하는 '사업'이란 사실상 독립된 하나의 기업체란 말에 다름 아니다. 왜냐하면 〈질의〉에서 분명히 각 사업별로 근로조건의 결정 권한을 따로 갖고 있다고 언급하고 있음에도 불구하고, 〈회시〉는 법률상의 (명목적) 대표이사를 공유하고 있는 한, 전사업부서를 통할하는 노사협의회를 설치해야 한다고 판단하고 있기 때문이다. 이러한 해석이 기업 차원의 통일적인 노사협의를 가능케 하고 근로자 수가 30인이 되지 않는 C업종의 근로자에게도 노사협의 참가 기회를 부여하고자 하는 정책적 목적에서 나온 것일지는 몰라도, 사업 개념을 기업 개념과 동일시하지 않는 한, 근로조건의 결정권이 있는 사업별로 노사협의회를 설치할 수 없다고 해석하는 것은 근로자참여법 제 4 조 제 1 항의 규정에 반하는 것이라고 하지 않을 수 없다. 요컨대 행정해석은 사업을 기업과 동일한 것으로 파악하고 있다고 밖에는 달리 설명할 길이 없다.

그런데 사업을 기업과 다른 별개의 개념으로 파악하는 입장과 양자를 동일한 것으로 파악하는 입장 모두 사업을 정태적 개념으로 파악하고 있다는 점에서는 마찬가지이다. 즉 후자의 입장이 사업을 '기업과 동일한 고정적인 형태의 그 무엇'으로 이해함으로써 사업과 기업의 외형적 일치가 단지 우연적인 것일 수 있다는 점을 놓치고 있다면, 전자의 입장은 사업을 '기업과는 다른 고정적인 형태의 그 무엇'으로 이해함으로써 사업과 기업이 경우에 따라서는 일치할 수 있다는 점을 애써 무시하고 있는 것이다.

'가능태'로서의 사업이 기업의 한 부분, 기업 그 자체 또는 복수의 기업군으

20) 노사 68107-3, 1998. 1. 6, 「질의회시집」, 7-9면. 이 행정해석은 동일한 사건임에도 불구하고 약간씩 뉘앙스를 달리하여 두 개의 질의회시로 나뉘어 수록되어 있다. 〈질의〉의 마지막과 〈회시〉의 마지막 부분에서 각각 괄호를 친 부분이 서로 대응하는 부분이다.

로 표현된다는 점을 가장 잘 이해하게 해 주는 분야가 경영상 해고 분야라고 할 수 있다. 경영상 해고에서 준거가 되는 '사업'[21]은 기업의 한 구성 부분일 수도 있고,[22] 기업 그 자체일 수도 있으며,[23] 나아가 전 계열사를 포괄하는 기업집단일 수도 있다. 특히 마지막과 관련하여 조용만 교수는 다음과 같이 적고 있다.

> 사용자의 능력, 수단에 비례하는 해고회피의 원칙에 입각할 때, 기업집단을 구성하는 기업의 경우 해고회피조치는 개별 기업 차원을 넘어서 기업집단 차원에서도 모색될 필요가 있다. 특히 계열사 상호 간에 인사교류가 관행적으로 이루어졌던 경우 또는 상호 인사교류가 가능한 경우 경영상 해고를 시행하고자 하는 기업의 사용자는 해고회피 차원에서 동일한 기업집단을 구성하고 있는 다른 계열사로의 근로자 전적이 가능한지를 모색하여야 할 의무가 있다고 보아야 한다. 일본의 판례에서도 "인원정리를 함에 있어서 사용자는 희망퇴직모집 외에 계열회사를 포함하여 전체적 규모에서의 배치전환 가능성, 일시귀휴, 근로시간의 단축, 신규채용중지에 의한 자연감소 등 해고를 적극적으로 피하는 노력을 검토하지 않으면 안 된다"라고 밝히고 있다. 프랑스의 판례도 해고회피를 위한 근로자 재배치의 가능 여부는 원칙적으로 영업소, 사업장 단위가 아니라 기업 전체 차원에서 모색되어야 하지만(파기원 사회부, 1994. 3. 16. 판결, Française des jeux 사건), '근로

21) 경영상 해고의 정당성 요건과 관련하여 이를 어느 단위에서 파악하여야 하는가, 즉 해고가 문제된 부서 또는 사업장 단위에서 제 요건을 충족시키기만 하면 족한 것인가, 아니면 기업 전체의 경영 상황을 기준으로 파악해야 하는가라는 문제가 학설과 판례에서 종종 논의되고 있다. '사업'의 의미가 무엇인지를 둘러싸고 논란이 발생하는 점은 차치하더라도, 근로기준법 제31조 제 1 항에서 "사업의 양도, 인수, 합병"을 긴박한 경영상의 필요가 있는 것으로 본다는 규정을 두고 있고, 제 3 항에서는 사용자의 협의 파트너로 "당해 사업 또는 사업장"에 조직된 과반수 노조 또는 근로자대표를 규정하고 있는 점을 고려하면, 경영상 해고에서의 준거 단위는 '사업' 임에는 분명하다.

22) 대법원 1994. 5. 10. 선고 93다4892 판결, 조용만, "경영상 해고기준의 설정방식, 내용, 적용에 관한 연구,"「노동법학」제19호, 2004. 12, 248면: 실질적 경영자를 달리하는 제 1 사업부와 제 2 사업부로 구성된 하나의 사업(기업) 내에서 사업부별로 별도의 노조가 결성되어 각기 독자적인 교섭과 조합활동을 행하였고, 근로자들도 두 개의 사업부를 독립한 별개의 사업장으로 인식하고 있었던 상황에서 적자 및 경영상 심히 곤란을 겪고 있는 제 1 사업부를 폐지하여 그 소속 전체 근로자들을 해고한 경우 정당성이 인정되었다; 서울행정법원 2000. 11. 7. 선고 2000구11672 판결, 이홍재, "경영해고의 판례 경향,"「노동법연구」제10호, 2001 상반기, 113면: 사업 전체의 경영 사정을 종합하여 볼 때, 전체 경영 실적에서 흑자를 기록하고 있다 하더라도 일부 사업 부문의 비효율로 인해 그 사업 부문에서 만성적인 적자를 기록하고 있고 그러한 만성적인 적자가 해당 사업 부문의 구조적인 문제에 기인한 것일 때에는 해당 사업 부문을 폐지하는 것이 불합리하다고 할 수는 없다.

23) 서울행정법원 2000. 12. 8. 선고 99구31779 판결, 이홍재, "경영해고의 판례 경향," 앞의 글, 112면: 긴박한 경영상의 필요성이란 기업의 도산을 회피하기 위한 경우에 한정되는 것은 아니지만 기업의 일부 영업 부문 내지 영업소의 수지만을 기준으로 할 것이 아니라 기업 전체의 경영 사정을 종합적으로 검토하여 결정되어야 하며 인원 삭감이 객관적으로 보아 합리성이 있다고 인정될 수 있어야 할 것이다.

자 전체 또는 일부의 상호 인사이동이 가능한 업종, 조직, 영업장소를 갖고 있는 기업들'로 구성된 기업집단(그룹)의 경우에는 기업집단 차원에서도 근로자 재배치의 가능 여부가 모색되어야 한다(파기원 사회부 1995. 4. 5. 판결, Videocolor 사건)고 보고 있다.[24]

사업양도 등의 상황도 유사하다. 근로기준법 제31조 제 1 항에서는 경영상 해고의 한 유효요건인 '긴박한 경영상의 필요'와 관련하여 '사업의 양도, 인수, 합병'을 예시하고 있다. 그런데 사업양도 등의 경우에 발생하는 중요한 문제 가운데 하나인 '근로관계의 이전'과 관련해서는 아무런 규정이 없다.[25] 이에 많은 학자와 판례는 상법학의 '영업양도'의 개념을 빌어 이 문제를 논의하고 있다.[26] 그러나 판례와 학자들이 영업양도의 이름으로 근로관계의 이전이라는 노동법적 문제를 다루고 있다고 해서 영업과 사업이 같은 개념이 되는 것은 아니다. '영업'[27]은 사업의 한 '표현태'일 뿐이기 때문이다.[28] 그러므로 노동법상의 '사업양도'는 상법상의 영업양도와 동일한 형태로 일어날 수도 있지만(양도인과 양수인 사이에 명시적 또는 묵시적 영업양도계약이 체결되었다고 인정되는 경우처럼),[29]

24) 조용만, "경영상 해고 회피 법리의 현재와 미래,"「노동법연구」제13호, 2002 하반기, 111-112면(본문에 붙어 있는 각주들은 생략하였다).

25) 이 문제에 관해서는 이승욱,「사업양도와 근로자의 지위」, 서울대학교 박사학위 논문, 1997 볼 것.

26) 예컨대 김건익, "영업양도와 근로관계의 승계,"「대법원판례해설집」제21호, 1994, 520면; 김지형, "영업양도와 근로관계의 승계,"「민사재판의 제문제」제 8 집, 민사실무연구회, 1994, 1030면; 김기중, "영업양도의 요건에 관한 판례법리의 비판적 검토,"「노동법연구」제 6 호, 1997, 77면; 이용구, "영업양도와 근로관계,"「노동법연구」제 6 호, 1997, 98면 등 참조. 판례로는 예컨대 대법원 2003. 5. 30. 선고 2002다23826 판결, 판례공보, 2003, 1429면.

27) '영업'이란 "일정한 영업목적에 의하여 조직화된 유기적 일체로서의 기능적 재산을 말하고, 여기서 말하는 유기적 일체로서의 기능적 재산이란 영업을 구성하는 유형, 무형의 재산과 경제적 가치를 갖는 사실관계가 서로 유기적으로 결합하여 수익의 원천으로 기능한다는 것과 이와 같이 유기적으로 결합한 수익의 원천으로서의 기능적 재산이 마치 하나의 재화와 같이 거래의 객체가 된다는 것을 뜻하는 것"이다(대법원 2005. 7. 22. 선고 2005다602 판결, 판례공보, 2005, 1400면).

28) 우리 대법원은 근로관계의 이전과 관련된 사건들에서 "영업양도란 일정한 영업목적에 의하여 조직화된 총체, 즉 물적, 인적 조직을 그 동일성을 유지하면서 일체로서 이전하는 것"이라고 하여 노동법에서 문제되는 영업을 "일정한 영업목적에 의하여 조직화된 총체"라고 표현하면서 이를 상법상의 영업과 구분하려는 듯한 인상을 풍기고 있다. 그러나 "일정한 영업목적에 의하여 조직화된 유기적 일체"(상법상의 영업)라는 표현과 "일정한 영업목적에 의하여 조직화된 총체"(노동법상의 영업?)라는 표현이 얼마나 서로 다른 의미를 갖는지는 의문이다.

29) 대법원 1997. 6. 24. 선고 96다2644 판결, 판례공보, 1997, 2263면 참조. 위 대법원 2005. 7. 22. 선고 2005다602 판결도 "상법상의 영업양도는 일정한 영업목적에 의하여 조직화된 유기적 일체로서의 기능적 재산인 영업재산을 그 동일성을 유지시키면서 일체로서 이전하는 채권계약이므로 영업양도가 인정되기 위해서는 영업양도계약이 있었음이 전제가 되어야 하는데, 영

전혀 다른 방식으로, 예컨대 양도인과 양수인 사이에 영업양도에 관한 계약 관계가 없거나 나아가 아무런 법적 관계가 없는 경우에도 인정될 수 있는 여지가 있는 것이다.[30] 사업을 '정태'(靜態)로 이해하는 현상은 특히 '사업의 일부양도'에 관한 논의에서 명확하게 드러난다.[31] 사업을 '동태'(動態)로 이해하는 한, '사업의 일부'라는 개념은 성립할 수 없다. 왜냐하면 양도되는 단위 그 자체가 '사업'이기 때문이다.

불법파견 또는 위장도급에서는 복수의 기업을 아우르는 모습으로 표현되는 사업의 개념을 또렷이 보여준다. 대법원은 2003년 9월 23일 판결에서 "모회사인 사업주가 업무도급의 형식으로 자회사의 근로자들을 사용하였으나, 실질적으로는 위장도급으로서 사업주와 근로자들 사이에 직접 근로계약관계가 존재한다"라고 판단하였다.[32] 여기서 '고용의제'가 적용되는지 여부는 우리의 직접적인 관심사가 아니다.[33] 우리의 관심사는 이 판결이 사업이 한 기업의 울타리를 넘어 복수의 기업을 아우르는 모습으로 나타날 수 있다는 점을 명확하게 확인시켜 주고 있다는 데 있다. 모회사의 사업주와 자회사의 근로자들 사이에 직접 근로계약관계가 존재한다는 것은 무엇을 의미하는가? 우리는 여기서 근로기준법 제14조를 떠올리지 않을 수 없다. 근로기준법 제14조는 근로자를 다음과 같이 정의

업재산의 이전 경위에 있어서 사실상, 경제적으로 볼 때 결과적으로 영업양도가 있는 것과 같은 상태가 된 것으로 볼 수는 있다고 하더라도 묵시적 영업양도계약이 있고 그 계약에 따라 유기적으로 조직화된 수익의 원천으로서의 기능적 재산을 그 동일성을 유지시키면서 일체로서 양도받았다고 볼 수 없는 경우에는 상법상 영업양도를 인정할 수 없다"라고 하고 있다.

30) 유럽연합법원은 '사업이전의 경우 근로자의 권리 유지에 관한 유럽연합 1977년 2월 14일 제77/187호 지침'이 건물의 소유자로부터 그 관리를 위탁받은 사업주가 위탁계약기간 만료 등의 이유로 다른 사업주로 대체된 경우와 같이 사업의 양도인과 양수인 사이에 직접적인 법률관계가 없는 경우에도 적용된다고 판결한 바 있다(CJCE, 1988. 2. 10., *Droit social,* 1988, 457면). 프랑스 파기원(Cour de cassation)은 1990년 3월 16일의 판결을 통하여, 양도인과 양수인 사이에 법적 관계가 있는 경우에만 근로계약이 이전된다는 종전의 입장을 변경하여, "노동법전 L. 122-12조 2항(양도, 인수, 합병 등으로 인하여 사용자의 법적 상황에 변경이 발생한 경우 근로계약은 새로운 사용자와의 사이에 존속한다는 규정)은 신구 사용자들 사이에 법적 관계가 존재하지 않더라도 그 사업이 계속 수행되는 한 동일성을 유지하고 있는 경제적 일체의 이전에 대해서 적용된다"라고 하여, 유럽연합법원의 입장을 따랐다(*Droit social,* 1990, 410면 이하).

31) 예컨대, 이승욱, 「사업양도와 근로자의 지위」, 앞의 책, 37면 이하 참조.

32) 대법원 2003. 9. 23. 선고 2003두3420 판결, 판례공보, 2003, 2095면(이른바 '인사이트코리아 사건').

33) 이에 대해서는 이재용, "위장도급과 불법파견에 있어 고용관계," 「노동법학」 제22호, 2006. 6, 35면 이하; 강성태, "위법한 파견근로와 사용사업주의 책임," 「노동법연구」 제13호, 2002 하반기, 173면 이하; 조경배, "직접고용의 원칙과 파견근로," 「민주법학」 제19호, 2001, 9면 이하 등 참조.

하고 있기 때문이다: “직업의 종류를 불문하고 사업 또는 사업장에 임금을 목적으로 근로를 제공하는 자를 말한다.” 말하자면, 근로자는 ‘사업에 근로를 제공하는 자’이다. (주)SK와 (주)인사이트코리아의 근로자들 사이에 직접 근로관계가 존재한다는 것은 전자가 후자를 밀어내고 그 자리에 사업으로 등장한다는 것이 아니라, 두 기업이 하나의 사업을 구성한다는 의미로 이해해야 한다. 다시 근로기준법 제10조를 인용하자: “이 법은 상시 5인 이상의 근로자를 사용하는 모든 사업 또는 사업장에 적용한다.” 위 사건은 부당해고에 관한 것으로서 근로기준법이 적용된 사건이다. 그런데 (주)인사이트코리아를 지운 채로 과연 “사업에 적용한다”라는 법의 선언이 온전히 효력을 가질 수 있을까? 다시 한번 앞서 인용한 토마스 쿤의 표현을 빌어 오자면, 구체적 사실관계에 적응하여 내려지는 판결처럼 사업은 “새로운 또는 보다 엄격한 조건 아래서 조정되고 구체화되어야 하는 대상이다.”

근로자를 그가 고용된 기업으로부터 다른 기업으로 적을 옮겨 다른 기업의 업무에 종사하게 하는 ‘전적’[34]에서도, 전적이 일어나는 일단의 기업들 사이의 관계는 하나의 사업으로 파악되어야 한다. 그렇게 할 때라야 전적의 관행이 규범력을 갖고 존재하는 경우에는 근로자의 동의 없이도 전적이 유효하다는 것을 설명할 수 있게 된다.

Ⅳ. 결　　론

사업은 오랫동안 법률가들이 자신의 세계관을 투영시키는 대상이었다. 그에 따라 사업은 혹은 ‘가정’으로 혹은 ‘전쟁터’로 묘사되었다. 어쨌거나 사업은 단일한 지휘명령 권한과 노동 공동체의 결합으로 이해되었다. 그러나 경영의 집중과 분열 현상의 심화는 사업을 과거의 그것으로 머물러 있게 내버려 두지 않는다. 근로자와 사용자의 결합으로서의 사업은 점점 더, 근로자만 있고 사용자는 없는 사업 또는 근로자는 없고 사용자만 있는 사업으로 변모하고 있다. 이에 따라 사업이 ‘준거개념’이 되는 의미도 변하고 있다. 사업은 더 이상 하나의 주어진 ‘소여’에 대한 준거가 아니라, 법의 요청에 대한 준거가 되었다. “오늘날 사업은 자

34) 예컨대 대법원 2006. 1. 12. 선고 2005두9873 판결, 판례공보, 2006, 244면.

본이 구축하는 구성물을 규율하고자 하는 법적 구성물의 총체를 의미한다."[35] 즉 사업은 경제적 구성물에 대응하는 법적 구성물이며, 따라서 경제적 구성물이 유동적인 만큼 사업도 유동적이 된다. 요컨대 사업은 더 이상 하나의 '정태'(靜態)가 아니라 '동태'(動態)인 것이다. 이러한 법의 요청에 따라 사업은 기업의 일부, 기업 그 자체 혹은 기업집단 등으로 표현된다.

선험적으로 사업의 경계선을 긋는 대신, 노동법이 적용되어야 할 바로 그 지점에서 사업의 표현 양식을 읽어 내어야 한다.

35) A. Supiot, 앞의 글, 644면.

사용자단체 법리의 해석론과 정책론

정 인 섭*

Ⅰ. 문제의 소재

현행 「노동조합 및 노동관계조정법」은 제2조 제3호에서 "노동관계에 관하여 그 구성원인 사용자에 대하여 조정 또는 규제할 수 있는 권한을 가진 사용자의 단체"라고 사용자단체의 개념을 정의하고 있다. 그런데 초기업적 조직형태를 갖는 노동조합이 등장하면서 근로조건의 결정권이 있는 하나의 사업 또는 사업장을 단위로 하는 기업별 단체교섭과는 그 단위를 달리하는 단체교섭의 관행이 나타나고 노동조합이 이를 요구하는 일이 적지 않게 발생하면서, 그러한 초기업적 조직형태를 갖는 노동조합에 대응하는 사용자단체의 개념에 대한 논란이 발생하고 있다.

특히 노동계에서는 단체교섭에 관련된 활동을 직접적으로 그 목적활동으로 상정하고 있지 않은 동종업종의 이익을 증진하기 위해 설치된 단체까지도 집단적 노사관계상의 사용자단체로 간주하도록 하는 입법을 요구하고 있다.[1)]

이 연구는 현재 사용자단체의 개념을 둘러싸고 법리적으로는 물론 실무상으로도 나아가서는 정책론상으로도 혼란상황이 발생하게 된 원인이 사용자단체에 관한 법령 연혁과 판례법리에 있다는 가정적 전제 하에서, 법령 연혁과 기존의 판례법리를 검토하고 그 문제점을 지적하고자 한다. 이를 통해서 앞으로 사용자단체의 개념에 관한 해석론과 정책론의 시사점을 찾을 수 있기를 기대할 수 있

---

* 숭실대학교 법학과 교수.

1) 김태연(민주노총 정책실장), "노사관계로드맵과 민주적 노사관계 구축의 방향," 「노사관계로드맵과 민주적 노사관계 구축의 방향」(2006. 7. 18.-27. 개최된 '노사관계로드맵 대응과 민주적 노사관계 구축을 위한 연속토론회' 자료집 발표자료).

다고 본다.

II. 법령 연혁

1. 제정 노조법의 규정

1953. 3. 8. 법률 제280호로 제정된 「노동조합법」(이하 '제정 노조법'이라 함)은 ① 노동조합의 대표자 또는 조합의 위임을 받은 자의 단체교섭의 상대방으로 '사용자 또는 그 단체'(제33조), ② 성실한 단체협약 체결에 관한 상호의무를 지는 '사용자 또는 그 단체'(제34조)에 대해서 언급하고 있으며, 1953. 3. 8. 법률 제279호로 제정된 「노동쟁의조정법」은 ③ 노동쟁의시 행정관청의 조사권의 상대방(제18조)으로, 1953. 3. 8 법률 제281호로 제정된 「노동위원회법」은 ④ 사용자위원의 추천자(제4조 제2항)로 각각 사용자단체를 들고 있다.

이러한 규정들을 종합하여 본다면, 제정 당시의 집단적 노사관계에 관한 법률들은 집단적 노사관계의 한 당사자로 사용자단체를 상정하고 있음을 알 수 있다. 하지만 이들 법률의 위임에 따라 제정된 시행령이나 시행규칙에도 노동위원회의 구성과 관련된 규정에 국한해서 사용자단체에 관한 언급을 찾아 볼 수 있을 뿐(1953. 4. 20. 제784호로 제정된 「노동위원회법시행령」 제7조; 1966. 2. 12. 보건사회부령 170호로 제정된 「노동위원회법시행세칙」 제1조 참조), 그 이상으로 어떠한 단체가 사용자단체로 인정될 수 있을 것인지 판단할 수 있는 기준 내지는 그 개념적 징표에 관한 규정은 찾아 볼 수 없다.

2. 1963년 노조법상의 규정

집단적 노사관계를 규율하는 법리의 기초가 될 수 있고 사용자단체의 판단기준 내지는 그 개념적 징표라고 할 만한 규정이 최초로 나타난 것은 1963. 4. 17. 법률 제1329호로 개정된 「노동조합법」(이하 '1963년 노조법'이라 함)이 "사용자단체라 함은 노동관계에 관하여 그 구성원인 사용자에 대하여 조정 또는 규제할 수 있는 권한을 가진 사용자의 단체를 말한다"라는 명시적인 정의규정을 두면서부터이다(제33조 제3항).

따라서 이 정의규정을 근거로 어떠한 단체를 집단적 노사관계의 당사자인 사용자단체로 해석할 수 있을 것인지에 대한 해석법리가 전개될 수 있는 제정법상의 기초가 마련되었다고 할 수 있다. 그리고 후술하는 판례법리에서 잘 나타나듯이 그 핵심적인 요소는 '구성원에 대한 조정 · 규제권한'으로 설정되어 있다.

조문의 위치 변경에 따른 문구의 정비를 제외한다면, 이 1963년 노조법상의 사용자단체의 정의규정은 그 뒤로도 거의 변경되지 않은 채로 계속되었으므로 현행 「노동조합 및 노동관계조정법」의 정의규정과 완전히 동일하다. 따라서 1963년 노조법의 정의규정이 바로 사용자단체의 개념에 관한 현재의 논란의 출발점이라고 할 수 있을 것이다.

3. 단체교섭 · 단체협약의 당사자로서의 사용자단체

단체교섭 · 단체협약의 당사자로서의 사용자단체를 어떻게 설정하는가는 그 상대방을 어떻게 설정하는가에 따라 결정적인 영향을 받을 수밖에 없다. 따라서 1963년 노조법상의 사용자단체의 정의규정을 이해하기 위해서는 제정 노조법과 1963년 노조법이 상정하고 있는 단체교섭 · 단체협약의 당사자를 살펴보아야 할 것이다.

1963년 노조법이 노동조합의 대표자, 노동조합으로부터 위임을 받은 자의 단체교섭 권한에 대해서 규정하면서 그 상대방으로 사용자와 함께 사용자단체를 거론하고 있는 점은 제정 노조법과 공통적이다(제33조 제1항). 하지만 동시에 '전국적인 규모를 가진 노동조합의 산하지부의 대표자' 역시 단체교섭의 당사자로 구체적으로 적시하고 있는 것(제33조 제2항)은 제정 노조법과 다른 점이다.

이러한 차별성을 어떻게 이해하여야 할 것인지는, 제정 노조법에서부터 1963년 노조법에 이르기까지의 시기의 단체교섭의 실태, 그러한 실태에서 나타난 개정의 필요성, 1963년 노조법의 입법목적, 1963년 노조법 개정이 1963년 이후 단체교섭의 실태에 미친 영향 등에 대한 면밀한 사실조사와 그에 근거한 판단이 선행된 이후, 그 연구결과를 기반으로 분석해야 할 쟁점이다. 그리고 이러한 쟁점은 이 논문의 연구범위를 훨씬 벗어난다. 하지만, 법규정만으로도 이처럼 선행되어야 할 연구방향에 중요한 시사점을 알 수 있다.

제정 노조법은 전술한 바와 같이 '협약체결에 관한 상호의무'라는 표제 하에 사용자 또는 사용자단체에게 노동조합 대표자와의[2] 성실한 단체협약체결의무를, 노동조합의 대표자에게 사용자 또는 사용자단체와의 성실한 단체협약체결의무를 규정하고 있다(제34조). 이를 앞서 언급한 단체교섭권한에 관한 규정(제33조)과 함께 본다면 제정 노조법은 단체교섭 · 단체협약의 근로자측 당사자로는 '노동조합과 노동조합연합체'를,[3] 또 한편으로 사용자측 당사자로는 '사용자 또는 사용자단체'를 상정하고 있음을 알 수 있다.

하지만 제정 노조법은 특이하게도 '단체협약의 단위'라는 표제 하에 "단체협약체결은 공장, 사업장 기타 직장단위로 한다"라는 규정을 두고 있다(제35조). 따라서 이들 조항을 모두 고려해 본다면, 제정 노조법은 노동조합 · 노동조합연합체와 사용자 · 사용자단체가 단체교섭을 하고 단체협약을 체결하되 그 단체협약의 단위가 공장 · 사업장 · 직장이어야 한다는 것이다. 이렇게 체결된 단체협약의 내용은 공장 · 사업장 · 직장 단위에서 결정되는 단체교섭 · 단체협약 사항이 될 수밖에 없을 것이다. 요컨대 초기업적 단체교섭 · 단체협약이 적어도 개념상으로는 상정되어 있음에도 불구하고 실제로는 기업단위의 단체교섭 · 단체협약이 기본적인 모델로 전제되어 있다.

반면 1963년 노조법에는 제정 노조법과는 달리 단체협약의 단위에 관한 규정은 존재하지 않는다. 이를 입법해석한다면 1963년 노조법이 제정 노조법처럼 단체협약의 단위를 공장 · 사업장 · 직장 단위로 제한하지 않음을 의미한다. 그렇지만 1963년 노조법은 여전히 제정 노조법과 마찬가지로 기업단위의 단체교섭·단체협약을 전제로 하고 있다. 앞서 언급한 노동조합측 당사자에 관한 규정에서 '전국적인 규모를 가진 노동조합의 산하지부의 대표자'도 단체교섭의 당사자임을 명시한 규정(제33조 제2항), 노사협의회의 대표자를 단체교섭의 대표권을 위임받은 자로 간주하는 규정(제33조 제4항) 그리고 전국적 규모를 가진 노동조합의 산하지부로 하여금 행정관청에 신고하도록 하는 규정(제13조 제3항)이 그러하다.

결국 제정 노조법은 단체교섭 · 단체협약은 단체협약의 단위를 명시함으로

---

2) 필자가 2006. 10. 조회한 '법제처 종합법령센터'의 DB(http://klaw.go.kr)에서는 이 부분이 "단체협약의 대표자"라고 나타나고 있다. 하지만 어떠한 근거로도 이를 "단체협약의 대표자"로 볼 근거가 없다는 필자의 판단에 따라 본문에는 "노동조합의 대표자"로 정정하였음을 밝혀둔다.

3) 제정 노조법도 현행법과 마찬가지로 단위노동조합 뿐만 아니라 노동조합의 연합단체도 모두 '노동조합'의 정의규정에 포괄하고 있다. 다만 제정 노조법상의 용어는 '연합체'이다(제정 노조법 제3조 참조).

써 기업단위의 단체교섭 · 단체협약을 명시적으로 상정하였다면 1963년 노조법이 기업단위의 단체교섭 · 단체협약을 암묵적으로 상정한 차이만 있을 뿐, 본질적으로 차이가 있는 것은 아니라고 본다. 명시적으로 상정한 기업단위의 단체교섭 · 단체협약에 관한 규정의 삭제를 대체할 수 있는 여러 가지 보완방법의 하나로 사용자단체에 대해서 일정한 제한요소를 둔 것이 바로 1963년 노조법상의 사용자단체 정의규정이다. 따라서 1963년 노조법이 기업단위를 벗어나는 단체교섭 · 단체협약의 당사자인 사용자단체를 정의함에 있어서도 '구성원에 대한 조정·규제권한'을 그 개념요소로 정한 것은 어쩌면 당연한 귀결이라고 할 수도 있다. 문제는 집단적 노사관계를 규율하는 법이 특정한 단체교섭 · 단체협약의 유형을 상정함으로써 현실적으로 존재할 수 있는 다양한 단체교섭 · 단체협약을 특정한 단체교섭 · 단체협약의 유형으로 유도하는 효과에 있으며, 그것이 자신들의 이해관계에 적절한 단체교섭 · 단체협약의 유형을 선택 · 결정할 수 있는 노사자치의 원칙에 반하는 것은 아닌가 하는 점이다.

Ⅲ. 판례 법리

구체적인 판결례는 많지 않지만, 판례는 어떤 단체가 단체교섭 · 단체협약의 당사자로서 사용자단체에 해당하는지 판단함에 있어서 대체로 ① 단체의 목적 및 사업에 단체교섭 기타 노동관계에 관한 사항을 정하고 있는지 여부가 단체의 규약, 정관 등에 나타나고 있는지 여부, ② 일탈행위에 대한 제명 또는 미가입에 따른 제재 등 단체가 구성원에 대해서 통제력을 갖는지 여부의 두 가지 요소에 따르고 있다.

1. 임의단체가 사용자단체가 아니라고 판시한 사례

공연장경영자들의 임의단체가 사용자단체가 아니라고 판시한 사례가 있다.[4] 그러한 판단근거의 설시 부분은 다음과 같다.

---

4) 대법원 1979. 12. 28. 선고 79누116 판결.

"원고협회는 서울특별시소재 상설극장의 경영자들로서 구성된 임의단체로서 규약으로써 정한바 목적 및 사업에 노동조합과의 단체교섭 및 단체협약을 체결하는데 관한 사항이나 노동관계 사항을 규정한 바 없고, 상설극장의 대표자로서 원고협회에 회원으로 가입하지 않았거나 가입하였다가 제명되었다 하더라도 극장운영에 아무런 제한이나, 지장을 받지 아니한다…"

이 판결례는 앞서 밝힌 바 있는 1963년 노조법 제33조 제 3 항에서부터 명시된 사용자단체의 요건, 즉 '구성원에 대한 조정 · 규제권한'을 언급하면서 이를 위해서 그 목적사업이 단체교섭 · 단체협약이어야 한다는 점, 제명 · 불이익 등 규제권한이 있어야 한다는 점을 그 판단기준으로 언급한 아마도 최초의 사례인 것으로 보인다. 그리고 임의단체이며 그 규약에 단체교섭 · 단체협약이 없다는 비교적 간명한 논리에 입각하여 사용자단체에 해당하지 않는다는 결론을 내리고 있다.

다만 이 판결례의 설시에서 주목할 만한 부분은 원심이 '공연법' 등 관계법령의 규정에 대해 일정한 판단을 했다는 점이다. 원심판결을 입수할 수 없었기 때문에 단정할 수는 없으나 아마도 공연법의 일정한 규정을 들어 이 사건의 경영자들의 단체도 사용자단체로 해석해야 한다는 원고의 주장을 배척하는 취지였을 것으로 짐작된다. 공연법은 1966. 4. 27. 제1790호 개정시 그 제25조의4에서 "공연자 또는 공연장경영자는 품위의 보지와 지위의 향상을 기하고 공연질서의 자율적인 확립을 도모함을 목적으로 각각 그 업종별로 법인 또는 단체를 설립할 수 있다"라는 공연장경영자들의 단체에 관한 규정을 두고 있었고 동법이 1999. 2. 8. 법률 제5924호로 공연법이 전면 개정되어 이 조항은 존속하고 있었다.

통상 관련법령에 일정한 임의단체에 관한 근거규정이 설정되는 이유는 다양할 것이다. 그리고 현행 공연법에는 없는 구공연법상의 이러한 조항이 당시 어떠한 취지에서 규정되었고 어떠한 영향을 미쳤는지는 역시 단정할 수는 없으나, 필자는 이러한 규정은 아마도 공연법이 예상하는 공연장경영자들에 대한 지도·감독, 그리고 그러한 행정의 원활한 집행을 위한 단체와 적절한 관계유지의 필요성등이 예상된 것이 아니었을까 짐작한다. 그렇다면 설사 공연법에 '단체교섭·단체협약'이 공연장경영자들의 준수사항의 하나로 명시되어 있지 않다고 하더라도(1999. 2. 8. 법률 제5924호로 전면개정으로 폐지되기 이전의 공연법 제 5 장 참조) 공연장경영자들이 노사관계를 가질 것이 예견된다면 적극적으로 해석하는 것이 법리상 불가능한 것은 아니라고 본다.

물론 이것은 근본적으로 공연장경영자들에게 그 준수를 법령상의 의무로 할 것인지 여부는 물론 입법정책의 문제이고 그것이 법령의 해석론보다는 앞서는 문제이다. 하지만 집단적 노사관계에서 효율적인 단체교섭을 보장하기 위해서 집단적 노사관계에서도 사용자단체로서의 역할이 정당하게 기대되는 경우에 어떠한 단체에게 사용자단체로서의 역할을 요구하는 것이 단순히 입법정책차원에 그치는 문제는 아닐 것이다.

2. 법령에 의한 동업자조합이 사용자단체가 아니라고 판시한 사례

법령에 의해 설립된 동업자조합이 사용자단체가 아니라고 판시한 사례가[5] 있다. 역시 이 판결례도 '구성원에 대한 조정 · 규제 권한'을 전제로 하여 다음과 같이 판단하고 있다.

> "원심은, 참가인(음식점 경영자)들이 일반음식점 허가를 받아 영업을 하는 자들을 구성원으로 하여 식품위생법 제44조에 따라 조직된 동업자조합으로서, 회원들의 화합과 권익을 증진시키고 식문화 향상을 도모함으로써 국민보건향상에 이바지할 목적으로 소정의 사업을 수행할 뿐이고, 그 목적과 사업에 노동조합과의 단체교섭 및 단체협약의 체결에 관한 사항이나 노동관계 사항을 규정한 바 없으며, 1988. 이전에 참가인 여수시지부의 전신인 구 여수시조합측과 노동조합 사이에 단체교섭이 이루어지고 단체협약이 체결된 적도 있으나, 위 단체협약은 구 여수시조합의 임원이 단체교섭 담당자로서 위임을 받아 요식업체의 대표로서 체결한 것으로서 그 당사자가 사용자단체인 구 여수시조합이라기 보다는 개개의 사용자라고 봄이 상당할 뿐만 아니라 참가인들은 그 설립 이래 구성원들에게 고용된 근로자들로 구성된 노동조합과 사이에 단체교섭을 하거나 그 구성원들로부터 단체교섭 권한을 위임받은 바도 없는 사실을 인정한 다음, 이러한 사실관계에 의하면 참가인들은 구성원들의 경제적 지위의 향상 등을 목적으로 하는 경제단체이지 노동조합에 대응하는 단체가 아니고, 그 정관 및 관행상으로 노동조합과 사이에 단체교섭 및 단체협약을 체결한 권한이 있다거나 이러한 권한을 구성원들로부터 위임받았다고 볼 수 없으므로 노동조합의 단체교섭요구에 응하여야 할 사용자단체에 해당하지 않는다고 판단하였다. 앞서 본 법리와 기록에 비추어 살펴보면, 원심의 위와 같은 사실인정과 판단은 정당하고, 거기에 상고이유에서 들고 있는 바와 같은 사실오인 및 단체교섭의 상대방인 사용자단체에 관한 법리오해 등의 위법이 있다고 할 수 없다."

5) 대법원 1999. 6. 22. 선고 98두137 판결.

이 판결례도 앞서 언급한 공연장경영자들의 임의단체에 대한 판결례와 사용자단체에 대한 판단기준에 있어서는 크게 다르지 않다. 다만 구체적으로 본다면 ① 관련 법령에 규정된 목적사업을 수행하는 단체에 불과하다는 점, ② 단체교섭 및 단체협약 체결의 선례가 있기는 하지만 그것은 위임에 의한 것이었을 뿐 단체교섭·단체협약의 담당자로서 했던 선례는 아니라는 점이 구체적 사실관계에 대한 판단으로 부가되어 있다.

이 판결례는 후술하는 협동조합의 사례와는 달리 단체교섭·단체협약의 선례가 있었음에도 불구하고 그 부분에 대한 판단에 소극적이었다는 점이 법리적으로는 문제점으로 지적될 수 있다. 판결례가 인정한 사실관계로 보더라도 설사 과거의 선례가 위임에 의한 단체교섭이었다고 하더라도 그것이 위임에 의한 것이었다는 사정은 사용자단체가 아니라고 판단할 수 있는 하나의 사정에 불과하지 결정적인 요인은 아니기 때문이다. 즉 기업별 노동조합이 사용자와 단체교섭을 하다가 노동조합이 조직형태가 점차 변경되고 그에 대응하여 복수의 사용자와 단체교섭을 요구하게 되고 나아가서는 초기업별 노동조합이 다수의 사용자를 포괄하는 사용자단체를 상대로 단체교섭을 요구하는 경로로 집단적 노사관계가 동적으로 변화하는 관계임을 감안한다면 종전의 선례가 당사자 입장에서의 단체교섭이 아니라 수임자로서의 단체교섭이었다는 사정은 결정적인 요인으로 해석할 수 없기 때문이다.

하지만 이러한 법리적인 문제점 이외에도 관계 법령에 설립에 관한 근거규정이 있고 등록 등 일정한 행정적인 지휘감독이 예상되는 동업자조합에 대해서 극장경영자들의 임의단체에 관한 앞서의 판결례에 비하여 하등 달리 판단하지 않았다는 점에 더욱 아쉬움이 있다. 식품위생법은 1967. 3. 30. 제1921호로 개정시 동업자조합의 설립근거에 관한 규정을 둔 이래(제40조 의2), 1986. 5. 10. 제3823호로 전문 개정시에는 더욱 상세한 규정을 마련하였고(제44조 내지 제51조) 현행법도 역시 마찬가지이다. 이는 식품위생법의 규제대상인 영업자들에게 일정한 사항을 준수하도록 요구할 공익상의 필요성이 크다는 것이며 그에 따라 영업자들의 동업자조합에 대해서도 합리적인 규제를 통해 이러한 공익적 요청을 달성하고자 함에 그 취지가 있을 것이다.

물론 식품위생법이 영업자의 근로관계·노사관계를 규율할 것을 목적으로 하는 법이어야 함을 강변하는 것은 타당하지 않을 것이다. 그럼에도 불구하고 영업자들의 근로관계·노사관계의 합리화가 식품위생법이 목적으로 하는 영업자들의 합리적인 경영과 과연 전혀 무관하며 따라서 이 판결례처럼 단체협약에 관한 사항이나 노동관계에 관한 사항을 규정한 바가 없으므로 사용자단체가 될 수 없다고 단정하는 것도 역시 합리적인 결론은 아니다. 특히 단순한 임의단체가 아니고 법령에 의해 설립된 동업자조합에게 그 구성원이 갖게 되는 근로관계·노사관계에 관한 정함이 법령상 명시되어 있다면(현행 공연법 제45조 참조) 사용자단체로서의 성격을 인정하는데 있어서 적극적인 해석이 필요하다고 본다.

3. 협동조합이 사용자단체에 해당한다고 판시한 사례

협동조합이 구성원인 조합원이 맺게 되는 근로관계 내지 노사관계에서 사용자단체에 해당한다고 판시한 사례가 있다.[6] 구성원에 대한 통제력이 있는지 여부 및 목적 사업에 단체교섭·단체협약이 포함되는지 여부에 대해 판시한 부분은 다음과 같다.

> "원고조합은 그 구성원에 대하여 다수결 원리를 통한 통제력을 가지고 있는데다가 수산업협동조합법 및 위 원고조합의 정관에 정한 각종 사업을 영위함으로써 조합원들에게만 이에 따른 혜택이 주어질 수 있고…
>
> 원고조합은 그 조합원들이 소정의 어업을 경영하는 자들로 구성되어 조합원들과 그들이 고용한 선원 사이에 노사관계가 형성될 것이 예상되고 원고조합과 선원노동조합이 임금이나 근로조건 등에 관한 단체협약을 체결함으로써 조합원들의 경제적 이익을 도모할 수 있으며 원고조합이 1956.경부터 1988.경까지 단체교섭에 관한 대표자를 선정하여 피고보조참가인 및 그 전신인 노동조합과 단체교섭을 한 다음 단체협약을 체결하고 조합원들은 위 협약에 따라 아무런 이의없이 취업규칙을 작성하여 노동관청에 신고하여 온 점을 종합하면 위 원고조합의 정관에 규정한 단체협약에는 노동조합법상의 단체협약이 포함된다…"

이 사건 원심판결이 "원고조합의 정관에 '조합원의 경제적 이익을 도모하기 위한 단체협약의 체결'을 조합사업의 하나로 규정"하고 있음을 이유로 그 목적 사업에 단체교섭·단체협약이 포함된다고 판시했던데 비하면, 아주 신중한 판단이다. '단체협약'에 노조법상의 단체협약이 있고 그렇지 않은 단체협약이 있을 수 있는데 그 부분의 판단을 간과한 원심 판결의 문제점을 지적하면서 위와 같

6) 대법원 1992. 2. 25. 선고 90누9049 판결.

이 당해 사건에 있어서는 노조법상의 단체협약에 해당한다고 판시한 것이다.

결론적으로 사용자단체에 해당한다고 인정한 사례이기는 하지만, 이 판결례도 문제점이 없다고는 하기 어렵다. 우선 정도의 차이는 있지만 단체라면 내부의 의사결정절차를 통해 구성원에 대해서 일정한 제재를 정하고 있는 경우가 대부분이며, 단체가 구성원에 한하여 구성원으로서의 이익을 보장하는 것은 단체의 본질에 속한다고 보아도 과언이 아닐 정도로 당연한 이치이다. 특히 목적사업에 단체교섭·단체협약이 포함되는지 여부의 판단에 있어서는 다소 현실과 동떨어진 법리라는 비판을 면할 수 없다고 본다. 왜냐하면 판결례의 논지대로 노조법상의 단체협약에 해당하는지 여부를 면밀히 판단하여야 함을 전제로 ① 노사관계가 예상되는지 여부, ② 단체교섭을 해 왔는지 여부, ③ 단체교섭의 결과를 취업규칙으로 작성하여 행정관청에 신고해 왔는지 여부를 살펴 보아야 한다면, 결과적으로 단체교섭을 하고 단체협약을 체결해 왔던 단체는 사용자단체고 그렇지 않은 단체는 사용자단체가 아니라는 결과를 피할 수 없다.

쟁송사건에서 어떠한 단체가 사용자단체인지 여부가 다투어지는 것은 그 단체를 상대로 노동조합 또는 그 연합단체가 사용자단체로서의 역할을 기대하고 있음데도 불구하고 그렇게 나서지 않아서 그에 대한 법적인 판단을 구하는 경우에 그 적법성 여하가 문제되는 경우이다. 사용자단체로서의 역할을 하고 있지 않은 단체에 대해 사용자단체로서의 역할을 기대한다는 쟁송사건에서 사용자단체로서의 역할을 하고 있으면 사용자단체고 그렇지 않으면 사용자단체가 아니라는 판지는 노사관계의 현실에 대해서 아무런 설득력도 가질 수 없다고 본다. 사용자단체에 해당하는지 여부가 법리적으로 다투어지는 사안은 기존의 노사관계에 어느 정도의 변경이 일어나고 있는 경우가 많다는 점까지 감안한다면 더욱 이러한 판례법리는 현실적합성이 없다고 하지 않을 수 없다.

Ⅳ. 해석론과 정책론의 제언

노동계는 사용자단체에 대한 해석론이 극히 제한적이므로 아예 사용자단체로 의제해야 한다는 입법적 요구를 내고 있다. 그리고 이에 대해서는 단체의 결성 여부는 결사의 자유에 속하는 문제로 사용자의 자유에 맡겨져야 한다는 반론이 제기되고 있다.

생각건대 현행법의 사용자단체의 정의규정을 전제로 하는 한 입법으로 단체교섭·단체협약을 목적사업으로 하지 않는 사업자단체를 사용자단체로 의제하는 것은 법리적으로는 한계가 있을 것이다. 하지만 이러한 법리적 한계는 단체의 결성의 자유인데 이를 의무화하는 결과가 되어 위헌의 문제가 있다는 차원에서 이 문제에 논의되는 것은 타당하지 않다. 사업자단체를 사용자단체로 의제하는 규정과 사용자단체의 정의규정이 동시에 존재하고 사용자단체 정의규정을 집단적 노사관계의 법리로서의 정합성을 고려하지 않는 기존의 판례법리가 유지되는 한, 해석상 모순이 발생할 수밖에 없다는 점을 분명히 할 필요성이 있음을 강조하고자 할 뿐이다.

요컨대 현행 규정을 개정해야 할 필요성에 공감한다고 하더라도 현재 노동계의 요구안처럼 일정한 단체를 사용자단체로 의제하는 입법방식은 사용자단체의 정의규정과 기존의 판례법리가 유지되는 한 아무런 실질적인 효율성을 거둘 수 없을 뿐만 아니라, 불필요한 위헌론에 휘말리게 될 우려가 있다. 사용자가 사용자단체를 결성할 것인지 그렇게 하지 않을 것인지 여부가 결사의 자유 영역에 속한다는 점은 부정할 수 없다. 하지만 이는 분명히 형식논리이다.

사용자는 이윤을 획득하는 등 자신의 이익을 위해서 기업경영을 한다. 그리고 그렇게 기업경영을 하는 한 근로관계·노사관계에 관한 경영도 필요한 것이며 근로관계·노사관계가 존재하는 한 거기에 근로자의 근로삼권 보장의 문제가 존재하게 되며 노동조합이 결성되고 단체교섭 요구가 있으면 그 단체교섭에 응해야 한다는 상황이 발생하는 것이다. 사용자는 근로관계를 맺기 위해서 기업경영을 한다고 볼 수는 없다. 마찬가지로 어떠한 사용자의 단체가 단체교섭·단체협약의 당사자가 될 것을 목적으로 결성되는 것은 아니다. 사용자들이 단체를 결성하고 단체 구성원인 각 사용자의 근로관계·노사관계가 존재하는 한 거기에 근로자의 근로삼권 보장의 문제가 존재하게 되고 그 단체에 대응하는 노동조합 또는 그 연합단체의 단체교섭 요구가 있으면 그 단체교섭에 응해야 한다는 상황이 발생하는 것으로 보는 것이 타당하다.

요컨대 현재의 문제 상황은 사용자단체의 개념을 판례가 엄격하게 해석하고 있는 데에서 비롯되는 것이며 그것은 노사관계의 현실에 대한 소극적인 판단이라는 원인도 있지만 보다 근본적으로는 기업별 단체교섭·단체협약의 암묵적으로 상정하고 있는 현행 노조법의 사용자단체의 정의규정에 있다고 본다. 그리고 이것이 현실 노사관계의 발전에 억제적 요소가 되고 있다는 문제제기가 있으므로 이를 개선해야 한다는데 사회적 동의가 달성된다면 사용자단체의 정의규정의 개정이 필요할 것이며, 만일 그렇지 못해 현행 사용자단체의 정의규정을 전제로 하더라도 지금이라도 당장 노사관계의 동적인 성격을 반영할 수 있도록 판례법리를 재검토해야 할 것이다.

제 2 부

노동판례 검토

장애인의 이동권

— 헌법재판소 2002. 12. 18. 2002헌마52 결정과 대법원 2005. 1. 28. 선고 2004다58338 판결을 중심으로 —

이 홍 재*

I. 헌법재판소 2002. 12. 18. 2002헌마52 결정 — 저상버스도입의무불이행위헌확인

1. 사실관계

청구인 "장애인 이동권 쟁취를 위한 연대회의"는 청구외 박소엽이 2001. 1. 22. 오이도역 장애인 수직 리프트에서 추락하여 사망한 사건이 발생한 후, 장애인의 이동권을 쟁취하기 위하여 2001. 4. 19. 결성되어 현재 29개의 장애인 단체로 구성되어 있다.

청구인은 2001. 11. 26. 보건복지부장관에게 장애인이 편리하게 승차할 수 있는 저상(低床)버스의 도입을 청구하였으나 보건복지부장관은 건설교통부와 협의해야 한다는 등의 이유를 들며 이를 이행하지 않자, 보건복지부장관을 상대로 저상버스를 도입하지 않은 부작위가 청구인의 행복추구권, 인간다운 생활을 할 권리 등을 침해한다는 주장으로 2002. 1. 22. 이 사건 헌법소원심판을 청구하였다.

---

* 서울대학교 법과대학 교수.

2. 참조조문

(1) 헌　법

第34조

① 모든 국민은 인간다운 생활을 할 권리를 가진다.

② 국가는 사회보장·사회복지의 증진에 노력할 의무를 진다.

③ 국가는 여자의 복지와 권익의 향상을 위하여 노력하여야 한다.

④ 국가는 노인과 청소년의 복지향상을 위한 정책을 실시할 의무를 진다.

⑤ 신체장애자 및 질병·노령 기타의 사유로 생활능력이 없는 국민은 법률이 정하는 바에 의하여 국가의 보호를 받는다.

⑥ 국가는 재해를 예방하고 그 위험으로부터 국민을 보호하기 위하여 노력하여야 한다.

(2) 장애인·노인·임산부등의편의증진보장에관한법률(이하 '편의증진법'이라 한다)

제 4 조(접근권) 장애인등은 인간으로서의 존엄과 가치 및 행복을 추구할 권리를 보장받기 위하여 장애인등이 아닌 사람들이 이용하는 시설과 설비를 동등하게 이용하고 정보에 자유롭게 접근할 수 있는 권리를 가진다.

제 6 조(국가 및 지방자치단체의 의무) 국가 및 지방자치단체는 장애인등이 생활을 영위함에 있어 안전하고 편리하게 시설 및 설비를 이용하고 정보에 접근할 수 있도록 각종 시책을 마련하여야 한다.

제10조 (편의시설에 관한 지도·감독)

① 보건복지부장관[1)]은 편의시설의 설치·운영에 관한 업무를 총괄한다.

② 시설주관기관은 그 소관 대상시설에 대한 편의시설의 설치·운영에 관하여 필요한 지도와 감독을 행하여야 한다.

제13조(설치의 지원)

① 국가 및 지방자치단체는 민간의 편의시설 설치에 따른 부담을 경감하고 설치를 촉진하기 위하여 금융지원과 기술지원등 필요한 조치를 강구하여야 한다.

---

1) 편의증진법상 보건복지부장관이 편의시설의 설치에 대한 책임주체로 명시되어 있기 때문에 보건복지부장관이 본 사건의 피청구인이 된 것이다.

② 법인 및 개인이 이 법에서 정하는 편의시설을 설치한 경우에는 당해 시설의 설치에 소요된 금액에 대하여 조세특례제한법, 지방세법등 조세관계법령이 정하는 바에 의하여 조세를 감면한다.

3. 결정주문 및 결정요지

(1) 결정주문

청구인의 심판청구를 각하한다.

(2) 결정요지

1) 헌법 제34조 제 5 항의 '신체장애자'에 대한 국가보호의무의 헌법적 의미

(가) 헌법은 제34조 제 1 항에서 모든 국민의 "인간다운 생활을 할 권리"를 사회적 기본권으로 규정하면서, 제 2 항 내지 제 6 항에서 특정한 사회적 약자와 관련하여 "인간다운 생활을 할 권리"의 내용을 다양한 국가의 의무를 통하여 구체화하고 있다.

우리 헌법은 사회국가원리를 명문으로 규정하고 있지는 않지만, 헌법의 전문, 사회적 기본권의 보장(헌법 제31조 내지 제36조), 경제 영역에서 적극적으로 계획하고 유도하고 재분배하여야 할 국가의 의무를 규정하는 경제에 관한 조항(헌법 제119조 제 2 항 이하) 등과 같이 사회국가원리의 구체화된 여러 표현을 통하여 사회국가원리를 수용하였다. 사회국가란 한 마디로, 사회정의의 이념을 헌법에 수용한 국가, 사회현상에 대하여 방관적인 국가가 아니라 경제 · 사회 · 문화의 모든 영역에서 정의로운 사회질서의 형성을 위하여 사회현상에 관여하고 간섭하고 분배하고 조정하는 국가이며, 궁극적으로는 국민 각자가 실제로 자유를 행사할 수 있는 그 실질적 조건을 마련해 줄 의무가 있는 국가이다.

헌법이 제34조에서 여자(제 3 항), 노인 · 청소년(제 4 항), 신체장애자(제 5 항) 등 특정 사회적 약자의 보호를 명시적으로 규정한 것은, '장애인과 같은 사회적 약자의 경우에는 개인 스스로가 자유행사의 실질적 조건을 갖추는 데 어려움이 많으므로, 국가가 특히 이들에 대하여 자유를 실질적으로 행사할 수 있는 조건을 형성하고 유지해야 한다'는 점을 강조하고자 하는 것이다.

(나) 사회적 기본권(헌법 제31조 내지 제36조)이 국가에게 그의 이행을 어느 정도 강제할 수

있는 의무를 부과하기 위해서는, 국가의 다른 과제보다도 사회적 기본권이 규정하는 과제를 우선적으로 실현하여야 한다는 우위관계가 전제가 되어야 하는데, 사회적 기본권에 규정된 국가의 의무가 그렇지 못한 국가의 의무에 대하여 입법과정이나 정책결정과정에서, 무엇보다도 예산책정과정에서 반드시 우선적 이행을 요구할 수가 없다.

사회적 기본권과 경쟁적 상태에 있는 국가의 다른 중요한 헌법적 의무와의 관계에서나 아니면 개별적인 사회적 기본권 규정들 사이에서의 경쟁적 관계에서 보나, 입법자는 사회·경제정책을 시행하는 데 있어서 서로 경쟁하고 충돌하는 여러 국가목표를 균형 있게 고려하여 서로 조화시키려고 시도하고, 매 사안마다 그에 적합한 실현의 우선순위를 부여하게 된다. 국가는 사회적 기본권에 의하여 제시된 국가의 의무와 과제를 언제나 국가의 현실적인 재정·경제능력의 범위 내에서 다른 국가과제와의 조화와 우선순위결정을 통하여 이행할 수밖에 없다.

그러므로 사회적 기본권은 입법과정이나 정책결정과정에서 사회적 기본권에 규정된 국가목표의 무조건적인 최우선적 배려가 아니라 단지 적절한 고려를 요청하는 것이다. 이러한 의미에서 사회적 기본권은, 국가의 모든 의사결정과정에서 사회적 기본권이 담고 있는 국가목표를 고려하여야 할 국가의 의무를 의미한다.

2) 장애인을 위한 '저상버스'를 도입해야 할 국가의 구체적 의무가 헌법으로부터 도출되는지의 여부

㈎ **청구인의 주장** 국가는 헌법 제10조 및 제34조의 규정에 의하여 특히 장애인들의 인간다운 생활을 할 권리를 보장하기 위하여 필요한 정책을 수립하고 이를 실행할 적극적인 작위의무가 있다. 이에 따라 '편의증진법'이 제정·시행되고 있는 것이다. 따라서 헌법과 위 법률의 내용을 종합하여 보면, 장애인 등의 이동권을 보장하기 위하여 공권력의 주체인 보건복지부장관에게 부과되는 헌법에서 유래된 적극적인 작위의무가 특별히 구체적으로 규정되어 있다. 청구인이 저상버스의 도입이란 행정행위를 청구하였음에도 피청구인이 그 의무를 게을리 한 것은, 피청구인의 공권력의 불행사로 인하여 청구인의 이동권이 침해됨으로써 헌법상 보장된 인간으로서의 존엄과 가치, 행복추구권, 평등권, 인간다운 생활을 할 권리를 침해당한 것이다.

㈏ **보건복지부장관의 의견** ① 보건복지부장관은 장애인 등의 이동편의를 위하여 1997년 '편의증진법'을 제정하여 편의시설확충에 노력한 결과, 공공

기관 및 공중이용시설에 대한 편의시설확충이 98.5%에 이르렀으며, 대부분의 지하철역사에 장애인 휠체어 리프트를 설치하였고, 2004년까지는 전(全) 역사(驛舍)에 설치되도록 추진하고 있다. 또한 보건복지부장관은 2000년부터 편의시설촉진기금 9억7천만 원을 지원하여 현재 10개 시·도에 20대의 휠체어 리프트 장착 버스가 관내의 장애인 복지관, 병원, 지하철 역 등을 연계·순환운행하고 있고, 2001년부터는 해피콜 택시 600대를 운행하여 장애인들에게 이동 편의를 제공하고 있다.

② '편의증진법'에 의하여 사업주에게 장애인들을 위한 편의시설을 설치하도록 권장하고 있으나, 시내버스와 시외버스의 경우 버스운송업자들은 순수한 민간업자이기 때문에 정부가 편의시설의 설치를 강제할 수는 없고 단지 자발적인 참여를 유도할 수 있을 뿐이다. 따라서 버스노선에 저상버스를 도입하는 사안은 대중버스 운수정책을 총괄하는 건설교통부와 충분한 협의를 거치고 버스운송업자에 대한 재정지원 및 도로여건에 대한 제반 대책이 마련된 후에 실시될 수 있는데, 보건복지부장관은 건설교통부, 기획예산처, 장애인단체, 관련전문가 등과 이미 여러 차례 대책회의를 가졌고 현재도 지속적으로 협의를 계속하고 있다.

③ 장애인의 이동편의를 증진하는 정책으로는 저상버스의 도입만이 아니라 여러 가지 방법이 있으며, 보건복지부장관은 현재까지 장애인 이동편의의 증진을 위하여 부단한 노력을 지속적으로 하고 있으므로, 저상버스의 도입을 게을리 했다고 볼 수 없다.

㈐ **헌법재판소의 판단** ① 사회적 기본권에 관한 이러한 이해를 바탕으로 하여 이 사건을 본다면, 우선, 장애인의 복지를 향상해야 할 국가의 의무가 다른 다양한 국가과제에 대하여 최우선적인 배려를 요청할 수 없을 뿐 아니라, 나아가 헌법의 규범으로부터는 '장애인을 위한 저상버스의 도입'과 같은 구체적인 국가의 행위의무를 도출할 수 없는 것이다. 물론 모든 국가기관은 헌법규범을 실현하고 존중해야 할 의무가 있으므로, 행정청은 그의 행정작용에 있어서 헌법규범의 구속을 받는다. 그러나 국가에게 헌법 제34조에 의하여 장애인의 복지를 위하여 노력을 해야 할 의무가 있다는 것은, 장애인도 인간다운 생활을 누릴 수 있는 정의로운 사회질서를 형성해야 할 국가의 일반적인 의무를 뜻하는 것이지, 장애인을 위하여 저상버스를 도입해야 한다는 구체적 내용의 의무가 헌법으로부터 나오는 것은 아니다.

② 이 사건 저상버스의 도입에 관하여 보건대, 버스운송사업자가 국가나 지방자치단체가 운영하는 공기업이 아니라 순수한 사기업인 이상, 이들에 대한 국가의 지원대책이 마련되지 않고서는 저상버스의 도입은 불가능하다. 즉 청구인이 요구하는 저상버스를 대중버스노선에 도입하기 위해서는 버스운송사업자에 대한 재정지원이 필수적인 전제조건인 것이다. 따라서 국가가 저상버스의 도입을 추진하는 문제는 재원확보의 문제이고, 결국 제한된 국가재정의 배분과 우선순위결정의 문제이다.

'장애인의 복지를 위하여 노력해야 할 국가의 과제를 언제 어떠한 방법으로 이행할 것인가' 하는 이행의 구체적 방법(예컨대 장애인 생활안정지원, 재활시설운영, 직업생활시설운영, 편의시설설치, 재활서비스운영 등)과 이행시기에 관하여는, 행정청이 다른 여러 과제들과의 우선순위, 재정적 여건 등 다양한 요인들을 감안하여 결정할 사안으로서, 그에 관하여 광범위한 재량권을 가진다고 할 것이다.

③ 국가가 장애인의 복지를 위하여 저상버스를 도입하는 등 국가재정이 허용하는 범위 내에서 사회적 약자를 위하여 최선을 다하는 것은 바람직하지만, 이는 사회국가를 실현하는 일차적 주체인 입법자와 행정청의 과제로서 이를 헌법재판소가 원칙적으로 강제할 수는 없는 것이며, 국가기관간의 권력분립원칙에 비추어 볼 때 다만 헌법이 스스로 국가기관에게 특정한 의무를 부과하는 경우에 한하여, 헌법재판소는 헌법재판의 형태로써 국가기관이 특정한 행위를 하지 않은 부작위의 위헌성을 확인할 수 있을 뿐이다. 이 사건의 경우 저상버스를 도입해야 한다는 구체적인 내용의 국가 의무가 헌법으로부터 도출될 수 없으므로, 이 사건 심판청구는 부적법하다.

4. 검 토

대상사건은 한 장애인이 지하철 리프트의 결함으로 인해 추락사한 이후 점화된 장애인 운동, 그 중에서도 이동권과 관련한 적극적인 활동의 일련의 흐름 속에 있는 사안이다. 우리 사회에서 민주화가 진행되면서 여러 측면에서 기본권의 보장이 강화되어 왔지만, 장애인의 권리는 상대적으로 주목받지 못하였다고 할 수 있다. 이는 우리 사회의 장애인에 대한 무지와 무관심 그리고 신체적·정신적·사회적 제약으로 조직화된 목소리를 내지 못하던 장애인들의 소외된 현실에서 기인한다.

장애인관련법령의 기본법이라고 할 수 있는 장애인복지법은 "장애인의 인간다운 삶과 권리 보장을 위한 국가와 지방자치단체 등의 책임을 명백히 하며, 장애발생의 예방과 장애인의 의료, 교육, 직업재활, 생활환경개선 등에 관한 사업을 정함으로써 장애인복지대책의 종합적 추진을 도모하며, 장애인의 자립, 보호 및 수당의 지급 등에 관하여 필요한 사항을 정함으로써 장애인의 생활안정에 기여하는 등 장애인의 복지증진 및 사회활동 참여증진에 기여함을 목적으로" 하고 있다. 즉 장애인에 관한 법령은 장애인의 복지와 사회통합을 목적으로 하고 있는 것이다.

그런데 장애인복지에 있어서 장애인이 사회에 참여하고 통합될 수 있는 가장 기본적인 조건이 바로 편의시설의 확보이다.[2] 일을 하러 직장에 가거나 교육을 받으러 학교에 가려고 할 때 전제가 되는 것이 바로 거기까지 접근할 수 있는 수단이나 시설이기 때문이다. 그러나 대표적인 대중교통 수단인 시내버스를 장애인이 이용하는 데에는 여러 가지 문제가 있다. 버스정류장 공간의 협소로 인하여 정·하차의 위치가 일정하지 않을 뿐 아니라, 버스의 승차계단이 높아(지상에서 차내 바닥까지의 높이가 약 78센티미터이다) 지체장애인, 특히 휠체어 장애인들이 버스를 승차하는 데에는 많은 어려움이 있는 현실이다. 뿐만 아니라 승차 시 소요시간이 길어 배차시간에 쫓기는 상태에서 운전자들이 장애인의 승차를 기피하고 있으며, 시각장애인을 위한 안내방송이 제대로 이루어지지 않고 있으며, 또한 청각장애인을 위한 문자안내판도 설치되어 있지 않아 설사 장애인들이 승차를 하였다 하더라도 그 이용에 많은 어려움이 따르고 있다.

교통약자를 위한 저상버스의 설치는 장애인이 사회에 참여하고 다른 기본권을 행사하는 전제가 된다는 문제의식을 가지고, 대상판결의 내용을 검토하고, 장애인 이동권의 내용과 근거를 살펴본 후에, 이 사건 이후에 입법된 교통약자의 이동편의증진법(이하 '교통약자이동법'이라 한다)의 내용을 고찰하기로 하겠다.

---

2) 김인재, "장애인 인권보장의 이념과 접근권," 「사회과학논총」 제15집, 상지대 사회과학연구소, 1999, 1면.

(1) 헌법 第34조 인간다운 생활권의 헌법적 의미

1) 인간다운 생활을 할 권리의 구체화와 실질적 자유의 강조

대상판결이 헌법 제34조 제 2 항 내지 제 6 항을 단순히 국가의 의무로 보지 아니하고 인간다운 생활을 할 권리의 구체화된 내용으로 파악하여 위 조항들을 여성, 노인, 청소년, 장애인, 생활무능력자의 사회보장수급권의 근거조항으로 해석할 수 있는 근거를 마련하고, 우리 헌법상 사회국가원리가 국민 각자가 실제로 자유를 행사할 수 있는 그 실질적 조건을 마련해 줄 의무가 있는 국가를 의미한다고 하여 실질적 자유의 확보라는 차원에서 사회권을 이해할 수 있는 여지를 둔 것은 타당하다.

2) 사회권의 구체적 권리성[3)]

헌재가 사회적 기본권과 국가의 다른 중요한 '헌법적 의무'가 경쟁적 관계에 있다고 보는 것은 사회적 기본권을 '기본권'이 아닌 국가의 '의무'와 동치시키고 있는 것이며, 이는 사회적 기본권을 프로그램적 규정으로 보고 사회적 기본권을 사회보장수급권자들의 권리로 보는 것이 아니라 국가의 일종의 시혜적 급부로 보던 근대의 소극적 시민국가에서의 논리와 다를 바 없다. 이는 우리 헌법이 표방하고 있는 적극적 복지국가(사회국가)의 이념에 부합하지 않는다. 또한 사회적 기본권을 항상 국가의 현실적인 재정·경제능력의 범위 내에서 성립하는 권리로 보는 입장에도 동의할 수 없다. 사회보장을 경제나 재정의 배려에 종속시킨 나머지, 사회보장의 법이념을 후퇴시키는 것은 사회보장에서의 법우위론의 관점에서 타당하지 않다. 생존권의 논리가 경제의 논리를 제약할 수 있어도 경제의 논리가 인권의 논리를 제약하여서는 안 된다는 것이 법우위론의 전제이다.[4)] 국가의 재정, 즉 예산은 헌법에 구속되는 성격을 가지기 때문에 예산이 없다고 하여 사회적 기본권의 법적 권리성을 부인할 수는 없다. 법치행정의 원칙에서 보아 법률이 없는 경우에 행정을 직접 구속할 수는 없다고 하나 입헌주의의 원칙에 따라 헌법에는 구속되는 것이다.[5)6)]

---

3) 구체적 권리설을 취하고 있는 견해에는 허영(「헌법이론과 헌법」, 박영사, 2006, 637면), 김철수(「헌법학개론」, 박영사, 2006, 803면), 성낙인(「헌법학」, 법문사, 2006, 565면) 등.

4) 김유성, 「한국사회보장법론」, 법문사, 2002, 133면.

5) 김철수, 앞의 책, 803면.

6) 권영성 교수는 이에 대하여 "건강하고 문화적인 생활수준은 특정의 시점에서 그리고 특정의 국가에서 일단 이론적으로 결정되어야 하며 또 결정될 수 있을 것이다(재정경제부, 한국은행

국가의 현재 재정상황에 따라 사회권의 실현 정도에 차이가 있을 수는 있다. 그러나 최종적인 권리구제 여부에 대한 한계가 곧바로 사회권의 구체적 권리성을 부정하는 결정적인 요소로 작동할 수는 없다. 근대 기본권론에서 천부인권으로 간주되었던 재산권도 우리 헌법에서 재산권의 "내용과 한계는 법률로 정한다"(제23조 제1항 후문), "재산권의 행사는 공공복리에 적합하여야 한다"(제23조 제2항)고 하여 많은 사회적 제약을 수반하게 되었다. 사회권도 헌법에 규정되어 있는 이상[7] 헌법적 가치를 갖는 기본권이며, 여기서 기본권이라는 의미는 곧 구체적이고 주관적인 권리로서의 의미를 가진다고 할 것이다.

이에 대하여 구체적 입법이 없는 경우 구체적 권리성은 몰각되는 것이 아닌가하는 비판이 제기되고 있으나 그것은 법현실을 가지고 규범의 성격을 규정짓는 앞뒤가 뒤바뀐 비판론으로 타당하지 않다고 본다. 구체적 입법이 없다면 국가는 헌법에 따라 그 구체적인 입법을 할 의무를 지게 되는 것이다. 과거에는 헌법을 재판규범으로서 일반국민이 직접 다투는 것이 불가능했으나, 헌법재판소에 의한 헌법소원이 가능한 지금 일반국민은 헌법규정을 가지고 국가에 대해 구체적 행위(입법을 할 의무)를 할 것을 강제할 수 있다. 그러나, 문제는 현재의 사회적 기본권에 대한 인식이 소극적이어서 현실적으로 일반국민이 국가에 대해 강제하지 못하고 있다는 점이다.

3) 사회권의 대사인적 효력 인정 여부

본 사안에서 보건복지부 장관은 "시내버스와 시외버스의 경우 버스운송업자들은 순수한 민간업자이기 때문에 정부가 편의시설의 설치를 강제할 수는 없고 단지 자발적인 참여를 유도할 수 있을 뿐"이라고 저상버스 도입 강제의 어려움을 설명하고 있다. 이와 관련해서 기본권의 대사인적 효력을 원용하여 장애인의 기본권(여기서는 '이동권')으로부터 사기업체인 운수회사에게 구속력을 가할 수는 없는지 논의해 볼 필요가 있다.

그 일례로 일정정도의 저상버스를 도입하지 않을 경우 해당 노선에 대한 인

등의 생계비지수 등을 참조). 따라서 그 수준은 결코 예산의 유무에 의하여 좌우될 것이 아니라 그것이 예산 편성을 지도하고 지배하여야 한다"라고 하고 있다(권영성, 「헌법학원론」, 법문사, 2006, 643면).

7) 모든 헌법규정은 공동체구성원들의 헌법생활과정에서 그 내용이 반드시 실현되어야 할 재판규범이어서 어떠한 헌법조항은 재판규범이고, 어떠한 헌법조항은 프로그램규정이라는 해석은 헌법에 그에 관한 명문의 규정이 존재하지 아니하는 한 독단적·자의적 해석일 수밖에 없기 때문이다(권영성, 앞의 책, 584면).

가를 주지 않는 방법을 생각해 볼 수 있다. 실제로 미국의 경우, 모든 신규 제작 차량은 휠체어사용자가 이용할 수 있도록 해야 하며, 공공사업자는 버스이용이 불가능한 중증의 장애인을 위해 ADA 제정 후 18개월 이내에 Paratransit의 제공을 의무화하고 있다. 단, 민간사업자의 장거리 버스는 대규모 사업자의 경우 6년 이후, 소규모 사업자의 경우 7년 이후에 구입하는 차량을 대상으로 하고 있다.[8] 비록 이것이 헌법에 근거하여 이루어진 것은 아니지만, 이러한 조치의 근거인 ADA의 기본 입장이 민간교통사업자를 국가에 준하게 취급하여 장애인 편의시설을 도입을 강제하고 있는 것이므로 이와 관련하여 기본권의 대사인적 효력에 대한 검토가 필요하리라 본다. 미국의 경우 기본권의 대사인적 효력은 1940년대 이후 연방대법원이 사인의 행위를 '국가행위(state action)'로 전환시키는 여러 이론을 시도하면서 시작되었다. 즉, '국가유사설(look-like government theory)' 혹은 '국가행위의제이론(state action doctrine)' 등이 그것이며 더 나아가 연방대법원은 국가의 행위로 귀속되는 것이 적절한 '사인의 행위'도 헌법의 적용대상이 된다고 해석하고 있다.[9]

그러나, 기본권의 대사인적 효력에 대한 우리나라의 일반적인 입장은 소위 '간접적용설'을 취하고 있다. 즉, 헌법 제21조 제 4 항과 같이 헌법에 직접 명시되어 있거나, 헌법 제32조 제 3 항과 같이 법률에 의하여 구체화되지 않는 한, '공서양속' 이나 '신의성실'과 같은 사법상의 일반조항을 통하여 기본권의 효력이 사인간의 관계에 간접적으로 적용된다는 것이다. 이에 따를 경우 사법관계가 형성되지 않는 한, 기본권을 근거로 민간사업자에게 저상버스 도입을 강제할 수 없게 된다. 그리고 사법관계가 형성되었다 하더라도 그것은 이미 편의시설이 없음을 수인한 것이 되므로 사법상의 일반조항을 통하여 강제할 수 없게 된다.

(2) 장애인 이동권

사회적 기본권의 구체적 권리성이 인정된다면 대상판결 사안에서 가장 문제되는 권리는 그 중에서도 장애인의 이동권이 될 것이다. 장애인의 이동권은 비교적 최근에 논의되기 시작한 권리로서 편의증진법과 교통약자이동법에 접근권 및

---

8) 설재훈 · 신연식 · 박인기, 「장애인노약자의 복지교통 서비스 개선방안」, 교통개발연구원, 2004, 81면.

9) 성낙인, 앞의 책, 262면; 김철수, 앞의 책, 327면.

이동권에 대한 입법적 정의가 이루어졌으므로 그 개념과 근거를 살펴보기로 한다.

1) 정　　의

(가) **접근권에 대한 입법적 정의**　　접근권이란 장애인등[10] 이 "인간으로서의 존엄과 가치 및 행복을 추구할 권리를 보장받기 위하여 장애인등이 아닌 사람들이 이용하는 시설과 설비를 다른 사람의 도움 없이 동등하게 이용하고 장애인등이 아닌 사람이 접근할 수 있는 정보에 다른 사람의 도움 없이 자유롭게 접근할 수 있는 권리"를 이른다(편의증진법 제4조).

(나) **이동권에 대한 입법적 정의**　　이동권이란 장애인 등 교통약자[11]가 "인간으로서의 존엄과 가치 및 행복을 추구할 권리를 보장받기 위하여 장애인 등 교통약자가 아닌 사람들이 이용하는 모든 교통수단, 여객시설 및 도로를 차별 없이 안전하고 편리하게 이용하여 이동할 수 있는 권리"라고 정의하고 있다(교통약자이동법 제3조).

(다) **소　　결**　　접근권이 시설 및 설비이용권, 정보접근권을 포괄하는 개념이므로 이동권은 시설 및 설비이용권에 포함되는 접근권의 하위개념으로 파악해도 무리가 없을 듯하다. 접근권에서는 '다른 사람의 도움 없이'라는 문언이 사용되는 데 비해 이동권에서는 그 용어 대신 '차별 없이'라는 용어로 변경한 점이 주목된다. 이동권은 '장애인 등 교통약자가 교통수단, 여객시설 및 도로를 교통약자가 아닌 사람들과의 차별 없이 이용하여 이동할 수 있는 권리'라고 이해할 수 있겠다.

2) 근　　거

이동권의 헌법상 근거로 교통약자이동법에서 들고 있는 인간으로서의 존엄과 가치 및 행복을 추구할 권리(헌법 제10조) 이외에도 행복추구권의 한 내용인 일반적인 행동자유권, 평등권(헌법 제11조), 거주이전의 자유(헌법 제16조), 인간다운 생활을 할 권리(헌법 제34조 제1항), 국가의 장애인에 대한 보호의무를 규정한 헌법 제34조 제5항, 열거되지 않은 기본권에 대한 헌법 제37조 제1항을 들 수 있다. 국가인권위원회도 02진인1402결정[12]에서 "이동권은 장애인의 자아실현과 교육, 문화생활을 위한 가

10) "장애인등"이라 함은 장애인·노인·임산부등 생활을 영위함에 있어 이동과 시설이용 및 정보에의 접근 등에 불편을 느끼는 자를 말한다(편의증진법 제2조 제1호).

11) "교통약자"라 함은 장애인, 고령자, 임산부, 영유아를 동반한 자, 어린이 등 생활을 영위함에 있어 이동에 불편을 느끼는 자를 말한다(교통약자이동법 제2조 제1호)

12) 발산역 장애인 리프트를 타고 가던 장애인이 전동스쿠터와 함께 추락하여 사망한 사건에 대해 장애인이동권연대에서 진정을 제기한 사안이다. 국가인권위는 적절한 배상을 피해자 유족에

장 기본적인 기본권으로 헌법상 행복추구권, 거주이전의 자유에 근거한 기본권" 이라고 하고 있다.

(3) 교통약자의이동편의증진법의 내용

대상판결이 내려진 지 2년이 조금 넘게 지난 2005. 1. 27. 교통약자의이동편의증진법이 제정되어 현재 시행중에 있다. 현애자의원대표발의안과 정부제출안을 통합하여 대안 형식으로 입법이 되었다. 저상버스와 관련된 주요내용만 살펴보기로 한다.

1) 목　　적

"교통약자가 안전하고 편리하게 이동할 수 있도록 교통수단·여객시설 및 도로에 이동편의시설을 확충하고 보행환경을 개선하여 인간중심의 교통체계를 구축함으로써 이들의 사회참여와 복지증진에 이바지함을 목적으로" 하고 있다(제1조).

2) 편의증진법과의 관계

교통약자이동법은 편의증진법의 대상시설 중 도로, 교통수단을 삭제(부칙 제5조)하여 도로, 교통수단에 대하여는 편의증진법을 대체하고 있으며, 동법에서 특별히 정하고 있지 아니한 이동편의시설에 관한 사항은 장애인·노인·임산부등의편의증진보장에관한법률 등 다른 법률이 정하는 바에 따른다고 하여 편의증진법이 보충적으로 적용되도록 하고 있다(제10조 제3항).

3) 교통약자이동편의증진계획의 수립

건설교통부 장관은 교통약자의 이동편의증진을 위한 5년 단위의 계획을 수립하여야 하며, 거기에는 교통약자이동편의증진정책의 기본방향 및 목표에 관한 사항, 이동편의시설의 설치 및 관리 실태, 보행환경 실태, 이동편의시설의 개선과 확충에 관한 사항, 저상버스 도입에 관한 사항, 보행환경 개선에 관한 사항, 특별교통수단 도입에 관한 사항, 교통약자이동편의증진계획의 추진에 소요되는 재원조달방안, 기타 대통령령이 정하는 사항이 포함되어야 한다(제6조). 특별시장·광역시장·시장 또는 군수도 위와 같은 내용의 지방교통약자이동편의증진계획을 수립할 의무를 지고 이에 대한 연차별시행계획도 세워야 한다.

게 할 것, 다시 동일한 사고가 발생하지 않도록 리프트 등 설비에 관한 안전조치를 시행할 것, 안전전담요원등을 배치할 것, 가능한 한 전 역사에 장애인용 엘리베이터를 설치할 것, 장애인용 콜택시를 도입, 저상버스 운행 등의 조치를 시행할 것을 권고하였다.

4) 이동편의시설의 설치와 심사

교통사업자 또는 도로관리청 등 대상시설을 설치·관리하는 자는 대상시설을 설치하거나 대통령령이 정하는 주요부분을 변경하는 때에는 설치기준에 적합하게 이동편의시설을 설치하고 이를 유지·관리하여야 한다(제11조)고 규정하여, 편의증진법과 마찬가지로 대상시설을 새로 설치하거나 주요부분을 변경하는 경우에만 교통약자이동법이 적용되도록 하고 있다. 또한 교통행정기관은 교통수단 및 여객시설에 대한 면허·인가·허가 등을 하는 경우 설치기준에 적합한지 여부를 심사할 의무가 있다(제12조).

5) 노선버스에 대한 이용보장

노선버스운송사업자는 교통약자가 안전하고 편리하게 버스를 이용할 수 있도록 승하차 시간을 충분히 제공하여야 하고(제14조 제1항), 건설교통부장관 또는 시도지사는 여객자동차운수사업법 제5조의 규정에 의한 여객자동차운송사업면허를 하는 때에는 동법 제6조의 규정에 의한 면허기준을 갖추고 저상(底床)버스 등 교통약자가 편리하고 안전하게 이용할 수 있는 구조를 가진 버스(이하 "저상버스등"이라 한다)를 대통령령[13]이 정하는 일정 대수 이상 운행하고자 하는 자에 대하여 우선적으로 노선여객자동차운송사업면허를 할 수 있고(제2항), 시장 또는 군수는 지방교통약자이동편의증진계획을 수립할 시에 저상버스 도입 계획을 반영하고, 이에 따라 저상버스를 도입하여야 하고(제3항), 국가 및 지방자치단체는 제3항에 따라 저상버스를 도입할 경우 노선버스운송사업자에게 예산의 범위 안에서 재정지원을 하여야 하고(제4항), 도로관리청은 저상버스 등의 원활한 운행을 위하여 필요한 경우에는 버스정류장·도로의 정비 등 필요한 조치를 하여야 한다(제5항). 다만, 제2항의 경우 할 수 있다는 재량 형식으로 규정해 놓아서 실효성이 의심스러우며, 서론 부분에서 제기한 장애인의 시내버스 이용상의 어려움을 많이 해결하는 입법이지만 실제로 이 법대로 시행이 되고 있는지에 대한 검토가 필요하다.

6) 도시철도에 대한 이용보장

도시철도사업에 사용되는 차량의 10분의 1 이상에 해당하는 부분을 교통약자전용구역으로 할당하여야 한다(제15조).

---

13) 특별시와 광역시의 경우는 운행하고자 하는 버스 대수의 2분의 1, 시와 군의 경우 운행하고자 하는 버스 대수의 3분의 1로 정하여져 있다(동법 시행령 제14조).

7) 특별교통수단

시장 또는 군수는 이동에 심한 불편을 느끼는 교통약자의 이동편의를 위하여 건설교통부령이 정하는 일정 대수 이상의 특별교통수단을 운행하여야 한다(제16조). 인구 100만 이상의 시의 경우 80대, 인구 30만 이상 100만 미만의 시의 경우 50대, 인구 10만 이상 30만 미만의 시의 경우 20대 이상을 운행하여야 한다(동법 시행규칙 제5조). 특별교통수단을 이용할 수 있는 교통약자의 범위는 장애인복지법 시행규칙 제2조 제1항의 규정에 의한 1급 또는 2급 장애인으로서 버스·지하철 등의 이용이 어려운 자, 65세 이상의 자로서 버스·지하철 등의 이용이 어려운 자, 제1호 및 제2호의 규정에 해당하는 교통약자에 준하는 자로서 지방자치단체의 조례가 정하는 자, 제1호 내지 제3호의 규정에 해당하는 교통약자를 동반하는 가족 및 보호자이다(동법 시행규칙 제6조 제1항).

이러한 특별교통수단에는 장애인 콜택시, 셔틀버스 등이 있으나, 인구 10만 미만의 시군의 경우 대수 제한이 없어서 보호의 흠결이 발생할 염려가 있다.

8) 교통이용정보 등의 제공

교통사업자는 대통령령이 정하는 바에 의하여 교통약자 등이 편리하게 교통수단·여객시설 또는 이동편의시설을 이용할 수 있도록 안내정보 등 교통이용에 관한 정보와 수화·통역서비스 등 교통이용과 관련된 편의를 제공하여야 한다(제17조). 정보로는 노선·운임·운행 또는 운항에 관한 정보, 타는 곳, 갈아타는 곳 및 나가는 곳 등의 유도·안내에 관한 정보, 엘리베이터·에스컬레이터 등 이동편의시설의 위치에 관한 정보, 이동편의시설을 이용하여 갈아탈 수 있는 최적경로에 관한 정보, 편의로는 수화·통역서비스, 휠체어·점자안내책자·보청기기, 공중모사전송기를 제공하여야 한다(동법 시행령 제15조).

9) 실태조사

건설교통부장관은 교통약자의 이동편의증진을 위한 정책의 효과적인 수립에 필요한 기초자료로 활용하기 위하여 매년 전수조사 또는 표본조사의 방법으로 교통약자의 인구현황, 교통약자의 이동실태, 이동편의시설의 설치 및 관리 현황, 보행환경 실태, 그 밖에 교통약자의 이동편의증진을 위하여 필요한 사항을 조사하여야 한다. 단 5년마다 1회는 전수조사의 방법으로 하여야 한다(제25조, 동법 시행규칙 제11조).

10) 강제수단

시정명령(제29조), 시정명령 불이행자에 대한 벌금(제31조), 양벌규정(제32조), 과태료

(제33조), 이행강제금(제34조) 등의 강제수단이 있다.

벌금액수가 1,000만원 미만이고, 이행강제금도 3,000만원 미만으로 되어 있어 저상버스 한대의 가격이 억대를 호가하는 것을 생각하면 강제력이 약하다.

11) 검 토

교통약자이동법은 편의증진법상 이동권에 대한 보장의 수준이 부족하다는 인식하에 도로, 교통수단, 여객시설에 대한 이동편의시설을 확충하여 장애인 등 교통약자의 이동권을 보장하기 위해 만든 법이다. 이동권을 ① 입법적으로 정의하고, ② 교통약자이동편의증진계획의 수립을 의무화하고, ③ 교통사업자와 도로관리청에 대해 이동편의시설의 설치의무를 부과하고, ④ 노선버스, 도시철도에 대한 이용을 보장하고, 특별교통수단의 운행을 강제하고, ⑤ 교통정보 등의 제공을 의무화하고, ⑥ 정기적인 실태조사를 실시하도록 한 점에서 장애인의 이동권을 한층 고양시킨 법이라고 평가할 수 있다. 그러나 강제수단의 벌금액이나 이행강제금액이 적어서 그 실효성이 의심스럽고 기존에 설치되어 운행되는 대상시설에 대해 어떤 의무도 부과하지 못하고 이동편의시설 설치에 대한 국가의 재정부담을 확실히 하지 못한 점은 다소 아쉬운 부분이다. 이후의 법개정을 통해 보완해 나가야 할 것이다.

(4) 결 어

현재 우리나라에서의 저상버스 도입 현황을 보면, 중앙정부의 경우, 2006년 9월 27일 청와대의 '국정브리핑'을 보면 "저상버스를 2011년까지 시내버스의 50% 수준으로 공급해 장애인들의 이동편의를 도모하고, 활동보조인서비스를 대폭 지원하여 사회참여를 적극 유도할 계획이다"라고 밝히고 있다.[14] 지자체의 경우, 예를 들어 인천시는 2006년 9월 20일 인천장애인차별철폐연대 준비위원회 앞으로 보낸 '장애인이동권 확보를 위한 요구사항'에 대한 답변서를 보면, "저상버스 도입은 인천시가 마련한 '저상버스 도입 10개년 계획'에 따라 도입을 추진하되, 2007년 중 건설교통부의 저상버스 도입 확대계획과 병행해 추진계획을 마련할 계획"이며, "인천시가 2004년부터 자체예산으로 추진 중인 '저상버스 도입 10개년 계획'에 따르면 2013년까지 총 150대(시내버스의 10%)의 저상버스가 도입될 예정"이라고 한다. 이에 따르면, 인천시의 자체계획대로 사업을 진

14) URL: http://korea.kr/newsWeb/appmanager/portal/news.

행하면서, 정부의 방침(2013년까지 시내버스의 30-50% 수준으로 확대)에 따라 건설교통부가 수립하고 있는 '대중교통기본계획'이 마련되면 협의 하에 도입 수준을 확대한다는 방침이다.[15)]

장애인의 이동권의 보장은 장애인의 다른 기본권을 보장하기 위한 전제가 된다. 한편 장애인이나 사회적 약자에 대한 기본권 보장의 정도는 그 사회의 실질적 민주화를 가늠하는 시금석이기도 하다. 앞에서 살펴본 바와 같이 사회권은 구체적 기본권으로서 보장되어야 하며, 장애인의 이동권도 헌법상 보장된 기본권으로서 위 권리로부터 행정청이 저상버스를 도입하여야 할 작위의무가 발생한다고 생각한다. 교통약자이동법이 제정·시행되고 서울특별시의 경우, 시내버스 운영이 준공영제로 바뀐 현재에 와서는 더욱 그러하다고 본다.

Ⅱ. 대법원 2005. 1. 28. 선고 2004다58338 판결 — 지체장애인의 리프트 추락사망사건[16)]

1. 사실관계

원고는 망인의 아들이고, 피고는 서울특별시 도시철도공사(이하 '도시철도공사'라 한다)와 서울특별시(이하 '서울시'라 한다)이다.

원고의 아버지인 망인은 전동스쿠터를 사용하는 1급 지체장애인이다. 2002. 5. 19. 18 : 40경 발산역에서 망인은 전동스쿠터를 탄 채 하차한 후 지하 1층 대합실에서 지상출구로 나가는 과정에서 이 사건 휠체어 리프트를 타라는 역무원의 안내를 받았다. 그러나 이 사건 휠체어 리프트를 탑승하여 지상 출입구 계단 끝에 도착한 후 이 사건 휠체어 리프트에서 내리던 중 어떤 이유에서 망인이 이 사건 전동 휠체어를 후진하는 바람에 뒤쪽 안전판을 넘어 전동스쿠터와 함께 계단으로 추락하였다. 망인은 급하게 병원으로 후송되었으나 2002. 5. 20. 02 : 20 외상성 뇌지주막출혈 등의 상처로 사망하였다. 사고 당시 망인은 입에서 술냄새가 약간 나는 정도의 음주 상태였다.

15) URL: http://www.cbs.co.kr/Nocut/Show.asp?IDX=326461.

16) 원심: 서울고등법원 2004. 9. 16. 선고 2003나80491 판결; 제 1 심: 서울지방법원 2003. 11. 6. 선고 2002가합68572 판결.

이 사건 휠체어 리프트는 원래 수동형 휠체어용으로 이 사건 휠체어 리프트가 설치된 곳에는 '주의'라는 제목하에 '이 휠체어 리프트는 수동식 휠체어 전용 시설입니다', '전동스쿠터 등 규격품 이외의 보조기구를 이용할 경우에는 반드시 보호자 또는 역무원의 협조를 받으시기 바랍니다'라고 기재된 안내문이 부착되어 있었다. 또한 통상 리프트 받침판의 길이보다 전동스쿠터의 길이가 길어 앞뒤 공간의 여유가 없어 전동스쿠터를 타고 탑승하기에는 적합하지 않았다.

이 사건 휠체어 리프트의 받침판 앞뒤 양쪽에는 3.2밀리미터 두께의 알루미늄 재질로 이루어진 안전판(램프)이 부착되어 있는데 이 안전판은 승하차시 장애인이 휠체어를 타고 리프트에 탑승할 수 있도록 수평으로 펼쳐지고, 운행중에는 위로 접혀져 수동형 휠체어의 밀림을 막아주는 등의 기능을 하나 안전판 및 본체와의 연결부가 쉽게 휠 정도로 지지력이 약하고 중간 속도 이상으로 전동스쿠터를 작동할 경우 램프가 접혀진 상태에서도 이를 넘어 받침판을 이탈할 가능성이 있어 추락방지장치로서의 역할을 기대할 수 없다.

발산역에 설치된 휠체어리프트 4대는 2002. 1. 1.부터 사고 전인 2002. 5. 19.까지 사이에 33회 고장이 나 수리한 사실이 있고, 2001. 2. 8.에도 장애인이 사건 휠체어리프트에 탑승을 시도하던 중 전동스쿠터와 함께 휠체어리프트의 램프를 넘어 계단에 추락하여 두부골절상을 입은 유사한 사고가 발생한 사실이 있었다. 발산역 외에 다른 역에서도 유사한 추락사고가 있었다. 한편 소비자보호원은 2001. 5. 18. 피고 도시철도공사 등이 운영하고 있는 39개 지하철역에 대한 휠체어리프트 안전실태 조사 후 피고 도시철도공사 등에게 조사대상 역 중 51.3%가 휠체어리프트 관리를 소홀히 하고 있다고 지적하고, 특히 전동스쿠터가 램프를 넘어 추락하는 사고에 대하여 안전대책을 강구하도록 통보한 적이 있었다.

역무원들은 평소 전동스쿠터를 탄 장애인이 휠체어 리프트를 이용하기 위해 도움을 요청하는 경우 장애인이 지상에 내릴 때까지 도와야 한다고 교육받은 바 있었으나 당일 근무하던 근무자 4명 중 2명이 저녁 식사를 하러 나갔기 때문에 근무자가 부족해 이 사건 휠체어리프트를 타라는 안내만 하고 돌아갔다.

이에 원고는 위 지하철 및 이를 위한 편의시설을 운영하는 피고 도시철도공사와 위 공사를 설립하고 전반적인 업무를 감독하는 서울시에 대하여 이 사건 사고로 인한 손해배상을 청구하였다.

2. 참고조문

(1) 헌 법

제10조

모든 국민은 인간으로서의 존엄과 가치를 가지며, 행복을 추구할 권리를 가진다. 국가는 개인이 가지는 불가침의 기본적 인권을 확인하고 이를 보장할 의무를 진다.

제14조

모든 국민은 거주·이전의 자유를 가진다.

제34조

① 모든 국민은 인간다운 생활을 할 권리를 가진다.

(2) 장애인복지법

제21조(편의시설)

국가와 지방자치단체는 장애인이 공공시설 및 교통수단 등을 안전하고 편리하게 이용할 수 있도록 편의시설의 설치와 운영에 관하여 필요한 시책을 강구하여야 한다.

제22조(안전대책의 강구)

국가와 지방자치단체는 추락사고등 장애로 인하여 추가로 발생될 수 있는 안전사고와 비상재해 등에 대비하여 시각, 청각 및 이동에 불편을 겪는 장애인을 위하여 피난로 확보, 점자·음성 및 문자 안내판의 설치, 긴급 통보시스템 등 장애인의 특성을 배려한 안전대책등 필요한 조치를 강구하여야 한다.

(3) 장애인·노인·임산부등의편의증진보장에관한법률(이하 '편의증진법' 이라 한다)

제 4 조(접근권)

장애인등은 인간으로서의 존엄과 가치 및 행복을 추구할 권리를 보장받기 위하여 장애인등이 아닌 사람들이 이용하는 시설과 설비를 다른 사람의 도움 없이 동등하게 이용하고 장애인등이 아닌 사람이 접근할 수 있는 정보에 다른 사람의 도움 없이 자유롭게 접근할 수 있는 권리를 가진다.[17)]

17) 본 조항은 2003.12.31. 전·후단의 '다른 사람의 도움 없이'와 후단의 '장애인등이 아닌 사람

3. 당사자의 주장

(1) 원고의 주장

피고인 도시철도공사가 휠체어 리프트를 수시로 점검, 확인한 다음 안전하게 운행하여야 할 업무상의 주의의무가 있고 특히 망인과 같은 장애인이 전동스쿠터를 타고 휠체어 리프트를 이용하는 경우 추락으로 인한 사고 발생의 가능성이 있음에도 불구하고 그에 대한 충분한 안전대책을 강구하지 않은 잘못이 있으므로 이 사건 사고로 인하여 망인과 원고가 입은 모든 손해를 배상하여야 한다.

또한 이 사건 휠체어 리프트가 공공의 영조물로서 피고인 서울시가 관리하여야 하며, 피고 도시철도공사의 감독기관으로서 이 사건 휠체어 리프트의 안전운행 여부를 수시로 감독하여야 할 의무가 있음에도 불구하고 이를 태만히 한 과실이 있으며, 아울러 장애인복지법 제21조와 제22조에 따라 장애인이 공공시설 및 교통수단 등을 안전하고 편리하게 이용할 수 있도록 편의시설의 설치와 운영에 관하여 필요한 시책을 강구하여야 할 의무와 추락사고 등 장애로 인하여 추가로 발생될 수 있는 안전사고와 비상재해 등에 대비하여 시각, 청각 및 이동에 불편을 겪는 장애인을 위하여 피난로 확보, 점자·음성 및 문자 안내판의 설치, 긴급 통보시스템 등 장애인의 특성을 배려한 안전대책 등 필요한 조치를 강구하여야 할 의무가 있음에도 불구하고 이를 게을리 한 과실이 있으므로, 피고 도시철도공사와 연대하여 이 사건 사고로 인한 손해를 배상할 책임이 있다.

(2) 피고의 주장

망인이 취중에 이 사건 전동스쿠터를 후진으로 오조작하는 바람에 전동스쿠터와 함께 계단 아래로 추락하였으므로, 이 사건 사고는 전적으로 망인의 중대한 과실로 인하여 발생한 것이며, 이 사건 휠체어 리프트는 사고 당시 안전장치에 결함이 없는 정상적인 상태였으므로, 피고 도시철도공사의 책임이 없다.

이 접근할 수 있는'을 삭제하여 다음과 같이 개정하였다.

제4조(접근권) 장애인등은 인간으로서의 존엄과 가치 및 행복을 추구할 권리를 보장받기 위하여 장애인등이 아닌 사람들이 이용하는 시설과 설비를 동등하게 이용하고 정보에 자유롭게 접근할 수 있는 권리를 가진다.

4. 법원의 판단 요지

1심인 서울지방법원은 2003. 11. 6. 선고 2002가합68572 판결에서 도시철도공사의 배상책임을 90%로 인용하였으며, 이에 원고인 망인의 상속인과 피고인 도시철도공사는 각각 항소하였고 서울고등법원은 2004. 9. 16. 선고 2003나80491 판결에서 원고인 망인의 상속분 지분에 관한 원고의 청구를 인용하였을 뿐 나머지 원·피고의 청구는 기각하여 1심의 판결이유를 인정하였다. 항소심에 대해 피고 도시철도공사는 과실상계 비율에 관하여 상고하였고 대법원은 2005. 1. 28. 선고 2004다58338 판결에서 상고를 기각하여 원심을 확정지었다.

다음은 본 사안의 쟁점에 관한 서울지방법원의 판단요지이다.

(1) 휠체어 리프트의 결함을 사고의 하나의 원인으로 인정

그 구체적 사고 경위는 ① 사고 당시 앞쪽 램프가 지상에 도달하였는데도 불구하고 펼쳐지지 아니한 점, ② 망인은 10여 년 전에 장애인이 되어 전동스쿠터를 오랫동안 사용하여 왔던 점, ③ 망인이 음주하였다고는 하나 그 정도는 입에서 약간의 술냄새가 나는 것에 불과하였던 점 등에 비추어 보면, 망인이 단순히 전진하여야 할 것을 후진으로 오조작하여 사고가 발생하였다고 볼 수는 없고, 앞쪽 램프가 펼쳐지지 아니하자 약간 후진하였다가 전진함으로써 램프를 넘어 지상에 내리기 위하여 후진레버를 조작하였는데 휠체어 리프트의 여유공간이 없고 램프의 지지력이 전동스쿠터의 무게를 견디지 못하는 바람에 뒤쪽 램프가 펼쳐지고 망인이 추락한 것으로 추단되므로, 결국 이 사건 휠체어 리프트의 앞쪽 램프가 정상적으로 펼쳐지지 않은 것이 이 사건 사고의 하나의 원인이 되었다고 할 수 있다.

(2) 도시철도공사의 안전장치 보완의무 및 장애인 보호의무의 위반 인정

이 사건 휠체어 리프트는 수동식 휠체어의 이용을 전제로 설치된 것으로서 장애인들이 많이 이용하는 전동스쿠터에는 적합하지 못한 시설이고, 실제로 전동스쿠터를 이용하는 장애인들이 유사한 사고를 당한 사실이 있었으므로, 이 사건 휠체어 리프트를 관리, 운영하는 피고 도시철도공사로서는 전동스쿠터를 이용하여 휠체어 리프트에 탑승하는 장애인들이 안전하게 이를 사용할 수 있도록 안전장치를 보완하고 역무원들의 보호를 받게 하는 등 그와 같은 사고의 재발을 방지하여야 할 주의의무가 있음에도 불구하고, 아무런 보완조치를 취하지 아니한 잘못이 있고, 피고 도시철도공사의 피용자인 역무원은 망인이 휠체어 리프트를 이용하여 지상에 도달할 때까지 보호하지 아니한 잘못이 있으며, 이와 같은 잘못은 이 사건 사고의 원인이 되었다고 할 것이므로, 피고 도시철도공사는 그로 인하여 망인 및 원고에게 발생한 손해를 배상할 책임이 있다.

(3) 과실상계의 인정

망인에게도 위와 같이 경솔하게 전동스쿠터를 후진한 잘못이 있고, 그 잘못은 이 사건 사고의 한 원인이 되었으므로, 피고 도시철도공사가 배상할 손해액을 산정함에 있어 이를 참작하되, 쌍방의 과실 내용에 비추어 피고 도시철도공사의 책임을 90%로 제한함이 상당하다.

(4) 서울시의 영조물책임과 장애인복지법상의 안전대책의무 위반책임은 불인정

① 이 사건 휠체어 리프트는 피고 도시철도공사가 1999. 12.경 설치하여 관리하고 있는 위 피고 소유의 설비인 사실은 앞에서 본 바와 같으므로, 이를 공공의 영조물이라고 할 수 없고, ② 피고 서울시가 피고 도시철도공사에 대한 전반적인 업무를 감독할 권한이 있는 사실은 앞에서 인정한 바와 같으나, 서울특별시 지하철 5, 6, 7, 8호선의 운영과 그와 관련된 생활편익시설, 복리시설의 건설 및 운영 등의 사업을 수행하기 위하여 별도의 법인인 피고 도시철도공사를 설립하였으므로, 피고 서울시에게 이 사건 휠체어 리프트의 관리, 운영에 대한 어떤 구체적인 주의의무가 있다고 볼 수는 없다. 따라서 원고의 주장은 이유 없다.

5. 검 토

(1) 손해배상책임의 근거

법원은 많은 장애인들이 전동스쿠터에 탑승하여 휠체어 리프트를 이용하는 관례가 있음에도 불구하고 휠체어 리프트를 안전하게 운용·관리하지 못한 도시철도공사에게 민법 제750조 불법행위의 특별규정으로서 제758조의 공작물책임과 제756조의 사용자책임을 인정하고,[18] 다만 망인의 과실을 참작하여 민법 제763조에 따른 동법 제396조(과실상계)를 준용하여 도시철도공사의 배상책임을 90%로 제한하고 있다.

그러나 법원은 서울시에 대한 국가배상법상의 영조물책임과 장애인복지법상의 안전대책의무 위반 책임을 다음과 같은 이유로 부정하고 있다. 첫째, 서울시의 영조물책임에 관해서는 이 사건 시설은 별도의 법인인 도시철도공사가 1999.12.경 설치하여 관리하고 있는 것으로 공공의 영조물[19]이라고 볼 수 없다고 한다. 둘째, 서울시가 도시철도공사에 대한 전반적인 업무를 감독할 권한이 있는 사실은 인정하나, 지하철 5·6·7·8호선의 운영과 그와 관련된 생활편익시설, 복리시설의 건설 및 운영 등의 사업을 수행하기 위하여 별도의 법인인 피고 도시철도공사를 설립하였으므로, 서울시에게는 이 사건 휠체어 리프트의 관리, 운영에 대한 어떤 구체적인 주의의무가 있다고 볼 수는 없다고 한다.

요컨대 판례의 논거는, 도시철도공사가 독립된 법인이 되었으므로 그 시설관리물은 공공의 영조물이라고 볼 수 없기 때문에 서울시는 이에 대한 구체적인 감독의무가 없다는 점으로 집약된다. 판례는 일관되게 도시철도공사를 국가배상책임의 주체에서 배제하고 있는데, 만일 도시철도공사가 국가배상책임의 주체로서 국가 또는 지자체의 범위에 포함된다면 앞서의 도시철도공사의 손해배상책임은 민법상의 불법행위책임이 아니라 국가배상법상의 영조물책임이 될 것이다. 그렇다면 이 논의는 먼저 도시철도공사가 국가배상법상의 배상책임주체인지 여부를 선결문제로 해결하여야 할 것이다.

(2) 국가배상법상 배상주체의 범위

국가배상책임의 주체에 대해서 헌법 제29조 제1항은 '국가 또는 공공단체'로 정하고 있다. 다수 학설은 여기서의 공공단체에 지자체와 공공조합, 영조물법

---

18) 지방법원과 고등법원의 판결문에는 근거조항을 명시하지 않고 있다. 다만 상고심인 대법원의 판결문에서 '불법행위로 인한 손해배상책임의 범위'라는 표현을 통해 일반적인 민법상의 불법행위 조문을 근거로 하고 있다고 추정할 수 있다. 또한 국가배상법상의 책임이 무과실책임인 반면 판례는 과실을 배상책임의 요건으로 하고 있는 점 또한 마찬가지이다.

19) '공공의 영조물'이란 국가배상법 제5조(공공시설등의 하자로 인한 책임) 제1항에서 나오는 표현으로 본래의 영조물이 특정 행정목적을 위한 인적(人的)·물적(物的) 종합시설인데 비해 공공의 영조물은 공공목적에 제공된 유체물(공물)을 의미한다. 대상이 공작물에 한정되지 않는다는 점에서 민법 제758조보다 범위가 넓다. 김동희, 「행정법 I」 제12판, 박영사, 2006, 520면.

인, 공재단이 포함된다고 보고 있다. 그러나 국가배상법 제 2 조 제 1 항은 '국가 또는 지방자치단체'라고 하여 축소시켜 놓아 이에 대한 위헌시비가 일고 있다.[20] 이러한 난점을 해결하고 본 사안의 문제를 적용하기 위해서는 다음과 같은 시각이 필요하다.

통설과 판례(대법원 2001. 1. 5. 선고 98다39060 판결)는 국가배상법상의 공무원을 신분상의 공무원에 한정하지 않고 '널리 공무를 위탁받아 실질적으로 이에 종사하는 일체의 자'로 보고 있다. 특히 대법원의 98다39060 판결의 사안은 사인(私人)이 지자체로부터 공무를 위탁받아 공무에 종사한 사례로서 사인도 그 실질적인 직무행위에 따라 국가배상법상의 공무원의 신분이 될 수 있음을 밝혔다.

본 사안의 경우를 볼 때 영조물법인인 도시철도공사는 특정한 '행정'목적을 위해 설립된 법인이다. 영조물에 법인격을 부여하는 이유는 당해 행정목적을 수행함에 있어, 예산·인사 등에 있어서 일반적인 공법상 제한을 완화하여, 합리적·능률적인 경영을 도모하기 위한 것이다.[21] 따라서 도시철도의 운행 및 관리, 운영은 행정작용, 즉 공무이며, 그 원활한 수행을 위해 도시철도공사라는 별도의 법인을 설립한 것이라 할 수 있다. 그러므로 이 사건 역무원은 국가배상법상의 공무원임을 부정할 수 없을 것이다. 위 논의에 따라 역무원을 공무원으로 보았을 때 본 사안은 국가손해배상책임의 여섯 가지 요건을 모두 충족한다고 볼 수 있다. 따라서 국가배상법상 배상주체로서 국가 및 지자체의 범위는 앞서 언급한 헌법상의 공공단체의 범위와 동일하다고 보아야 할 것이므로, 이에 명문으로 규정된 지자체 외에 공공조합, 영조물법인, 공조합이 포함되어야 할 것이다.[22] 도시철도공사는 일정한 '행정'목적을 달성하기 위해 설립된 영조물법인에 해당한다.[23] 그러므로 도시철도공사는 국가배상법상의 국가 및 지자체에 해당되어 이 사건의 휠체어 리프트는 국가배상법 제 5 조의 공공의 영조물에 당연히 포함될 것이므로, 도시철도공사의 배상책임을 판례처럼 민법상의 불법행위책임으로

20) 최영규, "행정주체 및 공공단체의 개념과 범위 — 공공단체의 개념과 행정주체성을 중심으로 —," 「공법학연구」 제 5 권 제 1 호, 한국비교공법학회, 2004, 346면.

21) 김동희, 앞의 책, 79면.

22) 그러나 국가배상책임의 주체를 국가와 지자체로 좁게 본다면 공무원의 불법행위로 사인(私人)이 손해를 입었음에도 불구하고 일반 민사상의 손해배상을 청구할 수밖에 없다는 결론이 내려진다. 국가배상법의 법적 성격에 대해 통설은 공법으로 보나, 판례는 민법상 불법행위배상에 대한 특별법으로 보아 사법설을 취하고 있다. 이 논의는 공법설을 전제로 한 것이다.

23) 김동희, 앞의 책, 79면.

파악할 것이 아니라 국가배상법상의 영조물책임으로 판단하여야 된다고 본다.

(3) 서울시의 감독의무 위반

도시철도공사의 국가배상책임이 인정된다면 서울시와의 연대책임이 문제된다. 본 사안에서 법원은 서울시의 도시철도공사에 대한 전반적인 감독의무는 인정하고 있으나 별도의 법인을 설립하였다는 이유로 서울시에게 이 사건 휠체어리프트의 관리, 운영에 대한 어떤 구체적인 주의의무가 있다고 볼 수는 없다고 판시하였다.

지자체의 영조물법인인 도시철도공사는 지방공기업법의 규정을 적용받는다. 지방공기업법 제29조 제 1 항은 '시장은 공사의 업무를 감독한다'라고 하여 전반적인 감독의무를 규정하고 있다. 그러나 앞서 설명하였듯이 영조물에 법인격을 부여하는 이유는 예산·인사 등에 있어서 일반적인 공법상 제한을 완화하여, 합리적·능률적인 경영을 도모하기 위한 것이지 배상책임을 회피하기 위한 취지는 아니다. 따라서 시장의 감독범위는 예산과 인사 등 원활한 경영을 위한 사항에서 구체적인 감독의무가 배제되는 것이지 주민의 생명 및 안전과 관련되는 사항까지 그 구체적인 감독의무가 배제된다고 볼 수는 없을 것이다. 따라서 도시철도공사와 서울시는 연대하여 원고에 대한 배상책임을 져야 할 것이다.

(4) 결 어

고등법원의 판결이유 중 피고의 원고에 대한 위자료 지급 의무의 근거로서 헌법 제10조(인간의 존엄성과 행복추구권), 제14조(거주·이전의 자유), 제34조(인간다운 생활을 할 권리)를 지적하고 실정법으로서 1심의 관련 법조문인 장애인복지법 제21조(편의시설), 제22조(안전대책의 강구) 외에 편의증진법 제 4 조(접근권)를 들고 있다는 점이 특히 주목된다.

장애인의 접근권에 대한 고등법원의 이러한 인식을 기초로 하여, 교통약자이동법의 실효성 확보를 위한 법원의 진취적 판단이 기대된다.

통상임금의 판례 법리

도 재 형*

I. 서 론

통상임금이란 "근로자에게 정기적·일률적으로 소정근로 또는 총근로에 대하여 지급하기로 정하여진 시간급금액·일급금액·주급금액·월급금액 또는 도급금액"을 뜻한다.[1] 통상임금은 해고예고수당(근로기준법 제32조), 시간외·야간 및 휴일근로의 가산임금(근로기준법 제55조), 연차유급휴가수당(근로기준법 제59조 제2, 3항), 평균임금의 최저한도 보장(근로기준법 제19조 제2항)의 산정기초가 된다.[2] 통상임금은 이러한 법정수당 등을 산정하기 위한 도구개념으로서 사전적·평가적 성격을 가지고 있다.[3]

예컨대 미지급된 법정수당을 청구하는 소송에서 시간외근로수당, 야간근로수당, 휴일근로수당 등의 산정기초가 되는 시간급 통상임금은 흔히 월 통상임금을 월 근로시간수로 나누어서 계산하게 된다. 법정수당의 계산식은 "시간급 통상임금(월 통상임금/월 근로시간수)×연장근로시간수"이다. 위 계산식에서 분자인 시간급 통상임금과 관련하여서는 통상임금의 범위, 즉 매월 정기적으로 지급되는 기본급 외에 어떤 임금들이 통상임금에 포함되는지가 문제된다. 그리고 분모인 월 근로시간수와 관련하여서는 동절기의 근로시간단축과 격주휴무일제도가 마련되어 있는 경우 그 시간만큼을 월 근로시간에서 제외할 수 있는지가 문제된다. 이렇듯 통상임금은 수당 관련 소송에서 중요한 역할을 하고 있고, 실제 소송

* 강원대학교 법과대학 교수.

1) 근로기준법시행령 제 6 조 제 1 항.

2) 그 외 통상임금 관련 법규정에 관해서는, 김기덕, "통상임금의 법리에관한 재검토," 통상임금의 법리와 개선방향에 관한 토론회 자료집, 전국금속산업노동조합연맹 법률원, 2006. 1. 25, 52면 이하 참조.

3) 김유성, 「노동법 I」, 법문사, 2005, 86면; 김형배, 「노동법」, 박영사, 2005, 345면.

에서 어떤 임금 항목이 통상임금에 해당하는지 여부와 관련하여 원고와 피고는 격렬하게 다투게 된다.

그러나 '무엇이 통상임금에 해당하는가?'란 질문에 대하여 일관된 기준을 제시하는 것은 쉽지 않은 과제이다. 앞에서 설명한 바와 같이 통상임금이란 개념은 사전적·평가적인 성격을 지니고 있어 임금의 標目이나 名稱만으로 통상임금에 포함시킬지 여부를 결정할 수 없기 때문이다. 아직까지도 위 질문에 대한 답변은 일관되게 이루어지지 않고 있다. 아마도 이는 위 근로기준법시행령 제6조 제1항의 모호성으로 인하여 그것만으로 통상임금에 관한 문제를 해결할 수 없다는 점,[4] 관련 판결에 대한 오해나 선입견, 혹은 종전의 판례 법리의 영향으로부터 벗어나지 못한 결과일 수도 있을 것이다.

김유성 교수님께서는, 통상임금과 관련하여, 법원이 통상임금을 "정기적·일률적으로 소정근로의 양 및 질에 대하여 지급하기로 된 임금으로서 실제 근무일수나 실제 수령한 임금에 구애됨이 없이 고정적이고 평균적으로 지급되는 일반임금"으로 해석하고 있다고[5] 파악한 후, 통상임금의 개념요소로서 소정근로의 대상으로 지급된다는 실질적 요소와 고정적·일률적으로 지급된다는 지급형태상의 요소를 동시에 고려해야 한다고 설명하셨다.[6] 그리고 이러한 점에 기초하여 통상임금에 관한 쟁점들을 일률성·고정성, 소정근로의 대상성, 1 임금지급기를 초과한 임금 등 3가지로 구분하여 설명하셨다.[7] 그 구체적인 내용은 아래와 같다.[8]

ㅇ 일률성·고정성

"일률적"이라는 개념과 관련하여 판례는 전체 근로자에게 지급되지 않더라도 일정한 고정적 조건을 만족시킨 모든 근로자에게 지급되는 경우까지 일률성 요건을 갖춘 것으로 해석하고 있다. "고정적"이라는 개념이란 예컨대 일정한 기술·자격·면허증 소지자, 특수작업이나 위험작업에 고정적으로 종사하는 근로

4) 이철수, "통상임금에 관한 판례법리의 변화와 정책적 함의," 통상임금의 법리와 개선방향에 관한 토론회 자료집, 전국금속산업노동조합연맹 법률원, 2006. 1. 25, 33면.

5) 대법원 1978. 10. 10. 선고 78다1372 판결; 대법원 1998. 4. 24. 선고 97다28421 판결.

6) 김유성, 앞의 책, 87면.

7) 그 외의 노동법 교재에서의 통상임금에 관한 설명과 각 설명들의 차이점에 관해서는, 도재형, "통상임금의 의의와 범위에 관한 법적 검토," 통상임금의 법리와 개선방향에 관한 토론회 자료집, 전국금속산업노동조합연맹 법률원, 2006. 1. 25, 7면 이하 참조.

8) 김유성, 앞의 책, 87-89면.

자, 작업환경이 열악한 특수지역에서 고정적으로 근무하는 근로자의 경우와 같이 근로자가 제공하는 근로 자체가 일반적인 경우보다 특수한 것으로 인정할 만한 객관적인 기준을 정하여 지급되는 것을 의미한다.

ㅇ 소정근로의 대상성

소정근로의 대상에 해당하는지 여부와 관련하여 특히 복리후생비가 논란된다. 앞의 예규에서는 대부분의 복리후생비를 통상임금에 포함시키지 않고 있다. 이에 반하여 판례는 최근에 들어와 지급형태상의 일률성과 고정성이 인정되면 통상임금에 포함시키는 것이 일반적인 경향이다. 요컨대 복리후생비와 관련하여 판례는 과거 임금성의 인정에도 인색하던 태도를 벗어나 통상임금에 포함되는 것으로 인정하는 방향으로 발전해 왔으며, 현재에는 지급형식상의 '고정성'과 '일률성'을 중심으로 통상임금에의 해당 여부를 판별하고 있다. 이 경우 현물급여 또는 통화로 지급하는지의 여부가 통상임금에의 해당성을 좌우하는 중요 변수가 되지 않는 것으로 보인다.

ㅇ 1 임금지급기를 초과한 임금

기존의 판례는 1개월을 넘는 기간으로 정해진 임금에 대해서는 통상임금의 범위에 포함시키지 않는 경향이 강하였으나, 최근 1 임금지급기, 즉 월급 근로자의 경우 1개월을 넘는 기간으로 정해진 임금이더라도 그것이 정기적 · 일률적으로 지급되는 것이면 통상임금에 포함시킬 수 있다고 보고 있다.

김유성 교수님의 해설을 통하여 알 수 있는 바와 같이 통상임금에 관한 쟁점은 3가지로 구분할 수 있다. 첫째, 통상임금의 개념요소로서의 '일률성'과 '고정성'에 대한 해석 · 적용 문제이다. 둘째, 종래 임금이분설의 영향하에서 논의되었던 것으로서 이른바 생활보장적 임금이 통상임금에 포함될 수 있는지 여부이다. 아래에서 보는 바와 같이, 현재는 이와 관련하여 복리후생비가 통상임금에 포함될 수 있는지 여부가 문제된다. 셋째, 1 임금지급기를 초과하여 지급되는 상여금 · 근속수당과 같은 임금 항목이 통상임금에 포함될 수 있는지 여부이다.

이 글에서는 먼저 위 3가지 쟁점에 관한 판례 법리를 살펴본다. 이어서 이러한 통상임금에 대한 이해를 전제로 하여 통상임금의 의의와 범위에 대하여 필자 나름대로의 해석론을 전개하고, 구체적인 임금 항목별로 통상임금의 해당성 여부를 검토할 것이다. 마지막으로 현재 선진화방안에서 논의되고 있는 통상임금 제도 개선안에 대하여 논평함으로써 이 글을 마무리하도록 하겠다.

Ⅱ. 각 쟁점별 판례 법리

1. 통상임금의 개념요소

통상임금의 의의에 관하여 대법원은 최초로 1978. 10. 10. 선고 78다1372 판결에서[9] "통상임금이란 실제 근무일수나 실제 수령한 임금에 구애됨이 없이 고정적이고 평균적인 일반임금 즉, 기본적 임금과 이에 준하는 고정적으로 지급되는 수당의 1일 평균치를 의미한다"라고 설시하였다. 그 후 대법원 1990. 11. 9. 선고 90다카6948 판결에서 "통상임금이란 정기적, 일률적으로 소정 근로의 양 또는 질에 대하여 지급하기로 된 임금으로서 실제 근무일수나 실제 수령한 임금에 구애됨이 없이 고정적이고 평균적으로 지급되는 일반임금"이라고 설명하였고, 대법원 1990. 11. 27. 선고 89다카15939 판결에서도 "통상임금은 평균임금과 달리 실제 근무일수나 실제 수령임금에 구애됨이 없이 정기적, 일률적으로 소정근로 또는 총근로에 대한 대가로서 지급하기로 정하여진 시간급금액, 일급금액, 주급금액, 월급금액 또는 도급금액"이라고 설명하였다.

통상임금의 의의에 대하여 구체적으로 설시한 것은 대법원 1990. 12. 26. 선고 90다카12493 판결이었다. 위 판결에서 대법원은 "통상임금이라 함은 근로자에게 정기적, 일률적으로 소정근로 또는 총근로에 대하여 지급하기로 정하여진 시간급금액, 일급금액, 주급금액, 월급금액 또는 도급금액을 말하며 이는 근로의 양 및 질에 관계되는 근로의 대상으로서 실제 근무일수나 수령액에 구애됨이 없이 정기적, 일률적으로 1임금 산정기간에 지급하기로 정하여진 고정급임금을 의미하므로(당원 1978. 10. 10. 선고 78다1372 판결) 단순히 은혜적, 부정기적으로 지급되는 것이거나 근로의 양 및 질과는 무관한 요인에 따라 근로자의 일부에 대하여 지급되는 것은 통상임금의 산정에서 제외되어야 할 것이다"라고 설명하였다.

---

9) 이 판결이 있은 뒤에 '통상임금의 정의를 정함으로써 각종 임금 및 재해보상의 산출기준을 명확히' 하고자 1982. 8. 13. 대통령령 제10898호로 근로기준법시행령을 개정하여 통상임금의 정의 규정(현행 근로기준법시행령 제6조 제1항)을 두게 되었다{법제처 홈페이지 http://www.moleg.go.kr/1982. 8. 13. 근로기준법시행령 개정이유(김기덕, 앞의 글, 58-59면에서 재인용)}.

그러나 이 판결에서도 '정기성', '일률성'이라는 개념에 대한 설명은 없었다. 통상임금의 개념요소 중 '일률성'이란 개념에 대한 설명은 대법원 1993. 5. 27. 선고 92다20316 판결에서 이루어졌다. 위 판결에서 대법원은 "앞서 든 통상임금의 정의에서 '일률적'으로 지급되는 것이라 함은 '모든 근로자에게' 지급되는 것뿐 아니라 '일정한 조건 또는 기준에 달한 모든 근로자에게' 지급되는 것도 포함된다고 해석되지만, 여기서 말하는 '일정한 조건'이란 '고정적이고 평균적인 임금'을 산출하려는 통상임금의 개념에 비추어 볼 때 '고정적인 조건'이어야 한다"라고 설시하였다.[10)]

통상임금의 개념요소에 관하여 더욱 명확하게 설명한 것은 대법원 2003. 4. 22. 선고 2003다10650 판결이었다. 위 판결에서 대법원은 "소정 근로 또는 총 근로의 대상(對償)으로 근로자에게 지급되는 금품으로서 그것이 정기적 · 일률적으로 지급되는 것이면 원칙적으로 모두 통상임금에 속하는 임금이라 할 것이나, 근로기준법의 입법취지와 통상임금의 기능 및 필요성에 비추어 볼 때 어떤 임금이 통상임금에 해당하려면 그것이 정기적 · 일률적으로 지급되는 고정적인 임금에 속하여야 하므로, 정기적 · 일률적으로 지급되는 것이 아니거나 실제의 근무성적에 따라 지급 여부 및 지급액이 달라지는 것과 같이 고정적인 임금이 아닌 것은 통상임금에 해당하지 아니한다"라고 설시하였다.

결국 위와 같은 관련 판결을 살펴보면, 통상임금과 관련하여 법원이 '정기성'이라는 개념요소에 대하여 별도의 설명을 하지 않고 있다는 점, 둘째 '정기성'과 '일률성'을 통상임금에 포함되기 위하여 반드시 갖춰야 할 필요조건으로 규정하고 있다는 점 및 통상임금에 포함되기 위해선 '정기성'과 '일률성' 외에도 '고정성'의 요건을 갖출 것을 요구하고 있다는 점을 알 수 있다. 즉 통상임금의 개념요소는 '정기성', '일률성', '고정성' 3가지이다. 대법원이 "정기적 · 일률적 · 고정적 급부라는 통상임금의 개념적 징표"라는 표현을 쓰는 것은 이러한 점에 기인한 것이다.[11)]

그리고 법원이 '정기성'에 대하여 별도의 설명을 하지 않는 것은 이 개념요소가 '임금'에 포함되는지 여부를 판단할 때 문제되기 때문이다. 즉 이것은 통상임금의 해당 여부에 대한 판단의 전단계에서 문제되는 특정 급부의 임금 해당성

10) 同旨 대법원 1994. 5. 24. 선고 93다31979 판결; 대법원 2005. 9. 9. 선고 2004다41217 판결.
11) 대법원 2005. 9. 9. 선고 2004다41217 판결.

여부와 관련되는 것이다. 예컨대, 법원은 상여금과 관련하여 "상여금이 계속적·정기적으로 지급되고 그 지급액이 확정되어 있다면 이는 근로의 대가로 지급되는 임금의 성질을 가지나 그 지급사유의 발생이 불확정적이고 일시적으로 지급되는 것은 임금이라고 볼 수 없다"라고 설명하고 있는바,[12] 특정 금품이 '정기적 급여'가 아니라면 임금으로 볼 수 없고 이 경우 통상임금의 해당 여부를 판단할 실익이 존재하지 않게 된다. 나아가 통상임금에 포함되기 위해선 '정기적·일률적 임금'이라는 성격만으로는 부족하고 나아가 '고정적인 임금'이라는 요소까지 갖추어야 한다. '정기적·일률적 임금'이더라도 그것이 실제의 근무성적에 따라 지급 여부 및 지급액이 달라진다면, 이것은 '고정적인 임금'이 아니므로 통상임금에 포함될 수 없기 때문이다.[13] 이는 통상임금 제도의 취지가 평균임금의 최저한을 보장하고 시간외·야간·휴일근로수당과 같은 법정수당, 해고예고수당 등을 산정하는 기준으로 삼기 위한 것이라는 점에 비추어 당연한 것이기도 하다.[14]

2. 생활보장적 부분의 포함 여부

(1) 임금이분설에 입각한 종전의 판례 법리

통상임금의 개념 요소를 상세하게 설시한 리딩 케이스로는, 서울민사지방법원 1989. 6. 20. 선고 88가합172711 판결을 들 수 있다.[15] 이 판결은 ① 통상임금은 근로기준법상 임금으로 평가될 수 있는 재산적 가치 있는 급여만을 그 내용으로 하고, ② 평균임금과 소정 근로에 대한 대상으로서의 통상임금은 구별되며, ③ 통상임금의 본질상 근로기준법상 시간외·야간·휴일근로수당 등 법정수당은 포함되지 않을 뿐만 아니라 ④ 소정 근로시간에 대응하는 근로에 대한 대가로서 실제 근무일수나 근무성적 여하에 구애됨이 없이 소정 근로의 양이나 질에 대하여 고정적·평균적 내지 정기적·일률적으로 지급하기로 한 임금만을 포함한다고 설명하고 있다.

이 판결을 선고하였던 서울민사지방법원 노동전담 합의17부는 위 네 번째

12) 대법원 2005. 9. 9. 선고 2004다41217 판결.

13) 대법원 1996. 6. 28. 선고 95다24074 판결; 대법원 1998. 4. 24. 선고 97다28421 판결; 대법원 2003. 4. 22. 선고 2003다10650 판결; 대법원 2005. 9. 9. 선고 2004다41217 판결.

14) 대법원 1996. 6. 28. 선고 95다24074 판결.

15) 권기일, "근속수당의 통상임금 해당성,"「2002 노동판례비평」, 민주사회를 위한 변호사모임, 2003, 276면.

개념요소와 관련하여 "통상임금의 네 번째 개념요소인「소정근로시간에 대응하는 근로에 대한 대가로서 소정 근로의 양이나 질에 대하여」지급하기로 된 임금이란 위 賃金二分說에서 말하는 노동력의 급부에 대한 교환적 성격을 가진 임금과 일맥상통하는 면이 있다고 하겠다. (…) 이러한 통상의 임금에 대한 대가로서의 임금을 기준으로 할 수밖에 없고 이러한 통상의 임금에 대한 대가라고 하는 임금은 위 賃金二分說에서 말하는「交換的 部分의 賃金」을 이름에 다름없다 할 것인데 바로 우리의 근로기준법은 이러한 할증임금의 기초로 되는 임금을 통상임금으로 하자는 것이다"라고 설명하였다.[16] 즉 위 판결은, 임금이분설[17]에 기초하여, 일반적 임금의 범위에 속하는 임금이 다시 통상임금에 포함되기 위하여는 근로의 대상성 이외에도 '근로의 교환적 대가성'이라는 요건이 필요하다고 보고 있는 것이다.[18][19]

---

16) 박용상 · 신귀섭 · 김상준, "통상임금과 법정수당에 관한 고찰(상),"「법조」39권 제 2 호, 법조협회, 1990. 2, 17면.

17) 임금이분설은 파업기간 중의 임금지급문제와 관련하여 주장된 것으로, 근로계약은 근로자가 종업원으로서의 지위를 설정하는 부분과 근로자가 현실의 구체적인 노동을 행할 채무를 부담한다는 부분의 2가지로 이루어져 있으며, 전자에 대한 대가로 지급되는 것이 보장적 임금이며 후자에 대하여 지급되는 것이 교환적 임금이라고 하는 것이다(이중계약설). 따라서 이 견해에 의하면, 파업기간 중에는 근로자가 노무를 제공하지 않기 때문에 노무제공의 대가인 교환적 임금은 지급되지 않으나, 파업기간 중에도 종업원의 지위는 계속 유지되므로 생활보장적 임금은 지급되어야 한다는 것이다. 그 구별은 당해 임금의 명목에 불구하고 단체협약이나 취업규칙 등의 규정에 결근 · 지각 · 조퇴 등으로 근로를 제공하지 아니함에 의하여 당해 임금의 감액을 정하고 있는지 여부 또는 이러한 규정이 없더라도 종래부터의 관행이 어떠했는지 등을 살펴 판단한다(춘천지방법원 1994. 4. 8. 선고 93나4131 판결; 대법원 1995. 12. 21. 선고 94다26721 전원합의체 판결에서 재인용). 이 견해는 대법원이 한 때 취한 적이 있으나(대법원 1992. 6. 23. 선고 92다11466 판결), 그 후 대법원 전원합의체 판결에서 번복되었다(대법원 1995. 12. 21. 선고 94다26721 전원합의체 판결).

18) 서울민사지방법원 1990. 8. 16. 선고 89가합59142호 판결. 임금이분설의 입장에서 통상임금을 바라보는 시각은 대법원 1995. 12. 21. 선고 94다26721 전원합의체 판결의 정귀호, 이돈희, 이용훈 대법관의 반대의견 중 "일반적으로 평균임금이 통상임금보다는 다액이라는 전제 하에 일정한 기간 동안의 모든 임금을 포함시켜 계산하는 평균임금과는 별도로 현실로 제공하는 근로와 보다 밀접한 대응관계가 있는 통상임금의 개념을 인정하고 있는 것이나"라는 설시 내용에 잘 나타나 있다.

19) 그런데 위 합의17부는 위 견해의 근거로서 대법원 1978. 10. 10. 선고 78다1372호 판결을 들면서 "한편 대법원 판결 중에는 통상임금의 정의에 관하여 '정기적 · 일률적으로 소정근로의 양 및 질에 대하여 지급하기로 된 임금으로서 실제근무일수나 실제 수령한 임금에 구애됨이 없이 고정적이고 평균적으로 지급되는 일반임금'이라고 설시한 것이 있다"라고 설명하고 있다. 그러나 이 대법원판결은 단지 "근로기준법 19조 2항이 말하는 통상임금이란 평균임금의 산정과는 달라서 실제 근무일수나 실제 수령한 임금에 구애됨이 없이 고정적이고 평균적인 일반임금 즉 기본적 임금과 이에 준하는 고정적으로 지급되는 수당의 1일평균치라고 보아야 할 것이다"라고만 설명하고 있을 뿐이다. 대법원 1990. 11. 9. 선고 90다카6948호 판결 역시 위 대법원 판결을 잘못 인용하고 있다.

대법원 1992. 5. 22. 선고 92다7306 판결도 임금이분설에 기초하여 “위 근속수당이 숙련공을 확보하기 위하여 운전자에게 지급되는 것이라거나 근로의 질에 대한 대가로서 고정적으로 지급되는 근로교환적 임금이라고는 볼 수 없”다고 판시한 바 있다.

(2) 임금일체설에 입각한 현재 판례 법리

위 판례에 따르면 결국 임금 중 생활보장적 부분에 해당하는 것은 통상임금에서 제외되게 된다. 그러나 통상임금의 정의와 관련한 최초의 판결인 대법원 1978. 10. 10. 선고 78다1372호 판결은 단지 “정기적·일률적으로 소정근로의 양 및 질에 대하여 지급하기로 된 임금으로서 실제근무일수나 실제 수령한 임금에 구애됨이 없이 고정적이고 평균적으로 지급되는 일반임금”이라고 설명하고 있을 뿐이다. 그리고 통상임금제도의 취지는 그것을 매번 근로시간수에 따라 변동할 수 밖에 없는 시간외근로수당, 야간근로수당, 휴일근로수당 등 법정수당의 산정기초로 삼기 위한 것이다. 따라서 어떤 임금이 통상임금에 해당하는지 여부를 판단할 때 가장 중요하게 고려되어야 하는 것은 그것이 법정수당의 산정기초로 삼을 수 있는 고정적인 성격을 가진 임금인지 여부이다.

나아가 대법원은 1995. 12. 21. 선고 94다26721 전원합의체 판결에서 종래 임금이분설[20]적 입장을 폐지하고 “모든 임금은 근로의 대가로서 근로자가 사용

20) 임금이분설의 내용과 관련하여 대법원 1995. 12. 21. 선고 94다26721 전원합의체 판결의 정귀호, 이돈희, 이용훈 대법관의 반대의견에서는 다음과 같이 설명되고 있다. “근로계약에 의하여 근로자가 제공하는 노동은 근로자가 보유하고 있는 ‘육체적 및 정신적 모든 능력의 총집합’으로서의 노동력의 사용 또는 처분에 관한 권한을 사용자에게 맡겨 놓고 사용자의 지휘명령에 따라 구체적인 노동을 제공하는 이른바 종속노동의 성격을 갖고 있으므로, 근로자에게 지급되는 임금은 구체적인 노동의 제공에 대한 대가로서의 의미를 갖기 이전에 기본적으로 근로자가 전인격적인 노동력의 처분 등에 관한 권한을 사용자에게 맡겨 놓은 것에 대한 대가로서의 성격을 갖는 것이다. 그러므로 근로계약은 이를 체결한 근로자가 사용자의 기업조직에 편입되어 근로자로서의 지위와 직무를 맡게 되는 제 1 차적 의무와 근로자가 매일매일 사용자의 지시에 따라 구체적인 근로를 제공하여야 할 제 2 차적인 의무를 부담하는 이중적 구조를 갖게 되고, 근로자의 임금도 이러한 이중구조에 대응하여 전자처럼 근로자로서의 지위를 취득함에 따라 발생하는 부분과 후자처럼 구체적인 근로의 제공에 따라 발생하는 부분의 통합적 형태로 구성되어 있다. 따라서 근로자가 헌법과 법률이 정한 바에 따른 정당한 쟁의권 행사의 효과로 인하여 적법한 절차에 따른 파업에 참가하게 되면 구체적 근로 제공 의무로부터는 해방되므로 이와 직접적으로 대가관계가 있는 임금을 청구할 수 없게 되는 것은 당연한 것이지만 파업 중에도 사용자와의 종속적 근로관계, 즉 종업원으로서의 신분은 해소되지 아니하고 유지되는 것이기 때문에 이러한 지위에서 발생하는 임금의 청구권은 여전히 남아 있게 되는 것이다. 다수의견은 임금의 본질에 관하여 근로계약을 민법상 고용계약과 같이 근로와 임금의 교환계약으로

자의 지휘를 받으며 근로를 제공하는 것에 대한 보수를 의미하므로 현실의 근로 제공을 전제로 하지 않고 단순히 근로자로서의 지위에 기하여 발생한다는 이른바 생활보장적 임금이란 있을 수 없"다고 설시하며 임금일체설을 채택하였다.[21] 따라서 임금이분설적 입장에서 교환적 부분만이 통상임금에 해당한다는 판례는

보고 근로 제공의 대가로 임금이 지급된다고 보아 현실적인 근로와 대가관계에 있지 아니한 임금이란 있을 수 없다고 하나 이는 근로계약의 본질적 특수성을 간과한 것이라고 하지 않을 수 없다. 근로기준법 제19조가 일반적으로 평균임금이 통상임금보다는 다액이라는 전제 하에 일정한 기간 동안의 모든 임금을 포함시켜 계산하는 평균임금과는 별도로 현실로 제공하는 근로와 보다 밀접한 대응관계가 있는 통상임금의 개념을 인정하고 있는 것이나, 유급휴일에 관한 근로기준법 제45조, 연월차휴가에 관한 제47조, 제48조, 산전후휴가에 관한 제60조 등의 규정이 현실로 근로를 제공하지 아니함에도 임금을 지급할 것을 규정하고 있는 것은 근로계약의 이중구조 이론에 기초하여 현실로 제공되는 근로와 대응관계에 있지 아니한 임금의 존재를 긍정한 것으로 해석할 수 있는 것이다."

21) 다수의견의 관련 내용은 다음과 같다. "근로기준법 제18조는 임금을 '사용자가 근로의 대상(對償)으로 근로자에게 임금, 봉급 기타 여하한 명칭으로든지 지급하는 일체의 금품을 말한다'고 규정하고 있고, 제17조는 근로계약을 '근로자가 사용자에게 근로를 제공하고 사용자는 이에 대하여 임금을 지급함을 목적으로 체결된 계약을 말한다'고 규정하여 근로계약에 따른 근로 제공과 임금을 대가관계에 있는 것으로 보고 있으며, 보수는 약정이나 관습이 없는 한 약정한 노무를 종료한 후 지체 없이 지급하도록 규정하여 임금후불의 원칙을 선언하고 있는 민법 제656조 제2항도 임금이 근로 제공의 대가임을 분명히 하고 있고, 1976. 12. 22. 법률 제2942호로 개정되어 시행되고 있는 의료보험법 제3조에서는 근로자를 '직업의 종별에 불구하고 근로의 대가로서 보수를 받아 생활하는 자'로 정의하고, 보수를 '근로자가 근로의 대가로서 임금·봉급·수당 기타 어떠한 명목으로든지 지급받는 일체의 금품'이라고 정의하고 있는 점 등에 비추어 볼 때 우리 근로기준법 등 현행 실정법 하에서는 임금을 근로의 대가로 파악하고 있다 할 것이고, 당원도 임금이 '근로자가 자신의 노동력을 사용자의 지휘·처분하에 두고 제공한 근로에 대한 대가'라는 취지로 누차 판시하여 오고 있는 바이다(…). 이처럼 모든 임금은 근로의 대가로서 '근로자가 사용자의 지휘를 받으며 근로를 제공하는 것에 대한 보수'를 의미하므로 현실의 근로 제공을 전제로 하지 않고 단순히 근로자로서의 지위에 기하여 발생한다는 이른바 생활보장적 임금이란 있을 수 없고, 또한 우리 현행법상 임금을 원심과 같이 사실상 근로를 제공한 데 대하여 지급받는 교환적 부분과 근로자로서의 지위에 기하여 받는 생활보장적 부분으로 2분할 아무런 법적 근거도 없다. 뿐만 아니라 임금의 지급 실태를 보더라도 임금은 기본적으로 근로자가 생활하는 데 필요한 생계비와 기업의 지불능력과의 상관관계에 따라 형성되는데 임금을 지불항목이나 성질에 따라 사실상 근로를 제공한 데 대하여 지급받는 교환적 부분과 현실의 근로 제공과는 무관하게 단순히 근로자로서의 지위에 기하여 받는 생활보장적 부분으로 나누고(이른바 임금2분설) 이에 따라 법적 취급을 달리하는 것이 반드시 타당하다고 할 수도 없고, 실제로 현실의 임금 항목 모두를 원심과 같이 교환적 부분과 생활보장적 부분으로 준별(峻別)하는 것은 경우에 따라 불가능하다 할 수 있으며 위 임금2분설에서 전형적으로 생활보장적 임금이라고 설명하는 가족수당, 주택수당 등도 그 지급 내용을 보면 그것이 근로시간에 직접 또는 비례적으로 대응하지 않는다는 의미에서 근로 제공과의 밀접도(密接度)가 약하기는 하지만 실질적으로는 근로자가 사용자가 의도하는 근로를 제공한 것에 대하여 그 대가로서 지급되는 것이지 단순히 근로자로서의 지위를 보유하고 있다는 점에 근거하여 지급한다고 할 수 없으며 이러한 수당 등을 지급하게 된 것이 현실의 근로 제공과는 무관하게 단순히 근로자의 생활이나 지위를 보장하기 위한 것이라고 할 수도 없으므로 이러한 수당 등을 현실적인 근로 제공의 대가가 아닌 것으로 보는 것은 임금의 지급 현실을 외면한 단순한 의제(擬制)에 불과하다 할 것이다."

그 입론의 근거를 상실하게 되었다.[22)]

결국 위 전원합의체 판결 이후 선고된 대법원 1996. 2. 9. 선고 95다19501호 판결은 "소정 근로시간의 근로에 직접적으로 또는 비례적으로 대응하여 지급되는 임금이 아니라 하더라도 그것이 소정 근로 또는 총 근로에 대하여 지급되는 임금이 아니라고 할 수 없으므로 그런 사유만으로 그 임금을 통상임금에서 제외할 수는 없다"라고 설시하며 종래 입장을 변경하였다.

3. 1 임금지급기를 초과한 임금의 포함 여부

종래 대법원은 근로자들이 3개월마다 정기적으로 상여금을 지급받았고 회사 역시 사원들의 연장근로수당 · 휴일근로수당의 산출기초가 되는 통상임금을 산정함에 있어서 기본급 외에 상여금의 월평균금액을 가산하여 통상임금에 산입하였다고 하더라도, "통상임금이라 함은 근로자에게 정기적, 일률적으로 소정근로 또는 총 근로에 대하여 지급하기로 정하여진 시간급금액, 일급금액, 주급금액, 월급금액 또는 도급금액을 말하는 것이므로 1개월을 넘는 기간마다 정기 또는 임시로 기업의 경영실적, 근로자의 근무성적 등을 감안하여 지급되고 있는 상여금은 통상임금의 산정기초가 될 임금에 포함되지 아니한다"라고 판시한 적이 있다.[23)]

그러나 근로기준법시행령 제6조 제2항 제5호는 "일·주·월외의 일정한 기간으로 정하여진 임금에 대하여는 제2호 내지 제4호에 준하여 산정된 금액"을 통상임금으로 삼는다고 규정하고 있는바, 설령 상여금 등의 임금이 1개월의 기간을 초과하여 지급된다 하더라도 위 시행령 제6조 제2항 제5호의 산정방식에 따라 통상임금의 산정 기초로 삼을 수 있다. 즉 상여금 역시 이와 같은 계산방식에 따라 월할(月割) 계산하여 통상임금에 포함시킬 수 있는 것이다. 통상임금제도의 취지는 그것을 매번 근로시간수에 따라 변동할 수밖에 없는 시간외근로수당, 야간근로수당, 휴일근로수당 등 법정수당의 산정기초로 삼기 위한

22) 현실적인 근로제공에 따라 산정되어 지급되는 임금 부분만이 근로의 대가이고 나머지는 근로계약의 부수적 의무에 따른 급부로서 임금이 아니라는 견해가 있으나{김영문 · 이상윤 · 이정, 「임금개념과 평균임금 · 통상임금의 산정범위」, 법문사, 2004, 17-50면(김기덕, 앞의 글, 72면에서 재인용)}, 이 역시 위 전원합의체 판결 취지에 어긋난다.

23) 대법원 1990. 2. 27. 선고 89다카2292 판결, 同旨 대법원 1990. 11. 27. 선고 89다카15939 판결; 대법원 1992. 5. 22. 선고 92다7306 판결; 대법원 1994. 10. 28. 선고 94다26615 판결.

것이다. 따라서 어떤 임금이 통상임금에 해당하는지 여부를 판단할 때 가장 중요하게 고려되어야 하는 것은 그것이 법정수당의 산정기초로 삼을 수 있는 고정적인 성격을 가진 임금인지 여부인 것이다.[24] 결국 어떤 임금이 통상임금에 포함될 것인가는 단순히 임금의 지급시기만을 가지고선 일의적·획일적으로 판정할 수는 없고 구체적인 사안에서 통상임금의 제도적 존재의의, 거래계의 임금약정 및 지급관행, 기업마다의 특수한 임금체계와 노사간 단체교섭 및 협약의 실태 등을 고려하여 그 포함여부를 결정하여야 한다. 이러한 점을 고려할 때 상여금은 무조건 통상임금에 해당하지 않는다고 판단하여서는 안 된다.[25]

대법원 역시 1996. 2. 9. 선고 94다19501 판결에서 "근로자에 대한 임금이 1개월을 초과하는 기간마다 지급되는 것이라도 그것이 정기적·일률적으로 지급되는 것이면 통상임금에 포함될 수 있는 것"이라고 설시하면서 임금이 1 임금산정기간을 초과하여 지급되는지 여부는 통상임금과 관련하여 고려대상이 될 수 없다는 것을 분명히 하였다.

4. 소 결

판례에 의하면, 통상임금이란 정기적·일률적으로 소정 근로의 양 또는 질에 대하여 지급하기로 된 임금으로서 실제 근무일이나 실제 수령한 임금에 구애됨이 없이 고정적이고 평균적으로 지급되는 일반임금이다. 그리고 소정근로 또는 총근로의 대상(對償)으로 근로자에게 지급되는 금품으로서 그것이 정기적·일률적으로 지급되는 것이면 원칙적으로 통상임금에 속하는 임금이라 할 것이나, 근로기준법의 입법취지와 통상임금의 기능 및 필요성에 비추어 볼 때 어떤 임금이 통상임금에 해당하려면 그것이 정기적·일률적으로 지급되는 고정적인 임금에 속하여야 한다.[26] 따라서 근로자에 대한 임금이 1개월을 초과하는 기간마다 지급되는 것이라도 그것이 정기적, 일률적으로 지급되는 것이면 통상임금에 포함될 수 있는 것이고, 소정 근로시간의 근로에 직접적으로 또는 비례적으로 대응하여 지급되는 임금이 아니라 하더라도 그것이 소정 근로 또는 총 근로

24) 도재형, "통상임금의 범위,"「노동법연구」제 7 호, 서울대학교 노동법연구회, 1998, 348-349면.
25) 이철수, "통상임금의 법리,"「노동법연구」제 3 호, 서울대학교 노동법연구회, 1993, 296면.
26) 대법원 1998. 4. 24. 선고 97다28421 판결; 대법원 2003. 4. 22. 선고 2003다10650 판결.

에 대하여 지급되는 임금이 아니라고 할 수 없으므로 그런 사유만으로 그 임금을 통상임금에서 제외할 수도 없다. 다만 근로기준법이 평균임금의 최저한을 보장하고 시간외 근로수당 · 야간근로수당 · 휴일근로수당과 같은 할증임금, 해고예고수당 등을 산정하는 기준이 되는 통상임금을 인정하고 있는 입법취지와 통상임금의 기능 및 필요성에 비추어 볼 때 어떤 임금이 통상임금에 해당하려면 그것이 정기적, 일률적으로 지급되는 고정적인 임금에 속하여야 하므로 실제의 근무성적에 따라 지급여부 및 지급액이 달라지는 임금은 고정적인 임금이라 할 수 없어 통상임금에 해당하지 아니한다.[27]

이러한 판례 법리를 쟁점별로 나누어서 설명하면 아래와 같다.

첫째, 근로기준법시행령 제 6 조 제 1 항에 따르면, 통상임금이라 함은 "근로자에게 정기적 · 일률적으로 소정근로 또는 총근로에 대하여 지급하기로 정하여진 시간급금액 · 일급금액 · 주급금액 · 월급금액 또는 도급금액"을 말한다. 위 법문에 의하면 '정기적 · 일률적'이란 표현은 통상임금을 설명하는 데 있어서 필요한 요소이나, '고정적'이란 표현은 그렇지 않다. 그러나 통상임금이 연장 · 야간 및 휴일근로수당과 같은 법정수당, 즉 매 산정시마다 변동하는 임금을 정하는 '도구'라는 점에 비추어 본다면, 그것이 '고정적' 급여여야 한다는 점은 당연히 도출되는 것이다. 왜냐하면, 소정근로시간 이외에 사업장의 사정에 따라 매번 변동하는 초과근로시간에 비례하여 법정수당을 산정하기 위해서는 그 산정기초가 되는 도구(통상임금)는 고정되어 있어야 하기 때문이다. 나아가 '정기적 · 일률적 급여'란 것은 특정 금품이 임금에 해당하는지 여부를 판단할 때도 문제된다는 점을 감안한다면,[28] 통상임금의 고유한 개념요소는 '고정적 급여'라는 성격

27) 대법원 1991.6.28. 선고 90다카14758 판결; 대법원 1994.10.28. 선고 94다26615 판결; 대법원 1996.2.9. 선고 94다19501 판결; 대법원 1996.5.14. 선고 95다19256 판결; 대법원 2002.7.23. 선고 2000다29370 판결; 대법원 2003.4.22. 선고 2003다10650 판결.

28) 법원은 임금에 관하여 "사용자가 근로의 대상(代償)으로 근로자에게 지급하는 일체의 금품으로서, 근로자에게 계속적, 정기적으로 지급되며 그 지급에 관하여 단체협약, 취업규칙, 급여규정, 근로계약, 노동관행 등에 의하여 사용자에게 그 지급의무가 지워져 있고, 또한 일정 요건에 해당하는 근로자에게 일률적으로 지급하는 것이라면 그 명칭 여하를 불문하고 평균임금의 산정 대상이 되는 임금이라고 보아야 한다"라고 설시한 바 있다(대법원 2002.10.17. 선고 2002다8025 판결). 법원은 지급의 정기성과 일률성을 임시적, 은혜적인 금품과 구별되는 임금의 판단기준으로 사용하고 있는 것이다. 이에 대하여 김기덕 변호사는 '정기성'과 '일률성'은 법령상 근로기준법시행령의 통상임금의 정의에서 비로소 규정된 것이므로 이를 근로의 대상인 임금성을 판단하는 기준으로 삼을 수는 없다고 비판한다. 즉 사용자가 근로자에게 근로관계 하에서 지급하는 것은 실비변상적인 것이 아닌 한 근로의 대상인 임금으로 파악하여야 하는 것이지 정기성, 일률성이 있어야 임금으로 파악되는 것은 아니라는 것이다(김기덕, 앞의 글, 72면).

이라고 볼 수 있다.[29] 통상임금에 대한 최초의 대법원 1978. 10. 10. 선고 78다1372호 판결에서 위 표현이 사용된 것도 이러한 이유에 기인한 것이다. 통상임금의 의의와 관련하여, 법원이 "소정근로 또는 총근로의 대상(對償)으로 근로자에게 지급되는 금품으로서 그것이 정기적 · 일률적으로 지급되는 것이면 원칙적으로 통상임금에 속하는 임금"이라고 하면서도 "근로기준법의 입법취지와 통상임금의 기능 및 필요성에 비추어 볼 때 어떤 임금이 통상임금에 해당하려면 그것이 정기적 · 일률적으로 지급되는 고정적인 임금에 속하여야" 한다고 설명하는 것 역시 같은 이유에서이다.[30]

둘째, 복리후생비가 통상임금에 포함하는지 여부가 거론되는 것은 아마도 임금이분설의 영향 때문인 듯하다. 임금이분설 하에서는 생활보장적 부분의 임금은 통상임금에 포함되지 않았고, 생활보장적 부분으로서 흔히 거론되는 것이 가족수당이나 주택수당과 같은 급여였기 때문이다. 그러나 현재 판례가 임금일체설을 취하고 있는 이상 복리후생적 급여라 하여 그것이 통상임금에 포함되지 아니할 이유는 없다.[31] 다만, 사용자가 근로자에게 지급하는 금품이 '근로의 대상'이 아니면, 그것은 임금에 포함되지 않고 그 점으로 인하여 통상임금에 포함되지 않게 될 뿐이다. 즉 사용자가 근로자에게 지급하는 금품이 임금에 해당하려면 그 금품이 '근로의 대상'으로 지급되는 것이어야 하는데, 여기서 '근로의 대상'이란 사용자가 근로자에게 지급하는 금품 가운데 사용종속관계에서 행하는 노동에 대한 보수를 뜻하므로[32] 만약 사용자가 근로자에게 지급하는 금품이 임의적 · 은혜적인 것이거나 실비변상적인 것으로 지급되는 것인 경우에는 임금에 해당하지 않게 된다.[33] 따라서 복리후생비가 통상임금에 포함되는지 여부와 관련하여 고려되어야 하는 것은 그것이 근로의 대상으로서 '임금'에 해당하는지 여

29) 김기덕 변호사는 정기성과 일률성을 임금의 판단기준으로 삼는 판례에 동의하지는 않지만, 현재 임금에 관한 판례 법리 하에서는 통상임금의 판단기준은 임금의 판단기준 외에 '소정근로에 지급하기로 정하여진 고정적인 임금'이라고 파악하면 충분하다고 설명하고 있다(김기덕, 앞의 글, 72면).

30) 대법원 1991. 6. 28. 선고 90다카14758 판결; 대법원 1994. 10. 28. 선고 94다26615 판결; 대법원 1996. 5. 14. 선고 95다19256 판결; 대법원 2002. 7. 23. 선고 2000다29370 판결; 대법원 2003. 4. 22. 선고 2003다10650 판결.

31) 임종률, 「노동법」, 박영사, 2005, 373면.

32) 대법원 1988. 6. 14. 선고 87다카2268 판결.

33) 대법원 1995. 5. 12. 선고 94다55934 판결; 대법원 1996. 5. 14. 선고 95다19256 판결; 대법원 2003. 4. 22. 선고 2003다10650 판결.

부이다.

셋째, 종래 대법원 판결 중에는 "1개월을 넘는 기간마다 정기 또는 임시로 기업의 경영실적, 근로자의 근무성적 등을 감안하여 지급되고 있는 상여금은 통상임금의 산정기초가 될 임금에 포함되지 아니한다"라고 판시한 것이 있었다.[34] 그러나 그 후 대법원 1996. 2. 9. 선고 94다19501 판결은 "근로자에 대한 임금이 1개월을 초과하는 기간마다 지급되는 것이라도 그것이 정기적, 일률적으로 지급되는 것이면 통상임금에 포함될 수 있는 것"이라고 설시하면서 임금이 1임금산정기간을 초과하여 지급되는지 여부는 통상임금과 관련하여 아무런 고려대상이 될 수 없다는 것을 분명히 하였다. 따라서 통상임금의 포함 여부와 관련하여 1 임금지급기를 초과하여 지급되는지 여부가 결정적인 판단 요소가 될 수 없다는 점 역시 명확하다.

아래에서는 이러한 이해를 전제로 하여 통상임금 해당 여부를 판단하는 일반적인 기준을 제시해 보겠다.

Ⅲ. 통상임금의 판단 기준

1. "임금의 성질을 갖는 급여" 중 근로자에게 "지급하기로 정하여진" 것이어야 한다.

(1) 통상임금 그 자체가 임금 산정의 기초가 되는 하나의 단위이므로, 근로기준법상 임금에 해당하는 것이어야 한다. 그러므로 사용자가 근로자에게 지급하는 급여 중 임금으로서의 성질을 갖지 않는 것은 통상임금의 범위에 들지 못함은 당연하다.

근로기준법 제18조는 임금을 "사용자가 근로의 대상으로 근로자에게 임금, 봉급 기타 어떠한 명칭으로든지 지급하는 일체의 금품"이라고 정의하고 있다. 따라서 사용자가 근로의 대상으로 근로자에게 지급하는 일체의 금품으로서 근로자에게 계속적, 정기적으로 지급되고 그 지급에 관하여 사용자에게 지급의무가

34) 대법원 1990. 2. 27. 선고 89다카2292호 판결, 同旨 대법원 1990. 11. 27. 선고 89다카15939호 판결; 대법원 1992. 5. 22. 선고 92다7306 판결; 대법원 1994. 10. 28. 선고 94다26615 판결.

지워져 있으면 그 명칭 여하를 불문하고 임금에 포함된다.[35] 여기에서 사용자에게 그 지급의무가 있다는 것은 그 지급 여부를 사용자가 마음대로 결정할 수 없다는 것을 의미한다. 지급의무의 발생근거는 단체협약·취업규칙·급여규정·근로계약이든지 사용자의 방침이나[36] 그 지급이 계속적으로 이루어져 노사간에 그 지급이 당연한 것으로 여겨질 정도의 관례가 형성된 경우처럼 노사관행에 의한 것이어도 무방하다. 따라서 근로자에게 지급된 금품이 임금인가를 판별하는 중요한 요소는 (1) 그것이 근로의 대상으로서 지급된 것인지 여부, (2) 그 지급의무가 단체협약이나 취업규칙, 근로계약 또는 관례에 의하여 사용자에게 지워져 있는지 여부가 된다.[37]

첫째, 근로의 대상성 여부를 판단하는 중요한 기준은 어떤 금품의 지급의무가 근로계약에 따른 근로제공과 직접 관련되거나 이와 밀접한 관련 하에서 발생한 것이냐 여부이다. 따라서 근로자가 특수한 근무조건이나 환경에서 직무를 수행함으로 인하여 추가로 소요되는 비용을 변상하기 위하여 지급되는 실비변상적 금원은 임금에 포함되지 아니한다.[38] 또한 그 지급의무의 발생이 개별 근로자의 특수하고 우연한 사정에 의하여 좌우되는 경우에는 그 금품의 지급이 단체협약, 취업규칙, 근로계약 등이나 사용자의 방침 등에 의하여 이루어지는 것이라 하더라도 그러한 금품은 근로의 대상으로 지급된 것으로 볼 수 없다.[39]

둘째, 지급의무의 존재 유무는 단체협약이나 취업규칙, 근로계약 또는 관례의 존부 여부 및 관련 규정의 해석에 따라 좌우된다. 사용자가 지급의무 없이 은혜적으로 지급하는 금원은 임금에 포함되지 아니한다.[40] 이것은 통상임금에 대한 개념 요소 중 '정기적' 급여로서의 성격과 연관되어 있다. 즉 '정기적' 급여란 것은 통상임금과 관련한 독자적 개념 요소가 아니라 통상임금이 '임금'으로서의 성격을 지닌다는 점과 연결되어 있다. 통상임금에 관한 관련 교재나 판례의 설명이 '일률성'이나 '고정성'에 집중되어 있는 것은 이러한 점 때문이다. 예컨

35) 대법원 1990. 11. 27. 선고 90다카23868 판결; 대법원 1991. 2. 12. 선고 90다15952, 15969, 15976 판결.

36) 대법원 1990. 12. 7. 선고 90다카19647 판결; 대법원 1991. 1. 15. 선고 90다6170 판결.

37) 김형진, "일정 직급 이상의 근로자에게 차량의 보유·운전을 조건으로 지급한 자가운전보조비가 임금에 해당하는지 여부,"「대법원판례해설」제23호, 법원행정처, 1995. 12, 343-344면.

38) 대법원 2003. 4. 22. 선고 2003다10650 판결.

39) 대법원 1995. 5. 12. 선고 94다55934 판결; 대법원 1996. 5. 14. 선고 95다19256 판결.

40) 대법원 2003. 4. 22. 선고 2003다10650 판결.

대, 법원은 상여금을 임금으로서 볼 수 있는지 여부와 관련하여 "상여금이 계속적·정기적으로 지급되고 그 지급액이 확정되어 있다면 이는 근로의 대가로 지급되는 임금의 성질을 가지나 그 지급사유의 발생이 불확정적이고 일시적으로 지급되는 것은 임금이라고 볼 수 없다"라고 설명하면서 "목표달성 성과금은 매년 노사간 합의로 그 구체적 지급조건이 정해지며 그 해의 생산실적에 따라 지급 여부나 지급률이 달라질 수 있는 것이지 생산실적과 무관하게 계속적·정기적으로 지급된 것이라고 볼 수 없어 피고 회사에 그 지급의무가 있는 것이 아니라"고 판단하였다.[41]

(2) 통상임금은 사용자가 근로자에게 소정 근로에 대한 대가로서 '지급하기로 정하여진' 임금이라는 점에서 평균임금과 구별된다. 근로기준법상 평균임금은 이를 산정하여야 할 사유가 발생한 날 이전 3개월에 그 근로자에 대하여 '지급된' 임금의 총액을 의미하는 것이기 때문이다.[42] 평균임금은 근로자에게 지급되어야 할 부분을 포함하여 실제로 지급된 임금을 모두 포함하고 그 범위를 정함에 있어서 별다른 제한이 없으므로 근로기준법상 임금의 개념과 거의 동일한 임금 단위이다. 이에 반하여 통상임금은 후술하는 바와 같이 소정 근로 또는 총근로의 대상으로 정기적·일률적으로 지급하기로 정하여진 고정적 급여만을 의미하므로, 근로자에게 직위해제·대기발령 또는 감봉처분 등에 의해 임금이 감액되는 특별한 사유가 없는 이상, 통상임금의 범위는 평균임금에 비하여 좁은 것이 보통이다.[43]

그리고 이와 같이 실제로 지급되었는지 여부를 고려하지 않고 '지급하기로 정하여진 임금'이란 점 때문에 통상임금은 평균임금의 경우와 달리 사전적 성격을 지니고 있다고 설명되곤 한다.[44]

---

41) 대법원 2005. 9. 9. 선고 2004다41217 판결.

42) 평균임금은 이를 산정하여야 할 사유가 발생한 날 이전 3개월간에 그 근로자에 대하여 지급된 임금의 총액을 그 기간의 총 날짜수로 나눈 금액으로서(근로기준법 제19조), 퇴직금, 휴업수당, 연차휴가수당, 각종 재해보상금, 근로자에 대한 제재로서의 감급기준, 산업재해보상보험법상의 휴업급여·장해급여·유족급여·상병보상연금·장의비 등의 산정기초가 된다. 평균임금은 실제적인 편의에 의하여 산출된 제도로서 그 취지는 근로자의 생활을 종전의 수준으로 보장하고자 하는 것이므로, 근로자의 통상의 생활임금 그대로를 산정의 척도로 삼는 것이 기본원리로 되어 있다(이동흡, "평균임금과 통상임금,"「근로관계소송상의 제문제(상)」, 법원행정처, 1987, 324면).

43) 사법연수원,「임금과 해고」, 2003, 127면.

44) 김유성, 앞의 책, 86면.

2. 임금 중 특히 "소정근로 또는 총 근로의 대상"에 해당하는 것이어야 한다.

사용자가 근로자로부터 '일정한 근로'의 제공을 받으려면 그에 대한 대가로서 근로자에게 '일정한 급여'를 지급하여야 한다. 이와 같이 사용자가 근로자로부터 일정한 근로를 제공받기로 하는 것에 대한 대가로 근로자에게 지급되는 일정한 급여가 바로 통상임금에 해당한다.

대법원 판례는 종전에 통상임금의 개념을 정의함에 있어서 '근로의 양 및 질에 관계되는' 근로의 대상으로서의 임금이 이에 해당한다는 표현을 사용하였다.[45] 이는 임금이분설의 입장에서 임금을 근로의 제공에 대한 교환적 부분과 그 밖에 생활보장적 부분으로 구분하여, 전자만 통상임금에 해당한다는 것이었다.[46] 그러나 임금이분설을 폐기하고 임금일체설을 취한 현재 판례에 비추어 보면,[47] '근로의 양과 질에 관계되는' 임금이라는 개념을 구분하여 통상임금의 범위를 정하는 것은 무의미하게 되었다. 이에 따라 현재 법원은 근로기준법시행령 제 6 조 제 1 항의 규정에 근거하여 '소정근로 또는 총근로의 대상'으로 근로자에게 지급되는 금품으로서 정기적 · 일률적으로 지급되는 것이면 원칙적으로 근로기준법상의 통상임금에 속하는 임금이라고 보아야 한다고 설명하고 있다.[48] 즉 소정 근로시간의 근로에 직접적으로 또는 비례적으로 대응하여 지급되는 임금이 아니라 하더라도 그것이 소정 근로 또는 총근로에 대하여 지급되는 임금이 아니라고 할 수 없으므로 그런 사유만으로 그 임금을 통상임금에서 제외할 수는 없다.

현재 판례 법리는 근로기준법시행령 제 6 조 제 1 항의 규정에 충실한 해석이

45) 대법원 1990. 11. 9. 선고 90다카6948 판결; 대법원 1990. 12. 26. 선고 90다카12493 판결; 대법원 1991. 6. 28. 선고 90다카14758 판결.

46) 예컨대 가족수당과 근속수당이 통상임금에 포함되는지 여부와 관련하여 대법원은 임금이분설에 기초하여 "피고 회사에서 지급하는 가족수당은 배우자, 자녀, 동거하는 부모가 있는 근로자에게만 지급되는 것으로 근로의 양이나 질에 무관하게 지급되는 것이고, 근속수당은 3년 이상 근속한 근로자에게만 근속한 기간에 따라 정하여 놓은 금액을 지급하는 것이므로 이는 장기근속자를 우대하기 위한 은혜적 성격의 수당으로서 근로의 질과는 관계가 없이 지급되는 것이라고 할 것이므로, 위 가족수당 및 근속수당은 통상임금의 범위에 포함시킬 수 없다"라고 설시한 적이 있다(대법원 1994. 10. 28. 선고 94다26615 판결). 그러나 그 후 대법원 1996. 5. 10. 선고 95다2227 판결에서는 "장기근속수당도 근로의 양 또는 질에 무관하게 은혜적으로 지급되는 것이 아니라 일정 근속연수에 달한 자에게 실제의 근무성적과는 상관없이 매월 일정액을 지급하여 온 것이고 정기적, 일률적으로 지급되는 고정적인 임금이라 할 것이므로 통상임금에 속한다"라고 판단하였다.

47) 대법원 1995. 12. 21. 선고 94다26721 전원합의체 판결.

48) 대법원 1996. 2. 29. 선고 94다19501 판결.

다. 왜냐하면, 통상임금에 관한 정의규정인 위 제 6 조 제 1 항은 '소정근로 또는 총근로에 대하여 지급하기로 정하여진' 급여일 것을 요구하고 있을 뿐, 교환적 성격의 임금일 것을 요구하고 있지 않기 때문이다. 여기서 소정근로라 함은 소정근로시간에 제공되는 근로를 의미한다고 보아야 할 것인바, 소정근로시간이란 법정근로시간의 범위 안에서 근로자와 사용자 사이에 정한 근로시간을 말한다.[49] 그렇다면 '소정근로시간에 대하여 지급하기로 정하여진 급여'의 의미는 소정근로시간에 제공되는 근로에 대하여 지급하기로 정하여진 급여만을 의미하고 이를 넘어서는 시간외 · 야간 · 휴일근로수당 등의 법정수당은 포함되지 않는다는 의미에 불과하다고 보아야 한다. 결국 종전 판례는 통상임금의 개념표지에 통상임금과는 아무런 관련이 없는 교환적 성격의 임금을 추가하여 통상임금의 범위를 부당하게 축소하였던 것에 불과하다.[50]

그런데 현재의 판례 법리에 따르면 통상임금의 정의규정 소정의 '소정근로 또는 총근로'란 개념은 실제로 임금의 정의규정 소정의 '근로'와 별다른 차이가 없게 된다. 이러한 점 때문에 실제 어떠한 임금 항목이 통상임금에 포함되는지 여부가 문제된 경우, 그 쟁점은 그것이 임금에 해당하는지 여부와 아래에서 설명하는 '정기적, 일률적으로 지급하기로 한 고정적 급여'인지 여부의 판단 문제로 집중된다.[51]

3. 통상임금은 "정기적, 일률적으로 지급하기로 한 고정적 급여"이어야만 한다.

현재 판례에 의하면, 소정 근로 또는 총 근로의 대상으로 근로자에게 지급되는 금품으로서 그것이 '정기적 · 일률적'으로 지급되는 것이면 원칙적으로 근로기준법상의 통상임금에 포함된다. 예컨대 상여금이 1개월을 초과하는 기간마다 지급되는 것이라도 그것이 정기적 · 일률적으로 지급되는 것이면 통상임금에 포함될 수 있다.[52] 여기서 일률적으로 지급되는 것이라 함은 '모든 근로자'에게 지급되는 것뿐만 아니라 '일정한 조건 또는 기준에 달한 모든 근로자'에게 지급

---

49) 근로기준법 제20조.
50) 권기일, 앞의 글, 278-279면.
51) 이철수, "복리후생비의 통상임금에의 포함 여부," 「2003 노동판례비평」, 민주사회를 위한 변호사모임, 2004, 261면.
52) 김유성, 앞의 책, 89면; 김형배, 앞의 책, 346면.

되는 것도 포함된다. 다만 여기서 말하는 '일정한 조건'이란 '고정적이고 평균적인 임금'을 산출하려는 통상임금의 개념에 비추어 볼 때, '고정적인 조건'이어야 하고 일시적, 유동적인 조건은 제외된다.[53]

근로기준법이 평균임금의 최저한을 보장하고 시간외근로수당·야간근로수당·휴일근로수당과 같은 할증임금, 해고예고수당 등을 산정하는 기준이 되는 통상임금을 인정하고 있는 입법취지와 통상임금의 기능 및 필요성에 비추어 볼 때, 어떤 임금이 통상임금에 해당하려면 그것이 정기적·일률적으로 지급하기로 정해진 '고정적'인 임금에 속하여야 하므로, 근로의 대상으로서의 임금에 해당한다 하더라도 정기적·일률적으로 지급되는 것이 아니거나 실제의 근무성적에 따라 지급여부 및 지급액이 달라지는 것[54]과 같이 고정적인 임금이 아닌 것은 통상임금에 해당하지 아니한다.[55] 이 점에서 통상임금에의 포함 여부를 결정할 때 '고정적 급여'에 해당하는지 여부가 중요한 판단기준이 된다고 말할 수 있다.

통상임금에 해당하는지 여부를 판단할 때, 실제로 어떤 임금 항목이 고정적으로 지급되었는지 여부는 중요하게 고려되지는 않는다. 이는 어떤 근로자가 매월 계속적으로 동일한 시간의 연장근로를 하여 일정액의 시간외근로수당을 지속적으로 받았다 하더라도 그 시간외근로수당이 통상임금에 해당하지 아니하는 것과 같은 이치이다.[56]

4. 특정 급여의 통상임금 해당 여부는 급여의 성질에 따라 객관적으로 결정된다.

성질상 근로기준법 소정의 통상임금에 산입될 수당을 통상임금에서 제외하기로 한 노사합의 또는 중재재정이 성립되었다고 하더라도 이는 근로기준법 제

---

53) 대법원 1990. 11. 7. 선고 90다카6948 판결; 대법원 1992. 5. 22. 선고 92다7306 판결; 대법원 1993. 5. 27. 선고 92다20316 판결; 대법원 1994. 5. 24. 선고 93다31979 판결; 대법원 2005. 9. 9. 선고 2004다41217 판결.

54) 대표적인 예로서는 시간외·야간·휴일근로수당을 들 수 있다.

55) 대법원 1996. 2. 9. 선고 94다19501 판결; 대법원 1996. 5. 10. 선고 95다2227 판결; 대법원 1996. 5. 14. 선고 95다19256 판결; 대법원 1996. 5. 28. 선고 95다36817 판결; 대법원 1996. 6. 28. 선고 95다24074 판결; 대법원 1998. 4. 24. 선고 97다28421 판결.

56) 이국환, "항공기 승무원이 최저승무시간을 초과하여 승무할 경우 실제의 승무실적에 관계없이 일률적으로 지급받은 일정시간분에 해당하는 보장비행수당이 통상임금에 포함되는지 여부,"「대법원판례해설」제25호, 법원행정처, 1996. 11, 338-339면.

22조 제1항 소정의 "근로기준법이 정한 기준에 달하지 못한 근로조건을 정한 것"으로서 무효이다.[57]

통상임금은 근로기준법상 시간외, 야간 및 휴일근로에 대한 할증임금이나 해고예고수당 등의 산정근거가 되는 것인데, 만약 성질상 통상임금의 범위에 드는 급여를 통상임금에서 제외하기로 하는 노사합의 또는 중재재정의 효력을 인정한다면, 근로기준법이 시간외, 야간 및 휴일근로에 대하여 할증임금을 지급하고, 해고근로자에게 일정기간 통상적으로 지급받을 급료를 지급하도록 규정한 취지는 몰각되기 때문이다.

Ⅳ. 통상임금 해당 여부에 관한 구체적 검토

1. 기본적 급여

흔히 본봉, 기본급 등으로 얘기되는 기본적 급여들은 통상임금에 해당한다. 기본적 급여에 해당하는지 여부는 그 명칭에 구애받지 않고 실질적으로 판단한다. 통상적으로 기본적 급여는 1개월 단위로 지급되나, 그 산정 기간은 자유롭게 정할 수 있다. 따라서 시간당 얼마로 정할 수도 있고 그 밖에 일당 얼마, 일급 얼마, 주당 얼마, 매월 얼마 또는 그 외의 일정한 기간마다 얼마를 지급하기로 정할 수도 있다.

기본적 급여의 지급조건 등은 그 외 임금 항목들의 통상임금 해당 여부를 판단함에 있어서 중요한 기준이 된다. 즉 특정 임금 항목의 지급조건 등이 기본적 급여의 그것보다 더 고정적이거나 혹은 동일한 정도로 고정적이라면, 특별한 사정이 없는 한, 그것은 통상임금에 해당하게 된다.[58] 그러나 그렇지 아니한 경우 그것을 통상임금에 포함하기는 어려울 것이다.[59]

아래에서는 이러한 기준에 근거하여 특정 임금 항목의 통상임금 해당 여부

57) 대법원 1993.5.11. 선고 93다4816 판결; 대법원 1993.5.27. 선고 92다20316 판결; 대법원 1993.11.9. 선고 93다8658 판결; 대법원 1994.5.24. 선고 93다5697 판결; 대법원 1997.6.27. 선고 95누17380 판결.

58) 예컨대 본봉이 결근일수에 따라 일할 계산하여 삭감되는데 반하여 근속수당은 결근일에 상관없이 모두 지급된다면 근속수당은 본봉보다 더 고정적인 것으로 평가된다.

59) 대법원 1996.2.9. 선고 94다19501 판결.

를 검토한다. 다만 여기서 주의해야 하는 것은 통상임금 해당 여부는 그 표목이나 명칭에 좌우되는 것이 아니라 그 지급조건 등에 의해 결정된다는 점이다. 예컨대 체력단련비를 통상임금에 해당하는 것으로 판단한 판결이 있다고 하여 모든 사업장의 체력단련비가 통상임금에 해당한다는 말할 수는 없고, 구체적인 사안별로 그 지급조건이 고정적인지 여부를 따져야 한다. 그리고 통상임금에 대한 판결은 1990년대 초반부터 본격적으로 나타나기 시작하였으나, 위에서 살펴본 바와 같이 임금일체설을 채택한 1995년의 전원합의체 판결(대법원 1995. 12. 21. 선고 94다26721 전원합의체 판결)이 통상임금 법리에 중요한 영향을 미쳤다는 점을 고려하여야 하므로, 아래에서는 위 전원합의체 판결 이후에 선고된 통상임금 관련 판례들 중심으로 검토하였다.

2. 상 여 금

상여금은 정기적인 임금 이외에 분기별 또는 특정기에 사용자가 일시금으로 근로자에게 지급하는 금품을 말한다. 근로자는 회사로부터 정기상여금, 하계상여금, 명절특별상여금 등 여러 가지 명칭으로 불리어지는 상여금을 지급받는다. 이와 같은 다양한 종류의 상여금들은 지급시기와 관련하여 형식적으로 정기적 상여금과 비정기적(특별) 상여금으로 나눌 수 있다. 상여금이 단체협약·취업규칙·근로계약이나 관행 등에 의하여 그 종류·지급기준·지급시기 등이 미리 정해져 있다면, 이는 임금에 해당한다.[60] 즉 상여금이 계속적·정기적으로 지급되고 그 지급액이 확정되어 있다면 이는 근로의 대가로 지급되는 임금이다.[61]

위에서 살펴본 바와 같이 근로자에 대한 임금이 1개월을 초과하는 기간마다 지급되는 것이라도 그것이 정기적·일률적으로 지급되는 것이면 통상임금에 포함될 수 있으므로 상여금 역시 통상임금에 해당될 수 있다.[62] 다만 법원은 상여금이 통상임금에 포함되기 위하여는 그것이 지급기간을 제외한 나머지 조건이 유사할 것을 요구한다. 즉 적어도 상여금의 지급시기와 총액(통상 본봉의 몇 %)을 취업규칙이나 단체협약에서 규정하고 있어야 하며 상여금이 지급되는 조건이 기본급이나 본봉의 그것과 동일할 것이 요구된다.[63]

60) 대법원 1973. 6. 12. 선고 71다2669 판결; 대법원 1977. 1. 2. 선고 76다1408 판결.
61) 대법원 2002. 6. 11. 선고 2001다16722 판결; 대법원 2005. 9. 9. 선고 2004다41217 판결.
62) 대법원 1996. 2. 9. 선고 95다19501 판결.
63) 도재형, 앞의 글, 351면.

3. 체력단련비, 월동보조비

회사가 전 직원에 대하여 매월 일정 시기에 월 기본급에 대한 일정액을 체력단련비로 지급하였거나 매년 일정한 月에 월 기본급에 대한 일정액을 월동보조비로 지급하였다면, 이러한 체력단련비나 월동보조비는 모두 소정 근로 또는 총 근로에 대하여 지급하기로 한 금품으로서 정기적 · 일률적으로 지급되는 고정적인 임금이므로 통상임금에 속한다.[64]

4. 휴 가 비

단체협약에서 전 종업원에게 하기휴가비를 지급한다고 규정하고 있는 경우, 만약 회사가 종업원이 하기휴가를 실시하였는지 여부에 관계없이 일률적으로 하기휴가비를 지급하였다면 이는 근로의 대상으로 지급된 금품으로서 임금에 해당한다. 그러나 만약 하기휴가를 실시한 종업원에게만 하기휴가비를 지급하였다면 이는 근로제공과는 관계없이 은혜적으로 지급된 금품에 불과하여 임금에 해당하지 않는다.[65] 따라서 전자의 경우 하기휴가비의 지급조건이 고정적인 것이라면 통상임금에 해당할 수 있으나, 후자의 경우에는 임금성이 인정되지 아니하므로 통상임금에 해당할 여지가 없다.

5. 근속수당, 정근수당, 개근수당

회사가 소속 근로자에게 지급한 근속수당은 은혜적인 배려에서가 아니라 일정한 근속연수에 이른 근로자에게 실제의 근무성적과는 상관없이 매월 일정하게 지급된 것으로서 정기적 · 일률적으로 지급되는 고정적인 임금이므로, 통상임금에 포함된다.[66]

회사 사규가 정근수당의 지급조건으로서 '일정기간의 계속근로'를 규정하고 있는 경우, 이것은 소정의 조건을 충족하면 매월 급여일마다 지급되는 것이므로

64) 대법원 1993. 5. 27. 선고 92다20316 판결; 대법원 1996. 2. 9. 선고 94다19501 판결; 대법원 1996. 5. 10. 선고 95다2227 판결.

65) 대법원 1996. 5. 14. 선고 95다19256 판결.

66) 대법원 1996. 5. 10. 선고 95다2227 판결; 대법원 2002. 7. 23. 선고 2000다29387 판결.

'정기적 · 일률적' 급여라고는 볼 수 있으나, 그 지급 여부가 결국 실제의 근무성적에 따라 좌우되게 되므로 고정적인 임금이라고 할 수 없다. 이 경우 정근수당은 통상임금에 포함되지 아니한다.[67] 택시회사가 매 근무일마다 근로자에게 지급하는 교통비나 승무수당 및 매월 개근한 무사고 운전기사에게 지급하는 무사고수당 역시 실제 근무일수나 근무실적에 따라 지급액이 변경되어 정기적 · 일률적으로 지급되는 고정적인 임금이 아니므로 통상임금에 해당하지 않는다.[68]

6. 고열작업수당

자동차제조회사가 혹서기에 고열원을 취급하는 고열작업장에서 근무하는 근로자들의 고충을 배려하고 작업능률을 향상시킬 목적으로 작업의 경중에 따른 공정과 작업장의 온도를 감안하여 4등급으로 차등을 두어 4월부터 9월까지 고열작업수당을 지급한 경우, 그 수당액이 당해 연도의 4월부터 9월까지 실제 변화된 온도를 고려하여 고열등급을 새로이 조정하지 않고 전년도 온도 측정에 따라 확정된 고열등급대로 같은 공정 내의 근로자들에게 같은 금액의 수당을 지급해 왔고, 또한 일정한 공정에 투입된 고열작업장 종사자는 일반적으로 전보 · 휴직 등의 사유가 발생하거나 일시적으로 결원이 생겨 작업반장이 공정별로 인원배치를 조정하지 않는 한 같은 공정에서 지속적으로 근무하였다면, 이러한 조건은 고정적 조건이라고 보아야 하고, 고열작업수당은 고열작업수당이 지급되도록 정하여진 공정에 종사하는 모든 근로자들에 대해서 일정한 조건이 충족되면 일정한 금액이 매년 정기적 · 일률적으로 지급된 것으로서 통상임금에 포함된다.[69]

7. 단체개인연금 보험료

회사가 단체협약에 의하여 전체 직원들의 개인연금으로 월 20,000원씩을 10년간 불입하여 주기로 합의하고, 이에 따라 연금보험료를 대납하고 그 금액을 급여명세서에 기재한 후 근로소득세를 원천징수해 왔다면, 비록 직접 근로자들에게 현실로 지급되는 것이 아니고 그 지급의 효과가 즉시 발생하는 것은 아니

67) 대법원 1996. 5. 10. 선고 95다2227 판결.
68) 대법원 2002. 7. 23. 선고 2000다29387 판결.
69) 대법원 2005. 9. 9. 선고 2004다41217 판결.

라 하더라도 이는 근로의 대상인 임금의 성질을 가진다 할 것이고, 정기적 · 일률적 · 고정적 급부라는 통상임금의 개념적 징표까지 모두 갖추고 있는 이상, 위 연금보험료도 통상임금에 포함된다.[70]

8. 가족수당

회사 규정상 근로자에게 부양가족이 있는 경우 그 부양가족의 수에 비례하여 가족수당이 지급되고 있다면, 이는 고정적인 임금이 아니므로 통상임금에 포함될 수 없다.[71] 그러나 근로자들에게 매월 일정한 금액을 본인수당으로 지급한다고 규정하고 있다면, 이는 정기적 · 일률적으로 지급되는 고정적인 임금에 해당하므로 통상임금에 포함된다.[72]

9. 비행수당, 이·착륙수당

항공사 승무원의 경우 실제 비행시간이 30시간 이상인 경우에 한하여 60시간의 비행수당(이를 보장수당이라 한다)이 지급되고, 60시간을 초과하는 경우에는 보장수당과 초과 부분에 대하여 가산 지급되는 비행수당이 함께 지급되고, 승무결근조나 교육기간이 14일 이상인 자, 병가기간이 7일 이상인 자, 공상기간이 월 중 10일 이상인 자 등에 대하여는 보장수당이 적용되지 아니한 경우, 비행수당은 고정적으로 지급되는 수당이 아니라 실제의 근무성적에 따라 그 지급 여부 및 지급액이 달라지는 것이므로 통상임금에 해당하지 아니한다.[73] 이·착륙수당 역시 승무원이 국내선 항공기에 탑승하게 되는 경우에 한하여 이·착륙 횟수에 따라 지급되는 것으로서 정기적 · 일률적으로 지급되는 것이 아니므로 통상임금에 해당하지 아니한다.

---

70) 대법원 2005. 9. 9. 선고 2004다41217 판결.
71) 대법원 2003. 4. 22. 선고 2003다10650 판결.
72) 대법원 1996. 5. 14. 선고 95다19256 판결.
73) 대법원 1996. 5. 28. 선고 95다36817 판결; 대법원 1996. 6. 28. 선고 95다24074 판결.

10. 급식 및 급식비

회사가 근로자에게 출근일에 한하여 일정 금액 상당의 식사를 현물로 제공하되, 식사를 제공받지 아니한 근로자에게는 동액 상당의 구판장 이용 쿠폰을 지급하였다면, 그 식대보조비는 근로의 대가로 정기적·일률적으로 지급된 것으로서 통상임금에 포함된다.[74] 매월 일정액을 식대로서 전 직원에게 지급한 경우도 마찬가지이다.[75] 그러나 매 근무일마다 근로자에게 식사가 현물로 제공되었을 뿐이고, 회사가 식사를 하지 않는 근로자에게 식비에 상응하는 현금이나 다른 물품을 지급하지 않았다면, 이는 근로자의 후생복지를 위해 제공되는 것으로서 임금이라고 볼 수 없고 따라서 통상임금에도 해당하지 않는다.[76]

항공사의 승무원이 해외에서 체류하는 기간 동안 지급하는 현지식비도 국제선에 승무하는 경우에만 지급되는 것이고, 체류지역마다 그 지급단가가 다를 뿐만 아니라 그 지급액도 근로제공과는 무관하게 단지 체류시간에 비례하여 지급되는 것인 이상, 이는 국제선 항공기의 승무에 따른 해외체류라는 특수한 근무환경에 따라 추가로 소요되는 비용을 보전하여 주려는 실비변상적 성격의 금원이거나 국제선 항공기의 운항에 따른 해외체류라는 특수한 기간 동안만 지급되는 성격의 금원에 불과하여 통상임금에 해당하지 않는다.[77]

11. 법정수당

연장근로수당, 야간근로수당, 휴일근로수당, 연차유급휴가수당, 해고예고수당 등 법정수당은 통상임금에서 제외된다. 통상임금이 이러한 법정수당을 산정하기 위한 도구라는 점에 비추어 볼 때, 당연한 이치이다.[78]

---

74) 대법원 1993. 5. 27. 선고 92다20316 판결.
75) 대법원 1996. 5. 10. 선고 95다2227 판결.
76) 대법원 1996. 5. 14. 선고 95다19256 판결; 대법원 2002. 7. 23. 선고 2000다29387 판결; 대법원 2003. 4. 22. 선고 2003다10650 판결; 대법원 2005. 9. 9. 선고 2004다41217 판결.
77) 대법원 1996. 6. 28. 선고 95다24074 판결.
78) 박용상·신귀섭·김상준, 앞의 글, 256면.

V. 선진화방안에 대한 검토

2003. 11.경 노사관계제도선진화연구위원회는 "노사관계법 · 제도 선진화 방안"에서 현행 통상임금 제도에 대한 개선안을 제시하였다.

위 위원회는 고정적으로 지급되는 수당과 상여금은 통상임금에 포함되어야 함에도 불구하고, 실제로 행정해석에서는 통상임금에서 빠져 있고, 이로 인하여 우리나라 기업들이 통상임금의 증가를 피하기 위하여 각종 수당을 도입함으로써 임금체계가 매우 복잡하고 고정적 상여금의 비중이 기형적으로 증가하고 있다고 파악하였다. 그리고 이러한 점 때문에 "통상임금이 근로자의 소정근로시간에 대한 임률을 결정하는 기준으로서의 정상적인 역할을 수행하지 못하고 있"으며 1996년 이후 판례와 행정해석이 일치하지 않음으로써 실무상 통상임금에 대한 혼란이 가중되고 있다고 설명하였다.

위 위원회는 이러한 문제의식에 기초하여 그 개선방안으로서 통상임금의 산정 기초에 "변동적으로 지급되는 것을 제외한 고정적으로 지급되는 모든 급여를 포함하도록 개정"할 것으로 제시하였다.[79]

그러나 위 개선안은 몇 가지 문제점을 가지고 있다. 첫째, 그것이 행정해석을 통상임금의 포함 여부를 결정하는 판단 기준으로 삼고 있다는 점이다. 행정해석은 단지 행정청 내부의 업무를 수행하기 위한 기준에 불과할 따름이고, 법률 분쟁에 있어서 규범으로 작용할 수는 없다. 즉 위 위원회가 지적하는 혼란은 행정해석이 법률이나 판례의 입장을 잘못 이해하거나 그 취지를 따르지 않고 있는 점에 터 잡은 것이다. 따라서 이러한 혼란은 행정해석을 판례나 법률의 취지에 따라 올바르게 개정함으로써 방지하는 것이 순리에 맞다.[80]

둘째, 개선안으로 제시하는 것이 현재의 판례 법리와 동일하다는 점이다. 즉 개선안으로 나온 내용은 현재보다 나은 어떤 것을 제시한 것이 아니라 현행 판례 법리를 단순히 확인하는 것에 불과하다. 통상임금이 임금 표목이나 명칭과는 상관없는 것이고, 통상임금 해당 여부는 그것이 고정적 급여인지 여부에 좌우된다는 것은 당연한 이치이다. 따라서 설령 사용자가 통상임금에 해당하지 않도록

79) 노사관계제도선진화연구위원회, 「노사관계법 · 제도 선진화 방안」, 2003. 11, 176-177면.
80) 이철수(2006), 앞의 글, 49면.

하기 위하여 여러 수당 항목을 신설하더라도 그것이 고정적 급여에 해당한다면 그 역시 통상임금에 해당하게 되는 것이다.

결국 통상임금에 관한 선진화방안의 내용은 새로운 것이 아니며, 오히려 어느 정도 확립되어 가는 통상임금에 관한 법리를 혼란스럽게 할 위험성마저 품고 있다.[81]

Ⅵ. 결 론

통상임금에 관한 판례 법리는 다음과 같이 요약할 수 있다. 첫째, 통상임금의 개념요소로 거론되는 정기성과 일률성, 고정성 중 가장 중요한 것은 고정성이다. 나머지 2개의 요소는 통상임금에 특유한 것이라기보다는 '임금'의 개념요소로 파악할 수 있다. 둘째, 임금일체설을 취하는 현재 판례하에서 생활보장적 임금이나 복리후생비가 통상임금에 포함하는지 여부를 논의하는 것은 무의미하다. 셋째, 1개월의 기간을 초과하여 지급되는 임금이라 하더라도, 그것이 고정적 임금인 이상 통상임금에 포함될 수 있다.

그리고 특정한 수당이나 급여가 통상임금에 해당하는지 여부가 문제된 사안들을 검토한 결과에 따르면, 법원은 특정한 임금 항목이 고정적인 급여인지 여부를 판단함에 있어서 그 지급조건이 기본적 급여의 그것과 유사한지 여부를 가장 중요하게 고려한다는 점을 알 수 있다.

위 판례 법리 위에서 선진화방안을 살펴보면, 노사관계제도선진화연구위원회가 제시한 통상임금에 관한 개선안은 현재의 판례 법리와 전혀 차이점이 존재하지 않는다 할 것이고, 이러한 점에 비추어 볼 때 통상임금에 관하여 새롭게 입법하자는 제안은 현재 정착되어 가고 있는 해석론을 혼란스럽게 할 우려가 있는 불필요한 조치이다. 개선안이 지적한 문제점을 해결하는 것은 현행 행정해석의 내용을 개정하는 것으로 충분하고, 굳이 입법의 단계까지 나아갈 필요가 없다.

---

81) 이철수(2006), 앞의 글, 34면.

부당해고된 근로자의 임금청구와 중간수입공제

정 진 경*

Ⅰ. 들어가는 말

근로기준법 제30조 제 1 항은 사용자는 근로자에 대하여 정당한 이유없이 해고하지 못한다고 규정하고 있고, 정당한 이유 없는 해고는 위법한 것으로서 사법상 무효이다.[1] 이 경우 위법하게 해고당한 근로자는 근로기준법 제33조에 의하여 노동위원회에 부당해고구제신청을 하거나 법원에 제소하여 사법적 구제를 받을 수 있다. 사법적 구제를 청구하는 형태는 주로 위법한 해고의 무효확인과 해고기간 동안의 임금을 구하는 것이다.[2] 대법원은 해고처분이 무효인 경우 근로자가 지급을 구할 수 있는 임금은 계속 근로하였을 경우에 받을 수 있는 임금 전부로서[3] 평균임금 산정의 기초가 되는 임금의 총액에 포섭될 임금이 전부 포함되고 통상임금에 국한되는 것이 아니라고 한다.[4]

근로자가 근로를 제공하지 않고도 임금을 청구하는 근거에 관하여는 우리 민법은 아무런 특별규정을 두고 있지 않으므로 그 근거에 관하여 견해가 대립될

* 의정부지방법원 고양지원 부장판사.

1) 김형배, 「노동법」 신판 제 2 판, 박영사, 2006, 621면; 임종률, 「노동법」 제 5 판, 박영사, 2006, 544면.

2) 근로자와 사용자 사이의 근로계약관계가 여전히 존속한다고 보는 입장에서는 임금청구설을 주장하나, 근로자와 사용자 사이의 근로계약관계는 사용자의 해고를 이유로 하는 취업거절에 의하여 종료된다고 보는 입장에서는 근로자가 임금 상당의 손해배상을 구할 수 있다는 손해배상설을 취하게 된다(박순성, "위법하게 해고된 근로자의 임금청구와 중간수입공제," 「민사판례연구」 제14집, 민사판례연구회, 1992, 135면 참조).

3) 대법원 1981. 12. 22. 선고 81다626 판결; 대법원 1992. 12. 8. 선고 92다39860 판결; 대법원 1995. 11. 21. 선고 94다45753, 45760 판결.

4) 대법원 1993. 12. 21. 선고 93다11463 판결.

수 있으나[5] 우리 민법 제538조 제 1 항이 "쌍무계약의 당사자 일방의 채무가 채권자의 책임 있는 사유로 이행할 수 없게 된 때에는 채무자는 상대방의 이행을 청구할 수 있다. 채권자의 수령지체 중에 당사자 쌍방의 책임 없는 사유로 이행할 수 없게 된 때에도 같다"라고 하여 쌍무계약의 반대급부청구권에 관한 위험부담제도를 규정하고 있는데, 이 규정에 의하여 근로자의 임금청구권을 인정함이 통설이고,[6] 대법원도 사용자가 근로자를 해고한 경우 사용자의 근로자에 대한 해고처분이 무효인 경우에는 그동안 근로계약 관계가 유효하게 계속되고 있었는데도 불구하고 근로자가 사용자의 귀책사유로 말미암아 근로를 제공하지 못한 것이므로[7] 근로자는 민법 제538조 제 1 항에 의하여 계속 근로하였을 경우에 받을 수 있는 임금 전부의 지급을 청구할 수 있다고 판시하고 있다.[8]

그런데 정당한 이유없이 위법하게 해고된 근로자가 해고기간 중 다른 직장에 취업하여 임금을 받았을 경우에 근로자가 사용자로부터 받을 임금에서 다른 직장에 취업하여 받은 임금, 소위 중간수입을 공제할 수 있는가 하는 점이 근로자의 일실수입을 산정함에 있어 중요한 문제로 된다. 중간수입의 공제와 관련하여서는 다음과 같은 점들이 검토되어야 한다.

---

5) 일본에서는 수령지체의 효과라는 견해와 위험부담의 효과라는 견해가 대립한다고 한다(박순성, 앞의 논문, 137-138면 참조).

6) 이때의 임금은 해고 당시의 임금이 아니라 근로자가 해고당하지 않았다면 받을 수 있었던 임금 전부라고 함이 판례 및 통설이며, 다만 어느 범위까지 근로자가 받을 수 있었던 임금이라고 볼 것인지가 문제로 된다(대법원 1981. 12. 2. 선고 81다626 판결; 임종률, 앞의 책, 544면; 스게노가즈오(이정 역), 「일본노동법의 이론과 실제」, 한국경영자총협회, 2004, 475면 참조).

7) 다만, 이러한 판결들이 부당해고의 경우에는 사용자의 책임 있는 사유로 말미암아 근로자가 근로를 제공하지 못한 것이라고 하여 부당해고의 경우 사용자의 귀책사유를 당연히 의제하는 것인지, 아니면 사실상 추정하는 것인지에 관하여 의문이 있을 수 있는바, 사용자에게 귀책사유가 없는 부당해고도 있을 수 있으므로 사실상의 추정으로 보아야 한다는 견해가 있다(김용직, "1. 노조와의 사전합의조항에 위배한 징계처분의 효력(무효), 2. 해고가 무효인 경우 근로자가 구속되어 근로를 제공하지 못한 기간 동안의 임금도 청구할 수 있는지 여부(소극)," 「대법원 판례해설」, 1995. 5, 409-410면); 그리하여 사용자의 귀책사유를 요하므로 취업규칙의 징계해고사유에 해당하는 비위행위이지만 징계해고는 조금 가혹하고 사용자가 징계해고가 상당하다고 판단한 것도 무리는 아니었다고 보이는 경우나 유니온 숍 협정에 의한 해고가 후에 제명처분무효를 이유로 무효가 되었으나 사용자는 이를 해고 시에 인식하기가 곤란했던 경우에는 귀책사유가 부정된다고 한다(임종률, 앞의 책, 544면; 앞의 「일본노동법의 이론과 실제」, 474-475면).

8) 김형배, 앞의 책, 622면; 대법원 1992. 3. 31. 선고 90다8763 판결; 대법원 1992. 12. 8. 선고 92다39860 판결; 대법원 1993. 9. 24. 선고 93다21736 판결; 대법원 1995. 11. 21. 선고 94다45753, 45760 판결.

첫째, 중간수입을 민법 제538조 제 2 항[9]에서 규정하고 있는 자기의 채무를 면함으로써 얻은 이익으로 볼 수 있는가, 즉 근로자가 노무급부의무를 면한 것과 중간수입 사이에 상당인과관계가 있는 것으로서 사용자가 지급하여야 할 임금에서 공제할 수 있는 것인가 하는가를 살펴보아야 한다.

둘째, 중간수입이 근로자의 채무면탈과의 인과관계가 인정된다면 민법 제538조와 근로기준법 제45조[10]와의 관계를 어떻게 파악할 것인가를 검토하여야 한다. 이와 관련하여서는 먼저, 민법 제538조 제 1 항의 사용자의 책임 있는 사유의 구체적인 의미는 무엇이며 근로기준법 제45조에서 말하는 사용자의 귀책사유의 의미와는 어떤 관계에 있는가를 살펴보아야 하고, 그 후 근로기준법 제45조가 민법 제538조 제 2 항의 중간수입공제의 한계로서 작용할 수 있는가를 검토하여야 한다.

셋째, 부당해고된 근로자의 일실수입청구를 임금청구로 본다면 근로기준법 제42조[11]의 임금전액불의 원칙과 관련하여 중간수입공제를 인정할 수 있는가가 문제된다.

이하에서는 각 문제에 관한 학설과 판례를 차례로 살펴보고, 이어서 중간수입공제와 관련하여 우리에게 상당한 시사점을 줄 수 있다고 판단되는 미국의 예를 알아본 후 우리 판례의 태도를 비판적으로 검토하기로 한다.

---

9) 민법 제528조 제 2 항은 "전항의 경우에 채무자는 자기의 채무를 면함으로써 이익을 얻은 때에는 이를 채권자에게 반환하여야 한다"라고 규정하고 있다.

10) 근로기준법 제45조 제 1 항에서 "사용자의 귀책사유로 인하여 휴업하는 경우에는 사용자는 휴업기간 중 당해 근로자에 대하여 평균임금의 100분의 70 이상의 수당을 지급하여야 한다. 다만, 평균임금의 100분의 70에 상당하는 금액이 통상임금을 초과하는 경우에는 통상임금을 휴업수당으로 지급할 수 있다"라고 하여 평균임금의 70%를 휴업수당으로 정하면서 임금구조가 복잡하여 통상임금이 평균임금의 70%에 이르지 못하는 경우에는 통상임금을 휴업수당으로 지급할 수 있도록 하고 있다. 이하에서는 편의상 평균임금의 70%가 통상임금보다 저액임을 전제로 서술하고자 한다. 제 2 항에서는 "제 1 항의 규정에 불구하고 부득이한 사유로 사업계속이 불가능하여 노동위원회의 승인을 얻은 경우에는 제 1 항의 기준에 미달하는 휴업수당을 지급할 수 있다"라고 규정하고 있다.

11) 근로기준법 제42조 제 1 항은 "임금은 통화로 직접 근로자에게 그 전액을 지급하여야 한다"라고 하여 임금의 통화불, 직접불, 전액불의 원칙을 규정하고 있고, 단서에서 "단, 법령 또는 단체협약에 특별한 규정이 있는 경우에는 임금의 일부를 공제하거나 또는 통화 이외의 것으로 지급할 수 있다"라고 하여 그 예외를 인정하고 있다.

Ⅱ. 중간수입공제가부

1. 개 요

쌍무계약의 당사자 일방의 채무가 채권자의 책임 있는 사유로 인하여 이행할 수 없게 된 때에는 채무자는 상대방에게 반대급부의 이행을 청구할 수 있으나, 그로 인하여 채무자가 급부불능이 생기지 않았던 경우 이상으로 이익을 받을 수는 없기 때문에 자기의 채무를 면한 것에 의하여 어떠한 이익을 얻은 때에는 채무자는 이를 상환하여야 하는바, 채무자가 상환하여야 할 이익은 채무를 면한 사실과 상당인과관계에 있는 것에 한정된다고 함이 통설이다.[12)]

구체적으로 보면, 근로제공을 하지 못하여 절약된 교통비 같은 것이나 해고된 근로자가 회사로부터 받은 퇴직금이나 해고예고수당이 노무급부의무를 면함으로써 얻은 이익으로 보아 공제하여야 함에는 별다른 문제가 없다.[13)] 하지만, 노무급부의무를 면한 근로자가 다른 직장에 취업하여 얻은 중간수입이 채무면탈과 상당인과관계에 있는 이익으로서 공제할 수 있는가 하는 점에 관하여는 견해의 대립이 있다.

2. 긍 정 설

위법하게 해고되어 근로를 거부당한 근로자가 그 근로거부로 인하여 얻은 시간을 이용하여 다른 곳에 취업하여 얻은 수입은 그것이 통상 얻을 수 있는 정도의 것이라면 채무를 면한 것과 상당인과관계가 있는 것으로서 민법 제538조 제 2 항에서 말하는 채무를 면함으로써 얻은 이익에 해당하여 공제하여야 한다는 견해이다.[14)]

이 견해는 민법 제538조 제 2 항의 취지가 채무자로 하여금 급부불능이 생기지 않았던 경우 이상으로 이익을 얻게 하지 않기 위하여 채무자의 부당이득반

12) 「주석민법(13) 채권(4)」 신판, 有斐閣, 2003., 592면.

13) 「주석민법 채권각칙(1)」 제 3 판, 한국사법행정학회, 1999, 390면(주지홍 집필부분).

14) 동경고등재판소 1961. 1. 30. 판결(노동민사판례집 12권 1호, 37면); 지원림, 「민법강의」 제 4 판, 홍문사, 2005, 1122-1123면; 박홍규, 「노동법론」 제 2 판, 삼영사, 1998, 326면 참조.

환의무를 인정한 것이므로, 근로자가 해고기간 동안 다른 직장에 취업하여 얻은 중간수입을 해고기간 동안 근로자가 받을 수 있는 임금에서 공제하지 않게 되면, 다른 직장에 취업하여 얻은 수입이 부업적인 것이라고 인정되는 특별한 경우를 제외하고는 근로자를 해고가 없었던 경우보다 더 유리한 지위에 두게 되어 불공평하게 된다고 한다.[15]

3. 부 정 설

근로자가 위법하게 해고당한 사실과 그 근로자가 해고기간 동안 다른 직장에 취업하여 얻은 이익 사이에는 상당인과관계가 존재한다고 할 수 없으므로 위법하게 해고를 당한 근로자가 사용자로부터 받을 수 있는 임금에서 중간수입을 공제하여서는 안된다는 견해이다.[16]

이 설은 근로자가 다른 직장에 재취업하여 얻은 수입은 노무급부의무를 면한 시간을 이용한 것이라고 하더라도 그것과는 별개의 원인인 새로운 고용계약에 의하여 얻은 이익으로서 채무의 면탈과는 상당인과관계가 없으며,[17] 만약 상당인과관계가 있다고 인정한다면 다른 직장에 취업하여 성실하게 일한 자가 아무런 일도 하지 않고 시간을 보낸 자보다 불리하게 되고, 사용자가 근로자에게 이익의 상환을 청구할 수 있는지 여부가 단순히 근로자의 의사와 노력에 의하여 좌우되어 불합리하다는 점을 근거로 한다.[18]

또한, 사용자의 부당해고로 근로계약관계는 단절되고 노동력제공의무는 소멸하기 때문에 근로자는 해고기간 중에 자기의 노동력을 자유로이 처분할 수 있는 것으로서 그 처분의 결과 다른 사용자로부터 임금을 얻었다고 하더라도 부당해고에 의하여 취업불능을 초래한 사용자는 그 임금에 대하여 하등의 권리를 주

---

15) 박순성, 앞의 논문, 150면; 앞의「주석민법 채권각칙(1)」, 391면 참조.

16) 이장호, "휴업수당,"「근로관계소송상의 제문제(상)」, 재판자료 39집, 법원행정처, 1987, 466면;「주석 채권각칙(I)」, 한국사법행정학회, 1985, 322면; 앞의「주석민법 채권각칙(I)」, 390면.

17) 이우진, "부당해고 근로자의 중간수입공제에 관한 연구,"「법학연구」제12집, 한국법학회, 2003, 507면.

18) 윤성천, "Back Pay 명령과 중간수입공제문제 — 일본에 있어서의 쟁점을 중심으로 —,"「노동법의 제문제(김치선박사화갑기념)」, 박영사, 1983, 118-119면; 박순성, 앞의 논문, 146-147면; 앞의「주석민법 채권각칙(1)」, 390면 참조.

장할 수 없다고 주장한다.[19]

한편, 중간수입공제의 문제는 이를 사용자의 부담을 줄이기 위한 공제대상으로 삼는 것이 정당한 것인가의 관점에서 검토되어야 한다면서, 해고된 근로자가 해고의 효력을 다투면서 다른 직장에 취업하여 소득을 얻는 행위는 소송이나 기타 구제방법이 실패할 경우에 대비하는 것으로서 그 소득은 성질상 처음부터 공제대상이 되는 이중적 소득이라고 할 수 없다고 해석함이 민법 제538조 제2항의 합목적적 해석에 부합한다는 견해도 있다.[20]

4. 소 결

근로자는 임금과 상환으로 일정기간에 걸쳐서 일정노동일의 일정시간의 노무를 계속적, 반복적으로 급부하는 것을 약정하였던 것이고, 부당해고는 사법상 무효로서 근로계약관계는 그대로 유지된다는 통설의 견해에 따르면, 해고의 효력이 다투어지고 있는 사이에는 현실적으로 노무급부가 행하여지고 있지 않아도 기본적인 근로관계는 존속하는 것이므로, 그 근로관계에 있어서 채무면탈과 자유시간의 취득, 그 자유시간을 이용한 중간수입 사이에는 그 수입이 부업적인 것이어서 해고가 없어도 당연히 취득할 수 있었던 특별한 사정이 없는 한 상당인과관계가 있다고 보는 것이 타당하다.[21]

민법 제538조의 취지는 채무자의 손해를 방지하기 위한 것이지 채무자의 법적 지위를 급부가 이행된 경우보다 더 유리하게 보장하기 위한 것은 아니다.[22] 이에 대하여는 채무면탈을 이용하기는 하였지만 새로운 고용계약이라고 하는 별개의 원인에 의하여 얻은 이익이기에 상환의 대상이 아니라고 하는 비판이 있으나 이는 형식적인 고찰이며, 위와 같은 일련의 사정을 실질적으로 파악하고 위험부담 제도가 급부불능으로 인한 위험을 공평하게 부담시키기 위한 제도인 점을 생각하면 채무면탈과 중간수입 사이의 상당인과관계를 인정하고 이를 사용자가 지급하여야 할 임금액에서 공제함이 타당하다.[23] 또한, 부정설은 인과관계를

19) 이장호, 앞의 논문, 465면 참조.
20) 김형배, 앞의 책, 624-625면.
21) 박순성, 앞의 논문, 150면.
22) 앞의「주석민법 채권각칙(1)」, 393면.
23) 박순성, 앞의 논문, 150면.

긍정하여 중간수입을 공제하는 경우, 채권자의 손해경감의무에 대한 명문의 규정이 없어 중간수입을 얻을 수 있었음에도 악의적으로 얻지 아니한 경우라고 할지라도 얻을 수 있었던 수입을 공제할 수 없으므로[24] 이와 비교하면 다른 직장에 취업하여 성실하게 일한 자가 아무런 일도 하지 않고 시간을 보낸 자보다 불리하게 된다고 주장한다. 하지만, 민법 제538조의 규정 자체가 공평의 원칙에 입각하여 위험을 부담시키고자 하는 것임을 고려하면 채권자의 손해경감의무를 인정하여[25] 악의로 중간수입을 얻지 아니한 근로자의 경우 얻을 수 있었던 수익을 신의칙상 자기의 채무를 면함으로써 얻은 이익으로 보아 공제함이 타당하고,[26] 판례도 채권자의 일반적인 손해경감의무를 부정하고 있다고 단정하기는 어렵다.[27]

---

24) 이은영, 「채권각론」 제 3 판, 박영사, 2001, 186면(다만, 신의칙상 사용자가 현재의 노무와 유사한 일을 적극적으로 알선하였음에도 근로자가 응하지 않은 경우에는 공제함이 상당하다고 한다); 윤성천, 앞의 논문, 107면; 이우진, 앞의 논문, 508면; 박순성, 앞의 논문, 151면.

25) 채권자의 손해경감의무는 계약법에서 상대방에 대한 배려의 정신을 구체화한 신의칙의 구체적 발현으로서 오늘날 비교법이나 국제적 입법에 의하여 인정되고 있다고 한다. 다만, 우리나라에 있어서는 손해경감의무의 근거가 될 만한 규정이 없어 판례는 과실상계의 법리의 한 내용으로서 이를 포섭하고 있으나, 과실상계의 법리는 채무불이행의 발생 자체에 채권자의 부주의가 기여하는 경우에 적용되는 것이고 채무자의 과실을 전제로 하는 것이므로, 채무불이행의 발생 후에 채권자가 불이행의 결과를 악화시키거나 손해를 경감시킬 적극·소극의 합리적 조치를 취하지 않은 경우는 채권자의 손해경감의무 위반을 인정하되, 이는 손해배상 범위의 제한 문제로서 그 법적 근거를 민법 제393조에서 구하여 채무불이행과 손해와의 사이의 인과관계를 부정함이 타당하다는 견해가 있다(김동훈, "채권자의 손해경감의무," 「고황법학」 제 4 권, 2004, 129-134면).

26) 「민법주해 XIII 채권(6)」, 박영사, 2002, 106면(최병조 집필부분); 우리나라에서 손해경감의무를 일반적으로 도입하는 것은 무리라고 하면서도 근로자의 고의적인 태만을 사용자가 입증한 경우에만 예외적으로 인정하여야 한다는 견해가 있으나(앞의 「주석민법 채권각칙(1)」, 393면) 근로자의 손해경감의무를 전면적으로 인정하다고 하더라도 그와 관련한 입증책임은 사용자가 부담하는 것이기에 위 견해는 근로자의 손해경감의무를 인정하는 견해에 가깝다고 생각한다.

27) 대법원은 채무자의 채무불이행시 채권자의 잔여자료 또는 유휴노동력의 활용과 관련하여, 민법 제673조에 의하여 도급계약이 해제된 경우에 그 해제로 인하여 수급인이 그 일의 완성을 위하여 들이지 않게 된 자신의 노력을 타에 사용하여 얻은 소득뿐 아니라 얻을 수 있었음에도 불구하고 태만이나 과실로 인하여 얻지 못한 소득도 당연히 손해액을 산정함에 있어서 공제되어야 한다고 판시하였다(대법원 2002. 5. 10. 선고 2000다37296, 2000다37302 판결; 이 판결에 대한 평석은 이주현, "민법 제673조에 의한 도급계약 해제시 도급인이 수급인에게 배상하여야 할 손해의 범위 및 그 경우 수급인의 손해액 산정에 있어서 손익상계의 적용 여부, 위 손해배상액 인정에 있어서 과실상계 및 손해배상의 예정액 감액은 허용되는지 여부와 신의칙 적용 여부," 「대법원 판례해설」 제40호, 법원도서관, 2002 참조). 그 외에 채권자의 손해경감의무와 관련되는 대법원 판결로는 하자 있는 이행시의 채권자의 손해확대방지의무와 관련된 예(대법원 1995. 6. 30. 선고 94다23920 판결; 대법원 1993. 11. 23. 선고 92다38980 판결; 대법원 1999. 7. 13. 선고 99다12888 판결; 대법원 1990. 3. 9. 선고 88다카31866 판결), 채권자가

근로자의 중간수입을 근로자의 채무면탈과 상당인과관계 있는 이익으로 파악하는 경우에 구체적으로 어떠한 수입을 상당인과관계가 있는 중간수입이라고 할 것인가가 문제이다. 근로자가 종속노동을 면함으로써 얻은 자유시간을 이용하여 얻은 근로소득은 상당인과관계 있는 이익이고, 해고가 없었더라도 근로자가 취득할 수 있었던 자본소득이나 근로시간 이외의 시간을 이용하여 얻었던 소득은 상당인과관계가 없는 이익이라 할 것이나, 궁극적으로는 노무급부 이행불능으로 인하여 발생한 손해를 누구에게 부담시키는 것이 공평할 것인가 라고 하는 관점에서 개별적으로 판단하여야 한다.[28]

Ⅲ. 중간수입공제의 한도와 근로기준법 제45조

1. 개 설

앞서 본 바와 같이 부당해고된 근로자는 그 채무가 채권자의 책임 있는 사유로 이행할 수 없게 된 것이므로 민법 제538조 제 1 항에 의하여 반대급부인 임금 전액에 대한 청구권을 잃지 않게 된다. 그런데 근로기준법은 제45조는 사용자의 귀책사유로 인하여 휴업하는 경우에 근로자에게 평균임금의 100분의 70 이상을 지급하면 되는 것으로 되어 있어 그 규정 자체만으로는 근로자의 생활을 보장, 향상시키는 것을 목적으로 하는 근로기준법이 보장하는 휴업수당이 근로자와 사용자 모두를 평등한 법인격체로 파악하고 과실책임주의를 기초로 하는 민법이 보장한 임금청구권에 미치지 못하는 것이 된다.[29] 그리하여 근로기준법이 보장하고 있는 근로자의 휴업수당청구권과 민법에 의한 임금청구권이 어떠한 관계에 있는가, 근로기준법상의 휴업수당이 중간수입공제와 관련하여서는 어떠한 의미가 있는 것인가에 관하여 많은 학설이 대립하고 있다. 크게는 양 규정의 관련성을 인정하고 휴업수당에 관한 근로기준법상의 규정이 중간수입공제의 한

적기의 대체거래를 통해 손해를 감경할 가능성이 있었던 경우의 손해배상액 산경에 관한 예(대법원 1999. 10. 12. 선고 99다14846 판결), 채무불이행의 가능성이 컸음에도 지출한 비용에 대하여 배상액을 제한한 예(대법원 2002. 2. 5. 선고 99다53674, 53681 판결) 등이 있다(김동훈, 앞의 논문, 118-121면).

28) 박순성, 앞의 논문, 151면.

29) 이장호, 앞의 논문, 427면.

도로 작용한다는 견해와 민법 제538조 제 1 항에 의한 임금청구권과 근로기준법 제45조에 의한 휴업수당은 전혀 별개의 제도로서 휴업수당규정은 민법 제538조 제 2 항에 의한 중간수입공제와는 무관하다는 견해로 나눌 수 있으나 그 구체적인 입론은 다양하다.

2. 관련성 인정설

(1) 양 법조의 적용범위를 같게 보는 설

민법 제538조 제 1 항에서 말하는 채권자의 책임 있는 사유와 근로기준법 제45조의 사용자의 귀책사유의 범위를 동일하게 보는 견해이다.

다만, 양 규정의 적용범위를 동일하게 보면서도, 그 범위를 과실책임의 원칙에 의하여 고의·과실 및 이와 동시할 수 있는 경우로 좁게 보는 견해가 있고,[30] 근로계약에 있어서는 추완불가능성 등의 특수성으로 인하여 채권자의 채권지지의무가 특히 가중되어 사용자로서 불가항력을 주장할 수 없는 모든 사유가 포함된다고 하여 귀책사유의 범위를 넓게 보는 견해가 있다.[31]

이와 같이 민법 제538조 제 1 항의 채권자의 책임 있는 사유와 근로기준법 제45조의 사용자의 귀책사유의 범위를 동일하게 보는 경우, 근로기준법 제45조의 의미는 그 법적 성격을 어떻게 보는가에 따라 달라진다.

즉, 부당해고된 근로자의 임금청구권의 근거를 사용자의 수령지체에 의한 것으로 보아 민법 제538조가 아닌 민법 제400조[32]에서 구하면서 근로기준법 제45조를 민법 제400조의 특칙으로 보는 견해[33]는 민법상의 임금청구권을 행사하

30) 이장호, 앞의 논문, 428면(我妻榮 등의 견해로 소개되어 있다).

31) 이은영, 앞의 책, 184면; 이장호, 앞의 논문, 428면(島田信義 등의 견해로 소개되어 있다); 이종복 교수는 채권자에게 책임 있는 사유는 채권자에게는 채무가 없기 때문에 채무자의 채무위반 책임으로서의 귀책사유와는 구별되어야 하며, "채권자에게 책임 있는 사유"라는 문언이 민법 제390조나 제750조 등에서 채무자의 고의, 과실이라고 표현한 것에 비하여 훨씬 더 융통성이 있는 것으로서 사용자의 책임을 넓게 해석해야 한다고 주장한다(이종복, 「사법관계와 자율」, 이종복교수논문집간행위원회, 지명사, 1993, 428-429면).

32) 민법 제400조는 "채권자가 이행을 받을 수 없거나 받지 아니한 때에는 이행의 제공 있는 때로부터 지체책임이 있다"라고 하여 채권자지체에 관하여 규정하고 있다.

33) 앞의 「주석민법 채권각칙(1)」, 394면; 근로자의 채무의 본 취지에 따른 이행의 제공은 사용자가 수령거절의사를 명확하게 표명하고 있는 경우에는 요건이 경감되어 이행의사와 능력이 객관적으로 인정되는 것으로 충분하나, 이행의사와 능력은 유지하고 있어야 하므로 전직을 하여 새로운 직장에 전념하고 있는 경우에는 후에 해고가 정당한 이유가 없어 무효로 되어도 해

기 위해서는 노무의 제공이라는 절차를 요하지만 근로기준법상의 휴업수당청구권을 행사함에 있어서는 이를 요하지 않는다는 점을 강조한다.[34] 하지만, 임금청구권의 근거를 민법 제538조에서 구하고 근로기준법 제45조를 민법 제538조의 특칙으로 보는 견해[35]는 근로자는 민법 제538조의 규정에 의하여 임금 전액을 청구할 수 있는 것이지만 민법의 규정은 임의규정으로서 근로자에게 불리한 특약도 가능하고, 그러한 특약이 없는 경우에도 민법상의 규정만으로는 근로자 보호에 부족한 면이 있어 근로기준법 제45조는 평균임금의 70%까지는 근로자에게 불리한 특약을 금지하고, 벌칙을 부과하면서 그 의무의 이행을 보장함에 의미가 있다고 한다.[36]

(2) 근로기준법 제45조의 적용범위를 넓게 보는 설

민법 제538조의 채권자의 책임 있는 사유는 고의·과실 또는 신의칙상 그것과 동시할 수 있는 사유로 보면서 근로기준법 제45조가 일반적으로 기업경영의 이윤이 사용자에게 귀속하는 것에 대응하여 경영상의 이유에서 발생하는 위험도 기업주가 부담하는 것이 타당하다는 공평의 관념과 임금을 유일한 생활수단으로 하는 근로자의 최저생활을 보장하여야 한다는 점 등을 근거로 하여 만들어진 규정으로서 근로기준법 제45조에서 말하는 사용자의 귀책사유라 함은 적어도 고의·과실 또는 이와 동시할 만한 사유보다는 넓고 사용자의 관리·경영상의 책임범위에 속하는 사유, 다시 말하면 기업경영자로서 불가항력을 주장할 수 없는 경우를 포함하는 것으로 해석하는 견해이다.[37] 이 견해는 민법상의 임금청구권은 그 요건이나 절차가 엄격하고 소송절차에 의하지 않으면 안 되는 불편이 있기 때문에 근로기준법 제45조는 널리 사용자의 책임을 인정하고 노동력

고기간 중의 임금청구권을 인정받을 수 없다는 견해가 있다(앞의 「일본노동법의 이론과 실제」, 223면).

34) 이장호, 앞의 논문, 428면.

35) 앞의 「주석민법 채권각칙(1)」, 394-395면; 그 외에 근로기준법 제45조는 휴업수당청구권이라는 새로운 실체적 권리를 설정한 규정으로서 민법 제538조와는 근거가 다른 별개의 것이라는 설이 있다(앞의 「주석민법 채권각칙(1)」, 395면).

36) 박순성, 앞의 논문, 153면; 이종복, 앞의 논문, 425면 등 참조.

37) 박상필, 「한국노동법」, 대왕사, 1981, 409면; 박순성, 앞의 논문, 154면; 이장호, 앞의 논문, 428-429면; 이종복, 앞의 논문, 424면; 앞의 「주석민법 채권각칙(1)」, 395면; 片岡昇 저(송강직 역), 「노동법」 삼지원, 1995(이하 「일본노동법」이라 한다), 491면; 앞의 「일본노동법의 이론과 실제」, 243면 등 참조.

의 제공 없이도 벌칙으로 휴업수당의 지불을 강제하는 데 의미가 있다고 한다.[38] 현재 우리나라의 다수설이다. 이는 근로기준법 제45조의 휴업이란 집단적 휴업인지 개개인만의 휴업인지를 불문하여 특정근로자에 대하여 그 의사에 반하여 근로시키지 않는 경우도 포함함을 전제로 민법 제538조와 근로기준법 제45조의 관련성을 인정한다.[39] 구체적으로는 다음과 같이 두 가지 견해로 나누어 볼 수 있다.

먼저, 첫 번째 견해는 민법 제538조와 근로기준법 제45조를 통일적으로 파악하여 사용자의 고의·과실에 의한 휴업에는 양자가 동시에 적용되어, 민법에 의하면 전액의 임금청구권이 인정되지만 근로기준법은 그 중 70%의 평균임금의 범위에서 벌칙으로 그 지급을 강제하는 의미가 있다고 한다.[40] 다만, 사용자의 고의·과실 없이도 휴업수당을 지급하는 것이 상당하다고 인정되는 휴업의 경우에는 민법은 적용되지 않고 근로기준법에서 정한 최소한 평균임금의 70%의 지급이 강제되는 것이 되어 이 범위에서는 근로기준법이 노사간의 법률관계를 실체적으로 규정한다고 한다.[41]

다음으로는 근로기준법 제45조의 휴업수당규정은 근로자보호의 이념을 실현하기 위한 특별한 노동입법의 산물로서 민법 제538조에 의한 임금청구권과는 다른 별개의 휴업수당청구권을 창설하는 규정이라는 견해가 있다. 이 견해는 위 학설이 근로기준법 제45조가 평균임금의 70% 이상을 지급하도록 한 의미를 한편으로는 그 한도에서 벌칙으로 이행의무를 강제하는 것으로 해석하고 다른 경우에는 실체적 권리관계를 창설하는 것으로 해석하는 것은 지나치게 기교적이라고 비판한다. 그리하여, 사용자의 고의·과실에 의한 휴업의 경우에 민법 제538조 제 1 항에 의하여 인정되는 전액의 임금청구권과 근로기준법에 의한 휴업수당청구권이 동시에 발생하여 양자는 경합관계에 있고, 휴업수당지급의 한도에서 민법상의 임금청구권은 소멸하며, 임금의 지불이 평균임금의 70% 이상에 달할 때에는 휴업수당청구권도 소멸한다고 주장한다.[42]

38) 박상필, 앞의 책, 409면; 박순성, 앞의 논문, 153면; 앞의 「주석민법 채권각칙(1)」, 395면; 이종복 앞의 논문, 425-426면; 앞의 일본노동법, 491면 등 참조.
39) 박순성, 앞의 논문, 154-155면; 앞의 「일본노동법」, 493면; 앞의 「일본노동법의 이론과 실제」, 243면.
40) 박상필, 앞의 책, 410면.
41) 이장호, 앞의 논문, 429면; 이종복, 앞의 논문, 424면 등 참조.
42) 이장호, 앞의 논문, 430-431면(淺井淸信의 견해로 소개되어 있다); 이종복, 앞의 논문, 425

(3) 중간수입공제에 관한 견해

민법 제538조와 근로기준법 제45조의 관련성을 인정하는 견해를 취하면, 부당해고는 통상 위법한 것으로서 민법 제538조의 채권자의 책임 있는 사유를 좁게 해석한다고 하더라도 그 범위 내에 포함된다고 해석하여야 하므로, 민법 제538조 제 1 항과 근로기준법 제45조의 요건을 모두 충족시키게 된다. 이 경우 중간수입공제와 관련하여 양 법조의 관계를 어떻게 볼 것인지가 문제되는바, 근로기준법 제45조를 민법 제538조의 특칙으로 보는 견해는 민법 제538조 제 2 항에 의하여 상당인과관계 있는 이익을 공제할 수 있음을 전제로 근로기준법 제45조는 휴업에 의하여 얻은 이익을 상환해야 하는 절차상의 번거로움을 생략하고 법률관계를 간명하게 하기 위해 그 공제한도를 평균임금의 70%로 규정하였다고 본다.[43] 이에 대해 근로기준법 제45조와 민법 제538조의 관련성을 인정하면서도 근로기준법 제45조가 민법 제538조와는 별개의 독립된 규정이라고 파악하는 견해는 휴업수당액이 이익을 공제하는 한도를 정함에 있어 일응의 표준이 된다고 한다.[44]

어느 견해든 중간수입과 근로자의 채무면탈과의 인과관계를 인정하면서도 중간수입을 사용자가 지급하여야 할 임금에서 전액 공제하는 것은 극단적인 시민법 이론으로서 근로자의 최저생활을 보장하고자 하는 근로기준법의 취지를 몰각하게 하며, 근로자의 노력으로 얻은 수입으로부터 사용자가 부당하게 이득을 얻게 된다고 하여, 공제를 하되 근로기준법 제45조와 관련하여 그 한도를 평균임금의 30%로 제한하는 점에서 같은 결론에 이르게 된다.[45]

3. 관련성 부정설

근로기준법 제45조는 민법 제538조가 적용되는 경우에는 그 적용이 없다는 학설로서, 휴업수당에 관한 규정을 민법 제538조와는 무관한 것으로 보고 있다.

면 등 참조.

43) 박순성, 앞의 논문, 155-156면; 앞의 「일본노동법의 이론과 실제」, 475-476면; 앞의 「일본노동법」, 491면; 앞의 「주석민법 채권각칙(1)」, 396면.

44) 앞의 「주석민법 채권각칙(1)」, 396면; 박순성, 앞의 논문, 156면.

45) 박순성, 앞의 논문, 156면; 지원림, 앞의 책, 1123면.

이 설은 다수설이 민법 제538조 제 1 항에 말하는 채권자의 책임 있는 사유를 고의·과실 또는 이와 동시할 수 있는 사유에만 한정하고, 근로기준법 제45조의 귀책사유를 불가항력을 주장할 수 없는 모든 사유로서 사용자로 하여금 휴업수당을 지급하게 하는 것이 사회적으로 정당하다고 생각되는 사유로 넓게 해석하는 것이 법적인 근거가 없고 논거도 박약하며,[46] 무엇보다도 민법 제538조에 의하면 임금 전액을 청구할 수 있는데 근로기준법 제45조에 의하면 평균임금의 70%밖에 청구할 수 없음에 대한 설득력있는 해명이 없다고 비판한다.[47] 또한, 경영위험부담론 등에 의하면 사용자에게 귀책사유가 없더라도 사용자의 반대급부책임을 인정하게 되는데, 사용자에게 귀책사유가 있는 경우에 책임이 더 가벼워지는 문제가 있다고 비판한다.[48]

그리하여 이 설은 근로기준법 제45조는 상시 5인 이상의 근로자가 종사하는 사업 또는 사업장에만 적용된다는 집단법적 성격에 착안하여, 민법 제538조는 사용자와 개별적인 근로자관계에서의 휴업을 규제하는 반면, 근로기준법 제45조는 집단적인 사업경영상의 휴업에 관한 규정으로서 사업 전부 또는 일부의 휴업으로 인한 집단적·일괄적 휴업을 규율대상으로 한다고 주장한다.[49] 즉, 민법 제538조는 개별적인 채권자와 채무자 사이에 채권자가 그 상대방과의 관계에서 급부불능에 대한 귀책사유가 있을 경우에 채무자의 반대급부청구권을 인정하는 규정이지만, 근로기준법 제45조는 사업장의 집단적 휴업에 대하여 사용자에게 귀책사유가 있는가를 물어 책임이 있는 경우 해당 근로자들 모두에 대하여 평균임금의 70% 이상을 일괄적으로 지급하도록 하는 규정으로서 양 법조는 전혀 별개의 것이며,[50] 따라서 근로기준법 제45조에 의한 휴업수당청구권이 인정되는 경우에는 민법 제538조에 의한 임금청구권을 행사할 수 없다고 한다.[51]

양자의 관련성을 부정하는 견해에는 그 외 민법 제538조는 사용자의 고의·

46) 이종복 앞의 논문, 426-427면.

47) 이종복 앞의 논문, 427면(이종복 교수는 종래의 학설은 근로기준법 제45조가 근로자보호를 위한 것으로 본다면 민법과 같이 전액 지급하도록 하면서 그 절차상의 보장과 편의를 도모하였어야 함에도 그렇지 못하였고, 더욱이 제45조 제 2 항에서 노동위원회의 승인을 얻은 경우에는 제 1 항의 기준에 미달하는 휴업수당을 지급할 수 있도록 한 것을 설명할 수 없다고 비판한다).

48) 이종복, 앞의 논문, 427-428면.

49) 이종복, 앞의 논문, 430-431면.

50) 이종복, 앞의 논문, 431면.

51) 이종복, 앞의 논문, 434면.

과실 또는 이와 동시할 수 있는 사유가 있는 경우에 전적으로 적용되며, 근로기준법 제45조는 임금확보를 위한 규정으로서 경영장애에 한해서만 적용된다고 하여 그 사유에 따라 양자의 적용범위를 구별하는 견해가 있다.[52)]

Ⅳ. 근로기준법 제42조와의 관계

1. 학 설

민법 제538조 제 2 항에 의하여 근로자가 해고기간 동안 얻은 중간수입을 공제하는 것이 근로기준법 제42조에서 규정하고 있는 임금 전액불의 원칙에 위반하는 것이 아닌가 하는 의문이 제기된다.[53)] 이에 대하여 대법원 판결은 별다른 설시 없이 공제를 인정하고 있을 뿐이어서 그 이론적 근거가 문제된다.

이에 대하여는 첫째 근로기준법 제42조에서 말하는 임금은 현실의 노무급부를 대상으로 한 것이지만 민법에 의하여 인정되는 임금은 현실의 노무급부를 대상으로 한 것이 아니기 때문에 근로기준법 제42조는 민법에 의한 반대급부청구권에 대하여는 적용되지 않는다고 하는 견해가 있다.[54)]

또한, 근로기준법 제42조는 민법에 의한 반대급부청구에도 적용이 있지만,

---

52) 앞의「주석민법 채권각칙(1)」, 394면.

53) 채권자의 이익상환청구권은 일종의 부당이득반환청구권으로서 채무자가 청구할 수 있는 반대급부청구권과는 별개의 청구권이기 때문에 두 청구권 상호 간에는 상계적상에 있는 경우에 한하여 상계할 수 있는 것이 원칙인데(同旨, 앞의「주석 채권각칙(I)」, 322면), 임금전액불의 원칙상 사용자는 근로자에 대한 채권을 가지고 임금채권에 대하여 상계할 수 없음에도 중간수입공제를 인정하는 것이 위법한 것은 아닌지 의문이라는 주장이 있다(박순성, 앞의 논문, 158-159면). 하지만, 대법원은 민법 제673조에 의하여 도급계약이 해제된 사안에서 채무불이행이나 불법행위 등이 채권자 또는 피해자에게 손해를 생기게 하는 동시에 이익을 가져다준 경우에는 공평의 관념상 그 이익은 당사자의 주장을 기다리지 아니하고 손해를 산정함에 있어서 공제되어야만 하므로 해제로 인하여 수급인이 그 일의 완성을 위하여 들이지 않게 된 자신의 노력을 타에 사용하여 얻은 소득뿐 아니라 얻을 수 있었음에도 불구하고, 태만이나 과실로 인하여 얻지 못한 소득도 당연히 손해액을 산정함에 있어서 공제되어야 한다고 하여(대법원 2002. 5. 10. 선고 2000다37296, 2000다37302 판결) 손익상계의 법리에 따라 직권으로 공제하였는바, 민법 제583조가 공평의 관념에 입각한 위험부담인 점을 고려하면 위 대법원 판결의 취지가 준용될 수 있다고 생각한다. 다만, 위 판결을 준용하여 중간수입을 당연 공제되어야 한다고 보는 경우에도 해고된 근로자의 일실수입을 순수한 임금으로 본다면 임금전액불과의 충돌의 문제는 남는 것으로 보인다.

54) 박순성, 앞의 논문, 158면(松岡三郎의 견해로 소개되어 있다).

같은 조에 법령 또는 단체협약에 특별한 규정이 있는 경우에는 임금의 일부를 공제할 수 있다고 단서조항을 두고 있는데, 근로기준법 제45조가 평균임금의 70% 이상을 지급하도록 규정한 것이 근로자의 해고기간 내의 중간수입상환과 관련하여 그 결제수단을 간편하게 하기 위해 평균임금의 30%까지는 미리 임금액에서 공제할 수 있음을 전제로 한 것으로서 임금 전액불의 원칙에 대한 예외를 인정한 법령상의 근거가 되어, 중간수입의 공제를 인정한다고 하더라도 임금 전액불의 원칙에 반하지 않는다는 견해가 있다.[55]

그 외 임금전액불의 원칙은 임금이 근로자 생존의 기본이므로 그것을 전액 근로자에게 건네주어 그 보호를 도모하려는 취지이나, 해고기간 중에 중간수입의 취득으로 근로자의 생존의 기본이 확보되었다고 평가할 수 있고 소급임금지급과 중간수입상환의 결제를 간편하게 하기 위해 공제를 인정할 필요가 있다는 주장도 있다.[56]

2. 사 견

민법 제538조가 채무자에게 반대급부청구권을 인정한 이유는 공평의 원칙에 따라 채권자와 채무자 사이에 합리적으로 위험을 배분하고자 하는 것이므로,[57] 근로자가 민법 제538조 제1항에 의하여 반대급부청구권을 상실하지 아니하고 임금청구권을 행사할 수 있다고 하여도 이는 근로기준법이 근로자의 생존을 위하여 엄격히 그 지급을 보장하고 있는 근로의 제공을 전제로 한 근로의 대상으로서의 임금과는 성격이 다른 것이며, 채권자에게 급부불능으로 인한 책임을 묻기 위해 마치 채무자가 자신의 채무를 이행한 것처럼 다루는 것에 불과하다.[58] 즉, 엄밀히 말하면 부당해고로 인한 임금청구권은 사용자의 귀책사유로 근로자가 근로를 제공하지 못하게 된 것인데, 사용자의 귀책사유가 없었다면 근로자는

55) 일본최고재판소 1962. 7. 20. 판결(민판집 16권 8호, 1656면); 박순성, 앞의 논문, 158-159면.

56) 박홍규, 앞의 책, 327면.

57) 위험부담의 문제는 쌍무계약에 있어 당사자 쌍방 모두에게 귀책사유 없이 급부가 불능이 된 경우에 누가 그 대가위험을 부담할 것인가의 문제이며 민법 제538조는 채권자의 귀책사유로 인한 이행불능의 문제이므로 이는 위험부담과는 별개의 문제라는 견해가 있으나 어떤 견해를 취하든 공평의 원칙을 관철하기 위한 사상이 그 바탕이 되므로 그 법적 효과에 있어서는 차이가 없다고 한다(앞의 「주석민법 채권각칙(1)」, 375-376면).

58) 앞의 「민법주해 XIII 채권(6)」, 101면.

근로를 제공하고 임금을 받을 수 있었던 것이므로 그로 인한 위험을 사용자가 부담함이 상당하다는 것으로서, 이때 근로자가 받을 수 있는 임금이라 함은 당초에 사용자와의 사이에 약정된 임금[59]이라기보다는 근로를 제공하였더라면 받을 수 있었던 임금 상당의 손해이다.[60] 비록 법원이 현재 부당해고로 인한 근로자의 일실수입청구를 민법 제538조에 의한 채무자의 반대급부청구권에 근거하여 인정함으로써 이를 임금청구라고 하여, 채무불이행이나 불법행위로 인한 손해배상청구에 있어 적용되는 과실상계의 법리가 근로계약관계의 존속을 전제로 하는 위와 같은 임금청구에는 적용될 여지가 없다고 하고 있으나,[61] 중간수입공제의 문제는 사용자가 지급하여야 할 근로자의 일실수입의 범위에 관한 것으로서 채무불이행이나 불법행위의 발생에 관한 과실상계의 문제와 차이가 있고, 앞서 본 바와 같이 부당해고시의 임금청구는 고유한 의미의 임금청구와 차이가 있으며, 그 외 대법원이 근로관계의 존속을 전제로 한 임금의 청구를 하는 경우뿐만 아니라, 사용자의 부당해고가 불법행위에 해당함을 원인으로 한 손해배상청구를 하는 경우[62]에도 중간수입의 공제를 인정하여[63] 근로자의 부당해고시의

59) 이와 관련하여 민법 제538조 제 1 항에 의하여 근로자가 청구할 수 있는 반대급부를 근로계약을 체결할 당시에 근로자가 약정된 소정의 근로를 제공하는 경우 사용자가 지급하기로 약정하였던 임금 상당액이라고 하면서 일반적으로 소정 근로의 대가인 통상임금과 가족수당 등 근로자로서의 지위를 유지함으로써 지급받을 수 있는 이른바 보장적 임금을 말하며 구체적인 근로제공의 양에 따라 지급되는 시간외, 휴일, 야간근로수당이나 일정기간의 출근실적에 따라 지급되는 연월차수당은 포함되지 않는다는 견해가 있다(박순성, 앞의 논문, 143-144면). 근로자가 청구할 수 있는 반대급부를 고유한 의미의 임금이라고 본다면 타당하나 근무하였더라면 받을 수 있었던 임금 상당의 손해라고 본다면 지나치게 협소하다는 생각이 든다. 또한, 위 견해는 기업전체적으로 근로자들의 임금이 인상된 경우에는 그 임금인상분도 근로자가 계속 근무하였더라면 받을 수 있었던 임금에 포함되어야 한다고 하나(박순성, 앞의 논문, 144-145면), 근로자가 구할 수 있는 반대급부가 근로계약 당시에 약정한 임금 상당액이라고 하였던 앞의 주장과 일관성이 없어 보이며, 근로자가 청구할 수 있는 반대급부를 사용자가 근로계약 체결 당시에 지급하기로 약정한 임금으로 본다면 해고 후에 인상된 다른 근로자들의 임금부분은 청구할 수 없다고 함이 상당할 것이다.

60) 대법원도 해고처분이 무효인 경우에 청구할 수 있는 임금을 근로자가 계속 근로하였을 경우에 받을 수 있는 임금 전부라고 하고 있다(대법원 1992. 12. 8. 선고 92다39860 판결).

61) 대법원 1993. 7. 27. 선고 92다42743 판결.

62) 해고된 근로자가 불법행위에 의한 손해배상을 청구하는 경우는 주로 부당해고로 인한 위자료 청구와 관련되어 있으며, 판례는 사용자가 해고를 할 만한 사유가 전혀 없는데도 오로지 근로자를 사업장에서 몰아내려는 의도하에 고의적으로 해고사유를 만들어 해고한 경우 등 해고가 우리의 건전한 사회통념이나 사회상규상 용인할 수 없는 경우에 불법행위책임을 인정하고 있다(대법원 1993. 10. 12. 선고 92다43586 판결; 대법원 1996. 4. 23. 선고 95다6823 판결 등 참조).

63) 대법원 1996. 4. 23. 선고 94다446 판결.

임금청구가 손해배상청구와 그 본질에 있어 다르지 아니함[64]을 시사하고 있는 점 등을 고려하면 부당해고로 인한 근로자의 일실수입산정시에 근로자의 중간수입을 공제할 수 있다고 봄이 상당하다.

V. 대법원판례

1. 중간수입의 공제

해고가 무효임을 주장하여 해고기간 동안의 임금 내지 임금 상당의 손해배상을 구하는 부당해고구제소송에서 사용자가 근로자의 중간수입의 공제를 주장할 경우 그 중간수입을 공제할 것인가에 관하여는 1991. 6. 28.의 대법원판결[65]을 통하여 입장이 정리되었다.[66]

위 판결은 사용자의 귀책사유로 인하여 해고된 근로자가 해고기간 중에 다른 직장에 종사하여 얻은 이익인 이른바 중간수입은 민법 제538조 제 2 항에서 말하는 채무를 면함으로써 얻은 이익에 해당하므로, 사용자는 위 근로자에게 해고기간 중의 임금을 지급함에 있어 이를 임금액에서 공제할 수 있다고 판시하여 해고와 중간수입과의 인과관계를 인정하고 민법 제538조 제 2 항에 근거하여 사용자가 지급하여야 할 임금액에서 중간수입의 공제를 긍정하였다.

2. 공제의 한계

다만, 중간수입공제의 한계와 관련하여서는 구 근로기준법 제38조[67]는 근로자의 최저생활을 보장하려는 취지에서 사용자의 귀책사유로 인하여 휴업하는 경우에는 사용자는 휴업기간 중 당해 근로자에게 그 평균임금의 100분의 70[68]

64) 김형배 교수는 사용자가 근로자를 부당해고하고 임금을 지급하지 않는다면 사용자는 채무불이행으로 인한 손해배상책임을 진다고 한다(김형배, 앞의 책, 622면).

65) 대법원 1991. 6. 28. 선고 90다카25277 판결.

66) 최세모, "부당해고된 근로자의 임금 등의 청구소송에 있어 중간수입의 공제," 「대법원 판례해설」, 1992. 10, 43면.

67) 1997. 3. 13. 제정된 현재의 근로기준법 제45조에 해당한다.

68) 1989. 3. 29. 법률 제4099호로 개정되기 전에는 100분의 60.

이상의 수당을 지급하여야 한다고 규정하고 있고, 여기에서 휴업이란 개개의 근로자가 근로계약에 따라 근로를 제공할 의사가 있음에도 불구하고 그 의사에 반하여 취업이 거부되거나 또는 불가능하게 된 경우도 포함된다고 할 것이므로, 공제를 함에 있어서 근로자가 지급받을 수 있는 임금액 중 구 근로기준법 제38조 소정의 휴업수당의 한도에서는 이를 이익공제의 대상으로 삼을 수 없고, 그 휴업수당을 초과하는 금액에서 중간수입을 공제하여야 한다고 하여 근로기준법상의 휴업수당을 중간수입공제의 한계로 판시하였다.

위 대법원 판결의 판시는 그 후의 판결에서도 그대로 유지되어 판례로 확립되었다.[69]

3. 관련 문제들

(1) 불법행위를 원인으로 한 손해배상소송

대법원은 중간수입공제의 법리는 근로자가 쌍무계약인 근로계약에 기한 근로제공의무가 채권자인 사용자의 책임 있는 사유로 인하여 이행될 수 없었다고 하면서 근로관계의 존속을 전제로 한 임금의 청구를 하는 경우뿐만 아니라, 사용자의 부당해고가 불법행위에 해당함을 원인으로 한 손해배상청구를 하는 경우에도 그 손해의 범위를 산정함에 있어서는 손해배상의 일반이론에 따라 손해의 원인이 된 사실과 상당인과관계에 있는 이득을 모두 공제하여야 하므로 그대로 적용된다고 판시하였다.[70]

(2) 공무원과 근로기준법 제45조

또한, 위 판결에서 대법원은 공무원도 임금을 목적으로 근로를 제공하는 근로기준법 제14조 소정의 근로자이므로, 공무원연금법, 공무원보수규정, 공무원수당규정 등에 특별한 규정이 없는 경우에는 공무원에 대하여도 성질에 반하지 아니하는 한 원칙적으로 근로기준법이 적용되고, 국가의 부당한 면직처분으로 인하여 공무원이 그 의사에 반하여 근로를 제공할 수 없는 경우 공무원의 최저생활을 보장할 필요성은 사기업의 근로자와 동일하므로 근로기준법 제45조는 공

69) 대법원 1991.12.13. 선고 90다18999 판결; 대법원 1993.11.9. 선고 93다37915 판결 등.
70) 대법원 1996.4.23. 선고 94다446 판결.

무원에게도 적용되어 공무원이 면직기간 중 다른 직장에서 수입을 얻은 경우, 공무원이 지급받을 수 있었던 보수 중 근로기준법 제45조 소정의 휴업수당의 한도에서는 이를 이익공제의 대상으로 삼을 수 없다고 판시하였다.

(3) 부업적 수입의 공제문제

다만, 부당해고로 인하여 노무를 제공하지 못한 근로자는 민법 제538조 제1항 본문의 규정에 의하여 사용자에 대하여 임금을 청구할 수 있고 이 경우 근로자가 자기 채무를 면함으로써 이익을 얻은 때에는 이를 사용자에게 상환하여야 하는 것이지만 그 상환하여야 할 이익은 채무를 면한 것과 상당인과관계에 있는 것에 한하므로 해고되기 전부터 처의 주도로 경영하던 과수원에서 부업으로 얻어 온 수입은 일종의 부업적 수입으로서 해고를 당하지 아니하였더라도 당연히 취득할 수 있었던 것이므로 이는 상환하여야 할 이익에 해당하지 아니하여 이를 해고기간 동안의 임금상당액에서 공제할 수 없으며,[71] 근로자가 해고기간 중에 노동조합기금으로부터 지급받은 금원은 그가 노무제공을 면한 것과 상당인과관계에 있는 이익이라고는 볼 수 없으므로 공제의 대상이 되지 아니한다고 하였다.[72]

(4) 중간수입의 공제기간

중간수입의 공제에 있어서는 중간수입이 발생한 기간이 임금지급의 대상으로 되는 기간과 대응하여야 하므로 중간수입의 대상으로 된 기간과 시기적으로 대응하는 기간에 해당하는 봉급을 기준으로 근로기준법 소정의 휴업수당을 제한 나머지 금액을 초과하는지 여부를 결정하여야 한다고 판시하였다.[73]

71) 대법원 1993. 5. 25. 선고 92다31125 판결.
72) 대법원 1991. 5. 14. 선고 91다2656 판결.
73) 대법원 1991. 6. 28. 선고 90다카25277 판결.

Ⅵ. 미국법상의 손해경감의무

1. 개 요

미국법상 부당해고로 인한 근로자의 손해배상청구[74]에 있어 일실수입 계산의 일반적인 방법은 근로의 대가로서의 임금에 배상기간을 곱하여 얻은 금액에서 근로자가 그 기간 실제로 얻었거나 상당한 주의를 기울였으면 얻을 수 있었던 금액, 즉 중간수입을 공제하여 그 잔액이 배상받을 수 있는 순수한 일실수입이 된다.[75]

중간수입에서는 중간수입을 얻은 직장을 찾는데 든 비용이나 그 직장을 유지하는데 든 비용은 공제된다.[76] 계산의 근거가 되는 임금은 근로자의 해고 당시의 수입이나[77] 근로자가 해고되지 아니하였다면 근무하고 있을 직위의 수입을 기준으로 한다.[78] 중간수입과 관련하여 미국법의 가장 중요한 원칙은 근로자의 손해경감의무이다.

2. 손해경감의무일반

근로자의 손해배상과 관련한 경감의무에는 두 가지 원칙이 있다. 첫째는 사용자는 근로자가 실제로 다른 직업을 통하여 얻은 수입을 공제받을 수 있다는 것이다. 이는 중간수입이 종전의 직업과 같은 종류나 지위의 직업으로부터 얻어진 것임을 요하지 아니하며, 따라서 완전히 다른 직업으로부터의 임금도 사용자의 일실수입손해배상액에서 공제되어야 한다.[79] 다만, 근로자가 실제로 얻은 수입이 근로

---

74) 미국의 부당해고로 인한 손해배상 전반에 관하여는 拙稿, "미국에서의 부당해고의 사법적구제수단에 관한 연구," 「노동법학」 제10호, 한국노동법학회, 2000, 309면 이하 참조.

75) Sterling Drug, Inc. v. Oxford, 743 S.W. 2d 380, 386-387(Ark. 1988).

76) MACK A. PLAYER 외 2인 공저, EMPLOYMENT DISCRIMINATION LAW-Cases and Materials, 2d ed., West Publishing Co., 1995, 751면.

77) Diggs v. Pepsi-Cola Metropolitan Bottling Co. 861 F.2d 914, 922(6th Cir. 1988)(Michigan법 적용).

78) Goins v. Ford Motor Co., 374 N.W. 2d 184, 199(Mich. Ct. App. 1983).

79) Board of Educ. of Alamogordo Pub. Sch. Dist. No. 1. v. Jennings, 701 P.2d 361(N.M. 1985)(解雇된 학교 행정관이 헬리콥터의 pilot이 되어 얻은 종전과 비슷한 수입을 종전의 직업과는 완전히 별개의 직업에서 얻은 수입임에도 이를 控除하여야 한다고 판시).

자가 부당하게 해고되지 아니하였다고 하더라도 종전의 직업에 종사하면서 얻을 수 있었던 양립 가능한 직업으로부터 얻은 수입일 때에는 공제되지 아니한다.[80]

둘째는 사용자는 근로자가 받아들이지 아니하여 실제로는 아무런 수입도 얻지 못하였어도 대체직업으로부터 얻을 수 있었던 수입을 배상하여야 할 손해액에서 공제받을 수 있다.[81] Title Ⅶ[82]은 이와 관련한 명문의 규정이 있다. 즉 부당한 차별을 받아 해고된 근로자의 중간수입이나 상당한 노력을 통하여 얻을 수 있었던 수입은 원래의 back pay에서 감액되어야 한다고 규정하고 있다.[83]

위 둘째의 원칙은 해고된 근로자는 다른 유사한 직업을 얻음으로써 자신의 손해를 줄이기 위하여 상당한 노력(reasonable diligence)을 하여야 할 의무가 있으며, 상당한 노력을 하지 아니하였다면 그동안의 손해는 배상받을 수 없다는 것을 의미한다.[84] 그러나 상당한 노력의 의미는 명확하지 아니하다. 일반적으로는 사용자가 원래의 고용에 견줄만한 고용기회가 있었음을 입증하지 못하면 근로자가 구직을 위하여 상당한 노력을 하였는지의 여부는 문제되지 아니한다.[85] 사용자는 반드시 적당하고도 원직에 견줄만한 대체적인 직업(suitable and comparable substitute employment)의 존재와 근로자가 상당한 노력을 기울이지 아니하였음을 모두 입증하여야 한다.[86] 따라서 비록 근로자가 손해경감을 위한 상당한 노력을 하지 아니하였더라도, 이는 상당한 노력을 통하여 회피할 수 있는 손해의 배상에만 장애가 되는 것이다.[87] 또한, 근로자의 상당한 노력은 노동시장의 개별적 특성에 비추어 판단되어야 하며 그 손해를 경감하기 위하여 영웅적인 노력을 할 것이 요구되는 것은 아니고 단지 손해경감을 위한 상당한 시도를 하는 것으로서 족하다.[88] 근로자가 얻을 수 있었던 수입을 손해배상액에서 감액

80) People ex rel. Bourne v. Johnson, 205 N.E. 2d 470, 473-474(Ill. 1965).

81) Ford Motor Co. v. E.E.O.C., 458 U.S. 219, 231-232(1982).

82) 사용자가 근로자를 그 근로자의 인종, 피부색, 종교, 성별 혹은 원국적으로 인하여 차별하는 것을 금지한 연방법률로서 1964년 민권법(Civil Rights Act)에서의 위치로 인하여 흔히 Title Ⅶ이라고 지칭된다. 법전화되면서 42 U.S.C. §7622e에서 §7622e-17까지로 편찬되었다.

83) 42 U.S.C. §2000e-5(g)(1994).

84) Ensor v. Painter, 661 F. Supp. 21, 24-25(E.D. Tenn. 1987).

85) Goodman v. London Metals Exch., Inc., 429 A.2d 341, 352-353(N.J. 1981).

86) Frye v. Memphis State Univ., 806 S.W.2d 170, 173(Tenn. 1991); Cassino v. Reichhold Chem., Inc., 817 F.2d 1338, 1345-1346(9th Cir. 1987).

87) S.N. Mart, Ltd. v. Maurices Inc., 451 N.W.2d 259, 263(Neb. 1990); Selland v. Fargo Pub. Sch. Dist. No. 1., 302 N.W.2d 391, 393(N.D. 1981).

88) Ford v. Nicks, 866 F.2d 865, 873(6th Cir. 1989).

하는 것은 근로자가 원래의 해고된 직업과 본질적으로 등가물인 직업, 즉 대체직업(substitute employment)을 얻을 기회가 있었을 때에만 가능하다.[89] 본질적인 등가성을 지닌 직업이란 근로자에게 사실상 동일한 임금, 지위, 책임, 근로조건, 승진기회 등을 제공하는 것을 의미한다.[90] 해고된 근로자는 원직과 다른 종류의 직업이나 더 미천한 의무를 수반하는 강등을 받아들일 의무는 없다.[91] 대체직업이 적절한 것인지의 여부를 판단함에 있어서는 지리적인 위치도 중요한 요소 중의 하나이다. 만일 근로자가 새로운 직업을 갖기 위하여 먼 곳으로 이동하여야 한다면 근로자는 그러한 경우에 새로운 직업을 얻지 않았다고 하여 손해배상액을 감경당하지 아니한다.[92] 그러나 근로자가 상당한 기간이 지났음에도 원직에 견줄만한 직업을 구할 수 없는 경우에는 직업의 종류확대나 요구하는 임금수준의 저감, 혹은 지역적인 범위의 확대를 통하여 구직의 범위를 확대할 것이 요구되기도 한다.[93]

3. 특수한 문제들

(1) 사용자에 의한 복직제의

사용자가 근로자에게 선의로 복직할 것을 제의한다면 근로자는 이를 받아들여야 한다.[94] 부당한 고용차별행위를 한 사용자는 근로자에게 그가 구하던 직업을 조건 없이 제공함으로써, 그리하여 근로자에게 손해를 경감할 기회를 제공함으로써 back pay 배상책임의 발생을 정지시키게 된다.[95] 위와 같은 복직제의가 선임권(seniority)[96]의 구제를 수반하지 아니할 때 근로자가 이를 받아들일 의무

89) Ford Motor Co. v. E.E.O.C., 458 U.S. 219, 231-232(1982); Flanigan v. Prudential Fed. Sav. & Loan, Assoc. 720 P.2d 257, 264-265(Mont. 1986); *Frye,* 806 S.W.2d 173면.

90) Sellers v. Delgado Community College, 839 F.2d 1132, 1138(5th Cir. 1988); Rasimas v. Michigan Dep't of Mental Health, 714 F.2d 614, 624(6th Cir. 1983).

91) *Ford Motor,* 458 U.S. 231-232면; *Selland,* 302 N.W.2d 393면; *Flanigan,* 720 P.2d 264면; Cunningham v. Retail Clerks Union Local 1222, 149 Cal. App. 3d 296, 306(Cal. Ct. App. 1983); Arneson v. Board of Trustees, McKendree College, 569 N.E.2d 252, 258(Ill. App. Ct. 1991).

92) *Rasimas,* 714 F.2d 625-626면; *Cunningham,* 149 Cal. App. 3d 307면; Hadra v. Herman Blum Consulting Engineers, 632 F.2d 1242, 1246(5th Cir. 1980).

93) 소위 lower sights principle, *Hadra,* 632 F.2d 1246면; Goodman v. London Metals Exch., Inc., 429 A.2d 341, 352(N.J. 1981).

94) Small v. Spring Industries, Inc., 388 S.E.2d 808, 811(S.C. 1990).

95) *Ford Motor,* 458 U.S. 232면.

96) 선임권 제도(seniority system)란 일시해고, 그 후의 복직, 배치전환, 승진, 휴가취득 등의

가 있는 것인지에 관하여는 의문이 있으나 사용자는 다른 사용자가 한 원직과 본질적으로 유사한 직업의 제시와 비교하여 부당하게 근로자에게 불리하지 아니하다면 근로자가 구하고자 하던 원래의 직업을 조건 없이 제의함으로써 족하고 이와 같은 제의에 소급적인 선임권의 보장이 부가되어야 할 필요는 없다. 결국, 근로자는 다른 사용자로부터의 본질적으로 원직과 동등한 직업의 제시가 고용된 날 이후의 선임권만을 포함하는 것이라 하더라도 이를 받아들여 손해를 경감할 의무가 있는 것이기에 사용자로부터의 고용제의도 근로자가 실제로 일을 시작한 날로부터의 선임권을 제의하는 것으로 충분한 것이다. 다만, 근로자가 그와 같은 사용자의 무조건의 복직제의를 받아들여 손해경감의무를 이행하는 경우에 근로자가 이와 같이 복직제의를 받아들였다고 하더라도 소송상의 권리는 그대로 잔존하며 후에 승소하는 경우에는 완전한 배상을 받을 수 있다. 법원은 근로자에게 유효한 복직제의일 전에 발생한 back pay의 지급과 소급적인 선임권보상, 그리고 법원의 판결 이전의 근로자의 낮은 선임권으로 인하여 발생한 각종 손해에 대한 배상 등을 명하게 될 것이다.[97]

그러나 근로자가 일실수입에 대한 배상을 받을 권리를 보유하기 위하여 손해를 경감하여야 할 의무는 근로자가 사용자에 대한 청구의 전부나 일부를 포기하도록 요구하는 것은 아니다. 사용자의 복직제의가 근로자의 소송의 포기 또는 back pay의 배상이나 선임권의 완전한 회복 등의 구제방법에 대한 포기를 전제로 하고 있다면 이는 본질적으로 유사한 직업의 제공이라고 할 수 없으며, 따라서 그러한 조건적인 복직제의는 사용자의 back pay 배상책임의 발생을 정지시킬 수 없다.[98]

(2) 자영업을 시작한 경우

만일 해고된 근로자가 새로운 직업을 찾는 대신 자신의 개인적인 사업을 시작한 경우에는 공제되어야 할 적절한 금액을 산출하기가 어렵다. 해고된 근로자가 단지 자신의 회사를 설립하였다는 사실이 자동적으로 손해배상청구의 장애로

해당자를 인선함에 있어 근속기간의 장단을 기준으로 근로자들 사이에 서열, 우선순위를 두어 이에 의하여 일을 처리하는 제도를 말하며, 선임권은 근로자가 그로 인하여 유사한 상황의 다른 근로자에 대하여 갖게 되는 우선권을 말한다.

97) 위 판례, 232-234면.

98) 위 판례, 232면, 註 18 참조.

되는 것은 아니며, 다만 근로자가 사업을 통하여 돈을 번 경우에는 사용자의 책임은 그에 따라 제한된다.[99)]

그러나 근로자가 얻은 수익의 일부는 기업, 위험부담 그리고 자본의 투자 등으로부터 나온 것이다.[100)] 그러므로 근로자가 자기 자신의 돈을 사업에 투자하였다면 단지 근로자가 자기사업에 종사하는 동안에 투여한 근로자의 용역의 가치에 해당하는 금액만이 사용자의 손해배상액에서 감액되게 된다.[101)]

근로자가 좋은 직업을 구할 수 있었음에도 무모하게 희망이 없는 사업에 뛰어들어 손해를 본 경우 등 근로자의 자기사업과 관련하여서는 많은 법적인 문제가 있다.

(3) 입증책임

부당하게 해고된 근로자는 다른 직업을 구하여 손해를 경감할 의무가 있다.[102)] 누가 근로자가 다른 직업으로부터 수입을 얻었거나 얻을 수 있었음을 입증하여야 하는가? 예외적인 판결이 있기는 하나,[103)] 대부분의 법원은 손해경감의무를 적극적인 항변사유로 보고 주장 및 입증책임을 사용자에게 지우고 있다.[104)] 고용차별금지법[105)]에 관한 여러 판결도 먼저 근로자가 원고로서 다른 직업에서 실제로 얻은 수입을 계산할 수 있는 상당한 근거를 보인 후에는 사용자가 피고로서 중간수입의 액수와 상당한 노력의 결여를 입증하여야 할 책임을 진다고 한다.[106)] 사용자는 사실상 같은 승진기회, 보수, 직업상의 책임, 근로조건, 지위에 있어서 근로자가 원직과 본질적으로 같은 직업을 얻을 수 있었음을 입증하여야

---

99) Cornell v. T.V. Dev. Corp., 215 N.E.2d 349, 352-353(N.Y. 1966).

100) DAN B. DOBBS, LAW OF REMEDIES 3권, 2d ed., West Publishing Co., 1993, 483면.

101) Ridenour v. Kuker, 175 N.W.2d 287, 291(Neb. 1970).

102) Rasimas v. Michigan Dep't of Mental Health, 714 F.2d 614, 623(6th Cir. 1983); Flanigan v. Prudential Federal Sav. & Loan Assoc., 720 P.2d 257, 265(Mont. 1986).

103) Louisville & N.R. Co. v. Wells, 160 S.W.2d 16, 18-19(Ky. Ct. App. 1942).

104) Pratt v. Board of Educ. of Uintah Couty Sch. Dist., 564 P.2d 294, 298(Utah. 1977); McGinnis v. Honeywell, Inc., 791 P.2d 452, 458(N.M. 1990); Board of Educ. of Alamogordo Pub. Sch. Dist. No. 1. v. Jennings, 701 P.2d 361, 363(N.M. 1985).

105) 인종, 피부색, 국적, 성별, 종교로 인한 차별에 대응하여 제정된 앞서 본 Title Ⅶ, 연령으로 인한 차별에 대응하여 제정된 Age Discrimination in Employment Act(ADEA), 장애로 인한 차별에 대응하여 제정된 Americans with Disability Act(ADA), 성에 따른 임금차별에 대응하여 제정된 Equal Pay Act 등의 법률을 총칭하는 개념이다.

106) Horn v. Duke Homes, Inc., 755 F.2d 599, 607-608(7th Cir. 1985); *Rasimas,* 714 F.2d 623면.

하며 또한 근로자가 그러한 직업을 구함에 있어서 상당한 주의와 노력을 게을리 하였음을 입증하여야 한다.[107]

4. 부수적 수입(collateral source benefits)원칙

손해경감의무와 관련하여서는 부수적 수입원칙이 있다. 부수적 수입원칙에 따르면 원고가 피고와는 다른 근원에서 수입을 얻은 경우 통상 이러한 수입은 피고의 책임에 아무런 영향을 미치지 아니한다.[108] 그리하여 해고된 근로자는 실업수당이나 사회보장정책에 따른 급여, 기타 이와 유사한 급여를 지급받고도 피고인 사용자로부터 통상의 손해를 공제 없이 배상받을 수 있다.[109] 이러한 실업수당 등은 임금의 대체물이 아니고 별개의 근원 즉 정부로부터 지급되는 것이므로 부수적 수입으로 여겨지기 때문이다.[110]

실업수당 등의 급여가 주정부의 실업수당기금에서 해고된 근로자에게 지급될 때에는 첫째 부수적 수입원칙을 적용하면 근로자에게 부당하게 이중배상을 허용하게 되고, 둘째 실업수당은 사용자가 납세자로서 그 기금의 일부를 납부하는 것으로서 부수적이라기보다는 사용자로부터의 직접적인 수입이므로 사용자가 배상하여야 할 손해액에서 이를 공제함이 마땅하다는 사용자 측의 주장이 있다.

하지만, 첫째 주장에 대하여는 잘못을 저지른 자가 자신과는 무관한 다른 근원에서 근로자에게 지급되는 급여로부터 이익을 얻어서는 아니 되는 것이며, 근로자로부터 그러한 이익을 박탈하여 사용자에게 귀속시켜야 할 아무런 이유가 없다고 비판할 수 있다.[111] 부수적 수입원칙은 근로자가 얼마를 받아야 하는가보다 사용자가 얼마를 지급하여야 하는가에 중점을 두는 정책적인 고려가 담긴

---

107) Burtka v. Allied Integrated Diagnostic Servs., Inc., 438 N.W.2d 342, 343(Mich. Ct. App. 1989); Smith v. City of Miner, 761 S.W.2d 259, 260(Mo. Ct. App. 1988); Selland v. Fargo Pub. Sch. Dist. No. 1, 302 N.W.2d 391, 393(N.D. 1981); Pratt, 564 P.2d 298면; *Rasimas,* 714 F.2d 624면.

108) Craig v. Y & Y Snacks, Inc., 721 F.2d 77, 83(3d Cir. 1983).

109) *Rasimas,* 714 F.2d 627면; Billetter v. Posell, 211 P.2d 621(Cal. Dist. Ct. App. 1949); Hayes v. Trulock, 755 P.2d 830, 834-835(Wash. Ct. App. 1988).

110) Washington Welfare Ass'n Inc. v. Poindexter, 479 A.2d 313, 317(D.C. 1984); Smith v. Atlas Off-Shore Boat Serv., Inc., 552 F. Supp. 128, 130(S.D. Miss. 1982).

111) *Craig,* 721 F.2d 83면.

것이다. 더구나 실업수당 등은 실업으로 인한 고통에 대한 위자의 성격도 있는 것이므로 부수적 수입원칙이 단순히 근로자에게 이중배상을 허용하는 것이라고 보기도 곤란할 뿐만 아니라, 설사 이러한 원칙이 근로자에게 이중배상을 허용한다고 보더라도 이는 back pay가 배상된 경우에는 실업수당을 변상하도록 하는 입법 등을 통하여 해결할 수 있으며 사용자가 배상하여야 할 액수를 감액함으로써 해결할 문제는 아니다.[112] 근로자의 일실수입을 배상하는 판결을 함에 있어 사용자와 무관하게 근로자가 입게 된 부수적인 손실에 관하여는 아무런 고려도 하지 아니하는 점을 생각하면 근로자가 해고기간 중 얻은 부수적인 수입을 사용자의 손해배상액에서 고려할 수 없음은 명백하다고 한다.[113]

둘째 주장에 대하여는 실업수당은 사용자가 아닌 주 정부에 의하여 세금으로부터 형성한 기금에서 지급되는 것이라는 반박이 가능하다. 비록 사용자도 세금을 내고 기금의 형성에 기여하기는 하나 근로자에게 지급되는 실업수당은 사용자를 면책시키려는 것이 아니고 일정한 사회정책을 수행하려는 것이다. 따라서 사용자에게 일실수입의 손해배상을 명함에 있어 실업수당을 고려하지 아니하는 것이 근로자에게 원상회복 이상의 이익을 가져다주는 것은 아니다.[114] 또한, 사용자의 손해배상액으로부터의 공제를 배제하는 부수적 수입원칙은 고용차별행위를 종식하고 피해자에게 완전한 피해회복을 하여 주려고 하는 고용차별금지법의 입법목적에 적합한 것이다.[115]

이와 관련하여 판례는 "고용차별 사안에서 back pay의 배상은 과거의 차별로 인하여 야기된 손해를 배상하여 피해자를 원상으로 회복하여 주고 장래의 차별행위를 억지하고자 하는 두 가지 기능을 갖고 있다. 사용자가 아닌 주정부에 의하여 근로자에게 지급되는 실업수당을 사용자가 배상하여야 할 back pay에서 공제하는 것은 사용자가 법에 의하여 보호되는 근로자를 부당하게 해고함에 있어서의 경제적인 부담을 덜어주는 것이며 그리하여 back pay가 갖는 예방의 목적을 희석하는 것이다. 실제로 이는 위법한 차별행위를 한 사용자에게 있어서 뜻밖의 수입이 되는 것으로서, 사용자는 위법하게 근로자를 해고하지 않았다면 근로자에게 지급하였어야 할 임금에 비하여 적게 지급하게 되는 것"이라고 설명

112) 위 판례, 83-84면.
113) NLRB v. Gullett Gin Co., 340 U.S. 361, 364(1951).
114) 위 판례 364-365면.
115) *Craig*, 721 F.2d 84면.

하고 있다.[116] 실업수당의 공제가 사실심법원의 재량에 맡겨진 것인지에 관하여는 항소법원 간에 견해가 갈리고 있으나, 다수의 연방항소법원은 이는 법에 관한 문제로서(as a matter of law) 실업수당은 back pay 배상액에서 공제되어서는 아니 된다고 하고 있다.[117]

Ⅶ. 판례에 대한 비판과 새로운 입론

1. 비 판

우리 대법원의 판례에 대하여는 찬반양론이 대립하고 있는바 주로 다음과 같은 점들이 문제점으로 지적될 수 있다.

첫째, 사용자의 귀책사유로 근로자가 부당해고됨으로써 근로자의 노무급부가 불능이 된 경우에 적용되는 민법 제538조 제 1 항과 경영위험부담의 원리에 의하여 사용자가 휴업하게 되어 근로자가 일을 할 수 없게 된 경우에 적용되는 근로기준법 제45조는 그 법적 성질을 달리하는 것으로서,[118] 민법 제538조는 개별적인 근로관계에 적용되는 규정이지만 근로기준법 제45조는 집단적인 휴업에 적용되는 규정이다.[119] 즉, 근로기준법상의 휴업이란 사용자와 근로자 사이의 근로계약관계가 존속함을 전제로 사업의 전부 또는 일부를 사용자의 결정에 의하여 휴지하는 것으로서 집단적 현상을 말하는 것인데,[120] 판례가 근로기준법 제45조의 휴업에는 특정의 근로자에 대하여 근로자의 의사에 반하여 사용자가 취업을 거부하는 경우도 포함된다고 하여, 근로자가 그 직장을 떠나는 외관을 취하고 사용자의 의사도 전혀 근로계약관계의 존속을 의도하지 않았던 개별적 근로관계에 관한 사안인 부당해고의 경우까지도 근로기준법 휴업규정의 적용을 확장한 것은 부당하다.

둘째, 근로기준법 제45조가 적용되어 평균임금의 100분의 70을 수당으로

116) Gaworski v. ITT Commercial Finance Corp., 17 F.3d 1104, 1113(8th Cir. 1994).
117) 위 판례, 1113-1114면 참조.
118) 김형배, 앞의 책, 623면.
119) 이종복 앞의 논문, 431면.
120) 박상필, 앞의 책, 410면; 이장호, 앞의 논문, 434-435면.

받는 휴업기간 중에도 근로자는 다른 직장에 가서 소득을 얻을 수 있으며, 이 경우 중간수입공제의 문제가 여전히 남게 되는 것이므로, 민법 제538조와 근로기준법 제45조의 관련성을 인정한다고 하더라도 법률규정의 내용상 근로기준법 제45조는 민법 제538조 제 1 항에 대한 특별규정이며, 중간이득공제에 관한 민법 제538조 제 2 항과는 그 성질 및 취지가 다른 규정으로 보아야 한다.[121]

셋째, 판례는 중간수입공제와 관련하여 근로기준법 제45조의 휴업수당에 관한 규정을 적용하고 있는바, 이에 대하여는 부당해고 기간 근로자가 취득한 중간수입을 전액 공제하게 되면 근로자의 최저생활을 보장하고자 하는 근로기준법의 취지가 몰각되고, 근로자의 노력으로 얻은 수입으로부터 사용자가 부당이득을 얻게 되는 결과를 초래하기 때문에 판례의 태도가 타당하다는 견해가 있다.[122] 하지만, 민법 제538조 제 2 항만을 적용하여 중간수입을 공제하여도 근로자는 받을 수 있었던 임금 전액을 확보하게 되므로 근로자의 최저생활보장의 문제는 생기지 않으며, 오히려 근로기준법 제45조가 적용되면 근로자는 언제나 받을 수 있었던 임금 이상을 확보하게 되는 부당함이 초래된다.[123] 또한, 부당해고의 경우 사용자는 근로자로부터 전혀 근로를 제공받지 못하고도 임금을 지급하는 것이므로 설사 중간수입을 공제한다고 하더라도 이를 부당이득이라고 보기는 어렵다.

판례의 태도에 대하여 논리적으로 생각하면 이해하기 곤란한 면이 있지만 관련규정들을 교묘하게 짜맞추어 구체적 타당성을 도모한 창조적 법해석으로서 지지한다는 견해[124]가 있으나 동의하기 어렵고, 결국 판례는 근로자를 두텁게 보호한다는 명분하에 서로 법적 성격이 다른 규정들을 무원칙하게 절충한 것으로서 근로자의 최저생활보장이라는 목적과 관련하여서도 불합리한 결과를 야기하고 말았다는 비판을 면하기 어렵다.

2. 새로운 입론

(1) 손해경감의무의 인정

대법원 판례의 앞서 본 여러 가지 문제점을 지적하면서 아예 중간수입의 공

121) 김형배, 앞의 책, 623면.
122) 앞의 「주석민법 채권각칙(1)」, 396면; 박순성, 앞의 논문, 156면.
123) 김형배, 앞의 책, 623-624면.
124) 앞의 「일본노동법의 이론과 실제」, 476면; 임종률, 앞의 책, 545면.

제 자체를 부정하는 견해가 있다.[125] 하지만, 앞서 본 바와 같이 근로자는 소정 근로일의 전노동시간을 통하여 사용자를 위하여 근무할 의무를 부담하는 것이므로 근로자가 채무의 면탈로 인하여 생긴 노동시간을 이용하여 얻은 중간수입은 근로자의 채무면탈과 상당인과관계가 있다고 할 것이고, 민법 제538조 제2항이 채무자로 하여금 급부불능이 생기지 않았던 경우 이상으로 이익을 얻지 못하도록 한다는 취지라면, 중간수입과 해고 사이의 인과관계가 인정된다면 중간수입을 사용자가 지급할 임금액에서 공제함이 마땅하다. 또한, 부당해고가 비록 사용자의 귀책사유로 인한 것이라 하더라도 그 구체적인 태양은 악의적인 해고에서부터 사소한 절차상의 잘못으로 인한 해고까지 천차만별일 것이고, 사용자는 노무를 제공받지 못하고도 임금을 지급하는 것이므로 중간수입을 공제하여 사용자의 부담을 줄이는 것이 일률적으로 부당하다고 단언하기는 어렵다.

결국, 중간수입공제와 관련한 대법원 판례가 법적인 문제점이 없지 아니함에도 절충적인 견해를 취한 가장 중요한 이유는 해고기간 중 근로에 종사하지 아니한 근로자와 근로를 타에 제공한 근로자 사이에 형평을 기하기 위한 것으로 보인다.[126] 일반적으로 보아 해고기간 중에 생존을 위하여 타에 취업하여 수입을 얻은 근로자는 그러한 일을 하지 아니한 근로자에 비하여 법적으로 보호의 가치가 더 높다고 보아야 하는데 그로 인하여 얻은 수입을 사용자가 지급하여야 할 임금액에서 전액 공제한다는 것은 부당하다고 느껴지기 때문이다.

하지만, 근로기준법 제45조에 의하여 중간수입공제에 한도를 설정한다고 하더라도 해고기간 중에 상당한 일자리가 있었음에도 근로하지 아니한 경우에는 근로자가 얻을 수 있었던 수입을 근로자에게 지급하여야 할 임금 중에서 공제하지 않으면서, 원직보다 훨씬 열악한 직장임에도 불구하고 생존의 위협으로 인하여 근로한 근로자가 얻은 중간수입은 일정부분을 공제한다는 것은 여전히 부당하다는 생각이 든다. 앞서 본 바와 같이 우리나라는 해고자가 근로기간 중 얻을 수 있었던 중간수입과 관련하여 특별한 규정이 없어 이를 공제할 수 없다는 견해가 있으나, 미국에서 손해경감의무를 인정하여 실제로 얻지 못한 중간수입이라 하더라도 일정한 요건하에 공제를 인정하는 것도 특별한 법규정이 있어서가 아니라 판례에 의한 것이고, 위험부담의 지도이념이 위험의 공평한 부담이라면

125) 김형배, 앞의 책, 624-625면.
126) 최세모, 앞의 논문, 43면.

부당해고로 인한 일실수입을 산정함에 있어서도 근로자의 손해경감의무를 인정할 수 있을 것이다.

따라서 적당한 일자리가 있었음에도 취업하지 않은 근로자와의 형평을 위하여는 중간수입의 공제와 관련하여 법적인 문제를 안고 있는 근로기준법 제45조를 적용하는 것보다는 실제로 얻은 중간수입을 전부 공제하고 실제로 얻지 못한 중간수입이라도 근로자가 손해경감의무에 위반하여 고의적으로 근로를 기피함으로 인한 것이라면 사용자가 지급하여야 할 임금액에서 공제함이 더 합리적인 해결방법이다.

악의적으로 근로자를 해고한 사용자를 보호하게 된다는 비판을 받을 수 있겠으나 이러한 경우에는 불법행위의 성립으로 인한 위자료의 액수를 현실화하여 사용자에게 그 지급을 명함으로써 문제점을 해결할 수 있고, 오히려 사소한 절차상의 잘못으로 근로자를 해고한 경우와 같이 사용자에 대한 비난가능성이 낮은 때에는 근로를 제공받지 못하고도 임금을 지급하여야 하는 사용자의 부담을 덜어주는 것이 합당하다.

(2) 노동위원회의 구제명령과 중간수입공제

사법관계인 근로계약관계에서 발생하는 권리분쟁은 일반법원이 관할권을 갖는 것이기에 부당해고에 대하여는 일반법원에 제소하여 구제를 받음이 원칙이다.[127] 하지만, 1989. 3. 29. 신설된 구 근로기준법 제27조의 3은 부당노동행위 구제신청제도를 도입하였고 이는 현재의 근로기준법 제33조 제 1 항에서 그대로 유지되고 있으며, 그 절차는 부당노동행위의 구제신청절차를 준용하도록 하고 있다. 그리하여 과거 부당노동행위로 인정되는 경우의 노동위원회의 가장 일반적인 구제명령이었던 원직복귀와 back pay 명령, 그 중에서도 back pay 명령과 관련한 중간수입공제의 문제와 관련하여 많은 학설상의 대립이 있었던바,[128] 부당해고구제명령에 있어서 중간수입공제를 어떻게 볼 것인지가 문제된다.

이에 대하여는 노동위원회의 구제명령은 단순한 피해자 개인의 피해회복만을 목적으로 한 것이 아니라 단결활동 전반에 걸친 피해회복까지도 포함하여 재

127) 김형배, 앞의 책, 625면.

128) 미국의 경우에는 back pay 산정에 있어서 중간수입공제가 관례화되어 있을 뿐 아니라 손해경감의무도 인정하고 있으나, 일본의 경우에는 심한 의견대립을 보이고 있다(윤성천, 앞의 논문, 104-105면).

량을 가지고 개개의 사안에 따라 적절한 시정조치를 명하는 것이므로 중간수입공제의 문제는 노동위원회의 재량에 속하고 구제명령의 취소소송에 있어서 법원은 노동위원회의 이러한 재량권을 존중하여야 하며,[129] 이러한 사정은 부당해고 구제신청에 있어서도 본질적인 차이는 없으므로 역시 노동위원회의 재량으로 중간수입을 공제하지 않을 수 있고,[130] back pay 명령을 함에 있어서 노동위원회는 오히려 근로자 보호의 견지에서 중간수입을 공제하지 아니함이 타당하다는 견해가 있다.[131] 그러나 이러한 견해에 대하여는 다음과 같이 비판할 수 있다.

먼저, 근로기준법 제30조의 규정은 개개의 근로자를 직장상실로부터 보호하는 것으로서 개별적 근로관계의 내용을 중심으로 해고의 무효 여부를 판단하여야 하며 그 구제는 개별근로자의 피해구제에 있는 것이지만, 부당노동행위로서의 해고는 근로자 또는 노동조합이 정당한 근로 3권을 행사하는 것을 방해할 목적으로 행해진 반사적 결과로서 파악되는 것에 지나지 않기 때문에 그 구제도 헌법상 보장된 근로 3권에 대한 침해를 구제하는 데 목적이 있는 것이므로,[132] 부당노동행위에 대한 구제명령에 관한 논의를 부당해고에 관한 논의에 그대로 적용하여 back pay 명령에서의 중간수입공제를 부정할 수는 없다. 오히려 부당노동행위에 대한 구제가 근로 3권에 대한 침해를 구제하는 데 목적이 있다고 하더라도, back pay는 그로 인하여 해고당한 근로자 개인에게 지급되는 것으로서 그에 대한 피해구제에 중점을 두는 것이므로, 부당해고로 인한 일실수입산정

129) 김유성, 「노동법 II — 집단적 노사관계법 —」, 법문사, 1996, 366-369면(김유성 교수는 부당노동행위인 해고는 피해고자의 근로 3권 및 고용상의 권리를 침해할 뿐 아니라 노동조합의 활동을 침해하는 효과도 있으므로 중간수입공제의 필요 여부는 이러한 양 측면의 침해상태를 제거하여야 완전한 구제가 이루어진다는 점을 고려하여 판단해야 한다고 하면서, 피해고자 개인에 대한 침해라는 측면에서 근로계약상의 임금청구권이 하나의 판단자료임에는 분명하나, 재취업의 곤란성, 재취업한 근로의 성질 내지 내용과 그 대우도 고려하고, 또한 조합활동에 대한 침해라는 측면에서 그 침해의 정도 및 그에 따른 합리적이고도 적절한 구제조치의 필요성도 아울러 고려하여 중간수입공제의 필요성을 판단하여야 하며, 그 판단에 있어서 노동위원회에 폭넓은 재량을 인정해야 한다고 주장한다); 앞의 「일본노동법의 이론과 실제」, 728면; 윤성천, 앞의 논문, 122면; 김형태, "BACK PAY 명령과 중간수입공제," 재판자료 제40집, 법원도서관, 1987, 501면.

130) 이와 관련하여 노동위원회가 중간수입이 있음을 안 경우에 그 공제를 명할 수도 있고 명하지 않을 수도 있다고 하면서도, back pay 명령에서의 중간수입공제에 대한 언급 유무에 불구하고 사용자는 중간수입을 공제할 수 있다는 견해가 있다. 이 견해는 오히려 중간수입을 공제하지 않거나 공제할 수 있는 액의 일부만 공제할 것을 명하는 것은 위법하다고 한다(임종률, 앞의 책, 288면).

131) 이우진, 앞의 논문, 510면; 김형태, 앞의 논문, 508면.

132) 김형배, 앞의 책, 625-626면.

에 있어서의 중간수입공제가 부당노동행위로서의 해고에 대한 back pay 명령에도 적용된다고 봄이 상당하다.

둘째로 부당노동행위 구제명령이라고 하더라도 노동위원회의 구제명령은 원상회복을 목적으로 하는 것일 뿐 사용자에 대한 징벌을 과하는 것을 목적으로 하는 것은 아니다.[133] 따라서 원상회복의 한 수단으로서의 back pay 명령은 부당노동행위로 인하여 근로자가 사실상 입은 손실액을 한도로 하며, 따라서 중간수입은 공제되어야 하고 공제하지 않는다면 원상회복의 범위를 일탈하여 사용자에게 징벌을 과하는 것이 된다.[134]

끝으로, 노동위원회의 사용자에 대한 구제명령은 사용자에게 이에 복종하여야 할 공법상의 의무만을 부담시킬 뿐 직접 노사간의 사법상의 법률관계를 발생 또는 변경시키는 것이 아니므로[135] 사용자가 노동위원회의 부당해고구제명령을 이행하지 아니하는 때에는 근로자는 사법상의 지위를 확보하거나 권리를 구제받기 위하여 사용자를 상대로 별도의 민사소송을 제기하여야 한다.[136] 이 경우 법원이 손해배상의 일반원리에 따라 중간수입을 공제할 수밖에 없고, 결국 노동위원회가 근로자를 보호하기 위하여 중간수입을 공제하지 아니하는 것은 당사자들에게 혼란과 불편만을 초래하게 될 뿐이다.[137]

따라서, 노동위원회가 구제명령을 함에 있어 그 구제가 근로자 개인에게 주어지는 것으로서 근로자 개인의 피해회복에 중점을 두어야 하는 경우에는 법원의 판단을 따르는 것이 바람직하다.

보다 근본적으로는 부당해고 전부에 대하여 그 사법상 효력을 무효로 하고 근로관계가 유지됨을 전제로 임금의 지급을 구하는 현재의 획일적인 구제방식이 구체적인 사안에 따른 합리적인 구제를 방해하는 것은 아닌지를 검토할 필요가

133) 이에 대하여는 부당노동행위에 대한 구제로서의 원상회복은 사법상의 원상회복과는 달리 근로자 개인의 피해뿐만 아니라 단결활동상의 피해까지도 부당노동행위가 없었던 상태로 회복시킴으로써 공정한 집단적 노사관계질서를 유지·확보하려는데 목적이 있는 것으로서 동적·탄력적, 정책적인 것이라는 반론이 있다(김형태, 앞의 논문, 483-484면).

134) 윤성천, 앞의 논문, 109-110면 참조.

135) 대법원 1996. 4. 23. 선고 95다53102 판결; 대법원 1976. 2. 11.자 75마496 결정.

136) 정진경, "부당해고구제소송에서의 소의 이익,"「노동법연구」 제12호, 서울대학교 노동법연구회, 2002, 37-38면.

137) 법원과 노동위원회의 기능에 차이가 있다고 하더라도 쟁송방법의 차이로 말미암아 결론이 달라진다는 것은 바람직하지 못한 현상이다(김형태, 앞의 논문, 503면; 윤성천, 앞의 논문, 131면 참조).

있다. 부당노동행위로서의 해고에 대하여는 원직복귀를 원칙으로 하여야 하겠으나, 그렇지 아니한 경우에는 당사자의 의사와 구체적인 정황에 따라 근로관계의 해지를 전제로 하는 금전적 보상방법 등도 마련할 필요가 있음을 지적하고자 한다.

퇴직근로자 경업규제의 법리

—경업금지가처분을 중심으로—

신 권 철*

Ⅰ. 문제의 제기

(1) 우리 현행법상 근로자에 대하여 퇴직 후 경업금지의무를 부담하도록 하는 규정은 없으나, 사용자는 영업비밀보호목적 또는 경쟁제한목적으로 근로자와 사이에 근로계약의 한 내용으로 또는 별도의 약정으로 퇴직 후 경업금지의무를 부과하는 특약(이하, '경업금지특약'이라 한다)을 체결하기도 하는데, 이러한 경업금지특약은 근로자의 퇴직 및 이직의 자유와 근로의 권리를 직접적으로 제한하게 되어 특약의 유효요건이나 경업금지기간의 제한방식과 관련하여 최근 우리 법원의 실무에서도 경업금지가처분이나 손해배상소송을 중심으로 자주 문제가 되고 있다.

(2) 사용자의 퇴직근로자에 대한 경업금지청구는 본안소송보다는 주로 가처분의 형태로 제기되는데, 그 피보전권리로서 경업금지특약에 의한 경우뿐만 아니라, 근로계약 자체나 영업비밀유지약정에 의하여 청구하기도 하고, 부정경쟁방지및영업비밀보호에관한법률(이하, '부정경쟁방지법'이라 한다)상의 영업비밀침해행위 금지청구권에 근거하여 청구하기도 한다. 경업금지청구의 내용도 영업비밀침해금지, 영업비밀관련업무종사금지를 요구하는 것에서 더 나아가 창업금지, 이직금지, 퇴사명령까지 구하기도 한다.

위와 같이 사용자의 퇴직근로자에 대한 경업금지청구는 다양한 피보전권리를 근거로 해서 다양한 형태(내용)의 금지를 요구하고 있으나, 사용자측의 피보

* 대전지방법원 홍성지원 판사.

전권리에 대한 주장이 사실상 혼재되어 있어 법원에서도 경업금지특약의 개념이나 유효요건, 영업비밀유지약정과의 구분, 부정경쟁방지법상의 영업비밀침해행위 금지청구권과의 관계, 경업금지기간의 기산점 등과 관련하여 다양한 형태로 판단해 왔다. 또한, 법원의 실무에서 사용자의 퇴직근로자에 대한 경업금지청구에서 자주 부딪히게 되는 문제는 경업금지특약의 해석이나 영업비밀 여부의 판단이라는 문제뿐만 아니라 보다 근본적으로는 근로자에게 인격적으로 귀속된 것들, 즉 '근로자의 몸에 체화된 지식, 경험, 기술 및 사회적 관계 등'을 사용자의 영업비밀과의 관계에서 어떻게 구분하고, 조화시킬 것인가라는 문제에 이르게 된다.[1)]

(3) 세계 각국의 입법도 경업금지특약으로 인한 근로자의 불합리한 부담을 막고, 사용자의 무분별한 특약 체결을 제한하기 위한 규제를 하고 있다. 이미 유럽 각국(독일, 스위스, 벨기에, 이탈리아, 네덜란드)에서는 실정법에 의하여 경업금지특약의 요건이나 형식, 내용을 규제하고 있고, 일부 국가(독일, 벨기에, 네덜란드, 이탈리아, 프랑스)는 법령이나 판례를 통하여 퇴직후 경업금지의무를 부과하는 경업금지특약의 유효요건으로 임금과는 독립된 별도의 보상(이하, '경업금지보상'이라 한다)을 규정하고 있다.

퇴직근로자에 대한 각국의 경업규제는 두 가지 측면이 존재한다. 하나는, 퇴직근로자의 사용자에 대한 영업비밀침해 등 부정경쟁행위를 어떻게 규율하느냐 하는 측면이 있고, 다른 하나는 사용자와 근로자 사이의 퇴직 후 경업금지특약을 어떻게 규율하느냐 하는 측면이 있다. 위의 두 측면은 헌법, 경쟁법, 지적재산법, 노동법 등 각각의 법학적 측면에 따라 강조되는 내용이 조금씩 다르게 나타난다.

(4) 본 논문은 먼저, 근로자 경업금지의무의 기원이 될 수 있는 로마법상의 법리와 중세 이후 경업규제에 관한 법리들을 고찰해 본 후 퇴직근로자 경업규제의 법리로서 다른 부수의무와의 비교, 경업의 자유와 위법한 경업행위의 구분, 부정경쟁방지법상의 영업비밀침해행위와의 관계 등을 살펴보고, 우리 법원의 실무상 주로 문제가 되는 퇴직근로자에 대한 경업금지가처분과 관련된 여러 가지

1) 이를 일본에서는 '근로자의 인격적, 주관적 재산'이라는 표현을 써서 사용자의 객관적 재산이라는 개념과 대비시키고 있고, 미국에서는 근로자가 가지는 '일반적 지식과 기술(general knowledge and skill)'이라는 개념으로 사용자의 영업비밀과 구분짓고 있다.

쟁점들을 개략적으로 다루고자 한다.

특히, 본 논문은 우리 판결례를 검토하여 경업금지가처분에서 주장되는 피보전권리의 내용에 따라 경업금지내용의 수준과 범위를 구분하고, 경업금지기간의 기산점 및 기간의 제한에 관한 기준을 제시하고자 하였다. 이하에서 차례로 살펴보기로 한다.

II. 근로자 경업금지의 유래

근로자 경업금지의무가 현대사회에서 필요한 측면은 주로 사용자가 영업비밀이 있는 경우 또는 근로자가 직업적 재능이나 기술, 영업능력이 있는 경우에 주로 문제가 된다. 역사적으로 거슬러 올라가보면 로마시대의 장인적 기술[2]을 가진 노예가 주인에 대하여, 중세시대의 직공이 장인에 대하여, 각각 그 신분관계로부터 벗어난 이후에도 일정한 의무를 부담하여 노동활동의 제한을 두어 왔다.[3]

또한 중세 이후 영국에서는 고용주와 피용자 사이의 관계(고용관계)를 제 3 자가 침해하여 고용주의 영업을 방해하는 행위에 대해 그 배제나 손해배상을 위한 법리들이 전개되어 이후 미국에 불공정경쟁행위에 관한 이론으로 계수되어, 퇴직근로자를 이용한 제 3 자의 영업비밀침해행위나 불공정행위로 발전하였다. 이하에서는 고대 로마와 중세 유럽 및 영국에서의 경업금지와 관련된 법리를 살펴보도록 하겠다.

1. 고대 로마의 경우

(1) 로마법상 모든 사람은 자유인과 노예로 구분되고, 타인의 소유권에 복속되지 않는 자가 자유인이며, 자유인은 날 때부터 자유인으로 태어난 출생자유인과 노예였다가 해방된 피해방노예로 구분된다. 노예는 철저히 권리의 객체, 즉

2) 로마에 있어서 일정한 전문기술을 가진 의사, 음악가, 조각가, 서기(書記), 배우, 교사 및 장인(匠人, 목수 · 대장장이), 목자(牧者) 등을 유용한 직업활동으로 인정되는 장인업(匠人業, artificium, opificium)으로 평가하였다(최병조, "로마법상 의사의 민사책임,"「손해배상법의 제문제: 성헌 황적인 박사 화갑기념논문집」, 1990. 10, 350면).

3) 이는 퇴직 후 근로자가 경업금지의무를 부담하는 것과 비교될 수 있다.

물건으로 취급되었으나, 이러한 물권법적 규율에도 불구하고 실체는 사람으로서 노동에 종사하며, 자신의 특유재산도 인정되었다.[4] 로마의 경우, 원칙적으로 법이 금지하는 예외적인 경우가 아닌 한 모든 자연인은 자신이 원하는 영업활동이 허용되었고, 이러한 영업에 대한 규제수단은 당국의 징계권(coercitio)이었다.[5]

로마 공화정기의 법률가들(Veteres)은 인간들 사이의 본래 가치 있는 급부교환의 형태는 무상의 베품으로, 그 밖의 노동관계는 부자유의 원리에 의해 지배된다고 보았으며, 특히 고용계약은 한시적 노예화(限時的 奴隷化)로 파악하였는데 그 상대방의 신분이 노예 또는 해방 후 노무제공의무를 부담하는 피해방노예인 경우는 물론 자영자유인, 장인에 대해서도 원칙적으로 달리 보지 않았다.[6]

(2) 도시에서는 노예가 주인의 경제적 활동을 실제로 담당하는 자였을 뿐만 아니라, 독자적인 소규모의 영업활동(상업, 수공업, 금융업 등)까지도 가능하였고,[7] 따라서 영업상의 경쟁자를 배제하고 독점적 이익을 확보하려는 경업금지가 필요한 경우는 주인이 같은 영역에서 노무를 제공하며 생활해 온 노예를 해방하는 경우에 발생하게 되었다. 즉, 주인이 자신과 같은 영업활동에 종사하는 노예를 해방하면 피해방노예는 자연인으로서 동종영업에 종사하면서 주인의 영업활동과 경쟁을 하게 되는 것이다.

원래 노예를 해방시킨 후에는 주인은 자유의 몸이 된 피해방자로 하여금 급부를 약속하도록 강제할 방법이 없었으므로 해방을 하기 전에 미리 노예로 하여금 급부약속을 선서(insiurandum)하도록 하는 방편이 생기게 되어 결국 구 주인에 대한 피해방노예의 지위는 종속적인 것[8]으로서 노예예방 후에도 구 주인에 대해 노역을 부담할 의무를 지고 있었다. 그러나, 구 주인의 피해방노예에 대한 영업활동 제한 시도(피해방노예의 개업 금지, 영업지 제한)는 허용되지 않았으며,

4) 최병조, 「로마법강의」, 초판, 박영사, 1999, 278-279면.

5) 최병조, 위의 책, 271면.

6) 최병조, 앞의 글, 353면.

7) 서을호, "로마법의 자유우대와 노예," 서울대학교 법학석사학위논문, 1992, 15면.

8) 원래 노예해방(manumissio)은 해방된 노예에게 구 주인(patronus)에 대한 신분법적 구속으로부터의 완전한 자유를 가져다 주는 것이 아니었고, 따라서 그 핵심은 사법적·경제적 자유의 획득에 있었으나, 구 주인들은 해방된 노예의 노동소득에 참여하려 하였고, 이를 위해 독자적인 권원을 확보하여 무상으로 급부를 청구하는 법적 권리를 얻고자 하였으며, 로마의 전시대를 통하여 유지되었던 이를 뒷받침한 기본관념은 구 주인의 노예에 대한 무상의 자발적 자유부여에 대한 반대급부로서 이해하여 피해방노예의 노동소득에 대한 구 주인의 권리를 확보할 수 있다는 것이었으며, 그에 대응하여 피해방노예의 자유를 확보하기 위한 노력이 다양한 법리구성을 통해 이루어지고 있었다고 한다(최병조, 앞의 글, 359면).

구 주인이 피해방노예에게 해방 후 경업이 불가능할 정도의 과중한 노역을 요구하는 것은 제한되었고, 그러한 제한의 기준으로 피해방노예의 인간답게 살 수 있는 건강과 몸의 건사, 가족부양을 위한 수입 등이 가능하도록 배려하는 것이 요구되었다.[9)]

(3) 현대에서 경쟁회사 사이의 영업비밀탈취를 위한 근로자 부당스카웃 등으로 인한 손해배상책임과 관련하여서는 과거 로마법상 유사한 소송으로, '노예타락소권(奴隷墮落訴權, actio servi corrupi)'을 들 수 있다. 초기 로마법하에서는 주인에게 그의 아내나 자식, 노예에 대한 모욕이나 폭행 등 불법행위가 가해지는 경우 그것을 주인에 대한 것으로 간주하거나 자신의 소유물에 대한 침해로서 소송을 제기하는 것이 허용되었는데,[10)] 로마법상의 '노예타락소권'은 제 3 자가 타인의 노예를 부정한 방법으로 매수하여 주인의 영업을 방해하는 행위로부터 주인을 보호하기 위해 사용되었고, 위와 같은 행위에 대해서는 책임이 인정되는 제 3 자에 대하여 방해의 결과에 대해 주인이 받은 손해의 두 배를 배상하도록 규정하고 있었다.[11)] 위와 같이 노예를 부패시킨 행위에 관한 소송에서 근로자 경업금지의무위반의 기원을 찾기도 한다.[12)]

(4) 위에서 살펴본 바와 같이 전문적 기술을 가진 노예의 경우 해방 이후에도 구 주인에 대하여 일정한 노역을 제공할 의무를 부담하는데 이는 근로관계 종료 이후에도 경업금지특약 또는 영업비밀유지의무 등에 의하여 부작위의무를 부담하는 경우와 비교될 수 있고, 그러한 의무의 한계로 피해방노예의 인간답게 살 수 있는 건강과 몸의 건사, 가족부양을 위한 수입 등을 기준으로 하고 있었던 것도 현대의 경업금지특약에서 요구하고 있는 '근로자의 불합리한 부담'의 제한이라는 기준과도 유사하다고 할 것이다. 그리고, 고대 로마의 '노예타락소권'에서 찾아볼 수 있는 제 3 자의 노예를 이용한 영업침해는 현대 사회에서 경업회사가 다른 회사의 근로자를 이용한 불공정경쟁행위(근로자 스카웃 등을 통한 영업비밀침해행위)에 대한 손해배상청구와 비교될 수 있을 것이다.

---

9) 최병조, 앞의 책, 272면.

10) 박홍대, "제 3 자의 계약침해와 불법행위,"「판례연구 5집」, 부산판례연구회, 2004, 463면.

11) 육소영 · 윤권순,「해외국가별 지식재산권 제도분석(1) 미국편」, 한국발명진흥회 지식재산연구센터(연구보고서 2002-14), 2002, 92면.

12) 경제사학자나 법제사학자의 대부분은 중세 이전에는 부정경쟁은 인정되지 않았다고 하나, Schiller는 부분적으로 이를 부정하면서 노예타락소권을 예로 들고 있다(이상정, "부정경쟁금지법리의 발전,"「경쟁법연구」 제 1 권, 한국경쟁법학회, 1989, 80면 주 2)에서 재인용).

2. 중세 유럽의 경우

(1) 중세의 장원에서는 영주가 예속민의 자녀를 가사사용인으로 사용했다고 하더라도 이는 고용관계가 아닌 차지권(영주가 가진 토지에 대한 물권적 지배권)의 효과로서 물상부담에 의한 부역이 제공되는 것이고, 이러한 노무의 제공은 채권관계가 아닌 물권법적 방법으로 충족되었으나, 그 후 중세도시의 발달로 직업이 분업화, 전문화되며 노동력의 수요 증가로 채권법적인 고용계약도 발달하기 시작하였다.[13)]

(2) 고용계약과 유사한 형태를 가진 중세의 계약형태를 살펴보면, ① 수공업품을 제작할 수 있는 능력을 가진 기능공이 장인의 지시에 따라 노무를 제공하고, 숙식과 노임을 제공받는 직공계약과 ② 장인으로부터 기술교육을 받고, 도제가 노무제공의무를 부담하는 도제계약이 있는데, 직공과 도제 모두 장인과 마찬가지로 생산길드(수업공자단체)의 회원으로 단체의 자치법규가 적용되었으며, 도제는 7년여의 장기간에 걸친 기술교육을 거쳐 기능공인 직공이 되고, 그 후 걸작품의 완성 등 소정의 심사를 거쳐 비로소 장인이 될 수 있었다.[14)]

(3) 중세의 길드는 과거 상인 길드(merchant guild)가 11세기 중반 이후 등장하여 도시 산업행정의 일부를 담당하면서, 비회원의 상점개설 금지, 도시 내의 유통과 거래에 대한 감시, 가격통제 및 매점매석, 상품에 대한 통행세 부과 등의 역할을 담당하다가 13세기 이후 쇠퇴하고, 그 이후에는 생산길드(craft guild)가 15세기경부터 도시 내에서 자치권을 부여받아, 산업활동을 총체적으로 통제하고, 경쟁을 방지하는 진입장벽(7년의 도제수습기간, 외국인, 지방 거주자 등 비조합원의 진입방지)을 두고, 장인 한 사람 밑에 둘 수 있는 도제의 수를 제한하는 등 장인 그룹의 독점적 이익을 보호하기 위한 조치들이 취해졌다.[15)]

중세 길드들이 경쟁업체를 제한하는 권한을 얻게 된 것은, 영주나 왕에 대해 금전을 제공하고서, 그 대가로 일정지역의 산업이나 상업에 대한 지배권(통제권)을 부여받고, 그 지배권에 기해 외부의 경쟁을 제한하고, 내부적으로는 단

13) 현승종 · 조규창, 「게르만법」, 제 3 판, 박영사, 2001, 415면.
14) 현승종 · 조규창, 위의 책, 418-419면.
15) 김영환, 「노동조합의 기원과 조직형태」, 한국경영자총협회 부설 노동경제연구원 연구총서 49호, 2004, 3-7면; Karl Renner, 「사법과 소유권의 기초이론」, 최달곤 · 정동호 역, 동아학습사, 1981, 59면.

체자치법규에 의해 영업을 할 수 있는 일정한 자격을 제한하는 방식으로 경업을 금지하여 영업상의 독점적 이익을 확보할 수 있었던 것이다. 따라서 현대의 근로자와 유사한 지위를 가졌던 직인이나 도제는 중세 길드의 통제 아래서 행정적, 단체자치적 수단에 의해 장인과의 사이에 경업의 제한이 이루어진 것으로 이해할 수 있다.[16]

3. 중세 이후 영국의 경우

(1) 영국 보통법(common law)의 경우 중세에는 사람과 재산의 물리적 보호에 주관심이 있었고, 거래관계나 계약관계는 그 자체로서 보호되지는 못하였으나, 중세 이후 고용관계에 관하여 보면, 영국에서는 앞서 본 로마법의 이론(자신의 노예를 타락시킨 제 3 자에 대한 주인의 손해배상청구인 노예타락소권)이 변형된 모습으로 계수되어, 하인에게 가해진 불법행위로 인해 발생한 손실을 주인이 입은 손해로 간주하여 손해배상청구를 할 수도 있었으며, 1349년경 흑사병으로 영국에서 노동력이 부족하게 되자 노동자의 이탈을 막기 위해 노동칙령(Ordinance of Lavourers)을 제정하여 노동자가 도망가지 못하도록 벌칙을 규정하고, 도망간 노동자를 받아들여 고용한 사람을 상대로 이전의 고용주가 손해를 전보받음으로써 구제받을 수 있는 방법을 마련하고, 노동자를 다른 곳으로 이주하도록 하거나 숨겨주는 것을 원인으로 한 소송(고용관계를 침해하는 소송)도 발전하게 되었는데, 이러한 소송은 재산권침해소송의 한 유형으로 간주되었다.[17]

(2) 영국의 경우 법원이 위에서 본 바와 같이 타인의 피용자를 유인하려는 시도에 대해서도 민사소송을 인정하는 등 고용관계 자체에 대한 침해를 보호하기 시작한 이래로, 19세기에 들어서는 더 나아가 모든 종류의 계약관계에 대한 일체의 고의적 침해에 관하여, 그 침해에 정당한 상업적 이유가 있는 경우에도, 이를 악의적인 것으로 보아 금지하게 되었다. 또한, 거래 및 기타 유익한 관계를 당사자에 의한 침해로부터 보호하기 위한 계약법이 등장함과 아울러, 제 3 자의

16) 중세에도 영주권력의 쇠퇴 및 중세도시의 발달과 더불어 수공업자단체의 자치권이 확대됨에 따라 조합규약으로 부정경업적 행위에 대한 통제가 행하여졌고, 독일의 경우 1400년대부터 영업비방, 고객부당 유인, 비밀누설 등을 금지하는 준프트(Zunft)규약이 있었으며, 결국 부정경쟁금지는 영주의 지배권 또는 길드(조합)의 자치권에 의한 통제가 이루어졌다(이상정, 앞의 글, 80-81면).

17) 박홍대, 앞의 글, 463-464면.

침해를 규율하기 위한 불법행위법리가 전개되기 시작하였다. 부정경쟁과 관련된 이러한 불법행위법리는 불법방해(nuisance), 명예훼손(defamation), 영업비방(trade disparagement) 및 비밀침해(invasion of privacy) 등의 법리로 전개되고, 다시 영업관계(trade relations)를 그 자체로서 보호하는 것으로 확대되었다.[18]

Ⅲ. 퇴직근로자 경업규제의 법리

1. 근로자의 경업금지의무와 퇴직 후 경업의 자유

(1) 개념 및 구분

1) 근로자 경업금지의무(競業禁止義務)[19]라 함은 근로자가 사용자와 경쟁하지 않을 의무이다. 구체적으로 그 내용을 세분화하여 보면, ① 근로자가 ② 근로관계의 존속[20] 또는 종료 후에 ③ 사용자와 경쟁적 관계에 있는 동종영업을 스스로 영위하거나, 사용자와 경쟁적 관계에 있는 동종 영업체에 전직하는 등의 방법으로 사용자와의 경쟁적 영업행위나 직업활동을 피하여야 하는 부작위의무라 할 것이다.[21] 위 의무의 내용은 근로관계나 경업금지특약의 내용에 따라 달라질 수도 있는 것이기는 하지만 분설하여 다음과 같이 그 내용을 정리할 수 있을 것이다.

2) 먼저, 그 의무의 주체가 근로자이다. 근로기준법상의 근로자에 포함될 수 있는 상법상의 이사나 상업사용인은 상법상의 의무로서 재직기간 중 경업금지의무[22]가 있으며, 경업금지의무위반시 영업주나 회사가 계약의 해지, 손해배

---

18) 정호열, "부정경쟁방지법에 관한 연구," 서울대학교 법학박사학위논문, 1998, 21-23면.

19) 이를 '경업피지의무(競業避止義務)'라 부르기도 한다(이승길, "근로계약법제에 관한 연구," 성균관대학교 법학박사학위논문(1999), 248면).

20) 통상 근로관계의 해소(근로자의 퇴직) 후의 경업금지의무에 대해서 일반적으로 논의되고 있으나, 근로자는 사용자와 근로관계를 존속하고 있는 중에도 사용자와 경쟁관계에 있는 동종영업을 스스로 영위하거나, 경쟁업체로의 이직준비활동, 같은 회사에 있는 다른 근로자를 경쟁업체로 유인하는 등의 경업행위를 할 가능성도 있으므로 근로자의 경업금지의무의 시기를 근로관계의 해소 후로만 한정하지 않는다.

21) 우리 대법원도 경업금지약정을 '근로자가 사용자와 경쟁관계에 있는 업체에 취업하거나 스스로 경쟁업체를 설립, 운영하는 등의 경쟁행위를 하지 아니할 것을 내용으로 하는 약정'이라고 보고 있다(대법원 2003.7.16.자 2002마4380 결정(공2003하, 1809면)).

22) 상업사용인의 경우 상법 제17조, 회사 이사의 경우 상법 제397조, 제269조, 제198조, 제567

상청구, 개입권(탈취권)을 행사할 수 있도록 규정하고 있다. 그러나, 위 상법 규정에 의하여 직접적으로 경업금지청구권이 발생하는 것은 아니며,[23] 재직기간 동안에만 경업금지의무를 부담하게 되는 것이어서 퇴임 후에는 상법상의 경업금지의무는 부담하지 않게 된다.[24]

3) 다음으로, 근로관계의 존속 또는 종료 후까지 지속되는 의무이다. 근로자 경업금지의무는 근로관계 종료 전후의 시기나 특약 여부에 따라서 그 의무의 존부나 내용이 달라질 수 있다. 예컨대, 근로관계 존속 중의 경업은 근로계약상의 부수의무로서 규제되며, 근로관계 종료 직전의 근로자가 이직준비활동이나 창업준비활동을 하는 경우에 퇴직 및 전직의 자유를 보장하기 위해 합리적인 한도 내에서 경쟁활동이 허용될 수 있다. 그리고, 근로관계 종료 후에는 별도의 특약이 없는 한 배신적 경업행위나 부정경쟁행위(고객이나 다른 근로자의 유인, 영업비밀 침해 등)가 아닌 퇴직근로자의 경쟁활동은 허용된다.

4) 끝으로, 경쟁업체의 창업이나 취업을 금지하는 부작위의무이다. 통상 '동종업체 창업 및 취업금지'로 표현되는 경업금지조항(non-competition clause)은 영업비밀의 사용이나 누설을 금지하는 영업비밀유지조항(non-disclosure or confidentiality clause)이나, 고객이나 다른 근로자에 대한 유인을 금지하는 유인금지조항(non-solicitation clause)[25]과 구분되며, 경업금지조항을 포함해 위와 같은 금지조항을 모두 포함하여 제한조항(restrictive clause)이라 한다.[26]

영업비밀유지조항이나 유인금지조항에 따른 의무는 불법행위적 성격을 띠는 부정경쟁행위나 배신적 경업행위를 단속하기 위한 것임에 반하여 경업금지조항에 의한 경업금지의무는 합법적인 취업이나 창업 자체를 제한하는 것이어서 다른 제한조항들과 달리 노동의 자유를 제한하는 효과가 강하기 때문에 그 유효요건이 엄격하고, 효력범위가 제한되어 있다.

조 등에 규정되어 있다.

23) 和久田齊, "競業禁止を求める假處分,"「判例タイムズ 臨時增刊 53巻 6號(1078)(2002. 2): 民事保全法の實務の現狀」, 判例タイムズ社, 2002, 196면.

24) 정희철 · 정찬형,「상법원론(상)」제 2 개정판, 박영사, 1997, 100면.

25) 유인금지조항(non-solicitation clause)은 다시 고객유인금지조항(non-dealing clause)과 종업원스카웃금지조항(non-poaching clause)으로 구분된다.

26) Bob Hepple, "EMPLOYEE LOYALTY IN ENGLISH LAW," *COMPARATIVE LABOR LAW & POLICY JOURNAL*, Vol. 20, No. 2., Winter 1999, 215면.

(2) 다른 근로계약상의 부수의무와의 비교

1) 겸직(겸업)금지의무는 근로자가 근로관계 존속 중에 본래 급부하여야 할 근로의 내용에 지장을 미치는 겸업이나 겸직에 종사하는 것을 피해야 할 의무이다. 원칙적으로 근로자는 겸직(겸업, 부업)의 자유가 보장되는데, 그 이유는 근로시간 외의 활동은 근로자의 자유로운 선택에 속하는 것이기 때문이다. 그러나, 겸직이나 겸업 때문에 근무시간에 일의 능률이 떨어지는 등 근로자의 노무제공이 부실해지게 되면 사용자의 정당한 이익에 해가 되므로 노무제공의 충실성을 담보하기 위한 한도 내에서 위와 같은 겸직(겸업)금지의무가 인정된다고 할 것이다.

2) 비밀유지의무란 근로자의 충실의무의 한 내용으로 근로자는 근로제공과 관련하여 지득한 사업이나 경영상의 비밀을 다른 제 3 자에게 누설하지 말아야 할 의무인데, 근로관계 존속 중에는 비밀유지의무가 있다는 것이 일반적인 견해이다. 그러나, 근로관계 종료 후의 비밀유지의무에 관해서는 견해가 다양하나, 학설은 대체로 퇴직근로자가 이전 사용자의 영업비밀을 부정하게 사용할 경우에 대비하여 근로자의 영업비밀유지의무의 시기를 근로관계 종료 이후까지 확장하려는 경향을 보이고 있다.

3) 근로자는 위와 같은 근로계약상의 부수의무와 별도로 사용자와 사이에 영업비밀유지의무나 퇴직 후 경업금지의무를 부담하는 특약을 함께 체결하는 경우가 많으나, 양자(영업비밀유지약정 및 경업금지특약)는 그 부과되는 의무의 내용이 다르고, 그 금지기간도 서로 다르게 설정될 수 있다(대체로 영업비밀유지약정은 기간의 제한이 없는 경우가 많다). 또한, 근로자에게 손해배상책임을 묻거나 금지청구를 할 경우에도 비밀유지의무위반으로 인한 경우와 경업금지의무위반으로 인한 경우가 각각 그 소송물을 달리하는 것으로 보아야 한다는 것이 일본 판례의 입장[27]이나, 실제로는 그 구분이 모호한 경우가 많으며, 특히 경업금지의무위반의 경우 사용자의 영업비밀 및 그에 대한 퇴직근로자의 침해여부가 중요한 판단요소가 되기 때문에 실질적으로 영업비밀침해여부 및 경업금지의무위반 여부가 함께 판단되는 경우가 많다.

---

27) 일본볼티모어테크놀로지사건, 東京地裁 2002. 9. 25. 판결.

(3) 퇴직 후 경업의 자유와 위법한 경업행위의 구분

앞서 본 바와 같이 근로자는 퇴직 후 법령이나 특약이 없는 한 원칙적으로 경업금지의무를 부담하지 않으며, 자유경쟁에 의한 경업의 자유가 보장된다. 그러나 사회적 상당성을 일탈한 경업행위(배신적 경업행위)는 별도의 특약이 없더라도 부정경쟁방지법 또는 불법행위로서 규제된다. 그러한 배신적 경업행위의 유형으로 일본에서는 ① 부정경쟁방지법이 규정하는 영업비밀의 침해행위, ② 사회통념상 자유경쟁의 범위를 일탈한 이전 사용자의 고객이나 직원을 빼앗는 행위, ③ 사용자에게 손해를 가할 목적으로 일제히 퇴직하여 회사조직을 침해하면서 동종의 새로운 회사를 설립하는 행위 등이 배신적 경업행위로서 불법행위를 구성한다고 한다.[28]

퇴직의 자유 및 퇴직 후 경업의 자유와 관련하여서 프랑스 파리 항소원의 판결[29]은 '① 근로자가 근로관계가 종료되기 전에 이직을 위해 교섭하거나 새로운 근로계약의 예약을 금지하도록 하는 것은 노동의 자유에 반하고, 경쟁회사와 교섭하는 것만으로는 이전 사용자가 손해배상을 받을만한 사유가 되지 않으며, ② 이전 사용자의 영업비밀이 아닌 한, 근로자가 오랜 직업활동을 통해 습득한 지식을 정당한 절차에 따라 새로 선택한 경업회사를 위하여 사용하는 것은 근로자의 권리이고, 과거의 계약으로부터 벗어난 근로자는 새로운 사용자의 이익을 위하여 노력하여야 한다'라고 판시하여 퇴직근로자의 상대방 선택의 자유와 더불어 영업비밀이 아닌 한 근로자가 습득한 지식의 자유로운 사용을 보장하고 있다.

2. 부정경쟁방지법상의 영업비밀침해행위와의 관계

(1) 근로자 경업금지의무와 부정경쟁방지법상 금지청구권의 관계

부정경쟁방지법은 영업비밀침해행위에 대한 구제수단으로 영업비밀침해행위 금지청구권(제10조), 손해배상청구권(제11조) 등을 규정하고 있으며, 위 금지청구권(제10조)은 현재 행하여지고 있는 침해행위에 대한 정지청구권, 장래 발생할 우려가 있

28) 東京地裁 1994. 11. 25. 판결, 판례타임즈 877호 42면, 판례시보 1524호 262면.

29) 17 mars 1967, D. et S. 1967 J. 437(後藤清, "退職者の競業禁止に關する各國の制度,"「民商法雜誌」70巻 1號, 有斐閣, 1974, 5-6면에서 재인용).

는 행위에 대한 예방청구권, 침해해위의 조성물 등의 제거, 폐기를 구하는 폐기·제거청구권 등으로 구분되는데, 위와 같은 부정경쟁방지법 제10조가 규정하고 있는 금지청구권이 퇴직근로자에 대한 경업금지청구의 근거가 될 수 있는 것인가?

우리 대법원은, 부정경쟁방지법 제10조에 근거한 금지청구의 범위에 관하여 '근로자가 전직한 회사에서 영업비밀과 관련된 업무에 종사하는 것을 금지하지 않고서는 회사의 영업비밀을 보호할 수 없다고 인정되는 경우에는 구체적인 전직금지약정이 없다고 하더라도 부정경쟁방지법 제10조 제 1 항에 의한 침해행위의 금지 또는 예방 및 이를 위하여 필요한 조치 중의 한 가지로서 그 근로자로 하여금 전직한 회사에서 영업비밀과 관련된 업무에 종사하는 것을 금지하도록 하는 조치를 취할 수 있다'[30]라고 판시하여 영업비밀사용금지에서 한 단계 더 나아가 영업비밀관련업무 종사금지의 범위까지 인정하고 있다.

영업비밀관련업무 종사금지가 실질적으로 퇴직근로자의 경업을 일정한 한도 내에서 금지시키는 효과가 있다고 보이므로 그 범위 내에서는 부정경쟁방지법 제10조의 금지청구권이 퇴직근로자에게 경업금지의무를 제한적으로나마 부담지우는 규정이 될 수도 있다고 할 것이나, 부정경쟁방지법 제10조에 기한 금지청구권으로는 퇴직근로자에 대하여 사전적 취업금지나 사후적 퇴사명령 및 일반적인 업무종사금지 등 근로자 지위에 영향을 미치는 내용까지 구할 수 없다고 할 것이고,[31] 부정경쟁방지법에 의한 금지청구권과 경업금지특약에 기한 금지청구권은 그 금지의 내용이나 금지기간, 금지지역 등에 있어서 구분된다고 할 것이다.

(2) 퇴직근로자의 영업비밀유지의무 여부

부정경쟁방지법 제 2 조 제 3 호에서는 영업비밀침해행위에 관해서 그 유형을 항목별로 규정하고 있는데, 그 중 라.목 "계약관계 등에 의하여 영업비밀을 비밀로서 유지하여야 할 의무가 있는 자가 부정한 이익을 얻거나 그 영업비밀의 보유자에게 손해를 가할 목적으로 그 영업비밀을 사용하거나 공개하는 행위"가 퇴직근로자와의 관계에서 문제가 된다.

우리 대법원은, 위 법 라.목이 규정하고 있는 '계약관계등에 의하여 영업비밀을 비밀로서 유지하여야 할 의무'는 계약관계 존속 중은 물론 종료 후라도 또

30) 대법원 2003. 7. 16.자 2002마4380 결정(공2003하, 1809).

31) 같은 취지의 이성호, "근로자에 대한 경업금지약정의 효력과 전직금지가처분의 허용 여부," 「민사재판의 제문제 11권」, 민사실무연구회, 2002년, 867면.

한 반드시 명시적으로 계약에 의하여 비밀유지의무를 부담하기로 약정한 경우뿐만 아니라 인적 신뢰관계의 특성 등에 비추어 신의칙상 또는 묵시적으로 그러한 의무를 부담하기로 약정하였다고 보아야 할 경우를 포함한다고 해석하고 있으나,[32] 위 판결이 모든 퇴직근로자에게 위와 같은 신의칙상의 비밀유지의무를 부담시킨 것이라 보기는 어렵고, 근로관계의 내용 등에 비추어 퇴직근로자가 영업비밀유지의무를 부담할 뿐만 아니라 위 라.목에 규정된 바와 같이 영업비밀의 보유자에게 손해를 가할 목적까지 있는 경우에 영업비밀 침해행위로서 인정된다고 하는 것이 타당하다 할 것이다.

(3) 경업회사의 영업비밀취득행위

영업비밀유지의무를 부담하는 퇴직근로자가 경업회사에 스카웃되는 경우 이전 사용자는 퇴직근로자와 달리 경업회사와는 아무런 계약적 법률관계가 없는데, 불법행위에 의한 손해배상책임을 추궁하는 외에 경업회사를 상대로 부정경쟁방지법상의 영업비밀침해행위를 이유로 한 금지청구를 구할 수 있을까?

위와 같이 스카웃해 온 근로자로부터 경업회사가 영업비밀을 취득하는 경우 우리 대법원은 '경쟁회사의 근로자를 스카웃하면서 그가 지득한 일반적인 지식, 기술, 경험 등을 활용하기 위하여 그를 고용한 것이 아니라 경쟁회사로부터 습득한 특별한 지식, 기술, 경험 등을 사용하기 위하여 그를 고용하여 이러한 비밀을 누설하도록 유인하는 등 부정한 수단으로 다른 회사가 보유하는 기술정보를 취득하는 경우에는 부정경쟁방지법 제 2 조 제 3 호 ㈎목 전단 소정의 '영업비밀침해행위(기타 부정한 수단으로 영업비밀을 취득하는 행위)'의 유형에 해당한다고 판단하고 있다.[33][34]

---

32) 대법원 1996. 12. 23. 선고 96다16605 판결(공1997상, 501).

33) 대법원 1996. 12. 23. 선고 96다16605 판결(공1997상, 501).

34) 독일의 경우에도 위와 같은 부정하게 스카웃된 근로자를 취업시킨 경업회사에 대하여 이전 사용자가 금지청구 및 손해배상청구를 할 수 있으나, 스카웃된 근로자의 사직을 목적으로 하는 배상청구는 일반적으로 허용되지 않으며, 통상적으로 경업회사에 부정하게 스카웃된 근로자를 종전의 활동영역에 투입하지 않을 것만을 요구할 수 있다고 한다(Volker Emmerich, 「부정경쟁법」, 제 1 판, 정호열 역, 삼지원, 1996, 127면).

Ⅳ. 퇴직근로자에 대한 경업금지가처분

(1) 퇴직근로자가 이전 사용자와 경쟁하여 경업행위를 하는데 그러한 경업행위가 영업비밀침해 등 부정경쟁행위인 경우 사용자로서는 부정경쟁방지법에 근거한 금지청구나 손해배상청구를 하는 것이 가능할 것이나, 퇴직근로자의 영업비밀침해 등 부정경쟁행위를 입증하거나 손해액을 특정하는 것이 쉽지 않다.

이러한 입증이나 손해배상액 산정의 어려움을 덜기 위하여 또는 독점적 이익을 확보하기 위하여 사용자는 근로자와 경업금지특약을 체결해 퇴직근로자의 취업 및 창업 자체를 제한하고자 하기도 하며, 이에 더하여 퇴직 후 경업금지의무위반에 따른 위약금이나 손해배상액 예정을 경업금지특약에 함께 두기도 하나 근로기준법 제27조(위약예정의 금지) 규정에 비추어 경업금지특약위반에 따른 위약금이나 손해배상액의 예정을 허용하기도 쉽지 않다.[35]

(2) 따라서, 사용자의 입장에서는 퇴직근로자의 경우 근로관계가 존속 중인 근로자와 달리 해고를 포함한 징계도 가능하지 않고, 위와 같이 손해에 대한 회복도 쉽지 않은 점에서 주로 부정경쟁행위나 경업행위 자체의 금지를 구하는 가처분이 입증의 면이나 신속성이나 효율성의 측면에서도 사용자에게 유용한 점이 있어 자주 활용되고 있으며, 가처분의 명칭도 경업금지, 영업금지, 창업금지, 전직금지, 전업금지, 영업비밀침해금지 등 다양한 형태로 제기되고 있다.[36]

이러한 가처분은 우리나라의 경우뿐만 아니라 미국이나 일본, 유럽에서도 일정한 요건하에 활용되고 있으며, 대체적인 공통점으로는 1) 본안소송에서의 입증보다 완화된 소송자료를 통해 판단하며, 2) 법원의 구제를 받기 위해서는 본안에서의 승소가능성 및 사용자가 법원의 사전적 금지명령(가처분) 없이는 회복할 수 없는 손해가 발생할 것 등을 요구하고 있다.

(3) 우리의 경우에도 퇴직근로자에 대한 경업금지를 구하는 보전소송이 1990년대 후반 이후 자주 제기되는 편이나, 그 법리적인 논의가 활발히 제기되

35) 경업금지특약위반에 따른 위약금 등에 대한 보다 자세한 논의는 신권철, "근로자의 경업금지의무,"「노동법연구」 제18호, 서울대학교 노동법연구회, 2005, 251-252면 참조.

36) 아직 우리의 경우 구체적인 사례는 없으나, 퇴직근로자가 사용자를 상대로 경업금지특약에 관한 채무부존재확인의 소의 형태로 본안소송을 제기하거나, 경업금지특약에 따른 효력금지가처분의 형태로 보전소송을 제기하는 것이 우리 법원에서도 가능하다고 할 것이다.

지는 못하고 있는데, 그 이유를 들어 보자면 본안소송을 통한 법리판단보다 보전소송을 통한 신속한 구제에 그 중점이 있어 주로 하급심에서 사건이 종결되어 대법원의 판단을 받는 사례가 드물고, 본안소송이나 보전소송의 진행 중에 퇴직근로자의 합리적인 경업금지기간이 만료되어 법원의 실질적 판단을 받지 못하는 경우도 발생하는 점을 들 수 있을 것이다. 결국, 경업금지가처분에 대한 판단은 주로 하급심의 문제가 되어 그 법리적인 문제에 대한 통일적 규율이 현재까지는 부족한 상태라고 보여진다.

(4) 이하에서는 앞서 본 퇴직근로자 경업규제의 법리에 관한 개략적인 논의를 바탕으로 구체적으로 실무에서 부딪히게 되는 경업금지청구의 당사자, 경업금지특약의 형식, 청구권원(피보전권리) 및 경업금지특약의 유효요건, 경업금지기간, 근로자측의 항변사유(경업금지의무의 소멸사유)에 관해서 구체적으로 살펴보도록 하겠다.

1. 경업금지청구의 당사자

(1) 경업금지특약의 당사자 여부

사용자의 경업금지가처분이 경업금지특약의 당사자인 퇴직근로자를 상대방으로 하는 경우라면 별 문제가 없으나, 경업금지특약을 체결하지 않은 자를 상대방으로 하는 경우가 주로 문제된다. 특약에 따른 경업금지의무가 있는 당사자와 그렇지 않은 당사자 사이에서는 그 금지청구의 내용이나 금지의 기간, 범위 등이 구분되기 때문에 특약의 당사자로서 의무의 주체가 될 자인지 여부를 구분하는 것은 중요하다.

먼저, 경업금지특약 내용 중에 근로자와 관련된 친, 인척 등 제 3 자에게까지 경업금지의무를 부과하는 경우도 있으나 특약의 당사자가 아닌 이상 원칙적으로 사용자가 그 친, 인척 등 제 3 자를 상대로는 근로자와의 경업금지특약을 근거로 하여 경업금지를 요구할 수는 없다. 결국 친, 인척 등 특약의 당사자가 아닌 자에 대해서는 퇴직근로자와 공모 또는 협력하에 부정경쟁방지법상의 영업비밀침해행위를 하였다는 점에 대해 주장, 입증하여야 하여야 할 것이므로, 퇴직근로자에 대해서는 경업금지특약상의 경업금지의무위반을 이유로, 특약의 당사자가 아닌 자에 대해서는 부정경쟁방지법상의 영업비밀침해행위에 따른 금지청구권을 근거로 하여야 할 것이다.

다음으로, 퇴직근로자가 실질적으로 새로운 회사를 설립(창업)하여 새로운 회사 명의로 영업을 하는 경우 창업회사를 상대로 경업금지특약상의 의무를 강제할 수 있는지 여부이다. 새로 창업한 회사는 독립된 법인격을 가진 법인으로 형식상 이전 사용자와 아무런 계약관계가 없어 퇴직근로자와의 경업금지특약을 근거로 경업금지를 요구할 수 없게 된다. 이와 관련하여 우리 하급심 중에는 새로 설립된 회사에 대하여 영업금지를 청구한 사안에서 퇴직근로자가 새로 설립된 회사의 대주주라 하더라도 독립된 법인격을 주장하는 것이 권리남용에 해당되지 않는다는 이유로 새로 설립된 회사에 대한 청구를 배척한 사례[37]가 있다.

(2) 경업회사

1) 사용자와 경쟁관계에 있는 경업회사는 이전 사용자와 계약관계가 없기 때문에 원칙적으로 경업금지특약상의 경업금지의무가 있다고 볼 수는 없으나, 다른 회사의 영업비밀을 취득하기 위해 퇴직근로자를 스카웃하는 경우 퇴직근로자와 함께 경업금지가처분의 상대방이 되기도 한다. 이전 사용자가 경업회사에 대해 신청을 하는 금지의 내용도 ① 영업비밀의 취득, 사용, 공개의 금지, ② 스카웃된 근로자로 하여금 관련업무 및 보조업무에 종사하게 하는 것을 금지, ③ 고객이나 종업원의 유인 금지, ④ 스카웃된 근로자에 대한 고용금지나 퇴사명령까지 그 내용도 다양하다.

2) 경업회사가 이전 사용자와 사이에 경업과 관련된 별도의 특약을 체결하지 않은 한 결국 부정경쟁방지법상의 영업비밀침해행위가 인정되는 경우에 한하여 이전 사용자는 경업회사에 대해 부정경쟁방지법에 근거한 금지청구가 가능하다고 할 것인데, 부정경쟁방지법 제10조에 의해 경업회사에 청구할 수 있는 금지의 내용이 어느 범위까지 가능할 것인가가 문제된다.

일부 하급심 중에는 부정경쟁방지법 제10조 제 1 항에 의하여 ① 영업비밀의 취득, 사용, 공개의 금지가 가능하고, 같은 조 제 2 항(1 항의 청구를 할 때에

---

37) 서울동부지법 2002. 9. 26. 선고 2001가합91 판결 영업금지등 사건; 미국에서는 이를 법인격 남용의 한 형태로 보아 계약상 의무회피의 문제, 특히 영업양도인이나 이사 등이 경업금지의무를 회피하기 위한 목적으로 새로운 회사를 설립하는 것에 대해 새로 설립한 회사가 계약의무자의 가면이라는 점을 들어 계약상의 의무를 강제하는 경우도 있다(김진봉, "주식회사 법인격의 남용 법적규제,"「청주대 법학논고」 제15집, 청주대학교 법학회, 1983, 150면).

는 기타 침해행위의 금지, 예방을 위하여 필요한 조치를 함께 청구할 수 있다)에 의하여 ② 스카웃된 근로자로 하여금 관련 업무 및 보조 업무에 종사토록 하는 것을 금지하는 것이 가능하다는 취지로 판결[38]을 한 사례도 있다.

3) 살피건대, 경업회사를 상대로 영업비밀침해행위를 이유로 부정경쟁방지법 제10조의 금지를 구하는 경우 ① 고용 자체의 금지, 재직 중인 근로자에 대한 퇴사, 일반적인 업무 종사 자체의 금지를 구하는 것은 영업비밀의 보호범위를 초과하는 과도한 것으로 허용되지 않는다고 할 것이며, ② 영업비밀 관련업무 및 보조업무에 종사토록 하는 것을 금지시키는 것은 그 영업비밀과 업무와의 관련성을 구체적으로 특정해 예컨대, 제조물의 생산과 관련된 영업비밀이라면 그 제조물의 생산업무만으로 한정하여 필요최소한으로 제한해야 할 것이다.

(3) 사용자의 변경

사용자와 근로자 사이에 경업금지특약이 체결된 이후 사용자가 영업양도, 자산매각, 인수합병 등으로 변경된 경우 근로관계의 승계와 동일하게 경업금지특약도 승계되는 것인지 여부가 문제된다. 또한, 근로관계의 승계를 거부하고 사용자의 변경으로 퇴사한 근로자에 대하여 변경된 사용자가 이전 사용자와의 경업금지특약을 근거로 하여 퇴직근로자에게 경업금지청구를 할 수 있는지 여부도 문제된다.[39]

경업금지특약의 경우에는 합병, 매각, 영업양도 등에 있어 근로관계의 승계와 동일하게 볼 필요는 없다고 보이며, 개별 사례에서 명시적인 경업금지특약의 승계조항 여부, 근로자의 동의 여부,[40] 새로운 사용자에게 경업금지특약에 의한

---

38) 인천지법 2000. 11. 14. 선고 2000가합658 판결.

39) 이러한 문제가 논의되는 이유는, 경업금지특약은 사용자의 영업비밀보호목적이 주요한 요소라 할 것인데, 사용자가 변경될 경우 업무, 영업지역 등의 변동으로 영업비밀 자체가 축소, 또는 확장되는 등 변경될 수 있으며, 근로자 또한 경업금지의무가 일신전속적 의무라서 사용자가 누구인지는 중요한 요소가 되기 때문이다. 또한, 경업금지특약에 보상규정이 있는 경우라면 그 보상의무를 부담하지 않기 위해서 새로운 사용자 입장에서는 경업금지특약을 근로관계의 승계와 분리시키고 싶을 수도 있다.

40) 미국 펜실베니아 주 최고법원은 자산매각시 경업금지특약에 대한 양도조항이 없고, 근로자들 또한 경업금지특약의 양도에 대한 명백한 동의가 없다는 이유로 경업금지특약이 양도될 수 없다고 한 사례(Hess v. Gebhard & Co., 808 A.2d 912(PA, 2002)(BALLARD SPAHR ANDREWS & INGERSOLL. LLP, “Employment Contracts Containing Covenants Not To Compete Are Not Assignable As Part Of An Asset Sale,” 「*Labor and Employment Line*」, January 2003, 1면에서 재인용))가 있으며, 미국 버지니아 주 법원도 새로운 사용자가

합법적 보호이익이 유지되고 있는지 여부 및 그러한 합법적 보호이익이 변경되었는지 여부 등을 고려하여 판단하여야 할 것이다.

2. 경업금지특약의 형식

(1) 퇴직근로자에게 경업금지의무를 부담시키는 형식으로는 서약서나 각서, 근로계약내용의 일부나 독립된 계약, 취업규칙, 단체협약[41]에 의한 경우 등으로 다양할 수 있으며, 그 특약의 체결시기도 근로관계의 창설시, 존속시, 퇴직시 등으로 자유롭게 할 수 있다.

(2) 우리 대법원은 퇴직 후의 전직금지약정은 근로자의 생계와도 직접적 연관이 있어 사용자와 근로자 사이의 전직금지약정이 있는지 여부는 엄격히 판단하여야 한다[42]고 하고 있으며, 이에 따라 우리 하급심들도 재직 중 겸직(겸업)금지약정은 퇴직 후 경업금지의무를 부담케 하는 규정이라 할 수 없으며,[43] 다른 근로자들과의 경업금지특약을 들어 당해 근로자와도 경업금지특약이 체결되었을 것이라 추정할 수 없고,[44] 명시적 약정이 없는 한 근로관계 종료 후 경업금지의무는 신의칙에 의하여 인정할 수는 없다[45]고 하고 있다.

(3) 경업금지특약의 형식과 관련하여, 먼저 서약서나 각서는 근로자에게 선

이전 사용자의 고용관계를 포함하여 영업을 양도받고서 근로자를 해고한 후 강화된 경업금지조항에 서명할 것을 조건으로 재고용하겠다고 하자 이를 거절하고서 경업회사에 취업하였는데, 새로운 사용자가 이전 사용자와의 경업금지특약을 근거로 경업금지청구를 한 사안에서 해고의 상황을 고려하여 경업금지청구를 거부한 사례{Maw v. Advanced Clinical Communications, Ins.(New Jersey Appllate Division)(Martha L. Lester and Paul Salvatoriello, “Terminating An Employee Who Refuses to Sign A Restrictive Covenant Agreement-not so fast!,” 「*The Metropolitan Corporate Counsel*」, Volume 11, No. 8, August 2003, 1-2면에서 재인용)}가 있다.

41) 단체협약에 의한 퇴직 후 경업금지의무 부과는 우리의 경우 현재 학설이나 판례상 논의되지는 않고 있으나, 프랑스의 경우 산업별 단체협약을 통해 보상액이나 기간 등을 정하고 있고, 벨기에의 경우는 단체협약상 경업금지특약 허용 여부가 개별 근로자와 사용자간 경업금지특약 체결의 전제조건이 되고 있다. 그러나 네덜란드의 경우는 경업금지특약이 개별 근로자의 동의를 필요로 한다는 이유로 취업규칙이나 단체협약에 의한 경업금지의무 부과는 허용되지 않고 있다.

42) 대법원 2003. 7. 16.자 2002마4380 결정(공2003하, 1809).

43) 인천지방법원 2004. 9. 14.자 2004카합1189 결정.

44) 서울남부지법 2004. 8. 4.자 2004카합1246 결정; 수원지법 성남지원 2002. 5. 8.자 2001카합428 결정 및 이 결정의 항고심인 서울고등법원 2002. 11. 12.자 2003라313 결정.

45) 수원지법 2004. 12. 30. 선고 2002가단44492 판결; 대전고법 2004. 10. 6. 선고 2003나4370 판결.

택이나 협상의 여지를 주지 않은 채 일방적인 의무부담을 강요하게 된다는 점에서 서약서나 각서에 의한 퇴직 후 경업금지의무 부담은 그 작성과정이나 작성의 필요성, 근로자의 진의 등을 고려한 배려가 필요하다고 할 것이다.

(4) 다음으로, 취업규칙에 의한 퇴직 후 경업금지의무 부담에 대해서는 취업규칙이 기본적으로 근로관계 존속 중의 근로조건을 규율하는 것이며, 퇴직의 자유 및 경업의 자유를 보장받고 있는 근로자에 대해 사용자의 일방적 결정에 의해 협상이나 조건의 제시 없이 편면적 의무를 부담하게 되는 것은 부당한 점, 근로자가 경업금지의무의 내용이나 범위를 명백히 인식할 필요가 있는 점, 유럽 각국의 입법례도 경업금지특약은 서면약정에 의하도록 하고 있는 점에 비추어 취업규칙에 의한 퇴직 후 경업금지의무 부과는 효력이 없다고 해야 할 것이다. 그리고 설령 취업규칙에 의한 퇴직 후 경업금지의무 부과를 유효하다고 판단할지라도 취업규칙의 주지절차 및 불이익변경절차를 거치지 않는 한 효력이 없다[46]고 할 것이다.

3. 피보전권리 및 경업금지특약의 유효요건

사용자의 퇴직근로자에 대한 경업금지청구는 대체로 ① 근로계약 자체나 영업비밀유지약정에 근거한 청구, ② 별도의 경업금지특약에 근거한 청구, ③ 부정경쟁방지법상의 금지청구권에 근거한 청구 등으로 구분되며, 그 피보전권리의 내용에 따라 퇴직근로자가 부담해야 하는 경업금지의 내용이나 기간 등도 구분된다. 이하에서 차례로 살펴보기로 한다.

(1) 근로계약 또는 영업비밀유지약정에 의한 경우

근로자는 근로계약상의 부수의무 또는 충실의무의 한 내용으로 근로관계 존속 중에 경업금지의무를 부담하기는 하나, 근로관계 종료 후에는 특약이 없는 한 경업금지의무를 부담하지 않으므로 근로계약 자체에 기하여 경업금지청구를 하는 것은 허용되지 않는다. 그런데, 우리 대법원 판례에 따르면, 근로계약상의

46) 이와 관련된 일본 판례에 관해서는 신권철, “퇴직근로자 경업규제의 비교법적 고찰-미국과 일본의 판례를 중심으로,” 「노동법연구」 제20호, 서울대학교노동법연구회, 2006, 207-210면 참조.

부수의무로서 영업비밀유지의무는 근로관계 종료 후에도 유지될 여지가 있고,[47] 별도로 사용자가 근로자와 사이에 퇴직 후 영업비밀유지의무를 부하도록 하는 약정(영업비밀유지약정)을 체결하기도 한다.

근로계약이나 영업비밀유지약정상의 퇴직 후 영업비밀유지의무를 근거로 사용자가 퇴직근로자에 대해 금지청구를 구하는 경우 법원은 사실상 부정경쟁방지법상의 영업비밀침해행위와 유사하게 ① 영업비밀의 내용, ② 영업비밀유지의무 및 의무위반행위 여부를 판단한 후 부작위를 명하는 판단을 해야 하는데, 위와 같은 계약에 따른 피보전권리를 근거로 한 금지청구의 경우에는 계약내용의 해석에 따른 금지의 내용이 설정되어야 한다. 예를 들면, '영업비밀의 사용, 누설, 공개의 금지'를 약정한 경우라면, 그에 따라 금지의 내용도 계약 내용에 따라 한정되어야 하고, 더 나아가 '영업비밀 관련업무 종사금지'나 '업무종사금지'까지 확대하여 금지청구를 구할 수는 없다고 보아야 하고, 영업비밀침해금지 외에 추가적으로 사용자가 위와 같은 금지를 구하는 경우에는 부정경쟁방지법 제10조의 금지청구권이나 경업금지특약에 근거하여야 할 것이다.

근로계약이나 영업비밀유지약정상의 비밀유지의무를 근거로 한 영업비밀의 사용, 누설, 공개의 금지청구와 부정경쟁방지법 제10조를 근거로 한 금지청구의 차이를 생각해 본다면, 전자는 근로계약 또는 영업비밀유지약정이라는 계약관계에 기하여 발생하는 채권적인 권리의무관계이고, 후자는 영업비밀이라는 일종의 재산 자체로부터 발생하는 권리의무관계라는 점에서 구분해 볼 수도 있을 것이다. 즉 전자는 채권계약에 따른 부작위의무이고, 후자는 물권적 청구와 유사하게 법이 정한 금지청구에 따른 부작위의무이다.

(2) 경업금지특약에 의한 경우

사용자가 퇴직근로자와 사이에 경업금지특약을 체결하였음을 이유로 경업금

47) 앞서 본 바와 같이 우리 대법원은 부정경쟁방지법 제2조 제3호 라.목 '계약관계등에 의하여 영업비밀을 비밀로서 유지할 의무가 있는 자'에 대한 판단에서 '계약관계 존속 중은 물론 종료 후라도 또한 반드시 명시적으로 계약에 의하여 비밀유지의무를 부담하기로 약정한 경우뿐만 아니라 인적 신뢰관계의 특성 등에 비추어 신의칙상 또는 묵시적으로 그러한 의무를 부담하기로 약정하였다고 보아야 할 경우를 포함한다고 해석하고 있다(대법원 1996.12.23. 선고 96다16605 판결). 위 판결이 모든 퇴직근로자에 대하여 비밀유지의무가 있는 것으로 판단한 것이라 보기는 어려우나 개별사례에서 퇴직근로자의 직위, 근무기간, 업무내용 등을 고려하여 퇴직근로자에 대해서는 명시적 약정이 없더라도 영업비밀유지의무가 있다고 볼 여지를 열어둔 판결이라 할 것이다.

지청구를 하는 경우가 있는데, 이러한 경우 사용자의 금지청구의 내용은 ① 영업비밀관련 업무 종사금지, ② 업무종사금지뿐만 아니라, ③ 취업 및 창업금지 또는 퇴사 및 폐업명령까지 구하는 경우도 있다.

이러한 경업금지특약에 기해 금지청구를 해 오는 경우 법원은 1) 경업금지특약의 존재 여부, 2) 경업금지특약의 유효성 여부, 3) 경업금지특약의 효력 범위 제한, 4) 경업금지의무의 소멸 여부, 5) 퇴직근로자의 경업금지의무 위반여부 6) 근로자측의 항변사유 등을 순서에 따라 판단한 후 최종적으로 그 금지의 내용 및 범위를 정하게 된다. 이 중 경업금지특약의 유효요건에 관해서 외국의 일부 입법에서는 경업금지보상을 유효요건으로 하는 등 다양한 고려요소를 유효요건으로 삼고 있다.

경업금지특약의 유효요건을 설정해야 하는 이유는, 통상 '동종업체 창업 및 취업금지'의 내용으로 요약될 수 있는 경업금지특약은 계약내용 중에 영업비밀과의 관련성을 그 금지의 전제요건으로 하지 않는 경우가 많아[48] 퇴직근로자가 동종업체의 창업이나 취업을 하는 것 자체만으로도 의무위반으로 볼 여지가 있게 되어 근로자에게 과도한 부담을 주기 때문이다. 따라서, 경업금지특약은 그 유효요건의 설정이 반드시 필요하게 되는데, 미국과 일본의 판례나 유럽 각국의 입법을 통하여 형성된 일반적인 기준, '사용자의 합법적 보호이익+근로자의 적정한 부담+공공의 이익의 보호+경업금지보상의 유무'에 따라 그 유효성 여부를 판단하여야 할 것이고, 그 구체적 내용을 보면 다음과 같다.

1) 먼저, 사용자의 합법적 보호이익을 우리 판결례에서는 대체로 영업비밀과 일치하는 것으로 보고 있다.[49] 우리 대법원도 퇴직한 근로자에 대하여 전직금지의무를 부과하는 것은 종전에 근무하던 직장의 영업비밀을 보호하기 위한 것이므로 특별한 사정이 없는 한 영업비밀의 존속기간을 넘는 기간까지 전직을 금지할 수는 없다[50]고 하고 있다. 따라서, 사용자의 영업비밀이 인정되지 않는 경우에는 경업금지특약에 기한 경업금지청구도 허용하지 않는 경우들이 많다.

그런데, 경업금지특약 중에는 영업비밀의 보호뿐만 아니라 독점적 이익의

---

48) 그 이유는 영업비밀유지약정과 달리 '동종업체 창업 및 취업금지'를 내용으로 하는 경업금지특약은 사용자에게는 의무위반에 대해 입증의 편리성이 있는 반면, 근로자에 대해서는 퇴직 및 이직의 자유에 사실상 직접적인 제약이 된다.

49) 수원지법 성남지원 2005. 6. 21. 선고 2005카합176 결정; 같은 지원 2005. 6. 21. 선고 2005카합170 결정; 같은 지원 2005. 6. 21. 선고 2005카합89 결정.

50) 대법원 2003. 7. 16. 자 2002마4380 결정(공2003하, 1809).

확보를 목적으로 하는 경우도 있는데, 독점적 거래처나 일정 지역에서의 상권 확보를 목적으로 한 경업금지특약에 관하여도 그 유효성을 인정할 수 있는지 여부가 문제된다. 일부 하급심 판결례에 따라서는 경업금지특약이 있는 경우에는 부정경쟁방지법상의 영업비밀 개념(비밀성, 경제성, 관리성)과 달리 영업비밀의 개념을 확장해서 일반고객이나 거래처 등에 관해서도 영업비밀의 범위에 포함된다고 보아 경업금지특약이 요구하는 사용자의 합법적 보호이익을 확장하여 인정하려는 경향도 있다.[51] 그러나 퇴직근로자가 사용자의 고객이나 거래처, 직원 등을 부당하게 유인하는 경우에는 부정경쟁행위나 불법행위로 보아 규제하는 방법이 타당하고, 영업비밀이 아닌 독점적 이익의 확보를 목적으로 한 경업금지특약의 경우에는 공공의 이익을 침해할 우려도 있어 유효성을 인정받기 어렵다고 할 것이다.

2) 다음으로, 근로자의 불합리한 부담이 되는지 여부는 경업금지기간, 지역, 업종뿐만 아니라 근로자가 자신의 몸에 체화된 지식, 기술, 경험, 사회적 관계를 계속 유지할 수 있는지 여부 등이 문제된다고 할 것이다. 경업금지의무로 인해 직업이나 지역을 옮겨야 하거나 사회적 관계를 유지하지 못하게 되는 경우라면 근로자에 대한 불합리한 부담으로 유효성을 갖추지 못한다고 해야 할 것이다. 아울러, 퇴직근로자의 경업금지의무는 대상조치에 의하여 보상되어져야 하는 대가관계 있는 부담이어야 한다. 근로관계 존속 중에는 노무제공의 대가로 임금을 받는 것처럼 근로관계 종료 후 퇴직근로자에게 노무를 금지시키기 위해서는 그에 대한 일정한 보상이 필요하다고 할 것이다.

3) 끝으로, 공공의 이익에 대한 침해가 되는지 여부는 주로 의료나 교육 등 공공적 서비스가 경업금지특약에 의해 제한되는 경우가 문제된다. 우리 하급심 사례 중에는 미술학원장이 퇴직한 미술학원 강사를 상대로 경업금지청구를 한 사례에서 경업금지가 수강생들의 자유로운 선택을 제한하고, 교육의 연속성을 막게 되는 점 등을 들어 부정경쟁방지법상의 경업금지청구를 거부한 사례[52]가 있다. 그러나, 경업금지특약을 체결한 사례에서는 일반학원강사에 대하여 경업금지특약에 기한 경업금지청구를 인용한 사례[53]가 있다.

51) 서울중앙지법 2005. 11. 18. 선고 2004가단135516 손해배상(기) 판결.
52) 의정부지법 2002. 10. 16. 선고 2002카합714 결정.
53) 수원지법 2005. 10. 13. 선고 2005카합747 결정.

4) 경업금지특약에 근거한 금지청구의 내용은 무엇이 될 수 있는가? 경업금지특약의 유효성이 인정된다면 사용자는 '동종업체 창업 및 취업금지'라는 경업금지특약의 내용에 따라 퇴직근로자에 대해 사전적으로 취업 자체나 창업 자체를 금지시키거나, 사후적으로 취업된 경업회사로부터의 퇴사명령을 구하거나 폐업명령을 구할 수 있는 것일까? 아니면 업무 자체의 금지만을 구할 수 있는 것일까? 문제된다.

살피건대, 별도의 상당한 경업금지보상을 경업금지특약의 유효요건으로 인정한다고 한다면 위와 같은 취업 및 창업금지, 퇴사나 폐업도 가능할 수 있으리라 생각되지만, 아무런 보상도 없는 상황에서 취업이나 창업 자체를 박탈시키거나 업무 자체를 금지시키는 것은 허용되기 어렵다고 볼 것이다.

따라서, 경업금지특약과 관련하여 법원이 허용가능한 경업금지의 수준을 보상 유무에 따라 구분하는 것도 한 방법이라 할 것이다. 예컨대, ① 경업금지특약에 따라 업무나 영업 자체의 금지청구를 구하기 위해서는 반드시 상당한 보상을 그 금지청구의 요건으로 하고,[54] ② 상당한 경업금지보상이 없는 경업금지특약의 경우에는 퇴직근로자의 창업이나, 취업, 업무 자체를 금지시키는 것은 허용하지 않는 것이다.

그리고, 설령 상당한 경업금지보상이 없는 경업금지특약에 대해서 유효성을 인정한다고 하더라도, 퇴직근로자에 대한 경업금지청구는 헌법상의 직업선택 및 영업의 자유, 근로의 권리와의 조화라는 측면에서 비례성의 원칙에 따라 필요최소한의 범위로 한정해야 하므로 ① 영업비밀을 사용한 일정한 제조물만의 사용, 제작을 금지시키거나, ② 일정한 영업비밀관련 업무분야만을 한정하여 금지시키는 방식으로 인정하는 것이다. 즉, 영업비밀과 관련된 사용자의 합법적 보호이익이 인정되는 경우에만 부정경쟁방지법 제10조에 의하여 인정되는 수준의 금지, 즉 영업비밀침해금지 또는 그 필요성이 인정될 경우 영업비밀관련업무 종사금지의 수준까지 금지청구의 범위를 허용하는 것이다.

(3) 부정경쟁방지법상의 금지청구권에 의한 경우

사용자가 부정경쟁방지법상 제10조에 의한 금지청구를 하는 경우에 법원은

54) 아니면, 적어도 사용자가 퇴직근로자에게 경업금지기간 동안 매월 일정액의 지급을 조건으로 금지청구를 인용하는 것도 한 방법이 될 수 있다.

주로 1) 영업비밀 해당 여부, 2) 퇴직근로자의 영업비밀유지의무 여부, 3) 영업비밀 침해행위 여부를 판단한 후 사용자의 금지청구의 내용이나 범위를 한정해 인정하는 경우가 많다.

먼저, 사용자의 영업비밀과 관련하여서는 근로자의 몸에 체화된 지식, 기술, 경험, 거래처 등 사회적 관계와 어떻게 구분할 것인가 하는 문제가 있다. 최근 우리 하급심 판결례 중에도 '근로자가 근로계약에 따라 직장에서 근무하는 동안에 스스로 체득하게 된 일반적인 지식, 기술, 경험, 거래선과의 친분관계 등은 그 자신에게 귀속되는 인격적인 성질의 것'이라 표현한 사례[55]가 있다.

다음으로, 영업비밀 침해행위와 관련하여서는 퇴직근로자의 창업이나 취업 자체만으로 영업비밀 침해행위가 되는 것은 아니므로 부정경쟁방지법 제 2 조 3호 소정의 영업비밀 침해행위에 해당하여야 하며, 퇴직근로자의 경우에는 특히 라.목 '계약관계등에 의하여 영업비밀을 비밀로서 유지하여야 할 의무가 있는 자가 부정한 이익을 얻거나 그 영업비밀의 보유자에게 손해를 가할 목적으로 그 영업비밀을 사용하거나 공개하는 행위'에 해당하여야 하므로, 퇴직근로자가 통상적인 보수 이외에 별도의 이익을 얻은 것이 있는지, 이전 사용자가 정당한 영업비밀 보유자인지, 통상적인 취업이나 창업의 방법 외에 손해를 가할 목적으로 불공정행위를 한 것이 있는지, 영업비밀의 사용이나 공개가 있는지 여부 등을 고려하여 영업비밀 침해행위 여부를 판단하여야 할 것이다.

위와 같이 퇴직근로자가 부정경쟁방지법 소정의 영업비밀침해행위에 해당된다면 위 법 제10조에 따라 영업비밀의 취득, 사용, 공개의 금지가 가능하다고 할 것이다. 우리 대법원은, 더 나아가 근로자가 전직한 회사에서 영업비밀과 관련된 업무에 종사하는 것을 금지하지 않고서는 회사의 영업비밀을 보호할 수 없다고 인정되는 경우에는 부정경쟁방지법 제10조 제 1 항에 의한 침해행위의 금지 또는 예방 및 이를 위하여 필요한 조치 중의 한 가지로서 그 근로자로 하여금 전직한 회사에서 영업비밀과 관련된 업무에 종사하는 것을 금지하도록 하는 조치를 취할 수 있다[56]고 판시하고 있는데, 부정경쟁방지법 제10조에 의하여 인정되는 영업비밀침해금지는 퇴직근로자의 위법한 행위를 막기 위한 수단으로서 사용자의 권리행사의 범위 내라 할 것이지만, 더 나아가 영업비밀관련업무

55) 서울동부지법 2005. 11. 23. 선고 2005가합6257 손해배상(기) 판결.

56) 대법원 2003. 7. 16.자 2002마4380 결정(공2003하, 1809).

종사금지까지 인정하는 경우는 앞서 본 바와 같이 영업비밀 보호를 위해 필요한 조치라 하더라도 앞서 본 바와 같이 근로자의 적법한 업무활동까지 제약하게 되는 측면이 있어 그 기간이나 범위에 있어 헌법상의 기본권 제한에 따른 필요 최소한의 범위로 한정해야 할 것이다.

4. 경업금지기간 및 영업비밀침해금지기간

(1) 우리 판결례의 경향

경업금지기간 및 영업비밀침해금지기간과 관련하여 우리 하급심 판결례들은 대체로 영업비밀침해금지기간과 경업금지기간을 동일하게 인정하는 경향이 있다.[57] 그리고, 영업비밀침해금지기간이나 경업금지기간을 ① 퇴직일로부터 기산하는 경우 4개월부터 3년까지, ② 판결확정일로부터 기산하는 경우 6개월부터 3년까지, ③ 가처분결정일로부터 기산하는 경우 8개월부터 2년까지[58] 등으로 그 기산점이나 기간을 다양한 방식으로 판결이나 결정 주문에 나타내고 있으나, 영업비밀침해금지 및 경업금지에 대한 개념의 혼돈이나 피보전권리에 대한 혼돈으로 인하여 금지기간 기산점의 산정방식이 위와 같이 퇴직일, 판결확정일, 가처분결정일 등으로 다양하게 나타나고 있다.

아울러 우리 하급심의 경우를 보면 ① 약정된 금지기간을 전부 유효로 본 경우, ② 약정된 금지기간을 일부만 유효로 본 경우,[59] ③ 금지기간을 별도로 정하지 않아 전부를 무효로 본 경우, ④ 금지기간을 별도로 정하지 않아 법원이 재량으로 정한 경우[60] 등으로 구분되며, ⑤ 가처분결정이나 판결 당시를 기준으로 퇴직 후 약정된 경업금지기간이 도과되지 않았더라도 법원이 판단하기에 가처분결정시[61] 또는 변론종결시에는 합리적 경업금지기간이 도과되었다는 이유로 사용자의 청구를 기각한 사례도 있다.[62]

---

57) 장홍선, "판례상 나타난 영업비밀침해금지기간과 전직금지기간 및 그 기간 산정의 기산점에 관하여 — 대법원 2003. 7. 16.자 2002마4380 결정,"「판례연구 16집」, 부산판례연구회, 2005, 828면.

58) 장홍선, 앞의 논문, 805-823면.

59) 서울고법 2005. 12. 21. 선고 2005나47405 판결(약정기간 5년을 3년으로 제한).

60) 서울중앙지법 2005. 11. 18. 선고 2004가단135516 판결.

61) 가처분에 대한 이의, 취소신청이 있는 경우는 그 이의, 취소판결이나 결정시가 된다.

62) 서울고법 2005. 10. 24.자 2005라278 결정(영업비밀침해금지기간을 합리적으로 산정할 경우 퇴직일로부터 1년으로 봄이 상당한데, 가처분결정 당시에는 이미 그 침해금지기간을 도과하였

(2) 경업금지기간 및 영업비밀침해금지기간에 관한 검토

사용자의 퇴직근로자에 대한 경업금지청구는 앞에서 본 바와 같이 ① 근로계약 또는 영업비밀유지약정에 의한 경우, ② 경업금지특약에 의한 경우, ③ 부정경쟁방지법에 의한 금지청구의 경우로 나누어 볼 수 있다.

①, ②와 같이 계약에 의한 경우라면 계약상에 영업비밀유지기간이나 경업금지기간이 기산점과 함께 정해져 있기도 하고,[63] 그렇지 않기도 한데, 법원은 계약내용의 해석 및 합리성을 고려하여 그 기간을 제한할 수는 있으나, 그 기산점이 계약 내용에 정해져 있는 경우라면 특별한 사정이 없는 한 이에 따라야 할 것이고, 기산점이 없는 경우라면 영업비밀 유지의무의 경우는 영업비밀 취급업무 이탈시점, 퇴직 후 경업금지의무는 원칙적으로 퇴직시점을 그 기산점[64]으로 삼아 합리적인 기간 내로 경업금지기간을 한정하면 될 것이다.

그런데, ③과 같이 부정경쟁방지법 제10조에 의한 경업금지청구나 영업비밀침해금지청구의 경우는 영업비밀 자체를 보호하기 위하여 영업비밀침해행위에 대한 배제를 구하는 것이므로 원칙적으로 영업비밀이 유지되는 한 그 침해행위의 배제를 법원에서 선언하는 형태로 되므로 그 기산점이나 기간은 법원이 별도로 정하게 된다. 그리고 부정경쟁방지법 제10조에 의하여 영업비밀침해행위의 금지가 아니라 영업비밀 보호를 위한 필요한 조치로서 영업비밀관련업무 종사금지를 명하는 경우에도 법원이 그 기산점과 필요한 기간을 영업비밀침해금지기간과 별도로 영업비밀관련업무종사금지기간을 정할 수 있을 것이다.

5. 근로자측의 항변사유(경업금지의무의 소멸사유)

사용자로부터 경업금지청구를 당한 퇴직근로자는 대체로 경업금지특약과 관련하여 강박에 의한 취소, 비진의표시라는 이유로 무효를 주장하기도 하나, 이러한 항변은 법원으로부터 쉽게 인정되지는 않고 있다. 따라서 법원이 경업금지특약의 유효성을 인정하고, 그 합리적 범위를 제한하고 난 후에는 근로자가 경업

다는 취지로 판단하였다).

63) 예컨대, '퇴직일로부터 1년' 등으로 영업비밀유지약정이나 경업금지특약에 기산점과 기간이 설정되어 있는 경우가 많다.

64) 대법원 2003. 7. 16.자 2002마4380 결정(공2003하, 1809).

금지의무의 소멸사유를 주장하거나, 자신이 가진 권리를 주장하는 방식으로 항변하게 된다.

예컨대, ① 사용자가 주장하는 영업비밀이 실질적으로 근로자가 만들어 낸 것이거나 일반적인 지식이나 기술로 근로자에게 인격적으로 귀속되었다고 하는 경우, ② 근로관계의 종료사유가 부당해고나 정리해고, 임금미지급이나 승진탈락으로 인한 퇴직의 경우라서 경업금지청구를 할 수 없다고 하는 경우, ③ 경업금지특약 체결시에는 사용자의 합법적 보호이익 범위 내였으나 현재에는 업종이나 지역, 영업비밀의 내용이 변경되어 사용자의 합법적 보호이익이 소멸하였다고 하는 경우에는 퇴직근로자의 경업금지의무가 소멸되었다고 볼 수도 있다. 이하에서 구체적으로 살펴보기로 한다.

(1) 사용자의 영업비밀과 근로자의 주관적, 인격적 재산의 구분

사용자가 주장하는 영업비밀, 예컨대 고객(거래처)이나 기술, 노하우 등이 실은 근로자 자신의 노력으로 만든 것이거나 일반적 지식이나 기술로서 근로자에게 귀속되는 경우에 사용자가 위와 같은 영업비밀(고객, 기술, 노하우 등)을 주장하며, 근로자에게 영업비밀침해금지청구나 경업금지청구를 구하는 것이 허용될 것인가?

이와 관련하여, 일본에서는 '근로자의 인격적, 주관적 재산'이라는 표현이 사용되었는데, 그 내용을 살펴보면, '일반적으로 근로자가 고용관계 계속 중 습득한 업무상의 지식, 경험, 기술은 근로자의 인격적 재산의 일부를 이루는 것으로, 이것을 퇴직 후에 어떻게 이용할 것인가는 근로자의 자유에 속하므로 특약 없이 이러한 자유를 구속할 수는 없다'[65]라고 판시한 사례가 있고, 이후 여러 사례에서 근로자의 주관적 재산이라는 표현으로 '근로자는 고용 중 다양한 경험에 의하여 많은 지식과 기능을 얻게 되는데, 이것들이 당시의 동일 업종의 영업에서 보편적인 것인 경우, 즉 근로자가 다른 사용자 아래에서도 마찬가지로 얻을 수 있는 일반적 지식·기능을 획득하는 데 그치는 경우에는, 그것들은 근로자의 일종의 주관적 재산을 구성하는 것이고, 그러한 지식·기능은 노동자가 근로관계 종료 후 활용하는 것이 예상되는 것이며, 이것을 금지하는 것은 단순히 사용자의 경쟁제한의 목적으로 근로자의 직업 선택의 자유를 부당하게 제한하는

65) 중부기계제작소사건, 金澤地裁 1968. 3. 27. 판결, 「판례시보」, 522호, 83면.

것이 되어 공서양속에 반한다'라고 판시하고 있다.[66]

살피건대, 우리 하급심 중에서도 앞서 살펴본 바와 같이 '근로자에게 귀속되는 인격적인 성질의 것'이라는 표현으로 일본과 유사한 견해를 보인 사례가 있으며, 사용자의 영업비밀이라고 주장하는 것이 실은 근로자의 오랜 노력으로 인해 만들어진 것이거나 일반적인 수준의 기술이나 지식일 경우에는 사용자의 합법적 보호이익의 범위 내에 포함되지 않는다고 보아야 할 것이고, 영업비밀이나 사용자의 합법적 보호이익이 인정되지 않는 사용자의 경업금지청구는 허용되지 않는다고 해야 할 것이다.

(2) 근로관계 종료의 사유

사용자의 일방적인 부당해고나 정리해고, 사용자의 임금미지급이나 의도적인 진급누락에 의한 퇴직, 근로자의 책임 있는 사유로 해고되었으나 근로관계가 존속된 기간이 짧은 경우 등은 경업금지특약이 대체로 근로자 자의에 의한 퇴직을 전제로 하고 있는 의무라는 점에 비추어 볼 때 퇴직 후 경업금지의무를 강제하는 것이 부당할 수 있다.

이러한 점을 고려하여, 미국에서는 판례를 통해 근로관계의 종료사유에 사용자의 귀책사유가 있는 경우 경업금지특약에 의한 경업금지의무의 강제를 허용하지 않는 경향이 있으며, 스위스나 벨기에의 경우는 법령에 의하여 근로관계 종료에 사용자의 귀책사유가 있거나 근로자에게 정당한 사유가 있는 경우에는 경업금지특약의 효력이 없다고 하고 있다.

우리 하급심 판결례 중에서도 ① 근로자를 해고, 정리해고하거나 부득이하게 근로자가 퇴직할 수밖에 없었던 경우에는 경업금지의 효력을 인정하기 곤란하다며 사용자의 경업금지청구가 신의칙에 반한다고 한 사례,[67] ② 퇴직근로자의 퇴사사유가 사용자측의 사업부진 및 핵심인력의 해고에 있었다는 이유로 퇴사에 근로자의 귀책사유가 없어 경업금지특약을 위반한 것이 아니라고 한 사례,[68] ③ 퇴직근로자가 자발적으로 사직한 것이 아니라 이사회에서 해임된 사정에 비추어 경업금지청구권이 발생하지 않는다고 한 사례,[69] ④ 강등 및 형사고소 등

66) 도쿄리갈마인드사건, 東京地裁 1995. 10. 16. 판결, 「판례시보」 1566호, 83면.
67) 서울고법 2005. 10. 24.자 2005라278 결정.
68) 서울중앙지법 2005. 9. 2. 선고 2005가합41356 판결.
69) 부산지법 동부지원 2005. 8. 17.자 2005카합321 결정.

으로 인하여 어쩔 수 없이 퇴사할 수 밖에 없는 상황에 따른 것이므로 전직금지약정위반책임을 물을 수 없다고 한 사례,[70] ⑤ 기간만료 전 퇴직 및 경업을 이유로 기지급한 특별채용비의 반환을 구하는 사례에서 근로자들의 퇴직 사유가 사용자측의 귀책사유에 의한 것이고, 특별채용비가 임금의 성격을 지니고 있다는 이유로 그 반환을 거절한 사례[71] 등이 있다.

이에 반하여 경업금지특약에 '해고되거나 사직하였을 때 5년간 경업자에게 고용되지 않는다'라는 규정이 있어 사실상 강압에 의해 축출된 것이라 하더라도 경업금지특약상 해고의 경우도 명문상으로 의무부담사유로 규정하고 있는 이상 경업금지의무가 인정된다고 한 사례[72]가 있기는 하나, 경업금지특약상 해고의 경우를 포함하고 있다고 하더라도 근로자의 귀책사유 없는 해고의 경우에도 경업금지의무를 부담토록 하는 것은 특별한 사정이 없는 한 허용해서는 안 된다고 할 것이다.

(3) 경업금지의무의 소멸

그 밖에 경업금지의무의 소멸사유로는 사용자의 명시적 또는 묵시적 포기, 사용자의 파산이나 폐업, 사용자의 합법적 보호이익의 소멸(사용자의 영업비밀이 공개되어 영업비밀로 인정될 수 없는 경우, 고객이나 거래처 등이 없어지거나 변경되는 경우) 등을 들 수 있겠다.

V. 결 론

이상에서, 퇴직근로자 경업규제의 법리와 그에 따른 경업금지가처분에서 발생하는 실무상의 여러 가지 문제들을 살펴보았다. 실무적으로는 경업금지가처분이 다양한 피보전권리에 기해 다양한 수준의 금지청구를 해 오기 때문에 그 법리적인 구성이나 요건을 설정하는 것에 어려움이 있고, 피보전권리간에 요건이나 효과에 있어 상호 중복되거나 겹치는 부분들이 있어 결론을 정하는 것에도

70) 수원지법 안산지원 2005. 1. 28. 선고 2004가합15, 2004가합3694 판결.
71) 서울중앙지법 2005. 1. 25. 선고 2004가단128716 판결.
72) 서울고법 2005. 12. 21. 선고 2005나47405 판결; 수원지법 2005. 5. 26. 선고 2005카합400 판결.

다소 어려움이 있어 왔으며, 대체로 현재까지는 경업금지기간이나 영업비밀침해 금지기간의 합리적인 산정에 법원의 주된 역할이 있어 왔다.

그러나 이제는 더 나아가 경업금지가처분에서 구하는 금지의 내용이나 범위를 피보전권리에 따라 구분하여 그 요건을 한정하는 것이 필요하고, 부정경쟁방지법 제10조에 의한 금지청구권의 범위를 경업금지청구로까지 확대해 나가는 것이 타당한지, 경업금지특약에 보상을 유효요건으로 해야 할지 등에 관하여 외국의 입법이나 판례를 바탕으로 논의를 확대해 나갈 필요성이 있다고 할 것이다.

퇴직근로자에 의한 위법한 경업행위의 규제뿐만 아니라 사용자에 의한 독점적 이익을 목적으로 한 경업금지특약의 규제도 필요하며, 사용자의 영업비밀과 구분되는 근로자의 몸에 체화된 지식, 기술, 경험, 사회적 관계 등에 대해서도 보다 적극적인 이해가 필요한데, 이는 경쟁법적 측면, 헌법적 측면, 지적재산법적 측면, 노동법적 측면 등이 엇갈려 있어 총체적인 관점에서 바라보는 것이 필요하다.

또한 아직까지 경업금지특약에 대한 규제는 우리와 일본의 경우 법령이 아닌 판례에 의하여 규율되고 있으나, 법원의 최종적인 판단이 있을 때까지 경업금지특약의 유효성이나 경업금지기간에 관하여는 합리적인 예측이 어렵다는 점에서 앞으로 판례나 입법을 통하여 경업금지특약에 관하여는 예측 가능한 유효요건을 설정하는 것이 필요하다고 할 것이다.

제 3 부

국제노동법의 최근 경향

ILO '고용관계권고'(Recommendation concerning the employment relationship)의 주요 내용과 시사점

조 임 영*

Ⅰ. 머 리 말

지난 수십 년간 대부분의 국가들은 양태나 정도는 달리 하지만 비정규노동의 급속한 증가를 경험하여 왔다. 비정규노동은 다양한 형태로 전개되어 왔는데, 그 중 노동관계의 측면에서 가장 중요한 변화로 볼 수 있는 것은 자영노동자 내지는 독립노동자와 파견노동관계, 하청노동관계와 같은 삼각노동관계가 증가하고 있는 현상이다. 이러한 현상은 다양한 원인을 가질 수 있으나, 그 결과는 노동자보호시스템에 중대한 도전으로 나타나고 있다.

노동법은 전통적으로 고용관계(employment relationship)를 맺고 있는 피용자와 사용자를 권리의무의 주체로 하여 왔다. 그런데 자영인이나 삼각노동관계에서는 사실상 피용자이나 노동법의 보호를 받지 못하고, 사실상 사용자이나 노동법상 책임을 부담하지 않는 경우가 빈번히 발생하고 있다. 이 경우, 기업은 이러한 노동력 이용방식을 통하여 고용에 따르는 위험과 비용부담을 개별화, 외부화하여 인력관리의 유연성을 강화하고 각종 사용자책임을 회피하지만 다양한 통제방식을 통하여 노동의 성과물에 대한 지배는 여전히 확보한다. 반면 노동자로서는 고용의 불안정, 노동법상 개인적·집단적 권리와 사회보장법상의 권리의 침해, 중간착취 등의 불이익을 겪어야만 한다. 이러한 노동에 대한 이익과 책임의 부조화 현상은 노동의 상품화를 심화시키고 인간노동의 존엄성을 훼손시키

* 배재대학교 법과대학 교수.

며, 부의 불균등한 분배와 사회적 갈등을 불러 일으켜 사회적 통합을 저해하는 주요 요인으로 작용하고 있다. 이에 따라 세계의 많은 국가들에서는 '누가 근로자인가', '누가 사용자인가'라는 고용관계의 근본적인 문제에 대한 논란이 전개되어 왔다.

국제적인 노동보호기구로서 ILO도 이 문제가 심각하게 확산되고 있는 점을 주목하여 10여년에 걸쳐 다양한 차원에서 대응방안을 논의하여 왔다. 이러한 활동의 결과로 ILO는 2006년 제95차 총회에서 '고용관계권고'를 채택하였다. 고용관계권고는 ILO의 2003년 총회에서 채택된 '고용관계에 관한 결의'(Resolution concerning the employment relation)[1]를 바탕으로 하고 있다. 이 결의의 결론문의 다음과 같은 표현은 고용관계권고 채택의 배경을 잘 보여주고 있다.

> "노동시장구조와 노동조직의 변화로 인해 고용관계의 틀 내부·외부 모두에서 노동의 패턴이 바뀌고 있다. 어떤 상황에서는 노동자가 피용자인지 진정한 자영자인지가 불명확해 진다. 노동시장구조, 노동조직의 변화와 미흡한 법적용과 관련된 결과들 중 하나는 사실상 피용자이나 고용관계의 보호를 받지 못하는 노동자들의 현상이 증가하고 있다는 것이다. 이러한 거짓된 자영업자의 형태는 비공식 경제에서 보다 일반화되고 있다. 그러나 잘 조직된 노동시장을 가진 많은 나라들도 또한 이러한 현상의 증가를 경험하고 있다. 이러한 전개의 일부는 새로운 것이며 다른 일부는 수 십년 동안 존재해 왔다. 노동자의 노동수행이나 서비스의 제공이 바탕이 되는 매우 다양한 방식들은 적절한 법적 틀 내에 놓여질 수 있도록 하는 것은 노동시장의 모든 주체들을 위한 것이다. 명확한 규칙은 노동시장의 공정한 규율을 위해 필요불가결하다."

이 결론문에서는 위와 같은 현상의 요인으로서 ① 법은 불명확하고, 범위가 너무 협소하거나 그렇지 않으면 부적절함, ② 고용관계는 민사적·상사적 형식으로 위장됨, ③ 고용관계가 모호함, ④ 노동자가 사실상 피용자이나 사용자가 누구인지, 그 노동자는 어떤 권리를 가지는지 그리고 그러한 권리는 누구에 대해 주장할 수 있는지는 명확하지 않음, ⑤ 법 준수와 시행의 결함 등을 지적하였다.

이러한 배경을 바탕으로 하고 있는 고용관계권고는 비록 권고의 형식을 취하고 있기 때문에 협약(Convention)과 같이 비준을 통해 회원국에 의무를 창설하는 성격을 가지지 않고 관련 기준을 설정하여 회원국의 국내정책에 대한 지침을 제공하는 성격을 가지나, 이 문제에 대한 국제적 논의를 활성화시키는 계기

1) http://www-ilo-mirror.cornell.edu/public/english/dialogue/ifpdial/ll/er_conc.htm.

가 됨은 물론이고 국내적 논의에도 적지 않은 시사점을 줄 것으로 생각한다.

국제적인 차원에서 고용관계권고는 이 문제에 대응하기 위한 ILO의 공식적인 문서로서 ILO가 고용관계에 관한 논의의 계속과 확장을 위한 발판을 마련했다는 점에서 의미를 가진다. ILO헌장 제19조에 따라 회원국은 고용관계권고와 관련하여 ILO 이사회가 요구하는 적절한 간격으로 권고가 다루고 있는 문제와 관련된 법률 및 관행의 상태를 ILO사무총장에게 보고할 의무가 있다. 이 보고에는 권고의 규정이 어느 정도 시행되고 있는지 또는 시행하려 하는지 및 어떠한 규정을 채택하거나 적용함에 있어서 필요하다고 인정된 또는 인정될 수 있는 수정안을 포함하여야 한다. 이와 같은 보고를 통해 ILO 사무국은 권고의 이행상황을 검토하고 필요한 조치를 위한 논의의 기초를 형성하게 된다.

또한 고용관계권고는 국내의 특수고용을 비롯한 고용관계문제에 대한 논의의 방향과 내용에도 영향을 줄 수 있을 것으로 보인다. 비록 권고가 지침으로서 성격을 가지고 회원국의 임의적 의사에 따라 적용된다고 하지만 일정한 방향과 기준을 제시하고 있기 때문에 국내 관련당사자들의 논의의 방향, 범위 및 내용에 대해 타당성한지의 여부를 판단하는 기준이 된다는 것이다.

아래에서는 먼저 고용관계권고의 채택경과에 대해 간략히 살펴보고(Ⅱ), 이 권고의 이념 및 방향, 규정대상, 주요내용 등을 검토하며(Ⅲ) 마지막으로 이 권고가 국내의 관련논의에 어떠한 시사점을 주는지 검토한다(Ⅳ).

Ⅱ. 고용관계권고의 채택 경과

ILO는 고용관계의 문제를 지난 10여년간 의제로 하여 왔다. 이와 관련한 ILO의 논의는 두 단계로 나눌 수 있다. 먼저 '계약노동'(contract labour)에 관한 논의이다. 1995년 ILO 이사회의 결정을 거쳐 ILO는 제85차 총회(1997년)와 제86차 총회(1998년)에서 계약노동에 관한 협약 및 권고를 채택하기 위한 논의가 진행되었다. 계약노동에 관한 총회토의의 원래 의도는 특정한 범주의 보호받지 못하는 노동자들을 보호하기 위하여 협약과 권고를 채택하는 것이었다. 그런데 협약 및 권고채택 제안은 계약노동의 정의와 범위의 문제로 실패하였다.[2)]

2) 계약노동에 관한 ILO 논의의 기초자료로는 ILO의 Contract labour, Reports Ⅵ(1), (2),

그러나 1998년 제 2 차 토의의 종료시에 총회는 결의문(resolution)을 채택하였는데, 이 결의문에서는 ILO 이사회로 하여금 이 문제들을 장래 총회회기의 의제로 설정하도록 하여 통상적인 절차에 따라 해당 총회에서 협약 및 부속권고의 채택이 필요하다고 판단하면 협약과 권고를 채택하고자 하였다. 이를 위해 결의문에서는 ILO사무국장으로 하여금 전문가회의를 개최하여 계약노동위원회에서 확인되어 온 상황에서 어떤 노동자들이 보호가 필요한 상황에 있는지, 이러한 노동자들이 보호될 수 있는 적절한 방법이 무엇이며 다양한 상황과 분리하여 다룰 수 있는 가능성이 있는지, 이러한 노동자들을, 상이한 법률시스템과 언어를 고려하여 어떻게 정의할 수 있는지 등을 조사 · 검토하도록 하였다.

이에 따라 2000년 5월에 제네바에서 '보호를 필요로 하는 상황에 있는 노동자에 관한 3자 전문가회의'(a tripartite Meeting of Experts on Workers in Situations Needing Protection)가 개최되었다. 이 회의에서는 노동의 성격에 있어 변화의 보편적인 현상으로 인해 (노동자가 노동법에 의해 보호받을 수 있는 자격이 있는지 여부를 결정하는) 고용관계의 법적 범위가 노동관계의 현실과 일치하지 않는 상황들이 발생하였고, 이는 노동 및 고용법에 의하여 보호를 받아야 하는 노동자들이 이로 인해 사실상 또는 법률상 그 보호를 받지 못하고 있는 경향을 초래하였음을 확인하였다. 그리고 이 회의는 국가들은 적절한 평가기간을 두고 적절하다면 각 국가의 법률에서 고용관계의 규제범위를 명확히 하거나 이를 현재의 고용현실에 맞춘다는 견지에서 국가정책을 채택하거나 계속 이행해야 한다고 합의하고, 고용관계를 규율하는 법률들이 보호를 필요로 하는 노동자들을 포괄할 수 있도록 정책을 개발하는데 ILO가 주요한 역할을 할 수 있다고 합의하였다. 한편 1998년 총회에서 채택된 결의에 따라 ILO 사무국은 일련의 국가별조사를 실시하였는데, 이 조사 결과 노동보호시스템이 토대로 하고 있는 고용관계의 개념의 보편적 중요성이 확인되었다.

2003년 6월 ILO 총회 제91차 회기에서 고용관계의 범위에 관한 일반토의가 개최되었다. 이 일반토의에서 많은 대표들은 고용관계의 개념은 모든 법률시

International Labour Conference, 85th Session, Geneva, 1997; *Contract labour,* Reports V(1), (2A), (2B), International Labour Conference, 86th Session, Geneva, 1998 참조할 수 있으며, 이에 관한 ILO의 회의자료로는 *Record of Proceedings,* International Labour Conference, 85th Session, Geneva, 1997, Twentieth sitting, 18 June과 *Provisional Record* No. 18; *Record of Proceedings,* International Labour Conference, 86th Session, Geneva, 1998, *Provisional Record* Nos. 16, 21을 참조.

스템과 전통에 공통하는 것임을 강조하였고 노동조직의 변화에 따라 고용관계의 범위에 관한 논의가 필요하다는 점을 공유하였다. 이에 따라 이 총회에서는 결의문을 채택하여 ILO는 이 문제에 대한 국제적 응답을 채택해야 하고 권고가 적절한 것으로 결정하였다. 이러한 과정을 거쳐 2006년 ILO 제92차 총회에서는 고용관계위원회를 구성하여 ILO 사무국이 제출한 고용관계에 관한 권고안을 심의하도록 한 후 총회에서 이 위원회가 제출안 권고안을 채택하였다.

이와 같이 고용관계는 2003년 6월 ILO 총회의 결의문, 관련 전문가회의, 사무국의 실태조사[3] 등을 통하여 권고의 방향과 주요내용이 정해졌으며, 2006년 총회에서는 이를 조정하고 구체화시킨 것이다. 고용관계권고는 전문, 본문으로 구성되어 있고, 본문은 4개의 장으로 구성되어 있는데, 제 1 장은 고용관계에 있는 노동자보호를 위한 국가정책, 제 2 장은 고용관계존재의 판단, 제 3 장은 감시 및 이행, 제 4 장은 마지막 조항 등으로 되어 있다.

Ⅲ. 고용관계권고의 주요 내용

1. 고용관계권고의 목적과 방향

고용관계권고의 이념과 방향 및 전체적 맥락은 그 전문에 잘 나타나 있다. 이 전문에서는 먼저 '국내법과 단체협약에 의한 노동자보호는 고용관계를 전제로 하고 있는 점', '관련당사자들의 권리와 의무가 명확하지 않거나 고용관계를 위장하려는 시도가 있거나 또는 법과 그 해석 및 적용이 부적절하거나 한계를 나타내는 경우에 고용관계의 존재를 확인하는데 어려움이 있는 점', '계약의 형식이 노동자가 당연히 받아야 할 보호를 박탈하는 효과를 가져 올 수 있는 상황이 존재한다는 점', '고용관계의 존재를 결정하는 어려움으로 인해 관련노동자와 공동체, 전체사회에 심각한 문제를 야기될 수 있는 점' 등의 문제점을 지적하고 있다. 이러한 문제점에 대해 전문은 노동법은 무엇보다도 고용관계의 당사자들

---

3) 고용관계와 관련하여 ILO 사무국의 기초연구 및 실태조사에 관한 자료로는 Report Ⅴ, *The scope of the employment relationship,* 2003; Report Ⅴ(1), Ⅴ(2A), *The employment relationship,* 2006 등을 참조(http://www.ilo.org/public/english/standards/relm/ilc/ilc95/reports.htm).

간에 교섭에 있어 불평등한 힘의 관계에 대응하는 것을 목적으로 하고, 법과 그 해석은 양질의 노동의 목표에 부합해야 함을 지적하고 있다.

이에 따라 전문에서는 고용관계 존재의 불확실성은 공정한 경쟁과 고용관계에 있는 노동자의 효과적인 보호를 보장하기 위해 국내법과 관행에 적절한 방식으로 다루어질 필요가 있는 점, 회원국이 국내법과 관행을 통하여 이러한 보호를 보장하는데 국제적 지침의 역할이 있는 점, 노동자보호는 국제노동기구의 핵심적 목적이며 ILO의 1998년 노동에 있어 기본 원칙 및 권리에 관한 선언(Declaration Fundamental Principles and Rights at Work)에서 발표된 원칙들과 양질의 노동의제(Decent Work Agenda)와 부합해야 하는 점 등을 밝히고 있다.

전문에서는 구체적 국가정책과 관련하여서는, 국가정책은 사회적 파트너와의 협의의 결과이어야 하며 사업장의 관련당사자들에게 지침을 제시하여야 하는 점, 국가정책은 경제성과, 일자리 창출 및 양질의 노동을 증진시켜야 하는 점 등을 제시하고 있다.

한편 전문에서는 국가정책에서 고용형태로 인해 보호를 받지 못할 우려가 큰 일정 범주의 자들에 대한 특별한 고려를 할 것을 지적하고 있다. 즉 전문은 이와 관련하여 보호는 모든 사람, 특히 취약한 노동자들에게 미칠 수 있어야 하며, 신속한 결과를 가지면서 효율적이고 효과적이며 포괄적이며 자발적 준수를 독려하는 법에 근거해야 하는 점, 경제의 세계화로 인해 적어도 입법의 선택에 의해 국가적 보호가 적용되지 않는 경우에 보호를 필요로 하는 노동자들의 이동을 증가하였과 서비스가 국제적으로 제공되는 틀 속에서 누가 고용관계에 있는 노동자로 고려되고 그 노동자는 어떤 권리를 가지며 사용자는 누구인지를 결정하는 중요하다는 점을 지적하고 있다.

2. 고용관계권고의 규정대상

(1) 고용관계의 형태

ILO는 고용관계와 관련하여 위장된 고용관계(disguised employment relationship), 모호한 고용관계(ambiguous employment relationship), 삼각고용관계(triangular employment relationship)등의 세 형태에 대해 논의하여 왔다. 먼저, ILO에서 사용하고 있는 용어의 의미를 보면 다음과 같다. 피용자(employee)는

고용관계의 일방당사자를 사용자(employer)는 고용관계 내에서 피용자의 노동수행이나 노무제공의 상대방을 나타낸다. 고용관계(employment relationship)는 피용자와 피용자가 보수를 대가로 특정한 조건 하에서 노동이나 서비스를 제공하는 사용자와의 법률관계를 나타내는 법적 개념이다. 이 고용관계를 통하여 피용자와 사용자 사이에 상호 권리의무가 발생한다. 자영업(self-employment) 및 독립노동(indepentent work)은 상사 내지 민사의 계약적 합의에 기반하고 정의상 고용관계의 범위 밖에 있다. 한편, 노동자(worker)라는 용어도 자주 사용되는데, 이는 피용자인지의 여부에 관계없이 모든 노동자에게 적용될 수 있는 광범위한 용어로 설명되고 있다.

위장된 고용관계(disguised employment relationship)란 사용자가 피용자인 자를 그 자의 진정한 법적 지위를 은폐할 목적으로 피용자 이외의 자로 취급하는 경우를 말한다. 위장된 고용은 민사 또는 상사적 합의를 부적절하게 이용함으로써 발생할 수 있다. 가장된 자영업, 가장된 도급계약, 가장 조합노동자, 가장된 서비스의 제공 및 가장된 회사구조조정은 고용관계를 위장하기 위해 사용되는 가장 빈번한 수단이다. 위장된 고용관계는 법률에 의해 부여된 보호를 무효화시키거나 완화시킬 의도로 또는 세금과 사회보장의무를 회피할 의도로 바탕에 있는 실제와 다른 외관을 빌리는 관계이다. 따라서 이는 고용관계를 다른 법적 외관으로 덮어 가리거나 다른 형식을 부여함으로써 고용관계를 은폐하거나 왜곡하려는 의도이다. 또한 위장고용관계는 사용자로 지정된 자가 중개자인 경우에 사용자지위를 감추기 위한 것일 수도 있으며, 이는 실제 사용자가 고용관계와의 모든 관련성으로부터 특히 노동자에 대한 모든 책임으로부터 벗어날 의도로 행해진다.

모호한 고용관계(ambiguous employment relationship)는 고용관계의 존재에 대해 실제 진정한 의문을 불러일으키는 조건하에서 노동이 이행되거나 서비스가 제공되는 경우이다. 표준노동관계에서 노동자의 지위는 통상적인 의문이 없다. 그러나 어떤 경우에는 노동자가 넓은 범위의 자율성을 가질 수 있고 이러한 요소만으로는 그 고용지위에 의문을 불러일으킬 수 있다. 고용관계를 특징짓는 주요 요소가 명백하지 않은 상황이 있다. 이는 고용관계를 고의적으로 위장하려는 시도가 있는 경우가 아니라 오히려 고용관계의 존재에 관해 진정한 의문이 있는 경우이다. 이는 노동자와 노동자로부터 노동을 제공받는 자 사이의 특정적이고 복잡한 형태의 관계나 장기간에 걸쳐 이러한 관계의 전개로 인해 생길 수 있다.

삼각고용관계(triangular employment relationship)는 노동 또는 노동자의 서비스가 제 3 자(이용자)에게 제공되는 경우이며, 이는 이로 인해 피용자의 침해로 보호의 결여가 발생하는 한에 있어서 검토될 필요가 있다고 한다. 이 경우 중요한 문제는 사용자가 누구이며, 노동자는 어떤 권리를 가지며, 누가 노동자에 대한 책임을 부담하는가에 있다.

(2) 고용관계권고의 규정대상

고용관계권고의 규정대상의 범위를 둘러싸고 ILO 사무국이 제출한 권고안을 심의하기 위한 고용관계위원회(Committee on the Employment Relationship)에서 노사정간 격렬한 논란이 있었다.[4] ILO사무국이 제출한 권고안[5]에서는 고용관계의 판단이 문제가 되는 노동형태 중에서, 특히 위장된 고용관계(disguised employment relationship), 모호한 고용관계(ambiguous employment relationship), 삼각 고용관계(triangular employment relationship)를 대상으로 삼았다.

사용자그룹은 이 중 위장된 고용관계만을 다루자고 집요하게 주장하였다. 가장 쟁점이 되었던 것은 삼각고용관계이었다. 이와 관련하여 대표적으로 사무국 권고안 전문은 "고용된 노동자가 제 3 자를 위해 서비스를 제공하는 상황인 경우에 누가 사용자인지, 그 노동자는 어떤 권리를 가지는지, 그리고 이러한 권리에 대한 책임을 누가 지는지를 판단하는 것은 어려울 수 있다"고 하고 본문 제 3 조 (c)는 고용관계에 있는 노동자보호를 위한 국가정책에 포함되어야 할 조치로서 "사용자가 누구인지, 근로자는 어떤 권리들을 가지는지 그리고 누가 이러한 권리들에 대해 책임을 부담하는지 등을 명확히 결정하기 위해, 고용된 노동자가 제 3 자를 위해 노무를 제공하는 상황에 적용할 수 있는 기준을 수립"을 규정하여 삼각고용관계에 대해 구체적으로 명시하고 있었으나 사용자그룹의 반대로 수정되었다.

그렇지만 삼각고용관계가 고용관계권고의 규정대상에서 제외된 것은 아니고

---

4) 고용관계위원회의 논의내용에 대해서는 International Labour Conference, *Provisional Record 21,* 95th Session, Geneva, 2006 참조.

5) International Labour Office, *Report* V*(2B) The employment relationship,* International Labour Conference, 95th Session, Geneva, 2006(http://www.ilo.org/public/english/standards/relm/ilc/ilc95/pdf/rep-v-2b.pdf) 참조.

포괄적 방식으로 규정되게 되었다. 즉 사무국 권고안 본문 제 3 조 (c)는 "고용된 노동자가 정당한 보호를 받을 수 있도록, 다수의 당사자가 관련된 계약을 비롯하여 모든 형태의 계약형식에 적용될 수 있는 기준들의 확보"(고용관계권고 제 3 조(c)), "모든 형태의 계약형식에 적용되는 기준들이 그 기준들에 포함된 보호에 대해 누가 책임지는지를 확립할 것을 확보(고용관계권고 제 3 조(d)) 등의 형식으로 규정되었다. 이와 관련하여 주의할 것은 우리나라의 위장도급 가운데 직접고용관계에 해당하는 근로자공급은 위에서 본 바와 같이 삼각고용관계가 아니라 위장된 고용관계의 개념에 포함된다는 것이다. 그 밖에도 고용관계권고는 여러 부분에서 직간접으로 세 가지 고용형태를 대상으로 하는 규정을 두고 있다. 가령, 고용관계권고 전문에서 "관련당사자들의 권리와 의무가 명확하지 않거나," 제 1 조의 "고용관계의 맥락에서 일하는 노동자를 효과적으로 보호하기 위하여" 등의 규정이 그러하다.

3. 고용관계에 있는 노동자보호를 위한 국가정책

(1) 국가정책의 방향 및 기본내용

1) 고용관계권고는 고용관계에 있는 노동자보호를 위한 국가정책의 방향을 다음과 같이 규정하고 있다. 고용관계권고 제 1 조는 "회원국은, 고용관계의 맥락에서 일하는 노동자를 효과적으로 보호하기 위하여, 관련된 법과 규정의 범위를 적절한 간격을 두고 평가하며, 필요하다면 그 범위를 명확히 하고 조정할 수 있도록 국가 정책을 수립하고 적용해야 한다"고 규정하고 있다. 이 규정의 취지는 국가는 고용관계의 존재여부와 관련하여 법과 고용관계의 현실사이의 괴리를 줄여 노동자를 보호하여야 하고, 이를 위한 조치로서 관련법을 정기적으로 평가하고 필요하다면 범위를 명확히 하고 법의 범위를 고용관계의 현실에 맞도록 조정하는 정책을 수립하고 적용하라는 것이다. 여기에서 '고용관계의 맥락에서 일하는 노동자'(workers who perform work in the context of an employment relationship)란 반드시 위장된 고용관계에 있는 노동자만을 말하는 것은 아니고 기존의 법의 범위에 포괄되지 않는 노동자의 경우도 포함된다는 것이다. 그렇기 때문에 법의 범위를 평가하고 경우에 따라 법의 범위를 조정하라는 것이다.

그리고 "고용관계에 있는 노동자에 대한 보호의 성질과 내용은, 관련된 국제노동기준을 고려하여, 국내법 또는 관행 또는 국내법과 관행에 따라 규정되어야" 하며 "적용범위, 이행책임 등을 비롯하여 이러한 법 및 관행은 고용관계에 있는 노동자의 효과적인 보호를 위하여 명확하고도 적절해야 한다"(제2조). 여기서 국제노동기준을 고려하라고 하는데 이와 관련하여 고용관계권고 전문에서는 특히 ILO의 1998년 노동에 있어 기본원칙 및 권리에 관한 선언을 밝히고 있는 점을 주목해야 한다.

2) "국가 정책은, 가장 대표적인 노사단체와의 협의 속에서, 국내법과 관습에 따라 수립되고 이행되어야"(제3조)하고, 최소한 다음의 조치들을 포함해야 한다(제4조).

(a) 관련 당사자들, 특히 사용자와 노동자에게, 고용관계의 존재를 효과적으로 정립할 수 있고, 고용된 노동자와 자영인을 구분할 수 있는 지침을 제공

(b) 위장된 고용관계는 사용자가 어떤 자를 피용자로서의 그의 진정한 법적 지위를 은폐하는 방식으로 피용자 이외의 자로 취급할 때 발생하며, 이러한 상황은 계약형식으로 인해 노동자가 마땅히 받아야 할 보호를 박탈당하게 되는 경우에 발생할 수 있음에 주목하여, 진정한 법적 지위를 은폐하는 다른 형태의 계약형식을 이용하는 것을 비롯하여 다른 관계의 맥락으로 위장된 고용관계와의 투쟁

(c) 고용된 노동자가 정당한 보호를 받을 수 있도록, 다수의 당사자가 관련된 계약을 비롯하여 모든 형태의 계약형식에 적용될 수 있는 기준들의 확보

(d) 모든 형태의 계약형식에 적용되는 기준들이 그 기준들에 포함된 보호에 대해 누가 책임지는지를 확립할 것을 확보

(e) 관련된 자들, 특히 사용자와 노동자가, 고용관계의 존재 및 조건에 관한 분쟁을 해결하는데 있어 효과적으로 접근할 수 있는 적절하고, 신속하고, 저렴하고, 공정하며 효율적인 절차와 메커니즘의 제공

(f) 고용관계에 관한 법과 규정의 준수와 효과적인 적용의 확보

(g) 법관, 중재자, 조정자, 근로감독관 및 기타 분쟁해결 및 국내의 고용관련 법과 기준의 이행을 다루는 책임자들에게 관련된 국제노동기준, 비교법 및 판례에 관한 적절한 교육의 제공

(a), (b)는 고용관계의 존재여부를 확인할 수 있는 명확한 기준을 정립하고, 위장된 고용관계를 척결할 수 있는 구체적 정책을 수립하라는 것이다. 그리고 (c), (d)는 삼각고용관계에 있어서 고용관계의 기준과 관련 노동자보호에 대해 누

가 책임을 지는지에 관한 기준들을 확보하는 것이다.

한편 고용관계권고는 고용관계에 있는 노동자 보호를 위한 국가 정책은, 진정한 민사 및 상사 관계에 개입해서는 안 되며, 동시에 고용관계에 있는 개인들이 정당한 보호를 받을 수 있도록 하고 있다(제8조).

3) 국가정책에 있어 특정한 범주의 노동자보호

ILO로 조사에 따르면 노동시장에 여성의 참가는 증가하고 있는데, 특히 높은 비중의 모호하고 위장된 고용관계가 존재하는 비공식경제에서 그러하다는 것이 확인되었다. 여성노동자들이 위장되거나 모호한 고용관계의 비율이 상대적으로 높은 가내노동, 섬유 및 의류산업, 판매·슈퍼마켓직업, 간호나 개호직업와 같은 특정 직업이나 부문에 많기 때문에 고용관계의 문제는 성적 측면의 문제가 존재하고, 성적 불평등을 악화시키는 것으로 작용한다는 것이다. 이에 따라 고용관계권고에서는 고용관계의 문제에 노출되기 쉬운 여성노동자를 비롯한 취약노동자들을 국가정책에서 특별히 고려할 것을 규정하고 있다.

즉 고용관계권고는 "회원국은 국가 정책에 있어, 여성 노동자뿐 아니라 가장 취약한 노동자, 청년 노동자, 고령 노동자, 비공식 경제부문의 노동자, 이주 노동자, 장애 노동자를 비롯하여, 고용관계의 존재가 불확실함으로 인해 특히 영향을 받는 노동자를 효과적으로 보호할 수 있도록 특별한 고려를 하여야 한다(제5조)"고 하고, "국가 정책에 있어, 위장된 고용관계가 높은 비중을 차지하거나 고용관계가 불명확한 특정 직업 및 부문에서 여성 노동자가 다수인 경우, 성적 차원(gender dimension)의 문제를 다루는데 특별한 고려"해야 하고, "성적 차원의 문제가 효과적으로 다루어질 수 있도록, 성 평등 및 관련 법률, 국가적 차원의 협약의 원활한 이행에 관한 명확한 정책을 가져야 한다"고 규정하고 있다(제6조).

한편 이와 관련하여 고용관계권고는 또한 국가정책에 있어 이주노동자에 대한 고려를 규정하고 있다. 즉 "국가정책을 수립하는데 있어, 회원국은, 가장 대표적인 노사단체와의 협의를 거쳐, 고용관계의 존재가 불명확함으로 인해 영향을 받을 수 있는 이주 노동자를 자국내에서 효과적으로 보호할 수 있도록, 자국의 관할권 내에서 적절한 조치들을 채택하거나 적절한 경우 다른 회원국과 협조할 것을 고려해야"하며, "노동자가 어떤 국가에서 모집되어 다른 국가에서 일하는 경우, 고용관계에 있는 노동자 보호를 위해 존재하는 규정들을 회피할 목적으로 현실을 위조하거나 (계약관계를) 남용하는 것을 막기 위하여, 관련 회원국들이 쌍무 협정을 체결할 것을 고려할 수 있다"고 한다(제7조).

(2) 국가정책의 이행 및 준수

고용관계권고는 국가정책의 준수와 이행과 관련하여 다음과 같이 규정하고 있다.

- "관련 당국은 본 권고에서 고려된 다양한 측면과 관련하여, 노동감독기구 및 사회보장 행정기구, 조세관련 기관의 협조와 같은, 고용관계에 관한 법률 및 규정의 이행과 준수를 위한 조치들을 채택해야 한다"(제15조).
- "고용관계와 관련하여, 국내의 노동행정기관 및 관련기구는 정기적으로 그 이행 프로그램과 진행을 모니터해야 한다. 여성 노동자의 비중이 높은 직업 및 부문에 대해서는 특별한 주의가 요구된다"(제16조).
- "본 협약에서 언급된 국가 정책의 일환으로서, 고용관계를 위장하게 하는 유인의 제거를 목적으로 하는 효과적 조치들을 개발해야 한다"(제17조).
- "국가 정책의 일환으로서, 회원국은 고용관계의 범위와 관련된 문제의 해결책을 찾기 위한 방안으로서, 무엇보다도 단체교섭과 사회적 대화의 역할을 증진시켜야 한다"(제18조).

주목되는 것은 "고용관계를 위장하게 하는 유인의 제거를 목적으로 하는 효과적 조치들을 개발"이다. 사무국의 권고안을 심의하기 위한 고용관계위원회에서는 고용관계의 위장을 방지하기 위해 위장시 처벌을 포함한 몇 가지 제재조치가 제안되었는데, 그 중 도입된 것이 이 규정이다. 즉 형사제재나 행정적 제재뿐만 아니라 위장에 대한 유인 자체를 제거함으로써 위장을 방지하라는 것으로 매우 중요하다.

(3) 노동시장 및 노동조직에 대한 조사

고용관계권고에서는 노동시장 및 노동조직에 관한 조사와 관련한 국가정책의 내용을 다음과 같이 규정하고 있다.

- "노동시장 및 노동의 조직형태에 있어서의 발전을 모니터링하고, 국가 정책의 틀 안에서 이행할 수 있는 조치들의 채택에 관한 조언을 할 수 있도록, 적절한 메커니즘을 수립하거나 기존의 메커니즘을 활용해야 한다"(제19조).
- "노동시장 및 노동의 조직형태를 모니터링하기 위한 메커니즘 안에서, 가

장 대표적인 사용자단체와 노동자단체의 대표성은, 대등한 기반 위에서 존중되어야 한다. 덧붙여, 그러한 메커니즘 하에서 이러한 단체들과의 상담은 필요한 만큼 자주 이루어져야 하고, 가능하고 유용한 한, 전문가의 보고서 또는 기술적 연구에 기초한 자문을 받아야 한다"(제20조).

-"가능한 범위에서 회원국은, 국가적 차원에서나 산업부문적 차원에서 노동의 구조와 양태의 변화에 대한 정보 및 통계자료의 수집, 연구 조사 등을 수행해야 하며, 이것은 남성과 여성 및 기타 관련 요인들의 분포를 고려해야 한다"(제21조).

-"서비스(용역)의 초국적 제공의 틀 속에서 고용관계를 효과적으로 확인할 수 있도록 구체적인 국내적 메커니즘을 수립해야 한다. 이 주제와 관련하여 다른 회원국과의 정보 교환을 체계적으로 발전시키는 것을 고려해야 한다"(제22조).

(4) 고용관계의 존재에 판단

고용관계권고는 "고용관계의 존재에 대한 판단과 관련하여 노동자와 사용자에게 지침이 될 수 있는 명확한 방법을 촉진"(제10조)하도록 하고, 이와 관련한 기준 및 방법들을 제시하고 있다.

1) 사실우선의 원칙

고용관계권고는 "고용관계에 있는 노동자 보호를 위한 국가 정책의 목적으로서, 고용관계의 존재에 대한 판단은, 고용관계가 당사자들 간에 합의되었을 수도 있는 계약적이든 그렇지 않든 어떤 상반되는 형식의 특징을 가지는지 관계없이, 노동의 수행 및 노동자에 대한 보수와 관련된 사실에 중점을 두고 이루어져야 한다"고 하여 '사실우선의 원칙'을 규정하고 있다.

고용관계의 존재여부를 판단할 때 노동관계의 사실에 따라 판단하여야 한다는 원칙은 세계적으로 승인된 보편적 원칙이며 이를 고용관계권고에서 확인한 것이다. 사실우선의 원칙은 계약당사자의 계약의사에 관계없이 노동이 행해지는 사실관계에 따라 고용관계가 존재하는지 여부를 판단하여 그에 따른 법률관계를 확정지우고 법률효과를 부여하라는 것이다. 이는 노동법은 강행법으로 고용관계가 일종의 사회적 질서에 해당하고 고용관계에 해당하는지 여부는 당사자의 의사에 의해 좌우될 수 없음을 말한다.

2) 고용관계 존재의 판단조건 및 구체적 지표의 정의

고용관계권고는 "고용관계의 존재를 판단하는데 적용할 조건들 — 예를 들면 종속성(subordination) 또는 의존성(dependence) — 을 명확히 정의할 것을 고려할 수 있다"(제12조)고 규정하고 있다. 또한 고용관계권고는 "법률 및 규정 또는 기타 수단을 통해, 고용관계의 존재에 관한 구체적 지표를 정의"할 수 있는지를 고려해야 하고, 이러한 지표에는 다음과 같은 것들이 포함될 수 있다고 한다(제13조).

(a) - 타방의 지시와 통제에 따라 노동이 수행된 사실
- 노동자가 기업 조직에 통합되어 노동이 행해진다는 사실
- 오로지 또는 주로 타인의 이익을 위해 노동이 수행된 사실
- 노동자가 직접 노동을 수행해야 한다는 사실
- 특정한 노동시간 또는 노동을 요구하는 상대방에 의해 특정되거나 합의된 장소에서 노동이 수행된 사실
- 특정한 기간 동안 일정한 계속성을 가지고 노동이 수행된 사실
- 노동자가 사용자의 처분 상태에 있다는 사실
- 노동을 요구하는 상대방이 도구, 재료, 기계를 제공한 사실

(b) - 노동자에 대한 보수의 정기적 지급
- 그러한 보수가 노동자의 유일한 혹은 주된 수입의 원천을 이루는 사실
- 식사, 주거, 교통수단과 같은 현물의 지급
- 주휴나 연휴와 같은 권리의 인정
- 노동을 요구하는 상대방이 노동자가 일하기 위해 이용하는 교통수단에 대한 비용을 지불
- 노동자가 재정적 위험(financial risk)을 부담하지 않는 사실

이 지표들은 개별국가들에서 고용관계의 존재여부를 판단할 때 일반적으로 사용되는 지표들은 포괄한 것으로 보인다. 우리나라와 비교할 때 가장 주목되는 지표는 '오로지 또는 주로 타인의 이익을 위해 노동이 수행된 사실', '노동자가 재정적 위험(financial risk)을 부담하지 않는 사실', '보수가 노동자의 유일한 혹은 주된 수입의 원천을 이루는 사실', '노동자가 기업 조직에 통합되어 노동이 행해진다는 사실' 등 이다. 이 중 '오로지 또는 주로 타인의 이익을 위해 노동이 수행된 사실', '노동자가 재정적 위험(financial risk)을 부담하지 않는 사실'의

지표들은 근로자성을 판단할 때 사용되는 방식 가운데 '경제적 실체'(economic reality) 테스트에 해당하는 것으로 노동자가 사업자로서 자기 자신의 계산으로 사업을 하는지 아니면 이윤의 획득과 상실의 위험에 대한 궁극적 위험을 부담하는 타인을 위해 노동하는지를 판단하는 것이다. 이러한 지표들은 지휘명령을 근간으로 하거나 계약당사자의 의사에 따라 좌우될 수 있는 지표들과는 성격과 내용을 달리하는 것으로 독립성을 보류하는 노동자들의 고용관계 존재여부를 판단할 때 유용한 지표들이다.

3) 법적 추정 및 법률에 의한 판단

고용관계권고는 "고용관계의 존재에 관한 판단을 원활히 할 목적으로서, 회원국은 본 권고에서 언급한 국가 정책적 틀 속에서 다음과 같은 가능성을 고려" 하도록 하고 있다(제11조).

(a) 고용관계의 존재를 판단하기 위해 광범위한 수단의 허용

(b) 하나 또는 그 이상의 관련된 지표가 존재하는 경우, 고용관계의 존재에 대한 법적 추정(legal presumption)의 제공

(c) 가장 대표적인 노사단체와의 사전 협의를 거쳐, 일정한 특징을 가진 노동자를 일반적으로 혹은 특정 부문에서, 고용된 노동자 또는 자영인으로 간주되어야 하는지를 판단

(b)의 법적 추정제도는 논의과정에 사용자그룹이 가장 강력히 반대한 사항 중의 하나이다. 법적 추정제도는 다수의 국가에서 도입하고 있는 제도이며, 이는 고용관계의 존재에 관한 노동자측의 입증책임을 완화할 뿐만 아니라 나아가 노동자를 위해 고용관계의 존재에 대해 적극적으로 판단하라는 점에서 중요하다. (c)의 방식 역시 다수의 국가에서 사용되고 있는 피용자 간주방식으로 고용관계와 관련된 정책에서 고려될 수 있는 방식이다.

4) 분쟁해결

고용관계권고는 "고용관계의 존재 및 조건에 관한 분쟁 해결은, 국내법과 관습에 따라 노동자와 사용자가 효과적으로 이용할 수 있는 노동법원, 기타의 재판소 또는 중재기관에서 다루어"지도록 하고 있다(제14조).

Ⅳ. 고용관계권고의 시사점

고용관계권고가 국내의 고용관계와 관련한 논의에 주는 시사점을 법해석의 측면과 입법정책적 측면에서 살펴보면 다음과 같다.

1. 법해석적 측면

고용관계권고와 비교할 때 근로자성 판단에 관한 대법원 판단의 문제점은 다음과 같다. 대법원은 근로자성 판단은 '실질'적으로 판단해야 한다고 하면서도 그 판단의 실질은 계약형식과 형식적 지표에 근거하는 경향이 있다. 이는 고용관계권고의 '사실우선의 원칙'에 반하는 것이다. 이에 따라 위장된 고용관계 마저도 제대로 판단하지 못하는 경우가 있다. 그리고 대법원이 제시하고 있는 판단요소들의 내용과 대법원의 구체적 판단방식은 고용관계권고에서 지적하는 노동관계의 변화하는 현실을 적절히 반영하지 못하고 있다. 대법원의 판단요소들은 지시권과 관련된 요소들을 중심으로 하고 있고 나머지 요소들은 사용자의 의사에 따라 일방적으로 결정될 수 있는 요소들이거나 고용관계의 본질을 제대로 반영하지 못하는 요소들이다. 대법원은 구체적 판단에서 구체적·직접적 지휘명령을 강조하고 있는데 이러한 판단방식은 이미 현실의 노동방식과는 동떨어진 낡은 방식이다. 사용자는 구체적·직접적 지휘명령을 할 수도 있고, 간접적·포괄적 지휘명령을 할 수도 있고, 지휘명령을 하지 않을 수도 있는 것이다. 문제는 노동관계의 본질적 성질에서 찾아야 하는데 대법원 판단기준에는 이와 관련한 구체적 기준이 없다. 이와 관련하여 고용관계권고에서 제시하고 있는 판단기준 가운데 오로지 또는 주로 타인의 이익을 위해 노동이 수행된 사실', '노동자가 재정적 위험(financial risk)을 부담하지 않는 사실' 등의 판단기준은 매우 중요하다.

2. 입법정책적 측면

(1) 고용관계의 판단기준과 방식을 입법적으로 명확하고 올바르게 정립해야 한다.

우리나라에서 특수고용의 상당부분은 국제적 기준에 비추어 보면 위장된 고용관계에 해당하는 경우가 많다. 그럼에도 불구하고 법원은 고용관계 존재의 판단기준 가운데 가장 초보적인 기준인 구체적·직접적 지휘명령만을 강조하여 형식적으로 판단함으로써 고용관계의 존재를 부정하고 있으며, 이로 인해 사실상 위장된 고용관계가 확산되고 있다. 따라서 고용관계권고에서 지적하고 있듯이 입법적으로 고용관계의 범위를 명확하고 올바르게 정립해야 할 필요가 있다.

먼저, 고용관계권고에서 제시하고 있는 판단지표들 가운데 위에서 지적한 바와 같이 '오로지 또는 주로 타인의 이익을 위해 노동이 수행된 사실', '노동자가 재정적 위험(financial risk)을 부담하지 않는 사실' 등과 같은 구체적인 기준들을 포함하는 판단기준을 입법화해야 한다. 더 나아가 고용관계권고의 대상과 내용은 순수하게 위장된 고용관계만을 대상으로 하고 있는 것이 아니라, 노동현실과 법의 괴리를 없애기 위해 노동방식의 변화에 맞추어 고용관계에 관한 법의 기준을 평가하고 그 자체를 조정할 것을 요구하고 있는 점도 동시에 고려되도록 해야 한다.

특수고용노동자에 대한 입법적 보호방안이 오래전부터 논의되어 왔는데, 지금까지의 논의를 보면 근로자성을 부분적으로 인정하거나 배제하고, 그에 따라 보호여부나 범위 및 방식을 정하고자 하는 경향이 있다. 이러한 논의는 어떤 기준에 의해 근로자성 여부를 판단해야 하는지를 명확히 제시하지 않고 있다는 문제가 있다. 기존 판례의 기준을 적용한다면 그 자체가 이미 국제기준이나 고용관계권고에 비추어 적합하지 않다. 따라서 특수고용 문제의 올바른 해결을 위해서는 가장 먼저 고용관계권고의 목적과 판단기준을 적극적으로 반영할 필요가 있다.

다음으로, 고용관계권고에서는 고용관계의 판단방식으로 사실우선의 원칙, 법적 추정의 원칙 등을 제시하고 있는데 이를 입법화하도록 해야 한다. 사실우선의 원칙은 현재 법원에서도 제시하고 있는 방식이나 실제적인 판단에서는 제대로 반영되지 않고 있다. 그리고 법적 추정의 원칙은 현재 우리나라 법에는 없는 제도인데, 고용관계권고의 취지와 한국의 실태를 감안할 때 반드시 필요하다.

(2) 고용관계에 있는 노동자에 대한 보호의 방식, 성질, 내용이 적절해야 한다.

고용관계권고에서는 "고용관계에 있는 노동자에 대한 보호의 성질과 내용은, 관련된 국제노동기준을 고려하여, 국내법 또는 관행 또는 국내법과 관행에 따라 규정되어야" 하며 "적용범위, 이행책임 등을 비롯하여 이러한 법 및 관행은 고용관계에 있는 노동자의 효과적인 보호를 위하여 명확하고도 적절해야 한다"(제2조)고 지적하고 있다.

특수고용노동자에 대한 입법적 보호방안에서는 보호의 방식과 관련하여 그 중 노동3권에 대한 부분적 인정이나 경제법적 보호방식이 제안되고 있다. 고용관계권고에서는 ILO의 1998년 노동에 있어 기본원칙 및 권리에 관한 선언에서 발표된 원칙들과 양질의 노동의제와 부합해야 하는 점을 강조하고, 국제노동기준의 준수를 고려하도록 하고 있다. 그런데 이러한 보호방식이나 성질, 내용이 과연 국제기준이나 고용관계권고의 내용에 부합하는지는 의문이다. 특히 ILO의 위 선언 가운데 핵심적인 것이 노동3권의 보장에 있는데, 노동3권마저도 제한하고자 하는 논의는 ILO의 기준이나 취지에 명백히 반하는 것이다.

(3) 삼각고용관계에 있어 사용자가 누구인지, 노동자보호에 대해 누가 어떤 책임을 지는지에 대한 기준을 정립해야 한다.

고용관계권고에서는 포괄적인 표현을 사용하고 있지만, "고용된 노동자가 정당한 보호를 받을 수 있도록, 다수의 당사자가 관련된 계약을 비롯하여 모든 형태의 계약형식에 적용될 수 있는 기준들의 확보"와 "모든 형태의 계약형식에 적용되는 기준들이 그 기준들에 포함된 보호에 대해 누가 책임지는지를 확립할 것을 확보"할 것을 국가정책에 포함되어야 할 최소한의 조치 가운데 하나로 규정하고 있다(제4조).

이와 관련하여 먼저 위장도급이나 불법파견에 대한 판단기준과 위장도급이나 불법파견시 관련 노동자보호를 위한 타당하고 명확한 정책수립이 필요하다. 이 부분은 삼각고용관계뿐만 아니라 위장된 고용관계와 관련된 부분이기도 하다. 나아가 적법한 도급의 경우에도 한국의 도급관계의 실태에 맞도록 관련노동자 보호와 그 책임에 관한 기준을 수립할 필요가 있다. 이와 관련하여 특히 관련노동자의 노동3권을 실질적으로 보장할 수 있도록 해야 할 것이다.

(4) 기타의 주요 국가정책들

고용관계권고에서는 국가정책의 내용이나 이행과 관련하여 중요한 내용들을 포함하고 있는데, 그 중 적극적인 정책수립과 이행이 필요한 것으로는 다음과 같다.

- 고용관계의 위장에 대한 투쟁과 관련하여 구체적이고 타당한 정책목표와 프로그램의 강구와 이행
- 고용관계의 위장에 대한 유인을 차단하는 조치의 수립과 실시
- 노동시장 및 노동조직의 변화에 대한 실효적인 조사와 분석

미국노동법에 있어서의 복합적 의도에 의한 차별의 개념과 그 입증책임

최 윤 희*

I. 서 론

본고에서는 미국의 고용차별이론 중 복합적 의도에 의한 차별행위의 개념과 그 입증책임에 관하여 살펴보고자 한다. 우리의 남녀고용평등법 제 2 조 제 1 항 소정의 간접차별 개념을 이해하려면 간접차별 개념의 원조라고 할 수 있는 미국의 결과적 차별(disparate impact) 개념 외에도 미국법 상의 또 하나의 중요한 차별행위이론, 즉 복합적 의도에 의한 차별행위(mixed-motive disparate treatment)에 대한 이해가 필요하다. 1999년과 2001년의 남녀고용평등법 개정 무렵부터 현재에 이르기까지 유럽의 간접차별 개념과 미국의 결과적 차별행위에 대한 개괄적인 연구들은 있었지만, 미국의 결과적 차별행위개념을 보다 정확하게 파악하기 위한 전제로서 그 대립되는 개념인 의도적 차별행위, 그 중에서도 상대적으로 비중이 크다고 할 수 있는 복합적 의도에 의한 차별행위에 대하여는 거의 소개되지 아니한 것으로 보인다. 미국에서 고용차별 규제의 기본 근거가 되는 법은 이론상 최상위법으로서 헌법이 있지만 실제로 고용차별규제의 기본근거는 공민권법 제 7 편이라 할 수 있는데, 공민권법 제 7 편에서는 차별행위의 개념 중 복합적 의도에 의한 차별행위에 대한 규정을 별도로 두고 있다. 이하에서는 미국에서의 고용차별행위 이론으로서 가장 전통적인 법리를 이루는 의도적 차별행위 중에서도 복합적 의도에 의한 차별행위를 중점적으로 살펴보고자 한다.

---

* 건국대학교 법과대학 교수.

II. 이론의 성립 배경과 그 개념

미국에서의 고용차별은 차별적 의도를 기준으로 의도적 차별행위(disparte treatment)와 결과적 고용차별(disparate impact)로 크게 나뉠 수 있고, 의도적 고용차별은 다시 의도의 단일성 여부를 기준으로 위법한 의도만(single motive)에 의한 고용차별과 복합적 의도(mixed motive)에 의한 고용차별로 구분된다.[1] 결과적 차별에 대립되는 개념으로서의 의도적 고용차별이라고 할 때에는 사용자의 위법한 차별의 의도(discriminatory intent)만에 의한 고용차별을 통상 의미하지만, 사실 엄밀히 따지자면 위법한 의도만에 의한 차별행위보다는 문제가 된 고용결정이 위법한 차별의도 외에도 경영상의 판단과 같은 적법한 의도도 포함된 복합적 의도에 의한 고용차별이 더 많은 현실이 복합적 의도에 의한 차별행위 개념을 성립시킨 배경이라 할 수 있다. 우리의 경우만 하더라도 남녀고용평등법 시행 이전에는 드러내 놓고 여성근로자를 차별하는 소위 직접차별행위가 횡행하였으나, 차별을 법에 의하여 규제함에 따라 점차 직접적 차별행위가 사라지는 대신 보다 은밀하고도 복합적인 차별행위가 이루어지고 있는 것이 현실임을 감안한다면 쉽게 이해가 가는 일이다.

전통적인 의도적 고용차별행위 이론은 1973년의 항공기제조회사인 맥도널더글러스사의 고용차별사건(Mcdonnell Douglas Corp. v. Green)[2]에서 확립되었다고 할 수 있다. 맥도널사는 흑인근로자인 그린(Green)을 경영상의 이유에 의한 해고조치를 한 이후 짧은 기간 내에 그린과 동등한 자격을 가진 기술자를 채용함에 있어 원칙적으로 우선고용대상이 되어야 할 그린의 복직청원을 들어주지 않았다. 그린은 회사를 상대로 고용차별소송을 제기하였는데, 그의 논거는 먼저 자신이 흑인임을 이유로 인종차별적 고려를 당하였다는 점과 자신이 이전에 회사의 부당노동행위에 대항하여 단체행동을 한 것에 대한 보복조치로서 회사 측에서 복직을 거부함으로써 자신을 부당하게 차별대우하였다고 주장하였다. 따라서 이 소송은 그 청구이유에 있어 공민권법 제 7 편 중에서도 제703조 소정의

1) Lisa Sively, Price Waterhouse v. Hopkins: The "Same-Decision" Test Adopted For "Mixed-Motive" Disparate Treatment Employment Discrimination Cases, *Houston Law Review,* Vol. 28, 1991, 421면.

2) 411 U.S. 792(1973).

고용차별금지와 제704조 소정의 부당노동행위금지가 경합된 소송이었다. 원고인 그린은 연방고용기회균등위원회(EEOC: Equal Employment Opportunity Commission)와 지방법원에서 모두 패소하였지만 항소심에서 승소하고 이어 연방대법원에서 승소함으로써 결국 전통적인 의도적 차별행위 이론이 성립하게 되었다.

맥도널사 사건에서 위법한 의도만에 의한 의도적 차별행위가 그 이론적 기초를 마련한 데 이어 복합적 의도에 의한 차별행위이론을 확립시킨 계기는 홉킨스 사건(Price Waterhouse v. Hopkins)[3]이다. 회계법인 프라이스워터하우스(Price Waterhouse)의 지배인으로 근무하던 홉킨스는 임원(partner)으로의 승진에서 탈락하였는데, 회사의 임원승진 심사기준은 다른 임원들의 임원승진후보에 대한 평가에 따라 좌우되는 것이었다. 홉킨스는 회사를 상대로 고용차별소송을 제기하였는데 그 논거는 회사가 여성이라는 이유로 자신을 승진시키지 않았다는 것이었다. 한편, 홉킨스의 이러한 주장에 대하여 회사측은 그녀를 승진시키지 아니한 것이 여성이라는 이유에서가 아니라, 회사 내에서의 인화단결력 부족 때문이었다고 주장하였다. 사실관계를 확인하는 과정에서 홉킨스의 근무성적이 우수하였고 고객들의 신뢰를 받았음을 알 수 있었으며, 다른 임원들의 그녀에 대한 부정적인 평가가 상당 부분 성의 정형화(sexual stereotyping)[4]에 의한 임원진들의 편견에 기인한 것이었음을 알 수 있었다. 그녀의 승진에 대하여 비교적 호의적이던 임원조차도 그녀에게 보다 여성다운 옷을 입고 화장을 하며 장신구도 달고 여성스럽게 말할 것을 충고하였다. 그러나 반면, 회사의 승진탈락 결정이 전적으로 여성인 그녀를 차별대우하려는 의도로 이루어진 것으로 보기에는 어려운 사정들도 있었다. 회사는 홉킨스에게도 다른 지배인들과 똑같이 승진심사를 받을 기회를 동등하게 부여하였을 뿐만 아니라, 다른 승진후보자들과 마찬가지로 똑같은 정해진 절차에 따라 상급 임원진의 평가를 받게 하였고 아울러 그녀가 회사내부에서 인간관계가 원만하지 못한 점을 승진 결정시 고려하였던 것도 사실이었다. 상급 관리자로서 임원에게는 회사 내의 인간관계 역시 중요한 업무의 하나였고, 따라서 회사의 승진탈락 결정을 전적으로 위법한 차별 의도에 의

3) 490 U.S. 228(1989).

4) 성의 정형화는 남녀간 성별에 따라 선천적으로 그 역할과 능력의 구별이 지워진다는 선입견에서 비롯된 것으로써, 여성에게 특히 전통적인 여성스러움을 요구하고 나아가 직장에서조차도 여성에게 한 사람의 직장인이기에 앞서 이제까지 사회통념상 여성이라면 연상되는 여러 속성을 지킬 것을 요구하는 데에서 비롯되는 대표적 성차별의 한 가지 행태임: Mack A. Player, *Federal Law of Employment Discrimination,* West Publishing Co. 1991, 124-125면.

하여 이루어진 것으로 보기는 힘들었다. 이 사건에서 연방대법원은 고용차별이 있었음을 인정하였다. 구체적인 논거에 있어서 대법관들의 의견이 일치하지는 않았지만, 대체로 공민권법 제 7 편에서 금하고자 하는 고용차별의 취지는 위법한 차별적 고려만에 기하여 내려지는 고용결정만을 금지하려는 것이 아니라, 위법한 차별적 의도가 단 하나라도 이러한 고용결정에 영향을 끼치는 것을 금하려는 것이라는 해석을 하였다.

홉킨스 사건 이후 1991년 공민권법 제정으로 인해 1964년 공민권법 제 7 편이 일부 수정되었는데 그 중에서도 1991년 법의 제107조는 복합적 의도에 의한 차별 이론을 명문화하였다. 즉, 인종, 피부색, 성별, 원출신국적과 같은 위법한 차별적 요인이 고용에 있어 고려의 요소가 된다면 비록 다른 요소들도 함께 고려하였다 하더라도 이는 고용차별행위가 성립된다는 내용이다.[5] 나아가, 차별행위가 일단 인정되면 사용자는 인종, 피부색, 성별 등의 허용될 수 없는 요소를 고려하지 않았다 하더라도 똑 같은 고용 결정을 하였으리라는 점을 주장 항변할 수 있지만, 이러한 항변이 받아들여진다 하더라도 고용차별행위에 대하여 완전히 면책되는 것이 아니라, 단지 근로자에 대한 구제내용의 방법에 있어 제한적으로 책임을 진다는 것이다. 여기서 구제방법에 제한을 둔다는 것은, 근로자에 대한 사용자의 책임의 범위를 당해 고용행위에 대한 무효 확인과 특정한 종류의 가처분명령 및 소송 비용과 변호사 비용배상 등에 한정한다는 뜻이다.[6]

1991년의 공민권법 제정 이후 최근 들어 나온 미 연방 대법원의 복합적 의도에 의한 차별행위에 관한 주요 판결로는 씨저스 팔레스 호텔 사건(Desert Palace, Inc., et al. v. Catharina F. Costa)[7]이 있다. 홉킨스 사건과 1991년의 공민권법 제정으로 인해 복합적 의도에 의한 차별행위의 개념은 어느 정도 정립되었지만, 구체적인 소송에서의 입증책임에 대하여는 법원의 입장이 다소 정리되지 못한 부분이 있었는데, 씨저스 팔레스 호텔 사건으로 인하여 연방 대법원은 일종의 가이드라인을 수립한 것으로 평가된다.[8] 이하 본고 V. 3. "씨저스 팔레스 호텔 사건의 판결" 부분 및 VI. 2. "사용자의 입증책임의 정도" 부분에

5) 42 U.S.C. § 2000e-2(m).

6) 42 U.S.C. § 2000e-5(g)(2)(B).

7) 539 U.S. 90(2003).

8) Henry L. Chambers, Jr., The Effect Of Eliminating Distinctions Among Title VII Disparate Treatment Cases, *SMU Law Review*, Vol. 57, Winter 2004, 101면.

서 자세히 살펴보고자 한다.

Ⅲ. 차별의 입증

전통적인 의도적 차별행위 법리를 성립시킨 맥도널사 사건에서의 연방대법원의 입증책임에 관한 입장은 일반적인 민사소송에서의 입증책임원칙에서 벗어나지 않았다. 원고인 근로자가 사용자의 차별의도로 인해 문제가 된 고용결정에 이르게 되었음을 일단 입증하고 나면, 사용자는 이에 대하여 차별적 의도가 아니라 다른 적법한 경영상의 고려에 의한 것이었음을 주장하면서 그에 관련된 증거를 제출해야 한다는 것이었다. 이때 사용자의 입증책임의 정도는 설득책임(burden of persuasion)이 아니라, 증거제출책임(burden of production)에 그치는 것[9]이었으므로 사실상 소송 전반에 걸친 입증책임은 계속 원고인 근로자가 지게 되는 구조로서, 일반적인 다른 민사소송상의 입증책임구조와 별반 다를 바 없었다. 다만, 맥도널사 사건에서 주목할 점은 원고가 차별의 입증을 하기 위한 요건을 성립시켰는데 (i) 원고가 인종 내지 성별 등을 이유로 사회적으로 보호받아야 할 소수집단의 일원인 점, (ii) 원고는 피고의 구인사실을 알고 지원하였고, 직책에 맞는 유자격자인 점, (iii) 피고는 원고가 유자격자임에도 불구하고 원고를 채용하지 아니한 점, (iv) 현재 당해 직책은 계속 공석이고, 피고는 여전히 원고와 동등한 자격을 갖춘 사람을 구하고 있는 점 등을 입증하면 일단 일응의 유력한 차별입증을 한 것으로 본다는 것이 그것이다.[10] 원고의 일응의 유력한 차별입증에 대하여 피고가 차별의도가 아닌 다른 적법한 사업상의 고려에 의한 고용결정을 한 것이었음을 입증하면, 다시금 피고는 이에 대하여 원고의 이러한 주장은 모두 핑계에 불과함을 입증하여야 한다는 것이 전통적인 의도적 차별행위에서의 입증책임 구조였다.

---

9) 미국법상의 입증책임 중 설득책임(burden of persuasion)과 증거제출책임(burden of production)의 개념과 구별은 최윤희, 「고용차별규제에 관한 법리(고용차별소송에서의 입증책임을 중심으로)」, 서울대학교 1995. 2. 법학박사학위논문, "제 3 장 제 1 절의 2. 입증책임의 개념 및 종류," 49면.

10) Jaclyn Borcherding, Deserting Mcdonnell Douglas · Desert Palace, Inc. v. Costa, *Baylor Law Review,* Vol. 57, Winter 2005, 246면.

이러한 위법한 의도만에 의한 고용차별행위에 이어 홉킨스 사건에서 성립된 복합적 의도에 의한 고용차별행위의 입증책임 구조는 근로자가 주장하는 불이익한 처분을 받게 된 이유에 있어 사용자가 사용한 판단 기준 중에 적법한 기준과 부적법한 기준이 혼재되어 있는 경우, 사용자가 성별이나 인종, 피부색 등의 위법한 기준을 고려하지 않았더라도 동일한 처분을 하였을 것이라는 점을 입증하지 못하는 한 위법한 고용차별행위로 인한 법적 책임을 져야 한다는 것이었다. 즉, 다수의견을 대표하는 브래넌(Brennan) 대법관은 판결 설시에 있어, 위법한 의도 내지 기준이 차별적 처분의 하나의 동기가 되었음을 근로자가 입증하면 입증책임이 사용자에게 전환되어 사용자가 성별이나 인종, 피부색 등의 위법한 기준을 고려하지 않았더라도 동일한 처분을 하였을 것이라는 점을 입증하지 못하는 한 위법한 고용차별행위로 인한 법적 책임을 져야 한다는 입장을 견지하였으나, 이들 다수의견에 따르면 근로자가 구체적으로 위법한 기준이 차별적 고용처분의 동기가 되었음을 입증한다는 것의 의미가 무엇이며 어느 정도의 입증을 요하는 것인지에 대하여는 언급하지 않았다. 한 가지 확실한 것은 다수의견에 의하면 이 사안이 종래의 맥도널사 사건의 판결과 같이 위법한 의도만에 의한 고용차별이론과 구별되는 획기적인 사용자에로의 입증책임전환을 인정한 사안이라는 점이었다.

Ⅳ. 인과관계

복합적 의도에 의한 차별행위의 경우 인과관계의 문제에 있어 의도에 중점을 두지 말아야 한다는 견해도 있으나,[11] 복합적 의도에 의한 차별행위에 있어서도 위법한 의도만에 의한 차별행위와 마찬가지로 차별의도와 문제가 된 고용결정 간에 인과관계를 요한다는 점은 대체로 학자들과 법원의 일치된 의견으로 보인다.[12] 다만, 그 인과관계의 입증에 있어서 위법한 의도만에 의한 차별행위

11) Christopher Y. Chen, Rethinking The Direct Evidence Requirement: A Suggested Approach In Analyzing Mixed-Motives Discrimination Claims, *Cornell Law Review,* Vol. 86, 2001, 916-926면.

12) Benjamin C. Mizer, Toward A Motivating Factor Test For Individual Disparate Treatment Claims, *Michigan Law Review,* Vol. 100, 2001, 246면.

와 달리 복합적 의도에 의한 차별행위에서 차별의도가 고용결정에 미친 영향이 어느 정도임을 입증하여야 인과관계의 입증을 하였다고 볼 것이냐에 대하여, 홉킨스 사건의 연방대법원 다수의견은 차별의도가 고용결정을 하게 된 한 가지 원인이 되었으면 족하다는 취지에서 "원인이 된 요소(motivating factor)"라는 표현을 쓰고 있다. 공민권법 제 7 편에서 금하고자 하는 고용차별의 취지는 위법한 차별적 의도가 단 하나라도 고용결정에 영향을 끼치는 것을 금지하려는 것이라는 취지에서는 당연한 논리였다.

이에 반하여, 다수의견에 동조하면서도 그 법률적 논거에 있어서는 다른 의견을 표시한 화이트 대법관과 오코너 대법관의 경우 차별의도가 고용결정의 전적인 이유가 될 것을 요하지는 않지만 적어도 "주요한 이유(substantial factor)" 이어야 한다는 입장을 취했다. 오코너 대법관 등의 논리의 저변에는 종래 맥도널사 사건 판결에서 인정된 위법한 차별적 의도만에 의한 고용차별행위에서 나아가 복합적 의도에 의한 고용차별까지 인정함에 있어, 근로자측의 무차별적인 고용차별 소송 남발을 막아야겠다는 생각이 깔려 있었던 것으로 보인다.[13] 따라서 단순히 차별적 의도가 고용결정의 한 가지 이유가 되는 것만으로 족하느냐, 아니면 다른 고용결정 원인들과 비교하여 주요한 이유가 되어야 하느냐는 새로이 인정된 고용차별행위의 적용에 있어 중요한 문제가 되었고, 이 문제는 홉킨스 판결이 있고 나서 2년 후에 결국 차별적 의도가 고용결정의 한 가지 이유(motivating factor)임을 입증하는 것만으로 복합적 의도에 의한 고용차별행위가 성립함을 규정한 1991년의 공민권법 제107조의 입법으로 해결되었다.[14]

V. 직접 증거의 필요성

1. 논란의 배경

홉킨스 판결에서의 다수의견에 결론적으로 동조하면서도 의견을 달리한 오코너 대법관은 차별의 일차적 입증을 위한 증거에 대하여도 특별한 제한을 명시

13) Christopher Y. Chen, 앞의 글, 925면.
14) Jaclyn Borcherding, 앞의 글, 247면.

하지 아니한 다수의견과 달리 차별적 의도가 문제가 된 고용결정에 이르게 된 주요한 동기임을 직접증거로 입증하여야 한다는 의견을 표시했다.[15] 오코너 대법관의 이러한 의견 역시 향후 벌어질지도 모르는 복합적 의도에 의한 고용차별 행위를 근거로 한 소송남발사태를 우려하였기 때문으로 보인다.

2. 법원과 학자들의 해석들

홉킨스 판결 이후 복합적 의도에 의한 차별행위 이론이 수립되었음은 매우 획기적인 일이었으나, 홉킨스 판결에서의 연방 대법원의 견해 해석을 둘러싸고 이후의 하급심 법원들의 견해는 다수의견보다는 오코너 대법관의 의견을 따라 직접 증거를 요한다는 입장을 취했다. 다만, 이들 직접 증거의 원칙을 적용하는 입장은 다소간 차이가 있었다. 이러한 입장은 크게 셋으로 분류할 수 있었는데 그 중 가장 엄격한 입증을 요하는 입장의 경우 차별의도가 고용결정의 원인 중 하나가 되었음을 입증함에 있어 반드시 문자 그대로 직접 증거에만 의하여야 한다는 입장이었다. 이러한 입장에 의하면 사용자의 차별적 악의를 직접 입증하여야 한다는 것으로서 엄격한 의미의 직접 증거 이외에 정황적 증거는 일체 불허하였다.[16]

그 다음으로 엄격한 입장은 직접 증거에 대하여 사용자의 차별적 악의를 추단할 수 있는 언행을 직접적으로 보여주는 증거를 의미한다고 해석함으로써 가장 엄격한 입장보다는 다소 입증책임을 완화하는 입장이었다.[17] 이러한 입장은 경우에 따라 엄격한 의미의 직접 증거 외에 정황적 증거에 의한 차별 입증까지도 허용하지만, 정황적 증거에 의한 입증을 허용하려면 그 증거가 (i) 차별적 의도를 직접 드러내 줄 수 있어야 하고, (ii) 이러한 증거가 문제가 된 고용결정에 직결되어야 한다는[18] 것이었다.

마지막으로 가장 입증책임을 너그럽게 해석하는 입장은, 사용자의 차별적

15) 오코너 대법관의 주요한 원인이라는 의견은 화이트 대법관과 함께 다수의견과 다른 부분임을 앞서 본고 "Ⅳ. 인과관계" 부분에서 언급한 바와 같으나, 화이트 대법관은 직접증거만을 요하느냐에 대하여는 오코너 대법관과 달리 다수의견에 동조하고 있다.

16) Mooney v. Aramco Servs. Co., 54 F.3d 1204(5th Circuit, 1995).

17) Walden v. Georgia-Pacific Corp., 126 F.3d 506(3d Circuit, 1997).

18) Robert Belton, Mixed-Motive Cases In Employment Discrimination Law Revisited: A Brief Undated View Of The Swamp, *Mercer Law Review*, Vol. 51, 2000, 662면.

의도를 직접 증거 내지 정황적 증거에 의하여 입증하는 것까지도 직접 증거에 의한 입증으로 널리 볼 수 있다는 것이었다.[19] 오코너 대법관이 직접증거를 요한다고 설시하였을 때에 직접 증거는 엄격한 의미의 직접 증거에 국한된 개념이 아니라, 정황증거를 포함한 것으로 해석된다고 보는 입장이라고 하겠다.

3. 씨저스 팔레스 호텔 사건의 판결

이처럼 달라진 의견들에 대한 가이드라인을 미 연방 대법원이 제시하였으니, 바로 씨저스 팔레스 호텔 사건(Desert Palace, Inc., et al. v. Catharina F. Costa)[20]의 판결이라고 하겠다. 사안의 개요를 살펴보면, 씨저스 팔레스 호텔과 카지노에 고용된 카타리나 코스타는 화물과 중장비기사 중 유일한 여성이었다. 그녀는 근무 도중 동료와 상사로부터 끊임없이 여성이라는 이유로 제대로 작업을 하지 못한다든가 하는 식의 성적 비하를 견뎌야만 했다. 예컨대, 그녀가 다른 동료들과 함께 사무실에서 식사를 하고 있는 것을 목격한 상사는 다른 모든 남자 근로자들은 그대로 둔 채 그녀에게만 왜 일하지 않고 먹을 것만 먹고 있느냐고 핀잔을 주는가 하면, 더 많은 임금을 받을 수 있는 초과근무의 기회는 다른 남자 근로자들에게만 돌아갔다. 그녀가 아파서 병원치료를 받느라 하루 결근한 것을 이유로, 실제로 결근을 한 날로부터 무려 8개월이나 지난 후에 감독자가 경고조치를 주기도 하고, 성적 농담 등을 하여 그녀를 곤혹스럽게 만들기도 한 경우가 한두번이 아니었다. 이런 와중에 결정적인 사건이 터졌는데, 그녀가 점심시간을 어기고 마음대로 휴게시간을 쓰고 있는 동료기사 건으로 이의를 한 것으로 인하여 그녀는 엘리베이터 안에서 그 동료기사와 말다툼 끝에 상호 폭행까지 하게 되었는데, 회사측은 문제가 된 남자 기사에 대하여는 단지 5일의 정직처분을 내리는 것에 그쳤으면서도, 카타리나 코스타에 대하여는 해고처분을 하였다.

이에 카타리나 코스타는 고용차별 소송을 제기하기에 이르렀는데, 이 사안에서의 문제는 과연 차별의 입증을 위한 증거가 직접 증거에 국한되어야 하는가 하는 것이었다. 즉, 사용자인 회사측은 카타리나 코스타의 주장 내용이 모두 사실이라 하더라도 성별에 대한 차별적 의도가 해고처분의 한 가지 원인이 되었다

19) Fernandes v. Costa Bros. Masonry, 199 F.3d 572(1st Circuit, 1999).
20) 539 U.S. 90(2003).

는 점에 대한 직접 증거가 없다고 항변하였다. 이에 대하여 지방법원은 차별의 직접적 증거가 없다는 이유로 사용자의 손을 들어 주었다. 그러나, 이 사안에서 항소심에 이어 연방 대법원에서는 홉킨스 판결에서의 오코너 대법관의 직접증거 원칙은 1991년 공민권법의 입법으로 파기되었다고 보았다. 따라서, 법원은 복합적 의도에 의한 차별행위의 입증에 있어 직접 증거의 여부를 불문하고, 차별의도가 고용결정의 한 가지 원인이 되었음을 보여주는 증거를 제시하기만 하면 그로써 차별의 입증은 일단 이루어진다고 판시하였다.

Ⅵ. 사용자의 입증책임

1. 동일한 결정의 항변

복합적 의도에 의한 차별이 일단 입증되면 사용자에게 입증책임이 전환되는데, 사용자는 자신의 고용 결정에 있어 근로자의 주장과 같은 차별적 의도가 없었더라도 같은 결정을 하게 되었으리라는 점을 입증하여야 한다. 이것을 소위 동일한 결정의 항변("same decision" defense)이라고 한다. 그런데, 사용자가 동일한 결정의 항변을 하고 그에 대한 입증까지 모두 성공한다 하더라도 사용자가 복합적 의도에 의한 고용차별 행위에 대한 모든 책임을 면책받는 것이 아님을 유의하여야 한다. 앞서 살펴본 바와 같이,[21] 단지 고용차별 행위에 대하여 사용자가 져야 할 책임의 범위를 당해 고용행위에 대한 무효 확인과 특정한 종류의 가처분명령 및 소송비용과 변호사 비용배상 등에 한정할 뿐이다. 따라서 사용자로서는 일단 차별의 입증이 이루어지고 나면 완전한 면책을 받을 수는 없는데, 이는 법리상 당연한 것으로 생각된다. 즉, 공민권법 제 7 편이 규율하는 고용차별의 범위를 위법한 차별적 의도에만 의거하여 고용결정을 하는 경우 외에도, 이러한 위법한 고려가 고용결정의 여러 가지 원인 중 하나에만 해당하여도 이를 고용차별행위로서 모두 포함시킨다는 전제 하에서 이룩된 것이 복합적 의도에 의한 차별행위 이론이다. 그렇다면, 일단 위법한 고려가 고용결정의 여러 가지 원인 중 하나에 해당함을 입증하는 순간 사용자의 차별행위는 인정되는 것이며,

21) 본고 "Ⅱ. 이론의 성립 배경과 그 개념" 부분.

사용자가 완전 면책이 될 수 있는 유일한 길은 위법한 고려가 고용결정의 원인이 된 여러 가지 고려 사항 중 어느 하나에도 해당하지 않았다고 인정받는 수밖에 없는 것이다. 이러한 인정을 받았다는 것은 바꿔 말해서 근로자가 입증의 첫 단계에 해당하는 복합적 의도에 의한 차별행위의 성립 자체를 입증시키지 못한 경우에만 가능한 것이므로 일단 차별행위의 성립이 입증된 이상, 사용자로서는 위법한 차별의도를 전혀 고려하지 않고 나머지 고용결정의 원인이 된 사유들만 고려하였더라도 자신이 동일한 고용상의 결정을 하였으리라는 점을 입증함으로써 책임을 져야 할 내용의 범위에 제한을 받는 것만이 소송 수행상 가능한 방어방법이 된다.

2. 사용자의 입증책임의 정도

초기에 홉킨스 판결이 나온 이후 연방대법원 다수의견의 해석을 두고 과연 사용자의 동일 결정의 항변은 설득책임의 전환인가, 아니면 맥도널사 사건 이래 성립된 전통적 차별행위 법리와 일관되게 단지 증거제출책임만을 부여한 적극적 방어방법(affirmative defense)에 불과한 것인가[22]에 대하여 일부 논란이 있었다. 이런 논란이 일어나게 된 데에는, 오코너 대법관이 근로자가 "직접 증거"에 의하여 사용자의 위법한 의도가 주요한 판단기준이 되어 차별적 처분에 도달하였음을 입증한 경우에만 사용자가 동일한 결정의 주장을 설득시킬 입증책임까지 지게 되는 입증책임 전환이 일어난다는 입장을 견지함으로써 홉킨스 판결 역시 맥도널사 사건 판결의 입장에서 벗어난 것이 아님을 애써 강조하였던 것이 한 가지 원인이 되었다.

이 점에 대하여 씨저스 팔레스 호텔 사건에서 연방 대법원은 홉킨스 사건 이래 대법원의 입장은 변함없이 일단 복합적 의도에 의한 차별행위임이 입증되면 사용자로 하여금 동일한 결정의 항변을 함에 있어 설득책임을 지게 함으로써 완전한 의미의 입증책임의 전환이 이루어진다는 것이었음을 분명히 하였다. 계속해서 동 사건에서 연방대법원은 1991년 공민권법의 규정을 위와 같은 해석의 또 하나의 근거로 들고 있다. 즉, 1991년 공민권법 규정에 의하면 복합적 의도에 의한 차별행위에 있어 사용자에게 전환된 입증의 내용에 대하여, 사용자는

22) Henry L. Chambers, Jr., 앞의 글, 90면.

동일한 결정을 하였으리라는 항변을 입증(demonstrate)하여야 한다는 표현을 하고 있다는 점이다. 그런데 여기서 쓰인 "demonstrate"라는 용어는 어디까지나 증거제출 및 설득책임을 의미하는 용어로 공민권법 제 7 편의 다른 규정들에서도 그대로 사용되고 있다는 것이다. 따라서 복합적 의도에 의한 차별행위에 대하여서만 특별히 다른 정도의 입증책임을 부과하려 하였다면 분명히 법의 문구도 달라졌으리라는 논리 하에 사용자의 책임은 설득책임이라고 판시하였다.

Ⅶ. 결론(우리의 간접차별 규정 해석과 관련하여)

1. 복합적 의도에 의한 차별행위개념의 우리 법 하에서의 해석

우리의 남녀고용평등법은 차별의 정의를 규정함에 있어 직접차별과 간접차별로 구분하여 규정하고 있다. 직접차별이라 함은 사업주가 근로자에게 성별, 혼인 또는 가족상의 지위, 임신, 출산 등의 사유로 합리적인 이유 없이 채용 또는 근로의 조건을 달리하거나 그 밖의 불이익한 조치를 취하는 경우를 말하고, 간접차별은 사업주가 채용 또는 근로의 조건은 동일하게 적용하더라도 그 조건을 충족시킬 수 있는 남성 또는 여성이 다른 한 성에 비하여 현저히 적고 그로 인하여 특정 성에게 불리한 결과를 초래하며 그 기준이 정당한 것임을 입증할 수 없는 경우에 해당한다고 규정하고 있다(남녀고용평등법 제 2 조 제 1 항).

그런데 복합적 의도에 의한 차별행위가 우리 법 하에서는 과연 직접차별과 간접차별 중 어디에 해당할 것인가를 생각해 보면, 직접차별로 이러한 차별의 형태를 규율하는 데에는 한계가 있음을 느낀다. 간접차별의 입증에 있어 차별의도의 입증을 요하지 않는다는 측면만을 강조한다면, 복합적 의도에 의한 차별행위는 차별의도에 의한 행위라는 점에서 직접차별로 규율하여야 한다고 볼 수도 있다. 그러나 직접차별은 문자 그대로 성별, 혼인 등을 이유로 한 위법한 차별적 의도에 의한 차별임이 명백한 경우에만 인정된다는 점을 감안한다면, 복합적 의도에 의한 차별행위를 직접차별의 범주에서 구제하려는 것은 현실적으로 매우 힘들다고 보인다. 뿐만 아니라, 차별의 입증과 차별규제대상의 범위는 서로 다른 문제이다.

본고에서 살펴본 바와 같이, 결과적 고용차별과 의도적 고용차별을 구별하면서, 의도적 고용차별도 또다시 위법한 차별의도만에 의한 차별행위와 복합적 차별의도에 의한 차별행위를 구분하는 등 차별행위의 구분이 매우 정치한 미국식의 법리에서 보면 결과적 고용차별 규정이 차별의 의도가 없는 경우에만 인정된다고 하지만, 미국처럼 정치한 복합적 의도에 의한 차별행위에 대한 규제 규정을 별도로 입법하지 아니한 우리의 경우, 간접차별 규정을 입법하면서 처음부터 미국식의 결과적 고용차별에 해당하지 않는 행위는 모두 간접차별의 규제범위에서 제외시키는 것으로 의도하였다고 보기는 어렵다.[23] 미국식 이론을 그대로 받아들인다면, 우리 법 하에서는 실질적으로 차별의 의도가 분명히 드러나지는 않지만 추정되는 경우 차별의도의 입증이 어려우므로 차별행위 규제에 있어 많은 문제를 가져올 것으로 보인다. 따라서, 미국의 결과적 차별행위 법리와 마찬가지로 우리의 간접차별 역시 차별의 입증에 있어서는 의도를 입증할 것이 요구되지 않지만, 적어도 그 보호 대상 범위에는 미국과 달리 복합적 의도에 의한 차별행위로 볼 수 있는 행위들도 포함되어야 할 것으로 생각된다.

2. 우리의 간접차별 인정 기준과 관련 판례의 입장

남녀고용평등법 제정과 각종 관련 규정 정비에 즈음한 우리의 판례를 살펴보면, 본격적인 간접차별 법리에 의거하여 우리 대법원의 확립된 입장을 보여준 판결은 아직까지 찾기 어려운 것 같지만, 향후 간접차별 소송이 점차 늘어갈 것으로 보인다. 따라서 향후의 소송들에 대비한 구체적인 판단기준들이 정비되어야 할 필요성이 크다고 보이는데, 남녀고용평등법 입법 이후 동법 시행령 및 시행규칙에 따라 남녀의 평등한 기회 및 대우를 보장하는데 필요한 사항을 정하기 위하여 제정된 남녀고용평등업무처리규정[24]과 여성부의 남녀차별금지기

23) 김엘림, 「남녀고용평등법 시행 10년의 성과와 과제」, 한국여성개발원 '99연구보고서 210-5, 41면: 이 연구보고서의 내용에 의하면, 99년 남녀고용평등 개정시의 간접차별 규정 입법 이후 동 규정의 내용상의 미비점을 지적하면서 일본 기업들의 '코스별 인사관리제도'를 예로 들고 있는데, 이러한 경우를 규율하기 위하여 구미 제국의 입법례를 따라서 간접차별 규정을 보다 강화하여야 한다는 주장을 하고 있음에 비추어 보더라도, 당시 간접차별 입법 필요성을 주장한 분들은 대체로 복합적 의도적 차별행위와 명확히 구별되는 미국식의 결과적 고용차별을 그대로 입법화 하자고 주장한 것은 아니라고 보인다.

24) 노동부 제정 예규 제209호로써 1992. 4. 1. 제정된 이 규정은, 두 차례의 개정을 거쳐 현재에 이르고 있고, 현재의 규정은 예규 제422로써 1999. 4. 28. 개정된 내용이다.

준[25])을 보면, 고용에서의 남녀차별금지에 대한 구체적 기준을 제시하고 있음을 알 수 있다. 그 중에서도 특히 사안에 따라 향후 간접차별이 적용될 가능성이 높은 것으로 보이는 규정들을 살펴보면, 첫째 모집과 채용에 있어 (i) 학력·경력 등 자격이 같음에도 불구하고 특정 성을 다른 성보다 낮은 직급·직위에 채용하거나 불리한 고용형태로 채용하는 경우, (ii) 채용기회를 제한할 목적으로 직무수행상 반드시 필요하지 아니함에도 특정 성이 충족하기 어려운 조건을 채용조건으로 부과하는 경우, (iii) 면접과정에서 객관적인 기준에 의하지 아니하고 특정 성에게 불리하게 대우하는 경우 등을 규정하고 있고, 그 다음 교육·배치에 있어서 (i) 일정한 직무의 배치대상에서 특정 성을 배제하거나 특정 성을 편중하여 배치하는 경우, (ii) 직무수행상 필요 불가결한 요건이나 업무의 특수성에 근거하지 아니하고 일정한 직무의 배치대상에서 동일 학력·자격으로 채용하였음에도 특정 성은 주로 기간업무에 배치하고 다른 성은 본인의 의사에 관계 없이 정형적인 단순보조업무에 배치하는 경우 등을 들고 있고, 승진에 있어서는 (i) 특정 성의 직급 또는 직위를 더 많은 단계로 세분화하여 결과적으로 승진을 불리하게 하는 경우, (ii) 승진의 객관적 기준이 되는 근무평정 등에 있어서 특정 성에 대하여 불리한 평가를 가져오는 항목을 두는 경우 등을 규정하고 있고, 나아가 퇴직·해고에 있어 (i) 대다수가 여성인 직종의 정년을 합리적인 이유 없이 다른 직종보다 낮게 정하는 경우, (ii) 정리해고에 있어 합리적인 이유 없이 여성을 우선적으로 해고하는 경우 등을 들고 있다.

이러한 규정들이 개별 사례들에서 구체적으로 어떻게 적용될 것이냐에 대하여 현재까지 연구하신 분들은 특정 직역에서 신장 등의 기준을 두어 특정 성별 집단에 속한 근로자가 이러한 요건을 충족시키기 힘들게 하는 경우라든가 특정 고용기준이 특정 집단에 대하여 불평등 효과를 가져온다는 통계를 제시함으로써 차별이 성립된다고[26]) 하거나, 객관적 기준 없이 여성을 계속 승진에서 탈락시킨 지방의 의료보험조합사건[27])을 간접차별의 사례로 설명하면서 합리적 이유 없는 승진차별사례를 일례로 드는 분[28])도 있다. 결국 구체적인 기준은 향후 소송사건

25) 여성부고시 제2001-1호로써 2001. 4. 17. 제정되어 한 차례의 개정을 거친 결과, 현재의 규정은 여성부고시 제2002-2호로써 2002. 11. 4. 개정된 내용이다.

26) 김엘림, "고용상의 성차별의 개념과 판단기준," 「노동법학」 제15호, 2002, 14-16면.

27) 대통령 직속 여성특별위원회의 남녀차별결정사례, 사건번호 99고용17.

28) 오정진, 「여성노동현안에 관한 국내외 판례의 동향과 과제」, 한국여성개발원 연구보고서 210-2, 2003, 46-51면.

들의 구체적 전개방향에 따라 확립될 것으로 보이지만, 앞서 살펴본 바와 같이 미국식의 복합적 의도에 의한 차별행위로 분류될 수 있는 사례들이 우리의 경우 많이 포함될 것으로 보인다.

3. 입증책임의 문제

현행 남녀고용평등법 제30조에서는 이 법과 관련한 분쟁에 있어 전적으로 사용자에게 입증책임이 있다고까지 규정하고 있다. 이러한 입증책임 전환 규정은 너무나 추상적이고 모호하여 소송 실무에서 구체적으로 적용될 가이드라인이 되기에 부족하다는 큰 문제점을 안고 있다고 보인다.[29] 일단 근로자가 직접 차별 내지 간접 차별을 받게 되었음을 소송의 첫 단계에서 입증하면, 그 다음 단계로 사용자로 하여금 문제가 된 고용결정의 원인이 직무수행상의 필요성 등 합법적인 사유에 기한 것임을 입증하도록 입증책임을 전환하고, 이러한 사용자의 주장 입증에도 불구하고 근로자가 이를 재항변할 수 있는 식의 구체적인 입증책임 전환 규정을 두어야 할 것이다. 앞서 본고 Ⅲ. 내지 Ⅵ. 항목 부분에 걸쳐 자세히 살펴본 바와 같이, 미국 입법과 소송 실무상 고용차별에 있어 입증책임분배원칙은 세밀하게 구체화되어 있으며, 유럽공동체의 경우도 간접차별의 입증에 있어 차별이 일응 추정될 정도의 입증을 하고 나면, 입증책임은 사용자에게 전환되며, 위법한 차별행위가 없었음을 입증할 책임은 사용자에게 있다고 규정하고 있다.[30] 일응 사용자에게 전적으로 입증책임을 획기적으로 전환한 것처럼 보이는 우리의 규정은 사실상 소송실무와는 상당히 괴리되어 있다는 점을 감안한다면, 입법조치로써 보다 세밀한 입증책임 분배 및 전환 규정을 두거나, 혹은 판례에 의해 보다 세밀한 입증책임 분배기준을 구체적인 실무관행으로 확립함으로써 매우 정치한 입증책임 규정을 두고 있는 미국과 같이 소송 진행 단계별로 구체적이고도 합리적인 입증책임분배원칙을 세우는 것이 바람직하다고 보인다.

---

29) 남녀고용평등법 하에서의 입증책임 규정의 문제점과 근로자의 입증책임 경감 및 완화방안에 대한 보다 자세한 내용은 최윤희, 앞의 글, 132-187면.

30) 고용, 직업에서의 평등대우에 관한 유럽공동체 제78호 지침(2000) 제10조 규정임, 동 규정은 더 나아가, 이러한 입증책임 전환이 실제 분쟁에서 제대로 이루어질 수 있도록 유럽연합회원국들로 하여금 필요한 입법 조치 등을 취하도록 규정하고 있다.

프랑스의 해고법제와 노동법원 구제제도

조 용 만*

I. 서 론

노동분쟁에서 해고분쟁이 차지하는 비중은 어느 나라건 상대적으로 높은 편이다. 해고는 근로자의 생존과 기업의 운명에 막대한 영향을 미치기 때문이다. 그런 점에서 해고법제는 노동법의 알파(처음)와 오메가(끝)라고 할 수 있다. 국가에 따라 해고법제의 모습은 다르다. 해고에 대한 법적 개입을 최소화하고 있는 자유방임형 국가(예, 미국)가 있는가 하면, 해고의 이유와 절차를 상세히 규율하는 해고규제형 국가(예, 프랑스)가 있다. 우리나라는 후자에 보다 가까운 국가에 속한다.

최근에는 국내외적으로 해고법제가 노동시장(고용 및 실업)에 미치는 영향에 대한 관심이 높다.[1] 한쪽에서는 해고법제의 경직성을 완화함으로써 노동시장의 유연화와 기업경쟁력의 강화를 달성해야 한다고 말한다. 다른 한쪽에서는 해고법제의 완화가 고용불안 및 삶의 질 저하를 초래할 것이라고 우려한다.[2] 그렇다면 향후 우리의 해고법제가 나가야 할 방향은 어디인가? 해고법제의 경제적

---

* 건국대학교 법과대학 교수.

1) OECD 국가 고용보호법제의 경직성 정도에 대한 평가에 관해서는 OECD, *Employment Outlook*, 2004 참고하기 바란다.

2) 해고규제는 해고비용을 증가시킴으로써 기존의 일자리가 소멸되지 않게 하는 효과와 더불어 새로운 일자리의 창출을 낮추거나 정규직을 대체하는 고용형태(비정규직)의 증가를 초래하는 효과를 동시에 낳는다. 이러한 상반된 효과의 구체적 결과는 해고규제의 정도, 근로조건(임금, 근로시간, 직무배치·전환 등) 조정의 유연성 등에 좌우된다. 근로조건의 조정이 유연한 경우에는 해고규제가 상대적으로 경직적이라도 노동시장에 미치는 부정적 영향을 줄일 수 있다는 얘기다. 근로조건의 조정을 통해 해고를 피할 수 있기 때문이다. 근로조건 조정의 유연성 정도가 같다고 가정하면 해고규제의 정도가 중요 변수로 기능한다.

효과 외에도 해고에 따른 기업의 사회적 책임에 관한 관심 역시 높아가고 있다. 특히 정리해고는 사회적으로 실업과 빈곤의 문제를 야기한다. 기업의 사회적 책임을 강조하는 쪽은 정리해고가 불가피하더라도 근로자들이 기계처럼 폐기처분될 수 없기 때문에 기업이 적정한 지원조치를 취할 것을 요구한다. 반대측은 기업이 정부의 역할을 대신할 수 없다고 반론한다. 우리의 해고법제는 기업의 사회적 책임과 관련하여 어떤 모습을 띠어야 하는가?

이 글은 위와 같은 문제의식 속에서 우리 해고법제의 현주소를 진단하고 향후의 진로를 모색하기 위한 기초 작업으로 프랑스 해고법제의 고찰을 목적으로 한다. 프랑스 해고법제는 고용보호를 위한 해고규제의 정도가 강하고, 해고에 따른 기업의 사회적 책임을 묻는 전형적 유형에 속한다. 프랑스 해고법제는 궁극적으로 우리에게 귀감의 일례 혹은 타산지석의 교훈을 줄 것이다. 이하에서는 해고의 종류에 따른 실체적·절차적 제한, 해고에 따른 보호조치, 노동법원의 해고구제 순으로 프랑스 해고법제의 내용을 살피고, 끝으로 프랑스 법제의 함의를 언급코자 한다.

Ⅱ. 해고의 종류에 따른 실체적·절차적 제한

프랑스 노동법전 L.122-4조에 의하면 “기간의 정함이 없이 체결된 근로계약은 본조 이하의 법규정의 적용을 전제로 하여 계약당사자의 일방의 발의에 의해 종료될 수 있다.” 동조는 무기(無期) 근로계약의 일방적 해지원칙과 더불어 노동법전에 의한 해고자유의 제한을 동시에 밝히고 있다.

해고는 그 성질에 따라 ‘인적 이유에 의한 해고’(licenciement pour motif personnel)와 ‘경제적 이유에 의한 해고’(licenciement pour motif économique)로 구분된다. 해고를 제한하는 최초의 입법은 1973년 7월에 성립하였다. 동법은 인적 이유에 의한 해고(이하 ‘인적 해고’로 약칭)를 실체적, 절차적으로 제한하는 것을 목적으로 하였다. 그 후 1975년 1월에 경제적 이유에 의한 해고(이하 ‘경제적 해고’로 약칭)를 제한하는 법률이 제정된다. 인적 해고인가 경제적 해고인가에 따라 적용되는 법규제의 내용(특히 해고절차)이 다르다. 따라서 해고가 인적인 이유에 의한 것인가 혹은 경제적 이유에 의한 것인가를 구분하는 것은 매우 중요하다. 다른 한편, 위법해고의 효과라는 측면에서 원칙적으로 손해배상이 인정되는 해고와 무효 · 복직이 인정되는 해고로 구분할 수 있다.

1. 인적 이유에 의한 해고

경제적 해고에 관한 정의는 법률로 정해져 있다. 반면 인적 해고의 경우는 그렇지 않다. 경제적 해고에 해당하지 않는 해고는 모두 인적 해고로 보면 된다. 능력부족, 질병 등 근로자의 개인적 사정을 이유로 하는 해고와 근로자의 비행을 이유로 하는 해고가 인적 해고이다. 인적 해고의 적법 여부는 법이 규정하고 있는 실체적 요건과 절차적 요건에 따라 판단된다.

(1) 실체적 요건

1) 해고이유의 진실성과 중대성

해고는 '진실하고 중대한 이유'(une cause réelle et sérieuse)가 있는 때에 적법하다(노동법전 L.122-14-4조, 이하 '노동법전' 명칭 생략). 해고의 적법성은 해고이유의 진실성과 중대성으로 구분 · 검토된다.

해고이유의 진실성은 해고이유가 실제로 존재하는지, 그리고 그 이유가 해고의 진짜 이유인지를 판단하는 것이다. 해고이유가 진실하다는 것은 그 이유가 객관적이고 사용자의 선악의 감정과는 무관하다는 의미이다. 해고이유가 객관적이기 위해서는 확인할 수 있게 외부로 드러난 것이어야 한다. 해고이유가 부정확한 사실에 입각하거나 사용자의 마음속에만 존재할 때에는 객관적이라고 할 수 없다. 이와 관련하여 특히 '신뢰상실'(perte de confiance)을 이유로 하는 해고의 적법성이 문제된다. 과거에 판례는 외부적으로 드러나는 정확한 사실에 근거하지 않고, 단지 사용자의 주관적 감정에 기초한 신뢰상실에 따른 해고의 정당성을 인정하였다.[3] 그러나 1990년 11월 29일 판결에서 파기원(사회부)은 그러한 입장을 변경하게 된다. 동 판결에 의하면, "근로자 본인에게 고유한 이유에 근거한 해고는 객관적 요소에 기초하여야 한다. 사용자가 주장하는 신뢰상실 그 자체는 해고이유가 될 수 없다."[4] 결국 근로자에 대한 신뢰상실이라는 사용

3) Cass. soc. 26 juin 1980, *Bull. civ.* V, 431면; Cass. soc. 6 juillet 1983, *Bull. civ.* V, 607면; Cass. soc. 29 fevrier 1984, *Bull. civ.* V, 58면 등.

4) Cass. soc. 29 novembr 1990, *Dr. soc.* 1992, 38면.

자의 주관적 감정 자체는 해고이유가 될 수 없고, 신뢰상실이 객관적 사실로서 인정되는 경우에만 해고의 정당한 이유로 인정된다. 동료근로자와의 불화(mésentente)의 경우에도 마찬가지이다. 다른 근로자와 대립하고 그것에 의해 사업의 정상적인 운영을 저해하는 명확한 사실에 근거할 때 불화가 해고의 객관적 이유에 해당한다. 그러한 명확하고도 객관적인 사실에 근거하지 않고, 단지 근로자의 나쁜 성격만을 사용자가 주장하는 것은 해고의 객관적 이유에 해당하지 않는다.

해고이유의 중대성은 사용자와의 관계에서 근로자의 계속고용이 불가능하고, 해고가 불가피한가를 판단하는 것이다. 특히 근로자의 비행에 근거한 해고의 경우 비행의 정도가 '중한 비행'(faute sérieuse) 내지 그 이상에 해당하여야 해고이유의 중대성이 인정된다.[5] 비행은 그 정도에 따라 '경한 비행'(faute légère), '중한 비행'(faute sérieuse), '심각한 비행'(faute grave), '매우 심각한 비행'(faute lourde) 4단계로 구분한다. 그 중 '중한 비행' 이상에 해당하는 비행을 이유로 하는 해고가 적법하게 된다. 따라서 '경한 비행'을 이유로 하는 해고는 위법하다. 그리고 어떤 종류의 비행에 해당하는가에 따라 해고예고, 해고수당, 유급휴가보상수당의 인정 여부가 달라진다. 이에 관한 보다 자세한 내용은 후술한다.

2) 해고이유의 입증

해고소송에서 근로자가 해고이유의 진실성과 중대성을 다투는 경우 그에 관한 입증책임은 근로자나 사용자 누구에게도 없다. 소송당사자인 근로자와 사용자는 자신에게 유리한 사실을 법관에게 제시하면 충분하다. 법관은 소송당사자들이 주장하는 사실에 기초하여 경우에 따라서는 직권조사를 거쳐 해고이유의 진실성과 중대성을 판단한다. 즉, 법관은 사용자가 주장하는 이유가 진실하고 중대한 것인지 확인하여야 할 뿐만 아니라 근로자가 주장하는 다른 해고이유가 해고의 진짜 이유인지 여부를 판단한다. 이는 노동법전 L.122-14-3조가 규정하고 있는 내용이다. 동조에 의하면 "소송에서 해고절차의 적법성과 사용자가 주장하는 이유의 진실성 및 중대성을 평가할 권한을 갖고 있는 법관은 소송당사자들이 제기하는 사실과 필요한 경우 유용하다고 여기는 직권조치를 통해 법적 확신을 형성한다."

---

5) Cass. soc. 10 juin 1976, *Dr. soc.* 1977, 21면.

그러나 소송당사자들이 주장하는 사실 또는 직권조사로 밝혀진 사실에도 불구하고 법관이 해고이유의 진실성·중대성에 관한 법적 확신을 갖지 못할 때가 있다. 이 경우 법관은 어느 쪽 소송당사자의 손을 들어주어야 할까? 사용자의 해고권은 진실하고 중대한 이유의 존재를 전제로 하여 법적으로 승인된다. 법관이 해고이유의 진실성과 중대성을 확인할 수 없는 경우 해고권 인정의 전제조건이 결여되었기 때문에 해고는 위법하다. 이는 의문의 여지없이 입법적으로 해결되고 있다. 1989년 8월 2일 법률에 의해 신설된 노동법전 L.122-14-3조 제2항은 "의심이 계속되는 경우 근로자에게 유리하다"(Si un doute subsiste, il profite au salarié)고 규정하고 있다.

(2) 절차적 요건

인적 해고의 절차는 노동법전 L.122-14조 이하에 규정되어 있다. 해고절차는 청문호출, 청문(entretien préalable), 해고통지 3단계로 구성된다. 근로자의 비행을 이유로 하는 징계해고의 절차는 노동법전 L.122-40조 이하에서 별도로 규정하고 있다.

1) 청문호출

근로자를 해고하려는 사용자는 등기우편 혹은 수령증과 교환하여 본인에게 직접 인도하는 서면으로 청문에 출석할 것을 통지하여야 한다(L.122-14조 1항). 호출장에는 청문의 목적, 일시와 장소, 조력자의 동석 가능성을 기재하여야 한다(R.122-2-1조). 그러나 해고이유를 기재하여야 할 의무는 없다는 것이 판례의 입장이다.[6] 청문호출단계에서는 해고가 불확실하고, 해고통지서에 해고이유를 기재하면 되기 때문이다.

2) 청 문

청문은 근로자에 대한 호출장 교부일로부터 4일 이내에는 이루어질 수 없다(L.122-14조 1항). 근로자에게 청문에 따른 사전준비의 시간을 부여하기 위한 제도로 볼 수 있다. 청문 개최일은 근로자가 통상적으로 근로하는 날이어야 하나, 휴가기간 중의 호출·청문도 허용된다는 것이 판례의 입장이다.[7]

청문과정에서 사용자는 자신이 예정하고 있는 결정의 이유를 제시하고, 근로

6) Cass. soc. 4 novembre 1992, *Dr. soc.* 1992, 1002면.
7) Cass. soc. 9 avril 1992, *RJS* 6/92, n° 726.

자의 설명(변명)을 들어야 한다(L.122-14조 1항). 판례에 따르면 사용자는 해고소송에서 청문시에 제시하지 않았던 해고이유를 주장할 수 있다.[8] 따라서 청문과정에서 사용자가 제시한 해고이유는 최종적·확정적인 것으로 볼 수 없다. 그렇지만 후술하듯이 해고통지서에는 최종적인 해고이유를 기재하여야 하고, 기재하지 않는 이유를 사후에 주장할 수 없다. 청문시에 근로자는 자신을 방어하기 위한 발언을 자유롭게 할 수 있다. 이러한 발언은 남용되는 경우가 아닌 한 해고이유로 삼을 수 없다.[9] 청문의 내용을 서면으로 작성할 법적 의무는 없지만 노사 당사자들이 희망하는 경우 서면 작성이 가능하다.

근로자는 청문에서 자신을 조력할 자를 동석시킬 수 있다. 조력자는 해당 기업의 종업원이어야 한다. 해당 기업에 종업원대표기구가 없는 경우 근로자는 관할 행정관청이 작성한 명부에 등재된 조언자(conseiller)를 선택하여 동석시킬 수 있다(L.122-14조 2항).

3) 해고통지

근로자를 해고하기로 결정한 사용자는 수령증명이 요구되는 등기우편으로 해고를 통지하여야 하며, 이러한 해고통지서의 발송일은 해고예고의 기산점이 된다(L.122-14-1조 1항). 해고통지서는 근로자에 대한 청문이 개최된 날로부터 2일 이전에는 발송될 수 없다(L.122-14-1조 2항). 이는 사용자가 나쁜 감정상태에서 해고하는 것을 피하기 위한 취지이다.[10]

사용자는 해고통지서에 하나 또는 복수의 해고이유를 기재하여야 한다(L.122-14-2조 1항). 이러한 해고이유의 기재는 소송에서 매우 중요한 기능을 한다. 법관이 해고의 진실·중대성을 판단함에 있어 사용자가 해고통지서에 언급하지 않은 이유를 주장하더라도 이를 고려할 필요가 없다는 것이 판례의 태도이다.[11] 그리고 판례에 의하면 해고통지서에 해고이유를 기재하지 않거나 이유가 불명확한 경우 해고의 정당성(진실·중대성)은 부정된다.

4) 징계해고의 절차

사용자가 근로자를 징계하려면 법이 정하는 절차를 준수하여야 한다. 단체협약이나 취업규칙이 정하는 징계절차 역시 준수되어야 한다. 특히 징계규율은

---

8) Cass. soc. 13 decembre 1979, *D.* 1981, 26면.

9) Cass. soc. 19 juin et 21 juin 1991, *RJS* 8-9/91, n° 959.

10) Jean Pélissier, Alain Supiot et Antoine Jeammaud, *Droit du travail*, Dalloz, 2004, 529면.

11) Cass. soc. 14 octobre 1993, *RJS* 11/93, n° 1084.

취업규칙의 필요적 기재사항이다(L.122-34조).[12] 다만, 금전적 징계(sanctions pécuniaires)는 법이 금지하고 있다(L.122-42조).

비행의 내용을 서면으로 알리지 않고 근로자를 징계를 할 수 없다(L.122-41조 1항). 경고 등과 같은 경미한 징계(즉, 근로자의 기업내 존재, 직무, 경력 또는 보수에 영향을 미치지 않는 징계)의 경우 서면통지로 족하다. 그러나 중한 징계의 경우(출근정지, 배치전환, 강등, 해고 등) 앞에서 언급한 해고절차와 유사한 징계절차를 거쳐야 한다. 즉, 사용자는 청문절차에 출석할 것을 근로자에게 통지하여야 하고, 청문과정에서 근로자는 해당 기업의 종업원을 조력자로 동석케 할 수 있으며, 사용자는 징계이유를 제시하고 근로자의 설명(변명)을 들어야 한다(L.122-41조 2항). 그리고 징계는 청문 개최일로부터 1일 이후, 1개월 이내에 결정되어야 하고, 해당 근로자에게 서면으로 징계이유를 기재하여 통지하여야 한다(L.122-41조 2항).

징계절차는 사용자가 근로자의 비행을 안 날로부터 2개월 이내에 이루어져야 하고, 다만 해당 기간 내에 형사절차가 개시된 경우에는 그렇지 않다(L.122-44조 1항). 동일한 성질의 비행이 반복된 경우 이전의 징계를 고려하여 새롭게 징계할 수 있는지 문제된다. 법에 의하면 3년 전에 있었던 징계는 새로운 징계의 근거로 원용될 수 없다(L.122-44조 2항).

(3) 위법해고의 효과

실체위반의 해고(즉, 진실하고 중대한 이유가 없는 해고)와 실체적 이유는 존재하나 절차위반이 있는 해고 각각에 따라 법적 효과는 다르다.

1) 실체위반의 해고

진실하고 중대한 이유가 없는 해고에 대한 구제로 노동법전 L.122-14-4조은 법관의 복직제안, 임금 6개월분 이상의 배상금, 실업보험기관에 대한 사용자의 실업수당상환을 규정하고 있다. 다만, 이러한 법정 구제는 근로자 11인 이상의 기업에서 재직기간 2년 이상인 근로자의 해고에 적용된다(L.122-14-5조).

첫째, 법관은 근로자의 복직을 제안할 수 있으나 소송당사자 중 어느 일방이 이를 거부하는 경우 금전배상을 선고한다(L.122-14-4조 1항). 법관이 반드시 복직을 제안하여야 할 의무는 없으며, 법관의 복직제안이 있더라도 사용자나 근로자는 거

12) 취업규칙은 20인 이상의 근로자를 사용하는 사업 또는 사업장에서 그 작성의무가 있다(L.122-33조). 취업규칙의 내용은 안전위생, 직장규율 및 징계에 관한 사항으로 한정된다(L.122-34조).

부할 수 있다. 따라서 복직은 임의적이다. 법관은 사용자 또는 근로자의 의사에 반하여 복직을 명할 수 없다.

둘째, 복직이 없는 경우에 내려지는 금전배상은 그 법정 최저액이 해고 이전 6개월 임금 상당액이다(L.122-14-4조 1항). 해고로 인해 근로자가 입은 손해가 임금 6개월분 미만일지라도, 가령 해고 후 즉시 재취업하여 현실적으로 어떠한 손해도 발생하지 않았다고 하더라도 6개월분 임금상당액의 배상은 반드시 보장된다. 손해에 대한 근로자의 입증도 요구되지 않는다. 해고로 인한 손해가 임금 6개월분을 초과하는 경우(예, 장기실업) 근로자는 그 초과분에 대한 손해의 전보를 청구할 수 있고, 그 입증을 하여야 한다. 이러한 법정배상제도는 사용자에 대한 일종의 민사적 징벌과 근로자가 입은 손해의 배상이라는 이중성격을 갖는다. 민법에서는 징벌적 손해배상을 인정하지 않는다. 민법과는 달리 노동법에서는 실체위반의 해고에 대해 근로자가 실제 입은 손해를 넘어서는 사용자의 배상책임을 인정하고 있다. 이는 실체위반의 해고를 사회 일반이익에 대한 침해행위로 파악하려는 취지라고 보는 견해가 있다.[13)]

셋째, 금전배상뿐만 아니라 사용자에 대한 보충적 제재로서 실업수당상환이 있다. 법원은 해고일로부터 판결선고일까지 근로자에게 지급된 실업수당의 전부 내지 일부를 실업수당 6개월분의 한도 내에서 실업보험기관에 상환할 것을 사용자에게 명하여야 한다(L.122-14-4조 2항). 1973년 법률에 의해 실업수당상환제도가 창설되었을 당시 상환액수에 대한 법관의 재량이 인정되지 않았기 때문에 법관은 근로자가 수급한 실업수당 전액의 상환을 명하여야 하였다. 법안 심의과정에서 실업수당상환제도를 반대한 측은 사용자에게 실업보험료의 이중갹출부담을 지우는 것은 일반적 보험원리에 반한다고 주장하였지만, 사용자의 부당해고와 재해에 해당하는 자연적 실업은 동일시될 수 없는 점, 사용자의 귀책사유에 의해 발생한 실업을 다른 사용자의 비용(보험료)으로 보상하는 것은 부당하다는 점 등에 근거하여 입법화되었다.[14)] 실업수당상환제도는 해고된 근로자에게 직접적 이익(추가적 보상)을 부여하는 것은 아니지만 위법한 해고를 억제함으로써 근로자집단 전체에 이익을 주고 간접적으로 근로자의 지위를 개선할 수 있는 이점을 갖

13) Marianne Keller, "La réparation du préjudice né de la perte de l'emploi," *Dr. Ouvrier*, N°573, juillet 1996, 272면.

14) Jean Pélissier, *Le nouveau droit du licenciement*, 2e éd., Sirey, 1980, 327면 참조.

고 있다.[15] 그런데 법원은 사용자책임을 완화하는 방향으로 법을 해석하였고, 결국 1986년에 상환 최고한도액을 6개월분의 실업수당으로 제한하면서 동시에 사용자의 고의과실 정도에 따라 법관이 재량으로 상환액수를 결정할 수 있도록 법개정(1986. 12. 30 법률)이 이루어졌다.[16]

이상에서 언급한 복직 혹은 임금 6개월분 이상의 금전배상, 실업수당상환은 근로자 11인 이상 기업에서 재직기간 2년 이상인 근로자가 진실하고도 중대한 이유 없이 해고된 경우에 인정되는 구제이다. 실체위반의 해고가 근로자 10인 이하의 기업에서 이루어진 경우 또는 재직기간 2년 미만인 근로자가 실체위반의 해고를 당한 경우 근로자는 자신이 입은 손해에 따라 산정되는 배상금을 청구할 수 있다(L.122-14-5조 2항). 이는 영세한 소기업이나 재직기간이 짧은 근로자의 위법해고와 관련하여 사용자의 과중한 배상책임을 경감시키려는 입법취지이지만, 차별적 배상제도라는 비판이 있다.[17]

2) 절차위반의 해고

절차위반의 해고에 대해 법이 규정하고 있는 구제의 내용은 앞에서 언급한 바와 같이 기업규모와 근로자의 재직기간에 따라 달라진다.

근로자 11인 이상의 기업에서 재직기간 2년 이상인 근로자의 경우 노동법전이 규정하고 있는 해고절차위반의 효과는 적법한 절차의 이행 및 최고 1개월 임금상당액의 금전배상, 실업수당의 상환이다(L.122-14-4조 1, 2항). 그러나 판례는 금전배상만을 인정하고 절차이행이나 실업수당상환을 부인하고 있다. 다만, 사용자가 해고통지서에 해고사유를 명시할 의무를 준수하지 않은 경우에는 절차위반임에도 불구하고 실체위반의 해고와 동일하게 취급한다.[18] 이러한 판례는 해고절차의 내용 및 중요성에 따라 법이 규정하고 있는 구제의 일부를 배제하거나 법이 예정하지 않은 구제를 인정하는 탄력적인 법해석의 예를 보여준다. 그렇지만 법이 예정하는 구제의 일부를 배제하는 것은 근로자에 대한 절차적 보호의 제한·후퇴라는 비판이 있다.[19]

---

15) Jean Pélissier, Alain Supiot et Antoine Jeammaud, 앞의 책, 548면.

16) Gérard Couturier, *Droit du travail 1: Les relations individuelles de travail,* PUF, 1996, 234면 참조.

17) Georges Picca, "Le prédudice du salarié licencié en vertu de l'article L.122.14.5 Code trav.," *Dr. soc.,* N°11, 1991, 762-763면 참조.

18) Cass. soc. 29 novembre 1990, *RJS* 1/91, n°19.

19) Jean Pelissier, 앞의 책, 286면.

근로자 10인 이하의 기업 또는 재직기간 2년 미만 근로자의 경우 절차위반의 해고에 대해서는 근로자가 입은 피해에 따라 산정되는 손해배상이 인정된다(L.122-14-5조). 다만, 청문에서 근로자가 제 3 자(조력자)를 동석케 할 수 있는 절차의 위반에 대해서는 위와 같은 기업규모 및 재직기간에 따른 제한이 적용되지 않는다(L.122-14-5조 제1항).[20] 청문시 타인의 조력을 받을 권리는 기업규모나 재직기간에 관계없이 보호되어야 할 중요한 법익이기 때문이다.

노동법전 L.122-14-4조 제 1 항에 의하면 해고절차위반에 따른 법적 효과(구제)는 실체적 이유가 합법임을 전제로 하고 있다.[21] 실체위반과 절차위반이 동시에 존재하는 해고의 경우 실체위법은 절차위법을 흡수하게 되고, 법원은 실체위반에 대한 구제만을 명한다. 즉, 해고이유가 진실하고 중대하지 않는 경우 실체위반에 따른 구제만이 인정되고, 비록 절차위반이 있어도 그에 따른 구제가 별도로 인정되지 않는다는 것이 판례이다.[22]

2. 경제적 이유에 의한 해고

노동법전 L.321-1조 제 1 항에 의하면 경제적 해고는 "특히 경제적 곤란이나 기술적 변동에 기인하는, 고용의 폐지나 변경 혹은 근로자에 의해 거부된 근로계약의 본질적 요소의 변경에 의해 발생하는, 근로자 본인에게 고유하지 않는 하나 또는 복수의 이유에 근거하여 사용자가 행하는 해고"이다. 경제적 해고는 해고규모에 따라 해고절차가 달라진다. 해고절차의 측면에서 경제적 해고는 해고대상자가 1인인 '개별적 해고', 해고대상자가 30일 기간 내에 10인 미만(2-9인)인 '소규모 집단해고', 해고대상자가 30일의 기간 내에 10인 이상인 '대규모 집단해고'[23]로 구분된다.

경제적 해고에 관한 법제는 1973년에 해고제한에 관한 최초의 입법이 탄생

---

20) Cass. soc., 19 juillet 1995, *RJS* 10/95, n° 1015.

21) 노동법전 L.122-14-4조 제 1항은 "근로자의 해고가 진실하고 중대한 이유가 있으나 本節에서 규정하는 해고절차가 준수되지 않은 경우 법원은 … (중략) … 을 명한다"고 함으로써 절차위법에 대한 구제는 실체적법을 전제로 하는 것임을 명시적으로 밝히고 있다.

22) Cass. soc. 20 janvier 1998, *RJS* 3/98, n° 275.

23) 근로자 50인 이상의 기업에서, ① 연속하는 3개월 동안 총 10인 이상의 근로자를 경제적 이유로 해고한 경우 또는 ② 지난 1년 동안 총 18인 이상의 근로자를 경제적 이유로 해고한 경우에는, 이후 3개월 내에 예정하는 일체의 새로운 경제적 해고에는 대규모 집단해고에 관한 법정절차가 적용된다(L.321-2조 4항 및 5항).

한 지 1년 반이 경과한 1975년 1월 3일 '경제적 이유에 의한 해고에 관한 법률'(이하 1975년 법률)에 의해 형성되었다.[24] 1975년 법률 이후 중요한 법개정은 1986년, 1989년, 1993년, 2002년에 있었다. 1986년에는 1975년 법률이 채택했던 경제적 해고의 행정승인제도가 폐지되고 행정감독제도로 전환되었다.[25] 경제적 해고에 대하여 관할 행정기관이 승인권한을 갖는 행정승인제도는 고용상실로부터 근로자를 보호하는 장점을 갖고 있었지만 사용자들의 지속적인 반대와 행정소송·민사소송의 관할권 분리에 따른 소송이원화 등을 초래하였고, 결국 1986년 3월 의회선거에서 다수를 차지한 우파정당들은 행정승인제의 폐지를 내걸고 이를 관철하였다.[26] 1988년에 다시 다수를 자치한 좌파가 행정승인제의 부활을 꾀하지는 않았다.[27] 그 대신 1989년에 해고예방 및 해고근로자의 보호를 목적으로 하는 법률(1989년 8월 2일 법률)을 성립시킨다. 그 결과 1989년 법률에 의해 경제적 해고의 정의, 재고용우선권의 확립, 사용자의 비용부담에 의한 근로자대표의 공인회계사 선임권 인정, 해고회피 등을 위한 사회계획(plan social)을 수립·시행할 사용자의무의 확립, 해고근로자의 재취업촉진·대체소득 보장을 위한 직업전환협정의 적용범위확대 등이 이루어졌다.[28] 1993년에는 사

24) 1973년 법률 이전에 정리해고법규가 전무하였던 것은 아니다. 제 2 차 세계대전기였던 1940년대 중반 이전의 시기에 근로자의 채용·해고는 근로감독관의 승인대상이었고, 이러한 행정승인제도가 1944년 폐지되었다가 1945년 5월 24일 법률명령(ordonnence)에 의해 6인 이상의 집단해고의 경우에 적용·부활되었다(Christian Bessy, *Les licenciement économique entre la loi et le marché*, CNRS, 1993, 58면). 또한 1945년 법률명령에 의하면, 20인 이상의 근로자들을 사용하는 기업에서의 집단해고에는 단체협약으로 정한 해고기준 또는 이러한 협약상의 규정이 없는 경우에는 근로자대표의 의견을 청취한 후 부양가족, 재직기간, 직업자질을 고려하여 사용자가 취업규칙에서 정한 해고기준이 적용된다(Francis Saramito, "L'ordre des licenciements," *Dr. Ouvrier*, N°6, 1994, 211-212면 참조).

25) André Philbert, "Le droit prétorien du licenciement économique," *Dr. soc.*, N°1, 1998, 35면. 구(舊) 노동법전 L.321-7조는 '어떠한 기업이나 직업부문이든 재판상정리(règlement judiciaire) 또는 청산(liquidation des biens)의 경우를 제외하고는 모든 정리해고는 관할행정기관의 승인을 받아야 한다'고 규정하고 있었다. 한편, 행정승인제하에서의 해고승인율은 약 87%이었다(Sylvain Niel, "Le retour de l'autorisation de licencier," *Sem. soc. Lamy*, N° 867, 1997. 12. 22, 5면).

26) Jean Rivero et Jean Savatier, *Droit du travail*, 13e éd., PUF, 1993, 490-491면 참조. 한편, 1986년 3월에 실시된 하원선거에서 우파연합의 승리로 우파가 내각(수상 자크시락)을 구성하여 좌파인 대통령(프랑수와 미테랑)과의 좌우동거가 1988년까지 이루어지게 된다. 이에 관해서는 박성윤, "프랑스에서의 의회와 행정부관계에 관한 연구: 좌우동거정부시기(1986-88년)를 중심으로," 서울대학교 석사학위논문, 1994.

27) Jean Rivero et Jean Savatier, 앞의 책, 491면.

28) André Philbert et Josette Morville, *Licenciements pour motif économique: Les incidences de la loi du* 2 août 1989, CSB, N°11, 1989, 8면 이하 참조.

회계획에 관한 사용자의 의무가 강화됨으로써 경제적 해고법제의 해고 예방적 측면이 더욱 강조되었다. 그리고 2002년에는 ① 계획적인 고용관리의 강화(근로자의 고용변화 적응 및 능력개발을 위한 교육훈련의 강화) 및 근로시간 단축 촉진을 통한 해고예방, ② 해고회피조치의 강화(해고회피를 위한 사용자의 고용적응보장의무 및 근로자재배치의무의 입법화), ③ 기존의 사회계획을 '고용보호계획'으로 명칭변경하고 그에 관한 사용자책임의 강화, ④ 사업장폐지계획과 관련한 조정제도의 신설, ⑤ 근로자 재취업촉진을 위한 사용자의 책임강화(전직휴가의 부여 등), ⑥ 지역고용의 촉진을 위한 기업의 기여 등에 관한 입법화(2002년 1월 17일 공포된 사회현대화법률)가 이루어졌다.[29] 그런데 좌파정부 하에서 성립된 2002년 사회현대화법률 가운데 경제적 해고에 관한 11개 조항의 효력을 일정기간 동안 정지시키는 새로운 법률(경제적 해고에 대한 단체교섭의 재활성화에 관한 법률)이 2003년 우파정부 하에서 만들어졌다.[30] 2002년 법률에 의한 경제적 해고절차의 과도함이 프랑스의 경제적 매력을 약화시켰으며 고용을 창출할 수 있는 투자를 위축시켰다는 점에 근거하여 기업경쟁력을 제고하기 위한 목적으로 2003년 법률이 제정되었다.[31]

(1) 실체적 요건

경제적 해고 역시 인적 해고의 경우와 마찬가지로 해고의 '진실하고 중대한 이유'가 있어야 한다. 이러한 실체적 요건으로 해고사유와 해고회피가 있다. 해고기준 및 해고대상자의 선정은 절차적 요건에서 언급한다. 판례는 해고기준에 관한 법규 위반의 해고를 실체위반의 해고로 보지 않기 때문이다.[32]

---

29) 2002년 법개정에 관한 보다 자세한 내용은 조용만, "최근 프랑스 경영해고법의 개정내용과 그 평가: 사회현대화법률 중 경영해고법 개정사항을 중심으로," 「노사포럼」 제17호, 경총 노동경제연구원, 2002, 98면 이하를 참고하기 바란다.

30) 그 주요 내용에 관한 국내 참고자료로 박제성, "프랑스 정리해고 및 단체교섭에 관한 2003년 1월 3일 법과 정리해고법제의 변화," 「국제노동동향」 제1권 제2호, 한국노동연구원, 2003, 47면 이하를 참고하기 바람.

31) 박제성, 앞의 글, 48면 참조. 노동부 장관인 프랑수아 피용이 국무회의에서 법안제출과 관련하여 "만약 정부가 현 상태를 그대로 방치한다면 얼마나 많은 어려움에 처한 기업들이 2002년 1월 17일 법의 미로 속에서 도전정신을 발휘하기보다는 차라리 영업을 포기하도록 내몰릴 것이며 얼마나 많은 외국의 투자자들이 프랑스를 떠날 것이며 또한 얼마나 많은 근로자들이 이 법의 역효과로 인해 실업상태로 내몰릴 것인가"라고 발언하였다.

32) Cass. soc. 8 juin 1999, *RJS* 7/99, n°909.

1) 해고사유

해고사유는 경제적 해고를 정의하고 있는 노동법전 L.321-1조에서 규정되고 있다.

우선, 해고사유는 근로자 본인에게 고유하지 않는 것(un ou plusieurs motifs non inhérents à la personne du salarié), 다시 말해 근로자 자신과는 무관한 외부적인 사유이어야 한다.

다음으로, 경제적 해고는 고용의 폐지나 변경 또는 근로자가 거부하는 근로계약의 본질적 변경을 원인으로 하는 것이어야 한다. 고용의 폐지는 어떤 일자리를 통해 근로자가 담당하였던 직무가 소멸하거나 다른 근로자(들)에게 이전됨으로써 해당 일자리가 폐지되는 것을 의미한다. 고용의 변경은 고용의 성격이 변화하는 것을 의미한다. 예컨대, 일정한 기술이나 기능을 요하는 고용이 다른 기술이나 기능을 요하는 것으로 그 성질이 변화하는 경우이다. 근로자가 거부하는 근로계약의 본질적 변경은 계약당사자간 명시·묵시적으로 합의하였던 근로조건에 대한 사용자의 변경 제안을 근로자가 거부하는 것을 의미한다. 고용의 변경과 근로계약의 본질적 변경 양자의 구별 실익은 없다. 양자 모두 근로자가 이를 거부하는 경우에는 경제적 해고의 이유에 해당하기 때문이다.[33]

끝으로, 위에서 언급한 고용의 폐지나 변경 등은 특히 경제적 곤란이나 기술적 변동을 원인으로 하여 발생한 것이어야 한다. 경제적 곤란은 일시적으로 극복될 수 없는 상당 정도의 재정상의 어려움을 의미한다. 판례에 의하면 경제적 곤란 여부의 판단은 기업의 하부단위(사업장, 영업소 등)가 아니라 기업 전체를 기준으로 한다.[34] 기술적 변동은 신기술의 도입과 같은 생산수단 내지 생산방식의 변경을 의미한다. 법규정에 의하면 경제적 곤란이나 기술적 변동은 예시사항에 불과하다. 따라서 그 외에도 고용의 폐지나 변경 등을 초래하는 경제적 이유가 인정될 수 있다. 판례는 대표적으로 기업경쟁력의 보호를 위한 기업재편,[35] 기업활동의 정지[36] 두 가지를 들고 있다.

---

33) Jean Pelissier, Alain Supiot et Antoine Jeammaud, 앞의 책, 560면.

34) Cass. soc. 17 juin 1992, *RJS* 8-9/92, n°980; Cass. soc. 15 octobre 1997, *RJS* 12/97, n°1349.

35) Cass. soc. 5 avril 1995, *Dr. soc.* 1995, 488면.

36) Cass. soc. 16 janvier 2001, *Dr. soc.* 2001, 413면.

2) 해고회피

사용자는 해고를 피하기 위한 의무를 부담한다. 고용적응보장의무와 근로자 재배치의무가 그것이다. 이러한 의무는 과거 판례에 의해 인정되었던 것인데, 2002년 1월 17일 법률(사회현대화법률)에 의해 입법화되었다. 동 법률에 의해 신설된 노동법전 L.321-1조 3항에 의하면, 경제적 해고는 "교육훈련 및 고용적응을 위한 모든 노력이 이루어지고, 기업차원 또는 기업이 속한 그룹차원에서 근로자의 재배치(reclassement) — 해당 근로자가 담당하고 있는 것과 동일한 범주의 일자리 또는 그러한 일자리가 없는 경우 해당 근로자의 명시적 동의를 얻어 보다 낮은 범주의 일자리로의 재배치 — 가 실현될 수 없는 경우에만 가능하다. 근로자에 대한 사용자의 재배치의 제안은 서면에 의해 구체적으로 명확히 하여야 한다."

(2) 절차적 요건

해고절차는 해고대상자의 수(즉, 해고규모)에 따라 다르다. 또한 해고절차의 일환으로서 관할 행정관청에의 통지제도가 있다.

첫째, 개별적 해고(즉, 해고대상자가 1인)의 경우 인적 해고의 절차(청문호출, 청문, 해고통지)와 동일한 절차를 거친다. 다만, 다음의 점에서 다르다. 청문과정에서 사용자는 근로자의 재취업을 촉진하기 위한 조치(직업능력평가, 직업지도, 직업훈련 등)를 해당 근로자에게 제안하여야 한다(L.321-4-2조). 청문 호출일로부터 해고통지가 금지되는 기간이 인적 해고의 경우보다 길다(L.122-14-1조 3항).[37] 해고통지서에는 재고용우선권에 관해 명시하여야 한다(L.122-14-2조 3항).

둘째, 30일 이내에 2-9인을 대상으로 하는 소규모 집단해고의 경우 위에서 언급한 개별적 해고절차에 들어가기에 앞서 종업원대표(기업위원회 또는 그 부재시 종업원대표위원)와 협의하여야 한다(L.321-2조). 이 경우 사용자는 종업원대표에게 집단해고계획에 관한 유용한 정보(해고의 경제적・재정적・기술적 이유, 해고예정 근로자의 수, 해고대상이 되는 관련 근로자의 직업범주, 해고기준, 해고일정)를 제공하여야 한다(L.321-4조 1, 2항). 또한 해고회피와 재취업촉진을 위한 조치를 종업

37) 인적 해고의 경우 청문 호출일로부터 2일 전에는 해고통지가 불가하지만 경제적 이유에 의한 개별적 해고의 경우 7일 전(일반근로자), 15일 전(기술・관리・감독직 근로자)에는 해고통지가 금지된다.

원대표에게 제시하여야 한다(L.321-4조 3항). 해고기준에 관한 법적 규율(L.321-1-1조)도 있다. 즉, 적용되는 단체협약이 없는 경우 사용자는 종업원대표와 협의 후에 해고기준을 정하여 하고, 그 내용에는 부양가족, 재직기간, 재취업을 특히 곤란케 하는 사회적 특성을 갖는 근로자(특히 장애인, 고령자)의 상황, 직업적 자질(직업능력)이 포함되어야 한다(L.321-1-1조 1항).[38] 그리고 노령으로 인해 근로자가 향유하는 이익(예, 노령연금)만을 이유로 우선적인 해고대상으로 삼는 내용을 해고기준에 포함할 수 없다(L.321-1-1조 2항).

셋째, 30일 이내에 10인 이상의 근로자를 대상으로 하는 대규모 집단해고의 경우에도 종업원대표에 대한 정보제공 및 협의의 절차가 적용되지만, 기업규모에 따라 구체적인 내용이 다르다. 특히 근로자 50인 이상을 사용하는 기업의 경우 절차적 규제가 강화된다. 그 주요 내용은 다음과 같다. 사용자는 고용보호계획(plan de sauvegarde de l'emploi)을 작성하여야 한다(L.321-4-1조).[39] 종업원대표기관인 기업위원회는 사용자와 협의할 때 공인회계사를 동석케 하여 그 조력을 받을 수 있고, 그에 따른 비용은 사용자가 부담한다(L.321-7-1조). 위와 같은 절차를 거쳐 사용자는 해고대상자로 결정된 근로자에게 해고를 통지한다. 그런데 개별적 해고나 소규모 집단해고와는 달리 대규모 집단해고의 경우에는 해고대상 근로자에 대한 청문절차는 적용되지 않는다.

끝으로, 관할 행정관청에 대한 해고통지의 절차가 있다. 개별적 해고 및 소규모 집단해고의 경우 사용자는 해고통지서 발송 후 8일 내에 신고하면 된다(R.321-1조). 이는 사후적 신고이다. 그러나 대규모 집단해고의 경우 사용자는 해고절차를 진행하는 과정에서 통지할 의무가 있다(L.321-7조). 종업원대표에게 제공된 정보(해고계획), 해고협의의 일정 및 협의개최에 관한 정보, 해고회피·재취업촉진을 위한 조치(50인 미만의 기업) 내지 고용보호계획(50인 이상의 기업) 등은 관할 행정관청에 제출되어야 한다. 대규모 집단해고의 경우 관할 행정관청은 노사간 해고협의절차의 진행과정에 개입하여 해고절차가 적법하게 이루어지도록 감

38) 개별적 해고(근로자 1인의 해고)의 경우 종업원대표와의 협의절차가 적용되지 않기 때문에 사용자는 해고기준에 대해 종업원대표와 협의하여 이를 결정할 의무는 없지만 법이 정하고 있는 부양가족 등 4가지 요소는 해고대상 근로자의 선정에 있어서도 반드시 고려되어야 한다(L.321-1-1조 3항).

39) 노동법전 L.321-4-1조 1항에 의하면, 고용보호계획은 해고를 피하거나 해고의 수를 줄이기 위하여 또는 해고가 불가피한 자(고령근로자 또는 재취업을 특히 곤란케 하는 사회적 특성이나 직업적 자질을 갖고 있는 자)의 재취업을 촉진하기 위한 목적으로 작성되는 문서이다.

독하는 역할을 한다. 특히 관할 행정관청은 해고회피·재취업촉진을 위한 조치 내지 고용보호계획을 보완·변경하도록 노사에게 제안할 수 있으며, 사용자는 이러한 제안에 대한 답변서를 관할 행정관청에 제출하여야 한다.

(3) 위법해고의 효과

1) 실체위반의 해고

'진실하고 중대한 이유'가 없는 경제적 해고의 효과(법정 구제의 내용)는 인적 해고와 마찬가지로 기업규모와 재직기간에 따라 다르다. 11인 이상의 기업에서 근로하는 재직기간 2년 이상의 근로자에게는 법관에 의한 복직제한 또는 임금 6개월분의 손해배상(복직이 노사 어느 한쪽에 의해 거부되는 경우), 실업수당 상환이 예정되어 있다(L.122-14-4조 1항). 10인 이하 기업의 근로자 또는 재직기간 2년 미만의 근로자에게는 그가 입은 손해에 따라 산정된 배상금이 지급된다(L.122-14-5조).

해고기준에 관한 규율을 정하고 있는 노동법전 L.321-1-1조를 위반한 경우 그 법적 효과(구제)에 대해 판례는 위에서 언급한 실체위반에 따른 법정구제(최소 임금 6개월분의 배상금)를 부정하고, 근로자가 입은 손해에 따른 배상을 인정한다.[40] 그러나 해고기준이 적법하게 적용되었으면 해고되지 않았을 근로자에게는 실제 손해와 관계없이 임금 6개월분 이상의 배상이 인정되어야 한다는 학설의 비판이 있다.[41]

2) 절차위반의 해고

절차위반에 따른 법적 효과(구제)는 인적 해고와 경제적 해고에 공통하는 절차의 위반인지 아니면 경제적 해고에 고유한 절차의 위반인지에 따라 다르다. 전자의 경우에는 인적 해고에서 설명한 바와 동일하다. 11인 이상의 기업에서 근로하는 재직기간 2년 이상의 근로자에게는 원칙적으로 최고 1개월분 임금상당의 손해배상이 인정된다. 10인 이하 기업의 근로자 또는 재직기간 2년 미만의 근로자의 경우에는 그가 입은 손해에 따라 산정된 배상금이다.

경제적 해고에 고유한 절차를 위반한 경우 그 법적 효과(구제)는 법이 특별히 규정하고 있다. 우선, 종업원대표에 대한 정보제공 및 협의, 관할 행정관청에

---

40) Cass. soc. 14 janvier 1997, *Dr. soc.* 1997, 159면; Cass. soc. 8 juin 1999, *RJS* 7/99, n° 909.

41) Jean Pélissier, Antoine Lyon-Caen, Antoine Jeammaud et Emmanuel Dockès, *Les grands arrêts du droit du travail,* Dalloz, 2004, 410면.

의 통지(신고)를 규정하고 있는 노동법전 L.321-2조를 위반한 경우 법원은 근로자가 입은 손해에 따라 산정된 배상금의 지급을 명한다(L.144-14-4조 3항). 나아가 형사제재로서 행정관청에의 통지의무위반에 대한 벌금형(L.321-11조 및 R.362-1-1조)과 종업원대표의 적정한 직무이행 내지 기업위원회의 적정한 운영에 대한 방해죄(délit d'entrave)가 예정되고 있다(L.482-1조). 다음으로, 근로자재배치계획(고용보호계획에 포함되는 사항)의 제출·협의에 관한 절차의 흠결로 인해 해고절차가 무효로 되는 경우[42] 법원은 해고를 무효로 하고 근로자의 청구에 따라 근로계약의 계속(복직)을 명하며, 다만 사업장의 폐쇄 또는 복직을 가능케 하는 일자리의 부재 등으로 인해 복직이 불가능하거나 근로자가 복직을 신청하지 않는 경우 임금 12개월분 이상의 손해배상이 인정된다(L.122-14-4조 1항).

3. 해고의 금지

지금까지 살펴보았듯이 위법해고의 법적 효과는 일반적으로 법정금전배상 혹은 실손해에 따른 금전배상이다. 그런데 그 예외가 있다. 해고 자체를 법이 명시적으로 금지한 경우이다. 해고금지의 위반에 대해서는 무효 및 복직을 인정한다.

(1) 해고금지의 대상

노동법전에서 명시적으로 해고가 금지·무효로 되는 경우는 다음과 같다. 우선, 해고보호대상 근로자(종업원대표위원, 기업위원회 위원, 조합대표위원, 노동법원 근로자법관 등)에 대해 행정승인이 없이 행하는 해고이다(L.412-18조, L.425-1조, L.436-1조).[43] 다음으로, 출신, 성별, 품행, 가족상황, 민족, 국적, 인종, 정치적 견해, 조합활동, 종교적 신념, 건강상태, 장애, 연령, 정당한 파업권 행사 등을 이유로 하는 차별적 해고이다(L.122-45조). 남녀의 차별적 대우에 대한 소제기를 이유로 하는 해고(L.123-5조), 성희롱 또는 괴힘(harcélement moral)을 받거나 거부한 근로자의 해고 내지 해당 행위를 증언한 근로자의 해고(L.122-46조, L.122-49조), 임신 중이거나 출산 후의 여성근로

42) 노동법전 L.321-4-1조 2항에 의하면 "고용보호계획에 통합되는 근로자재배치계획이 종업원대표에게 제시하지 않는 경우 해고절차는 무효이다."

43) 파기원은 1948년 레이몽디(Raymondis)사건(1948. 6. 3. 판결) 이후 행정기관의 사전 승인 없이 이루어진 근로자대표의 해고는 무효라고 보았다.

자의 해고(L.122-27조),[44] 산업재해를 입은 근로자에 대해 근로계약 정지기간 중에 행하는 해고(L.122-32-2조)[45] 역시 금지된다.

노동법전에서 해고의 금지·무효를 명시하고 있지 않는 경우에도 해고무효를 인정한 판례가 있다. 파기원은 1988년 4월 28일 판결을 통해 비록 해고무효에 관한 명시적 법규정이 없다 하더라도 해고가 헌법상의 권리(표현의 자유)를 침해하여 이루어진 경우에는 무효라고 보았다.[46]

(2) 위반의 효과

해고가 무효이면 해고는 존재하지 않았던 것으로 간주되기 때문에 근로자는 해고기간 중의 임금[47]을 청구할 수 있을 뿐만 아니라 원래의 직(부재시에는 그에 상응하는 직)으로 복귀할 수 있는 권리를 갖는다. 이러한 원칙은 현재 판례에 의해 일반화되어 있다. 비록 법에서 근로자의 복직을 명시적으로 규정하지 않은 경우에도 복직이 인정된다. 예컨대, 임산부의 해고와 관련하여 노동법전 L.122-30조는 해고의 무효 및 금전배상을 규정하고 있지만, 판례는 복직을 인정하였다.[48]

근로자가 복직을 신청하지 않는 경우에는 금전배상에 의한 해결이 가능하고, 법이나 단체협약이 정하고 있는 각종 수당(해고예고수당, 해고수당 등) 외에 해고로부터 입은 손해 전부를 배상받을 수 있다.

Ⅲ. 해고에 따른 보호조치

해고가 이루어지면 그 위법 여부를 불문하고, 다시 말해 적법한 해고의 경

44) 노동법전 L.122-25-2조 1항에 의하면 임신과 무관한 근로자의 심각한 비행(faute grave) 또는 임신·출산과 관계없는 이유로 근로계약의 유지를 불가능케 하는 경우에는 해고가 금지되지 않는다.

45) 다만, 동조 제1항에 의하면 근로자의 심각한 비행(faute grave) 또는 산업재해와 무관한 이유로 근로계약의 유지를 불가능케 하는 경우에는 해고가 금지되지 않는다.

46) Cass. soc. 28 avril 1988, *Bull. civ.* V, n°257; *Dr. soc.* 1988, 429면.

47) 해고기간 중 중간수입이 존재하는 경우에는 해당 액수만큼 공제된다(Cass. soc. 3 juillet 2003, *Bull. civ.* V, n°214).

48) Cass. soc. 30 avril 2003, *RJS* 7/03, n°869. 학설에 의하면 법이 예정하고 있는 금전배상은 근로자가 복직을 신청하지 않는 경우 또는 복직에 의해 근로자가 입은 손해의 전부를 전보받을 수 없는 경우에 대비한 부차적이고 보충적인 것으로 해석되고 있다(Jean Pélissier, Alain Supiot et Antoine Jeammaud, 앞의 책, 553면).

우에도 근로자를 보호하기 위한 몇 가지의 조치가 취해져야 한다.

1. 해고예고 내지 해고예고수당

해고를 통지받은 근로자에게는 해고예고기간(해고통지일로부터 근로계약 종료일까지의 기간)이 주어진다. 예고기간은 재직기간에 따라 다르다. 재직기간 2년 이상의 경우 2개월, 6개월 이상 2년 미만의 경우 1개월, 6개월 미만의 경우 근로계약·단체협약·관행에 따른다(L.122-6조). 이러한 기준을 하회하는 기간을 정한 근로계약의 조항은 무효이다(L.122-7조). 해고예고기간 중에 근로자는 근로제공을 면제받을 수 있지만, 근로하였다면 받을 수 있었을 임금이 지급되지는 않는다. 예고기간을 준수하지 않은 경우 해당 기간의 임금에 상응하는 수당이 지급되어야 한다(L.122-8조). 해고예고기간을 준수하든지 아니면 해고예고수당을 지급하여야 하지만 어느 쪽을 택하더라도 근로계약의 종료일이 앞당겨지는 것은 아니다.

2. 해고수당

해고수당(indemnité de licenciement)은 해고되는 근로자에게 지급되는 수당이다.[49] 해고의 적법 여부는 불문한다. 법정 해고수당은 해당 기업에서 2년 이상 근속한 근로자에게 지급되며, 2년 미만의 경우에는 단체협약이나 관행에 따른다(L.122-9조).

법정 해고수당의 최저액은 해고의 종류 및 근속년수에 따라 계산된다(R.122-2조). 인적 해고의 경우, 근속년수 10년까지의 기간에 대해서는 임금월액의 1/10×근속년수로 계산되고, 근속년수 11년 이상의 기간에 대해서는 임금월액의 1/15×근속년수에 따른 금액이 가산된다. 경제적 해고의 경우, 근속년수 10년까지의 기간에 대해서는 임금월액의 2/10×근속년수로 계산되고, 근속년수 11년 이상의 기간에 대해서는 임금월액의 2/15×근속년수에 따른 금액이 가산된다.

---

49) 기간제 근로계약을 체결한 근로자의 경우에는 불안정계약수당이라는 이름으로 근로계약의 기간 중에 근로자가 수취한 보수총액의 10%가 지급된다.

3. 유급휴가보상수당

근로자가 근로계약 종료 이전에 이미 획득한 유급휴가를 전부 사용하지 않았으면 미사용분에 대한 보상수당을 받을 권리가 있다(L.223-14조).

유급휴가보상수당(indemnité compensatrice de congés payés)을 포함하여 이미 언급한 해고예고와 해고수당은 근로자의 비행을 이유로 하는 해고의 경우 그 비행의 정도에 따라 인정 여부가 달라진다. '경한 비행'과 '중한 비행'에 대해서는 3가지가 모두 인정된다. 그러나 '심각한 비행'의 경우 유급휴가보상수당만이 인정되고, 비행의 정도가 가장 큰 '매우 심각한 비행'에 대해서는 3가지 모두 인정되지 않는다.

4. 재고용우선권

경제적 이유로 해고되는 근로자에게는 계약종료일로부터 1년간 재고용우선권(priorité de réembauchage)이 보장된다(L.321-14조). 재고용을 희망하는 근로자는 계약종료일로부터 1년 이내에 사용자에게 신청하여야 한다. 사용자는 근로계약 종료일로부터 1년 내에 우선재고용을 신청한 근로자에 대해 그 자의 직업자격에 상응하는 공석의 일자리가 있는 경우 이를 통지하여야 한다. 근로자가 새로운 직업자격을 취득하여 이를 사용자에게 알린 경우 사용자는 그에 상응하는 공석의 일자리에 대해서도 해당 근로자에게 통지하여야 한다. 만일 사용자가 재고용우선권에 관한 법규정을 위반한 경우에는 임금 2개월분 이상의 배상금을 근로자에게 지급하여야 한다(L.122-14-4조 3항).

5. 재취업지원조치

경제적 해고와 관련하여 재취업지원조치가 법으로 예정되어 있다. 이는 2002년 1월 17일 법률(사회현대화법률)에 의해 신설되었다.

근로자 1천인 이상 기업에서 사용자는 해고대상 근로자 중 희망자에게 재취업휴가(congé de reclassement)를 부여하여야 한다(L.321-4-3조). 재취업휴가는 사용자에 의한 보수의 지급(해고예고기간 중에는 100%, 그 후에는 65%)으로 근로자가 재취업에 필요한 교육훈련 및 재취업지원(직업계획수립, 직업적성 · 능력평가 등)을 받을 수 있게 하기 위한 것이다. 휴가기간은 9개월을 초과할 수 없다.

재취업휴가제도의 적용대상이 되지 않는 근로자 1천인 미만 기업의 경우 또는 적용대상 기업에서 근로자가 재취업휴가를 희망하지 않는 경우, 사용자는 재직기간 4개월 이상의 근로자에 대해 재취업지원조치(심리상담, 직업지도, 직업적성 · 능력평가, 교육훈련 등)의 이용을 제안하여야 한다(L.321-4-2조).

Ⅳ. 노동법원의 해고구제

근로계약 관련 개별분쟁의 해결은 노동법원(coseil de prud'hommes)이 담당한다. 따라서 해고분쟁은 노동법원이 관할한다. 해고분쟁에 대해 조정 · 중재 내지 ADR(대체적 노동분쟁해결제도)를 담당하는 행정기관은 존재하지 않는다. 노동법원은 1906년 3월 18일 법률에 의해 창설된 기관으로서 2005년 현재 271개(프랑스 본토 264개, 해외령 7개)가 설치되어 있다.[50]

1. 노동법원의 위상

프랑스에서 민·형사사건을 관할하는 일반(사법)법원과 행정사건을 관할하는 행정법원은 상호 독립되어 있다. 최고법원도 일반법원의 경우 파기원(Cour de cassation), 행정법원의 경우 국사원(Conseil d'Etat)이 별도로 존재한다. 민·형사사건을 담당하는 일반법원은 하급심법원과 상급심법원으로 구분된다. 하급심법원은 민사법원, 형사법원, 특별법원으로 구분되는데 노동법원은 특별법원에 해당한다.[51] 상급심법원으로는 항소원(Cour d'appel)과 파기원이 있다.

노동사건 가운데 행정사건은 행정법원의 관할에 속한다. 노동 민사사건 중에서도 근로자와 사용자간의 개별분쟁만이 노동법원의 관할에 속하고, 집단적

50) 노동법원에 관한 이하의 내용은 조용만, "프랑스의 노동법원제도에 관한 고찰," 「일감법학」 제8권, 건국대학교 법학연구소, 2003, 116면 이하를 요약 · 정리하였다.

51) 하급심 특별법원으로는 노동법원 외에도 사회보장법원(Tribunal des affaires de sécurité sociale), 상사법원(Tribunal de commerce), 농업임대차법원(Tribunal paritaire des baux ruraux)이 있다.

분쟁은 민사법원의 관할에 해당한다. 노동 형사사건은 형사법원의 관할사항이다. 결국 노동법원은 노동사건 전체가 아니라 그 일부만을 담당하는 특별법원의 지위를 갖는다. 그리고 노동법원의 재판에 대한 상급심은 직업법관으로 구성되는 일반법원인 항소원과 파기원이 담당한다. 노동법원은 하급심법원으로만 존재하고 상급심에는 노동법원이 설치되어 있지 않다.

2. 노동법원의 관할

노동법전 L.511-1조 1항에 의하면 노동법원은 사용자와 그가 고용하는 근로자 사이에서 노동법전의 적용대상이 되는 모든 근로계약과 관련하여 발생하는 분쟁을 해결하는 것을 임무로 한다. 노동법원의 관할에 해당하기 위해서는 분쟁 당사자간에 사법상의 근로계약관계가 존재하여야 하고, 근로계약분쟁 및 기타 개별적 분쟁이 발생해야 한다.

노동법원은 개별적 노동분쟁을 관할하고, 집단적 노동분쟁은 민사법원의 관할에 속한다. 개별분쟁인가 집단분쟁인가는 일반적으로 분쟁대상 및 분쟁당사자라는 2가지 요소를 기준으로 하여 구별한다. 개별분쟁의 대표적 것이 근로계약분쟁이다. 근로계약분쟁에는 근로계약관계의 존부 자체에 관한 분쟁, 근로계약의 체결·이행·종료와 관련하여 발생하는 분쟁, 근로계약에 부수하여 체결된 약정(예컨대, 보증계약이나 경업금지약정)으로부터 발생한 분쟁 등이 있다. 단체협약의 해석 및 적용에 관한 협약당사자(노동조합 및 사용자 또는 사용자단체)간의 분쟁은 집단분쟁이지만, 개별 근로자가 단체협약에 근거하여 일정한 권리를 주장하는 경우 그 협약의 해석·적용을 둘러싼 분쟁은 개별분쟁이다. 쟁의행위 자체는 집단분쟁이지만 쟁의행위가 개별근로계약관계에 미친 결과나 영향(예컨대, 파업관련 개별 근로자의 징계·민사책임)을 둘러싼 다툼은 개별분쟁이다.

3. 노동법원의 조직과 구성

노동법원은 근로자와 사용자에 의해 직접 선출된 동수의 자로 구성된다(L.512-1조). 노동법원의 법관은 직업법관이 아니라 5년마다 노사에 의해 직접 선출되는 선출직 법관이다.

노동법원은 업종 및 직종에 따라 구분되는 5개의 부(section)와 가처분을 담당하는 1개의 신속심리부(formation de référé)로 구성된다(L.512-2조 1항). 5개의 부는 공업부, 상업부, 농업부, 기타직종부, 간부직원부(section de l'encadrement)이다. 어느 부에 속하는가는 기업의 주된 활동에 따라 결정된다(L.512-2조 2항). 각 부에는 조정과(bureau de conciliation)와 재판과(bureau de jugement)를 두어야 한다(L.515-1조). 화해를 통한 분쟁해결을 담당하는 조정과는 근로자법관과 사용자법관 각 1인씩 구성되고, 판결에 의해 사건을 해결하는 재판과는 근로자법관과 사용자법관 각 2인으로 구성된다(L.515-2조). 한편, 가처분사건을 담당하는 신속심리부는 근로자법관과 사용자법관 각 1인으로 구성된다(L.515-2조).

사용자는 법관으로 선출된 근로자에게 그 직무수행에 필요한 시간을 부여하여야 할 의무가 있고(L.514-1조 1항), 이러한 의무를 위반하는 경우에는 직무방해죄로 처벌될 수 있다(L.531-1조). 근로자법관이 그 직무수행을 위해 기업 밖에서 보낸 시간은 실근로시간으로 간주되고(L.514-1조 3항), 임금의 감소를 초래하지 않는다(L.514-1조 4항). 근로자법관의 법관직무수행에 따른 임금은 사용자가 우선 부담하고 국가가 매월 사용자에게 그 비용을 상환한다(D.51-10-4조 2항). 국가는 노동법원 법관연수교육을 조직하고 그 비용을 부담한다(L.514-3조 1항). 사용자는 근로자법관에게 연수교육에 필요한 휴가를 6주의 한내(총 36일=6일×6주)에서 유급으로 부여하여야 하고, 이러한 사용자의 비용(임금)부담은 그 부담액만큼 계속 직업훈련을 위한 사업주의 분담금납부의무를 이행한 것으로 인정된다(L.514-3조 2항).

4. 소송절차

노동법원 소송절차의 특징은 분쟁당사간의 화해를 성립하기 위한 절차가 제1차적 및 의무적으로 이루어지고, 화해가 전적으로 또는 부분적으로 실패하는 경우에 판결에 의해 해결된다는 점이다. 노동법원과 관련한 당사자의 소송절차비용은 무료가 원칙이지만(L.514-8조), 변호사비용, 강제집행을 행하는 집행리(huissier de justice) 비용, 증거조사 내지 감정 비용 등은 소송당사자가 부담한다(R.519-1조, R.519-2조 등).

(1) 의무적 화해(조정)절차

노동법원에 소가 제기되면 판결 이전에 화해절차가 의무적으로 진행된다(L.511-1조). 화해절차는 비공개를 원칙으로 한다. 이러한 화해절차를 거치지 않게 되면 강행법규 위반으로 판결의 무효가 초래될 수 있다는 것이 판례의 입장이다.

소를 제기한 당사자가 정당한 이유 없이 조정절차에 참여하지 않은 경우 청구는 각하되고, 이후 당사자는 1회에 한해 다시 소를 제기할 수 있다(R.516-16조). 화해(부분적 화해 포함)가 이루어지는 경우에는 화해조서를 작성하게 되는데 필요한 경우에는 합의사항의 전부 또는 일부에 대한 즉각적 집행을 명시하기도 한다(R.516-14조). 화해가 이루어지지 않거나 부분적 합의가 있는 경우 조정과는 사건을 재판과로 넘기거나, 직권조사(증언청취, 감정 등) 내지 임금지급 등의 잠정조치(채무존재에 대한 중대한 다툼이 없는 경우)를 취할 수 있다(R.516-18조 참조). 조정과의 결정(감정결정 제외)은 재판과의 본안판결과 더불어 불복대상이 되는 것이 원칙이지만(R.516-19조), 권한남용의 경우 즉각적인 불복신청이 가능하다.[52]

(2) 재판절차

조정과의 사건이송에 기하여 재판관은 재판절차를 진행한다. 재판과는 직권으로 조사, 증언청취 등을 행할 수 있고, 필요한 경우에는 1인 또는 2인의 법관을 지명하여 사실관계를 조사하여 보고서를 작성·제출하도록 할 수 있다.

당사자간의 화해를 시도할 수 있고, 화해가 성립하지 않으면 다수결 원칙에 따라 판결을 내린다. 법관들의 의견이 가부동수로 나누어지는 경우(partage des voix) 또는 과반수에 이르지 못하는 경우에는 1개월 내에[53] 해당 노동법원이 소재하는 지역을 관할하는 소법원(tribunal d'instance) 판사의 주재 하에 다시 의결하여 결정을 내린다(L.515-3조 1항). 이처럼 직업법관의 노동법원에의 개입은 의견대립 시에 다수의사의 형성을 통해 결론도출(즉, 판결)을 가능케 하기 위한 제도이다. 따라서 직업법관의 개입에 의해 노동법원 동수구성원칙이 침해되는 것은 아니다.[54] 직업법관이 개입하여 재판이 재개되는 때에는 그렇지 않은 경우에 비

52) Cass. soc., 12 juin 1986, *Bull. civ.*, V, n° 304.

53) 신속심리부에서의 가부동수의 경우에는 늦어도 15일 내에 소법원 법관이 주재 하에 다시 의결되어야 한다(R.516-40조 2항).

54) Evelyne Serverin et Françoise Vennin, "Les conseils de prud'hommes à l'épreuve de

해 사건해결기간이 통상적으로 배로 늘어나는 것으로 파악되고 있다.[55]

〈노동법원 신청 사건의 수와 내용〉

사건의 내역	사건수	비율(%)
전체 건수	164,033	100
◦ 개별적 근로관계에 관한 사건의 총수	158,524	96.6
- 근로계약의 종료 관련 해고무효, 손해배상 또는 복직의 신청	81,983	49.5
- 경제적 이유에 의한 근로계약 종료 관련 해고무효, 손해배상 또는 복직의 신청	4,351	2.6
- 근로계약 종료에 따른 수당의 신청	12,607	7.6
- 임금지불의 신청	43,691	26.6
- 근로계약의 이행 신청 또는 불이행을 원인으로 하는 신청	645	0.3
- 징계처분의 취소 신청	1,219	0.7
- 특별휴가의 승인 신청	17	0.01
- 문서의 제출 신청	725	0.4
- 기타 근로자의 신청	11,196	6.8
- 사용자의 신청	2,090	1.2
◦ 기타	5,509	3.3

* Annuaire statistique de la justice, documentation Fançcaise, 2002(www.justice.gouv.fr)
** 비율(%)은 통계연보상의 수치를 기준으로 계산한 것임(소수점 2자리 이하 버림)

프랑스 법무부가 2002년에 발간한 통계연보(Annuaire statistique de la justice)에 의하면 2000년에 전국의 노동법원에 제소된 사건의 수는 164,033건이고, 그 중 개별적 근로관계에 관한 사건의 수는 158,524건(96.6%)이다. 근로계약의 종료에 관련하여 해고무효, 손해배상 또는 복직의 신청 사건은 전체 사건의 52.1%를 차지하고 있다. 노동법원에서 사건이 종결되기까지 소요된 평균기간은 10.2개월이었고,[56] 직업법관이 개입하여 사건이 해결된 건수는 13,801건

la décision: la départition," *Droit social*, N°11, 1995, 912면.

55) Evelyne Serverin et Francoise Vennin, 위의 글, 910면.

56) 2003년의 경우 노동법원에서 사건이 종결되기까지 소요된 평균기간은 11.8개월이었다. 구체적으로 보면 종료된 사건의 25%는 5개월 이하, 50%는 9.6개월 이하, 75%는 15.2개월 이하

(8.5%)으로 그 해결을 위해 소요된 평균기간은 20.1개월이다.[57]

V. 프랑스 법제의 함의

프랑스의 해고법제의 특징과 시사점을 정리하면 다음과 같다.

첫째, 인적 해고(근로자 개인의 귀책사유에 따른 해고) 법제의 경우 절차적 정의를 담보하기 위한 제도를 확립하고 있다. 그 예로 근로자의 방어권(변명의 기회) 보장을 위한 사전청문절차, 청문과정에서 제 3 자의 조력을 받을 권리, 해고의 서면통지, 해고이유 서면제시 등을 들 수 있다. 특히 해고이유를 서면으로 제시하여야 하는 의무를 위반하는 경우 그에 대한 구제를 판례는 강화하고 있다(실체위반에 따른 법정 구제 인정). 실체적 정의는 절차적 정의를 통해 발현될 수 있다는 점에서 프랑스 제도는 우리에게 시사하는 바가 크다.

둘째, 사용자의 해고권 남용에 대한 구제로 무효의 효과를 발생하는 해고와 금전배상을 원칙으로 하는 해고를 구분하고 있다. 해고의 무효는 특별한 경우(기본권 침해의 해고, 근로자대표의 부당해고 등)에 한하여 법에서 규정하고 있고, 그 외의 경우 법관이 소송과정에서 복직을 제안하고 노사 양당사자 모두가 이를 받아들이는 때에 복직이 가능하고 그렇지 않으면 금전배상이 구제의 원칙으로 된다. 다만, 이러한 경우 금전배상(최소 6개월분 임금상당액)은 징벌의 성격과 손해전보의 성격을 겸하고 있다. 이러한 프랑스의 제도는 해고구제 내용의 다양성을 추구하고 있다는 점에서 시사적이다.

셋째, 사용자에 의한 재취업지원조치를 경제적 해고와 관련된 법적 의무로서 부과하고 있다. 일정한 경우 사용자는 고용보호계획의 내용으로 포함되어야 할 전직지원계획을 수립하여 근로자대표와 협의하고 이를 시행하여야 하고, 그렇지 않은 경우에는 경영상 해고절차 자체가 법원에 의해 무효로 될 수 있다.

넷째, 해고의 구제는 개별적 노동분쟁을 전속적으로 관할하는 노동법원이 1

였다(Annuaire statistique de la justice, documentation Fançaise, 2005, 77면).

57) 1980년대 중반부터 1990년대 중반까지 10년 동안 소법원 법관이 개입하여 해결된 사건(신속심리에 의한 해결 제외)의 비율은 7.7%에서 5.5%이었고, 1990년대 전반기에는 8.1%를 초과하지 않았다. 결국 10개의 사건 중에서 9개를 초과하는 사건이 직업법관의 개입 없이 다수결에 의해 노사대표 선출법관들이 자체적으로 해결하였다. 이상의 내용은 Evelyne Serverin et Françoise Vennin, 앞의 글, 906면.

심법원으로서 담당하고 있고, 노동법원은 노사에 의해 직접 선출되는 법관이 동수로 구성된다는 점에서 큰 특색이 있다. 직업법관은 선출법관의 가부동수에 의해 결정을 내릴 수 없는 예외적인 경우에 한하여 참여한다.

일본의 고령자 계속 고용제도에 대한 연구

이 승 길*

Ⅰ. 들어가기

1. 문제의 제기

우리나라는 세계에서 전례를 찾아볼 수 없을 정도로 출산율의 급격한 감소와 평균수명의 연장 등에 따라 고령화가 급속히 진행되고 있다.[1] 고령자의 인구가 증가해 오고 있지만,[2] 고령자를 둘러싼 생활환경은 어려운 상황에 놓여 있다. 고령화 문제에 어떻게 대처하는지가 우리나라 향후 경제사회에 중요한 과제라는 점은 말할 필요도 없다. 고령화문제는 인구구성의 변화로 인하여 발생하는 경제사회의 구조 그 자체의 변화이기 때문에 그 문제의 소재는 광범위하고 상호 복잡하게 관련되어 있다. 이에 고령사회에 대비하여 한층 더 체계적이고 종합적인 관점에서 고령인력을 활용할 정책을 수립하고 추진할 필요성이 대두되었다.[3]

---

* 산업연구원 연구위원.

1) 우리나라는 이미 2000년 65세 이상자가 전체 인구의 7.2%(고령화 사회), 2018년에 14.3%(고령사회), 2026년에는 20.8%(초고령사회)를 점유할 전망이라고 한다.

2) 우리나라에 있어 노동시장의 공급 측면에 있어 총인구는 2002년부터, 생산가능인구는(15-64세)는 2016년부터 감소, 재직연령대(25세-54세) 인구는 2009년부터 감소할 전망이라고 한다. 단기적으로는 조기퇴직 등의 고용불안에, 장기적으로는 고령화 사회의 노동인력의 부족에 대처(고용연장)해야 할 상황에 처해 있다. 반면에 노동시장의 수요 측면에서 보면, 고령취업자의 상용근로자의 비중이 상대적으로 낮으면서, 기업 내부의 고령화도 빠르게 진행되어 가고 있다. 하지만 고령자 고용률(55세-64세, 60.7%, 2006년 5월)을 상향 조정되도록 달성하기 위해서는 60세 이상까지 고령근로자의 고용 확보를 위해 정년을 단계적으로 연장하면서 기업의 고용연장 기피요인을 해소하는 방안을 찾을 필요성이 대두되고 있는 것이다.

3) 이에 '고령자고용촉진법'에 개정(국회 제출)에 고령자 고용촉진 기본계획 수립근거조항을 신설하고 있다.

노동부는 지난 2006년 7월 24일 '고령자 고용촉진 기본계획'(2007-2011)을 발표하였다. 고령자 고용촉진의 여러 중점 추진사항 중에서는 '정년 보장과 정년연장'을 제시한 부분도 있다. 이에 대해서는 공감하면서도 노사 간에 의견의 차이가 시기상의 문제를 놓고서 적지 않다. 우리나라의 현황은 고령자 고용촉진에 의하면, 기업에서는 정년을 정할 경우 60세 이상이 되도록 노력하는 의무가 부과되어 있고, 정년이 현저히 낮은 사업장(300명 이상)에 대하여 정년연장계획을 제출하도록 하고 있다(제19조, 제20조). 그러나 기업의 현실은 정년연장에 대하여 소극적이며 오히려 짧아지고 있는 추세이다.[4] 또한 기업의 평균정년은 56.8세이고, 주된 일자리에서 퇴직하는 연령이 54세로서 국민연금 수급개시 연령(60세)과도 상당한 괴리가 있는 상황이다. 그 결과 '연금공백' 부분이 발생하고 있다. 또한 정년퇴직자를 정년 후에도 계약직 등으로 계속 고용제도를 운영하는 사업체 비중은 42.6%를 차지하고 있으나,[5] 제도를 도입한 사업주에 대한 지원은 부재한 형편이다.

그리고 정년연령과 은퇴지향연령 간의 괴리의 존재는 정년 이후 고령자가 노동이동 과정에서 종전의 능력발휘의 곤란함, 임금의 저하, 실업, 취업의욕의 상실에 의한 은퇴라는 문제를 발생시키고 있다. 이러한 문제는 고도의 경제 성장기에는 노동력 수급이 부족하였던 점 등 고령자 자체의 수가 적었기 때문에 큰 문제가 되지 않았지만 고령인구가 늘어남에 따라 경제기조가 변화하면서 표면화하기에 이르렀다. 여기서 이러한 괴리가 발생하는 요인은 (i) 노동력 수급, (ii) 고령자의 직업능력, (iii) 기업에서의 고령자 능력의 활용 자체의 양상에 있다고 생각된다. 고령자의 직업능력은 일부에서 건강상태의 저하에 따라 문제가 발생하고 있기는 하지만, 일반적으로는 고령자의 능력 활용을 도모하는 것이 가능하다고 생각되어, 기업에서 고령자의 능력 활용을 어떻게 추진하는가가 과제가 될 것이다.

이에 우리나라의 '고령자 고용촉진 기본계획'에 따르면, 60세 이상 단계적 정년연장 추진과 관련한 문제가 있다. 이에 따라 정년연장 촉진을 위한 지원 내지 지도를 위해서 정년연장을 위한 지원제도의 확대하거나 정년연장을 위한 적

4) 2004년 단일 정년제를 채택한 300명 이상 사업장은 1,777개소 중 정년 60세 이상 사업장은 179개소(15.2%)일 뿐이다.

5) 한국노동연구원, 「중고령자 고용안정 실태조사」, 2005년 참조.

극적 지도 추진하고자 한다.[6]

위와 같은 문제 상황에 인식을 두고서, 이번 연구에서는 넓게 고령사회에서의 노동문제의 소재를 명확히 하고, 장기적이고 종합적인 정책 목표를 분석하는 것이나, 먼저 우리나라에서 시사점을 줄 수 있는 일본에 있어서 고령자 고용과 관련해, 고연령자 고용안정법에 있어 계속 고용제도에서 본 정책이념을 중심으로 해서 실제로 노동입법의 전개가 65세의 정년보장 및 정년연장을 노력의무 규정에서 일정 기간 후에 강행적 의무 규정으로 바뀐 내용을 중심으로 해서 살펴보고자 한다.

2. 분석의 대상

일본에 있어 저출산 고령화의 급속한 진전에 의해, 2005년부터 2015년까지 15세부터 64세까지의 생산연령인구는 약 730만 명 감소할 전망으로 총인구도 2005년에는 감소로 돌아섰다. 이에 따라 노동력 인구도 감소할 전망이다. 또 앞으로 2007년부터 2009년에 걸쳐 이른바 단괴세대(團塊世代)가 60세 이상에 도달하게 된다. 그러나 한편, 적어도 65세까지 일할 수 있는 장을 확보하는 기업의 비율은 약 72%, 원칙적으로 희망자 전원이 65세까지 일할 수 있는 장을 확보하고 있는 기업의 비율은 약 24%에 그치고 있는 것이 현 상황이다.[7] 이러한 상황을 바탕으로 높은 취업의욕을 가진 고연령자가 오랫동안 배양해온 지식과 경험을 살려, 의욕과 능력이 있는 이상 연령에 관계없이 계속 일할 수 있는 사회의 실현을 위한 환경을 정비할 필요가 있다.

---

6) 먼저, 정년을 연정을 위한 지원제도의 확대를 위해, 정년을 연장하거나 계속 고용제도를 도입한 사업주에 대하여 연장기간, 기업규모, 고령자수에 따라 차등지원하는 정년연장, 계속고용제도 도입장려금을 신설하고자 한다(고용보험법 시행령 개정, 2008년). 또한 정년연장을 위한 적극적 지도의 추진을 위해, 300인 이상 고용 사업주에게 매년 정년제도 운영현황 등을 제출하도록 의무화하고(고령자고용촉진법 개정, 2007년)(현행 고령자고용촉진법 제20조 제1항에 의하면, 정년을 현저히 낮게 정한 사업주에 대하여 '정년연장계획'을 제출하도록 하고 있다), '정년연장계획'을 제출하지 아니하는 사업주에 대해서는 과태료를 부과하고(고령자고용촉진법 개정, 2007년), 또 정년연장계획에 대한 변경권고에 따르지 아니하는 사업장 명단공표 등 불이익을 부여하는 방안을 검토하고 있다(고령자고용촉진법 개정, 2007년).

또한 단계적 정년 의무화를 추진하기 위해서 노동시장 유연성에 대한 조사결과를 바탕으로 연금 수급연령과 연계해 2010년에는 정년 의무화의 도입을 검토하고 있다(고령자고용촉진법 개정, 2007년). 특히, 정년의무화 검토 T/F팀 구성 및 노동시장 유연성에 대한 기초조사 연구용역을 추진한다고 한다(노동부, '고령자 고용촉진 기본계획', 2006. 7. 24. 자료 참조).

7) 厚生勞働省, 「就勞條件總合調査」 2005년에서 산출.

그런데 일본에 있어 금년 2006년 4월 1일 새로운 고연령자(고령자) 고용정책이 시작되었다. 지난 2004년에 개정되었던 '고연령자 등의 고용안정 등에 관한 법률(高齢者等の雇用の安定等に関する法律, 2004년 법률 제103호, 2004년 6월 통과)'(이하 '고연령자 고용안정법'이라고 한다) 중에서 실시되지 못하였던 제9조 및 몇 개 조항이 실시되었다.[8] 이로 인하여 65세 미만의 정년 연령을 규정하고 있는 사업주는 고용하고 있는 고연령자가 65세까지 고용을 안정적으로 확보하기 위해 필요한 고연령자 고용확보조치를 의무화시켰다.[9] 2004년의 고연령자 고용안정법을 개정한 효과는 65세까지 고용을 확보하도록 하는 조치를 노력의무가 아니라 의무로 규정한 점에서 커다란 의미가 있다고 할 수 있다. 이에 따라 2005년부터 개정 고령자 고용안정법의 원활한 시행을 도모하기 위하여 임금·인사처우제도의 검토와 계속 고용제도의 도입 촉진에 대하여 사업주 단체를 통하여 지도·상담을 실시하는 이른바 '65세 고용도입 프로젝트'를 실시하였다.[10] 사실 일본의 후생노동성(厚生勞動省)이 300명 이상의 기업 조사에 의하면, 2006년 4월 1일 실시할 경우에 계속 고용제도 등 개정 고연령자 고용안정법에 따른 고용 확보 조치를 도입할 것으로 예상되는 기업은 97.9%에 이르렀다.[11]

이번 연구에서는 일본에 있어 이러한 계속 고용제도와 관련해 65세까지 고용 확보 조치를 의무화하려는 정책을 중심으로 살펴보고자 한다. 그 이유는 고연령자 고용정책은 많이 행해지고 있지만, 상향된 연령을 노력의무에서 의무화로 실시된 점, 많은 기업이 이미 이러한 동향에 대응을 하였던 점 등에서 일본

8) 2004년 개정 고연령자 고용안정법 중 제9조 등을 제외한 부분에 대해서는 2004년 12월 1일에 시행되었다(동법 부칙 제1조 등 참조).

9) 그 외에도 65세까지 안정된 고용 확보 등을 도모하기 위하여 (i) 중고연령자의 재취직 촉진에 관한 조치의 확충, (ii) 정년퇴직자 등에 대한 임시적이고 단기적인 취업 등의 기회 확보에 관한 조치의 내실화(2004년 12월 실시) 등을 목적으로 한 '고연령자 등의 고용의 안정 등에 관한 법률의 일부를 개정하는 법률(改正高年齢者雇用安定)'이 2004년 6월 5일에 성립하여 관계 정성령과 함께 시행된 바 있다(2004. 12. 1).

10) 이미 일본은 '고령사회대책기본법'(1995년 법률 제129호) 제6조의 규정에 따라 고령사회대책의 요강을 마련해서(2001년 12월 28일 각료회의 결정), 기업의 지원부분에서 스스로의 직업경험을 활용하는 것으로 인하여 고령자가 사업을 창설하고, 계속적인 취업기회를 창출할 수 있도록 창업의욕을 가진 고령자에 대하여 상담·원조 등의 지원을 한다고 규정하고 있다.

11) 일본 후생노동성의 조사("改正高齢法の施行に向けた企業の取組状況について," 2006년 1월 27일 후생노동성 발표, 후생노동성 웹사이트 http://www.mhlw.go.jp/houdou/2006/01/h0127-6.html)는 2006년 1월 1일 시점에서 이미 개정 고연령자 고용안정법에 따른 고용 확보조치의 도입을 마친 기업(300명 이상 규모의 기업조사)은 전체 1만 2,272개사 중 2,910개사(23.7%)였고, 법시행시까지 도입할 예정인 기업은 9,110개사(74.2%)였다. 따라서 1만 2,020개사, 97.9%가 법의 시행시에 고용 확보조치를 도입할 것으로 예상되고 있다.

의 고연령자 고용정책 중에서 커다란 의미를 지니기 때문이다. 분석에 의하면, 뒷부분에서 살펴 볼 Ⅱ. 2(고용 확보조치의 의무화)에서 서술하는 두 관점에 유념하면서 개정 고연령자 고용안정법의 쟁점을 정리한 후, 실현되는 정책 이념을 살펴보고자 한다. 이러한 작업을 통하여 일본에 있어서 65세까지의 고용을 확보하는 조치(특히, 그 중심이 되는 계속 고용제도)의 문제점을 명확화하면서, 고연령자 고용정책의 전망을 위해서 필요한 관점을 밝혀 보고자 한다. 이를 통하여 우리나라에 있어 고령화에 따른 고령자 정년 보장 및 연장의 확보 조치에 대한 상향 조정의 동향에 대한 정책적인 시사점을 찾아보고자 한다.

3. 분석의 관점

연공형 임금제도와 정년제 등 풍부한 청년 노동력의 공급을 전제로 한 고용시스템이 일본 경제에 편성되어 있어 고령노동력의 활용에 따른 노동력의 확보를 위해서는 먼저 일할 직장의 확보를 위한 구조의 마련이 최우선 과제이다. 그러나 향후 생산적인 근로자를 충분히 확보한다는 관점에서 보면, 고연령자가 일할 직장의 확보만으로는 불충분하다. 근로자의 능력은 나이를 먹으면서 변한다고 알려져 있다. 하지만 고령자의 일할 의욕과 생산성의 유지 및 향상을 위해서는 이러한 능력의 변화에 맞는 '취업조건'과 '직장환경'을 정비해야 한다.

여기서는 고연령자 고용에 대한 활용 방안으로서의 분석의 관점은 다음의 두 가지 입장을 이용한다. 근로의 의미를 한 가지 의미로 규정할 수는 없고, 각자가 상이하다. 시대와 지역별로 근로의 의미는 다양하다.[12] 특히, 고연령자 고용에서는 다음 두 가지 명제가 중요한 의미를 지닌다.

(i) 계속 고용의 중시: 계속 근로에 의미가 있어, 임금 등에 거의 구속받지 않고 주로 계속 근로에 가치를 둔다.

(ii) 임금 등의 획득의 중시: 생활 자금의 획득에 의미를 두어 연금생활의 보장까지 주로 필요한 임금의 획득에 가치를 둔다.

구체적으로 살펴보면, (i)의 입장은 근로를 통하여 사회에 참가의식을 가지고 보람을 느끼는 점을 중시한다. 따라서 임금은 계속 고용만큼 문제가 되지 않

12) 근로의 의미에 대하여 다양한 관점에서 연구한 참고할만한 문헌으로, 水町勇一郎, 「勞働社會の変容と再生」, 有斐閣, 2001을 들 수 있다.

는다. 국가의 역할은 임금의 보장보다도 가능한 한 오랫동안 계속 근무를 하도록 지원하는 것이다.[13] 다른 한편, (ii)의 입장은 생활 자금만 충분하다면 근로하지 않아도 좋다. 따라서 연금의 수급일까지 임금 때문에 계속 근무를 할 필요가 있다. 국가의 역할은 정년퇴직 후에도 일정한 연령까지 가능하면 높은 임금액을 보장하면서 계속 근무하도록 지원하는 것이다.

물론, 이러한 두 가지 명제를 양립할 수만 있다면 가장 좋겠지만(충분한 임금을 받고서 보람도 느끼면서 언제까지라도 계속해 근무한다), 이러한 경우를 상정하는 것은 어려운 일이다.[14] 그렇다면 차선책으로 어느 일방을 우선적으로 선택할 필요가 있다. 말하자면, 고연령자 정책에서 이 두 가지 입장 중 어느 일방을 중시하거나 (정책의 기반을 두고서) 선택할 것인가의 분석이 법정책 규정을 보다 명확화할 수 있다면 유익할 것이다. 이에 다음에서는 이러한 (i) 및 (ii)의 입장을 염두에 두면서 살펴보고자 한다.

---

13) 고령기에는 개별 근로자의 의욕, 체력 등 개인차가 확대되어 고용·취업에 대한 니즈도 다양화하는 경향에 있기 때문에, 희망에 따라 일하는 기회가 확보되도록 다양한 고용·취업기회를 확보해가는 것이 중요하다. 이 때문에, 정년퇴직 후 등에 지역사회에 뿌리내린 임시적·단기적 또는 경이한 취업과 자원봉사활동 등의 사회참가 기회를 희망하는 고연령자에 대하여, 그 희망에 따른 일 등을 제공하는 실버인재센터 사업을 추진하고 있다. 또, 이러한 사업에서 실버인재센터의 회원에 의한 어린 유아를 보살피는 것과 보육시설로의 마중 등의 육아지원 등을 하는 지원 사업을 실시하고 있으며, 경험이 풍부한 고령자가 지역에서의 육아의 담당자로서 활용되고 있다(2006년 3월 말 현재 실버인재센터의 단체 수는 1,544단체, 회원 수는 약 77만명)(厚生勞動性, 「厚生勞動白書」(平成 18年版), 2006, 257면).

14) 이 점에 관련해 실버 인재센터의 취업에서 볼 수 있는 '상대적으로 풍족한 일부의 연금생활자의 '보람'을 느끼는 취업이 고연령자의 고용 일반으로 확대되어, 고연령자의 '일할 권리' 그 자체가 부정되는 사태가 발생하고 있다'고 지적하는 문헌으로는 家田愛子, "高齢者雇用とシルバー人材センター," 「勞働法の爭点(第3版)」, 有斐閣, 2004, 275면이 있다. 본문에서 제시한 (i)(ii)의 입장에서 말하면, (i)의 '일하는 것 그 자체에 의미가 있다'는 입장을(고연령자 고용과 관계된) 논의의 전면에 내세우는 경향이 있기 때문에, (ii)의 입장, 필요한 임금을 보장하기 위해 근로하는 그 자체를 보장해간다는 입장을 충분하게 거론하지 못한다는 상황을 설명하게 될 것이다.

Ⅱ. 일본의 고연령자 고용에 관한 법정책 —개정 고연령자 고용안정법의 쟁점

1. 2004년 개정에 이른 경위[15)]

(1) 개 요

일본에 있어 고연령자 고용정책의 축으로서 중요한 의미를 가진 '고연령자 고용안정법'의 지난 변화의 역사를 요약해 본다면, 1986년 법을 제정한 이후 여러 차례에 걸쳐서 개정하였다. 하지만, 그 개정에 있어 기본적인 성격은 '정년 연장'을 핵심의 과제로서 대체로 일관해서 추진해 왔다고 할 수 있다.[16)] 고연령자 고용안정법에서의 고연령자 고용에 관한 규제,[17)] 특히, 정년연장과 정년 후의 계속고용에 관한 규제를 처음에는 노동입법시 당사자 측이 일반적인 노동법 규제의 수신인인 사용자에 대하여 노력의무를 부과하는 사례로서 노력의무 규정[18)]으로 정해진 사항이 그 후에 강행규정에 의한 규제로 전개된 대표적인 경우이다.[19)] 본고에서 언급하는 65세까지의 고용확보 조치의 의무화를 포함한 것은 지

15) 고연령자 고용안정법의 제·개정의 경위는 박효숙, "일본개정 고령자고용안정법," 「국제노동브리프」, 2006년 5월호, 70-77면, 이승길, "고령사회에 고령자 친화적 작업장에 대한 소고," 「노동법률」, 2006. 5월호 참조, 柳澤武, "新しい高年齢雇用安定法制," 「ジュリスト」 1282호, 2005, 112면 이하에 정리되어 있다. 그리고 이 논문은 개정 고연령자 고용안정법의 개요 및 쟁점을 자세하게 검토·정리하고 있다.

16) 柳澤武, 앞의 논문 113면.

17) 고연령자 고용의 시책으로서는 1971년의 중고연령자 고용특별조치법이 중고연령자(45세 이상)의 고용률 제도를 규정하고 있었다. 하지만 이는 외부 노동시장을 전제로 한 직종별로 고용할 때의 고용률의 제도였다. 그 후 1976년 법 개정을 통하여 고연령자(55세 이상) 근로자를 기업 단위에서 상용 근로자의 6퍼센트 이상 고용하는 것을 노력의무로 하고, 내부 노동시장을 위한 정책으로 전환하였다. 그리고 고용률에 관한 노력의무의 실효성을 확보하기 위하여 구인수리(受理)의 특례와 고용의 요청과 함께 고용률의 달성 계획의 작성 명령과 적정한 실시권고의 규정 등 그 후의 정년연장의 노력의무와 비슷한 방법을 채택하였다. 그러나 고연령자 고용률제도는 1986년 법 개정에서 폐지되었고, 1970년대 초부터 부상한 정년연장의 인상으로 정책의 초점이 이동하였다. 이러한 고연령자 고용정책의 전개에 대해서는 濱口桂一郎, 「勞働法政策」, 2004, 146면 이하 참조.

18) 노력의무 규정은 이에 반하는 행위를 위법·무효로 하는 법적 효과를 발생시키는 것이 아니라, (행정에 의한 이행촉진조치에 관한 사항을 포함해) 기본적으로 당사자의 임의적·자발적 이행에 기대하는 것이다.

19) 森戸英幸, "雇用法制と年金法制(一)," 法學協會雜誌 109권 9호, 1992, 1475면 이하; 岩村正彦, "変貌する引退過程," 岩村他 「現代の法」 12, 「職業生活と法」, 1998, 353면 이하; 阿部和光, "高齢者就労社回の雇用政策," 日本勞働法學會編講座21世紀の勞働法 2, 「勞働市場の機構

난 2004년의 법 개정으로, 그 이전에 크게 개정되었던 때는 2000년이었다.[20] 이러한 2000년 법 개정에서는 65세까지의 고용 확보를 '노력의무'로 규정한 다음에, 정년의 인상, 계속 고용제도의 도입 등 2004년 개정에 이르는 몇 가지의 중요한 조치를 선택 사항으로 제시하였다(개정 전 고연령자 고용안정법의 제4조의 2 참조). 그러한 측면에서 2004년 법 개정은 이러한 흐름을 진일보시킨 것이었다고 평가할 수 있다.

(2) 정년연장문제

정년연장 문제는 남성의 평균수명이 70세를 초과하기에 이른 1970년대 초부터 정책상의 과제가 되었으나, 그 법제화에 대해서는 노동조합 측은 찬성, 사용자측은 반대로 의견이 대립하여 행정지도 기준의 대응이 계속되었다.[21]

그러나 1986년에 '중고연령자 고용촉진특별법'을 개정하여 성립한 고연령자 고용안정법은 당시 일반적이었던 55세 정년을 60세로 상향조정하는 것을 목표로, 정년을 규정한 경우 '해당 정년이 60세를 하회하지 않도록 노력하는 것으로 한다'라는 노력의무를 법정하였다(1986년 법 제4조). 그리고 60세 이하의 정년을 정하고 있는 사업주에게 노동부장관이 정년 인상을 요청할 수 있고(제4조 의2), 정년인상에 관한 계획 작성의 명령, 권고가 가능하며(제4조 의3), 정당한 이유 없이 명령・권고에 따르지 않는 기업에 대하여 그러한 취지의 공표가 가능하다고 되었다(제4조 의4).[22] 또, 동시에 60세 이상의 고연령자의 고용률 3% 이상의 사업주에게는 '다수 고용보장금'을 지급하는 고연령자 고용의 유도책도 마련되었다.[23]

일본 정부는 1989년의 고연령자 등 직업안정대책 기본방침에서 1993년도의

とルール」, 2000, 176면 이하; 濱口桂一郎, "高年齢者雇用政策における內部勞働市場と外部勞働市場," 季刊勞働法 204호, 2004, 172면 등 참조.

20) 이에 앞서 1997년, 일본 노동성의 '65세 현역사회연구회(65歲現役社會硏究會)'는 고연령자 고용 촉진을 위해 이른바 '3가지 시나리오'를 제안했다. (i) 계속 고용(60세 정년을 기준으로 한다), (ii) 65세 정년제의 실현, (iii) 나이 없는(ageless) 사회로의 이행이다. 이러한 시나리오를 분석한 문헌으로, 奧西好夫, "高齢化と雇用制度改革の方向性," 清家馬篤生 編著, 「生涯現役時代の雇用政策」, 日本評論社, 2001, 40면이 있다.

21) 濱口桂一郎, 앞의 책, 149면 이하를 참조.

22) 濱口桂一郎, 앞의 책, 153면은 이러한 노력의무규정과 행정조치에 의한 담보를, '의무화를 거부하는 사용자측의 의향과, 강제적 규정을 요구하는 노동 측의 의향을 간신히 맞춘 법적 기교였다'고 한다.

23) 濱口桂一郎, 앞의 책, 153면은 1986년 개정에서 정년인상의 노력의무규정이 법정되는 한편, 고용율 제도는 폐지되어 조성금 제도로 된 정책전개를, 규제적 법정책으로는 내부 노동시장정책인 정년인상 정책에 둔화하고, 외부 노동시장 정책으로서는 조성적 법정책으로 감축된다고 평가하고 있다.

60세 정년 완전 정착의 목표를 규정하고 있었다. 하지만, 위에서 언급한 노력의무의 설정과 최종적으로는 기업명의 공표라는 제재를 동반한 강력한 행정조치에 의한 종합적인 노력에 의해 1980년에는 기업 규모[24] 합계로는 23.8%였으나, 1985년에는 38.9%, 1990년에는 52.3%, 1994년 법 개정을 하기 직전인 1993년에는 67.9%로 상승하였다. 특히, 300명 이상의 기업에서는 거의 9할(89.0%)이 60세 이상 정년을 실현하고 있었다.

이러한 전개에 따라, 1994년 개정에서는 60세 이상 정년제의 노력의무 실현이 60세 미만의 정년제를 금지하는 강행 규정(정년을 정하고 있는 경우 '해당 정년은 60세를 하회할 수 없다')으로 변경되었다(1994년 제 4 조[현행법 제 8 조]. 시행은 1998년 4월 1일).

(3) 65세까지의 고용 확보조치

1994년 개정에 의한 60세 이상 정년제의 의무화[25]로, 고연령자 고용의 초점은 연금지급 개시연령 인상에 대응한 65세까지의 고용을 확보하는 것으로 옮겨졌다. 1990년 법 개정에서 신설된 정년 후 65세에 이르기까지의 계속고용의 노력의무(1990년 법 제 4 조의5)는 1994년 개정에서는 제 4 조의 2에서 거의 그대로 존속되었다. 이러한 노력의무 규정이 실효성을 거두기 위한 여러 종류의 행정조치가 예정되어(1994년 법 제 4 조의3, 제 4 조의4), 60세 이후 계속고용의 경우의 임금 저하를 보전하는 고연령자 고용 계속급부와 60세 이상의 고연령자를 고용하는 사업주에 대한 계속고용정착 촉진조성금(계속고용제도 장려금 · 다수계속 고용조성금) 등의 인센티브도 마련되었다. 또 60세 이상의 근로자 파견에 대하여 1999년의 파견법 개정에 앞서 파견사업 규제를 원칙 자유화(네거티브 리스트 방식화)하는 등 다양한 시책을 실시하였다.[26]

그 후 2000년 개정에서는 계속고용에 '정년의 인상'이라는 선택지가 삽입되었다(2000년 법 제 9 조). 그리고 2004년의 고연령자 고용안정법 개정에서는 65세 미만의 정년을 규정하고 있는 사업주는 (i) 정년의 인상, (ii) 계속고용제도의 도입, (iii) 정년 규정의 폐지 중 어느 조치를 강구해야 한다고 되었다(2004년 법 제 9 조). 다만, 과반수 대표와의 노사협정의 기준에 근거한 제도를 법정의 '계속고용제도'(제 9 조 제 1 항 2호)

24) 다만, 30명 이상의 기업을 대상으로 한 통계이다.

25) 다만, 어디까지 정년을 규정한 경우 60세를 하회해서는 안된다는 의미에서 정년제를 마련하지 않는 것은 여전히 자유로왔다.

26) 상세한 내용은 阿部和光, 앞의 논문, 182면 이하.

로 보고(제9조 제2항), 또 법시행 후 일정기간, 과반수 대표와의 협의가 순조롭지 못한 경우, 취업규칙을 정하는 기준에 의한 제도도 '계속 고용제도'로 보는 것으로 되었다(부칙 제5조). 그리고 개정법은 연금제도의 개혁에 의해 2001년부터 시작한 남성의 노령후생연금(정액부분)의 지급개시연령이 단계적으로 실시되어, 정액부분에 대해서는 2013년까지, 보수비례 부분에 대해서는 2025년까지 65세로 단계적으로 연장된 것을 계기로 60대의 전반이 '수입공백기간'으로 되는 것을 막기 위하여 기업에 고용연장을 의무화한 것이다.

이상과 같이 고연령자 고용안정법에서도 60세 정년의 노력의무 규정이 일정기간 경과 후에 강행 규정화되고 또 65세까지의 계속고용 노력의무도 일정한 완화조치를 동반하면서도 강행 규정화되었다. 이러한 법의 취지는 의욕과 능력이 있는 고연령자가 65세까지 계속해 일할 수 있는 안정된 고용기회를 확보하는 데에 있다.

〈일본 개정 고령자고용안정법의 주요 내용〉

■ 세가지 방식 중 하나 선택
(i) 정년을 65세로 연장
(ii) 정년제 폐지
(iii) 퇴직 후 희망자 재고용 등
※ (iii)을 선택하는 경우 원칙은 재취업 희망자 모두가 대상. 다만, 노사협의에 의해 대상자의 자격기준을 객관적으로 정하는 것이 가능
※ 노사협의로 기준을 마련하지 못한 기업은 대기업의 경우 2008년까지, 중소기업의 경우 2010년까지 사용자측이 만든 취업규칙의 기준에 따라 선별 재고용이 가능

■ 65세까지 고용을 의무화(개정 전에는 의무조항이 아니였음)

2005년 62세, 2007년 63세, 2010년 64세, 2013년 65세로 단계적으로 의무고용연한을 상한 조정

2. 고용 확보조치의 의무화

개정 고연령자 고용안정법 제9조 제1항에 의하면, 정년(65세 미만이 전제)을 정하고 있는 사업주는 고용하는 고연령자가 65세까지 안정적인 고용을 확보하기 위해 다음의 3가지 중 어느 한 가지(고연령자 고용확보 조치)의 조치

를 강구하여야 한다. 다만, 일률적으로 정년 연장을 의무화시키는 것이 아니라 각 기업은 경영이나 경영관행의 실태에 따라 가장 적절한 제도를 선택하면 된다.

(i) 정년의 인상(65세까지)

(ii) 계속 고용제도의 도입: 퇴직 후의 희망자를 재고용

(iii) 정년 규정의 폐지: 연령을 이유로 한 근로계약의 종료를 행하지 않는다.

여기서 정년을 왜 65세까지로 연장한 것인가에 대해서는 '연금제도'와 밀접한 관련이 있다. 그런데 65세라는 연령은 2013년 4월 1일까지 단계적으로 인상되는 점에 유념해야 한다. 즉 금년 2006년 4월부터 한꺼번에 65세까지 계속 고용이 요구되지 않고 구체적인 인상의 일정은 다음과 같다.

2006년 4월 1일-2007년 3월 31일 [62세]
2007년 4월 1일-2010년 3월 31일 [63세]
2010년 4월 1일-2013년 3월 31일 [64세]
2013년 4월 1일 이후 [65세]

이렇게 정년 연장을 단계적인 인상으로 실시하는 이유는 후생연금(정액 부분)의 지급개시연령을 인상하는 일정에 맞혀져 있다(예, 후생노동성이 작성한 안내 인쇄물[27]에도 이 점을 명시하고 있다[28]).[29]

개정법의 시행에 있어 실제로 기업의 대응은 정년제의 폐지, 정년연령의 (일률적) 인상 시책은 매우 어렵다.[30] 따라서 대부분의 사업주가 (ii) 계속 고용

27) 문헌으로서는 西村健一郎, 「社會保障法」, 有斐閣, 2006, 255면 등. 특별지급의 노령연금에 대해서 남성의 경우(여성의 경우 5년 늦어진 일정) 정액 부분에 대해서는 2001년-2013년에 걸쳐, 2000년 노후후생연금법 개정에서 남았던 보수비례 부분에 대해서는 2013년-2025년에 걸쳐서 3년에 1회씩 단계적으로 65세까지 지급개시연령을 인상하도록 조치를 취하고 있다(후생연금법 부칙 제8조 외 같은 법 부칙 1994년 11월 9일 법률 제95호 등을 참조). 즉 2006년 현재(2007년 3월 말까지) 후생연금의 정액부분의 지급연령은 62세로서 계속 고용이 62세까지 정년 규정과 연결되는 것을 알 수 있다.

28) 후생노동성 웹사이트에 "고연령자 고용안정법 개정 안내"로서 정보를 소개한 부분이 있다(http://www.mhlw.go.jp/general/seido/anteikyoku/kourei2/). 법개정에 대한 Q&A와 사업주와 근로자를 위한 안내서를 공개하고 있다. 보다 실무적인 사례집(계속 고용의 대상자 기준에 대한 사례모음)도 작성되어 있다. 다만, 모두 후생노동성의 정식 '지침'이 아니라고 양해를 구하고 있는 점을 주의할 필요가 있다. 그러나 그 다음에 이러한 웹상의 정보와 전혀 다른 지침도 생각하기 어렵기 때문에 행정부처의 견해로서는 중요한 의미를 가진다고 할 수 있다. 따라서 본 고에서는 이러한 웹상의 정보도 적극적으로 살펴본다.

29) 예를 들어, 후생노동성 웹사이드 참조.

30) 2004년 고용관리조사('고용관리 · 퇴직관리'후생노동성 웹사이트 http://www.dbtk.mhlw.go.jp/toukei.kouhyo/indexkr_2_6.html)에 의하면, 정년제를 규정하고 있는 기업은 조

제도의 도입을 요구하게 된다. 후생노동성이 실제로 300명 이상의 기업조사[31]에 의하면, (ii) 계속 고용제도를 도입한 기업이 93.6%이며, (i) 정년 인상(5.9%) 및 (iii) 정년 규정을 폐지한 기업(0.5%)은 모두 6.4%였다.

그리고 지식, 경험을 살린 65세까지의 고용확보를 위해 고연령자 고용 확보 조치의 도입이 2006년 4월 1일부터 의무화됨에 따라, 사업주에 대한 헬로워크(hello work) 등의 방문에 의한 조언·지도, 계속고용제도의 도입 등을 실시한 사업주에 대한 '계속고용정착촉진조성금'의 지급, 독립행정법인 고령·장애인 고용 지원기구의 고연령자 고용 어드바이저에 의한 임금·인사처우제도 등에 관련되는 전문적·기술적인 지원 등을 실시하고 있다. 또, 특히 중소기업에 대한 철저한 주지 등을 도모하기 위한, 각 지역 사업주 단체를 통한 주지·계발과 계속고용제도 등의 도입을 위한 구체적인 상담·지원 등을 하는 '65세 고용도입 프로젝트'를 실시하고 있다.

3. 계속 고용제도의 개요

(1) 계속 고용제도의 내용

개정 고연령자 고용안정법에서 의무화되는 계속 고용제도의 내용은 도대체 무엇인가, 개정법(및 행정해석)의 내용에 따라 쟁점을 정리해 보면, 계속 고용제도는 '현재 고용하고 있는 고연령자가 희망하는 경우에는 당해 고연령자를 그 정년 후에도 계속 고용하는 제도'(제9조 제1항)라고 정의하고 있다. 계속 고용제도의 방법은 (i) 근로계약상 기존의 근로계약을 그대로 연장하는 경우(계약의 연장), (ii) 우선 근로계약을 종료하고 새로운 근로계약을 체결하는 경우(재고용)의 두 가지가 있다. 계약의 연장 및 재고용 두 가지 방법에 공통적인 문제로서 고용계속 후의 임금(일의 질·양 등도 포함)을 결정하는 방법이 실제로는 중요한 문제가 될 수 있다.[32]

사대상기업의 91.5%에 이르고, 규모가 큰 기업(300명 이상)에서는 거의 100%였다. 柳澤武, 앞의 논문, 115면 참조.

31) '개정 고령법 시행을 위한 기업의 노력상황에 대하여' 2006년 1월 27일 후생노동성 발표. 후생노동성 웹사이트 참조.

32) 계약의 연장과 비교해 보면, 재고용의 경우가 (계속 고용시의) 근로조건을 새롭게 설정한다는 점에서 임금 등의 조건이 크게 변화할 가능성이 높다고 생각된다.

(2) 고용조건

즉, 쟁점은 고용계속 후의 고용조건을 어떻게 설정하는지가 쟁점이 된다. 후생노동성이 발간한 안내문을 보면,[33] '고용조건은 고연령자의 안정된 고용을 확보하는 경우에는, 반드시 근로자의 희망에 일치한 직종 및 근로조건에 따른 고용을 요구하지는 않는다. 또한 상용고용 이외에 단시간 근무와 격일근무 등도 포함하기 때문에 기업의 실정에 맞는 제도를 도입하면 된다'.[34] 급료는 낮더라도 '고용'이 되어 있으면 된다는 점도 알 수 있다.[35]

다시 말하면, 우선 고용상태에 있는 것이고, 그 다음에 직종(일의 내용)과 근로조건, 탄력근무 혹은 단시간근로 등의 고용형태를 규정하고 있다고 볼 수 있다.[36] 이러한 문제는 다음에서 살펴본다.

Ⅲ. 계속 고용제도에 관한 검토

1. 의무화 이전의 기업의 대응

2006년 4월 1일에 정년제 규정의 의무화가 실시되기 전 이미 '촉탁제도 등'으로 계속 고용제도를 도입한 기업은 많았다. 2006년 "고용구조조사(고연령자 취업실태조사)"[37]에 의하면, 정년제의 규정을 둔 사업장 중에서 계속 고용제

33) 후생노동성 웹사이트 '65세까지 정년의 인상, 계속 고용제도의 도입 등의 의무화에 대하여' 참조.

34) 구체적인 기업사례로서 일본 IBM의 'senior expert제도'로 기업의 경쟁력에 기여한 사원의 유출을 방지하기 위해 단년도 계약으로 65세까지 고용하는 제도를 중심으로 한 고용형태의 다양 정책이다(박효숙, 앞의 논문, 76면).

35) 이 점의 의미는 앞의 Ⅱ. 2에서 서술한 '가치를 어디에 두는가'라는 관점에서 보면, 개정 고연령자 고용안정법이 말하는 고연령자의 고용을 확보하는 조치는 '근로' 자체에 가치를 두고 ((i)의 관점) 필요한 정도의 수입을 얻지만, 생활을 가능하게 한다는 가치((ii)의 관점)에는 그만큼 역점을 두지 않는다고 할 수 있다.

36) 실질적인 면도 포함해 고려하면, 직접적인 임금의 감액 이외에 사회보험 등의 부담도 고려할 필요가 있다. 정규근로에서 단시간근로(1일의 근로시간이 당해 사업장의 통상 종업원의 근로시간의 3/4 이상인 경우, 또는 1개월의 근무일수가 당해 사무소의 통상 종업원의 소정 근무일수의 3/4 이상인 경우)로 고용형태가 전환됨으로써 예를 들어 건강보험법의 피보험자 자격이, 일고특별피보험자가 되는 경우를 제외하고서, 적용제외이다(상세한 내용은 西村健一郞, 「社會保障法」, 164-166면 등을 참조).

37) 2004년 고용구조 조사(후생노동성 웹사이트 http://wwwdbtk.mhlw.go.jp/toukei/kouhyo/

도가 있는 사업장은 67.5%였다. 5-9명의 소규모 사업장에서 65.4%인 것 이외에는 모두 75% 이상으로 매우 많은 사업장에서 계속 고용을 제도화하였다. 정년 퇴직자를 '촉탁'직원으로 재고용하도록 취업규칙에 명시한 기업도 많았다.[38] 특히, 중소기업은 필요한 인재를 정년 후에도 계속 고용하는 사례가 많았다.[39]

여기서 계속고용의 대상으로 '누구'를 선정할 것인지가 문제된다. 고용구조조사에 의하면, (i) 원칙적으로 희망자 모두 23.3%, (ii) 회사의 선정기준에 적합한 자 13.5%, (iii) 특히 회사가 필요하다고 인정한 자만 61.9%였다.[40] 선정기준이 명확하고 적합하면 자동적으로 계속 고용의 대상이 되는 구조라면 별도이지만, 회사가 선정 기준을 판단할 여지가 포함되는 경우가 많으면(반대로 회사가 판단할 여지가 전혀 포함되지 않은 일의적(一義的) 기준도 어려울 것이다), (ii)와 (iii)을 촉구한 약 75% 정도 사업장에서 계속 고용의 유무를 회사가 판단하는 구조[41]인 것을 알 수 있다.

2. 개정 고연령자 고용안정법에서의 계속 고용제도—전원 고용의 원칙과 그 예외

개정 고연령자 고용안정법은 일본의 기업에서 널리 행해온 계속 고용제도에 대하여 (i) 원칙적으로 부정적이고, (ii) 다만, 예외적·한정적으로 회사가 판단할 여지를 인정하는 시스템을 취하고 있다.[42]

개정 고연령자 고용안정법 제9조 제1항에서의 계속 고용제도는 '현재 고

indexkr_26_3/html) 중에서, 여기서는 특히, http://wwwdbtk.mhlw.go.jp/toukei/kouhyo/data16/kouzou-h16-j7.xls를 참조.

38) 취업규칙에 대하여 샘플 조사를 실시한 후 이를 바탕으로 논의한 문헌 大內伸哉 外 著,「望ましい就業規則」, 社會經濟生產性本部·生產性勞働情報センター, 2005. 특히 이 책 285면 [原昌登 執筆] 등을 참조.

39) 2004년 고용구조조사에서 정년제를 둔 사업장 중에서 계속 고용제도가 있는 사업장의 비율 조사에서 기업 규모별로 보면, 30-99명인 중소기업이 79.0%로 최고치였다(예를 들어, 1000-4999명의 기업 규모에서는 59.0%로 20%의 차이가 있었다).

40) 2004년 고용구조 조사 참조.

41) 또 '근무연장제도'(고용구조조사에 의하면, 정년연령을 둔 채 정년연령에 도달한 자를 퇴직시키지 않고 계속 고용하는 제도를 말한다)가 있는 사업장은 27.3%로 계속 고용제도와 비교해 보면 그 비율이 매우 낮다. 여기에서도 대상자를 회사가 필요하다고 인정한 것에 한정한다는 것이 58.7%로, 어느 경우라도 회사측이 정년 후 고용의 유무를 결정하는 구조가 많은 것을 알 수가 있다(2004년 고용구조 조사 참조).

42) 이하, 柳·武, 앞의 논문, 114면 이하를 참고해서 정리하였다.

용되어 있는 고연령자가 희망하는 경우에는' 정년 후에도 계속 고용하는 제도로, 요지는 원칙적으로 희망자 전원을 계속 고용하도록 의무화하는 시스템이다. 이른바 '전원고용의 원칙'이라고 할 수 있다.[43] 그렇다면, 기존 방법으로 확실하게 대응해도 좋은 것은 모든 사업장에서 23.3%에 불과하고(앞 부분의 Ⅲ. 1. 의무화 이전의 기업의 대응), 그리고 나머지 대부분은 제도를 재검토할 필요가 있는 것이다.

그러나 희망자 전원을 65세까지(우선은 62세까지이지만) 반드시 계속 고용한다는 것에는 매우 영향도 크기 때문에 예외적으로 다음과 같은 룰을 규정하고 있다. 개정 고연령자 고용안정법 제 9 조 제 2 항에서는 '해당 사업장에서 근로자의 과반수로 조직되는 노동조합이 있는 경우에는 그 노동조합, 근로자의 과반수로 조직되는 노동조합이 없는 경우에는 근로자의 과반수를 대표하는 자와 서면협정에 따라 계속 고용제도의 대상이 되는 고연령자에 관한 기준을 정하여 해당 기준에 근거한 제도를 도입했을 때에는 (계속 고용제도의 도입) 조치를 강구하였던 것으로 본다'라고 규정하고 있다. 요컨대, 사업장에서 노사협정을 체결하면 대상 근로자를 일정한 기준에서 선발해도 좋다는 '전원 고용의 원칙'의 예외를 인정하고 있다.[44]

또 이러한 예외 인정에는 노사협정 이외의 다른 방법으로 '특례'를 두고 있다. 개정법 부칙 제 5 조 제 1항, 제 2 항에 의하면, 대기업의 사업주는 개정법이 시행된 후 3년(2009년 3월 31일까지)(중소기업[45]은 5년, 2011년 3월 31일까지)간은 노사협정을 체결하기 위해 '노력했으나 협의하지 못한 경우에는 취업규칙, 그 외 이에 준한 것에 따라 계속 고용제도의 대상이 되는 고연령자에 관한 기준을 정하여 해당 기준에 근거한 제도를 도입할 수 있다'라고 규정하고 있다. 즉 취업규칙에 계속 고용제도의 대상자 기준을 정할 수 있고, (노동기준법 소정의 의견청취 등의 절차는 필요하지만) 근로자 대표의 동의는 필요 없게 된다. 이것은 '고용확보 조치를 강구하기 위해 필요한 준비기간'으로 되어 있지만, 대기업의 사업주는 3년(중소기업의 사업주는 5년) 간에 검토해 재검토로 연장되는 경

43) 柳澤武, 앞의 논문, 115면이 '전원 고용의 원칙'이라는 표현을 사용하고 있다.

44) 이러한 기준은 노동조합의 비조합원과 관리직을 비롯하여 모든 사업장의 근로자에게 적용되게 된다(후생노동성 웹사이트 Q&A(Q 10)에서도 명기되어 있다). 구체적인 기업사례로서 마쯔다 'expert family제도' 및 도요다자동차, 신일본제철 등이 있다(박효숙, 앞의 논문, 76면).

45) 여기서 중소기업이란 상시 고용하는 근로자 수가 300명 이하인 사업주를 말한다.

우도 있다(결국, 취업규칙만으로 전원 고용의 예외를 창설할 수 있게 된다).

나아가, 기간이 종료한 경우에는 "중소기업에 있어서 고연령자의 고용확보의 상황, 사회경제정세의 변화 등을 감안하여 필요하다고 인정되는 때에는 필요로 하는 조치를 강구한 것으로 할 것"이라고 한다. 이는 경기·경영상황에 의해서는 취업규칙의 규정만으로 가능한 기간을 다시 연장할 수도 있도록 하고 있다.

3. 계속 고용제도의 쟁점 — 예외 기준의 명확성

다음에는 보다 구체적으로 검토하기 위해 현재 후생노동성 웹사이트에 공개되어 있는 "개정 고연령자 고용안정법 Q&A"[46](이하 'Q&A'라고 한다) 중에서 관련되는 부분을 제시하면서 살펴본다.

원래 원칙적으로 노사협정의 체결이 예외 창설의 요건인 이유로 '기준에 대해서 근로자의 과반수의 단체의사를 반영시키면서, 사용자가 자의적으로 대상자를 선정하는 것을 막는 데에 있다'라고 설명하고 있다(Q&A의 Q 11).

이러한 사항을 기초해 실무 문제로 사용자가 자의적인 대상자의 선정을 방지하는 데에는 예외를 창설할 수 있더라도, 지금까지 많은 기업이 해온 '기업측이 정년퇴직자를 개별적으로 판단해 촉탁고용의 여부를 결정할 수 있다'는 등의 시스템(앞에서 언급한 것처럼, 6할 이상 통계의 해석에 따라서는 7할 이상의 기업이 실시)을 이용할 수 없다. 그러한 의미에서 매우 구체화된 규제라고 할 수 있다.

구체적으로는 '노사협정에 정한 기준 책정에서는 노동조합 등과 사업주 사이에 충분히 협의한 후 각 기업의 실정에 따른 규정을 상정하고 있고, 그 내용은 원칙적으로 노사에 위임한다. 다만, 노사가 충분히 협의한 후 정하더라도 사업주가 자의적으로 계속 고용을 배제하려는 등 본 개정의 취지와 다른 노사 관련 법규 또는 공서양속에 반하는 것은 부인된다'라고 해설한 후 부적절한 사례로 다음 사항을 들고 있다(Q 7).

(i) "회사가 필요하다고 인정된 자에 한한다"

(ii) "상급자의 추천이 있는 자에 한한다"

46) 후생노동성 웹사이트 http://www.mhlw.go.jp/general/seido/anteikyoku/kourei2/qa/index.html(앞의 후생노동성 웹사이트에 "고연령자 고용안정법 개정 안내"로서 정보를 소개한 부분이 있다)에서도 서술한 대로 정식의 '지침'이 아니지만, 실무상 매우 중요하다고 해석되기 때문에 참조하면서 분석할 필요가 있다.

(iii) "남성(여성)에 한한다"

(iv) "노동조합 활동에 종사하고 있지 않은 자"

위의 (iii)(iv)는 명확히 부적절(남녀차별, 부당노동행위에 해당)하다.[47] 또한 '위의 (i)(ii)는 기준이 없는 것과 마찬가지이고, 이것만으로는 본 개정의 취지에 반할 우려가 있다'라고 설명을 부가하고 있다. 또 그 기준은 구체성과 객관성에 유의하여 책정하는 것이 바람직하다고 설명하고 있다(이상 Q 7). 또 Q&A에서 독립된 항목은 아니지만 Q&A 전체를 보면, 노사협정을 체결할 수 없고 취업규칙에 기준을 둔 경우라고 해도 이러한 구체성과 객관성을 필요로 한 기준으로 전제하고 있는 것 같다.[48]

그러면, 어떠한 기준이면 되는 것인가? 이러한 Q&A에서는 '과거 ○년간 인사고과가 ○이상인 자'(Q 8-2, Q 9 등) 등의 기준을 적절한 예로 들고 있다. 구체적인 사례를 담은 안내서[49]에는 기준을 (i) 일할 의사·의욕, (ii) 근무태도, (iii) 건강, (iv) 능력·경험, (v) 기능 전승 등 그 외의 5가지로 분류해 (i)-(v) 각각에 관한 기준보다 구체적인 예를 들고 있다.[50] 이것은 어느 정도 객관적인 기준이라고 할 수 있다.[51] 한편, '협조성이 있는 자'와 '근무태도가 양호한 자'라는 기준은 자의적일 수 있으나, '노사간에 충분히 협의한 후 규정된 사항이라면' 개

47) 柳澤武, 앞의 논문, 117면은 고용계속제도의 대상자 기준은 '이미 확립되어 있는 고용차별금지 유형(성별·국적·신조·사회적 신분·부당노동행위)에 저촉하지 않는 것도 요구된다'고 한다. 예를 들어 남녀차별 기준을 정한 제도를 설계하였다고 해도 공서양속 위반(민법 제90조)으로 무효라고 볼 여지도 있다고 한다.

48) 柳澤武, 앞의 논문, 117면도 사용자가 취업규칙에 따른 기준설정의 유예기간 중에도 대상자 기준이 애매한 경우에는 신고연령자 고용안정법이 규정하는 계속 고용제도에는 해당하지 않는다고 해석해야 한다고 한다.

49) 후생노동성 웹사이트 http://www.mhlw.go.jp/general/seido/anteikyoku/kourei2/dl/leaflet2-2.pdf.

50) 분류마다 몇 가지 구체적인 사례로서 대표적인 요소를 정리해 보면, 즉 (i) 본인에게 계속 근무할 희망이 있는 경우 등, (ii) 과거 몇 년간의 출근율이 일정 이상인 자, 징계처분 해당자가 아닌 자 등, (iii) 건강진단의 결과 업무수행에 문제가 없는 경우 등, (iv) 과거 ○년 간의 평균효과가 ○이상인 경우, 어떠한 일정한 자격 등급을 가진 경우, 특정 분야의 전문지식을 가진 경우 등, (v) 지도교육의 기능을 가지는 자, 근속 ○년 이상인 자 등이다.

51) 이러한 개별 기준을 복수로 편성해 설정하는 경우도 있고, 기준의 편성은 두 가지로 분류할 수 있다. (i) 기본적으로 취업이 어려운 자 이외에는 계속 고용한다는 기준의 편성(네가티브형), (ii) 일정한 능력과 경험 등을 가진 자만을 계속 고용하는 경우의 기준의 편성(포지티브형)이 있다. 개정 고연령자 고용안정법의 원래의 취지('전원 고용의 원칙')에서 고려해 보면, 네가티브 형의 기준 쪽이 바람직하지만, 후생노동성은 그 부분까지 서술하고는 있지 않고, 노사 대화의 결과 각 기업에 가장 적합한 기준을 노사 모두 이해해 책정할 필요가 있다고 서술하는 데 그친다.

정 고연령자 고용안정법에 위반한다는 할 수 없다고 한다(Q 9).

Ⅳ. 계속 고용 후의 근로조건 쟁점

한 가지 문제는 임금 면에서 타협하지 못하는 경우에는 개정 고연령자 고용안정법에서도 65세까지 계속 고용하지 않아도 된다는 점이다.[52] 말하자면, 사용자의 의무는 계속 고용제도를 도입하는 것이고, 정년 퇴직자의 희망대로 근로조건에서 계속 고용이 의무화되지 않았기 때문에 타협하지 못했을 경우에는 계속 고용을 하지 않아도 고연령자 고용안정법에 위반되는 것은 아니다(후술하는 「Ⅴ. 2. 근로자대표의 관여 제도」에서 살펴본다).

1. 계속 고용 후의 근로조건

그러면 임금 면에서 타협이 된 경우에는 정년퇴직 전보다도 임금 등 근로조건의 하향이 예상된다. 물론 고령근로자의 생활은 취업에 따른 임금만이 아니다. 실제로는 공적 연금의 지급개시연령과 계속 고용의무를 부과하는 연령을 연결시키는 등 공적 연금과 연결에 유념해서 제도를 설계하고 있다. 그러나 2004년 고용구조조사의 관점에서, 60-64세의 연금(공적연금·기업연금) 수급률은 남성 72.6%, 여성 61.3%이고,[53] 향후의 연금의 지급개시연령의 인상과 함께 고려해 보면, 연금을 받고 있기 때문에 임금은 적어도 괜찮다는 판단은 어려울 것이다.[54] 또 이러한 점과 관련해 고령근로자가 일을 바꾸고 싶다고 생각하는 이유를 보면 재미있는 결과를 볼 수 있다.[55] 가장 큰 이유인 '더욱 수입을 늘리고 싶어서'는

---

52) 후생노동성 웹사이트 Q&A(Q 8)에서도 이 점을 명기하고 있다.

53) 후생노동성 웹사이트 참조.

54) 일본의 JFF스틸의 경우 재고용자의 임금수준은 월 약 16만엔-18만엔으로 신입사원 임금보다는 낮다. 그러나 퇴직자는 퇴직후 재고용되어도 기업연금을 받기 때문에 낮은 임금의 고용을 실현할 수 있다. 이러한 면에서 개정법에 대한 기업의 반발도 거의 없다고 볼 수 있다(박효숙, 앞의 논문, 77면).

55) 2004년 고용구조조사에 의하면, 먼저 일을 바꾸고 싶은 자는 전체의 약 15%(앞에서 서술하는 바와 같이, 일은 그대로 계속 일하고 싶다고 생각하는 고령근로자가 많다). 가장 큰 이유는 '더욱 수입을 늘리고 싶어서'가 남성이 38.0%, 여성이 42%였다. 그리고 '일하는 보람·삶의 보람을 느끼는 일을 하고 싶다'가 남성이 16.7%, 여성이 13.0%, '육체적으로 더욱 경미한 일을

고령근로자의 임금이 과연 충분히 확보되었다고 할 수 있는지[56] 의문시된다.

또 임금 이외의 근로조건, 예를 들어 '고용형태의 변화'도 넓은 의미의 근로조건으로 중요하다. 대표적인 예로서 지금까지 기간의 정함이 없는 근로계약(무기계약)이었으나, 계속 고용 시에는 기간의 정함이 있는 근로계약(유기계약)으로 변경되는 문제가 발생할 수 있다. 이러한 점은 후생노동성 Q&A 등에서 계속 고용 후의 근로조건에 대해서는 (개정 고연령자 고용안정법의 취지를 바탕으로 한 것이라면) '탄력근무, 단시간근로 등의 근로시간, 임금, 대우' 등에 관하여 사업주와 근로자 사이에서 결정할 수 있다고 되어 있다. 요컨대, 임금과 마찬가지로 개별 노사 간에 합의할 것인지의 여부가 중요하게 된다.[57]

그리고 조금 관점을 바꾸어 '일의 내용'도 2004년 고용구조조사에 의하면, 60-64세의 약 8할(남성 79.9%, 여성 75.6%)이 지금의 일을 계속하고 싶다고 대답하고 있다.[58] 개정법이 요구하는 계속 고용제도는 이러한 고령근로자의 요구에도 반드시 충분하게 부응하고 있다고 할 수 없다.

2. 근로자 대표의 관여 문제

노사협정에 의한 예외 창설을 인정하는 이유로 드는 근로자 과반수의 단체의사를 반영시키는 점에 대해서도 근로자 대표가 대상 근로자(이 경우 고령근로자)의 이익을 제대로 파악하고 배려해 노사협정을 체결할 수 있는지 의문이 든다. 이 점에 대한 참고로서는 고령근로자가 많이 있는 직장에서는 청년층의 채용을 억제하는 경향이 있다는 지적이 있다.[59] 이러한 경향은 '부작용'으로 볼 수

하고 싶다'가 남성이 15.5%, 여성이 12.2%였다.

56) 임금수입이 충분한지 여부의 판단은 (근로자 간에 개인 차이도 커서) 어렵지만, 한 가지 자료로 임금 부분의 불만으로 인해 전직 희망이 많다는 통계를 소개하고 있다.

57) 다만, 유기계약을 체결해 1년마다 고용계약을 갱신하는 형태의 경우는 개정 고연령자 고용안정법의 취지에서 (i) 65세를 밑도는 상한연령이 설정되어 있지 않은 경우, (ii) 65세까지는 원칙적으로 계약이 갱신되는 경우(다만, 능력 등 연령 이외를 이유로 계약을 갱신하지 않는 경우는 인정된다)가 기본적으로는 필요하다고 보여진다(후생노동성은 이러한 기본 견해를 제시한 후 개별 사례별로 구체적으로 판단하고 있다).

58) 후생노동성 웹사이트 참조. 한편, 일본의 고연령자는 취업의욕이 다른 외국과 비교하여 매우 높고, 실태로도 60세부터 64세의 남성 노동력률은 미국에서 57.0%, 독일에서 37.7%, 프랑스에서 19.0%인 것에 대하여, 일본에서는 매우 높은 상황이다(ILO Year Book of Labour Statistics; 日本總務省統計局, 「勞働力調査」, 2004).

59) 玄田有史, 「ジョブ・クリエイション」, 日本經濟新聞社, 2004에 의하면, 중고령층(45세 이상)의 비율이 높은 사업장일수록 청년층의 채용이 억제된다고 한다(106면 이하 등). 또 이러한

있지만, 고령근로자와 청년근로자에 대한 일의 배분이 유형화되어 있는 경우(이른바 잡무가 청년의 역할인 경우 등), 청년 근로자수가 늘어나면 청년 1인당 업무량이 늘어나는 (즉 바빠지는) 것은 쉽게 예상할 수 있다.

이러한 상황에서는 근로자 대표가 협정을 체결하는 당사자로서 관여하는 것은 '절차의 관점'에서 근로자의 관여를 보장하고, (전체 근로자로서의) 이해력을 보다 높일 수 있다는 의미는 있지만, 정작 중요한 고령근로자의 의견이 반드시 반영된다고는 할 수 없다. 특히, 노동조합에 대해서는 연령이 많아짐에 따라 관리직 등 이른바 '비조합원'으로서 노동조합에서 탈퇴하는 사례가 많고, 협정을 체결하는 주체로서 바람직한지 여부도 의문시된다. 조합원의 이익을 우선시하면, 당연히 '비조합원'도 많은 고연령자의 이익은 거의 고려하지 않고, 거의 바람직하지 않은 기준(예를 들어 '근무태도가 양호한 자' 등 다소 구체성이 결여된 기준)을 규정하는 협정도 합의할 수가 있다. 이렇게 생각하는 배경에는 일본의 경우 주요한 시간외·휴일근로는 사업장에서 노사의 시간외·휴일 근로에서의 노사협정(이른바 36협정[60] 노동기준법 제36조)과 같이, 사업장의 많은 근로자와 관계되는 사항이 아니라 정년퇴직이 가까운 고령근로자만 관계되는 사항이라는 점도 크다고 할 수 있다. 물론 '언젠가는 자기도 그러한 신분'이 되겠지만, 정년이 아직은 많이 남아있는 청년 및 장년 근로자층이 얼마만큼 당사자의 의식을 가지고서 이러한 문제에 노력하는지 여부가 의문이 들 수 있다.

즉, 노동조합과 과반수 대표를 통하여 고령근로자의 의견을 충분히 반영시킨다는 것은 오히려 어려운 경우가 많다고도 할 수 있다.[61] 따라서 장기적으로

사실이 '고연령자 고용의 촉진은 신중해야 한다는 논의로 발전할지도 모른다'는 점에 대하여 '이야기는 그리 단순하지 않다'고 하여, 경기 상황과 평균수명의 연장, 청년 자신의 노동시장에서의 경쟁력 등의 폭넓은 관점에서도 논의가 심화되어야 한다고 주장하는 大橋勇雄, "高齢者雇用の現状と課題,"「ジュリスト」, 1282호, 2005, 105면 이하 수록, 106면이 있다.

60) 노동기준법, 고용보험법, 육아·개호휴업법 등에서 "사업장의 노사협정(종업원대표제)"에 대하여 "당해 사업장의 근로자의 과반수로 조직된 노동조합 또는 그러한 노동조합이 없는 경우에는 당해 사업장의 근로자의 과반수를 대표하는 자와의 서면협정"이 있는 경우, 그 협정에는 일정한 법적 효과를 부여하고 있다. 특히 이 협정은 시간외·휴일근로에 대하여 이 협정은 사업장의 근로자대표와의 협정과 그 협정의 감독관청으로서의 신고를 조건으로서 시간외·휴일근로를 적법화하는 것이다(菅野和夫,「勞動法」(제 7 판), 弘文堂, 2005, 73-76면, 253-258면 참조).

61) 김인재, "근로기준법상 근로자대표의 법적 지위,"「노동법연구」제 8 호, 서울대 노동법연구회편, 1999; 심재진,「근로기준법상 근로자대표」, 서울대 법학석사학위논문, 1999 참조. 우리나라의 근로자대표의 개념에 관한 근로기준법 제31조 제 3 항의 규정이 명확하게 되어 있지 아니한 관계로 근로자대표가 과반수노동조합까지 포함하는 것인지, 아니면 과반수 노동조합이 없

대상이 되는 고령근로자의 의견 청취 및 교섭의 제도화를 고려해 볼 필요성도 있을 것이다.

Ⅴ. 계속 고용제도의 법정책 — 평가

1. 개 요

노사협정으로 전원 고용의 예외 기준을 설정할 수 있다는 제도설계에 대한 문제는 다음과 같이 지적할 수 있다. 먼저, 당사자인 고령근로자의 의견이 제대로 반영될 수 있는지 여부가 불충분하다. 그러나 한편으로 어떠한 기준이어야 하는 점에 대해서는 후생노동성이 현재 제시하고 있는 사례집, Q&A 등을 확인해 보면, 기존의 기업 실무보다도 고연령자의 고용을 촉진하는 방향으로 어느 정도 심화되었다고 평가할 수 있다(즉 종래의 정년 퇴직자를 계속 고용했던 때와는 명확히 다른 사내 제도의 정비를 각 기업에 요구한다고 할 수 있다). 문제의 성질상[62] 근로자 대표가 관여함으로써 기준의 타당성을 담보하는 것보다는, 후생노동성이 제시하고 있는 형태에서 객관성이 높은 기준을 마련하고 있는지 여부가 쟁점이 된다. 이 점과 관련해 취업규칙만으로(노사협정의 경우와 달리 근로자 측에서는 의견 청취만으로 충분하다) 예외기준을 설정하는 것은 우선 문제된다고 볼 수 있다. 그러나 근로자 대표가 관여하는 것이 실질적인 의미에서 다소 간의 의문이 있다면(앞의 Ⅳ. 2. 근로자대표의 관여 문제), 기준의 객관성이 확보된다면 취업규칙에 따른 기준 설정을 인정해도 상관없을 것으로 보여진다.

을 경우의 근로자대표만을 의미하는 것인지에 대하여 논란이 있다. 한편, 일본의 경우에는 '근로자 대표'에 대한 관련 문헌은 많이 있지만, 일본에서는 근래 사업(장)단위 근로자대표제에 관한 논의가 활성화되어 있고(東京大 勞働法硏究會, 「注釋 勞働基準法(上)」, 有斐閣, 2003, 55-58면 참조), 최근에는 일본에 있어서는 근로계약법제에서 '노사위원회의 문제'와 관련해서 검토하는 경우가 많다. 최신 문헌으로 浜村彰, "勞働契約法制と勞働者代表制," 「勞働法律旬報」, 1615·1616호, 2006, 38면 등이 있다.

62) 본문 중에서도 서술한 것처럼 전체 근로자의 문제라기보다 직접적으로는 '정년퇴직자' 및 '이에 가까운 연령층 근로자'만 관계되는 성질의 문제로 볼 수 있다.

2. 정책 평가

어찌 보면, 개정 고연령자 고용안정법은 매우 강력한 계속 고용제도의 도입을 촉구하고 있다고 말할 수 있다. 그러나 동시에 '제도의 도입' 자체를 촉구하고 있지만 '제도의 실효성'은 반드시 충분하지 않기 때문에 문제라고 볼 수 있다.

요컨대, 개정 고연령자 고용안정법에서의 고용 확보조치의 의무화 제도는 제도로서 일관되지 않아 문제가 있다. 즉, 공적 연금의 지급일까지 계속 고용을 하도록 하는 개정법의 목적에 고령근로자의 생활을 보장하기 위해 계속 근로할 수 있게 하는 (임금을 받을 수 있도록 하는) 목적이 있다. 그럼에도 불구하고, 개정법에 의해 실현되는 시스템은 생활의 보장으로 반드시 연결되어 있지 않다. 계속 고용시의 임금 등의 근로조건에 대하여 특별하게 규제가 없는 것은 앞에서 언급한 목적을 달성하는 수단으로 필요한 요소가 빠져 있다고 할 수 있다. 근로조건 등을 규제하지 않는다는 것은 다음과 같은 가능성을 인정하는 것이다. (i) (직종·근무내용 등이 정년 전과 달라지는 것이 전제이지만) 임금이 큰 폭으로 감소한다. (ii) 임금 면에서 타협되지 않기 때문에 계속 고용이 되지 않는다. 이것은 임금을 충분히 받거나 전혀 받을 수 없는 결과일 뿐이고, 공적 연금의 지급일까지 충분한 생활보장을 설계한 것이라고 할 수 없다. 달리 보면, 노동시장에서 고연령자라는 불안정한 근로자를 유입시켜서 새로운 저임금 근로자를 늘리는 결과가 될 수도 있다. 즉, 도입이 의무화되는 계속 고용제도의 성질은 목적과 수단이 매우 조화롭게 되어 있다고 평가하기에 부족한 부분도 있다.

이러한 분석을 하는 데에는 본고에서 분석의 관점으로 내세운 (i) 계속 근로를 평가하는 입장, (ii) 임금의 보장을 평가하는 입장(앞의 Ⅰ. 3. 분석의 관점)의 두 가지를 적용하면 다음과 같다. 이 제도는 정책 이념이라는 다소 폭넓은 관점에서 살펴보아도 계속 근로에 가치를 둔다는 입장((i))에 의해 정합적인 구조[63]로 되는 한편, 임금의 보장에 가치를 두는 입장((ii))과는 정합적이지 않게 된다. 즉, 개정 고연령자 고용안정법에서의 계속 고용제도는 제도의 목적으로는 (ii)를 고려하면서도 실제적인 규제수단을 살펴보면 (ii)를 충분하게 달성하지 못하고,

63) 이 점에 대하여 계속 고용이 (근로조건 등으로 합의되지 않아) 실현되지 않으면 (i)의 가치도 달성할 수 없다는 입장도 가능하지만, 임금 등에서 근로자 측이 타협하면 어떠한 형태로든 '계속 근로'는 가능하기 때문에 (i)의 입장에 따른 적합한 시스템이라고 할 수 있다.

오히려 (i)에 정합적이라고 정리할 수 있다. 즉, 두 가지의 정책이념, 목적과 밀접하게 관계된 이념과, 실제로 달성할 수 있는 이념 사이에 차이가 발생하고 있는 것이다.

물론, 이러한 차이에는 어쩔 수 없는 부분도 있다. 직접적으로는 기업의 부담이 크게 증가하는 것을 회피한다[64]고 할 수 있고, 또 결과적으로는 개정 고연령자 고용안정법으로 '근로' 및 '계속 근로' 그 자체의 가능성이 증가한 — 즉, 임금 등을 너무 많이 바라지 않는다면 원칙적으로 법 소정의 연령(우선은 62세, 언젠가는 65세)까지 계속 근로의 원칙을 규정한 점은 높게 평가해야만 한다.

그러나 '근로' 자체가 중요하다고 하면, (i)의 입장을 보다 중시하면서 제도를 설계하면 될 것이다. 예를 들어, 연금 제도와 연결하기 위한 단계적인 규제를 재검토하고, 한꺼번에 65세(혹은 그 이상의 연령의 설정도 고려할 수 있다)까지 계속 고용을 요구하는 제도를 마련하는 것이 한 가지 이념을 보다 완전하게 성취하는 것이라고 할 수 있다.[65]

다른 한편, (ii)의 입장을 중시한다고 하면, 현행과는 전혀 다른 관점에서 접근해야만 할 것이다. 참고로 예를 들어 보면, 고용상 연령차별을 금지한다고 하는 접근[66](정년제 등은 연령차별로 금지해야 한다고 규정된다)이 있다. 이러한 입장은 이론적으로는 매우 의의를 가질 수 있지만, 현재의 시점에서 정년제의 문제 전반에 대한 접근 방법으로 이용하는 것에는 '시기상조'라고 볼 수 있다.[67] 그러나 보다 중요한 쟁점으로 범위를 한정해 이용하는 경우, 특히 직무의 내용

64) 예를 들어, 65세까지 정년퇴직 시의 근로조건에서 (즉, 실질적으로는 정년을 그대로 연장하는 형태로) 고용의 의무화 등의 규제방법은 어려운 문제라고 예상할 수 있다.

65) 또 기업 중에는 법규제를 선취하는 형태로 2006년 단계에서 65세까지의 고용확보조치를 도입하는 경우도 볼 수 있다. 후생노동성의 조사("改正高齢法の施行に向けた企業の取組状況について," 2006년 1월 27일 후생노동성 발표)에 의하면, 조사대상 기업의 약 40%에 이르고 있다.

66) 고용에서의 연령차별에 관한 문헌으로는 櫻庭涼子, "雇用における年齢差別―アメリカおよびEUの状況,"「ジュリスト」, 1232호, 2005, 119면; 森戸英幸, "雇用における年齢差別禁止法―米國法から何を學ぶか,"「日本勞働研究雜誌」, 521호, 2003년 게재된 논문 등이 있다.

67) 2003년 7월의 연구회 보고서(향후의 고연령자 고용대책에 관한 연구회 — 고용과 연금과의 접속을 목표로("今後の高齢者雇用對策について―雇用と年金との接續を目指して")) 중에서도 이러한 접근방법은 부정적으로 파악하고 있다. 원래 연령제 일반이 연령에 의한 '차별'이 있더라도 거의 실감할 수 없는 쪽이 많기 때문이다(곧바로 연상되지 않는 경우가 많다). 따라서 정년제 문제가 정년연령을 설정할 때의 문제, 연령에 의한 직업능력의 변화 문제(지적 숙련을 통하여 계속 상승하는 능력도 있으면, 단순한 신체적·육체적 능력 등 떨어지는 능력도 있을 것이다), 정년 후 계속고용 등 다양한 문제를 포함하고 있다. 무엇이 (법으로 금지해야 할) 차별인지를 상상하는 것이 어려운 경우도 있다.

이 정년 퇴직시와 퇴직 후의 계속 고용시에 변함이 없음(혹은 비슷하다고 평가됨)에도 불구하고, 정년 연령을 초과했다는 이유만으로 임금이 삭감되는 경우[68] 등에는 매우 유익한 견해가 될 것이다. 즉, 이러한 연령에 의한 임금삭감을 차별로 규정한다는 논의를 추진해 본다면 (ii)의 입장, 계속 고용시의 임금 등을 보장할 필요가 있다는 이념의 실현이 보다 쉬워질 것이다.

Ⅵ. 결 론

이상과 같이 고령화 문제는 개인으로서는 평균수명, 평균 노동여명의 신장에 대응하여 취업 및 은퇴를 어떻게 선택하고, 각각의 상황에서 보람과 소득의 안정을 어떻게 확보하는가, 기업으로서는 고령화에 따른 노동력의 연령 구성 변화에 따라 기업의 활력을 어떻게 유지하는가, 사회적으로는 노년 인구비율의 증대와 가족 구성의 변화에 따라 부양 및 피부양의 균형을 어떻게 할 것인지의 문제를 생각할 수 있다. 이러한 문제들에 대한 상호적으로 관련되어 그 대응책을 마련하는 반드시 쉬운 과제가 아니다. 고령자가 높은 취업지향을 가지고 있는 경우에는 이에 걸맞은 취업기회가 확보되는 것이 바람직하지만, 기업에서 고령자의 고용을 늘리는 것은 인사·임금관리 면에서 대응하는 것의 어려움과 기업 전체의 효율이 떨어지는 문제가 발생할 수 있다. 한편, 기업의 고령자 고용이 진행되지 않는 경우는 고령자로서는 실업 등의 문제가 발생함과 함께, 생활면에서는 연금에 대한 의존이 높아지게 된다. 이는 사회적인 부양 및 피부양의 균형을 현저하게 상실하게 될 것이다. 고령자의 취업 지향이 낮고 연금에 대한 의존이 높은 경우는 기업의 고령자 고용문제는 완화되지만, 고령사회는 청년 노동력의 비중의 저하라는 측면을 가지고 있기 때문에 생산 활동에 필요한 노동력을 확보할 수 없고, 또 기업을 포함하여 사회적인 부양 부담을 높인다. 이러한 점이 사회 전체의 활력 저하를 발생시킬 우려가 있다. 따라서 고령자의 은퇴지향연령과 기업의 고령자 고용의 정년연령 및 연금의 지급개시연령이 보다 높은 연령에서 일치하는 것이 가장 바람직한 고령사회의 선택일 것이다. 이를 위한 요건은 고령자의 높은 취업지향이 높은 직업능력으로 뒷받침되어 이를 기업이 유지 활

68) 이 점에 대해서는 앞의 大内伸哉 外 著, 「望ましい就業規則」도 참조.

용하는 시스템을 만드는 것이다.

앞으로의 급속한 고령사회로의 도래로 인하여 고령자에게 일자리를 제공할 수 있는지가 문제된다. 우리나라에 있어 아직은 '고령자 고용촉진법'의 정년 보장 및 정년연장의 문제는 궁극적으로 위에서 살펴본 일본과 같은 단계적이고 점진적 접근법을 통해 현실적인 기업의 정년과 국민연금 수급개시 연령을 연계(정년 연장 장려 → 연금수급 연령을 하회하는 정년제의 금지 → 연금 수급 연령의 상향에 따른 정년금지 연령의 상향 조정 → 궁극적인 정년제의 폐지)시켜 나가는 방향이 보다 우리의 상황에 맞는 현실적이라고 판단되어진다. 이에 고령자 고용을 촉진하는 방안의 초기 단계로서는 기업이 적응할 수 있도록 여건을 조성하면서 정년 연장의 장려를 통해 국민연금 수급개시 연령과 연계시키는 작업이 선행되어야 할 과제라고 볼 수 있다.

그리고 이러한 정년 연장에 대한 노동 입법에 있어서 현행 고령자 고용촉진법상의 정년의 노력의무 규정은 이행을 확보하기 위하여 다양한 행정상의 조치와 경제적 인센티브가 마련되는 경우가 적지 않을 것이고, 법원에서의 이행확보 유무에만 고찰을 한정해서는 그 기능을 충분히 파악할 수는 없을 것이다. 그러나 이러한 노력의무 규정이 일정한 기간이 경과한 후에는 여건이 조성되면 강행적 의무 규정으로 변경될 수 있다. 그렇다면, 최근의 노동 입법에서 자주 이용되는 노력의무 규정의 의의를 고찰하기 위하여 해당 노력의무 규정을 정적으로만 파악할 것이 아니라 시간 범위를 넓게 잡고서 중장기적으로 노동입법 정책을 펼치면서 역동적으로 파악할 필요도 있을 것이다.

그러나 본론에서 살펴보았던 위의 일본에 있어 고연령자 고용에 있어 '계속고용제도'를 중심으로 하는 '65세까지의 고용확보'라는 입법 정책은 현재의 시점에서는 목적과 (규제의) 수단이 조화롭게 일관되지 않은 부분도 있다고 평가할 수가 있다. 그렇지만 일본에 있어서 정년 연장을 지원하는 제도와 함께 연금제도와의 연계, 기업의 부담 증가 등 다양한 사항들을 고려함으로써 현실적으로 대응하는 방안을 강구하는 것은 매우 중요한 관점이라고 볼 수 있다. 이것은 우리의 노동입법 및 정책방향을 설정하는 데에도 의미가 있다고 보여진다. 이제는 우리나라에 있어서도 급속하게 저출산·고령화 사회가 도래한 지금 중기·장기적으로 지속할 수 있는 제도를 설계하는 기본계획은 매우 중요한 일이다. 이를 위해서는 고령자가 계속적으로 근로할 수 있는 사회에서 어떠한 가치를 발굴해

낼 수 있는지가 보다 근본적인 문제로서 고민해야 할 것이다. 이러한 문제에 대한 논의를 심화시킴으로써 고령자 사회에 있어 바람직한 입법 및 정책 방향을 고려해 볼 수 있을 것이다.

미국의 단체교섭대상법리

송 강 직*

I. 서 설

단체교섭대상 논의는 한국이나 일본의 경우에는 경영권 내지 인사권이 단체교섭의 대상이 되느냐 하는 것에 그 논의의 초점이 있다고 할 수 있다. 단체교섭의 대상논의는 노동기본권 상호간의 이해를 어떻게 볼 것인가에 따라 그 결과로서 단체교섭 대상의 폭을 결정짓는 형태로 논의되기도 한다.

다른 한편에서는 한국에서의 단체교섭대상논의를 미국의 단체교섭 대상논의에서 그 근간이 되는 의무적 교섭사항(mandatory subjects of bargaining)과 임의적 교섭사항(permissive subjects of bargaining)과 관련짓거나 연계하여 논의하는 견해들도 보인다. 물론 이러한 미국의 단체교섭대상논의에서 나온 용어를 사용한다고 하여 똑 같은 의미로 볼 수는 없을 것이다. 그러나 미국에서 논의되고 있는 용어들을 적어도 그 표현에 있어서 그대로 한국에서 사용하는 것은 미국의 단체교섭대상 논의와 혼돈을 불러일으킬 우려가 높다고 하는 사실은 부정할 수 없다. 그러한 연계선상의 논의는 법체계상의 이질적인 요소가 충분히 고려되지 않고 자칫 한국에서의 법체계에서의 단체교섭 대상 논의에 하나의 일부분을 점할 수도 있을 것이다.

한국에서의 단체교섭 논의에서 인사 내지 경영권의 논의는 오래된 과제이면서도 여전히 그 당부를 놓고 견해가 대립되고 있다.

여기에 필자는 한국과 일본에서의 단체교섭사항, 그 가운데서도 인사 내지 경영권과 관련한 논의를 이미 검토한 바가 있는 관계로,[1] 본고에서는 미국의 것

* 경북대학교 법학부 교수.

1) 송강직, "단체교섭의 대상 — 인사 · 경영사항을 중심으로," 「노동법의 쟁점과 과제(김유성교수

에 한정하면서 한국에서 단체교섭대상논의에 있어서 참고, 나아가 미국에서의 단체교섭 대상 논의의 실상을 그대로 이해할 필요가 있다는 것 등의 관점에서, 미국의 단체교섭 대상논의에 한정하여 보기로 한다.

Ⅱ. 단체교섭 대상

1. 제정법 입장

(1) 와그너법(NLRA)

NLRA(National Labor Relations Act) Sec.9(a)는, 급여률, 임금, 근로시간 또는 기타 근로조건(rate of pay, wages, hours of employment, or other conditions of employment)에 관한 단체교섭에 대하여 교섭대표에게 배타적인 권한을 부여하고 있었다. 물론 와그너법은 사용자에게 한하여 부당노동행위를 규정하고 있었던 시기였다. 이 당시에도 NLRB(National Labor Relations Board)는 위 규정을 근거로 하여 사용자가 단체교섭의무를 지는지의 여부에 대하여 판단하였다. 이러한 입법의 해석이나 NLRB의 운용에 대하여 위 규정을 단순히 단체교섭에 있어서 교섭대표의 배타적인 교섭권한에 대한 규정으로 보고 이를 이른바 의무적 단체교섭의 대상으로 보는 것은 적절하지 못하다고 하는 비판이 있는 것은 당연한 것인지도 모른다.[2]

(2) 와그너법(NLRA)에서 태프트 하태리법(LMRA)까지의 시대

NLRA는 주간의 통상과 연방법원에 의하여 부여된 제한적인 명령들을 제외하고는, 노동조합의 내부사항이나 노동조합의 외부적인 사항들에 대하여는 주의 보통법과 입법들에 이를 맡겼다. 여기서 NLRA 이후에 이들 노동조합에 대한 사항들은 주에 따라 다양하게 보통법이나 주법을 통하여 규율하게 되었다.[3]

화갑기념)」, 법문사, 2000, 361-391면.

2) Cox & Dunlop, "Regulation of Collective Bargaining by the National Labor Relations Board," 63 Harv. L. Rev. 389(1950), 396-397면.

3) 이렇게 하여 성립된 주법들을 아기 와그너법(Baby Wagner Act)이라고 부른다. Harry A. Millis and Emily Clark Brown, *From The Wagner Act To Taft-Hartley,* The University of Chicago Press, Chicago, 1950, 317면.

1930년대의 주의 상황을 보자. 오레곤주는 1938년 11월 주민 일반투표에 의하여 당해 사용자의 근로자들의 대부분에게 관련있는 임금, 근로시간, 근로조건과 직접적으로 관련있는 분쟁의 경우가 아닌 모든 파업, 피켓팅, 보이콧을 위법한 것으로 규정하는 주법을 통과시켰지만, 이는 1940년 주대법원에서 5대 1의 다수결정으로 무효로 된 사건이 발생하였다.[4] 미시간주나 미네소타주의 경우에는 NLRA에 없던 근로자들의 일정한 부당노동행위에 대하여도 사용자의 부당노동행위와 함께 금지하였고, 이 위반은 공익적인 것이라기보다는 사익의 관점에서 보아 그 침해행위에 대하여는 법원을 통하여 구제하도록 하는가 하면 금지명령의 대상으로 보기도 하였다.[5] 주에 따라 다르기는 하나 일반적으로는 사용자의 부당노동행위에 대한 노동측의 보호는 느슨하였던(dilute) 반면에 노동측의 부당노동행위에 대한 제한은 보다 강화하였다고 할 수 있다.[6]

1940년대의 상황 또한 노동조합의 내부문제 또는 외부활동에 대한 주들의 태도는 제한적이었다고 할 수 있다. 1941년 텍사스주가 누구든지 작업을 방해하는 것을 시도하거나 노동분쟁이 발생한 장소에 운집을 시도하는 행위, 나아가 합법적인 직업에 종사하는 것을 방해하기 위하여 이를 강요, 폭력, 위협하는 것을 중죄(felony)로 취급하는 피켓팅금지법을 통과시켰으며,[7] 이러한 입장은 다른 많은 주에 영향을 미쳤다. 콜로라도주는 사용자의 부당노동행위 외에 근로자들의 부당노동행위 유형을 규정하는 것을 포함하여 노동조합에 가입하지 않을 근로자들의 권리를 선언하였고,[8] 이러한 과정에서 주들이 취한 노동조합에 대한 제한적인 법들이 주법원이나 연방대법원에서 무효 내지 헌법에 반하여 무효라고 선언되기도 하였다.[9] 플로리다주와 아칸소주는 1944년 각각 주헌법을 개정하여 근로권의 관점에서 클로즈드 숍협정을 금지하였고, 아리조나주와 네브라스카주 또한 1946년에 각각 주헌법을 개정을 통하여 이를 채택하였다.[10]

이상에서 NLRA와 LMRA 사이에 주들의 노동조합에 대한 제한적인 법상

4) Id. at 319.
5) Id. at 320.
6) Id. at 320.
7) Id. at 321. 특히 남부와 남서부주들에서는 산업을 육성하고자 가능한 한 노동조합으로부터 자유로운 정책들을 실현시키고 있었다.
8) Id. at 323.
9) Id. at 325.
10) Id. at 326-9.

황을 간단히 보았다. 이러한 경향은 특히 비공업화된 주들에서 더욱 강하였다.[11] 본고와 관련하여 지적하고 싶은 것은 단체교섭의 대상과 관련하여 직접적인 것은 아니지만, 특히 부당노동행위의 대상으로서 이후 태프트 하태리법에서 법제화 된 노동측의 부당노동행위 주체로서의 성립은 와그너법 이후 곧 개별적인 주에서 이미 문제되고 있었다는 것이다. 부차적으로 클로즈드 숍협정 또한 이미 이들 주들에서는 금지의 대상으로 하였다는 것을 지적하여 둔다.

(3) 태프트 하태리법

연방노동관계법(National Labor Relations Act. 이하 'NLRA'이라 함) Sec.1의 마지막 부분에서, 미연방정책이라는 것은 자유로운 통상의 흐름(free flow of commerce)에 대한 장애물들의 원인을 제거하고, 그러한 장애물들이 발생하였을 때에 이를 완화 내지 제거하는 것으로서, 이는 근로조건, 기타 상호부조와 보호들에 대하여(terms and conditions of their employment or other mutual aid or protection) 교섭하기 위하여 근로자 스스로의 조직, 대표선출권 행사의 보호와, 단체교섭절차와 관행의 장려를 통하여 이를 도모하는 것임을 선언하고 있다.

NLRA Sec.8(d)는, 단체교섭의 대상과 존재하고 있는 단체협약의 종료 내지는 갱신에 관하여 규정하고 있는데, 그 가운데 단체교섭대상에 대하여 임금, 근로시간, 기타 근로조건(wages, hours, other terms and conditions of employment)으로 규정하고 있다. 동시에 단체교섭대상 등에 대하여 단체교섭을 하는 경우라고 하여도 단체교섭 당사자인 사용자와 근로자대표(employer and representative of the employees)의 단체교섭 의무에는 그 어느 일방에게 제안에 동의하도록 강요하거나 양보를 요구하는 것은 포함되지 않는다는 것을 명문화하고 있다. NLRA에서는 단체교섭의 대상으로서 근로조건(임금, 근로시간 기타) 및 상호보조와 보호를 직접적으로 규정하고 있다고 할 수 있다.

NLRA의 단체교섭과 관련한 위 규정은, 그 당시 하원이, 임금률, 근로시간, 일의 내용, 해고, 레이오프, 징계, 승급, 감급, 안전위생, 휴가, 이들 사항들에 대한 운영규칙을 열거하여 비교적 상세하게 의무적 교섭사항을 규정하는 법안을 통과시켰으나,[12] 상원에서 현재의 규정으로 수정한 것이다.

11) 1947년경에는 35개주 이상이 노동조합의 활동이나 관행에 어느 정도의 제한을 가하는 입법을 갖고 있었던 것을 알 수 있다. Id. at 345.

12) 당시 하원에서 통과된 단체교섭대상에 관한 안을 보면, ① 임금률, 근로시간, 근로조건

2. 내　용

단체교섭의 대상이 사례에서 문제되고 정립된 것은 주로 경영사항과 관련한 것이라고 할 수 있다. 예컨대 사업일부의 하청, 공장이전, 사업장 일부 폐쇄 등이 그것이다. 그러한 의미에서 미국의 단체교섭 대상 논의는 경영사항이 곧 단체교섭의 대상과 관련하여 문제되는 주된 사항이 되고 그 가운데 단체교섭의 대상이 된다고 하는 사례도 있는바 오히려 단체교섭의 대상이 상당히 확대된 입장에서, 이를 전제로 하여, 출발하고 있다고도 할 수 있겠다.

경영상의 결정 등에 대한 단체교섭대상에 대하여 미국의 연방대법원의 견해를 중심으로 보기로 한다. 일반적으로 NLRB는 이에 관하여 단체교섭대상을 인정하는 예가 많이 보이는가 하면, 연방항송법원은 대부분의 사건에서 부정적인 견해를 나타내고 있다고 할 수 있다.[13)]

(1) 의무적 교섭사항

Borg-Warner사건에서[14)] 연방대법원은 이른바 의무적 교섭사항과 임의적 교섭사항이라는 용어를 처음 사용하였다. 여기서 연방대법원은 의무적 교섭사항으로서, NLRB Sec8(d)의 임금, 근로시간, 기타 근로조건을 들고, 단체교섭의무

(work requirement), ② 교섭단위 내의 해고, 정직, 일시해고(lay-off), 시니알러티, 징계, 승진, 강임, 배치전환에 관한 절차 및 관행 규정들(procedures and practices), ③ 작업장 내의 안전, 위생, 건강보호와 관련한 조건, 절차, 관행들, ④ 휴가 및 휴가, ⑤ 이상의 사항들과 관련한 행정 절차적 규정으로 되어 있었다. 이러한 단체교섭 대상의 확대안에 대하여도 그 당시 하원 교육노동위원회(Committee on education and Labor) 보고서의 소수의견은(minority report), 이러한 조항은 단체교섭에 적절한 사항을 좁히는 것을 의도하고 있다고 하면서, 복리기금, 휴가기금, 노동조합의 고용알선소, 노동조합보장규정, 도제자금, 휴업수당, 체크오프조항, 작업의 하청화, 기타 다수의 산업이나 지역에서 단체교섭사항으로 되어 온 것을 배제하는 것을 그 목적으로 하는 것이라고 비난하면서, 단체교섭의 대상은 불가피하게 산업의 전통, 그 상황에서의 사회적, 정치적 상황, 사용자와 피용자의 필요, 기타 많은 요소들에 의하여 결정되는 것이라고 비판하면서. 단체교섭의 대상은 일차적으로는 사용자와 노동조합이, 이차적으로는 이와 관련된 분야의 전문적인 행정기관에, 법원의 심사를 전제로 하여, 위임되어야 한다고 하면서, 이는 입법에 의하여 구속할 수 없는 것이며 또한 그렇게 하여서도 아니된다고 한 것은 의미 깊다. 소수의견의 요지는 단체교섭의 대상을 정형화(formular)하거나 획일적(strait-jacket)으로 할 수 없는 것이고 또한 그렇게 하여서도 아니된다고 하는 것이다. 이상 First National Maintenance Corp. v. NLRB, 452 U.S. 676(1981)에서 재인용. 그 외 中窪裕也, "アメリカ團體交涉法の構造 (二) 一排他的交涉代表制度とそれを支える二の義務一," 法學協會雜誌(東京大學), 100卷 10號, 1975, 126면 참조.

13) Id. at 674.

14) NLRB v. Wooster Division of Borg-Warner Corp., 356 U. S. 342(1958).

는 이들 사항에 한정되며, 그 외의 사항들은 단체교섭의 당사자가 교섭을 하든 않든, 나아가 협약을 체결하든 않든 자유라고 하였다.[15] 단체교섭의 대상과 관련한 내용으로서 문제된 것은 이하와 같다.

사건은 사용자가 단체교섭에서 비밀투표조항과 노동조합승인조항을 고집한 것이다. 여기서 말하는 비밀투표란, 사용자의 최종적인 제의(last offer)에 대하여 근로자(단체교섭 단위내의 근로자)들의 쟁의전 비밀투표를 하는 것을 말한다.

먼저 노동조합승인조항과 관련한 것이다. 회사에는 이미 NLRB로부터 배타적인 단체교섭의 당사자로서 CIO 가입의 전국적 단위의 노동조합(International Union, United Automobile, Aircraft and Agricultural Implement Workers of America)이 있었는데, 사용자가 위 전국적 단위의 노동조합에 가입한 지역노동조합(Local No. 1239)을 단체교섭의 당사자로서 승인할 것을 요구한 것이다. 노동조합의 협상자들은 이에 전국적 단위의 노동조합이 NLRB로부터 인증된 것을 무시하는 것이라고 하여 반대하였다.[16]

다음으로 비밀투표와 관련한 것이다. 단체교섭 당사자 일방의 제의와 반대제의에 관하여 규정하면서 최소 30일간은 성실히 교섭하고, 그 이후에는 미연방중재조정서비스(United States Mediation and Conciliation Service) 기관의 대표 또는 노사합의에 의한 제 3 자의 감독하에서 비밀투표를 행하되 선택의 자유와 공정한 투표가 되도록 NLRB의 선거절차에 준하는 정도로 회사의 부지 내에서, 합리적이고도 편리한 시간에 적절한 안전장치하에서 치루어질 것, 일차 투표에서 근로자 다수가 회사의 최종제의를 거절하는 경우에는 선거결과가 공지된 이후 72시간 이내에 사용자가 다른 제안(subsequent offer)을 할 수 있고, 그 이후 72시간 이내에 공정한 비밀투표로 결정할 것, 나아가 단체협약을 종료할 것인지의 결정에 대하여도 비밀투표로 할 것 등을 사용자가 제안한 것에 대하여 노동조합측 교섭자가 이 조항은 결코(under any conditions)수용할 수 없다고 하여 단체교섭이 진행되지 못한 것이다.[17]

---

15) Id. at 350. 그리고 위법한 단체교섭사항은, 예컨대 NLRA에서 금지되는 클로즈드 숍협정, 핫카고 조항, 유니언 숍협정하에서 비조합원인 것을 이유로 하는 해고조항, 인종차별적인 고용조항, 조합원에게 유리한 것을 정한 직업소개소 규정 등, 이들 사항은 단체협약 체결을 고집할 수 없을 뿐만 아니라 협약이 체결되었다고 하더라도 그 효력이 없는 것임은 해석론상 당연하다.

16) Id. at 345-6.

17) Id. at 347.

이에 노동조합이 사용자의 위 요구 및 이에 대한 집착이 단체교섭을 거부한 것이라고 하여 NLRB에 대하여 부당노동행위 구제신청을 하였고, NLRB는 위 조항들에 대한 사용자의 집착 그 자체가 단체교섭의무를 위반하였다고 하여 단체교섭명령을 내렸고,[18] NLRB는 그 강제이행을 제 6 연방항소법원에[19] 구하였는데, 항소법원은 NLRB의 결정 가운데 비밀투표조항과 관련한 부분을 취소하였고 노동조합승인조항에 대하여는 이를 지지하였다.[20] 이에 NLRB는 위 연방항소법원의 결정의 일부에 대하여 취소를, 사용자는 연방항소법원의 NLRB의 결정을 지지한 부분에 대하여 연방대법원에 각각 그 이송명령을 구하였고 이에 이송명령이 부여되었다.

Bruton 판사는 연방대법원의 견해로서,

"회사가 이들 조항을 제안하였을 때부터 근로자대표는 이들 조항 모두를 수용할 수 없다는 것을 분명히 하였다. 회사의 대표도 단체협약에 이들 조항이 포함되지 않으면 협정에 동의할 수 없다는 것을 똑같이 주장하였다. 이러한 교착상황에서 다른 조항들에 관하여 단체교섭을 계속 진행하였지만 위 조항들에 대한 논의는 더 이상 없었다. 회사는 경제적인 사항들과 함께 하나의 묶음으로 이를 제안하였지만 이는 다른 사항들에 대한 성공적인 해결의 전제조건으로 삼았다.… 노동조합은 이들 조항을 제외한 모든 협의중인 사항들에 대하여 노동조합이 수용한다면 사용자가 위 조항들을 철회할 생각은 있는지 물었다. 그러나 회사는 이를 거절하면서 재차 이들 조항을 포함하여 팩키지로 이를 수용할 것을 고집하였다.… 결국 지역노동조합은 위 두 조항을 포함하여 단체협약에 동의하였다. 한편 전국적 단위의 노동조합은 회사의 위 행위들이 NLRA Sec.8(a)(5)를 위반한 부당노동행위라고 주장하여 NLRB에 그 구제를 신청하였다."[21]

"회사의 성실교섭의무는 의무적 교섭사항에 관한 제정법의 요건을 충족시켰다. 그러나 성실교섭을 하였다고 하여 단체협약에 의무적 교섭사항이 아닌 일정한 제안들이 포함되지 않았다고 하여 협약체결을 거절할 수 있는 것은 아니다. 우리는 NLRB가 회사의 그러한 행동은 의무적 교섭사항에 대하여 실질적으로 단체교섭을 거부하는 것이라고 한 것에 동의한다. 이는 교섭이 제정법상의 사항

18) Id. at 345(42 L.R.R.M. 2034).
19) Id. at 349(236 F. 2d 898).
20) Id. at 349.
21) Id. at 348.

들에 한정된다는 의미는 아니다. 두개의 논쟁 대상은 각각 그 자체로서 적법한 것이다. 또한 노동조합이 이에 동의하게 되면 강제될 수도 있는 것이다. 하지만 회사가 이들 조항을 제안할 수 있다고 하여 협약의 조건으로서 합법적으로 이를 고집할 수 있다는 것은 아니다. 의무적 교섭사항에 대하여 이를 고집하는 것은 합법적이지만 의무적 교섭사항이 아닌 것에 대하여 고집하는 것은 합법적이지 않다.… 투표조항은 의무적 교섭사항에 속하지 않는다. 이는 단지 교섭대표가 파업이나 최후의 제의를 거절하기 전에 근로자들이 지켜야 할 절차적인 것에 불과하다. 그것은 근로조건을 결정짓는 것이 아니라 오로지 근로자들의 조언적인 투표를 요구하는 것에 지니지 않는다.… 다른 한편 투표조항은 근로자들과 그들 노동조합과의 관계에서만 문제되는 것이다. 그것은 근로자들에 의하여 선택된 대표의 독립성을 저해함으로써 제정법에 규정된 단체교섭제도를 수정하는 것이다. 그것은 또한 사용자로 하여금 제정법상의 대표가 아닌 근로자들과 문제를 해결할 수 있게 하는 것이다.… 노동조합 승인조항도 이와 같이 의무적 교섭사항이 아니다. 제정법은 회사에게 인증된 근로자들의 대표들과 교섭할 것을 요구하고 있다. 인증된 기관이 단체교섭의 당사자가 될 수 없다는 것을 고집하는 것은 그러한 의무를 침해하는 것이다. NLRA는 자발적으로 교섭의 당사자를 추가하는 것을 금지하지 않지만 사용자에게 협약으로 인증된 대표를 배제하는 권리를 부여하고 있지는 않다"고 하였다.[22]

미국에서의 단체교섭의 대상으로서 강제되는 것은, 임금, 근로시간, 기타 근로조건들에 한정된다고 할 수 있다.

(2) 임금, 근로시간, 기타 근로조건

단체교섭의 대상으로서 임금, 근로시간, 기타 근로조건과 관련이 있으면 이는 의무적 단체교섭사항이 된다고 하는 것은 이미 확립된 견해이다. 그런데 의무적 교섭사항이냐 아니냐를 구별하는 것은 이하에서 보는 것과 같이 간단하지 않으나 NLRB나 연방법원의 판결례를 통하여 그 예를 들면 다음과 같다.[23]

임금으로는, 기본급을 포함하여 가산임금, 유급휴가, 실업수당, 보너스, 성과급, 기업연금 또는 기업의료보험제도,[24] 주식구입제도, 사택 등이 포함된다.

22) Id. at 350-1.

23) 中窪裕也, 앞의 논문, 136면 참고.

24) Allied Chemical & Alkali Workers of Amkerica, Local 1 v. Pittsburgh Plate Glass

근로시간에는, 교대제에서의 근로시간, 잔업할당 등이 포함될 수 있다.

기타 근로조건에는, 작업장의 온도나 밝기, 작업에 따른 스트레스와 같은 물리적, 심리적 작업환경, 고충 및 중재제도, 해고나 일시해고(lay-off), 작업규칙, 시니알러티 제도(seniority system),[25] 승진, 정년제, 노동조합게시판, 유니언 숍 협정, 에이전시 숍협정, 체크오프, 파업조항, 일부 경영권 조항, 안전규칙 등을 들 수 있다. 나아가 단체교섭 시간, 장소, 인원수와 같은 단체교섭 절차사항도 이에 포함되는 것으로 해석되고 있다.

(3) 하청 및 부분적 폐업

사용자가 작업을 하청하는 것이 단체교섭의 대상이 되는가 하는 것이 문제된 사건으로 대표적인 것으로 Fibreboard 사건을[26] 들 수 있다.

1) Fibrebord사건

㈎ **사건개요** 당해 사업장에 종사하는 보수직(maintenance) 근로자들을 단위로 하는 단체교섭대표 노동조합과 사용자 사이에 체결된 단체협약에는, 당사자 일방이 협약의 수정이나 종료를 원하는 경우에 협약효력 종료일 60일 전에 고지를 하도록 하고 있으나 그러한 고지가 없는 경우에는 1년 더 당해 단

Co., Chemical Division, 404 U.S. 160(1971). 기타 하급심 사례에 관하여는, Id. at 160 (Footnote 1).

25) 이 제도는, 공민권법(Civil Rights Act) Sec.703에서의 고용에서의 차별금지에 대한 중대한 예외로서 문제되는 것으로, 사용자를 위하여 장기간 근무한 근로자에게 직장보장에 대한 우선권을 부여하는 것을 말한다. 이는 일반적으로 연방대법원에서도 지지되고 있다(Teamsters v. United States, 431 U.S. 324(1977); American Tobaco Co. v. Patterson, 456 U.S. 63 (1982)등). 단체협약 가운데 이 조항과 관련된 예를 들면(주요 컨테이너회사들과 AFL-CIO가 체결한 2001년 4월 효력 발생의 단체협약), Seniority의 내용은, 근로자가 단체교섭 단위 내의 회사에 근무한 기간으로 규정된다는 것, 회사는 매년 6월 1일 화사전체의 Seniority List를 작성하여 전체 근로자들이 볼 수 있는 곳에 게시하는 것에 동의하는 것, 노동조합은 협약이 근로자측이나 사용자측의 어느 누구에 의하여 위반되지(broken) 않았다는 것을 감독하는 것을 의무로 하는 숍스투어드(Shop Steward)를 협약의 적용을 받고 적어도 1년이상 근무하여 온 근로자 가운데 선발하여 사용자에게 통지할 것, 노동조합간부들 숍스튜어드들, 직장위원회 위원들(shop committee members)은 레이오프의 경우에 그들이 적어도 1년은 회사에 근무할 것을 조건으로 당해 임기기간에 한하여 다른 근로자들에 대하여 seniority를 갖는다는 것, 생산관리자(production foremen), 기타 교섭단위에 속하지 않은 근로자들은 어떠한 일도 할 수 없으며 그들의 업무수행은 다른 근로자들에게 레이오프 또는 초과근무수당을 잃게 한다는 것, 근로자의 seniority는 근로자가 사직하거나 해고된 경우, 산업관련 사고나 질병이 아닌 사유(non-industrial accident or illness)로 2년 동안 결근하는 등의 경우에 종료된다는 것 등을 그 내용을 하고 있다.

26) Fibreboard Paper Products Corp. v. NLRB, 379 U.S. 203(1964).

체협약이 자동적으로 갱신된다는, 이른바 자동갱신조항을 두고 있었다. 1959년 7월 31일 단체협약의 효력이 완료되는 상황에서 노동조합은 동년 5월 26일 사용자대표에게 단체교섭을 위한 협의를 제의하였다. 그 후 6월 2일 사용자는, 곧 그러한 협의를 하겠다는 통보를 하였고, 이에 6월 15일 노동조합은 단체협약의 정하는 바에 따라 수정을 요하는 목록을 사용자에게 송부하였다. 단체교섭을 위한 노동조합의 노력의 실현은 협약 효력완료일 4일전인 7월 27일이 되어서야 이루어졌다.

그간 회사는 보수작업에 대한 고비용문제를 해결하는 방안을 강구해오던 중 7월 27일 단체교섭 회합에서 현재의 단체협약의 효력종료일부로 보수작업을 독립된 하청기관에 하청을 주기로 결정하였다는 것을 전하고, 이러한 상황에서 단체교섭은 무의미하다고 하는 문건을 노동조합 대표에게 건넸다. 그 자리에서 회사가 단체교섭단위 내의 근로자들에 의하여 수행되던 작업을 제 3 자와 계약을 통하여 변경할 수 있는 권리를 갖는 것인지의 논의가 있었고, 한편 7월 30일 회사는 제 3 자 업체를 선정하였고 제 3 자 업체는 회사에게 인건비 절약 등을 통한 경비절감에 대하여 회사에게 확신을 심어주고 보수작업에 필요한 도구 등의 비용 부담등 일정한 계약을 체결하였다.

같은 날 단체교섭 회합에서 사용자는 노동조합에게 이전의 교섭에서는 보수작업의 고비용이 회사에게 큰 부담이 된다는 것을 말했지만 아무런 소득이 없었다는 것, 다른 회사의 단체교섭대표는 회사와 함께 경제적이고도 효과적으로 보수작업을 수행하기 위하여 상호 손을 맞잡고 노력하는데 우리는 그런 성가를 얻지 못했다는 등의 발언을 하였고, 현재의 단체협약의 적용을 받고 있는 근로자들이 없어질 것이므로 단체교섭의 의미가 없다고 하는 문건을 건넸다.

결국 7월 31일 종래의 보수작업을 수행하던 근로자들은 해고되었고, 이에 노동조합은 위 해고에 대하여 NLRB에 부당노동행위 구제신청을 하였다.

(나) **판결내용** NLRB는 처음에는 위 구제신청을 기각하였으나 이에 대한 재심신청이 받아들여져,[27] NLRB는 회사에 대하여 종래의 근로자들에 의한 보수작업의 재개, 이들 근로자의 복직과 백페이 지급을 명하였고,[28] 워싱턴DC 항소법원 또한 이를 지지하였다. 이에 회사가 연방대법원에 사건이송명령 신청

27) 문무기(외), 부당노동행위제도 연구, 한국노동연구원, 2005, 265-266면 참조.

28) Fibreboard Paper Products Corp. v. NLRB, 379 U.S. 209(57 LLRM 2609).

을 하였고, 연방대법원은 신청 가운데 하청에 대한 단체교섭 대상 여부, NLRB의 영업재개명령과 백페이를 포함한 원직복귀명령의 권한 여부에 대하여 당해 사건 이송명령을 내렸다.

연방대법원는, 하청의 단체교섭대상 여부에 대하여, 의무적 단체교섭 대상인 근로조건에는, 작업의 하청 또한 포함된다고 하는 항소법원의 판결을 지지하였다. 이렇게 해석하는 것이 NLRA의 목적(교섭을 통한 산업평화 달성), 노사관행(단체협약 가운데 하청에 대한 규정들이 많이 있음)에도 부합하는 것이라고 결론지었다. 그리고 특히 이 사건에서 회사가 단체교섭 석상에서 다른 회사의 경우에는 노사가 손을 잡고 효율적인 경영을 하고 있는데 당해 회사에서는 그렇게 되지 못했다고 하는 발언을 하였는데 이는 회사가 과거의 협상경험을 갖고 성실한 교섭없이 일방적으로 위 하청을 결정하였다는 것으로 판단하였다.[29]

그런데 이 사건에서 연방대법원이 하청에 대하여 단체교섭의 대상이 된다고 해석한 것은, 다른 모든 형태의 하청에 적용되는 것은 아니며, 같은 근로조건하에서 같은 일을 담당하기 위하여 기존의 교섭단위 내의 근로자들을 독립된 하청계약 회사의 근로자들로 대체하는 경우에 한정된다는 것으로 밝힌 점에 유의할 필요가 있다.[30]

---

29) Id. at 215. 나아가 위 하청을 주기 이전에 사용자가 노동조합과 교섭하는 것에 있어서, 노동조합이 실현가능한 답(a feasible solution)을 제시할 수 있거나 그럴 가능성이 있어야 하는 것은 아니며, 오히려 보수작업이 엄청난 고비용이라고 하는 회사의 합리적인 불평에 대하여 노동조합에게 이를 논할 수 있는 기회가 부여되어야 한다는 것을 강조하고 있다.

30) 본건은 작업 전부가 하청된 경우이지만 작업의 일부들이 각각 독립된 자들에 의하여 수행하는 형태로 진행된 경우도 보인다. 그 예로서 Local 24, of Intern. Broth. of Teamster, etc. v. Oliver 사건을 들 수 있다. 이 사건은 주의 반독점금지에 위반여부와 관련되어 문제된 것이지만 단체교섭의 대상문제이기도 하다. 노동조합이 자동차 운송을 영위하는 회사와의 사이에, 회사가 자동차 운송을 그의 근로자들이 아닌 운송차량 소유자로부터 리스하고 소유자로 하여금 운송하게 하는 경우에 고정된 임차료를 지불한다는 협약을 맺었다. 그런데 운송차량 소유자가 이러한 요금 고정은 주의 반독점규제에 위반하는 것이라고 주장한 것에 대하여, 연방대법원은(358 U.S. 283), 이러한 협정은, 단체협약에서 설정된 기본적인 임금구조에 대한 위협이라고 생각되는 문제에 대한 정면적인 공격의 성격을 지니는 것이라고 전제한 뒤, 차량소유자에 의한 운송담당이 그의 임금으로 차량유지비용을 보완하는 식의 임차료의 부적절함은, 근로조건 향상을 위하여 노력하는 노동측의 노력과 밀접한 관련을 가지며 또한 운송회사의 근로자들에게도 아주 밀접한 관련(vital concern)을 갖는 것이고, 부적절한 임대는 운송차량소유자들이 점점 더 그러한 서비스시장을 잠식하게 됨으로써 운송회사의 근로자들의 일자리가 줄게 될 것이므로, 당해 협정은 연방법이 당사자에게 단체교섭을 하도록 하는 교섭사항에 따른 것이며, 이 협약의 효력을 저해하는 주의 반독점금지법들은 적용될 수 없다고 하였다.

2) First National Maintenance 사건[31]

(가) **사건개요** 회사는 건물의 유지, 관리, 보수, 청소 및 관련 서비스업에 종사하는 것을 업으로 하고 있는데, 본 건은 고객인 Greenpark Care Center와 계약을 체결하여 오던 중 관리비와 관련하여 분쟁이 발생하였고, 결국 회사가 타산이 맞지 않아 계약기간의 만료와 함께 위 계약은 종료하였고, 당해 업무에 종사하던 근로자들은 해고되었다. 회사와 근로자의 관계는 위 업무수행과 관련하여 계약을 체결하게 되면 그에 따라 당해 업무를 담당할 근로자를 채용하는 형태, 즉 계약별로 독립된 근로자를 채용하는 형태였다.

1976년 4월 28일 Greenpark은 회사에게 도구, 장비, 기타 필요한 물건들을 제공하고, 매주 500달러와 주 임금 및 부대수당들을 지급하기로 하는 계약을 체결하고, 회사가 약 35명의 근로자들로 Greenpark에서의 작업을 수행하던 중, 1976년 11월 Greenpark은 위 주 500달러를 250달러로 삭감하였다. 계약에는 Greenpark은 계약기간 동안 및 계약 종료일로부터 90일간은 회사의 근로자들을 직접채용할 수 없다는 규정도 포함되어 있었다. 1977년 3월 Greenpark은 효율의 부족을 이유로 30일 이후에 계약이 취소된다고 하는 통지를 하였으나 그러한 통지는 효력이 없는 것이었고 30일 이후에도 회사의 업무는 계속되었다. 그런데 회사는 Greenpark에서의 영업이 적자라는 것을 알게 되었고, 1977년 6월 30일 전화로 삭감된 주250달러를 500달러로 되돌려 줄 것을 요청하였고, 7월 6일에는 이 요구가 수용되지 않을 경우에 8월 1일부로 사업을 종료하겠다는 것을 서면으로 전달하였다. 7월 25일에는 회사는 전화로 계약의 종료에 대한 최종적인 통보를 하였다.

회사와 Greenpark 사이에 상호 제의가 오가는 와중에, 회사의 Greenpark 근로자들이 노동조합을 결성하게 되고, 1977년 3월 31일에는 NLRB로부터 Greenpark에 종사하는 근로자를 대표하는 노동조합의 인증이 있었고, 노동조합은 회사가 이들 근로자들을 해고하려고 하는 의도를 알아채고 7월 12일 회사앞으로 단체교섭을 요구하는 서신을 보냈으나 회사로부터 아무런 응답이 없었다. 그 후 회사는 7월 28일 Greenpark 근로자들에 대하여 해고통지를 하였다. 노동조합의 부위원장이 회사에 전화로 해고의 연기를 요청하자 회사는 이번 해고는 순전히 경제적인 이유로 단행된 것이고 Greenpark과는 30일의 통보기간

31) First National Maintenance Corp. v. NLRB, 452 U.S.666(1981).

이 있어서 8월 1일 이후로 계약을 존속시키는 것은 엄청난 재정상의 부담이 된다고 하였다. 이에 노동조합은 같은 날 Greenpark 경영자에게 위 통보조항 의무의 면제와 관련하여 논의하였으나 성과가 없었고, 나아가 Greenpark은 계약종료후 90일간의 고용금지규정으로 인하여 회사의 근로자들을 고용하는 것을 꺼렸다.

이에 노동조합은 회사를 상대로 단체교섭거부를 이유로 NLRB에 부당노동행위 구제신청을 하였다.

(나) **판결내용** NLRB는 회사가 위 업무를 재개하기로 하는 경우 해고된 근로자들의 복직을, 아니면 회사의 다른 작업장에 동일한 일을 근로자들에게 부여하도록 하는 명령을 내렸고, 제 2 항 연방항소법원도 이를 지지하였다.

연방대법원은 작업폐쇄와 관련된 다른 사건을 소개하면서 NLRB와 연방항소법원 사이에 불일치가 계속되고 있고,[32] 사안의 중요성을 이유로 사건이송명령을 하였다는 것을 밝히면서,[33] 사용자의 영업행위에 있어서 방해받지 않고 결정할 필요성의 관점에서, 고용의 계속에 실질적 영향을 미치는 경영결정에 대한 교섭은 노사교섭 및 단체교섭진행을 함으로써 얻는 이익이 영업행위에 끼치는 부담보다 큰 경우에만 요구할 수 있다고 하는 비교형량의 관점을 제시하였다. 본 건에서는 순수한 경제적인 이유로 영업의 폐쇄 여부를 결정함에 있어서 사용자의 영업의 자유의 필요성에 가하여지는 폐해가 그러한 결정에 노동조합이 참가함으로써 얻을 수 있는 부가이익보다 크다고 하여 항소법원의 판결을 파기환

32) 이 사건에서 연방항소법원은 다소 특이하게 NLRB의 입장을 지지하였지만, 다른 사건들의 경우에 연방항소법원은 회사의 방향이나 규모의 기본적인 변화(a basic operational change)나 중대한 재정투자 집행(a major commitment of capital investment)을 포함한 경영결정(any management decision)에 대한 단체교섭요구에 대하여 부정적이며, 그리고 이들 가운데는 작업장 폐쇄등의 동기가 반노동조합적인 경우와 같은 것이 아닌 한 이는 의무적 단체교섭사항은 아니라고 하고 있다.

NLRB는 경영사항에 대하여 단체교섭의 의무적 사항인가에 대하여, 후술하는 NLRB의 입장정리가 나오기까지, 일관된 태도를 보였다고 할 수 없다. 예컨대 자동차 리스 영업소의 하나를 폐쇄한 사용자의 결정은 본질적으로 중요한 재정상 및 경영적인 사항이고, 회사의 규모나 궁극적인 방향에 영향을 미치는 중대한 투자 내지 자본의 철수라는 것을 이유로 의무적 교섭사항이 아니라고 한 예, 자회사의 폐쇄결정은 회사가 사업을 그만둔 결과로서 취한 것이기 때문에 이는 의무적 교섭사항이 아니라고 한 예, 여러 사업장 가운데 하나를 폐쇄한 결정은 근로조건에 직접적인 영향을 미치는 것이고, 근로자들의 이익은 근로자들의 대표가 그들에게 미칠 영향에 대하여 협의하여야 할 충분한 이유가 있는 것이기 때문에 의무적 교섭사항이라고 한 예 등이 그것이다. Id. at 674.

33) Id. at 675.

송하였다.

사건의 결론은 이러한데 이 사건에서 연방대법원은, 경영사항을 3개의 영역으로 분류하면서 본 사건은 제 3 의 형태의 경영결정이라고 하였다. 즉, 경영결정으로서 판촉행위, 생산물 디자인, 재정확보 등은 근로관계에 미치는 영향이 간접적이고 희박한 것이라고 하고, 다른 경영결정사항으로서 일시해고와 복직명령, 생산할당, 작업규칙 등은 근로관계에 밀접한 관련을 갖는 것이라고 할 수 있는 것, 그리고 본 사건과 같이 계약관계 종료에 의하여 근로계약이 종료되는 측면과 근로관계와는 전혀 동 떨어진 Greenpark과의 관계에서의 경제적인 타산성이 결정적인 원인이 된 형태의 결정이 그것이다.[34)]

연방대법원은 경영문제가 교섭의 대상이 되어야 하는가 하는 문제에 있어서 경영자의 이익은, 특별한 사정과 함께 어우러져 매우 복잡하고 다양하게 존재한다고 하면서, 예컨대 인건비가 문제되는 경우에는 노동조합과 협의하여 양보를 구하는 기회를 가지는 것에 대하여 매력을 느낄 수 있겠지만, 사업의 기회와 위기에 직면한 경우의 경영결정은 신속함, 유연함, 비밀성이 요구되는 만큼 이 경우의 단체교섭은 사용자에게 손해를 가하는 결과가 될 수 있다고 한다.[35)] 노동관행을 보면, 기업의 규모나 영역이 변경결정에 노동조합이 참여하는 경우는 드물며, 통고를 하거나 그 영향들에 대하여 교섭을 하는 경우가 일반적인 것, 사용자는 어떤 경영사항이 단체교섭의 대상이 되는지 결정하기 어렵고, 나아가 그러한 위험을 감수하고 단체교섭을 거부하여 엄청난 액수의 백페이 명령 내지 심지어는 사업의 재개 등에 직면하게 된다는 것, 사용자가 단체교섭에 응하였다고 해도 노동조합의 요구를 받아들이지 않게 되면 NLRB로부터 성실한 교섭을 위반하여 형식적인 단체교섭을 하였다는 판단을 받게 될 것이고, 노동조합도 단체교섭 진행의 한도를 어디까지 둘 것인가 하는 문제, 또한 사용자의 결정을 변경하게 하고자 경제적인 힘을 발휘하는 경우 NLRB로부터 제재를 받을 수 있는 등 어려운 점이 있다고 하였다.[36)]

이상의 여러 사정을 고려한 끝에, 고용의 계속에 실질적 영향을 미치는 경영결정에 대한 교섭은 노사교섭 및 단체교섭진행을 함으로써 얻는 이익이 영업

---

34) Id. at 678.
35) Id. at 683-4.
36) Id. at 683, 685-6.

행위에 끼치는 부담보다 큰 경우에만 요구할 수 있다고 하는 비교형량의 관점을 제시하였다. 본 건에서는 순수한 경제적인 것을 이유로 하는 영업폐쇄 여부를 결정함에 있어서 사용자의 영업의 자유의 필요성에 가하여지는 폐해가 그러한 결정에 노동조합이 참가함으로써 얻을 수 있는 부가이익보다 크다고 판단하고, 계약종료 결정 자체는 의회가 의무적으로 단체교섭을 하여야 한다고 한 근로조건에 해당하는 것은 아니라고 하였다.[37)]

(4) 카페테리아 등의 가격 및 서비스

복지시설, 특히 제 3에 의하여 운영되고 있는 카페테리아와 자동판매기 (vending machine)에서 취급하는 음식물 가격인상에 대하여 노동조합이 사용자에게 이와 관련하여 단체교섭을 요구할 수 있는가.[38)] 사용자에 이에 응하지 않은 경우에 부당노동행위가 성립되는가. 연방대법원에서 문제된 사건으로 Ford Motor 회사 사건을 들 수 있는데,[39)] 이 사건에 대한 연방대법원의 견해를 보기로 한다.

1) 사건개요

회사는 회사 내에서 근로자들을 위하여 카페테리아와 자동판매기 서비스를 제공하고 있었고, 그것은 독립된 카테리어(caterer)에 의하여 운영되고 있었다.

37) 연방대법원은 본 사건에서의 판결의 한계에 관하여, 첫째, 회사가 Greenpark과 계약을 종료한다는 결정을 했을 때에 근자들을 대체할 의향이 없었고, 다른 어떤 곳으로 이전할 생각도 없었다는 것, 회사의 목적이라고는 경제적 손실을 줄이고자 하는 것에 있었지 반노동조합적인 저의가 있었던 것도 아니었다는 것, 나아가 Greenpark과의 분쟁은 단지 Greenpark이 지급하려고 했던 관리비용액의 크기와 관련한 것이었다는 것, 노동조합은 그러한 관리비용에 대한 어떠한 통제나 권한을 갖고 있지 않았다는 것, 노동조합이 제안할 수 있는 것이라고는 계약의 종료나 계속을 쥐고 있는 제 3 자인 Greenpark이 그 어떠한 고려할 의무가 없다는 것을 이해하거나 이를 충고하는 것밖에는 없다는 것 등이 앞에서 본 Fibreboard 사건과 다른 점이라고 전제하면서, 계속해서 Greenpark에서 회사가 경제적인 어려움이 발생했을 때에는 당해 노동조합은 교섭대표로 선정되지 않았었기 때문에 사용자가 진행중인 단체교섭을 중지한 것도 아니고 존재하는 단체협약을 폐지한 것도 아니라는 것, 끝으로 본 건이 회사가 대규모의 자본은 투자한 경우는 아니지만 엄청난 자본 투자 내지는 엄청난 자본의 철수가 없었다고 하는 것은 회사의 계약종료 결정의 효력을 좌우하는데 결정적인 것은 아니라고 생각하며, 본 건의 경우 회사의 Greenpark에서의 영업종료는 회사의 사업에 있어서 중대한 변화를 보인 것이고 새로운 사업을 시작한 것이거나 사업전체를 그만둔 것과 다를 바 없는 것이었다고 하였다. Id. at 688, 689.

38) NLRB의 사례 가운데는 회사가 생산한 물건을 할인하여 구입할 수 있는 회사매점(company store)의 존속 여부의 문제는 의무적 교섭사항이라고 한 예도 보인다(Owens Corning Fibergls Corp., 282 NLRB No. 85).

39) Ford Motor Co. v. NLRB, 441 U.S. 488(1979).

회사가 근로자들을 대표하는 노동조합에게 카페테리아와 판매기에서 취급하는 음식물 가격이 인상된다는 통보를 하였는데, 이에 노동조합은 회사에게 가격과 서비스에 대하여 단체교섭을 요구하였으나 회사는 이를 거부하였다. 노동조합은 회사의 단체교섭 거부에 대하여 NLRB에 부당노동행위 구제신청을 하였고, NLRB는 회사 내의 음식물 가격과 서비스는 기타 근로조건에 해당한다고 하는 종래의 일관된 사고[40] 위에서 노동조합의 신청을 받아들었고 회사에게 단체교섭을 하도록 명령하였으며,[41] 제 6 연방항소법원은 NLRB의 결정에 대하여 이행강제의 효력을 부여하였다.[42]

본 건 신청인인 포드사는 시카고에 있는 자동차부품 생산업체로서 약 3,600명의 시간급 근로자들을 고용하고 있었다. 카페테리어 등의 운영은 제 3 의 기관인 ARA서비스회사인데, 회사와의 사이에는, 회사는 ARA에게 모든 직접비용과 매출액의 9%의 부가급부를 지급하도록 하며, 매출액이 ARA의 비용과 9%의 추가급부를 초과하는 경우 이 초과분은 회사에게 귀속하는 것으로 하였다. 한편 이에 대한 대가로서 ARA는 회사에 대하여 음식, 운영, 기계, 인력을 제공하기로 하고 있었다. 또한 만약 수지가 맞지 않는 경우에는 회사는 ARA에게 년간 52,000달러 범위 내에서 보조하도록 계약이 체결되어 있었고, 근년에 들어 적자가 종종 발생하였다. 그러한 이유로 근로자들의 음식비를 보조하기도 하고 판매음식물의 가격에도 직접적으로 영향을 미쳐 왔다.

구체적으로 회사는 제공되는 음식물에 대한 가격, 질, 양에 대하여 동의와 검토를 할 수 있는 권한을 갖고 있었고, 회사의 점심시간은 30분이고, 회사주변

---

40) Id. at 494(Footnote 6). NLRB는 Ladish 사건에서는 본 건과 달리 음식 서비스나 가격에 대한 교섭의 예도 없었고, 갈색자루(brown-bagging)로 상점에서 구입한 점식도시락을 보관할 수 있었고, 카페테리아를 상대로 한 보이콧도 없었고, 근로자들을 조직한 노동조합이 7개나 존재하고 있어 가격을 인상하기 위하여는 7번의 교섭을 하여야 하는 등 낭비적인 요소가 많았던 사안에 대하여도 단체교섭의무를 인정하였는데, 이러한 점에서 본건은 음식 가격과 관련한 교섭의 예도 있었고, 점심도시락을 보관할만한 내장시설 등도 없었고, 근로자들 대부분이 보이콧에 참가하였으며, 노동조합도 하나만 존재하고 있다는 것 등은 보다 더 단체교섭의 대상이 된다는 것을 강하게 뒷받침하는 것이라고 하였다(Ford Motor Co., 230 NLRB 717, 718). Ladish 사건의 NLRB에 대한 결정(Ladish co., 219 NLRB 354(1975)은 제 6 연방항소법원에 의하여 받아들여지지 않았다(538 F.2d 1267(1976). 그러나 본 건에 대한 NLRB의 결정은 연방항소법원에 의하여 지지된 점에 그 특징이 있다(571 F.2d 993(1978)).

41) NLRB는 그 구제명령 가운데 회사로 하여금 이 문제와 관련한 협상을 위한 정보를 노동조합에게 제공하도록 하는 것도 포함하였다. Ford Motor Co. v. NLRB, 441 U.S. 492(Footnote 1).

42) Id. at 495.

에 몇 개의 식당이 있다고 하여도 이들은 1마일 이상 떨어져 있고, 그 곳은 수천명의 근로자들을 고용하고 있는 회사들로 포화상태에 있었다. 따라서 회사의 근로자들은 점심시간에 매우 한정된 인원만이 회사를 벗어나 식사를 할 수 있었고, 교대시간에 22분 동안의 두 번의 휴식시간이 제공되지만 당해 회사를 떠나는 것은 허용되지 않았다. 몇 명의 근로자들은 회사에 도시락을 갖고 오는 이도 있었지만 냉장시설은 제공되지 않았으며 특히 여름에는 가져온 음식이 상하는 등의 문제가 발생하였다.[43]

2) 판결내용

연방대법원은 본 건 제 7 연방항소법원이 판단한 결론에 찬성하였는데, 노사가 자율적으로 집단적인 교섭을 통하여 상호 만족스러운 조건들을 만들어 가는 것은 NLRA의 목적에 부합한다는 것, 사업사회의 관행이 회사내 카페테리아를 두고 있다는 것,[44] 근로조건과 밀접한 관련이(vitally affect) 없다는 회사의 주장에 대하여 근로자들이 가격문제해결을 위하여 보이콧을 한 것에서 알 수 있듯이 결코 사소한 사항이 아니라는 것, 가격이나 서비스의 소폭 변경에 대하여도 NLRB가 단체교섭을 인정하여 오히려 불필요한 분쟁을 초래하였고 이러한 것은 노동조합이 다수 존재하는 경우에는 그 폐해는 더욱 커다는 회사의 주장에 대하여는 의무적 교섭사항은 노동조합의 수와 관계가 없으며 이러한 유의 분쟁은 종종 발생하는 문제로서 단체협약이 하나의 해결수단이 되고 있고 이는 연방 노동정책이 바라는 것이라는 점, 가격은 카페테리아를 운영하는 제 3 자에 의하여 결정되는 것이므로 노사교섭은 무의미하다는 회사의 주장에 대하여 회사와 운영자와의 계약에 의하며 회사는 가격과 서비스에 대하여 통제하고 검토할 권리를 갖고 있고 어떤 경우에도 회사는 운영자를 변경할 수 있는 등 회사내 음식 가격이나 서비스에 대하여 통제할 수 있다는 것 등을 이유로 회사의 주장을 받아들이지 않았고, 가격 등의 사항이 근로조건으로 의무적 교섭사항이라고 하는 항소법

43) Id. at 493(Footnote3, 4).

44) 회사내 음식제공이 근로조건으로 문제되어 중재결정으로 해결된 사건에서 문제된 것은, 커피가격, 음식가격과 종류, 무료음식제공(Id. at 501(Footnote 11)) 등이다. 1976년의 한 조사에(Bureau of National Affairs' Personnel Policies Forum) 의하면, 설문에 응답한 회사의 54%가 근로자들을 위한 음식 및 관련시설을 제공하고 있고, 그 가운데 43%가 카페테리아를 갖고 있고, 15%는 스낵바와 함께 자동판매기를 두고 있음을 알 수 있다. 또 1964년의 다른 조사에(National Industrial Conference Board) 의하면, 응답한 제조업 회사의 47%가 카페테리아를, 그 회사의 55%가 운영비를 보조하고 있고, 그 가운데 오직 8%만 흑자로 운영되고 있는 것으로 나타났다. (Id.).

원의 판결을 재확인하였다.45)

(5) 퇴직자의 복지문제

퇴직한 자에 대한 보험급부는 단체교섭의 의무적 교섭사항이 되는가. 이 문제를 정면에서 다룬 연방대법원의 사례가 Pittsburgh Plate Glass 사건이다.46)

1) 사건개요

1962년 회사는 시간급으로 근로하는 근로자들을 대표하는 노동조합과, 퇴직한 이후에 회사의 의료보험에 참가하기를 결정한 근로자들에게 월 2달러의 보험금 일부 보조에 동의하였다. 또한 노사는 65세 정년제 도입에도 동의하였고, 1964년 보험금 급부에 대한 재협의를 통하여 그 날 이후 퇴직하는 근로자들과 1962년 협약 효력발생 이후에 퇴직한 근로자들에게 종전의 2달러 보조를 4달러로 증액하는데 합의하였다. 동시에 노사는 의회가 추진하고 있는 연방의료보험제도가 입법화 되면 2달러 증액된 것은 지급을 중지한다는 내용에도 합의하였다. 1965년 11월 연방건강법이 입법화 되었고, 당시 1964년의 협약은 유효한 상태에서 노동조합은 퇴직자의 보험금 급부의 재협상을 위하여 협약기간 중에 교섭을 하고자 하였다. 회사는 1966년 3월에 연방건강제도의 도입으로 회사의 의료보험제도는 2중혜택을 금지하는 회사의 보험규칙으로 인하여 필요없게 되었으므로 변경을 위한 협상을 하지 않고 일방적으로, 2달러 증액분의 중지, 퇴직자에 대한 제도를 폐지하고 이에 대신하여 퇴직자 각각에 대하여 특별의료보장(supplemental Medical coverage)을 위한 비용으로 월 3달러를 지불하겠는 것을 노동조합에게 전하였다.47)

이에 노동조합은 회사가 월 2달러의 증액분을 축소하는 것은 협약상의 권리의 행사이지만, 이미 협약에 들어 있는 의료보험제도에 대신하여 특별의료보장을 일방적으로 변경한 것에 대하여 문제삼았다. 회사는 노동조합의 이러한 문제제기에 대하여 노동조합에게 퇴직자를 위한 교섭권이 있는지에 대하여 다투었지만 장래에 다시 생각하기로 하고 연금수령자에 대한 건강보험제도를 중지하지

45) Id. at 495, 504.

46) Allied Chemical & Alkali Workers of Amkerica, Local 1 v. Pittsburgh Plate Glass Co., Chemical Division, 404 U.S. 157(1971).

47) 연방건강제도에서는 사회보장연금수령자인 65세 이상 자에게 병원급부(hospital benefits)를 하는 것이고, 의료급부(medical benefits)는 선택사항인데 그 요건은, 상당한 기간 동안은, 1인당 3달러의 기여금의 납부를 요한다는 것이었다. Id. at 162(Footnote 5).

는 않겠다고 하였다. 대신에 회사는 각 퇴직자들에게 협약상의 제도를 탈퇴하면 특별의료부가금을 지불하겠다는 제의를 하도록 하겠다고 하였다. 결국 노동조합의 반대에도 불구하고 회사는 이를 강행하여 190명의 퇴직가 가운데 15명이 이를 수용하였고, 노동조합은 이러한 회사의 행위가 부당노동행위라고 하여, NLRB에 그 구제신청을 하였다.

2) 판결내용

NLRB는 회사가 협약 기간 도중에 교섭할 의무는 없지만 이미 협약에 들어있는 급부들은 의무적 교섭사항인 것이며, 퇴직자들도 근로자의 의미에 포함되는 것, 그렇지 않다고 하여도 퇴직자에 관한 사항은 현재의 근로자에게도 이익이 존재하는 것 등을 이유로 단체교섭을 할 것, 회사가 일방적으로 의료보장제도를 변경하지 못하도록 하고 이를 취소하고, 이 사실을 적절한 방법으로 사내에 게시할 것을 명령하였다.

이에 사용자의 항소에 대하여 제 6 연방항소법원은, 후술하는 연방대법원과 같은 견해에서 사용자의 신청이유를 받아들였다.

연방대법원은 ① 퇴직자는 완전히 직장에서 사라지는 것 등을 이유로 NLRA Sec.8(a)(5)의 근로자의 의미에 포함되지 않는다는 것, NLRA Sec.2(3)의 입법사도 근로자라 함은 다른 사람에게 고용되어 일하는 자들(those who work for another for hire)이라고 할 것이며,[48] 이는 사전적 의미로든 아니면 일반인의 이해로든 그러하다는 것,[49] ② 퇴직자는 단체교섭대표 선출의 선거에 참가할 충분한 이익이 없다는 것, 이전의 일을 다시 재개할 가능성이 없다는 것, 연금수령자가 근로자로 고려될 수 있다고 하여도 이들은 실제로 근무하는 근로자들과 비교할 때에 실질적인 공동구성원으로서의 이익이 결여되어 있다는 것, NLRB 스스로도 단체교섭 단위로서 적절한 것이 되기 위해서는 활동중인 근로자(active employee)들로 구성되어야 하고, 따라서 활동중인 근로자와 퇴직자가 혼재된 단위는 단체교섭의 단위로서 부적절하다고 보고 있는 것,[50] ③ 노동관행이 존재한다고 하여도 이는 법을 변경할 수 없으며 또한 근로자들의 교섭단위에 근로자가 아닌 자를 포함시킬 수 있는 것도 아니라는 것, 퇴직자가 교섭단위 내의

48) 다만 근로자의 의미에는 군복무를 위한 일시적이고 한정적으로 직장으로부터 벗어나 있는 자들을 포함할 수는 있을 것이다. Id. at 173.
49) Id. at 168.
50) Id. at 175.

근로자라고 할 수 없다고 하는 경우에도 활동중인 근로자들의 근로조건으로서 의무적 교섭사항이 될 수 있는가 하는 것에 대하여는 장래의 이익은 법의 변화나 인프레이션과 같은 조건들에 좌우되며, 당사자가 이를 예상하는 것은 곤란하고 이를 통제할 수 없다는 것,[51] 앞에서 본 Oliver 사건에서와 같이 협약이 제3자를 포함하는 경우, 즉 운송차량 소유자로부터 리스하고 소유자로 하여금 운송하게 하는 경우에 고정된 임차료를 지불한다는 협약은 안정된 임금구조의 건설에 연계되어 있는 것이기 때문에 의무적 교섭사항이 된다고 한 예 등을 보면서,[52] 퇴직자를 회사보험제도에 포함함으로써 얻는 활동중인 근로자들의 이익이라고 하는 것은 기껏해야 추상적이고 비현실적(speculative and insubstantial)인[53] 것에 지나지 않는다는 것, 활동중인 근로자들에 대한 영향면에서 Oliver 사건과 같은 것은 직장을 잃을 우려가 있는 정도의 것인 반면에 본 건에서의 퇴직자의 이익문제는 활동중인 근로자에게는 그렇지 않다는 것,[54] ④ 이미 협약된 조건의 일방적인 변경은 이것이 의무적 교섭사항이 아닌 한 협약불이행의 문제는 별도로 하더라도 부당노동행위로 되는 것은 아니라고 하여,[55] 항소법원의 판결을 확인하였다.

(6) 경영사항에 대한 NLRB의 입장

NLRB는 노사관계에서 전문적인 기관으로서 단체교섭사항에 대한 판단을 해 오고 있다.[56] 앞에서 본 바와 같이 근로조건에 대한 제한을 두고자 하는 입법안에서부터 현재의 규정으로 확정된 것도 이에 대한 구체적인 판단과 재량을 NLRB에 맡긴다는 뜻이 내포되어 있다고 하겠으며 또한 그것이 기대되고 있다.

---

51) Id. at 178.

52) Id. at 179.

53) 참고로, 제6 연방항소법원은 퇴직자의 이익이라고 하는 것은 현재 노무에 종사하고 있는 근로자의 근로조건에 밀접한 영향(vitally affect)을 미치는 것은 아니라고 하였는데, 위 '밀접한 영향'이라는 표현은 이후의 판결례 등에서 종종 인용되는 표현이기도 하다는 것을 지적해 둔다.

54) Allied Chemical & Alkali Workers of Amkerica, Local 1 v. Pittsburgh Plate Glass Co., Chemical Division, 404 U.S. 181.

55) Id. at 186.

56) NLRB가 그 권한을 행사함에 있어서 사법적인 심사에 따르는 것을 전제로 근로자 정의, 단체교섭 사항의 의무적, 임의적 등의 분류에 대한 일차적인 권한의 존중은 거의 대부분의 연방대법원의 판결에서 볼 수 있다. Allied Chemical & Alkali Workers of Amkerica, Local 1 v. Pittsburgh Plate Glass Co., Chemical Division, 404 U.S. 167; Ford Motor Co. v. NLRB, 441 U.S. 498.

따라서 NLRB는 본고에서 다루고 있는 단체교섭의 대상의 논의에 있어서 중요한 역할을 담당하고 있다고 할 수 있다. 그런데 앞에서 본 First National Maintenance 사건의 연방대법원의 판결에서 근로자와 사용자와의 사이의 이익의 비교형량을 도입하였다. 그 이후 NLRB는 Otis Elevator 사건에서[57] 경영사항에 대하여 종래 일반적으로 의무적 단체교섭사항으로 보던 것에서 후퇴하여, 경영사항의 단체교섭대상을 제한적으로 해석한 연방대법원의 판결에 따르는 입장을 보였다. NLRB의 입장정리에 관하여 다음의 두 사건에 대한 NLRB의 결정은 특히 중요하다고 볼 수 있다.

1) Otis Elevator 사건

NLRB는 사업장을 다른 주로 옮기는 경영자의 결정이 단체교섭의 대상이 되는가 하는 것이 문제된 Otis Elevator 사건에서, 그 결정은 인건비(labor costs)가 원인이 된 것이 아니고, 나아가 인건비가 원래의 결정을 촉진하는(stimulate) 요소의 하나가 되었다고 하더라도, 단체교섭을 통하여 변경을 구할 수 있는 것이 아니라고 하였다. 본 사건에서 NLRB는 경영사항의 결정이 단체교섭의 대상이 되는가 하는 기준으로서 경영결정이 인건비에 기한 것인가 아니면 기술적인, 경영적인 문제인가 하는 것을 내세웠고, 인건비가 원인이 된 경우에는 그 결정은 단체교섭의 의무적 교섭사항이 된다고 하였다. 물론 경영사항의 결정과 관련한 영향에 대한 사항들은 의무적 단체교섭사항이 됨은 물론이다.

이러한 견해를 취하게 되면 사용자는 하청, 합병, 작업장 폐쇄, 생산라인의 통합 등 그 어떤 경영결정을 함에 있어서도 인건비를 그 이유로 내걸지 않고 다른 것에서 그 이유를 찾고 이를 내세운다면 단체교섭에 응할 필요가 없게 된다. 여기서 노동조합은 조합원의 직장을 보호하기 위하여 사용자의 이러한 재량을 제한하기 위한 계약조항의 주장과 이에 대한 고집이 부당노동행위가 성립되는 것임에도 불구하고 이를 추구하게 될 것이다.[58]

2) Dubuque Parking 사건

NLRB는, 1991년 Dubuque Parking 사건에서[59] 경영사항의 결정과 관련하여 입증책임에 대한 중요한 기준을 제시하기에 이른다. 공장이전 결정에 따른

---

57) Otis Elevator Co., 269 NLRB 891(1984).

58) Julius G. Getman/Bertrand B. Pogrebin, *Labor Relations-The Basic Processes, Law and Practice,* The Foundation Press, New York, 1988, 116면.

59) Dubuque Parking Co., Inc., and UFCWIU, Local 150A, 303 NLRB No. 66(1991).

현재 공장에 대한 폐쇄결정에 뒤이어 공장폐쇄 단행과 매각이 있었다. 회사의 단체교섭의무 부정에 대하여, NLRB는 회사에 대한 부당노동행위 구제신청을 기각하였고, 연방항소법원은 NLRB의 기각에 대하여 재심사하도록 판결하였으며, 이에 다시 NLRB는 회사의 부당노동행위 성립을 인정하는 결정을 하면서 해고된 근로자에 대하여 해고일로부터 이전(以前) 공장의 폐쇄시까지의 백페이와 (중간수입 공제 및) 부가적인 수당의 지급을 명하였다.

NLRB는 Dubuque Parking 사건에서 앞에서 본 연방최고재판소의 판결들을 참고로 하면서, 사용자의 경영결정이 의무적 교섭사항인가 하는 문제에 대하여, 먼저 사무총장(General Counsel)이 작업단위의 이전과 관련한 경영결정이 사용자의 영업에 있어서 기본적인 변화를 동반한 것은 아니라는 입증책임을 진다. 만약 사무총장이 이 입증책임을 성공적으로 수행하게 되면, 이러한 경영결정은 의무적 교섭사항이라는 것을 설정하게 된다.

여기서 사용자는, 이전 공장에서 수행되던 작업이 완전히 중지되었다는 것과 새로운 장소로는 이전이 되지 않았다는 것, 경영결정이 기업의 영역이나 방향이 있어서 변화를 가져오는 결정이었다는 것, 이전(移轉)된 새로운 장소에서 수행되는 업무가 이전의 공장에서 수행되던 것과는 상당히 다르다는 것을 입증함으로써 사무총장의 입증에 대하여 반박할 수 있게 된다. 이와 달리 사용자는 직접적, 간접적으로 인건비가 경영결정에 요소가 되지 않았다는 것, 또는 비록 인건비가 결정요소였다고 해도 사용자가 이전계획을 변경할 정도로 노동조합이 인건비에 있어서 양보를 할 수 없었을 것이라는 것 가운데 하나를 입증함으로써 사무총장의 입증에 대하여 반박할 수 있다고 하였다.60)

Ⅲ. 의무적 교섭사항과 임의적 교섭사항 차이

일반적으로 의무적 교섭사항에 대하여 사용자가 이를 거부하면 부당노동행위가 성립하게 되며, 일차적으로 NLRB로부터 사안에 따른 구제명령이 내려질 것이다.61)

60) David P. Twomey, *Labor & Employment Law(11th)*, West, Ohio, 2001, 159-160면 참조.
61) 부당노동행위 유형에 따른 구제명령의 예에 대하여는, 문무기(외), 앞의 책, 241-274면 참조.

그러나 의무적 교섭사항과 임의적 교섭사항 사이의 또 하나의 현격한 차이는 협약 성립 이후 협약이 유효한 동안에 사용자의 일방적인 변경에 있어서의 효력 문제이다. 결론적으로 의무적 교섭사항에 대한 일방적인 변경은 부당노동행위로 되는데 비하여 임의적 교섭사항에 대한 일방적인 변경은 NLRA에 의하여 금지되는 부당노동행위와 관련이 없다.[62] 다만 협약이 유효한 동안에 임의적 교섭사항에 대하여 행하여진 사용자에 의한 일방적인 변경은 협약의 위반의 문제로 전환되는 것임은 당연하다.[63] 이 경우 LMRA(Labor Management Relations Act) Sec.301(a)에 의하여, 소송액, 당사자의 주의 소속여부에 관계없이 당사자를 상대로 관할권을 갖는 연방지방법원을 상대로 소송를 제기할 수 있다.[64] 그 외에 단체협약상의 고충처리절차나 중재절차에 의하여 해결될 수 있음은 물론이다.

임의적 교섭사항에 대하여는 노사 쌍방 모두 성실교섭의무도 부담하지 않게 된다. 임의적 교섭 사항에 대한 교섭이 진행되더라도 언제든지 그 논의의 진행을 그만둘 수 있다. 의무적 교섭사항을 계속 주장, 고집하는 것은 단체교섭의무위반으로서 부당노동행위가 성립된다.[65]

Ⅳ. 결　　론

미국에서는 공장 이전이나, 사업장 일부 폐쇄, 하청 등과 같은 경영사항에 대하여 상당히 탄력적으로 단체교섭대상을 논하고 있음을 알 수 있었다. First National Maintenance 사건에서 연방대법원이 취한 비교형량은 경영결정에 대한 단체교섭의 대상 여부 논의에 있어서 일반적으로, 결과적으로 경영권을 존중

62) Allied Chemical & Alkali Workers of Amkerica, Local 1 v. Pittsburgh Plate Glass Co., Chemical Division, 404 U.S. 186.

63) Id. at 189.

64) NLRA하에서는 협약위반 소송에 대하여는 주의 법원이 보통법상의 원리에 입각하여 판단하였는데, 각주의 법원의 태도가 다양하였고, 협약의 법적 구속력 자체에 대한 의문도 제기되었다. 또한 협약의 법적 구속력을 인정하는 입장에서도 사용자의 협약위반에 대하여는 소송이 용이하였는데 비하여 노동조합의 협약위반에 대하여는 법인격이 없는 노동조합에 대한 소송을 부정하다든지, 또는 사용자가 개별 조합원을 상대로 소를 제기할 것을 요구하는 주가 많아 노사간의 불균형이 큰 문제가 되고 있었다. 中窪裕也, 「アメリカ勞働法」, 弘文堂, 1995, 127면.

65) 中窪裕也, 앞의 논문, 121면.

하는 것으로 나타나고 있다고 할 수 있다. 한편 NLRB가 고민했던 경영상의 이유라고 하는 것과 인건비라고 하는 이유의 구별은 결코 용이하지 않다.

그러나 다른 한편 NLRB는 공장 이전 등의 경영결정에 대한 단체교섭 거부 등이 부당노동행위로 되는 경우에 공장영업의 재개(resume)명령도 내릴 수 있다는 것은 연방대법원이 인정한 바이다. 그러한 면에서 보면 경영결정사항이라고 하여도 일단 단체교섭의 의무적 교섭대상이 되고 이와 관련한 단체교섭 거부 등이 부당노동행위로 판단되게 되면 사용자에게는 엄청난 손실을 가져오게 될 위험이 있다. First National Maintenance 사건에서 연방대법원은, 이윤을 추구하기 위하여 필요한 범위 내에서 경영은 단체교섭의 제한으로부터 자유로워야 한다고(must be free from) 한다. 동시에 경영결정은 어느 정도 예견할 수 있어야 하고 그 이후에 부당노동행위로 평가받는다고 하는 두려움이 없이 이루어질 수 있어야 한다고 한 것은 이러한 측면에서의 고민인 것 같기도 하다.

미국의 단체교섭 대상과 관련한 연방대법원의 판결과 NLRB의 입장은 각각 First National Maintenance 사건과 Otis Elevator 사건을 토대로 보면, 단체교섭 대상을 비교적 넓게 보던 종래의 입장에서 단체교섭이 경영효율에 대한 간섭으로 보는 입장으로 후퇴한 것으로 볼 수 있다.[66] 그런데 Dubuque Parking 사건에서의 NLRB의 입증책임에 대한 기준의 제시 등이 나오는 것에서도 알 수 있듯이, 미국의 경우에도 단체교섭의 대상이라고 하는 사안의 논의는 본질상 의무적 교섭사항이냐 임의적 교섭사항이냐 하는 결정은 확정적이 않으며, 앞으로도 사례에 따라 유동적으로 판단될 수밖에 없다고 할 것이다. 이러한 유동적인 사정에 대하여 적절하게 판단하도록 NLRB에게 재량권을 폭 넓게 인정하고 있고, 1947년의 LMRA법 제정시 하원에서 통과된 근로조건에 대한 열거를 취하지 않은 입법사(legislative history)의 의미는 단체교섭의 대상 논의에 있어서 크다고 할 수 있겠다.

66) Julius G. Getman/Bertrand B. Pogrebin, 앞의 책, 116-117면.

영국의 교섭대표 결정절차

이 승 욱*

I. 들어가면서

거의 대부분의 국가에서 노동조합의 설립은 "차별없이"(without distinction whatsoever) 인정되어 단결권은 법적 권리로서 보장되고 있으나, 권리로서의 단체교섭권이 보장되어 있는 국가는 그다지 많은 것은 아니다. 단체교섭권이 헌법적 차원에서 명문으로 보장되고 있는 대표적인 국가로는 우리나라와 일본이 있고, 법률적 차원에서 보장되고 있는 국가로는 미국, 캐나다, 영국 등이 있다. 이에 대하여 독일 등 대부분의 대륙법계국가는 단체교섭은 사실행위로서 법적 보호의 대상으로 되어 있지는 않다. 그 이유는 여러 가지로 설명할 수 있을 것이지만, 이들 국가의 경우 노동조합의 조직형태나 단체교섭구조가 산별노조를 중심으로 하여 형성되어 있어 교섭력의 균형이 힘을 기반으로 이루어져 있기 때문에 굳이 제도적으로 보호할 필요성이 크지 않다는 점에서 그 이유를 찾을 수 있을 것이다. 반면 미국 등 앵글로색슨 국가의 경우에는 노동조합의 조직형태는 산별·직종별 등 초기업적 형태를 띠고 있으나, 교섭구조는 기업차원에서 분산되어 사실적인 힘의 행사에 의한 교섭력의 균형을 꾀하기가 어렵기 때문에 단체교섭권의 제도적 보장의 필요성이 제기된다.

단체교섭권이 제도적으로 보장되고 있는 국가에서는 복수의 노동조합이 단체교섭권을 보유하고 있기 때문에 어떠한 노동조합이 사용자에 대하여 법적 권리로서의 단체교섭권을 주장하고 사용자는 어떤 노동조합에 대해서 단체교섭의무를 부담하는지의 문제가 발생할 수밖에 없다. 규범적인 관점에서 권리로서의

* 이화여자대학교 법과대학 교수.

단체교섭권은 보장되고 있는지 여부와 현실적으로 어떠한 노동조합이 단체교섭권을 행사할 수 있는지 여부는 별개의 문제이기 때문이다. 입법례에 따라 양자를 일치시키는 국가도 있고, 양자를 구분하는 국가도 있다. 전자에 속하는 국가로는 일본이 있고, 후자에 속하는 국가에는 미국, 캐나다, 영국 등이 있다.

이하에서는 복수의 노동조합이 경합적으로 단체교섭권을 가지는 경우 이를 조정하여 교섭대표를 결정하는 방법과 관련하여 권리로서의 단체교섭권이 제도적으로 보장된 국가 중 하나인 영국의 접근방법을 살펴보고 우리나라에의 시사점을 모색하고자 한다.

Ⅱ. 영국 단체교섭정책의 변화 개관

영국에서 단체교섭과 관련한 정책은 지난 100여년간 계속하여 변화하여 왔다. 정책의 출발점을 이룬 것은 1917년 Whitley위원회(Whitley Committtte)의 보고서였다. 동보고서는 산업별 내지 업종별 단체교섭을 촉진하기 위한 정책제안을 한 것이 핵심이다. 여기에서는 노동부를 두고, 노동부 장관이 노동조합과 사용자단체간의 단체교섭을 행하기 위하여 산업별 합동노사관계위원회를 설립할 것을 권고하고, 그것이 불가능한 경우에는 임금 기타 근로조건을 결정하기 위하여 산업이나 업종을 대상으로 삼자구성의 산업위원회를 설립할 것을 제안하였다. 이러한 권고는 당시 정부에 의해 수용되어, 합동노사관계위원회(joint industrial council)를 설치하였고, 그 법령상 근거가 1918년 노사관계위원회법(Trade Boards Act 1918)에 의해 만들어졌다. 이에 따라 1918년에서 1921년 사이에 5백만명의 근로자가 단체협약이나 노사관계위원회 재정에 의해 추가적으로 포함되게 되었고, 1946년까지는 영국 근로자의 85%가 단체협약이나 노사관계위원회의 재정의 적용을 받았다. 이에 따라 단체교섭이 충분하게 확립되어 있지 않은 업종에 대한 단체교섭에 의한 근로조건확립이라는 정책목적은 어느 정도 실현되었다. 이 법에 따르면 단체협약은 체결당사자간에 법적인 구속력을 가진 것은 아니었지만, 비조합원에게 그 효력을 확장할 수 있는 제도를 두었다.

이와 같이 1918년법에 의한 산업별 또는 업종별 단체교섭의 촉진 정책은 Donovan위원회의 보고서(Donovan Royal Commission Report, Cmnd 3623, 1968)

에 의해 변화하게 되었다. Donovan위원회의 보고에서는 종래의 산업별·업종별 단체교섭에 대신하여 기업별 내지 작업장별 단체교섭을 촉진할 것을 제안하고, 이를 구체화하기 위하여 정부 부서나 공공기구에 광범위한 재량권을 부여할 것을 제안하였다. 이에 따라 1971년 노사관계법(Industrial Relations Act 1971)이 제정되어, 노동조합에 대한 승인제도를 규정하고, 승인을 담당하는 기관으로서 전국노사관계법원(NIRC: National Industrial Relations Court)을 설치하였다.

1971년법은 1975년 고용보호법(Employment Protection Act 1975)에 의해 대체되었다. 1975년법에서는 전국노사관계법원에 대신하여 「조언·알선 및 중재 서비스」(Advisory, Conciliation and Arbitration Service. 이하 'ACAS')를 두고 세부적인 면에서 승인제도를 보충하였다. 1975년법은 또한 노동조합이 승인문제를 ACAS에 제소할 수 있는 절차를 도입하였고, ACAS는 조사권을 가지며, 적절한 경우 노동조합의 승인을 사용자에 대해 권고할 수 있는 권한을 가지고 있었다.

1975년 도입된 승인절차는 보수당정부에 의해 1980년에 폐지되었으나, 블레어 노동당 정부에 의해 1999년 고용관계법(Employment Relations Act 1999)에 의해 1992년 노동조합및노동관계(통합)법의 부칙 A1을 추가함으로써 다시 부활하게 되어 현행 제도를 이루고 있다. 1975년법에 의한 노동조합 승인제도는 단체교섭이 작업장결정에서 대표제도를 통하여 근로자의 참여를 촉진하는 방법이라는 사고방식에 기하고 있었으나, 현행법의 제정 배경이 된 1998년 통상부(Departmet of Trade and Industry)의 백서(White Paper) 「작업에서의 공정성」(Fairness at Work (Cm 95, 1998))은 단체교섭을 위한 노동조합의 승인제도는 국민경제의 효율성 및 경영의 효율성을 제고하기 위한 수단으로서 파트너쉽을 촉진하기 위한 것이라는 입장을 명확히 하여[1] 제도의 목적이 변화하였음을 알 수 있다.

---

1) 예컨대 동 보고서에서는 "현대적인 기업에서는 작업에서의 관계가 회사나 조직의 규모나 문화에 적합하게 되고 탄력적이다. 종종 이러한 것들은 사용자와 근로자간의 직접적인 관계를 보충하는, 사용자와 노동조합간의 파트너십에 의해 제공된다. 다른 한편 일부 조직은 다른 방식으로 효과적인 작업관계를 달성한다"(para 2.5). "정부는 각 기업은 가장 적합한 형태의 관계를 선택하여야 한다고 생각한다. 그러나 선택의 자유는 사용자만이 아니라 근로자에게도 적용되어야 하며 그렇지 않다면 책임은 공허하게 될 것이며 신뢰를 형성할 수도 없고 경쟁력도 뒷받침하지 못한다. 이는, 노동조합이 근로자의 명백한 지지를 받는 경우 사용자는 노동조합 승인을 부정하여서는 안된다는 것을 의미한다"(para 2.6)고 하여 이를 명확히 하고 있다.

Ⅲ. 현행법 이전의 노동조합 승인제도

1. Donovan위원회의 보고서

단체교섭을 위한 노동조합 승인 제도는 Donovan위원회에서 그 기본적 아이디어를 제공하였다. Donovan위원회는 노동조합의 승인제도는 노동조합의 조직화가 어려웠던 영역에서 노동조합의 전개와 승인을 방해하는 장애를 제거하고(para. 224), 승인을 둘러싼 분쟁을 해결하는 데(paras 255, 256) 유용하다고 전제하고 있다. 이에 의해 단체교섭범위의 확장, 복수노동조합에 따른 분쟁의 해결, 단체교섭에 대한 사용자의 긍정적 태도 제고가 가능하다는 것이다. 동 위원회는 구체적으로 두 가지 정책제안을 하고 있다. 첫째, 근로자의 일정 비율 이상이 조합원인 경우 당해 노동조합에 대해 승인을 요구할 수 있는 권리를 인정하여야 하며(para. 254) 둘째, 승인을 둘러싼 분쟁을 해결하기 위한 독립된 판단기구를 설치하여야 한다(para. 255)는 것이다. Donovan위원회의 노동조합 승인제도와 관련한 제안은 일정한 조직율을 가진 노동조합에 대하여만 승인을 인정함으로써 소수집단에 의한 노사관계의 혼란을 예방하고 승인은 우선적으로는 당사자의 임의에 맡겨져 있고, 분쟁이 발생한 경우에만 국가가 조력한다는 임의주의 전통을 유지하고 있다는 점에서 특징이 있다.

Donovan위원회가 노동조합에 대한 승인제도를 창설한 것은 단체교섭에 대한 전체적인 정책의 변화를 전제로 하고 있다. Donovan위원회는 종전의 산별교섭에서 공장교섭(factorywide bargaining)으로 단체교섭시스템을 변화시키는 것이 바람직하다는 전제[2] 하에 그 구체적인 방법으로서 개별 사용자에 대하여 단체교섭의무를 사실상 부과한 것이다. 산업별 교섭에서는 이미 노사 당사자가 안정적으로 형성되어 있었으나, 기업내 교섭은 당시 영국에서는 일반적인 것은 아니었기 때문에 개별 사용자가 공장교섭에 대한 노동조합의 요구에 따르지 않는 경우에는 노동조합은 쟁의행위에 의해 교섭을 쟁취하는 수밖에는 없었다. 그러

2) Donovan위원회는 예컨대 초과근로의 배분, 정리해고, 성과급제도, 징계 등 산별 교섭이 처리할 수 없는 쟁점을 공장교섭에서는 처리할 수 있다는 점, 공장 내의 조직에 상응하는 고충처리제도나 노사협의제를 설치할 수 있다는 점(paras 162-166)을 공장교섭의 장점으로 제시하고 있다.

나 개별 사용자에 의한 노동조합에 대한 승인에 의해 노동조합은 개별 사용자에 대한 단체교섭의 권리를 사실상 인정받을 수 있게 된다.

따라서 노동조합 승인제도는 기업별 교섭과 불가분의 관계를 가지고 있다. 이는 현행 제도하에서도 마찬가지이다. TULR(C)A 1992에 따르면 승인제도는 노동조합이 특정한 사용자 또는 복수의 관련 사용자(associated employers)에 대하여 승인을 요청하도록 하는 제도로서(제178조 제3항), 여기에서 '관련 사용자'는 사용자 단체를 구성하는 다른 사용자를 의미하는 것이 아니라 특정한 기업이 다른 기업 또는 제3자의 직접적·간접적 통제하에 있는 경우를 의미한다(제297조). 즉 노동조합의 승인은 개별 사용자 또는 모기업에 대하여 이루어지는 것으로서, 항상 특정된 개별적 사용자를 대상으로 행해지기 때문에 기업레벨 이하에서의 단체교섭 촉진제도라고 할 수 있다.

이러한 Donovan위원회의 제안에 따라 노동부의 명령에 의해 승인문제를 담당하는 기관으로서 1969년 「노사관계위원회」(Commission on Industrial Relation: CIR)가 설치되었다.[3] CIR의 임무는 단체교섭의 발전 및 개선의 일반적 임무와 노사관계의 일반적 지도였으나 그 업무의 대부분은 승인문제에 관한 것이었다.

2. 1971년 노사관계법에 의한 노동조합의 승인제도

Donovan위원회의 제안은 1971년 노사관계법(Industrial Relations Act 1971)에 의해 제정법에 의해 구체화되었다. 동법에서는 노동조합의 승인신청은 임의적으로 할 수 있었으나 신청권자는 등록된 노동조합에 한정하고, 승인제도를 교섭단위제와 결부시킴으로써 승인된 노동조합을 교섭대표제로 인정하였다. 또 승인을 둘러싼 분쟁에 대한 법령상의 최종적인 판단은 CIR이 담당하도록 하였으나, 기본적인 역할은 「전국노사관계법원」(National Industrial Relations Court: NIRC)이 담당하도록 하였다.

1971년 노사관계법에 따르면, 국무장관, 사용자 또는 등록조합은 단독 혹은 공동으로 NIRC에 대하여 노동조합의 승인신청을 할 수 있다(제45조). NIRC는 ①

3) CIR은 이후 1971년 노사관계법에 의하여 제정법상의 상설기관으로 되고 대폭적인 권한기능을 가졌지만, 1974년 노사관계법의 폐지와 함께 CIR도 폐지되었다.

과거 2년간 동일한 신청이 이루어지지 않았고 승인명령의 철회나 수락을 방해하는 법적 장애가 없을 것, ② 승인과 관련하여 조정이 시도되었으나 실패하였을 것, ③ CIR로의 이송이 쟁점의 만족스러운 해결을 위하여 필요하다고 생각되는 경우에는 CIR로 승인문제를 이송한다(제46조). CIR은 조사 후 당해 노동조합이 교섭대표라는 권고를 할 수 있다(제48조).

이 권고에 기해 사용자와 노동조합간에 노동조합 승인에 관한 합의가 시도된다. 그러나 그 교섭이 결렬된 경우 신청자는 다시 NIRC에 승인을 신청하고, NIRC는 CIR에 대해 투표절차의 진행을 요청하여, CIR 관장하에서 투표가 행해진다(제49조). 투표한 근로자의 과반수가 승인을 지지한 경우 NIRC는 당해 노동조합이 교섭대표로서 승인되어야 할 것을 명한다(제50조). NIRC의 명령에 따르지 않은 경우는 불공정노동행위(unfair industrial practice)가 성립하고, 「노동중재위원회」(Industrial Arbitration Board: IAB)에 대해 노동조합은 불복신청을 할 수 있다(제55조). IAB는 NIRC의 승인을 받아 당해 근로자에 관한 근로조건의 요구에 대하여 중재재정을 내릴 수 있으며, 중재재정의 근로조건은 근로계약의 내용이 된다(제125조).

그런데 1971년 노사관계법은 NIRC에의 승인신청을 등록노동조합에 국한하고 있었으나, 당시 TUC가 노동조합의 등록을 거부하였기 때문에 1975년 고용보호법(Employment Protection Act 1975)에 의해 1971년 노사관계법이 폐지될 때까지 NIRC에 등록신청이 된 것은 67건에 불과하고, 그 중 CIR로 이송된 사건은 28건에 불과하여[4] 1971년법에 의한 승인제도가 실제로 유효하게 기능하였다고 하기는 어렵다.

3. 1975년 고용보호법에 의한 노동조합의 승인제도

1975년 고용보호법은 노동조합의 승인을 담당하는 기관이었던 CIR을 폐지하고 ACAS를 설립하여 ACAS가 승인제도를 담당하도록 한 점에서 1971년법과 차이가 있다. 또 승인된 노동조합에 대해서는 단체교섭권만이 부여되는 것이

4) 67건 중 국무장관이 신청한 사건이 2건, 사용자가 신청한 사건이 11건, 노동조합이 신청한 사건은 54건이었다. 그 중 CIR로 이송된 28건 중 국무장관 신청사건은 2건, 사용자신청사건은 5건, 노동조합신청사건은 21건이었다. B. Weekes, M. Mellish, L. Dickens, J. L'loyd, Industrial Relations and the Limits of Law, 1975, 131-135면(山下幸司, "企業內 團交促進政策과 組合承認問題," 蓼沼謙一 編, 「企業レベルの勞使關係と法」, 勁草書房, 1986, 84면 재인용).

아니라 단체교섭을 위한 정보공개청구권(법 제17조), 정리해고시 사전협의권(법 제99조), 조합임원이 조합업무(유급)나 조합활동(무급)에 종사하는 경우의 근로면제권(1978년 고용보호(통합)법(Employment Protection (Consolidation) Act 1978) 제27조, 제28조), 안전보건담당자의 임명 및 협의권(1974년 산업안전보건법(Health and Safety at Work, etc Act 1974) 제2조), 사업양도시 사전협의권(사업양도규칙(Transfer Regulation 1981) 제10조) 등 현행법과 동일한 법령상의 협의권까지 부여되어, 기업내 대표로서의 권한이 확대되었다. 1975년법에 의한 노동조합 승인제도는 1980년 고용법(Employment Act 1980)에 의해 폐지될 때까지 지속되었다.

1975년 고용보호법에 따른 승인제도는 다음과 같이 이루어지고 있다.

1971년 노사관계법과 달리 승인신청은 자주성이 있는 노동조합에 한정된다. 자주적 노동조합은 ACAS에 노동조합승인을 신청함으로써 개시된다(법 제11조). 승인신청을 받으면 ACAS는 당해 승인과 관련이 있는 노사 쌍방과 협의를 하고 그 의견을 청취하며 승인권고를 할 것인지 여부를 판단하기 위하여 필요한 사실이나 근로자의 의견을 확인하기 위하여 적절한 방법으로 조사하도록 규정하고 있다(법 제12조 제1항). 즉 ACAS는 승인과 관련하여 협의, 의견청취, 사실조사권을 가진다. '적절한' 조사방법으로는 공식적인 비밀투표 이외에(법 제14조), 노동조합의 조직대상, 단체교섭을 지지하는 근로자의 범위, 승인신청조합에 의한 단체교섭을 지지하는 근로자의 범위, 신청조합이 사용자에 의해 승인될 경우 당해 노동조합에 가입할 의사를 가진 근로자의 범위, 근로자가 신청노조를 지지하게 된 경위 등에 대한 질문표를 송부하는 형태로 이루어진다.

조사가 종료하면 ACAS는 '보고서'(report)를 작성한다(법 제12조 제4항). 보고서는 사용자에 대해 노동조합의 승인을 하도록 하는 권고(recommendation) 또는 승인을 인정하지 않는 무권고(no recommendation) 중 하나로 이루어진다. 이 때 권고의 유무에 대해 ACAS는 이유를 제시하여야 한다(법 제12조 제4항). 승인 이후의 상황변화에 대처할 수 있도록 권고의 변경이나 취소의 제도가 규정되어 있었다(법 제13조). ACAS가 보고서를 제출하기 전에는 당사자는 언제라도 신청을 철회할 수 있기 때문에(법 제12조 제3항) 당사자에 의한 임의적인 해결이 우선하고 있다.

그런데 ACAS의 승인권고는 '권고'에 지나지 않기 때문에 법적 구속력은 없다. 따라서 실효성을 제고하기 위한 절차가 추가적으로 고안되어 있다. 사용자가 ACAS에 의한 승인권고의 전부 또는 일부를 준수하지 않고 권고 후 2개월 이상 단체교섭을 하려고 하지 않는 경우에 노동조합은 ACAS에 불복신청을 할 수 있고(법 제15조), ACAS는 조정에 의한 해결을 시도한다. ACAS의 조정이 실패한 때에는 노동조합은 「중앙중재위원회」(Central Arbitration Committee. 이하 'CAC')에 대해 관련 근로자의 근로조건에 대한 법적 구속력이 있는 중재재정을 청구할 수 있다(법 제16조).

ACAS에 의한 노동조합 승인제도가 폐지된 1980년 ACAS의 연차보고서에 의하면, 1975년부터 1980년까지 ACAS에 신청된 승인건수는 총 1,610건이고, 그 중 보고서가 제출된 사건이 247건, 보고서가 제출되기 전에 철회되거나 임의적으로 해결된 사건이 1,115건, 폐지 시점에서 계류중인 사건이 248건이었다.[5] 보고서가 제출된 사건 중 승인권고를 한 것은 158건, 신청철회 내지 임의해결된 사건 중 노동조합에 승인이 인정된 것이 306건, 부분적인 승인이 이루어진 것이 143건이다.[6] ACAS의 추정에 따르면 승인권고에 의해 약 16,000명이 단체교섭제도에 포섭되었고, 임의해결에 의한 승인을 포함하면 약 65,000명에게 노동조합 승인의 효과가 미쳤다고 한다.[7] 그런데, 영국에서 노동조합의 승인은 노동쟁의의 대상이 되고 있기 때문에(1974년 노동조합및노동관계법(Trade Union and Labour Relations Act 1974, 1976) 제29조 제 1 항) 노동쟁의 당사자는 고용보호법 제 2 조에 따라 ACAS에 대하여 임의조정을 신청할 수 있다. 노동조합의 승인과 관련한 노동쟁의에 대해 ACAS에 조정신청을 한 건수는 노동조합 승인 그 자체의 신청건수보다 많은 2,292건이었고, 그 중 노동조합이 승인을 받은 것이 726건, 부분적 승인을 받은 것이 252건, 분쟁은 해결되었으나 승인을 받지 못한 것이 454건, 분쟁도 해결되지 않고 승인도 받지 못한 것이 857건이었다.[8] 이러한 수를 배경으로 추산하면 승인건수 1건당 관련 근로자 수는 평균 79명이었다.[9] 당시 고용보호법에 의해 승인을 받은 노동조합은 주로 소규모 기업의 생산직 근로자와 중소기업의 사무직 근로자를 조직대상으로 하는 노동조합이었다. 이러한 부문에서는 노동조합의 조직화가 어렵고 단체교섭도 이루어지지 않은 부문이었기 때문에 이 점에서 당초 승인제도가 목적으로 하는 바는 일부 그 성과를 거두었다고 평가할 수도 있으나 승인권고를 준수하지 않은 사용자의 수가 많다는 점에서 볼 때에는 동법에 의한 승인제도가 종국적인 해결

5) ACAS Annual Report 1980, para. 8.106.
6) ACAS Annual Report 1980, 표 18, 19.
7) ACAS Annual Report para. 8.139.
8) ACAS Annual Report 1980 para. 8.4.
9) 山下幸司, 앞의 논문, 106면.

절차로는 미흡하였다고 평가할 수 있다.10)

고용보호법에 의한 승인제도가 한계를 가지고 있었던 이유는 첫째, 사용자가 ACAS가 대상 근로자와 협의, 의견청취, 조사하는 것을 거부할 수 있었기 때문에11) ACAS에 의한 승인절차를 방해할 수 있었던 점, 노동조합이 교섭단위 내에 소수 근로자의 지지밖에 받지 않는 경우에도 ACAS가 노동조합에 대한 승인권고를 할 수 있었던 점, 반대로 교섭단위 내의 과반수의 지지를 받고 있는 경우에도 사용자는 ACAS의 승인권고를 무시할 수 있었던 점12) 등이 지적되고 있다.13) 구제와 관련하여서도 ACAS의 권고를 사용자가 따르지 않는 경우 구제는 CAC가 교섭단위 내의 근로자의 근로조건을 일방적으로 중재하는 것으로 하고 있었으나, CAC의 일방 중재가 일반적으로 근로자에게 유리하게 내려진 것에 대해 비판도 있었다. 또 1975년법에서는 승인이 "단체교섭의 목적을 위하여" 이루어지기 때문에(법 제11조 제2항) CAC의 결정대상은 매우 포괄적이었다. 이러한 비판과 한계는 1999년 고용관계법상의 승인제도를 규정할 때 참고로 되었다. 예컨대 현행 법에서는 CAC에 의한 승인의무의 대상을 1975년법과 같이 단체교섭대상사항 전체를 대상으로 하지 않고 임금, 근로시간 및 휴가에 한정하는 점, CAC에 의한 구제가 구속력있는 중재재정으로 이루어지지 않고 단체교섭에 응할 의무만을 부과하는 점에서 차이가 있다.14)

Ⅳ. 1999년 고용관계법에 의한 노동조합 승인제도

1. 서 설

(1) 1999년 고용관계법에 의한 법령상 승인제도 도입

영국에서의 노동조합에 대한 승인은 특히 민간부문에서 1984년 이후 지속적으로 감소하고 있고, 1998년의 경우에는 전체 작업장의 25%만이 노동조합승

10) 山下幸司, 앞의 논문, 107면.
11) Grunwick Processing Laboratories Ltd v. ACAS[1978] ICR 231.
12) UKAPE v. ACAS[1980] ICR 201.
13) Hugh Collins/K D Ewing/Aileen McColgan, Labour Law, Hart Publishing, 2001, 775면.
14) Morris · Archer, Collective Labour Law, Hart Publishing, 2000, 185면.

인을 받고 있다. 이렇게 낮은 승인율은 기존의 노동조합에 대해 사용자가 승인 박탈을 한 것에 기인하는 것이 아니라 새로운 작업장에서 승인율이 낮은 것이 요인이라고 분석되고 있다. 또한 노동조합이 관여하지 않는 근로자대표제도 역시 저하하고 있다고 분석되고 있다. 노동조합에 의한 근로자대표제도가 있는 작업장의 비율은 1984년의 66%에서 1998년 42%로 저하하였고, 노조 유무를 불문하고 작업장에 근로자대표제도가 있는 작업장의 비율이 1984년 74%에서 1998년 53%로 저하하고 있다.[15]

이러한 현상을 시정하기 위하여 1999년 고용관계법에서는 단체교섭을 촉진하는 법제도를 도입하고 있는데, 그 대표적인 방법이 노동조합의 법령상 승인제도이다.

영국에서 노동조합에 대한 승인은 두 가지 방법으로 이루어진다. 하나는 사용자에 의한 임의적인 승인으로서 승인협정을 체결하는 방법이다. 영국의 100대 기업 중 84개가 노동조합과 승인협정을 체결하고 있을 정도로[16] 임의적인 승인협정의 체결에 의한 방법에 기하여 노동조합을 승인하는 것이 원칙적인 모습이다. 대부분의 승인협정은 단체교섭의 절차와 분쟁해결절차, 조합활동규정을 주된 내용으로 하고 있다. 영국에서 단체협약은 법적 구속력이 없기 때문에(TULR(C)A 1992 제179조)[17] 승인협정은 당사자의 일방이 언제라도 폐기할 수 있다. 즉 승인협정을 체결한 사용자는 일방적으로 노동조합에 대한 승인을 취소할 수 있으며, 그 내용을 변경할 수 있다.[18]

---

15) N. Millward, A. Bryson and J. Forth, All Change at Work?, London, Routledge, 2000, 135-137면.

16) Hugh Collins/K D Ewing/Aileen McColgan, 앞의 책, 809면.

17) 법 제179조는 문서에 의해 단체협약이 법적으로 구속력이 있다는 의사를 명시적으로 표시하지 않는 한 단체협약은 법적 구속력이 없다고 규정하고 있다. 이 규정은 1974년 노동조합및노동관계법에 의해 최초로 도입되었으나, 1974년 이후 이러한 의사를 표시한 단체협약은 거의 체결되지 않고 있다(Hugh Collins/K D Ewing/Aileen McColgan, 앞의 책, 815면).

18) NUM v. National Coal Boad[1986] ICR 736. 이 사건은 전국석탄위원회(National Coal Boad: NCB)와 NUM간에 1946년에 체결한 근로조건의 해결에 관한 협정에 관한 사건이다. 1984년-1985년의 광부파업 이후 새로운 노동조합인 민주광부노조(Union of Democratic Mineworkers: UDM)가 설립되었다. 이 노조는 South Derbyshire와 Nottingham에서의 지배적인 노동조합이었다. NCB는 이 지역에서 NUM의 승인을 취소하고 UDM을 승인하였다. NUM은 1946년 협정은 법적으로 구속력이 있으며, 그 조항들은 NUM이 승인되어 있던 당해 지역의 조합원의 근로계약의 내용으로 화체되었다고 주장하였으나, 양 주장은 기각되었다. 즉 승인협정은, 사용자에 대해 노동조합에 의해 직접적으로 제기되든 근로계약을 통하여 간접적으로 제기되든, 집행불가능하다.

또 하나의 방법은 법령상 절차에 의한 승인이다. 노동조합및노동관계(통합)법 부칙 A1에 따른 절차에 의해 사용자에 의한 승인이 이루어지는 방법이다. 임의적 승인이 원칙이기 때문에 법령상 승인제도는 "법령의 그림자 속에서 임의적 승인협정의 체결을 촉진"[19]하는 것이라고 설명되고 있다. 승인협정의 체결에 의한 사용자의 임의적 승인은 승인과 관련하여 분쟁이 발생할 경우 노동조합은 사용자에 대하여 쟁의행위로 대항하여 승인을 압박할 수 있다. 즉 승인문제는 정당한 쟁의행위의 목적이 된다(TULR(C)A 1992 제244조 제1항 (g)). 따라서 법령상의 승인제도는 쟁의행위 없이 승인과 관련되는 분쟁을 해결하기 위한 것이라고 할 수 있다.[20]

(2) 2004년 고용관계법에 의한 일부 개정

1999년 고용관계법에 의해 법령상 승인제도가 실효성있게 운영되고 있는지 여부, 문제점이 있는지 여부를 평가하기 위하여 2003년 2월 27일 통상산업부장관은 1999년 고용관계법(Employment Relations Act 1999)에 관한 의견청취보고서(Review)를 발표하였다. 의견청취는 2003년 2월부터 2003년 5월까지 이루어졌는데, 노사당사자인 TUC, CBI를 비롯하여 노사관계전문가, 개별기업 및 개별노동조합 등 71곳에서 각 쟁점에 대한 의견을 접수하였다. 1999년법에 의한 법령상 승인제도에 대한 전체적인 평가에 있어서, 정부는 법령상 절차의 도입은 전체적으로 상당히 원활하게 기능하였다고 평가하고 있다. TUC는 지금까지는 성공적으로 기능하여 왔으나 보다 실효성있게 기능하기 위해서는 상당한 개혁이 필요하다는 입장을 보였고, 사용자단체인 CBI 역시 기본적인 원칙은 유지되어야 한다는 긍정적인 입장을 보였다. 결국 노사정 모두 법령상 승인제도의 도입에 대해 적극적으로 평가하였다. 그러나 세부적인 쟁점에 대해서는 이견이 제기되었고, 이에 대한 정부의 입장은 2003년 12월 「Review of the Employment Relations Act 1999 Government Response to the Public Consultation」으로 발표되었다.

이 보고서에서 정부는 법령상 승인제도의 전체적인 모습에 대해서는 그대로 유지할 것을 밝히면서도 선거에 있어서 당사자의 부당행위제도의 도입, 선거와 관련한 노동조합의 활동권의 강화, 전자우편투표제도의 도입, 교섭단위 결정기

19) Hugh Collins/K D Ewing/Aileen McColgan, 앞의 책, 818면.
20) Department of Trade and Industry, Fairness at Work, para. 4.16.

준의 보완 등 세부적인 쟁점에 대해서는 법개정이 필요하다고 평가하였다.

이 보고서의 평가를 그대로 반영하여 2004년 고용관계법이 제정되었다. 2004년 고용관계법(Employment Relations Act 2004)은 2004년 9월 16일 의회를 통과하였고, 그 시행시기는 2004년 10월과 2005년 10월 사이에서 노동부장관이 정하도록 되어 있는데, 노동조합에 대한 승인과 관련되는 부칙 A1에 대한 개정사항은 2005년 4월 6일부터 시행되고 있다.

2. 법령상 승인절차의 개관

(1) 법령상 승인절차의 개요

법령상 승인절차는 1999년 고용관계법 부칙(Schedule) A1에 규정되어 있고, 2004년 고용관계법에 의해 부칙의 내용이 다수 수정되어 방대한 내용으로 이루어져 있다. 승인절차와 직접적으로 관련되는 1999년법 부칙 자체의 조항은 모두 172조로 이루어져 있고, 2004년 고용관계법에 의해 개정된 것을 제외하고 조문 자체가 추가된 것이 32개에 이른다. 즉 영국의 법령상 승인제도에 직접 관련되는 조문의 수는 204개로 구성되어, 상당히 복잡하지만 정치하게 이루어져 있다.

부칙 A1(이하 단순히 '부칙'이라 하고, 인용하는 조문은 각각 부칙의 조문을 의미한다)은 6개의 장으로 이루어져 있다. 제 1 장에서는 승인절차에 관한 내용을 규정하고 있고, 제 2 장은 법령상 승인요청이 이루어진 이후에 당사자간에 임의적인 승인협정이 이루어진 경우에 관하여 규율하고 있다. 제 3 장은 사업변동시 노조승인에 관하여 규정하고 있으며, 제 4 장과 제 5 장은 승인박탈에 관한 규정이다. 제 6 장은 자주성인준을 받지 않은 노동조합을 사용자가 자발적으로 승인한 경우의 법령상 승인박탈제도에 관하여 규정하고 있다.

법령상 승인절차와 직접적으로 관련되는 제 1 장에 기한 법령상 승인의 흐름은 다음과 같이 6단계로 구성되어 있다.

ㅇ 제 1 단계: 노동조합이 사용자에 대해 서면으로 승인을 요청

법령상 승인절차는 노동조합이 사용자에 대해 승인을 요청하고 관련 근로자의 교섭단위를 특정한 서면을 보냄으로써 개시된다. 법령상 승인의 대상이 되는 사용자는 21명 이상의 근로자를 고용하고 있어야 한다.

이 승인요청(request for recognition)을 받으면 사용자는 10일 이내에 승인

여부를 결정하여야 한다. 그 기간 내에 사용자가 당해 노동조합을 자발적으로 승인하는 데 동의하면, 법령상 승인절차는 종결된 것으로 간주된다. 그러나 사용자가 승인을 거부하거나 노동조합의 서한에 대해 아무런 반응을 보이지 않은 경우 또는 교섭하였으나 합의를 도출하지 못한 경우에 노동조합은 중앙중재위원회(CAC)에 대하여 승인신청(application for recognition)을 하게 된다.

ㅇ 제 2 단계: CAC에 대한 노동조합의 승인신청

CAC는 노동조합의 승인신청이 소정의 요건을 갖춘 경우에만 그 신청을 수락(admission)한다. 중요한 수락요건은 교섭단위 내 근로자의 10% 이상이 조합원일 것, CAC가 교섭단위 내 근로자의 과반수가 승인을 지지할 가능성이 있다고 인정할 것이다. CAC가 노조의 승인신청을 수락한 경우에만 그 다음 절차로 진행된다.

ㅇ 제 3 단계: 교섭단위에 대한 당사자의 합의 또는 CAC의 결정

CAC가 노동조합의 승인신청을 수락되면, 당사자는 원칙적으로 20일 이내에 교섭단위에 합의하여야 한다. 그 기간 내에 당사자가 교섭단위 합의에 실패하면 CAC가 결정하게 된다. 적정교섭단위의 결정에 있어서 CAC는 여러 가지 기준을 적용하는데, 가장 중요한 기준은 노동조합이 제안한 교섭단위가 효율적인 경영과 양립할 수 있는지 여부이다. 노동조합과 사용자간에 합의된 교섭단위 또는 CAC에 의해 결정된 교섭단위가 처음에 노동조합이 제안하였던 교섭단위와 다른 경우에는 CAC는 새로운 교섭단위에 대하여 위의 수락요건을 다시 적용하여 수락여부를 결정하게 된다.

ㅇ 제 4 단계: 승인 여부에 관한 CAC의 결정

교섭단위가 확정되면, CAC는 당해 노동조합이 자동적으로 승인할 것인지 아니면 선거를 개최하도록 명하는지 여부에 대해 결정하게 된다. CAC가 교섭단위 내 근로자의 과반수가 조합원이라고 인정하면, CAC는 부칙 제22조 (4)에서 규정한 사유에 기하여 선거를 명하지 않는 한, 승인선언(declaration of recognition)을 하여야 하는데, 이를 자동승인(automatic recognition)이라 한다.

ㅇ 제 5 단계: 승인선거

교섭단위 내에서 조합원이 과반수라고 인정되지 않는 경우 또는 CAC가 과반수 조합원이라고 인정하더라도 일정한 요건에 해당하여 선거실시를 결정하는 경우에는 선거가 개최된다. 선거관리는 CAC가 지명한 기업 외부의 독립자격인

(QIP)이 관장한다. 제 4 단계까지의 절차에서의 행정사항은 CAC의 사건담당관이 관장하지만, 선거단계에서는 QIP가 관여하게 된다. CAC는 선거를 명할 때 선거형식도 같이 결정한다. 선거기간 중 사용자는 선거에 협력할 의무를 부담하고, 나아가 선거기간 중 교섭단위 내 근로자와 노동조합이 회합하는 것을 허용하여야 한다. 선거비용은 당사자에 의해 공평하게 부담된다.

선거결과, 노동조합이 투표자의 과반수 지지와 함께 전체 종업원의 40% 이상의 지지를 받고 있다고 인정되면 CAC는 당해 노동조합이 교섭단위에서 단체교섭목적을 위하여 승인되어 있다는 선언을 행하여야 한다.

ㅇ 제 6 단계: 단체교섭의 방법

CAC의 승인선언이 있은 후, 당사자는 원칙적으로 10일 이내에 단체교섭방법에 대한 합의를 하여야 한다. 당사자가 방법에 대해 합의하지 못하면 당사자는 CAC에 지원을 신청할 수 있고, 그 지원에도 불구하고 합의하지 못하면 CAC가 교섭방법을 지정하게 된다. CAC가 지정한 단체교섭방법은 법적 효력을 가진다. 따라서 그 불이행시에는 재판상 소구가 가능하다.

(2) 승인의 법적 효과

임의적인 승인에 의한 것이든 법령상 승인에 의한 것이든 일단 사용자에 의한 노동조합의 승인이 이루어지면 승인의 효과는 동일하다. 승인이 이루어지면 노동조합은 고용관계법상 다음의 권리를 향유하게 된다.[21]

① 승인의 목적이 되는 단체교섭의 목적을 위하여 사용자로부터 정보의 공개를 요구할 권리(TULR(C)A 제181조)

② 정리해고에 관한 협의권(TULR(C)A 제188조)

③ 기업양도와 관련한 정보제공과 협의권: 1981년 기업양도(고용보호)규칙(Transfer of Undertakings (Protection of Employment) Regulations 1981)

④ 노동조합 업무를 수행하기 위하여 조합원이 근로면제를 받을 수 있는 권리(TULR(C)A 제168조)

⑤ 일정한 노동조합활동에 참가하기 위하여 조합원이 근로면제를 받을 수 있는 권리(TULR(C)A 제170조)

---

21) John Bowers QC, Michael Duggan & David Reade, The Law of Industrial Action and Trade Union Recognition, Oxford University Press, 2004, 303면.

⑥ 조합원에 대하여 그 업무를 수행하도록 하기 위한 교육훈련에 있어서 근로면제를 조합원이 받을 수 있는 권리(TULR(C)A 제168A조)

⑦ 기업연금제도에 관한 정보제공 및 협의권: 1993년 기업연금법(Pension Scheme Act 1993) 제11조 제5항 및 관련 규정

⑧ 산업안전보건에 관한 안전대표자 지명에 관한 정보제공 및 협의권: 1977년 「안전대표자 및 안전위원회 규정」(Safety Represenatives and Safety Committees Regulations 1977)

⑨ 유럽종업원협의회(European Works Council)의 설립을 위한 교섭을 개시할 권리: 1999년 「근로자의 초국가적 정보제공과 협의를 위한 규정」(Transnational Information and Consultation of Employees Regulations 1999)

3. 법령상 승인절차

(1) 승인요청

법령상 승인절차는 노동조합의 사용자에 대한 승인요청으로 개시된다. 승인요청으로 인정되기 위해서는 다음과 같은 요건을 갖추어야 한다.

첫째, 당해 요청은 서면으로 이루어져야 한다(부칙 제8조(a)).

둘째, 요청하는 노동조합 또는 복수의 노동조합을 명시하여야 한다(부칙 제8조(b)).

셋째, 당해 요청에서는 노동조합이 제안하는 교섭단위를 특정하여야 한다.

넷째, 당해 요청은 사용자에 의해 접수되어야 한다.

다섯째, 승인요청을 하는 노동조합은 자주적인 노동조합이라는 것을 입증하는 TULR(C)A 제6조에 기한 인준증(certificate)을 가지고 있어야 한다(부칙 제6조). 자주성 인준증(certificate of independence)은 TULR(C)A 1992 제6조에 기한 등록관(Certification Officer)에 의해 이루어진다. 자주적인 노동조합(independent trade union)이라 함은 TULR(C)A 제5조에 규정되어 있는 바와 같이, '(a) 사용자, 사용자집단 또는 특정하거나 복수의 사용자단체의 지배나 통제를 받지 않는 노동조합' 또는 '(b) 그러한 통제를 위한 사용자 또는 사용자집단이나 단체에 의해 재정적 또는 물질적 지원 기타 수단에 의한 개입을 받지 않는 노동조합'을 말한다. 법은 승인신청일 현재 21명 이상의 근로자를 고용하는[22] 사용자

22) 또는 승인신청일 이전 13주 동안 평균하여 21명 이상을 고용한 사용자에 대해 제기할 수 있다.

(및 관련사용자(associated employer))에 대해 적용된다(부칙 제7조). 이에 의해 민간부문 근로자의 37%, 민간부문 사용자의 90-95%가 적용이 배제되게 되었다.[23]

승인요청을 사용자가 승낙하면 임의적인 승인이 이루어지게 된다. 그러나 사용자가 아무런 반응을 보이지 않거나 승낙을 명시적으로 부정하거나 또는 승인과 관련한 노사간의 교섭이 결렬되는 경우에는 노동조합은 CAC에 대해 법령상 승인의 신청을 행한다.

(2) 승인신청

CAC에 대한 승인신청이 수용되기 위해서는 다음과 같은 요건을 충족하여야 한다.

첫째, 당해 교섭단위 내에서 이미 승인된 노동조합이 없어야 한다. 'CAC가 이미 효력을 발생하고 있는 단체협약이 있고 그 단체협약에서 특정 노동조합(또는 복수의 노동조합. 이하 노동조합을 지칭할 때에는 동일하다)에 대하여 적절한 교섭단위 내에 속하는 근로자를 위하여 단체교섭을 행할 자격을 승인하고 있다고 간주하는 경우'에는 CAC는 승인신청을 수락하지 않는다(부칙 제35조 제1항). 이는 법령상 승인이나 임의적 승인에 관계없이 적용된다.

둘째, CAC가 (a) 노동조합의 조합원이 제안되거나 합의된 교섭단위 내에서 근로자의 최소 10%를 차지하고 있고 (b) 노동조합에 의해 제안하거나 양 당사자가 합의한 교섭단위 내의 근로자의 과반수가 당해 신청을 한 노동조합의 승인에 찬성할 가능성이 있다고 '결정'하여야 한다(부칙 제36조). 즉 승인신청이 접수되기 위해서는 첫째 당해 교섭단위 내의 근로자 중 조합원이 10% 이상이 되어야 하며 교섭단위내 전체 근로자의 과반수가 승인을 지지할 가능성이 있다고 CAC가 인정하여야 한다.

이 10% 요건은 과반수 조합원, 신청자수, 모의투표결과, 근로자의 연대서명 등 다양한 방법으로 확인될 수 있다. 다만 사용자의 조합원수 확인을 위한 조합원명부제출요구는 CAC에 의해 인정되지 않는다.[24]

---

23) Hugh Collins/K D Ewing/Aileen McColgan, 앞의 책, 819면. TUC의 추산으로는 5백만명 또는 전체 근로자의 1/4에 해당한다(Brian Towers, Developing Recognition and Representation in the UK: how useful is the US model?, Institute of Employment Rights, 1999, 14면).

24) GPMU and Sentinel Colour Print, CAC Case No TUR 1/37/(2001).

셋째, 복수의 노동조합이 공동으로 승인신청을 한 경우에는 당해 조합들이 상호협력할 것이 입증되어야 한다. 즉 이 경우 복수의 노동조합이 안정적이고 효율적인 단체교섭제도를 보장하고 유지할 수 있는 방법으로 상호 협력하겠다고 증명하지 않는 한, 그리고 사용자가 적절한 교섭단위를 구성하는 근로자를 위하여 복수의 노동조합들이 단체교섭에서 협력하리라고, 즉 교섭석상에서 협력할 것이라고 기대하고 있다는 것을 노동조합이 증명하지 않는 한, 복수의 노동조합에 의해 공동으로 이루어진 신청은 수락되지 않는다(부칙 제37조, 제46조).

넷째, 교섭단위 내에서 조합원이 10%가 넘는 노동조합이 둘 이상이 있는 경우에는 승인신청이 수용되지 않는다. 각각 최소 10% 이상의 조합원을 가진 둘 이상의 노동조합에 의해 승인신청절차가 개시된 경우 CAC는 그 신청을 수락하는 것을 거부하여야 한다. 이 경우에는 당해 조합이 공동신청을 위한 협상을 하여야 한다. 둘 이상의 노동조합이 동일한 근로자집단에 대해 신청을 하였으나 하나의 노동조합만이 10% 이상의 조합원을 조직하고 있는 경우에는 CAC는 신청을 수락할 수 있다(부칙 제14조).

(3) 교섭단위

교섭단위가 당사자에 의해 합의되지 않으면 CAC가 이를 결정하게 된다. 이 경우 CAC는 다음을 고려하여 교섭단위를 결정한다(부칙 제19조 제3항 및 제4항). 즉, ① 효율적인 경영과 양립할 수 있는 단위의 필요성(제3항), ② i) 사용자 및 노동조합의 입장, ii) 기존의 전국 및 지역적 교섭제도, iii) 기업내 파편화된 교섭단위를 회피하는 것이 바람직하다는 점, iv) 제안된 교섭단위에 속하는 근로자의 성격 및 CAC가 적절하다고 판단하는 당해 사용자의 그밖의 근로자의 속성, v) 근로자의 장소(이상 제4항) 등이다. 일반적으로 노동조합은 좁은 교섭단위를 주장하고 사용자는 넓은 교섭단위를 주장한다. 교섭단위를 좁게 설정할 경우 노동조합이 승인지지를 받기가 용이하기 때문이다. CAC는 당사자가 주장하지 않은 제 3 의 교섭단위를 결정하기도 하는 것에서 알 수 있듯이[25] 교섭단위 결정에 있어서 CAC는 폭넓은 재량권을 행사하고 있다.

1999년법에서는 노동조합은 CAC에 대하여, 노동조합이 제안한 교섭단위 또는 "기타의 다른(some other) 교섭단위"가 적절한지 여부 그리고 노동조합이

25) Essex Chronicle Series Ltd and BAJ, CAC Case No TUR 1/34/(2001).

적정교섭단위 내 근로자의 과반수의 지지를 받고 있는지 여부를 결정하기 위하여 요청할 수 있었다(부칙 제11조). 그러나 2004년법에서는 이 단계에서는 '노동조합이 제안한 교섭단위'가 적절한지 여부만을 판단할 수 있고, 그것이 적절하지 않다고 CAC가 판단한 경우에만 10일 이내에 다른 교섭단위를 결정할 수 있도록 변경되었다(2004년법 제1조 및 제4조).

(4) 자동승인과 승인투표

교섭단위가 결정되면, 노동조합이 교섭단위 내의 과반수의 지지를 받고 있다고 CAC가 인정하는 경우, 일반적으로는 교섭단위 내 근로자의 과반수가 조합원인 경우에는 자동적으로 승인이 이루어진다(부칙 제22조). 그렇지 않는 경우에는 승인투표를 명하는 것이 원칙이다. 그러나 예외적으로 교섭단위내의 과반수 지지를 노동조합이 받고 있는 때에도 CAC가 승인투표를 명하는 경우가 있다(부칙 제22조 제4항). 즉 ① CAC가 양호한 노사관계를 위해서 투표가 필요하다고 인정하는 경우(부칙 제22조 제4항 (a)), ② 교섭단위 내의 조합원(근로자가 아님)의 상당수가 CAC에 대해 자신을 위하여 노동조합 또는 노동조합들이 단체교섭을 행하는 것을 원하지 않는다는 뜻을 통지한 경우(부칙 제22조 제4항 (b)), 또는 ③ 조합원의 실태에서 볼 때 CAC가 교섭단위 내의 상당수의 조합원이 그들을 위하여 노동조합이 단체교섭을 행하는 것 또는 노동조합을 원하고 있는 것에 대해 의문이 있다는 결론을 내릴 수 있는 경우(제22조 제4항 (c))의 어떤 하나에 해당하는 경우에는 CAC는 교섭단위 내 과반수가 조합원이라도 승인투표를 명할 수 있다.

그런데, 1999년법에 의한 이러한 세 가지 요건 중 ②에 대해서는 그 통지의 신뢰성을 CAC가 판단할 수 있는 권한을 명문으로 인정하지 않았기 때문에 사용자의 지배개입에 의한 조합원의 통지가 이루어졌는지를 판단할 수가 없었다. 2004년법 제6조 제1항은 부칙 제22조 (4)(b)를 개정하여, CAC에 대하여, 조합원의 상당수가 자신을 위하여 노동조합이 교섭할 것을 원하지 않는지 여부를 결정할 때 CAC가 접수한 증거의 신뢰성을 평가할 수 있도록 하여 그 부작용을 방지할 수 있도록 하였다.

CAC가 교섭단위에서 근로자 과반수가 조합원이라는 점을 인정하지 않는 경우(부칙 제23조) 또는 위에서 본 바와 같이 근로자의 과반수가 조합원이지만 위의 요건 중 일부가 충족되어 있는 경우(부칙 제22조)에는 선거가 이루어진다. CAC가 선거를 결정할 때에는 선거방식도 같이 지정하는데, 선거방식은 사업장선거, 우편선거, 양자의 병행 등 세 가지를 CAC의 재량으로 결정한다(부칙 제25조 제4항). 1999년법에서는 사업장선거와 우편선거의 병행을 원칙적으로 허용하지 않았으나, 2004년 법 제8조 제1항은 부칙 제25조에 (6A)를 삽입하여, 선거가 사업장에서 실시되어야 한다고 CAC가 결정한 경우 개인적 이유(예컨대 질병, 휴가 등)로 사업장선거를 할 수 없는 근로자에 대해 우편투표를 허용하는 제도를 마련하고 있다.

투표가 이루어지면 CAC는 투표를 실시할 자격을 갖춘 독립된 자(qualified independent person: QIP)를 지명하여야 한다(부칙 제28조).

QIP가 되기 위해서는 두 개의 요건을 갖추어야 한다. 첫째 2002년 「승인 및 승인박탈 선거(자격있는 자) 명령(개정)」(Recognition and Derecognition Ballots(Qualifed Persons) Order 2000(Amendment) Order 2002 SI 2002/2268)에 의해 개정된 2000년 「승인 및 승인박탈(자격있는 자) 선거 규정」(Recognition and Derecognition Ballots(Qualified Persons) Regulations 2000 SI 2000/1306 SI 2000/1306)상의 요건을 갖추어야 한다. 이는 QIP가 임명될 수 있는 특수한 조직 또는 특별한 자격을 규정하고 있다. 자격이 있는 개인은 현재 개업증을 소지하고 있는 변호사(solicitor) 또는 1989년 회사법(Company Act 1989) 제25조에 기하여 회사의 감사로서 지명될 자격을 갖춘 자이다(규정 제2조). 승인되어 있는 단체들은 다음과 같다(규정 제4조): The Association of Electoral Administrators; Election.com Limited; Electoral Reform (Ballot Services) Limited; Involvement and Participation Association; Popularis Limited; Twenty-First Century Press Limited 등 6개이다.[26]

투표는 QIP의 지명 이후 20일 이내에 이루어져야 한다(그 기간은 CAC의 재량으로 연장될 수 있다(부칙 제25조)). 투표는 CAC의 재량에 따라 작업장에서 이루어질 수도 있고 우편투표로 이루어질 수도 있으며 두 방법을 결합하여 이루어질 수도 있다(부칙 제25조 제4항).

CAC는 당사자에 대해 투표가 행해진다는 사실과 준수하여야 할 절차를 통지하여야 한다(부칙 제25조 제9항). 투표 결과, 노동조합이 투표 근로자의 과반수의 지지를 받고 있고, 또한 노동조합이 교섭단위를 구성하는 전체 근로자의 40% 이상의 지지를 받고 있는 경우 CAC는 노동조합승인을 결정한다(부칙 제29조).

---

26) 이상의 회사들은 The Recognition and Derecognition Ballots(Qualified Persons) Order 2000 (Amendment) Order 2002에 의해 열거된 것이 추가된 것이다.

〈노동조합에 대한 승인제도의 흐름도〉

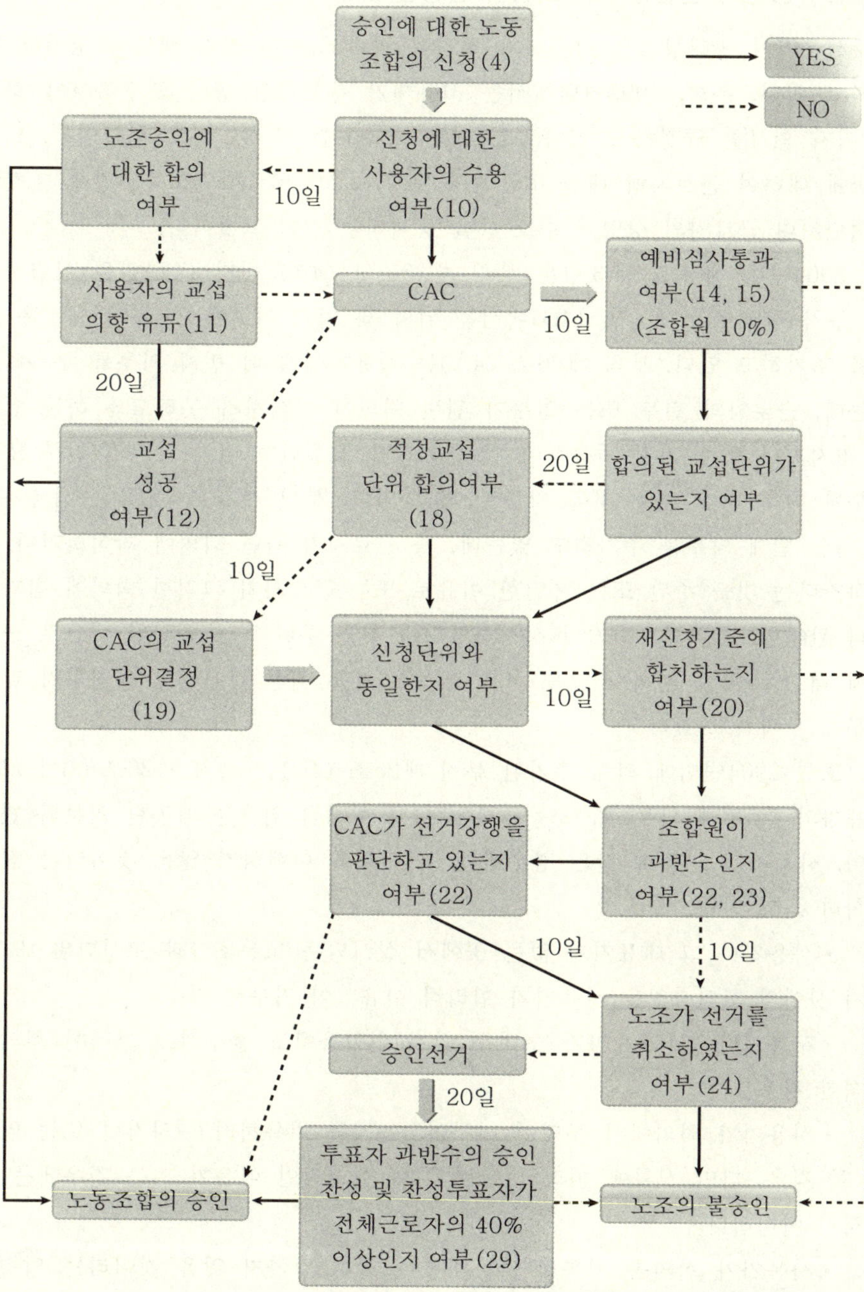

(5) 승인과 관련한 노동조합의 활동권 보장

사용자의 방해행위를 방지하기 위하여 법에서는 두 가지 제도적 장치를 마련하고 있다. 우선, 1999년법에서는 사용자가 투표기간 동안 준수하여야 하는 세 가지 의무를 규정하고 있다(부칙 제26조). 즉 노동조합 및 QIP와의 협력의무, 노동조합에 대하여 근로자에 대한 접근권의 보장, CAC 및 QIP, 노동조합에 대하여 교섭단위내 근로자의 성명과 주소 등을 통지하는 것이 그것이다.

2004년법 제 9 조 제 3 항은 부칙 제26조에 (4A) 내지 (4E)항을 삽입하였다. 부칙 제26조 (4A) 및 (4B)에서는 위의 세 가지 의무에 두 가지 새로운 의무를 추가하고 있다. 부칙 제26조 (4A)는 사용자에게 네 번째 의무를 부과하고 있는데, 근로자의 전부 또는 일부가 관련 회의에 참석하지 못하도록 하는 효과를 가지거나 또는 가질 가능성이 있는 지시를 교섭단위 내 근로자의 전부 또는 일부에 대해 하지 않을 것을 의무로 하고 있다. 부칙 제26조 (4B)는 사용자에게 다섯 번째 의무를 추가하고 있는데, 즉 근로자가 관련 회의에 참석하거나 관여하였다는 것을 주된 또는 유일한 이유로 또는 근로자가 그러한 회의에 참가하거나 관여할 것을 의도하거나 시사하였다는 것을 주된 또는 유일한 이유로 근로자에 대한 조치를 취하지 않을 의무 또는 조치를 취할 것이라고 위협하지 않을 의무를 부과하고 있다.

또한 2004년법에 의해 추가된 부칙 제26조 (4D)는 부칙 제26조 (3)에 기한 사용자의 두 번째 의무, 즉 노동조합에 대해 합리적 접근을 제공할 의무와 관련하여, 사용자는 다음과 같은 경우에는 그 의무를 이행하지 않은 것이라는 점을 명확히 하고 있다.

- 사용자나 그 대표자가 없는 곳에서 실시되는 노동조합과 교섭단위 내 근로자 사이의 회의요청을 사용자가 합리적 이유없이 거부한 경우
- 사용자나 그 대표자가 초대를 받지 않았음에도 불구하고 그러한 회의에 참석한 경우
- 사용자가 회의에서 무엇이 이루어졌는지를 기록하려고 하거나 또는 알려고 한 경우. 다만 상황에 따라서 그렇게 할 합리적인 이유가 있는 경우에는 그러하지 아니하다.
- 사용자가 회의를 기록하거나 내용을 알려고 하지 않을 것이라는 약속을

거부한 경우. 다만 상황에 따라서 그렇게 할 합리적인 이유가 있는 경우에는 그러하지 아니하다.

승인과 관련한 노동조합의 활동권을 보장하는 구체적인 내용은 통상부의 실행규칙(Code of Practice)에 규정되어 있다.27) 이에 따르면 10일당 하나의 회의에 적어도 30분간의 회의를 노동조합이 근로시간 중에 유급으로 개최할 수 있고(para.30), 근로자에 대한 유급의 개별 면담시간 15분 보장(para.31), 회의나 상담은 근로시간 중에 개최하는 것이 원칙(para.32) 등이 규정되어 있다.

다음으로, 승인과 관련한 활동을 이유로 한 불이익취급과 해고는 금지된다(법 제146조 및 제152조, 부칙 제156조, 제161조, 제162조). 그러한 행위의 구체적인 태양은 위의 실행규칙에 규정되어 있다(paras. 42-46).

(6) 승인선거와 관련한 부당행위의 금지

승인선거에 대한 사용자, 노동조합 또는 근로자의 부당행위의 금지는 1999년법에서는 규정되어 있지 않았으나, 2004년법 제10조에 의해 부칙에 제27A조 내지 제27F조가 삽입되어, 선거와 관련한 부당행위(unfair practice)가 금지되고 있다.

부칙 제27A조는 부칙 제25조 (9)에 기하여 CAC가 선거가 실시된다는 것을 통보받은 각 당사자에 대해 일체의 부당행위를 하여서는 안된다고 규정하고 있다. 부칙 제27A조 (2)는 선거결과에 영향을 미칠 목적으로 이하의 행위를 한 경우에는 부당행위가 된다고 규정하고 있다.

· 선거에서 특정한 방법으로 투표하거나 투표하지 않는 데 근로자가 동의한 대가로 교섭단위 내 근로자에게 금전 또는 금전적 가치가 있는 것을 제공하는 행위

· 투표자에게 '결과에 따른 제안'을 하는 행위28)

· 교섭단위 내 근로자에게 어떻게 투표를 할 것인지, 실제로 어떻게 하였는

27) Department of Trade and Industry, Code of Practice: Access to Workers During Recognition and Derecognition Ballots(2000).

28) "결과에 따른 제안"("outcome specific offer")이라 함은, 당해 노동조합의 승인 여부에 관한 CAC의 선언으로 반영되는 선거결과에 따라 금전 또는 금전적 가치가 있는 것을 제공할 것을 제안하는 것을 말한다(부칙 제27A조 (3)). 그러나 CAC 선언의 결과로서 행해지거나 또는 CAC 선언 이후에 이루어질 수 있는 일체의 것과 관련이 되는 제안, 즉 CAC의 승인선언 이후의 단체교섭의 결과는 "결과에 따른 제안"에 해당하지 않는다.

지 또는 투표할 것인지 여부를 밝히도록 하기 위하여 강요하거나 강요를 시도하는 행위

· 근로자를 해고하거나 해고의 위협을 하는 행위

· 근로자에 대하여 징계를 하거나 징계위협을 하는 행위

· 근로자에게 기타 불이익을 주거나 그 위협을 하는 행위

· 교섭단위 내 근로자에 대하여 부당한 영향력을 행사하거나 그 행사를 기도하는 행위

(7) 승인과 단체교섭방법

승인이 이루어지면 CAC의 결정을 통지받은 날로부터 30일 이내에 '단체교섭을 행하는 방법'에 대해 노사는 합의할 수 있다(부칙 제30조 제1항). 합의가 이루어지지 않는 경우 일방 또는 양당사자는 CAC의 조력을 신청할 수 있으며 그 경우 CAC는 신청을 접수받은 날로부터 20일간(협상기간) 당사자가 단체교섭을 행하는 방법에 관한 합의에 도달할 수 있도록 조력을 하여야 한다(부칙 제31조 제2항). 협상기간이 종료하였음에도 당사자가 합의하지 못한 경우 CAC는 당사자가 단체교섭을 행하는 방법에 대해 당사자에게 지시하여야 한다(부칙 제31조 제3항). 이와 같이 CAC가 지시한 단체교섭방법은 법적인 구속력을 가진다(부칙 제31조 제4항). 「노동조합승인(단체교섭의 방법)규칙 2000」[29]에서는 단체교섭과 관련한 구체적인 방법을 규정하고 있다.

---

29) Trade Union Recognition(Method of Collective Bargaining) Order 2000, SI 2000/1300.

〈교섭절차의 확정〉

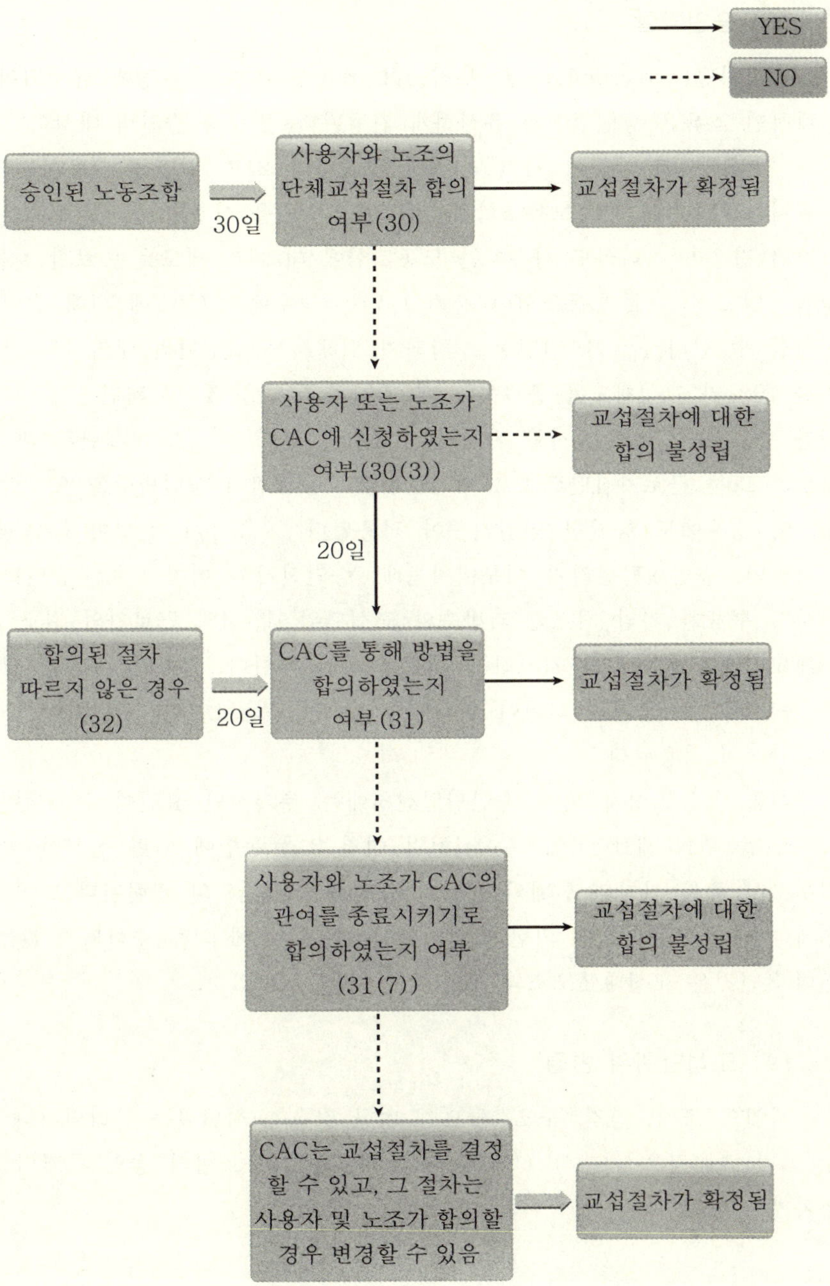
YES
NO
승인된 노동조합
30일
사용자와 노조의 단체교섭절차 합의 여부(30)
교섭절차가 확정됨
사용자 또는 노조가 CAC에 신청하였는지 여부(30(3))
교섭절차에 대한 합의 불성립
20일
합의된 절차 따르지 않은 경우 (32)
20일
CAC를 통해 방법을 합의하였는지 여부(31)
교섭절차가 확정됨
사용자와 노조가 CAC의 관여를 종료시키기로 합의하였는지 여부 (31(7))
교섭절차에 대한 합의 불성립
CAC는 교섭절차를 결정할 수 있고, 그 절차는 사용자 및 노조가 합의할 경우 변경할 수 있음
교섭절차가 확정됨

(8) 승인박탈

승인박탈(derecognition)은 부칙 A1 제 4 장 내지 제 6 장에 규정되어 있다. 전체적인 흐름은 승인절차와 유사하게 진행된다. 법령상 승인의 대상이 21인 이상이 사업장이기 때문에 과거 13주에 평균하여 21명 미만을 고용하는 경우에 사용자는 CAC에 대해 노동조합에 대한 승인박탈을 신청할 수 있다(부칙 제99조 내지 제103조). 그러한 경우가 아니라도 사용자는 노동조합에 대해 그 제도를 종료할 것을 요청할 수 있고(부칙 제104조), 노동조합이 응하지 않는 경우에는 CAC에 대해 승인박탈을 신청할 수 있다(부칙 제107조). 신청이 수락되기 위해서는 교섭단위 내의 근로자 중 최소한 10%가 교섭제도를 종료하는 데 지지하고 있을 것 및 과반수가 이러한 제도를 종료하는 것을 지지할 가능성이 있어야 한다(부칙 제110조). 교섭단위 내의 특정 근로자 또는 근로자집단도 CAC에 대하여 노동조합의 승인박탈을 요청할 수 있다. 이 경우에도 동일한 인정기준이 적용된다(부칙 제112조 내지 제114조). 신청이 CAC에 의해 수락되면, 승인박탈선거가 이루어지는데, 승인선거와 마찬가지로 승인박탈선거에서도 투표한 자의 최소한 과반수와 교섭단위 내 전체 근로자의 최소 40%가 단체교섭제도의 종료를 지지하는 투표를 하여야 한다. 그러면 CAC는 교섭제도가 중단된다는 선언을 하여야 한다(부칙 제121조). 승인박탈선거와 관련하여서도 위의 실행규칙이 적용된다.

다른 노동조합에 의한 승인박탈신청에는 추가적인 요건이 부과되어 있다. 1999년법 부칙 제101조에서는 신청일 이전 3년 동안에 관련 신청이 이루어진 경우로서 종전 신청과 현재의 신청이 동일한 교섭단위와 관련된다고 인정된 경우에는 다른 노동조합에 의한 승인박탈신청은 CAC에 의해 수락되지 않는다. 요컨대 3년간은 교섭대표노조의 교섭권이 보장될 수 있다.

(9) 교섭단위의 변경

사업의 조직, 성격, 구조, 규모가 변한 경우 교섭단위는 분리되거나 통합될 수 있다. 이 경우 아래의 그림과 같이 새로운 노동조합의 승인과 거의 유사한 절차가 진행된다.

〈교섭단위에 영향을 미치는 변화(부칙 제 3 장 관련)〉

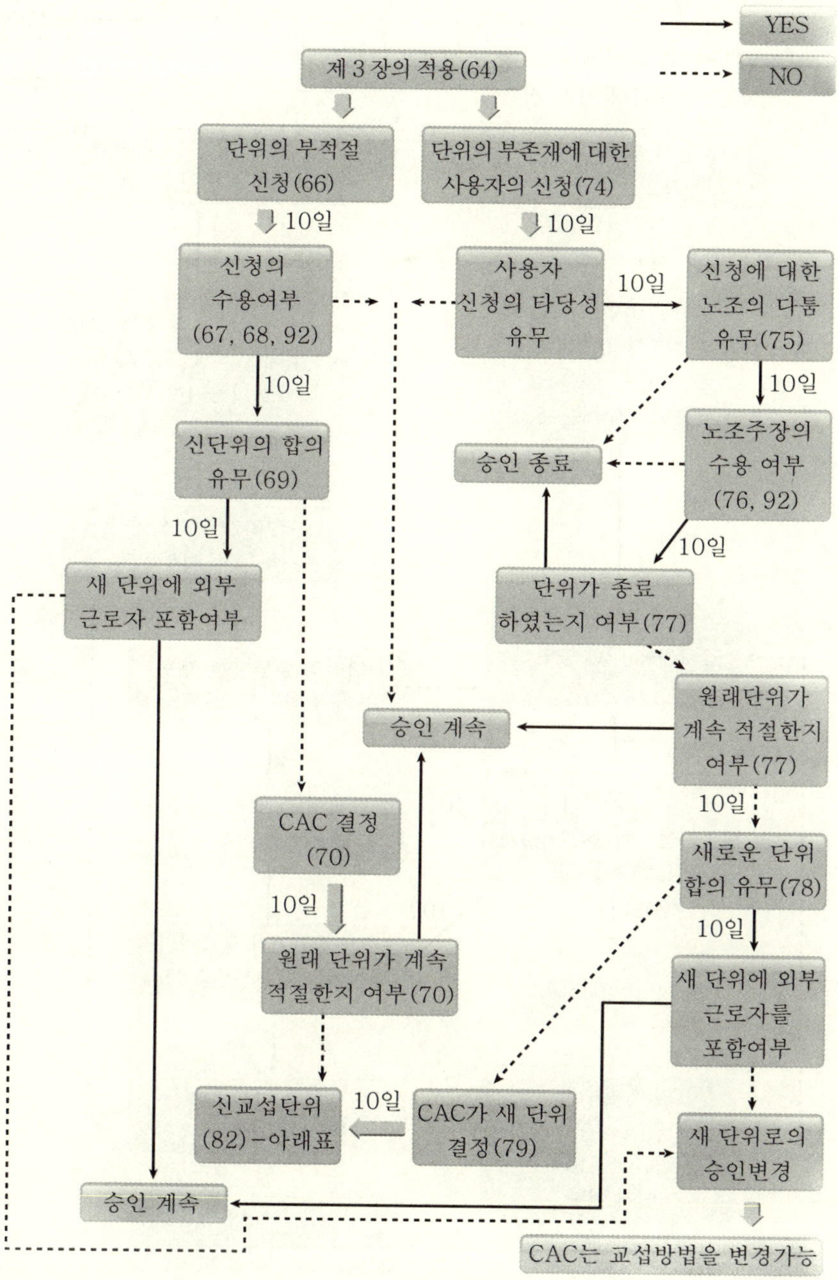

〈CAC가 새로운 교섭단위를 결정한 경우〉

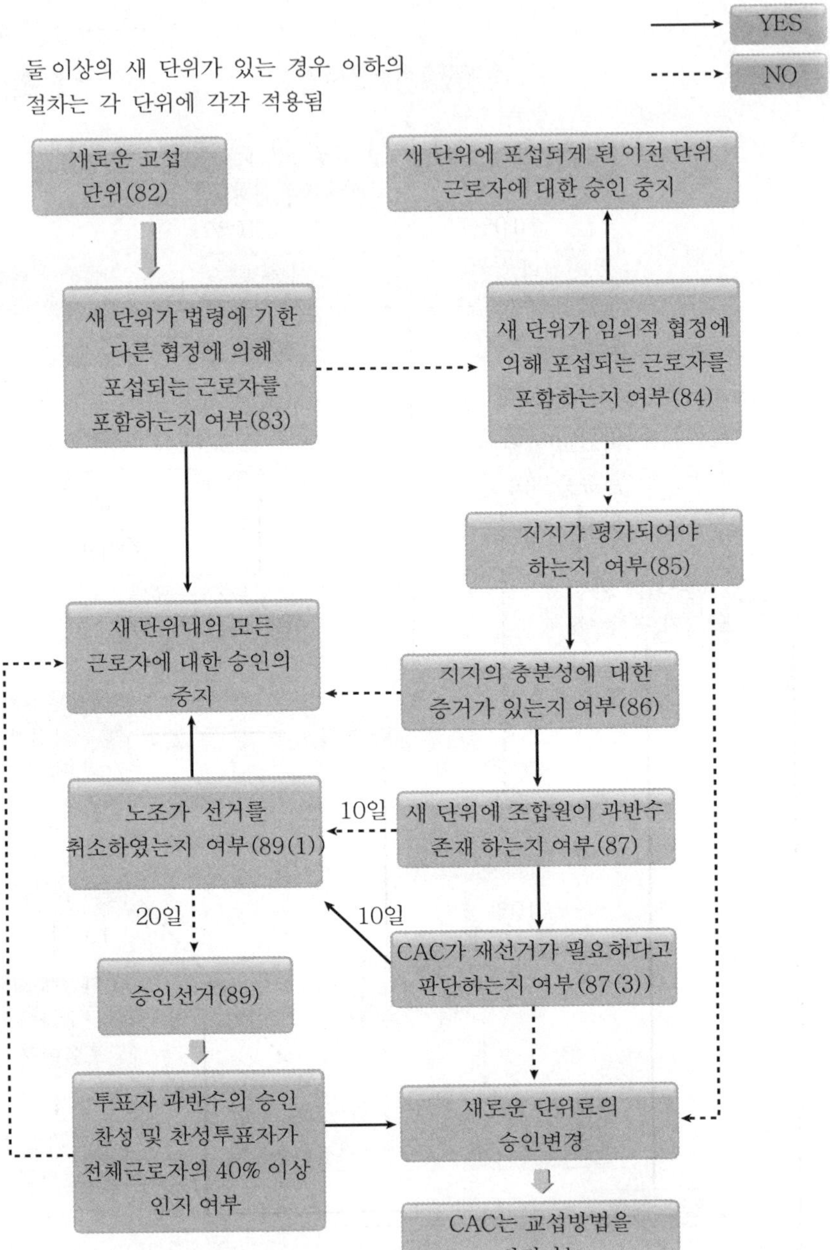

V. 영국 노동조합 승인제도의 실태와 특징

1. CAC에 의한 노동조합 승인의 실태

CAC의 2002-2003년 연간보고서에 따르면 1999년 고용관계법에 의해 노동조합에 대한 법령상 승인제도가 시행된 2000년 6월부터 2003년 3월까지 CAC에 승인신청을 한 건수는 총 255건이고, 이 중 승인신청이 CAC에 의해 수락된 건수가 150건, 수락되지 않은 것이 21건, 계류중인 것이 8건, 철회된 것이 76건이다. 수락된 승인신청 150건 중 교섭단위결정을 한 건수는 59건, 교섭단위가 노사간에 합의된 것이 56건, 미해결된 것이 4건, 철회가 30건, 신청취소가 1건이다. 교섭단위가 결정되거나 합의된 115건 중에서 승인선거가 없이 승인된 것이 23건, 선거가 행해진 것이 58건 등이다. 선거가 행해진 58건 중 노동조합 승인이 이루어진 것은 35건이고, 불승인된 것은 23건이다. 따라서 선거 유무와 관계없이 법령상 승인이 이루어진 건수는 모두 58건이다. 이 중 단체교섭방법이 CAC에 의해 명해진 것은 6건, 당사자가 합의한 것은 35건, 미해결된 것이 17건이다.

CAC의 2003-2004년 연간보고서에 따르면, 2004년 3월 31일 현재 노동조합의 승인신청건수는 361건(법시행 이후 2004년 3월 31일까지 합계. 2003-2004년 1년간은 106건) 중 수락된 것은 215건이고 수락되지 않은 것은 33건이다.[30] 수락되지 않은 33건 중 16건은 노동조합이 제안한 교섭단위 내 과반수가 노동조합을 지지할 가능성이 없다고 CAC가 판단한 결과이다. 33건 중 6건은 기존의 유효한 단체협약이 있다는 이유로 수락되지 않았다. 수락된 215건 중에서 74건은 CAC 결정에 의하여 그리고 93건의 당사자간 합의에 의하여 교섭단위가 결정되었다. 선거가 명해진 사건은 83건인데, 이 중 51건에서 노동조합이 선거에 승리하여 승인을 획득하였고, 32건은 노동조합이 패배하였다. 선거의 형식은 8건이 작업장선거, 54건이 우편선거, 두 방법을 병행한 것이 21건이다. 선거참가율은 2003년의 경우에는 75%였고, 2004년에는 80%이다. 선거없는 자동승인을 선언한 건수는 38건이다. 교섭단위변경과 관련한 신청은 1건이다. 선거에 승

30) 그 밖에 계류중인 사건 17건, 철회된 사건이 96건이다.

리(51건)하거나 자동승인(38건)에 의해 승인을 획득한 사건은 모두 89건인데, 그 중 단체교섭방법이 CAC에 의해 결정된 건수는 8건, 당사자가 합의한 것은 52건이다.[31]

CAC의 2004-2005년 연간보고서에 따르면, 2005년 3월 31일 총신청건수는 444건(2004-2005년 1년간은 83건)으로 수락된 것이 264건, 수락되지 않은 것이 50건이다. 수락된 것 중 교섭단위를 CAC가 결정한 것이 90건, 합의한 것이 122건이다. 선거없이 자동승인된 건수는 46건, 선거실시가 110건이고 그 중 70건은 노조승리, 40건은 노조패배이다. 2004-2005년 사이에는 27건의 선거가 있었는데, 그 중 19건이 노조가 승리하였고, 8건이 패배하였다. 즉 노조의 선거 승리율은 70% 정도이다. 대부분의 선거방법은 우편투표에 의해 이루어졌고, 소수에 대해서만 작업장투표방식이 이루어졌는데, 그 경우에도 투표에 참가할 수 없는 자에 대해서는 우편투표가 허용되었다.

2. 특징과 시사점

앞에서 본 바와 같이 영국에서는 1965년 설치된 이른바 Donovan위원회가 조합승인제도를 제안한 이후, 1971년 노사관계법(Industrial Relations Act 1971)에서 최초로 법령상 승인제도를 도입하였고, 1975년 고용보호법(Employment Protection Act 1975)에서 이를 확대하였으나, 대처정권에 의해 법령상 승인제도가 폐지되었다가 블레어정권에 의해 다시 도입된 것이다. 따라서 현재의 영국제도는 가장 최근에 설계된 과반수교섭제도의 모습을 보여주는 것이다.[32]

영국 노조승인제도는 노사에 의한 자율적인 승인이 원칙이고, 법령상 승인제도는 예외적인 제도이다. 실제로도 대부분의 승인은 사용자에 의한 임의적 승인으로 이루어지고, 법령상 승인이 이루어지는 비율은 낮은 편이다. 이는 사용자의 승인을 요구하는 파업이 불법인 미국과 달리 승인파업이 합법적으로 이루어지고 있는 영국의 특수성을 배경으로 하고 있다. 즉 굳이 법령상 승인제도에 의

31) 나머지 29건은 미해결상태.

32) 현행 제도를 설계함에 있어서 영국에서는 미국과 캐나다에서의 제도의 내용과 운영실태에 대하여 집중적인 연구를 하여 상당한 시사점을 얻었다고 한다(Brian Towers, Developing Recognition and Representation in the UK: how useful is the US model?, Institute of Employment Rights, 1999, 3-4면).

지하지 않아도 노동조합이 사용자에게 승인을 강제할 수 있는 자력구제방법이 존재한다는 것이다.

다른 국가의 교섭대표와 달리 영국에서는 공정대표의무가 존재하지 않는 점도 주목된다. 이는 직종별 교섭의 전통이 강고하여 교섭단위 세분화되어 있기 때문에 공정대표의무가 제기될 여지가 거의 없기 때문으로 보인다.

영국 제도에서 주목되는 점은 교섭대표선거와 관련하여 CAC의 재량권을 인정하고 있다는 점이다. 영국에서는 교섭단위가 결정되면, 노동조합이[33] 교섭단위 내의 과반수의 지지를 받고 있다고 CAC가 인정하는 경우, 일반적으로는 교섭단위 내 근로자의 과반수가 조합원인 경우에는 자동적으로 승인이 이루어진다(부칙 제22조). 그렇지 않는 경우에는 승인투표를 명하는 것이 원칙이다. 그러나 예외적으로 교섭단위 내의 과반수 지지를 노동조합이 받고 있는 때에도 CAC가 승인투표를 명하는 경우가 있다(부칙 제22조 제4항). 즉 ① CAC가 양호한 노사관계를 위해서 투표가 필요하다고 인정하는 경우(부칙제22조 제4항 (a)), ② 교섭단위 내의 조합원(근로자가 아님)의 상당수가 CAC에 대해 자신을 위하여 노동조합 또는 노동조합들이 단체교섭을 행하는 것을 원하지 않는다는 뜻을 통지한 경우(부칙제22조 제4항 (b)), 또는 ③ 조합원의 실태에서 볼 때 CAC가 교섭단위 내의 상당수의 조합원이 그들을 위하여 노동조합이 단체교섭을 행하는 것 또는 노동조합을 원하고 있는 것에 대해 의문이 있다는 결론을 내릴 수 있는 경우(제22조 제4항 (c)) 중 어떤 하나에 해당하는 경우에는 CAC는 교섭단위 내 과반수가 조합원이라도 승인투표를 명할 수 있다. 이 유형은 선거비용과 시간을 줄이면서도 민주적 정당성을 체크할 수 있다는 장점을 가지는 반면에, 노동위원회가 그 권한을 자의적으로 행사할 가능성을 배제하지 못한다는 단점을 가지고 있다고 할 수 있으나, 영국에서는 CAC의 권한 행사가 합리적으로 이루어지고 있는 것으로 노사 양측이 평가하고 있다.

---

33) 영국에서는 노동조합이 CAC에 승인신청을 하기 위해서는 우선 교섭단위 내 전체 종업원의 40% 이상의 지지를 받고 있어야 한다.

제 4 부

노동법의 새로운 과제

산별교섭과 노동쟁의조정

김 홍 영*

I. 서 론

노사 당사자간의 단체교섭이 결렬되어 노동쟁의[1]가 발생한 경우 노사자치주의의 실현을 위해서는 당해 노동쟁의를 노사관계 당사자가 자주적으로 해결하는 것이 바람직하다. 그러나 노동쟁의는 노사관계 당사자에게 손실이 발생할 뿐만 아니라 국민의 일상생활이나 국민경제에 영향을 미치기 때문에 당사자 이외의 제 3 자로 하여금 공정하고 신속하게 노동쟁의를 조정하도록 하는 것이 필요하다. 이를 위해 마련된 제도가 노동쟁의 조정제도(調整制度)이며, 노동쟁의 조정절차는 노동조합및노동관계조정법에 의해 규율되고 있다.

공적인 조정기관으로 노동위원회가 존재한다. 노동위원회를 통한 노조법상의 조정방식은 조정(調停)[2]과 중재(仲裁)[3]로 구분된다.

노동위원회의 노동쟁의 조정(調整)절차는 노사 당사자의 신청에 의하고 특히 조정(調停) 절차의 경우는 조정안이 당사자를 구속하지 않는다는 점에서 노

* 충남대학교 법과대학 교수.

1) 조정(調整)제도의 대상이 되는 노동쟁의라 함은 "노동조합과 사용자 또는 사용자단체간에 임금·근로시간·복지·해고 기타 대우 등 근로조건의 결정에 관한 주장의 불일치로 인하여 발생한 분쟁상태"를 말한다(노조법 제 2 조 제 5 호).

2) 조정(調停)은 노동쟁의 당사자의 주장을 청취하고 사실을 조사하여 조정안을 작성한 후 이를 당사자에게 수락하도록 권고하는 절차이며, 노사 당사자 모두로부터 조정안이 수락되면 조정은 성공하나 어느 일방 당사자로부터라도 조정안이 거부되면 조정은 실패하게 된다. 노동위원회는 조정이 신청되면 조정위원회를 구성하거나 또는 단독조정인을 정하여 조정 절차를 진행한다.

3) 중재는 조정(調停)과는 달리 관계 당사자를 구속하는 법률상 효력이 있는 중재재정을 내리는 절차이며, 노사 당사자는 중재재정을 거부할 수 없다. 노동위원회는 중재가 신청되면(또는 필수공익사업에서 직권으로 중재에 회부되면) 중재위원회를 구성하여 중재 절차를 진행한다.

사가 노동쟁의 분쟁을 해결하기 위하여 조력을 받는 서비스 절차로서의 의미를 갖는다.

그러나, 한편으로는 현행법상의 노동쟁의 조정절차는 쟁의행위에 대한 규제 절차로서의 의미도 아울러 갖는다.

첫째, 노사 당사자는 쟁의행위를 개시하기 이전에 노동위원회에 노동쟁의 조정 절차를 반드시 경료하여야 하는데 이를 조정전치(調整前置)제도라고 한다.[4]

둘째, 필수공익사업의 노동쟁의에 대해서는 조정이 실패한 경우 노동위원회가 직권으로 중재에 회부하여 노동쟁의를 해결함으로써 합법적으로 쟁의행위를 할 수 있는 기회를 차단할 수 있는데, 이를 직권중재제도라고 한다.

노동쟁의 조정절차의 쟁의행위 규제적인 요소로 인하여 노동위원회의 조정 업무는 관련법규에 따른 제약을 받고 있다. 예를 들면, 노동위원회가 노사 당사자의 신청을 재량적으로 거부하거나 조정절차를 재량적으로 운영할 수 있는 권한을 가지지 못하고 있다. 서비스로서의 조정이라 하여도 그 외연을 확대하려는 경우에는 노사 당사자의 합의 또는 동의가 있어야만 가능해진다.

산별교섭 구조에서의 노동쟁의 사건은 규모가 크다는 점에서 현행 노동쟁의 조정절차를 적용함에 있어 특단의 주의가 필요하다. 또한 산별교섭과 이를 보충하는 기업별교섭처럼 2중교섭이 이루어지는 경우 노동쟁의 조정절차가 복잡해질 수 있는 여지가 발생한다.

이러한 점에서 산별교섭의 경우, 특히 지부·분회의 교섭과 2중교섭이 이루어지는 경우 노동쟁의 조정업무에 있어 법적 고찰이 필요해진다.

II. 산별교섭과 조정신청

1. 산별교섭 노동쟁의 조정의 관할

노동쟁의 조정신청사건에 대한 노동위원회의 관할에 관해 노동위원회법은

4) 쟁의행위는 노동쟁의의 조정(調停) 또는 중재의 절차를 거치지 아니하면 이를 행할 수 없고, 다만 조정 신청 후 조정기간(일반사업의 경우 10일, 공익사업의 경우 15일) 내에 조정이 종료되지 아니하면 쟁의행위가 가능하다(노조법 제45조 제 2 항).

당해 관할구역에서 발생하는 조정사건은 당해 지방노동위원회의 관할로 하고 2개 이상의 지방위원회의 관할구역에 걸친 노동쟁의의 조정사건은 중앙노동위원회의 관할로 하도록 규정하고 있다(노위법 제3조).

산별교섭 구조에서 전국적으로 통일교섭이 이루어지는 경우 노동쟁의 조정사건의 관할은 중앙노동위원회가 관할 노동위원회로 되며, 특정 지역 범위 내의 산별 통일교섭 내지 지역지부별 통일교섭이 이루어지는 경우 그것이 1개 지방노동위원회의 관할 구역 내이면 당해 지방노동위원회가, 2개 이상의 지방노동위원회의 관할 구역 내이면 중앙노동위원회가 관할 노동위원회로 된다.

산별교섭이 증가함에 따라 전국적 통일교섭이나 2개 이상의 지방노동위원회 관할구역에 걸친 지역별 통일교섭이 진행된다면 그만큼 중앙노동위원회의 조정업무의 증가가 예견된다. 중앙노동위원회가 각 산업별 노사관계와 경제구조에 대한 폭넓은 이해와 전문성을 겸비한 전문조정인력을 각 산업별로 충분히 확보하여야 조정의 성공이 높아질 수 있다. 중앙노동위원회의 조정인력 인프라 구축이 긴요하다고 하겠다.

2. 다중교섭 구조에서의 노동쟁의조정

산별노조를 배경으로 하는 산별교섭이 이루어지는 것과 함께 지역지부 단위에서의 지부교섭, 사업장 지회 단위에서의 지회교섭 등 다양한 다중적인 교섭이 진행되는 경우 각 단계 교섭에서 교섭이 결렬됨으로 인해 노동쟁의의 조정이 복잡하게 신청될 여지가 발생한다. 각 교섭단위 내지 조정의 대상이 되는 노동쟁의가 일견 서로 달라 보이면서도 각 교섭단위의 내용과 결과에 따라 상호간의 영향을 미칠 수 있기 때문에 노동위원회로서는 조정의 어려움이 발생할 수 있다.

이러한 다중적인 교섭은 산별교섭의 보충교섭으로서의 지부·지회교섭이 진행되는 2중교섭의 경우가 전형적인 예가 될 수 있다. 또한 산별노조와 개별사용자간의 대각선 교섭인 기업별 개별교섭이 진행되면서 기업별 지부가 독자적으로 개별사용자간에 기업별 교섭을 진행하려는 경우처럼 다양한 국면에서 다중교섭이 발생할 수 있다. 이하에서는 산별교섭과 기업별교섭의 2중교섭을 예로 들어 노동쟁의 조정에 있어 법리적인 측면을 고찰하고자 한다.

(1) 노동쟁의의 원칙적 구별

산별교섭과 기업별교섭으로 2중교섭이 진행되는 경우 양자는 원칙적으로 별개의 교섭이며 노동쟁의도 별개의 구별되는 노동쟁의로 판단되어야 한다. 따라서 각각의 노동쟁의에 대해 조정신청이 이루어질 수 있으며, 다른 조정절차의 진행을 이유로 타방 노사 당사자나 관할 노동위원회가 조정을 거부할 수 없다.

또한 노동조합도 어느 교섭단위에 의한 교섭이 노동쟁의조정절차를 거쳤더라도 이후 별개로 진행되고 있는 교섭단위에 의한 교섭이 결렬되었다면 쟁의행위 이전에 다시 조정전치제도에 따라 당해 노동쟁의의 조정절차를 거쳐야 한다.

상이한 교섭구조에 따라 2중교섭이 이루어지는 경우 별개의 노동쟁의 사건인지 여부는 교섭주체의 측면과 교섭대상의 측면에서 검토하여 판단되어야 한다.

첫째, 교섭주체의 차이가 존재한다면 별개의 노동쟁의 사건으로 구별되어야 한다. 산별노조와 사용자단체 또는 사용자집단과의 통일적인 산별교섭과 각 기업단위에서 산별노조의 기업별지부와 개별 사용자간의 기업별교섭은 별개의 노동쟁의 사건이다.

노조의 하부단위인 지부나 분회가 주체인 단체교섭의 경우 단체교섭의 주체와 노동쟁의 조정신청의 주체는 구분하여 판단되어야 한다. 노동쟁의조정은 노조법상 설립신고를 한 노동조합만이 신청할 수 있기 때문이다(노조법 제7조 제1항). 기업별 지부·분회의 경우 노조법 시행령 제7조의 규정에 따라 설립신고된 경우만이 자신의 이름으로 노동쟁의조정을 신청할 수 있으며, 그렇지 않은 경우 본조인 산별노조의 이름으로 노동쟁의조정을 신청하여야 한다.

최근의 대법원 판례는, "노동조합의 하부 단체인 지부나 분회가 독자적인 규약 및 집행기관을 가지고 독립된 조직체로서 활동 하는 경우 당해 조직이나 그 조합원에 고유한 사항에 대해는 독자적으로 단체교섭을 하고 단체협약을 체결할 수 있고, 이는 그 분회나 지부가 노조법 시행령 제7조의 규정에 따라 그 설립신고를 했는지 여부에 영향을 받지 아니한다"[5]라는 입장을 취하고 있다. 즉, 지부·분회가 독립된 조직체로서의 실체를 가지고 활동할 경우에는 별도의 설립신고 여부와 관계없이 산별 본조의 위임 없이 교섭하고 협약을 체결할 수 있다는 것이다. 그러나 이처럼 단체교섭 및 단체협약의 주체로서 인정하는 것과

5) 대법원 2001. 2. 23. 선고 2000도4299 판결; 대법원 2002. 7. 26. 선고 2001두5361 판결.

노조법상 법정절차인 노동위원회 조정절차를 이용할 수 있는 신청권한을 인정하는 것은 별개의 문제이며, 현행 노조법은 명문으로 설립신고된 노동조합만이 조정을 신청할 수 있도록 제약하고 있다는 점에 유념하여야 한다.

한편, 개별 사용자가 설립신고된 기업별 지부와 기업별 교섭을 진행하면서 이와 별개로 산별노조로부터 대각선 교섭을 신청받은 경우, 비록 양 교섭의 사용자가 동일하고 교섭대상도 기업별 근로조건의 결정이더라도, 근로자측 교섭당사자가 다르므로 양 교섭으로부터 발생하는 노동쟁의도 별개의 노동쟁의 사건으로 파악되어야 한다.

둘째, 교섭대상의 차이가 존재한다면 별개의 노동쟁의 사건으로 구별되어야 한다. 산별교섭의 경우 산별차원에서의 통일적인 근로조건의 결정을 교섭대상으로 하고 기업별 보충교섭의 경우 기업차원에서 산별협약을 보충하는 근로조건의 결정을 교섭대상으로 하므로 별개의 노동쟁의 사건이 된다.

(2) 다면적 조정제도의 도입 필요성

산별교섭으로 산별협약이 체결된 후 이를 보충하는 보충교섭이 기업별로 진행되는 경우 기업별교섭의 노동쟁의는 기업별 노사 당사자간의 2면적 관계에서 조정을 하게 된다. 이는 산별교섭을 전제하지 않는 경우와 크게 다름이 없고 다만 산별협약이 이미 존재하고 이를 보충하는 교섭이라는 점에서 차이가 날 뿐이다.

그런데, 산별교섭이 제대로 진행되지 않으면서 산별노조의 위임을 받은 기업별지부와 개별 사용자간의 기업별 교섭이 동시에 진행되거나, 산별교섭은 산별노조가 요구하고 기업별교섭은 설립신고된 기업별 지부가 요구하여 별개로 동시에 진행되는 경우처럼 2개 이상의 교섭구조가 동시에 진행되는 다중교섭구조에서는 노동위원회가 노동쟁의를 조정함에 있어 어려움이 존재한다.

기업별 교섭의 개별 사용자는 기업별 교섭과 산별교섭이 2중적으로 진행됨으로써 근로조건을 결정함에 있어 혼란이 초래되기 때문에, 사용자는 노동조합측에게 교섭권한을 통일하여 교섭을 하도록 요구하거나 특정 교섭구조에서 교섭을 거부하고 다른 교섭구조에서만의 교섭을 고집하는 태도를 가진다.

산별교섭의 노동쟁의나 기업별교섭의 노동쟁의는 비록 법적으로 동시에 진행되는 별개의 노동쟁의겠지만, 양 교섭은 사실상 서로 영향을 받으면서 대체되거나 보충될 수 있는 관계이므로 노동쟁의의 조정에서도 총체적으로 판단하여 조정에 임하는 것이 조정의 성공을 위해 바람직할 수 있다.

그러나 현행 노동쟁의조정제도는 노사 어느 일방 당사자가 다른 별개의 노동쟁의 조정사건을 동시에 일괄하여 조정을 진행하는 방법이 도입되어 있지 못하다. 산별노조, 설립된 노조지부, 사용자단체 또는 사용자집단, 개별사용자 등의 어느 3자 혹은 4자가 관련된 노동쟁의 사건을 함께 조정하는 다면적 조정제도의 도입이 필요하다. 이러한 다면적 조정절차에서는 조정의 당사자로서 산업별노조인 본조뿐만 아니라 필요하다면 기업별 지부·분회도 참여할 수 있도록 하는 것이 적절하다.

다면적 조정제도에서는 관련된 노동쟁의 조정사건의 여러 주체들간에 있어 노동위원회가 각 교섭단위에서의 교섭 내지 노동쟁의 조정의 주체와 대상내용을 사전에 조정함으로써 각각의 노동쟁의 조정인 본조정에서 근로조건 결정에 있어 노사간의 타협의 가능성을 높일 수 있을 것이다.

Ⅲ. 산별교섭과 직권중재

필수공익사업의 쟁의행위가 공중의 일상생활이나 국민경제에 미치는 영향이 클 수 있다는 점에서 노동위원회는 필수공익사업의 노동쟁의에 대해 조정이 실패한 경우 직권으로 중재에 회부하고 중재재정을 내림으로써[6] 실제로는 합법적인 파업을 행할 기회를 차단할 수 있다. 그러나 직권중재의 회부는 노동조합의

6) "공중의 일상생활과 밀접한 관련이 있거나 국민경제에 미치는 영향이 큰" 일정 사업을 노조법은 '공익사업'이라 정하고, 그 공익사업에서의 노동쟁의에 관해 노동위원회의 특별조정위원회에 의한 조정절차를 두고 있다(노동조합및노동관계조정법 제71조 제1항, 제72조). 또한 노조법은 공익사업 중에서 "그 업무의 정지 또는 폐지가 공중의 일상생활을 현저히 위태롭게 하거나 국민경제를 현저히 저해하고, 그 업무의 대체가 용이하지 아니한 사업"을 '필수공익사업'으로 다시 분류하여 노동위원회가 직권으로 개시할 수 있는 중재절차를 두고 있다(노조법 제71조 제2항, 제74조, 제75조). 즉 특별조정위원회는 필수공익사업의 노동쟁의에 대해 조정이 성립될 가망이 없다고 인정하는 경우에는 조정기간이 만료되기 전에 그 사건의 중재회부를 당해 노동위원회에 권고할 수 있고, 노동위원회 위원장은 공익위원의 의견을 들어 그 사건을 중재에 회부할 것인가를 결정한다. 필수공익사업의 경우 노사 당사자의 신청에 의하지 않고서도 이와 같이 노동위원회 위원장이 중재에 회부한다는 결정을 하면 중재절차가 개시되므로 이를 직권중재(또는 강제중재)라 부르고 있다. 현재 직권중재가 가능할 수 있는 필수공익사업의 범위는 철도(도시철도 포함) 운송사업, 수도·전기·가스·석유정제 및 석유공급사업, 병원사업, 한국은행, 통신사업 등이다.

쟁의행위권을 제한하는 것이므로 신중한 판단이 필요하다.[7)] 노동위원회는 직권중재의 회부 여부의 판단을 위해 직권중재회부 세부기준을 만들고 이를 적용해 오고 있는바, 산별교섭의 경우 그 세부기준의 적용에 관해 구체적인 고려점들을 검토해 볼 필요가 있다.

한편, 산별교섭이 지부·지회 등의 하부단위 교섭과 함께 진행되는 다중적인 교섭구조에서는 산별교섭의 노동쟁의에 대해 직권중재에 회부되어도 다시 하부단위의 교섭이 노동쟁의조정이 이루어질 수 있으며, 그 반대의 경우도 가능하다. 이러한 경우 직권중재제도를 통해 공익보호를 위해 쟁의행위의 기회를 차단하려는 목적이 충분히 이루어지지 않는 것은 아닌가라는 의문이 제기될 수 있겠다. 이러한 점에 대해 법리적인 검토가 필요하다.

아울러 직권중재제도에 관해 입법론으로서는 그 개선 또는 폐지가 논의되고 있으므로 이러한 논의에 따라 산별교섭의 직권중재제도가 어떠한 영향을 받는지를 검토하고자 한다.

1. 산별교섭에서 직권중재회부 여부 판단

(1) 직권중재 회부의 세부기준

2003년 5월에 중앙노동위원회는 직권중재회부에 보다 신중을 기하고자 직권중재회부 세부기준을 마련하여[8)] 각 지방노동위원회에 시달하고, 노동위원회는 직권중재회부 여부를 판단함에 있어 이 세부기준을 적용하고 있다.

직권중재회부에 대한 세부기준을 마련한 배경은 직권중재회부에 보다 신중을 기하도록 함에 있다. 즉 직권중재제도는 헌법 제37조 제 2 항의 규정에 의한

7) 필수공익사업에서의 노동쟁의는 조정전치주의에 따라 조정신청을 하면 조정기간인 15일 동안 쟁의행위가 금지된다. 조정이 성립하지 않는 경우 조정기간이 만료되기 전에 중재회부권고가 이루어진다. 중재에 회부된 때에는 즉시 중재가 개시되며 노동조합은 이로부터 15일간 쟁의행위를 할 수 없게 되고, 노동위원회의 중재위원회로부터 중재재정이 내려지면 노사 당사자는 이를 받아들여야 하며, 그 위법 또는 월권에 대해서만 행정소송을 통하여 이를 다툴 수 있을 뿐이다. 그러므로 노동위원회의 조정이 실패한 노동쟁의에 대해 노동조합이 파업을 할 수 있는 기회를 상실할 수 있는 경우가 발생한다. 이로부터 직권중재제도에 의해 파업권이 박탈당하고 있지 않나 문제가 제기된다.

8) 직권중재회부 세부기준에 관해서는 중앙노동위원회, 2003. 5. 7.자 보도자료「노동위원회, 직권중재회부 신중하게 결정한다」및 첨부자료인「직권중재회부 세부기준」을 참조. 또한, 이 세부기준에 대한 상세한 설명으로는, 조오현, "직권중재회부 세부기준 해설," 중앙노동위원회, 「조정과 심판」제14호, 2003. 7, 44-52면.

기본권 제한의 법리에 따라 필수공익사업의 파업으로 공중의 일상생활 및 국민경제가 현저한 수준으로 저해되는 것을 예방하기 위한 제도이므로, 쟁의행위가 발생하더라도 공중의 일상생활을 현저히 위태롭게 하거나 국민경제를 현저히 저해하지 않을 것으로 예측되는 상황에서는 직권중재 회부를 지양하여 노동기본권 보장과 공공복리 확보를 조화시킬 수 있도록 제도 운영이 필요하다.

노동위원회가 직권중재의 회부 여부를 결정하는 세부기준 및 적용방법의 주요 내용은 다음과 같다.

첫째, 사업장의 주요업무 특성, 쟁의행위 돌입 가능성 여부, 중단되는 업무의 비조합원 및 타 사업체를 통한 수행가능성 등에 대한 노사 당사자 의견 청취를 의무화한다.

둘째, 쟁의행위에 의해 중단되는 업무범위, 중단되는 업무의 공공성, 비조합원 및 타사업체를 통한 업무의 지속가능성 등에 대한 심층 검토를 통하여 중재회부여부를 결정토록 한다.

셋째, 특히, 노사 또는 노조가 자율교섭을 통해 해결할 것을 약속하거나 쟁의행위시에도 필수업무를 유지할 것을 약속할 경우 특별조정위원회에서 조건부 권고토록 하며, 이 경우 노동위원회 위원장은 중재회부 결정을 보류하고, 노사 또는 노조의 약속 불이행 등으로 공중의 일상생활 및 국민경제를 현저히 저해한다고 판단되는 경우에 중재회부 결정토록 한다.

중앙노동위원회는 "직권중재회부 세부기준을 적용함으로써, 쟁의행위로 인해 공익침해가 다소 발생하더라도 그 피해가 쟁의권 제한이 필요할 정도로 크지 않는 상황에서는 직권중재회부를 지양하여, 최대한 노동기본권 보장과 공공복리 확보를 조화시킬 수 있도록 운영해 나갈 것"이라고 밝혔다.

실제로 이러한 새로운 세부기준을 적용함으로써 2004년 병원산업의 노동쟁의 사건처럼 필수공익사업에서 직권중재회부가 보류되어 합법적으로 쟁의행위가 가능했던 경우도 발생한다.

(2) 산별교섭의 경우 직권중재회부 세부기준의 적용

필수공익사업에서 산별교섭의 노동쟁의의 경우와 기업별교섭의 노동쟁의는 동일한 직권중재회부 세부기준이 적용됨은 물론이다. 다만, 기업별교섭과 달리 산별교섭은 교섭단위의 차이로 인하여 실제로 직권중재회부 여부에 대한 판단에 있어 다르게 판단될 여지가 크다. 이에 대해 직권중재회부 세부기준을 구성하는 요소들을 분석하면서 검토할 필요가 있다.

첫째, 사업의 특성에 따른 부분은 교섭단위의 차이에 의해 크게 다르지 않는 요소이므로 산별교섭의 노동쟁의에 대해서도 일반적인 판단 방식에 따르게 된다. 예를 들면, 사업장의 주요업무 특성, 중단되는 업무의 공공성 등의 요소이다.

둘째, 자율교섭의 가능성 여부, 쟁의행위 돌입 가능성 여부 등의 노사 주체간의 관계에 따르는 요소도 산별교섭 여부에 따라 본질적으로 차이가 나는 요소가 아니므로 산별교섭의 노동쟁의에 대해서도 일반적인 판단 방식에 따르게 된다.

셋째, 쟁의행위에 의해 중단되는 업무범위 및 중단되는 업무의 비조합원 및 타 사업체를 통한 수행 내지 지속가능성 여부, 쟁의행위시에도 필수업무를 유지할 것을 약속하는지 여부 등의 요소는 산별교섭의 경우 특별한 고려가 필요하다. 왜냐하면 산별교섭의 경우에는 교섭단위가 크므로 이에 따라 쟁의행위에 의해 중단되는 업무범위가 클 가능성이 높고, 반면 비조합원이나 타사업체를 통한 업무의 지속가능성이 낮기 때문이다.

그러므로, 일률적으로 말할 수는 없겠지만, 산별 교섭에서는 사업장별 교섭의 경우에 비해 특별조정위원회의 조정이 실패하는 경우 노동위원회가 당해 노동쟁의를 직권중재에 회부할 가능성이 높아진다.

다만, 산별교섭의 경우에도 노조가 쟁의행위의 단위를 조정함으로써 쟁의행위에 의해 중단되는 업무범위를 좁힐 수 있는 여지가 있다. 특정 사업장 또는 특정 직무에 대해서만 지명하여 파업하는 경우가 그러하다. 따라서 노동위원회는 산별교섭의 경우 노조로부터 쟁의행위의 규모와 방식 등에 관한 계획에 대해 의견 청취를 함으로써 중단되는 업무범위를 정확히 파악할 수 있어야 한다.

노동위원회는 당해 노동쟁의에 대해 계획된 쟁의행위의 범위가 작아 직권중재에 회부하여야 할 필요성이 낮다고 인정되더라도, 노사 당사자간의 교섭 과정에서 쟁의행위의 규모는 추후 확대될 여지가 있으므로, 중재에 회부하지 않는다는 결정을 내리기보다 중재회부를 보류하고 상황의 변화에 따라 유연하게 대응하는 것이 적절하다. 추후 쟁의행위의 규모가 확대될 전망이 있는 경우 보류된 중재를 다시 회부하는 결정을 내릴 수 있도록 하기 위함이다.

한편, 산별교섭의 노동쟁의에 대해 직권중재가 회부되지 않은 채 합법적인 파업이 진행되던 중 당해 파업이 공중의 일상생활이나 국민경제에 미치는 영향이 과도해 지는 경우 노동부장관은 긴급조정을 결정하여 쟁의행위를 중지시키고 중앙노동위원회를 통해 조정과 강제중재의 절차를 밟을 수도 있다는 점을 유념하여야 할 것이다.

(3) 2중교섭 체계와 직권중재회부 여부 결정

산별 단위에서 교섭 이외에도 사업장 단위의 기업별 교섭이 이루어지는 2중교섭의 경우 직권중재회부 여부의 판단상 혼란이 발생할 수 있다(이러한 2중교섭 이외에도 지역 지부단위의 교섭이 추가되어 3중교섭이 행해질 수도 있어 다양한 형태의 다중교섭이 가능하지만, 여기서는 논의의 편의상 2중교섭을 예로 설명하고자 함).

2중교섭은 전국 단위 또는 지역 단위의 산별교섭과 사업장 단위의 기업별 교섭이 동시 또는 인접한 시점에 진행되면서 (i) 양자가 각각 독립된 교섭이면서 교섭권한이 경합하는 경우, (ii) 산별교섭의 실패를 대체하여 기업별교섭이 진행하는 경우, (iii) 산별교섭을 보충하여 기업별교섭이 진행하는 경우 등 다양한 모습이 있을 수 있다.

2중교섭에서는, 예를 들면, 산별교섭에서 직권중재에 회부됨으로써 합법적인 쟁의행위의 기회가 소멸되고 있음에도 불구하고, 기업별교섭에서는 직권중재 회부가 보류되거나 회부되지 않아 합법적으로 쟁의행위가 행해지는 경우가 가능할 수 있는지가 문제될 수 있다. 또한 그 반대의 경우로서, 산별교섭에서는 직권중재에 회부되지 않았으나 기업별교섭에서는 직권중재에 회부되는 경우 쟁의행위가 가능한지가 문제될 수 있다.

이러한 문제를 해결함에 있어서는, (i) 비록 형식적으로는 상부교섭과 하부교섭의 노동조합측 주체가 산별노조로 동일하더라도, 산별교섭에서의 노동쟁의와 기업별교섭에서의 노동쟁의는 각각 그 범위가 다른 별개의 노동쟁의이고, (ii) 산별교섭의 결렬 및 조정 실패의 결과 행해지는 쟁의행위 범위와, 기업별 교섭에서의 쟁의행위 범위도 서로 다르기 때문에, 상부교섭과 하부교섭의 직권중재 회부 여부도 각각 별개로 판단함을 원칙으로 하여야 한다.

산별교섭에서 중재회부 여부를 판단함에 있어 고려되는 쟁의행위의 대상 범위, 중단되는 업무의 범위, 대체서비스로서의 지속가능성 등의 요소들은, 별도로 진행되는 기업별교섭의 중재회부 여부를 판단함에 있어 고려되는 그러한 요소들과 전혀 다르다. 그러므로 산별교섭에서의 중재회부 여부 판단 결과와 기업별교섭의 중재회부여부 판단의 결과는 서로 상이할 수도 있다.

어느 한쪽 교섭이 중재회부가 보류되거나 중재회부가 되지 않는 경우 노동조합은 합법적인 쟁의행위가 가능하지만, 그 쟁의행위의 대상은 당해 노동쟁의 사항에 국한되며 다른 교섭단위에서의 요구를 병행하여서는 안된다. 조정전치주의에 따라 조정절차가 종료된 노동쟁의와 관련하여 쟁의행위가 가능하며, 그렇지 않고 중재에 회부된 노동쟁의는 중재 회부에 의해 중재기간동안 쟁의행위가 금지되기 때문이다.

(4) 산별교섭의 단체협약(중재재정)의 보충교섭 부인하는 폐쇄적 조항

산별교섭의 단체협약이 근로조건(규범적 부분)이나 집단적 노사관계에 관한 사항(채무적 부분)을 정함에 있어 기업별교섭에 의해 보충교섭의 가능성을 스스로 부인하는 폐쇄적 조항을 두는 경우가 있을 수 있다.

이러한 조항이 있는 경우 기업별 단위에서 사용자는 재차 단체교섭의 의무를 부담하지 않으며, 임의로 기업별 교섭에 임하는 경우에도 노동조합은 쟁의행위를 할 수 없다는 점에서 일반적인 단체교섭과 다르게 된다. 기업별 교섭과 관련하여 노동쟁의 조정이 신청될 수 있지만, 조정이 실패하는 경우에도 노동조합에게는 쟁의행위권이 인정되지 않으므로 직권중재에 회부하여야 할 필요가 없다. 만약 직권중재에 회부되어 중재재정이 내려지면 그것이 산별협약의 내용을 변경하는 경우 위법·월권의 중재재정이 되므로 노동위원회로서도 직권중재에 회부할 권한이 없다고 해석된다.

한편, 산별교섭에서 직권중재에 회부되는 경우 노동위원회가 보충교섭을 부인하는 폐쇄적 조항을 담아 중재재정을 내릴 수 있는지가 문제될 수 있다. 다음과 같은 점들을 요건으로 그 가능성을 인정하여야 한다.

첫째, 산별교섭에서 노사간에 보충교섭이 가능하도록 할 것인가 아니면 보충교섭이 부인되는 종국적인 합의로 할 것인가에 대해 의견의 불일치가 있어 그 사항도 노동쟁의에 포함되어야 한다.

둘째, 산별교섭의 주체에게 보충교섭의 인정 또는 폐쇄적 조항의 배제 등과 같이 교섭권한이 미리 제약되어 있지 않아야 한다. 산별노조가 자체적인 교섭권을 가지고 산별교섭을 하는 경우와 달리 기업별단위노조들의 교섭권 위임에 의해 산별교섭이 이루어지는 경우 그러한 제한이 설정될 여지가 발생한다.

위의 두 가지 요건 중 하나를 위반하는 경우 중재재정은 위법·월권의 중재재정이 될 것이다.

2. 분할교섭에서 시기 집중 파업

산별교섭이 실패하는 경우이거나 산별협약의 보충협약 체결을 위한 보충교섭의 경우 기업별교섭으로 분할교섭이 행해진다. 이 때 노동조합은 쟁의행위 시점을 집중함으로써 단결력을 강화하고 사용자에 대한 강한 압력을 행사하려 하는 이른바 시기 집중 파업을 하는 경우도 발생한다.

시기 집중 파업은 마치 산별 수준의 총파업과 유사한 모습을 가진다. 산별교섭과 산별 수준의 총파업의 경우에도 직권중재에 회부되지 않을 가능성이 있다는 점에서 시기 집중 파업의 경우 당연히 직권중재에 회부된다고 일률적으로 판단할 수는 없다.

분할교섭에서는 시기 집중 파업과 관련하여 각 지방노동위원회가 직권중재 회부 여부를 판단함에 있어 다음과 같은 유의점이 존재한다.

첫째, 기업별 교섭의 노동쟁의에 대해 직권중재 회부 여부를 판단함에 있어 시기 집중 파업이 이루어지는지 여부를 고려하여야 한다. 노동위원회는 직권중재 회부 여부를 판단함에 있어 당해 쟁의행위가 미치는 영향과 다른 사업체를 통한 대체서비스의 가능성을 고려하여야 하는데, 시기 집중 파업은 마치 산별교섭에서의 총파업과 마찬가지로 당해 쟁의행위가 미치는 영향이 크고 다른 사업체를 통한 대체서비스의 가능성이 낮기 때문이다. 그만큼 직권중재에 회부되지 않거나 보류될 가능성은 낮아진다.

둘째, 당해 노동쟁의 사건에서 직권중재 회부 여부를 판단함에 있어 인근지역 또는 전국적인 다른 노동쟁의 사건에서 직권중재에 회부되지 않았거나 보류된 사실이 있는지 여부를 고려하여야 한다. 만약 다른 노동쟁의가 직권중재에 회부되어 있다면 당해 노동쟁의가 파업이 이루어지는 경우 미치는 영향은 낮아질 수 있지만 반대의 경우에는 파업의 시기가 집중되어 파업의 영향이 커질 수 있기 때문이다.

셋째, 노동쟁의 사건이 동시에 진행 중인 경우 각 노동쟁의 사건에 대해 총체적 견지에서 직권중재 회부 여부를 판단하여야 할지 아니면 분리해서 서로 개별적으로 직권중재 회부 여부를 판단하여야 할지를 적절히 판단하여야 한다. 한 지방노동위원회에서 관할 구역 내 수개의 노동쟁의 사건이 동시에 진행 중이라면 파업의 영향을 총체적 견지에서 판단하기 용이하므로 직권중재 회부도 동일하게 판단할 여지가 높아진다. 그러나 파업의 영향이 큰 중요 기업의 노동쟁의에 대해서는 직권중재에 회부하더라도 그렇지 않은 기업의 노동쟁의에 대해서는 개별적으로 직권중재에 회부되지 않거나 보류될 가능성도 남는다.

이처럼 시기 집중 파업이 행해지는 경우 각 지방노동위원회가 각 노동쟁의 사건마다 직권중재 회부 여부를 적절히 판단하여야 한다는 업무상 큰 부담이 존재한다. 지방노동위원회로서는 당해 노동쟁의 사건에서 파업의 영향이 일단은 적은 경우에도 장차 시기 집중 파업에 의해 파업의 영향이 확대될 수 있으므로 당해 노동쟁의 사건을 중재에 회부하지 않기보다는 중재회부를 보류하고 상황의 변화에 유연히 대응하는 것이 적절하다.

한편, 각 지노위의 노동쟁의 사건을 중앙노동위원회에 관할 집중하는 것은 그리 효율적이지 못하다. 중앙노동위원회의 조정인력(심사관 및 조정위원)은 한정되어 있고 조정기간 내지 중재기간이 단기간(각 15일)이므로, 조정 또는 중재의 단계에서 각 기업별 특유의 요구사항들까지 모두 신속히 파악하여 각 기간 내에 신속히 수행하기가 사실상 어렵기 때문이다. 중앙노동위원회는 각 지방노동위원회에 중재회부 여부를 판단함에 있어 정보의 공유와 조율을 도모하는 것이 적절하다.

시기 집중 파업과 관련하여 각 파업이 중재회부 보류 결정에 따라 합법적으로 파업이 이루어지는 경우에도 파업의 영향이 커져 동시적으로 중재회부가 될 수도 있겠다. 또한 노동부장관은 경우에 따라서는 긴급조정권을 발동하여 모든 쟁의행위를 일괄하여 중지시킬 수도 있겠다.

3. 직권중재제도의 존폐

2003년 말 노사관계제도선진화연구위원회는 「노사관계법 · 제도 선진화 방안」(이하 '선진화방안')에서 직권중재제도를 폐지하고, 공익사업 분야에 파업시

최소업무 유지의무를 부과할 것을 제안하였다.[9)]

현행 법제는 필수공익사업에서 쟁의행위권이 보장된다지만 노동위원회의 직권중재회부 결정에 의해 쟁의행위의 기회가 상실되므로 직권중재제도의 운용과정에서 노정간의 대립이 생기고 정부가 노사관계에 관여 내지 규제함이 강화되는데, 이것은 노사관계의 선진화에 어긋난다는 점, 직권중재 시 당해 사업의 모든 근로자에게 쟁의행위가 금지되므로 쟁의행위권의 과도한 제약이 될 수 있다는 점 등을 지적하고, 공익사업에서의 쟁의행위권 제약은 공익보호를 위한 목적에서 최소한의 필요·적절한 제약이어야 한다는 점에서 위와 같은 제안을 하였다.

본래 직권중재제도는 중재에 회부함으로써 쟁의행위의 시기를 봉쇄하려는 목적을 가지고 있는데, 이러한 규제적 요소는 조정의 서비스화에 모순이 된다. 직권중재제도는 쟁의행위가 발생하기 이전에 중재에 회부하여 분쟁을 강제적으로 해결하려는 취지를 가지므로, 대상이 되는 분쟁을 명확히 하여야 하고, 그 대상에 있어 직권중재절차를 위반하는 쟁의행위에 대해 불법쟁의행위로서 역시 금지하여야 한다. 직권중재절차의 규제적 요소가 그 이전 절차인 조정절차에도 그대로 적용되어야 하는데 이는 조정의 서비스화에 모순되므로, 필수공익사업에서는 조정대상의 확대, 조정전치주의의 폐지, 충분한 조정기간의 확보 등 조정의 서비스화를 위한 제도개선은 포기할 수밖에 없게 된다. 필수공익사업에서는 조정의 서비스화 개선이 실현되지 않는 결과, 조정절차의 형식화의 문제는 여전히 남게 된다.

따라서 직권중재의 대상사업의 경우 직권중재제도를 폐지함은 조정의 서비스화에 따라 조정의 분쟁해결력을 높이기 위한 중요한 관건이 된다.[10)]

선진화방안에서 필수공익사업에서의 직권중재제도를 폐지하는 대신에, 공익사업에서 파업으로 인한 공중의 피해에 대해 공익을 보호하는 방안으로는 여러

---

9) 노사관계제도선진화연구위원회, 「노사관계법·제도 선진화 방안」, 2003. 11, 96-105면 참조. 선진화방안에서는 필수공익사업 개념 및 직권중재제도를 폐지하고, 공익사업 분야에 파업시 최소업무 유지의무 부과하도록 하며, 그 방식으로 파업중에도 공익보호를 위하여 유지하여야 할 최소업무 내용을 법령에 열거하고(예로서 ▲병원의 수술·응급치료 업무 및 이를 위해 필요한 불가결한 업무 ▲은행의 주전산실 업무 ▲긴급뉴스 방송업무 등을 예시), 구체적인 범위는 사업장별로 노사간 협정으로 정하되 다툼이 있을 경우 노동위원회가 중재할 것을 제안하였다.

10) 직권중재제도에 대한 비판적 검토로서 자세히는, 김홍영, "직권중재제도의 대체적 개선 방안," 서울대노동법연구회, 「노동법연구」 제15호, 2003. 12, 285-337면 참조.

가지를 제안[11]하고 있지만, 그 중 직권중재제도 폐지의 가장 핵심적인 관건이 되는 내용은 "공익보호를 위한 최소업무 유지의무를 도입"하는 것이라 하겠다.

2006년 9월 노사정 대표자는 이른바 '노사관계 선진화 입법'에 대해 합의를 이루었는데,[12] 2008년부터는 직권중재제도를 폐지하되, 현행 필수공익사업에 혈액공급, 항공, 폐·하수처리, 증기 · 온수공급업을 추가하며, 필수공익사업에 대하여 '필수유지업무'제도를 도입하고 대체근로를 허용한다는 것을 내용으로 담고 있다. 이 합의내용은 (i) 직권중재제도를 폐지한다는 점, (ii) 필수유지업무제를 도입한다는 점(명칭을 '최소업무유지'에서 '필수유지업무'로 변경), (iii) 공익사업과 관련하여 종전보다 대체근로의 허용을 확대한다는 점 등은 대체로 2003년의 선진화방안의 기조를 유지하고 있다. 다만, 필수유지업무의 도입 및 대체근로허용이 공익사업 일반에 적용되는 것이 아니라 필수공익사업에 국한된다는 점에서 차이가 존재한다.

파업권을 사전적 · 직접적 · 전면적으로 제약하는 현행 직권중재제도를 폐지하는 대신, 부분적으로 제약하는 필수유지업무제도와 사후적 · 간접적으로 제약하는 대체노동허용으로 전환하는 것은 현행 법제도에 비교하여 보다 적절한 제한방식이라고 생각된다.

현재 노사정 합의내용에 따라 노조법 개정안이 입법예고되어 있다. 위와 같이 노조법이 개정되면 2008년부터는 직권중재제도가 폐지되므로, 산별교섭에서도 직권중재 회부 여부를 판단하는 논의가 불필요하게 된다.

Ⅳ. 산별교섭과 임의중재

1. 보충교섭 관련 임의중재의 가능성

중재는 노사 당사자 쌍방의 신청 또는 단체협약에 의하여 노사 일방의 신청

11) 선진화방안에서는 공익사업에서 파업으로 인한 공익보호 방안으로 ▲조정절차를 보완(간이조정, 조정과정 공표 등) ▲노동위원회 직권으로 조정을 개시 ▲파업시 예고의무 ▲공익보호를 위한 최소업무 유지의무를 부과 ▲대체근로를 가능 ▲필요시 긴급조정을 실시 등을 제안하였다.

12) 「노사정 합의사항」, 2006. 9. 11. 합의 주체는 노동부장관, 한국노총위원장, 한국경총회장, 대한상의회장, 노사정위원장이며, 민주노총 측은 포함되어 있지 않다.

이 있는 경우 행해질 수 있다. 이를 임의중재라 한다.

현재 노동위원회에서 임의중재가 개시되는 경우 연간 10여건 내외로 극히 드물다.[13] 노동조합의 입장으로서는 단체협약에 정해 놓은 일방 중재신청 조항이 파업의 기회를 스스로 포기한 것으로도 여겨 단체협약에 그러한 합의를 하는 경우가 매우 드물다.

임의중재 신청이 산별교섭에 어느 정도 이용되는지에 관한 자료는 없으나, 거의 이용되지 않는다고 보인다. 산별교섭은 노동쟁의의 범위가 넓고 중재의 경우 중재재정에 당사자가 구속되므로 노사 쌍방이 임의중재 신청에 대해 사전에 합의하기는 더욱 어려울 것이다.

한편, 산별교섭에 따라 산별단체협약의 체결이 확산되는 경우 산별협약을 보충하는 기업별 보충교섭에 대해 임의중재의 신청권한의 인정을 노사가 사전에 합의할 수 있는 가능성이 높아진다. 즉 산별단체협약 속에 기업별 보충교섭의 권한을 인정하면서 교섭결렬의 경우 노사 일방이 노동위원회에 중재를 신청할 수 있다는 권한을 명시하는 것이다.

사용자로서는 산별교섭에 의해 산별협약을 체결하였음에도 불구하고 또다시 기업별 보충교섭을 하고 그 과정에서 다시 파업이 행해질 수 있다는 점에 대해 부담을 가진다. 반면 노동조합으로서는 산별협약에서 기업별 보충교섭을 부인하는 약정을 하거나, 기업별 보충교섭을 인정하지만 쟁의행위권은 부정하는 약정을 한다면 보충교섭이 결렬되는 경우 어떠한 분쟁해결의 방법도 없게 되어 받아들이기 힘들어진다. 이러한 점에서 기업별 보충교섭에서는 쟁의행위권을 부정하는 대신 노동위원회에 중재 신청이 가능하도록 하는 약정을 산별협약 속에 두는 것이 노사간에 타협방안으로 선택될 수 있다.

임의중재는 당사자가 중재재정에 구속된다는 점에서 당사자에게 심정적으로 수용될 수 있는 합리적인 해결책을 제시할 수 있는 전문성을 노동위원회가 구비하여야 한다. 그렇지 못한 경우 당해 노사 당사자는 차후 임의중재의 이용에 대한 사전 합의를 도출할 수 없게 된다. 특히 산별 보충교섭에서의 중재에 대해서는 노동위원회가 중재 업무에 대한 일반적인 전문성 이외에도 당해 산업별 단계에서의 노사관계 및 당해 기업별 단계에서의 노사관계에 대해 전반적인 전문성

13) 임의중재의 신청은 2005년에 16건, 2006년도 16건이 신청되었을 뿐이다. 노동위원회, 「노동위원회연보」 제 8 호, 2006, 19면 참조.

을 아울러 갖추어야 한다. 이러한 점에서 노동위원회 위원, 심사관 등 조정인력의 전문성을 획기적으로 높일 수 있는 방안에 대해 앞으로 적극적인 모색이 필요하다.

2. 노동위원회의 중재조항의 자기 설정

노동위원회가 임의중재의 권한을 갖는 것은 노사 당사자 쌍방의 합의에 기초한다. 그런데, 과거 일방 중재신청 조항에 따라 사용자의 신청으로 중재절차를 개시한 노동위원회가 다시 일방 중재신청 조항을 존속시키는 것을 포함한 중재재정을 내려 노동조합이 파업의 기회가 계속 봉쇄당하는 문제가 제기되기도 하였다. 당해 노동쟁의의 단체교섭 과정 또는 노동쟁의 조정의 과정에서 노사 당사자 중 쌍방이 차기 단체협약에 일방 중재신청 조항의 존속에 대해 합의한 바가 없다면 노동위원회가 일방 중재신청 조항의 존속을 내용으로 하는 중재재정은 내릴 수 없다고 해석해야 한다. 그러한 중재재정 내용은 노동위원회가 스스로 자신에게 중재권한을 부여하는 것이므로 노사자치의 원칙에 어긋나는 월권이기 때문이다.

산별교섭의 노동쟁의를 중재하는 노동위원회가 중재재정의 내용 중에 기업별 보충교섭을 허용하면서 그 교섭에서의 노동쟁의에 대해 일방 당사자의 신청에 의해 노동위원회가 중재할 수 있다고 아울러 중재권한을 부여하는 것은 비록 산별교섭의 노동쟁의는 중앙노동위원회, 보충교섭의 노동쟁의는 지방노동위원회가 담당하게 되어 중재기구가 형식상 다르다고 하더라도 노사 당사자의 쌍방의 합의에 근거하지 않는 중재권한의 자기 설정이므로 마찬가지로 월권으로서 부인된다고 해석하여야 한다. 노동위원회는 중재 과정에서 보충교섭을 허용하는 경우에는 그 노동쟁의에 대해 일방 중재신청 조항을 두도록 노사 쌍방으로부터 사전 합의를 얻어야 할 것이다.

V. 산별교섭과 긴급조정

쟁의행위가 공익사업에 관한 것이거나 그 규모가 크거나 그 성질이 특별한 것으로서 현저히 국민경제를 해하거나 국민의 일상생활을 위태롭게 할 위험이 현존하는 때에는 노동부장관은 쟁의행위를 30일간 중지시키고 중앙노동위원회가 노동쟁의를 조정(강제중재 포함)하도록 하는 긴급조정의 결정을 할 수 있다.

산별교섭인 경우 노동쟁의의 규모가 크다는 점에서 쟁의행위가 현저히 국민경제를 해하거나 국민의 일상생활을 위태롭게 할 위험을 발생시킬 수 있다. 그러므로 기업별교섭에 비해 산별교섭은 그 쟁의행위가 긴급조정이 내려지게 될 가능성이 증대한다.

지금까지는 필수공익사업의 산별교섭에서 노동쟁의에 대해 직권중재가 가능하였지만, 노조법 개정안에 따르면 2008년부터는 직권중재제도가 폐지됨으로써 쟁의행위가 합법적으로 가능해진다. 필수유지업무가 도입되어 노사 당사자는 쟁의행위 중에도 필수유지업무를 계속 유지해야 할 의무가 인정되는데, 필수유지업무가 제대로 유지되지 않는 경우 쟁의행위에 대해 긴급조정을 내려야 할 필요성이 급속하게 인정될 수 있다. 또한 필수유지업무가 노사 당사자에 의해 유지되고 있더라도 쟁의행위가 장기간 지속됨으로 인해 점차 "현저히 국민경제를 해하거나 국민의 일상생활을 위태롭게 할 위험이 현존"하는 정도에 이를 수 있으며, 이 때에는 노동부장관은 긴급조정을 내릴 수 있게 된다.

긴급조정은 쟁의행위를 중단시키고 중앙노동위원회가 조정을 시도하다가 그것이 실패하는 경우 직권으로 중재에 회부하여 중재재정으로 강제로 노동쟁의를 해결시키는 점에서 노사자치 원칙에 어긋나는 측면이 있다. 그렇지만 공공의 이익을 확보하기 위해 쟁의행위권을 사후적으로 최후적으로 제한하려는 것이므로 나름대로의 정당성이 인정되는 측면을 부인할 수 없다.

필수공익사업의 노사 당사자는 쟁의행위 시에도 필수유지업무를 유지하여야 함은 물론, 긴급조정이 내려져야 하는 단계에 이르기 이전에 가능한 한 노동쟁의를 자주적으로 해결하도록 노력하는 것이 노사자치와 노사관계의 안정을 이루는 기초가 될 것이다.

Ⅵ. 결 론

산별교섭이 증가함에 따라 중앙노동위원회의 조정업무의 증가가 예견되므로 중앙노동위원회의 조정인력 인프라 구축이 긴요하다고 하겠다. 중앙노동위원회가 각 산업별 노사관계와 경제구조에 대한 폭넓은 이해와 전문성을 겸비한 전문조정인력을 각 산업별로 충분히 확보하여야 조정의 성공이 높아질 수 있다.

산별노조를 배경으로 하는 산별교섭이 이루어지는 것과 함께 지역지부 단위에서의 지부교섭, 사업장 지회 단위에서의 지회교섭 등 다양한 다중적인 교섭이 진행되는 경우 각 단계 교섭에서 교섭이 결렬됨으로 인해 노동쟁의의 조정이 복잡하게 신청될 여지가 발생한다.

산별교섭과 기업별교섭으로 2중교섭이 진행되는 경우 양자는 원칙적으로 별개의 교섭이며 노동쟁의도 별개의 구별되는 노동쟁의로 판단되어야 한다. 따라서 각각의 노동쟁의에 대해 조정신청이 이루어질 수 있으며, 다른 조정절차의 진행을 이유로 타방 노사 당사자나 관할 노동위원회가 조정을 거부할 수 없다. 또한 노동조합도 어느 교섭단위에 의한 교섭이 노동쟁의조정절차를 거쳤더라도 이후 별개로 진행되고 있는 교섭단위에 의한 교섭이 결렬되었다면 쟁의행위 이전에 다시 조정전치제도에 따라 당해 노동쟁의의 조정절차를 거쳐야 한다.

2개 이상의 교섭구조가 동시에 진행되는 다중교섭구조에서는 노동위원회가 노동쟁의를 조정함에 있어 어려움이 존재한다. 산별교섭의 노동쟁의나 기업별교섭의 노동쟁의는 비록 법적으로 동시에 진행되는 별개의 노동쟁의이겠지만, 양 교섭은 사실상 서로 영향을 받으면서 대체되거나 보충될 수 있는 관계이므로 노동쟁의의 조정에서도 총체적으로 판단하여 조정에 임하는 것이 조정의 성공을 위해 바람직할 수 있다. 그러므로 산별노조, 설립된 노조지부, 사용자단체 또는 사용자집단, 개별사용자 등의 어느 3자 혹은 4자가 관련된 노동쟁의 사건을 함께 조정하는 다면적 조정제도의 도입이 필요하다. 다면적 조정제도에서는 관련된 노동쟁의 조정사건의 여러 주체들간에 있어 노동위원회가 각 교섭단위에서의 교섭 내지 노동쟁의 조정의 주체와 대상내용을 사전에 조정함으로써 각각의 노동쟁의 조정인 본조정에서 근로조건 결정에 있어 노사간의 타협의 가능성을 높일 수 있을 것이다.

산별 단위에서 교섭 이외에도 사업장 단위의 기업별 교섭이 이루어지는 2중교섭의 경우 직권중재회부 여부의 판단상 혼란이 발생할 수 있다. (i) 산별교섭에서의 노동쟁의와 기업별교섭에서의 노동쟁의는 각각 그 범위가 다른 별개의 노동쟁의이고, (ii) 산별교섭의 결렬 및 조정 실패의 결과 행해지는 쟁의행위 범위와, 기업별 교섭에서의 쟁의행위 범위도 서로 다르기 때문에, 상부교섭과 하부교섭의 직권중재 회부 여부도 각각 별개로 판단함을 원칙으로 하여야 한다.

분할교섭에서 시기 집중 파업에 관하여서는 기업별 분할교섭에서의 시기 집중 파업과 관련하여 각 지방노동위원회가 직권중재 회부 여부를 판단함에 있어 (i) 시기 집중 파업의 여부 및 인근 지역 또는 전국적인 다른 노동쟁의 사건에서 직권중재 미회부 또는 보류된 사실 여부 등을 고려하여야 하며, (ii) 동시에 진행중인 각 노동쟁의 사건에 대하여 총체적 견지에서 직권중재 회부 여부를 판단하여야 할지 아니면 분리해서 서로 개별적으로 직권중재 회부 여부를 판단하여야 할지를 적절히 판단하여야 한다. 지방노동위원회로서는 당해 노동쟁의 사건에서 파업의 영향이 일단은 적은 경우에도 장차 시기 집중 파업에 의해 파업의 영향이 확대될 수 있으므로 당해 노동쟁의 사건을 중재에 회부하지 않기보다는 중재회부를 보류하고 상황의 변화에 유연히 대응하는 것이 적절하다.

2006년 9월 노사정 대표자는 이른바 '노사관계 선진화 입법'에 대해 합의를 바탕으로 노조법 개정안이 입법예고 되어 있는데, 2008년부터는 직권중재제도를 폐지하고 필수공익사업에 대하여 '필수유지업무'제도를 도입하는 것을 내용으로 담고 있다. 직권중재제도가 폐지된다면 산별교섭에서 직권중재 회부 여부를 판단하는 논의가 불필요하게 된다.

산별교섭에 따라 산별단체협약의 체결이 확산되는 경우 산별협약을 보충하는 기업별 보충교섭에 대해 임의중재의 신청권한의 인정을 노사가 사전에 합의할 수 있는 가능성이 높아진다. 즉 산별단체협약 속에 기업별 보충교섭의 권한을 인정하면서 교섭결렬의 경우 노사 일방이 노동위원회에 중재를 신청할 수 있다는 권한을 명시하는 것이다. 기업별 보충교섭을 인정하고 보충교섭에서는 쟁의행위권을 부정하는 대신 노동위원회에 중재 신청이 가능하도록 하는 약정을 산별협약 속에 두는 것이 노사간에 타협방안으로 선택될 수 있다.

산별교섭의 노동쟁의를 중재하는 노동위원회가 중재재정의 내용 중에 기업별 보충교섭을 허용하면서 그 교섭에서의 노동쟁의에 대해 일방 당사자의 신청에 의해 노동위원회가 중재할 수 있다고 아울러 중재권한을 부여하는 것은 노사 당사자의 쌍방의 합의에 근거하지 않는 중재권한의 자기 설정이므로 월권으로서 부인된다. 노동위원회는 중재 과정에서 보충교섭을 허용하는 경우에는 그 노동쟁의에 대해 일방 중재신청 조항을 두도록 노사 쌍방으로부터 사전 합의를 얻어야 할 것이다.

산별교섭인 경우 노동쟁의의 규모가 크다는 점에서 쟁의행위가 현저히 국민경제를 해하거나 국민의 일상생활을 위태롭게 할 위험을 발생시킬 수 있다. 그러므로 기업별교섭에 비해 산별교섭은 그 쟁의행위가 긴급조정이 내려지게 될 가능성이 증대한다. 2008년부터는 직권중재제도가 폐지되는 경우, 필수유지업무가 도입되어 노사 당사자는 쟁의행위 중에도 필수유지업무를 계속 유지해야 할 의무가 인정되는데, 필수유지업무가 제대로 유지되지 않는 경우 쟁의행위에 대해 긴급조정을 내려야 할 필요성이 급속하게 인정될 수 있다. 또한 필수유지업무가 노사 당사자에 의해 유지되고 있더라도 쟁의행위가 장기간 지속됨으로 인해 점차 긴급조정을 내려야 할 필요성이 인정될 수도 있다. 필수공익사업의 노사 당사자는 쟁의행위 시에도 필수유지업무를 유지하여야 함은 물론, 긴급조정의 내려져야 하는 단계에 이르기 이전에 가능한 한 노동쟁의를 자주적으로 해결하도록 노력하는 것이 노사자치와 노사관계의 안정을 이루는 기초가 될 것이다.

노동위원회로서도 산별교섭 관련 노동쟁의에서 서비스로서의 조정이 성공할 수 있도록 전문성을 더욱 강화하여야 할 것이다.

전자노동감시의 법적 규제

김 인 재*

Ⅰ. 머 리 말

정보통신기술의 발달에 따른 전자감시 시스템이 급속히 확산되면서 우리의 사생활과 프라이버시가 끊임없이 위협받고 있다. 시간과 장소를 가리지 않고 자신도 모르는 사이에 일거수 일투족을 감시당하고 있다. 어떤 때는 알면서도 정보통신기술이 가져다주는 편익에 빠져 사생활과 프라이버시의 노출을 감수하기도 한다. 예를 들어 은행에 설치된 비디오 카메라는 범죄 용의자뿐만 아니라 일반시민도 감시하고 있다.

또 전자감시 시스템에 의한 개인의 사생활과 프라이버시의 위협은 작업장에서 더욱 심각하게 진행되고 있다. 작업장 곳곳에 설치된 카메라, 모니터, 바코드, 전자카드 및 이와 결합된 실시간의 데이터베이스 시스템은 작업장을 사실상 거대한 전자감시의 공간으로 변모시키고 있다. 근로자들의 모든 노동과정이 전자감시 시스템에 의해 완벽히 통제되고 있다.

이와 같이 감시가 필요한 부분에 대해서는 시간과 장소를 가리지 않고 포괄적인 범위에서 전자감시의 영역이 확장되고 있다. 작업장뿐만 아니라 일상생활의 모든 영역에 걸쳐 확장되는 정보네트워크는 그 자체가 거대한 시스템이며, 우리가 접하는 구체적인 정보기술의 하드웨어와 소프트웨어는 언제든지 그 시스템의 촉수이자 단말장치로 전환될 수 있게 되었다. 이러한 상황에서 개인의 사생활과 프라이버시는 증발될 수밖에 없을 것이다. 우리의 생활공간과 노동공간 자체가 이미 '판옵티콘'(panopticon)[1]으로 변모하고 있다.

---

* 상지대학교 법학부 교수.

1) 판옵티콘은 1791년 영국의 철학자이자 법학자인 벤담(Jeremy Bentham)이 죄수를 효과적

그러나 전자감시 시스템의 영역이 대폭 확장되어 인권과 프라이버시가 위협받고 있음에도 시민들과 근로자들은 이에 대해 별다른 대응 수단을 확보하지 못하고 있다. 특히 나날이 확산되고 있는 작업장의 전자감시 문제에 대한 사회적·법적 차원의 대응노력은 매우 취약하다. 선진국들의 경우 이미 20여 년 전부터 작업장 감시실태에 대한 체계적인 조사에 기초하여 이에 대한 인권적·법적 차원의 대응방안들을 구체적으로 모색해 왔으나, 우리의 경우에는 이제 문제제기 차원의 초보적 대응수준에 머물고 있다. 하지만 일부 사업장에서는 전자정보 시스템에 의한 프라이버시와 노동인권의 침해가 근로자들의 저항을 불러일으킴으로써 전자노동감시가 중요한 노동현안의 영역으로 들어와 있다.

여기서는 근로자들의 사생활과 프라이버시의 보호를 위하여 사업장에서의 전자노동감시에 대한 법적 검토와 그 규제방향을 모색하고자 한다. 이를 위해서 먼저 전자노동감시의 개념, 유형 및 이용실태, 우리의 법적 규제에 참고가 될 수 있는 국제기준과 외국의 입법례를 살펴보기로 한다.

Ⅱ. 전자노동감시 시스템의 개관

1. 전자노동감시의 개념

자본주의사회에서 사용자는 생산과정에 있어서 노동생산성의 극대화를 위해

으로 교화할 목적으로 고안한 원형감옥을 의미하며, '모두'를 뜻하는 'pan'과 '본다'는 뜻의 'opticon'의 합성어이다. 번역하면 '모두 다 본다'는 뜻이다. 이 감옥은 중앙의 원형공간에 높은 감시탑을 세우고, 중앙 감시탑 바깥의 원 둘레를 따라 죄수들의 방을 만들도록 설계되었다. 또 중앙의 감시탑은 늘 어둡게 하고 죄수의 방은 밝게 해, 중앙에서 감시하는 감시자의 시선이 어디로 향하는지를 죄수들이 알 수 없도록 되어 있다. 이렇게 되면 죄수들은 자신들이 늘 감시받고 있다는 느낌을 가지게 되고, 결국은 죄수들이 규율과 감시를 내면화해서 스스로를 감시하게 된다는 것이다. 이와 같이 판옵티콘은 감시자 없이도 죄수들 자신이 스스로를 감시하는 감옥을 말하며, 학교, 공장, 병원, 감옥 등에서 한 사람이 모든 것을 감시하는 체계를 뜻한다.

판옵티콘은 벤담이 설계한 뒤 주목을 받지 못하다가 1975년 프랑스의 철학자 푸코(Michel Foucault)가 그의 저서「감시와 처벌(Discipline and Punish)」에서 판옵티콘의 감시체계 원리가 사회 전반으로 파고들어 판옵티시즘(panopticism)으로 바뀌었음을 지적하면서 새로운 주목을 받기 시작하였다. 푸코는 정보인권을 침해할 소지가 있는 정부의 컴퓨터 통신망과 데이터베이스를 판옵티콘에 비유했다. 푸코는 개인의 일거수 일투족에 관한 모든 자료가 저장되는 데이터베이스가 마치 판옵티콘이 죄수들을 감시하듯이 출산부터 죽음에 이르기까지 대중을 통제하고 관리하는 전체주의적 권력의 도구로 잘못 사용될 가능성에 주목한 것이다.

서 뿐만 아니라 근로자들의 집단적인 저항을 억제하기 위해 노동통제의 수단을 적극적으로 도입·활용하게 된다. 과거 산업화시대에는 작업현장에서의 감독·감시가 주로 관리자 또는 현장감독자들을 통하여 가시적인 방식으로 수행되었던데 비하여, 오늘날에는 정보통신기술(Information-Communication Technology, ICT)의 급속한 발달에 따라 작업현장에 전자적 기술 또는 장비에 의한 '전자노동감시(electronic labor surveillance)'[2)]가 새롭게 등장·확산되고 있다.

전자노동감시의 개념에 대해서는 다양한 언급이 있다. 예를 들어, "근로자들의 생산활동 및 직장 내의 생활에 관한 정보를 컴퓨터 등의 정보통신기술을 활용하여 수집·저장·분석·기록하는 행위,"[3)] "근로자의 행동과 의식, 태도와 직무성과 등이 디지털신호체계로 포착되어 정리·분류·비교·평가되는 일련의 감독체제"[4)] 또는 "근로자들의 직무수행과 일상활동에 관한 정보를 컴퓨터 등의 정보통신기기를 활용하여 수집·저장·분석·기록하는 행위"[5)] 등이 그것이다. 여기서는 "사용자의 재산권 보호와 노동력 통제력 강화를 위해 정보통신기술에 의존하여 작업장 안팎에서 근로자들의 작업활동, 생활태도 그리고 의식성향에 대한 음성·영상·(컴퓨터)데이터정보를 취득·수집·전송·저장·가공·분석하는 사용자의 모든 행위"[6)]를 전자노동감시로 이해한다.

전자노동감시는 그 대상이 되는 근로자의 프라이버시를 중심으로 살펴보면 근로자의 신체·개인행동·의사소통행위·신상정보 등을 포괄하고 있다. 신체상의 소극적·가시적 제약이었던 기존의 노동통제와 비교할 때, 전자노동감시는 정보통신기술의 이용을 통해 근로자의 노동·직무 정보를 제공·활용함으로써 업무수행에 대한 능동적 통제를 가능케 한다는 점에서 큰 차이가 있다.

---

2) 근로자들에 대한 사용자의 감시행위의 영문표기로 'monitoring'과 'surveillance'가 혼재되어 사용되고 있다. ILO, *Conditions of Worker's Privacy,* Vol. 12, No. 3, 1993은 monitoring을 직무수행 및 결과에 대한 협의의 감시로 정의한 한편, surveillance를 작업장 내에 근로자들의 전반적 근로활동 및 직장생활에 대한 포괄적인 감시활동으로 대비하고 있다. 또한, 이 ILO보고서에는 감시행위의 공개성 여부에 따라 공개적인 감시활동에 대해 monitoring의 개념을 사용하고, 비밀스런 감시활동에 대해서는 surveillance의 표현을 사용하기도 한다.

3) 권순원, "전자 정보적 감시와 노동통제,"「민변 정책토론회 자료집」, 1998.

4) 김영권, "한국에서의 전자감시적 노동통제에 관한 사례연구,"「2004 산업사회학회 춘계학술대회 발표문」, 2004.

5) Jankanish, Michele, "Monitoring and Surveillance in the Workplace: Privacy Issues in an International Perspective," *Conditions of Worker's Privacy,* Vol. 12, No. 3, ILO, 1993.

6) 이병훈·김성종, "전자감시와 근로자 반응: A은행 콜센터 사례연구,"「산업노동연구」제10권 제2호, 2004.

2. 전자노동감시의 유형

전자노동감시는 감시의 목적, 감시의 대상, 감시의 수단과 같은 기준에 따라 몇 가지 유형으로 분류할 수 있다.[7)]

(1) 감시의 목적(Why)

사용자들은 다음과 같은 목적에서 전자노동감시를 행하게 된다: ① 업무생산성을 제고하기 위한 작업공정의 통제강화, ② 생산설비 및 자재의 도난방지와 기업정보의 유출방지, ③ 사업장 내 안전사고의 사전 예방과 사후 신속대처, ④ 기업내 컴퓨터시스템 및 생산설비에 대한 개인적 유용 방지 및 장애발생 행위 차단, ⑤ 근로자의 개인적 또는 집단적 반기업활동 및 불법행위(조직규율 위반 행동)에 대한 규제, ⑥ 업무성과의 객관적 측정 및 보상연계, ⑦ 대고객 서비스 품질 개선 등이 그것이다. 이러한 전자노동감시가 추구하는 다양한 목적은 사용자의 재산권 보호 및 노동력에 대한 통제강화로 요약될 수 있다.

(2) 감시의 대상(What)

전자노동감시의 대상은 감시영역과 감시대상범주 그리고 구체적인 대상물로 나누어 볼 수 있다. 감시영역은 주로 작업현장 및 주변 사업장 부대공간이 되지만, 노조활동과 관련하여 작업일과 이후 근로자들의 활동 및 생활공간에 대한 감시활동이 전개될 수도 있다. 감시대상범주로는 근로자들의 작업활동 및 그 직무성과, 직무태도 및 생활방식 그리고 의식성향과 가치관 등이 포함될 수 있다. 감시대상물로는 근로자들로부터 의식적으로 수집될 수 있는 음성, 영상, (컴퓨터) 데이터정보들이 모두 포함되는바, 구체적인 예로는 전화통화기록, 음성녹취록, E-mail 메시지, 컴퓨터파일, 폐쇄회로 감시영상, 인터넷접속기록, 근무태도 및 생산활동관리 컴퓨터데이터 그리고 위성위치추적 데이터 등을 열거할 수 있다.

(3) 감시의 수단(How)

전자노동감시는 개념정의에서 공통적으로 지적되듯이 정보통신기술이 핵심

---

7) 국가인권위원회, 「사업장 감시시스템이 노동인권에 미치는 영향」(2005년도 인권상황실태조사 연구보고서), 2005, 24-26면 참조.

수단으로 활용되고 있다. 전자감시기술은 첫째, 관찰 · 감시자의 노출 없이 감시대상의 개인정보를 다량 수집할 수 있는 기술요소, 둘째, 통신네트워크를 통해 정보전송을 통해 공간을 초월한 정보공유를 가능케 하는 기술요소, 셋째, 분산된 개인신상정보를 연결 · 통합하여 관리하는 체계적인 DB를 구축할 수 있는 기술요소 등로 구성되어 있다.[8] 이러한 기술요소들이 반영된 전자감시기술로는 폐쇄회로(Closed Circuit, CC) TV, 전자ID카드, RF카드, 인터넷 및 이메일 이용통제 관리시스템, 전화 및 감청 설비, 전화모니터링시스템, 위성위치추적장치(GPS), 생체인식기(예: 정맥, 지문, 홍채, 얼굴, 음성, 서명, 유전자감식) 그리고 생산라인 관리시스템(예: ERP) 등을 꼽을 수 있다.

그 외에 감시방식에 따라 ① 시청, 도청을 통한 행동 통제, ② (기업주나 생산성에 반하는) 증거물 수집, ③ 종업원 및 장비, 부품의 경로, 위치, 출납, 수량 파악, ④ (노조 등) 근로자 조직 활동 방해, ⑤ 특정인에 대한 미행 및 감시 등으로 나눌 수 있다.

3. 전자노동감시의 기술과 이용실태

(1) 전자노동감시의 기술

국내에서 사용되고 있는 주요 전자감시 시스템에는 영상시스템(CCTV, 몰래카메라), 위치추적시스템(GPS, 핸드폰 위치추적 등), 전자카드, 생체인식기 등이 있으며, 최근에는 업무용 개인컴퓨터, 이메일, 전화 등에 대한 무단 열람, 도·감청도 증가하고 있고, 생산라인관리시스템(ERP 등)도 노동감시 시스템으로 활용되고 있다.

1) CCTV

전자노동감시에서 가장 대표적으로 폭넓게 이용되고 있는 것이 폐쇄회로 카메라(CCTV)이다. CCTV는 단순한 촬영 · 녹화에서 통합 출입관리 시스템으로 이동하고 있다. 또한 기록장치도 아날로그 테이프에서 DVR(Digital Video Recorder)로 변화하고 있다. DVR의 경우 테이프를 바꾸어 끼울 필요도 없고 방대한 용량의 녹화가 가능하며 자유로이 편집하여 활용할 수 있으며, 사용자측이

---

8) 조돈문, "정보화와 노동과정의 변화: 자본의 전략적 선택과 딜레마,"「산업노동연구」제 2권 제 2 호, 1996.

저렴한 비용으로 감시효과를 거둘 수 있다는 점에서 많이 이용하고 있다.

2) RF-ID 카드

시설 내지 사업장의 출입카드를 넘어서 개인의 신상정보를 내장한 RF(Remote frequency) ID 카드는 다기능 학생증·교통카드, 유통업계 RF-ID, 출입통제·근태관리 시스템 등으로 갈수록 그 사용 범위를 넓혀가고 있다. ID 카드는 사양에 따라 다양한 시스템이 구축된다. 가장 단순한 독립형 시스템의 경우 단순히 출입통제의 목적으로만 사용되며, 제품에 따라 비밀번호 혹은 카드를 이용하여 출입할 수 있다. 중대규모 시스템의 경우 분산제어 방식으로 출입자의 출입 레벨을 정하여 출입지역, 출입시간 등을 설정하여 운영할 수 있으며, 각종 시스템에 연계하여 사용할 수 있고(센서, 화재, CCTV 등등), 각 출입문의 원격제어 및 출입자의 모든 현황을 중앙에서 감시할 수 있도록 설계되기도 한다. RF-ID와 CCTV 등 감시시스템은 통합되어 유기적으로 활용되기도 한다.

3) ERP

ERP(Enterprise Resource Planning; 全社的 자원관리시스템)는 기업활동을 위해 쓰이는 기업 내의 모든 인적·물적 자원을 효율적으로 관리하여 궁극적으로 기업경쟁력을 강화시켜주는 역할을 하게 되는 통합정보시스템(고기능성 기업용 소프트웨어)을 말한다. 따라서 ERP는 급변하는 경영환경 변화와 정보기술의 발전에 필사적으로 대응하려는 경영자들의 고민을 해결시켜주는 최상의 솔루션이라 할 수 있다. 그러나 다른 한편에서 ERP는 정보기술시스템에 의한 인적·물적 자원의 효율적 관리를 추구하는 과정에서 그 만큼 근로자들의 노동강도를 강화하고 현장의 관리통제시스템을 강화시키는 역할을 한다.

4) 생체인식

생체인식기술은 사람의 신체를 신분식별 수단으로 활용한다. 그 수단은 유전정보를 담은 DNA부터, 얼굴, 홍채, 망막, 지문, 손등혈관, 손금은 물론 귀와 혀까지 다양하다. 가장 정확한 정보는 물론 DNA이지만, 신원을 그 자리에서 증명하는 데에는 홍채가 빠르고 정확하며,[9] 최근 3차원 얼굴인식기술[10]도 새롭게

9) 홍채의 주름 모양은 생후 18개월쯤 완성된 이후엔 거의 변하지 않으며 지문보다 식별력도 더 뛰어나다. 국내에선 1m 가량 떨어진 사람도 식별할 정도의 인식기술이 개발돼 있다.

10) 사람의 얼굴이 비치는 각도와 얼굴 표정이 달라도 같은 사람이라는 것을 인식할 수 있어야 하기 때문에 매우 까다로운 기술로 통한다. 사람의 눈 끝, 입 끝, 콧구멍 등 여러 얼굴 부위의 위치를 좌표로 인식한 뒤에 그 각도와 거리 등을 계산해 사람을 식별하는 방식이다.

주목받고 있다. 이러한 생체정보는 유출되면 복구가 힘들기 때문에 개인정보들 가운데에서도 가장 중요하고도 민감한 정보라고 할 수 있다.

생체인식기술 역시 출입통제와 근태관리를 위하여 RF-ID나 CCTV와 결합되어 사용되는 경우가 많다. 또 CCTV, RF-ID, 생체인식 등의 감시시스템은 인사, 급여, ERP 시스템에 자동으로 연계되어 활용된다.

5) 인터넷 이용 모니터링 및 체킹

노동조합 활동과 관련된 특정한 사이트의 접속을 차단하거나 인터넷 서핑을 아예 못하게 하여 근로자들의 조직활동을 방해하는 것은 기본적인 노동통제 방식의 하나다. 더 나아가 사용자들은 일반 직원들의 인터넷 사용을 감시하고 검사한다. 그 감시에는 인터넷 사이트 서핑 내역은 물론 이메일로 주고받는 내용, 메신저로 주고받는 내용까지 모두 포함된다. 또 회사는 직원들의 이메일 박스와 하드디스크 그리고 컴퓨터의 사용을 감시하고 제어하기도 한다. 직원들의 컴퓨터 작업화면을 그대로 모니터링 하거나 메신저 대화내용을 체킹하는 프로그램을 그룹 차원에서 설치한 회사들도 있다.

6) GPS

GPS(global positioning system)는 지구상 모든 곳의 위치정보를 제공하는 장치다. 즉 비행기, 선박, 자동차뿐만 아니라 세계 어느 곳에서든지 인공위성을 이용하여 자신의 위치를 정확히 알 수 있는 시스템이다.[11] 또 휴대폰 전화기술의 발달로 휴대폰을 이용한 위치추적 프로그램도 더욱 정교해지고 있다.

이러한 위치추적시스템은 개인이나 사물의 위치를 파악하여 그 개인의 활동영역과 활동내역을 파악하거나 추측할 수 있다. 이처럼 개인의 활동영역과 활동내역이 파악되는 경우에는 그 정도에 따라 개인의 행동의 자유와 양심의 자유가 심각하게 침해될 가능성이 있다. 그리고 개인의 위치정보를 영리적으로 활용하기 위하여 개인의 위치정보를 수집・분석하는 경우에는 근로자의 성향도 파악할 수 있다.[12]

---

11) GPS를 이용하면 지구상공 약 2만 km에 위치한 6개 궤도를 회전하는 24개의 인공위성으로부터 전파를 직접 수신하여 지구상의 어떤 위치에도 24시간 실시간으로 정확한 위치, 이동 방향, 속도를 알 수 있다.

12) 현재 상당수의 영업용 택시에 부착된 GPS 시스템이나 학습지 교사 근로자나 택배근로자들에게 지급된 PDA, 휴대폰 등은 유비쿼터스 환경과 결합되어 강력한 노동감시 장치로 이용될 잠재력을 가지고 있다.

(2) 전자노동감시 시스템의 보급상황

한 시민사회단체의 조사결과[13]는 노동현장에서 근로자감시 시스템이 얼마나 많이 보급되고 있는지를 보여주고 있다. 인터넷 이용감시, 하드디스크 내용검사, 전화 송수신 기록, CCTV카메라 설치, 전자신분증 사용, ERP 설치 중 적어도 한 가지 이상을 설치한 사업장이 89.9%에 달했다. 조사대상 90% 정도의 사업장에서 어떤 종류이든 전자감시 시스템이 설치되어 있는 것이다. 특히 보건의료업종과 1,000명 이상 사업장의 경우는 조사대상 사업장 전체(100%)에 보안관리시스템이 설치되어 있었다. 감시기술유형으로는 CCTV 카메라 설치(57%)와 전자신분증 사용(56.5%)의 비율이 가장 높았고, 그 다음은 하드디스크 내용검사(44%), 인터넷 이용감시(41.5%) 순이었으며, ERP 설치(29.5%), 전화송수신 기록(24.2%)은 상대적으로 낮게 나타났다. 감시시스템을 도입한 사업장의 경우 평균 2.57종류의 감시시스템을 운영하고 있다. 그러나 최근 도입되고 있는 위치추적시스템(GPS, 핸드폰 위치추적 등)과 생체인식기(지문, 홍채, 정맥 인식기 등)를 포함하면 감시시스템 도입비율 또는 감시시스템 평균운영 수는 조사결과보다 훨씬 상회할 것으로 보인다.

한편, 회사측이 밝힌 감시시스템의 도입이유는 문제 발생시 객관적 근거 마련, 생산과정 모니터링과 경영혁신, 근로자 기물파손 및 절도방지, 불법소프트웨어 문제 방지 등의 순으로 나타났다. 그러나 인터넷감시 중 차단되는 사이트가 노동조합 9.6%, 정당시민단체 1.4%로 조사된 것을 보면 회사가 자주적인 노동조합 활동을 방해하고 근로자의 권리를 제약하고자 하는 목적이 적지 않음을 보여주었다. 또 홈페이지 게시판 작성이나 이메일 작성내용을 기록하는 경우가 18.8%에 이르며, 전화 통화내용을 기록하는 경우도 6.0%에 이르는 것으로 나타났다. 또 감시기록에 대해서 당사자나 노동조합이 기록·저장 내용 열람 및 소명을 할 수 있는 비율이 40.9%에 불과하여, 절반 이상의 근로자가 무엇이 기록되고 있는지 알 수 없으며, 잘못된 기록을 수정할 수 있는 기회를 갖지 못하는 것으로 나타났다. 감시시스템 설치에 대한 문제제기 내용으로는 프라이버시 침해, 노조활동 위축탄압, 부당노동행위, 노동강도 강화의 비율이 높게 나타났다.

회사가 감시시스템을 도입할 때, 노동조합과 회사 또는 근로자와 회사 간

13) 근로자감시근절연대모임, 「근로자감시 시스템 실태 및 근로자 인식조사 결과」, 2003.

마찰비율이 39.2%가 되어 감시시스템 설치로 인한 마찰이 적지 않음을 보여 주었다. 노동조합 또는 근로자대표와 사전 또는 사후 협의(또는 합의)하는 비율이 30.7%인 것에 비하여 근로자나 노동조합에 통보 없이 도입하는 경우가 46.2%로 나타나 감시시스템이 회사에 의해 일방적으로 도입되는 경우가 많았다. 단체협약에 새로운 생산방식이나 장비도입과 관련된 협의나 합의를 하도록 하는 조항이 있는 경우가 26.9%에 불과하여, 새로운 시스템의 도입이 근로자나 노동조합에 부정적인 영향을 미치지 않도록 하는 사전 장치가 상당한 수의 사업장에 존재하지 않았다. 특히 1/4 가량에서는 회사측이 단체협약을 위반하면서까지 감시시스템을 설치하여 마찰을 빚은 것으로 조사되었다.

Ⅲ. 전자노동감시의 규제에 대한 국제기준과 외국의 입법례

서구 국가에서는 1970년대부터 시민사회 차원에서 개인의 프라이버시 보호에 관한 입법논의가 시작되었으며, 1980년대에는 정부기관이나 민간기업에 의해 시민들의 개인정보, 사생활 및 통신권 등의 침해를 방지하기 위한 행위준칙과 다양한 입법이 추진되었다. 나아가 산업현장에 컴퓨터기술이 기본적인 생산수단으로 폭넓게 도입되고 근로자들의 직무수행과 일상활동에 대한 감시수단으로 활용됨에 따라, 시민들의 사생활 보호에 관한 입법논의는 사업장의 새로운 감시시스템에 대한 제도적 규제장치의 마련으로 이어지게 되었다. 국제적인 수준에서도 1980년부터 OECD와 ILO에 의해 일반시민과 근로자의 프라이버시 보호에 관한 가이드라인 · 행동강령 등이 채택되었다.

1990년대 이후 정보통신기술의 급속한 발달에 따라 선진국에서 사업장수준의 전자감시(electronic surveillance 또는 electronic monitoring)가 더욱 일반화되고, 이에 대응하여 전자감시의 적법성을 둘러싼 사용자와 노동 · 시민단체 그리고 법조계간의 논란[14])이 확산되어 전자노동감시를 규제하기 위한 입법조치가

14) 전자감시를 옹호하는 입장에서는 사용자의 재산권 보호와 법적 의무 준수(예: 산업안전 환경 유지, 성희롱 방지), 생산성 향상과 비용절감의 효과적 수단 등을 내세우고, 비판론자들은 근로자의 사생활 · 프라이버시와 인격의 존엄성에 대한 침해, 사용자의 부당사용 가능성, 노동강도와 스트레스 증대 및 조직관계 훼손 등을 주요 논거로 지적하고 있다. Cripps, Alison, “Workplace Surveillance,” *Working Paper of New South Wales Council for Civil Liberties*, 2004 참조.

계속되었다. 여기서는 우리나라 전자노동감시의 법적 규제에 참고가 될 수 있는 국제기준과 주요 국가의 감시 또는 전자노동감시의 법적 규제를 살펴보기로 한다.

1. 국제기준(Global Standards)

정보통신기술의 발달에 따른 전자노동감시가 시민사회와 산업현장에서 프라이버시 또는 사생활을 침해하는 상황에 대처하기 위하여 국제기구들은 개별 국가에서의 관련 입법을 권장하기 위한 규범·지침·준칙 등을 마련하고 있다. 국제기준은 시민의 사생활을 보호하기 위한 보다 근원적인 규범에서 출발하여 그 세부영역에 해당하는 산업현장에서의 프라이버시를 침해하는 감시활동의 규제로 발전하고 있다.

먼저 사생활과 프라이버시의 보호에 대한 가장 기본적인 국제규범은 국제연합의 국제권리장전(International Bill of Rights)[15]에서 찾아볼 수 있다. 세계인권헌장(UDHR) 제12조[16]와 시민적·정치적 권리에 관한 국제협약(ICCPR) 제17조[17]에서 개인사생활에 관한 규범준칙을 제시하고 있다.

한편, OECD는 정보통신기술의 발달에 따른 개인프라이버시의 침해가 심각해지고 회원국가들의 상이한 법제에 의한 정보교류 장애가 발생하는 등의 문제점을 해소하기 위하여 1980년 9월에 「프라이버시의 보호와 개인 데이터의 국제적 유통에 관한 가이드라인(Guidelines on the Protection of Privacy and Transborder Flows of Personal Data)」을 채택하였다. 이 지침은 5부 22항목으로 구성되어 있으며, 그 중 제 2 부 제 7 조에서 제14조에서 프라이버시를 보호하기 위한 8가지 기본원칙[18]을 밝히고 있다. 이 OECD 가이드라인에 따라 오스트리아,

15) 세계인권헌장(Universal Declaration of Human Rights, UDHR. 1948. 12), 경제적·사회적·문화적 권리에 관한 국제협약(International Covenant on Economic, Social and Cultural Rights, ICESCR. 1966. 12), 시민적·정치적 권리에 관한 국제협약(Intenational Covenant on Civil and Political Rights, ICCPR. 1966. 12).

16) "누구도 자신의 프라이버시와 가족, 가정생활 또는 통신활동에 대한 자의적 간섭이나, 자신의 명예와 평판에 대한 공격에 시달려서는 아니된다. 모든 사람은 그러한 간섭과 공격으로부터 법의 보호를 받을 권리를 갖고 있다."

17) "1. 시민은 자신의 프라이버시와 가족, 가정생활 또는 통신활동에 대한 자의적 또는 불법적인 간섭이나 자신의 명예와 평판에 대한 불법적인 공격에 시달려서는 아니된다.
2. 모든 사람은 그러한 간섭과 공격으로부터 법의 보호를 받을 권리를 갖고 있다."

18) ① 수집제한의 원칙(Collection Limitation Principle), ② 정보정확성의 원칙(Data Quality Principle), ④ 사용제한의 원칙(Use Limitation Principle), ⑤ 안전성확보의 원칙(Security

캐나다, 덴마크, 프랑스, 독일, 룩셈부르크, 노르웨이, 스웨덴, 미국, 벨기에, 아이슬란드, 네덜란드, 스페인, 스위스 등에서 개인정보 보호제도를 도입하였다.

UN 권리장전과 OECD 가이드라인이 시민사회 차원에서 개인의 프라이버시 보호원칙을 밝힌 것에 비해, ILO는 1990년대 들어와 정보통신기술의 발달에 따른 사업장 수준의 근로자감시활동에 대한 독자적인 규제지침을 마련하기 위하여 노력하였다.[19] 그 결과 ILO는 1996년 11월「근로자의 개인정보 보호를 위한 행동강령(ILO Code of Practice for Protection of Workers' Personal Data)」을 채택하였다. 이「행동강령」은 총 13개장으로 구성되어 있으며,[20] 제 4 장에서 행동강령이 공공부문과 민간부문에 모두 적용되는 것을 명시하고, 제 5 장에서는 근로자의 개인정보 보호에 관한 13개 항목의 일반원칙[21]을 제시하고 있다. 6 장에서부터 13장까지는 개인정보의 수집(6 장), 보안(7 장), 보관(8 장), 이용(9 장), 전송(10장), 개인의 권리(11장), 집단적 권리(12장), 고용알선기관(13장)에 대한 세부지침을 서술하고 있다.

OECD의 가이드라인이나 ILO의 행동강령은 회원국들에 대해 관련 입법이나 정책을 강제하는 구속력(binding force)을 가지지 못하고, 개별 국가에서 관련 법령·규제·단체협약·취업규칙·정책 및 기업차원의 경영수단을 마련함에 있어 참조되는 권고지침으로 활용되고 있다.

Safeguards Principle), ⑥ 공개의 원칙(Openness Principle), ⑦ 개인참여의 원칙(Individual Participation Principle), ⑧ 책임성의 원칙(Accountability Principle).

19) 1980년대까지 ILO는 주로 개인정보 보호라는 차원에서 근로자 프라이버시에 관한 몇몇 결의안을 채택하였다. 그러나 정보통신기술의 발달에 따른 노동감시 문제가 제기되면서, 제75차(1988) ILO 총회 당시 사무총장이 제출한 인권보고서에서 이 문제에 대한 보다 깊은 관심을 표명했다. 근로자 프라이버시에 대한 ILO의 정책적인 관심은 1991년과 1993년 각각에 발간된 Conditions of Work Digest 시리즈 연구서에서 확인된다. 이 시리즈는 근로자 프라이버시에 대한 ILO 차원의 집중적인 연구프로젝트에 대한 결과보고서를 게재하는 것으로 1부의 개인정보의 보호(Protection of Personal Data), 2부의 사업장 감시(Monitoring and Surveillance in the Workplace), 3부의 작업장 테스트(Testing in the Workplace)로 구성되어 있다.

20) ILO행동강령의 전문은 국가인권위원회,「사업장 감시시스템이 노동인권에 미치는 영향」, 2005, 225-234면 참조.

21) 13개 항목의 일반원칙 중 주요한 내용은 다음과 같다: ① 사용자는 근로자 정보를 반드시 작업과 관련한 범주에서 본인에게 직접 얻어야 한다. ② 사용자는 근로자의 정치·종교적 신념 및 성생활에 관한 정보를 얻으려 해서는 안된다. ③ 근로자는 프라이버시에 관한 권리를 포기할 수 없다. ④ 사용자가 특정 근로자를 감시할 경우 본인에게 그 사유와 방법 그리고 시간을 통보해야 하고 비밀감시는 형사범죄 용의자에게만 해당한다. ⑤ 개인정보의 사용기간 등은 투명하고 명확하게 근로자에게 미리 사전 고지하여야 한다. ⑥ 검열된 자료에 대하여 해당 근로자에게 열람권이 보장되는 등 인간적인 방식으로 동기를 유발시키는 요소로서 전자감시가 이루어져야 한다.

2. EU와 EU국가

유럽 국가들은 일찍이 인권 및 프라이버시의 보호를 위한 통일적인 규범을 형성하여 왔다. 1950년에 유럽국가들이 제정한 「유럽인권헌장(European Convention on Human Rights)」은 제 7 조와 제 8 조에서 개인 및 가정생활과 개인정보를 보호받을 권리를 규정하였으며, 이 인권조항은 이후 유럽연합(EU)에 의한 관련 입법지침의 주요 근거로 제시되고 있다. 또 1981년에는 「개인정보의 자동처리에 있어 개인보호 협약(Convention for the Protection of Individuals with Regard to Automatic Processing of Personal Data)」을 체결하여 유럽지역 내 회원국가들로 하여금 관련 제도를 입법하게 하고 동시에 이후 시민과 근로자에 대한 감시활동을 규제하는 제도를 마련하는데 있어서 준거지침으로 활용되었다.

그 후 유럽공동체(European Community)는 1995년 10월에 개인정보 및 프라이버시 보호를 위하여 「개인정보 처리에 있어 개인보호와 개인정보의 자유이동에 관한 EU지침(European Union Directive on the Protection of Individuals with regard to the Processing of Personal Data and on the Free Movement of such Data. 95/46/EC)」을 제정하였다.[22] 이 지침은 EU 회원국들의 관련 입법 및 정책집행을 강제하는 구속력을 갖고 있어서 그 이후 각국에서는 개인정보와 프라이버시의 보호에 관한 법률의 제정 또는 정비가 활발하게 이루어지게 되었다. 이 EU지침에서는 「이메일과 인터넷 감시에 적용되는 7개 일반원칙[23]」을 제시하고 있다.

EU는 1995년의 「지침」을 발전시켜 1997년 12월과 2002년 7월에 각각 통신업종과 전자통신업종의 특수성을 고려하여 이들 산업부문을 대상으로 하는 추가적인 지침을 제정하였다.[24] 또 2000년대에 근로자들에 대한 사업장감시가 사

22) 이 EU지침의 전문은 국가인권위원회, 앞의 보고서, 부록 참조.

23) ① 필요성, ② 합목적성, ③ 투명성, ④ 합법성, ⑤ 적정성, ⑥ 정보의 보존과 정확성, ⑦ 안전성. 각 원칙의 상세한 내용에 대해서는 국가인권위원회, 앞의 보고서, 239-243면 참조.

24) 「통신업종에 있어 개인정보의 처리와 프라이버시에 관한 지침(Directive 97/66/EC of the European Parliament and of the Council of 15 December 1997 concerning the processing of personal data and the protection of privacy in the telecommunications sector)」과 「전자통신업종에 있어 개인정보의 처리와 프라이버시에 관한 지침(Directive 2002/58/EC of the European Parliament and of the Council of 12 July 2002 concerning the processing of personal data and the protection of privacy in the electronic communications sector)」이 그것이다.

회적 문제가 됨에 따라 기존의 95년 EU지침을 고용관계에 적용하기 위한 활발한 연구와 정책협의가 진행되었다.[25] 이러한 EU의 여러 지침과 관련 정책권고는 회원국들에게 프라이버시 보호와 사업장감시 규제에 대한 입법준거로 작용하고 있다.

그리하여 EU회원국들은 이와 같은 EU의 지침을 준수하는 가운데 다양한 근로자 프라이버시 보호입법을 두고 있다. 그러나 구체적인 내용에는 다소간 차이를 보이고 있다. 근로자 프라이버시를 보호하기 위한 EU국가들의 법체계는 헌법, 시민법·형법과 같은 일반법, 프라이버시 관련 특별법 그리고 노동관계법 및 정책적 행위준칙 등 다양하다. 이 같은 법체계에 맞추어 근로자 프라이버시 보호를 위한 EU국가들의 입법례를 간단히 살펴보기로 한다.[26]

먼저, 일부의 EU국가들은 헌법에 개인의 인격과 사생활 보호에 관한 조항을 명시하여 근로자 프라이버시 보호를 위한 입법근거를 제시하고 있다. 벨기에(제22조), 독일(제1조와 제2조), 그리스(제18조), 스페인(제18조), 네덜란드(제10조), 포르투갈(제26조, 제35조, 제54조), 핀란드(제10조) 등이 그 예이다. 그 중 포르투갈 헌법은 근로자의 프라이버시권리에 대하여 구체적으로 명시하고 있다. 영국은 헌법에 준하는 "인권법(Human Right Act, 2000)"에서 개인프라이버시 권리를 규정하고 있다.

둘째, 모든 EU국가들은 개인정보 보호에 관한 EU지침(95/46/EC)에 따라 개인정보 또는 프라이버시 보호를 위한 특별법을 제정하여 시행하고 있다. 이

25) 주요 성과물은 다음과 같다. ①「종업원 평가자료에 관한 정보보호 작업그룹의 권고서(EC, Data Protection Working Party, Recommendation 1/2001 on Employee Evaluation Data)」, ②「고용관계에서의 개인정보 처리에 관한 정보보호 작업그룹의 의견서(EC, Data Protection Working Party, Opinion 8/2001 on the Processing of Personal Data in the Employment Context)」, ③「작업장 전자통신 감시에 관한 정보보호 작업그룹의 연구보고서(EC, Data Protection Working Party, Working Document on the Surveillance of Electronic Communications in the Workplace)」(2002. 5), ④「비디오감시의 수단에 의한 개인정보 처리에 관한 정보보호 작업그룹의 연구보고서(EC, Data Protection Working Party, Working Document on the Processing of Personal Data by means of Video Surveillance)」(2002. 11), ⑤「비디오감시의 수단에 의한 개인정보 처리에 관한 EU의 의견서(EU report Opinion 4/2004 on the Processing of Personal Data by Means of Video Surveillance)」, ⑥「RFID 기술과 관련된 정보보호이슈에 관한 정보보호 작업그룹의 연구보고서(EC, Data Protection Working Party, Working Document on Data Protection Issues Related to RFID Technology)」(2005. 1).

26) 이하에서 소개되는 근로자 프라이버시 관련 EU국가의 입법례 또는 규제실태는 주로 Hendrickx, Frank, "Protection of Worker's Personal Data in the EU"(2001), http://europa.eu.int / comm / employment_social / labour_law / docs / dataprotection_hendrickx_combinedstudies_en.pdf를 참조.

중 일부 국가(예: 벨기에, 덴마크, 프랑스, 아일랜드, 이태리, 네덜란드, 포르투갈, 핀란드, 영국 등)에서는 위 지침의 제 7 원칙에 따라 개인정보 및 프라이버시 보호의 정책기능을 수행하는 '감독위원회'를 설치·운영하고 있으며, 이들 감독위원회의 주관하에 개인정보 일반 또는 고용관계의 프라이버시에 대한 행위준칙(Code of Practice)을 제정하고 있다. 또 일부 국가에서는 추가적인 보호법을 두고 있다. 예를 들어 덴마크의 경우에는 1996년에 「의료정보법(Medical Data Act)」을 제정하여 반드시 노조 또는 종업원대표와의 사전합의를 거쳐 종업원의 보건의료정보를 수집할 수 있도록 하고 있으며, 독일·포르투갈(통신법, Telecommunications Act) 그리고 영국(통신규제지침 Telecommunications Regulations)에서는 통신이용의 기밀보장과 감시규제를 별도로 제도화하고 있다. 또한, 덴마크와 스웨덴에서는 비디오감시 또는 카메라감시를 규제하는 법률을 시행하고 있다.

셋째, 소수의 EU국가에서 개인정보 보호 또는 사업장감시 규제를 위한 별도의 특별법을 제정하여 운영하고 있다. 특히, 핀란드에서는 2000년에 "노동생활에서의 개인정보 보호에 관한 법(Act on Data Protection in Working Life)"이 입법되어 유럽국가 중에서는 사업장 감시를 규율하는 가장 구체적인 법률규정을 갖추게 되었다. 한편, 영국에서도 2000년에 "조사권 규제법(Regulation of Investigatory Powers Act)"을 제정하여 사용자의 사업장감시에 대한 합법적인 실시 요건을 상세하게 규정하고 있다.

넷째, 노동관계법으로 사용자의 감시활동을 규제하는 국가는 그리 많지 않다. 대표적인 예로 프랑스(노동법전 제121-8조와 제22-45조), 이태리(근로자법전 제4조), 스페인 등을 들 수 있다. 그러나 대부분의 EU국가(예: 벨기에, 독일, 그리스, 네덜란드, 오스트리아, 핀란드, 스웨덴 등)는 사업장 수준의 종업원평의회(Works Council)에 사용자의 감시장비 설치에 대한 사전 협의와 현장의 감시활동에 대한 근로자들의 고충처리를 수행할 수 있는 권한을 부여하고 있다. 이와 같이 EU국가 대다수에는 사업장 감시문제를 집단적 노사관계의 교섭·협의사항으로 제도화함으로써 근로자들에 의한 자주적인 보호장치를 마련하고 있다.

마지막으로, 일부 EU국가는 형사법과 시민법에서 사용자의 프라이버시 침해를 규제하고 있다. 근로자 프라이버시 보호를 위해 형사법을 활용하는 나라로는 덴마크와 이태리가 있으며, 프랑스에서는 형법과 시민법 모두에서 규율하고 있다. 아울러, EU국가에서는 노동법원(예: 독일) 또는 일반법원에서 사용자의 감시활동에 대한 판례가 상당히 축적되어 왔다. 대륙의 EU국가에서는 근로자보호를 강조하는 판례가 지배적인 반면, 영국에서는 사용자의 사업장 감시활동에 대한 정당성을 인정하는 판례가 다소 많아 일정한 차이를 보이고 있다.[27)]

3. 미 국

미국에는 사업장에서 근로자들의 사생활이나 프라이버시를 보호하기 위한 별도의 입법은 존재하지 않는다. 시민의 사생활보호에 관한 헌법, 보통법, 연방법령 및 주 법령의 관련 조항들이 사업장에서의 근로자감시 또는 사생활침해에 대한 사법적 판단의 준거로 활용되고 있다. 또 근로자의 인격권을 강조하고 있는 유럽국가에 비해 사용자의 재산권을 옹호하는 논리가 우세하게 작용하는 것으로 평가되고 있다.[28)]

먼저, 적정하지 못한 검색과 압류를 금지하고 있는 수정헌법 제 4 조에 의거하여 정부와 공공기관의 종사자들에 대한 사용자 또는 관리자의 무단 감시활동을 불법으로 판정하는 판례들이 형성되었다.[29)] 그러나 민간부문에 대해서는 별도의 성문법이 존재하지 않기 때문에 그 동안 보통법이 주된 사법적 판단의 근거로 활용되고 있었다. 판례는 종업원이 문제행동을 야기하는 경우에는 사업장 내 화장실 또는 탈의실 등의 개인적 공간에 대하여 감시할 수 있으며 심지어 적법한 직무행위에 대해서도 회사 소유의 컴퓨터설비를 이용하는 경우에 회사의 감시활동은 근로자의 프라이버시를 침해하지 않는다고 한다.[30)] 다만, 사용자의 감시활동이 근로자들의 노동조합 활동 또는 근로조건 개선의 집단적 논의 및 상호부조활동 등에 대하여 이루어질 경우에는 법원과 NLRB는 대부분 연방노동관

27) Hendrickx, 앞의 문헌 참조.

28) Kovatch, Paul, "Privacy Rights in the Workplace: Constitutional and Statutory Considerations," *Journal of Individual Employment Rights,* Vol. 9, No. 1, 2000, pp. 3-12.

29) 근로자 프라이버시 보호판례의 대표적인 사건으로는 연방법원의 1987년 O'Connor v. Ortega 사건을 들 수 있는데, 공공병원의 정신과의사인 Ortega의 사무실과 자료서류를 병원 사용자가 무단으로 수색한 것에 대해 연방법원은 수정헌법을 위반한 것으로 판결하여 이후 공공부문의 유사 사업장감시사건에 대한 준거가 되었다.

30) K-Mart v. Trott(1984); Simpson v. Commonwealth of Pennsylvania Unemployment Compensation Bd. of Review(1982); Smyth v. the Pillisbury Co.(1996); Bourke v. NIssan Motor Corp.(1993); United States v. Simons(1998); TBG Ins. Service Corp. v. Superior Ct.(2002) 등.

계법(National Labor Relations Act)상 부당노동행위로 규제하고 있다.[31]

한편, 1986년에 정보통신기술을 이용한 감시로부터 시민의 프라이버시를 보호하기 위한 「연방전자프라이버시통신법(National Electronic Privacy Communication Act, EPCA)」이 제정되었다. EPCA에서는 "고의로 전자통신을 감시하거나 제3자로 하여금 감시하도록 하는 행위를 불법으로 간주(제2511조)"하고 있으며, 동법 위반시에는 불법감시로 인정되는 기간에 대해 하루 최소 $200에서 최고 $10,000의 벌금을 부과할 수 있도록 규정하고 있다. 그런데, EPCA에는 여러 유보 또는 면책조항을 담고 있어 실제 사용자의 노동감시를 거의 규제하지 못하는 것으로 평가되기도 한다(Stanley & Steinhardt 2003; Tribbey 1999). 종업원의 사전 동의가 있는 경우(동법 제2511조(2)(d). 사전동의의 면책(consent exempt))와 회사소유 자산을 종업원이 이용하는 경우(동법 제2511조(2)(a)(i). 회사자산 이용면책(business use exemption))에는 면책된다는 명시적인 면책규정이 그것이다. 또 EPCA는 종업원들의 사적 대화에 대한 사용자의 감시활동을 규제하고 있으나, 직무상의 대화와 이메일통신에 대한 감시활동은 적법한 것으로 용인하고 있다. 또한 통신 또는 정보 전송과정에 대한 사용자의 감시활동이 위법으로 규제되지만, 통신 이후 보관되어 있는 정보 또는 자료에 대한 검색·감시활동은 적법한 것으로 인정하고 있다.

이와 같이 「연방전자프라이버시통신법」이 사용자 편향의 단서조항으로 인해 전자노동감시를 제대로 규율하지 못하고 있다는 노동계와 시민단체들의 반발이 계속되자, 민주당 주도로 1990년대 초부터 대체입법이 시도되었으나 공화당이 지배하는 국회에서 매번 좌절되었다.[32] 그 가운데 1996년에 제정된 「건강보험 이동성과 책임성법(Health Insurance Portability and Accountability Act)」에서는 종업원들의 병력 및 의료 정보에 대한 프라이버시 기준을 보다 엄격하게 제한하는 규정을 도입하였으며, 특히 종업원의 사전 허가요건을 의무화하고 벌

31) 노조활동 관련 종업원에 대한 감시활동을 부당노동행위로 간주한 대표적인 판례 및 행정해석으로는 NLRB v. Unbelievable Inc.(1995)과 NLRB의 Timekeeping System Inc.(1997)사건을 들 수 있다.

32) 사용자의 감시활동에 대한 규제와 벌칙을 강화하는 1991년의 「소비자 및 근로자 프라이버시법(The Privacy for Customers and Workers Act)」 입법시도와 사용자의 감시방법, 감시수단, 수집정보, 감시빈도 등에 대한 종업원에의 사전통보를 의무화하는 2000년의 「전자감시 사전 통지법(The Notice of Electronic Monitoring Act)」 입법시도가 그것이다. 이런 가운데, 9.11 테러사건 이후 오히려 전국적인 감시체제를 도입하려는 "종합정보경고체제(Total Information Awareness)" 프로젝트가 국방성에 의해 추진되고 있기도 하다(Stanley & Steinhardt 2003).

칙규정(예: 징역 1-10년, 벌금 5만-25만불)을 대폭 강화함으로써 의료·보건 신상정보에 한해 EPCA에 비해 한층 엄격한 규제 장치가 마련되었다.

연방 법률과 별도로 13개 주에서는 별도의 프라이버시 보호법을 제도화하고 있으며, 특히 Connecticut와 Florida주에서는 2003년에 각각 ECPA 수준 이상으로 사용자의 감시활동에 대한 규제를 강화하는「전자감시법(Electronic Monitoring Act)」과「통신안전법(Security of Communication Act)」을 제정하였다.[33)]

4. 캐 나 다

캐나다에서 개인의 사생활보호에 관한 연방법으로「프라이버시법(Privacy Act)」과「개인정보보호와 전자문서법(Personal Information Protection and Electronic Documents Act, PIPEDA)」이 있다.「프라이버시법」(1983. 7)은 150여개 연방정부기관에 대해 시민과 해당 기관 종사자들의 개인정보를 수집·사용·공개하는 것을 제한하고 있다. 이 법에 의거하여 프라이버시감독관(Privacy Commissioner)이 설치되어 연방차원의 사생활 침해 정책 및 고충사건을 처리하고 있다.[34)] PIPEDA(2004. 1)는 민간기업 부문에 있어서 고객과 소속 종업원들의 프라이버시를 보호하고 있다. 우선 종업원의 동의 없이 사용자가 감시활동을 수행할 수 있는 합리적 사유 또는 타당한 목적(reasonableness clause or appropriate purpose)을 크게 제한하고 있으며, 사업장 내 프라이버시문제를 전담 감독하는 '프라이버시위원(Privacy Officer)'제도를 도입하였고, 수집목적 공표, 정보주체 사전동의, 목적제한적 수집활동정보 등과 같은 정보수집의 원칙을 제시하고 있다. 다만, PIPEDA는 주법 관할의 민간부문 근로자에 대해서는 법적 효력을 갖지 않는다.

이 밖에도 Radiocommunication Act, Telecommunications Act, Bank Act 등과 같이 특정 업종부문을 대상으로 프라이버시보호를 규정하고 있는 연방법이

33) 캘리포니아주에서는 2001년에 주의회에서 종업원의 사전동의 없는 사용자의 감시활동을 불법화하는 SB147법을 제정하였으나 Gray Davis 주지사의 비토권 행사로 인해 무산되었다.

34) 일반 시민이나 기관소속 종업원은 자신의 사생활침해 고충문제에 대해 공공기관의 경우에는 '프라이버시법'의 제29조, 민간부문 기업체의 경우에는 PIPEDA의 제11조에 의거하여 프라이버시감독관에게 진정-제소할 수 있다. 제소된 사건에 대해 프라이버시감독관은 조사와 당사자 청문회 등을 실시하여 해당 사건의 해결을 위한 조정-중재를 수행한다. 캐나다의 대부분 주에서는 이와 유사한 프라이버시감독관 또는 옴부즈만(Ombudsman)을 두고 있다.

존재한다. 또 사생활침해에 대한 형벌 규정을 두고 있다(형법 제183조와 제184조).

각 주는 독자적으로 공공기관의 프라이버시 침해를 규율하는 법이 제정되어 있고 감독기관을 설치·운영하고 있다. 다만, 민간부문에서의 프라이버시문제를 다루는 법은 British Columbia, Alerta 그리고 Quebec주에만 제정되어 있다. 또 Ontario주의 정보·프라이버시위원회(Information and Privacy Commission)는 정례적으로 의견서를 공표하여 시민사회와 산업현장에서의 감시행동을 규율하는 행위준칙을 제시하고 있다. 특히 이 위원회는 1992년에 사업장 감시의 3개 원칙[35]을 발표하였고, 2001년에는「사업장 밖에서의 프라이버시와 개인기밀을 보호하기 위한 가이드라인(Guidelines for Protecting the Privacy and Confidentiality of Personal Information When Working Outside of the Office)」을 작성·공표하였다.

5. 호 주

호주는 연방차원에서 통신부문의 감시활동을 규제하기 위하여「연방통신(도청)법(Commonwealth Telecommunications (Interception) Act)」을 1979년에 처음 제정하였다. 프라이버시 보호에 관한 체계적인 입법으로는 1988년에 제정된「연방프라이버시법(Federal Privacy Act)」이 있다. 이 법에서는 11개 항목의 '정보프라이버시원칙(Information Privacy Principles, IPPs)'[36]을 규정하고 있다. 정보프라이버시원칙(IPPs)은 정부·공공기관(공공부문) 종사자에 대한 감시

35) ① 비밀감시를 금지하고, ② 가시적 감시의 경우에도 엄격한 기준에 따라 수행되어야 하며, ③ 직무와 관련없는 개인정보의 수집을 허용치 않는다.

36) ① 개인정보의 수집방법과 목적(Manner and purpose of collection of personal information), ② 특정 개인의 사적 정보취득(Solicitation of personal information from individual concerned), ③ 개인정보 취득일반(Solicitation of personal information generally), ④ 개인정보의 보관과 안전(Storage and security of personal information), ⑤ 정보관리자의 관리기록에 관한 정보(Information relating to records kept by record-keeper), ⑥ 개인정보 기록의 접근(Access to records containing personal information), ⑦ 개인정보 기록의 수정(Alteration of records containing personal information), ⑧ 사용전 개인정보의 정확성 정보관리자점검(Record-keeper to check accuracy of personal information before use), ⑨ 적정 목적에 따른 개인정보의 사용(Personal information to be used only for relevant purpose), ⑩ 개인정보의 사용제한(Limits on use of personal information), ⑪ 개인정보의 공개 제한(Limits on disclosure of personal information). 호주의 정보프라이버시원칙(IPPs)의 상세내용에 대해서는 http://www.privacy.gov.au/publications/ipps.html를 참조.

활동을 규제하는 행위준칙으로 활용되었다. 그 후 2000년에 연간 3백만 호주달러 이상의 매출실적을 올린 민간기업들에게 「연방프라이버시법」이 확대 적용되도록 동법이 개정됨으로써 민간기업의 사업장감시로부터 근로자의 프라이버시를 보호할 수 있게 되었다. 2001년 12월에 제정된 「연방프라이버시수정(민간부문)법(Federal Privacy Amendment (Private Sector) Act)」은 별도의 '국가프라이버시원칙(National Privacy Principles, NPPs)[37]을 규정하였다.

한편, 「연방프라이버시법」은 연방정부의 '인권·평등기회위원회(Human Rights & Equal Opportunities Commission)'의 산하에 프라이버시감독관(Federal Privacy Commissioner)직제[38]를 설치·운영하도록 하였다. 프라이버시 관련 행위준칙 및 정책가이드라인을 제정·공표하는 것이 프라이버시감독관의 핵심기능의 하나이다. 실제로 1998년에 '개인정보의 공정처리를 위한 국가원칙(National Principles for the Fair Handling of Personal Information)'을 제정하였으며, 또 2000년에는 '작업장 이메일·웹브라우저·프라이버시(Workplace E-mail, Web Browsing and Privacy)에 관한 가이드라인'[39]을 제시하기도 하였다.

각 주는 독자적인 프라이버시 보호입법을 마련하여 사업장감시를 다양하게 규제하고 있다. 호주의 주정부 가운데 근로자의 프라이버시 보호에 관한 가장 강력한 규제입법을 가지고 있는 New South Wales주에서는 1998년에 작업장 비디오감시를 규제하는 「작업장비디오감시법(Workplace Video Surveillance Act, WVSA)」을 제정한 데 이어, 인터넷과 이메일의 감시활동을 둘러싼 사회적 우려가 제기됨에 따라 2005년 5월에 동법을 대체하여 컴퓨터감시 등을 포괄하는 새로운 「작업장감시법(Workplace Surveillance Act)」을 제정하였다(Smythe, Shailer & Stein 2004). 「작업장감시법」은 5부[40]로 구성되어 있으며, 주요 내용으로는

---

37) ① 정보수집(Collection), ② 정보사용과 공개(Use and disclosure), ③ 정보의 질(Data quality), ④ 정보안전(Data security), ⑤ 정보관리의 공개성(Openness), ⑥ 정보의 접근과 수정(Access and correction), ⑦ 정보확인절차(Identifiers), ⑧ 정보의 익명성(Anonymity), ⑨ 국가간 정보교류(Transborder data flows), ⑩ 요주의 정보(Sesitive data). 호주 국가프라이버시원칙(NPPs)의 상세내용에 대해서는 http://www.privacy.gov.au/publications/npps01.html를 참조.

38) 호주의 연방프라이버시감독관은 캐나다의 감독관과 유사하게 연방 공공기관에서 발생한 프라이버시 침해의 진정사건을 심사-조정-중재 기능을 수행하고 있다. 호주와 캐나다 이외에 프라이버시감독관제를 운영하고 있는 나라로는 뉴질랜드와 홍콩을 꼽을 수 있다.

39) 이 가이드라인은 연방정부 산하의 공공부문에 적용되었으며, 주요 내용으로는 (a) 명확한 금지행위 명시, (b) 수집자료 및 사용권한 위임자의 상세 정보 제공, (c) 네트워크 안전성의 필요 강조, (d) 모니터링방법 및 갈등해결기제의 명시, (e) 정기 점검 등을 포함하고 있다.

40) 1부 전문, 2부 종업원의 작업장감시에 대한 사전통보, 3부 금지된 감시활동, 4부 작업장의

최근에 활용되는 비디오카메라 · 컴퓨터(이메일과 인터넷 포함) · 위치추적장치 등의 모든 전자감시활동이 근로자의 사전 승인 없이는 허용되지 않고(단, 종업원의 불법 또는 비리행동이 분명하게 의심되는 경우에만 사전동의 없이 감시행위가 허용됨), 사업장 내 개인공간(예: 화장실, 탈의실, 휴게실 등)에 대한 감시와 비밀스런 감시활동(Covert surveillance)을 금지하고 있으며, 인터넷과 이메일에 대해서는 종업원들의 사전 동의를 없이 폐쇄할 수 없다는 등의 강화된 규제조항이 담겨져 있다.

호주의 Victoria주는 New South Wales주에 비하면 약하지만, 1990년대 말부터 프라이버시 보호에 관한 입법활동을 활발하게 전개하고 있다. 우선 Victoria 주의회는 1999년에 「감시장치법(Surveillance Device Act)」을 제정하고, 2000년에 「정보프라이버시법(Information Privacy Act)」을 제정하여 주 차원의 전자감시에 대한 규제를 강화하고 있다. 사업장 감시와 관련해서는 2003년 4월에 주프라이버시감독관이 주법개혁위원회에 작업장 프라이버시의 보호를 위한 입법방안을 제출함으로써 작업장감시에 대한 규제장치의 제도화논의가 현재 진행되고 있기도 하다.[41]

Ⅳ. 전자노동감시의 법적 규제방향

1. 전자노동감시의 법적 검토

(1) 전자노동감시를 둘러싼 노사간의 권리관계[42]

사용자는 재산권과 영업의 자유 또는 시설관리권 또는 노무지휘권에 기초하여 효율적인 경영과 안전관리 또는 생산현장 관리 · 통제를 위한 감시카메라 등

종업원에 대한 비밀감시, 5부 기타사항. 이 법의 원문은 http://www.parliament.nsw.gov.au/prod/parlment/NSWBills.nsf/0/을 참조.

41) 빅토리아주 프라이버시감독관이 제출안 작업장프라이버시 보호방안의 상세 내용에 대해서는 http://www.privacy.vic.gov.au/dir100/priweb.nsf를 참조.

42) 하경효, "새로운 근로감시기술의 도입에 따른 법적 문제," 「노동법학」 제18호, 한국노동법학회편, 2004. 6, 106-111면; 김승환, "노동현장에서의 CCTV 설치와 근로자의 인권," 「근로자감시 문제와 대용 CCTV문제 해결을 위한 토론회 자료집」, 근로자감시 반대 · 대용 CCTV철거를 위한 전북공동대책위, 2001. 9. 12; 박훈, "대용 손해배상 청구 사건에서의 핵심적인 쟁점과 이에 관련한 문제에 대하여," 위 토론회 자료집, 2001. 9. 12 참조.

에 의한 전자노동감시의 필요성을 강조한다. 이에 대하여 근로자들은 인격권과 행복추구권, 사생활의 권리 또는 프라이버시를 침해당하고 노동 3 권의 행사를 무력화하는 데 이용되는 전자노동감시를 부당하다고 한다. 즉, 사용자는 직업의 자유(헌법 제15조)와 재산권 보장(제23조)에 기초한 노무지휘권과 시설관리권을 기초로 사업장의 전자노동감시를 정당화하고, 이에 대하여 근로자는 인간의 존엄성(헌법 제10조), 사생활의 자유(제17조), 통신비밀의 자유(제18조), 신체의 자유(제12조), 양심의 자유(제19조), 근로권(제32조), 근로 3 권(제33조) 등의 헌법상 기본적 인권을 근거로 또는 근로기준법상 강제근로의 금지(근기법 제 6 조)를 근거로 사업장의 전자노동감시를 부정적으로 보고 있다.

1) 근로자의 권리

헌법 제10조는 모든 국민은 인간으로서 존엄과 가치를 가지며 행복을 추구할 권리를 가진다고 규정함으로써 인간의 존엄과 가치와 행복추구권을 인정하고 있다. 인간으로서의 존엄과 가치는 우리 헌법의 최고 구성원리이면서 동시에 주관적 권리로서의 법적 성격을 갖는 기본권이고 모든 기본권의 이념적 출발점이 되고 있다.[43] 헌법재판소도 인간의 존엄과 가치의 기본권성을 인정하고 있다.[44] 따라서 근로자도 당연히 인간의 존엄과 가치를 행복추구권과 함께 주관적 권리로서 향유할 수 있다.

인간으로서의 존엄과 가치의 헌법적 의미는 인간은 동물이나 물적 재화와 구별된다는 것(인간성)과 인간을 단순한 객체나 수단으로 전락시킬 수 없다는 것(주체성)을 뜻한다.[45] 따라서 인간의 존엄과 가치에는 일반적 인격권으로서 예를 들어 당사자의 동의 없이는 사진이나 카메라에 강제적으로 찍히거나 이를 신문 잡지 등에 게재 당하지 않을 자유인 초상권 또는 자신의 행동을 감시당하지 않을 권리 등이 일반적으로 인정되고 있으며, 일반적 행동의 자유권으로서 자신이 싫어하는 것을 중지할 권리와 이를 요구할 권리가 내재되어 있는 것으로

---

43) 계희열,「헌법학(중)」, 박영사, 2002, 192면; 김철수,「헌법학신론」, 박영사, 2003, 262면; 허영,「한국헌법론」, 박영사, 2003, 317면 이하 참조.

44) 헌법재판소 2002. 7. 18, 2000헌마327 결정; 헌법재판소 2001. 7. 19, 2000헌마546 결정 등. 헌법재판소는 인간으로서의 존엄과 가치의 구체적인 권리성을 인정하고 인격권으로 해석한다. 즉, "모든 기본권 보장의 종국적 목적(기본이념)이라 할 수 있는 인간의 본질이며 고유한 가치인 개인의 인격권…"(헌법재판소 1990. 9. 1. 89헌마82 결정) 또는 "모든 권리의 출발점인 동시에 그 구심점을 이루는 인격권…"(헌법재판소 1991. 9. 16. 89헌마163 결정)이라고 한다.

45) 김승환, 앞의 글, 참조.

해석되고 있다.

또 헌법 제17조는 모든 국민은 사생활의 비밀과 자유를 침해받지 않는다고 규정하고 있는데 일반적으로 이를 프라이버시권[46]이라 부르고 헌법 제10조와 관련성 속에서 논의를 전개하고 있다. 이러한 프라이버시권은 "개인, 집단, 기관들이 자신에 대한 정보가 언제, 어떻게, 어느 범위까지 타인에게 전달되는가를 스스로 결정할 수 있는 권리"로 정의될 수 있다. 헌법 제17조의 사생활의 비밀과 자유는 헌법 제18조의 통신의 자유와 함께 사업장의 전자노동감시와 관련하여 근로자에게 중요한 의미를 가지는 기본권이다.

한편, 헌법상 기본권(인권)은 공권력에 대해서만이 아니라 사인(私人)에 대해서도, 특히 경제적 또는 사회적 힘을 가진 자에 대해서도 간접적으로 그 효력이 인정된다. 따라서 전자노동감시와 관련된 위의 헌법상 기본권은 다른 사법상 법률관계와 마찬가지로 근로관계에도 간접적으로 기본권의 효력이 인정된다. 때문에 사용자는 근로자와의 관계에서 헌법상 기본권을 존중할 의무가 있다.[47]

또 헌법 제10조의 인간의 존엄과 가치로부터 또는 이와 함께 헌법 제37조 제1항을 비롯한 인간의 존엄성의 실현을 목적으로 하는 제반 기본권으로부터 헌법상 인격권 개념을 도출할 수 있으며, 이로부터 원칙적으로 사법상의 인격권 개념도 인정된다. 이에 따라 오늘날 생명, 신체, 건강, 자유 외에 프라이버시, 명예 등도 일반적인 인격권의 내용으로서 불법행위의 보호를 받을 수 있다.

이러한 헌법상 인격권 또는 사법상 인격권은 근로관계에 있어서 근로자에게

46) 정보사회에서 중요성을 띠는 프라이버시권에 대하여 초기의 학자들(Samuel D. Warren, Louis D. Brandeis, Thomas M. Cooley)은 "혼자 있을 수 있는 권리"(right to be let alone)로 인식하였다. 이는 자기에 관한 정보를 말하지 않을 수 있는 권리, 드러내지 않을 수 있는 권리, 이를 침해당할 때에는 방어를 하고 침해의 중지를 요구할 수 있는 권리라는 뜻을 가지고 있다. 적극적으로 무엇인가를 요구하는 권리가 아니라는 점에서 프라이버시권은 소극적 권리로 이해되었다. 그러나 컴퓨터를 이용한 개인정보의 대량수집 · 처리 · 유통이 가능해진 정보사회에 들어서면서 상황이 본질적으로 달라졌다. 개인은 자신에 관한 정보를 누가 어떻게 수집·활용하고 있는지를 알아야 한다는 문제가 발생하였다. 이 때부터(1960년대) 학자들(William M. Beaney, Alan F. Westin)은 프라이버시권을 "자기에 관한 정보의 흐름을 통제하는 개인의 권리"(individual's right to control the circulation of information relating to himself)로 이해하기 시작하였다. 미국 연방대법원은 1965년에 그리스울드 사건(Griswold v. Connecticut, 381 U.S. 479)에서 프라이버시권을 "자기에 관한 정보를 선택적으로 개시(開示)하는 권리" 내지는 "자기에 관한 정보의 흐름을 콘트롤하는 권리"라고 해석하였다(김승환, 앞의 글 참조).

47) 하경효, "근로관계에 있어서 근로자의 양심의 자유와 자기책임," 「노동법에 있어서 권리와 책임」(김형배교수화갑기념논문집), 박영사, 1994, 171면; 하경효, "새로운 근로감시기술의 도입에 따른 법적 문제," 「노동법학」 제18호, 한국노동법학회편, 2004. 6, 107면.

도 인정된다. 따라서 근로관계에 있어서 사용자는 근로자의 인격권 또는 인격적 이익을 존중하고 침해하지 않도록 하는 부작위 의무를 진다. 이는 근로계약상 사용자의 부수적 의무에는 근로자의 인격적 이익을 침해해서는 안 될 의무가 포함되며, 사용자가 전자노동감시 장비에 의한 감시활동에 따라 발생하게 될 근로자의 인격적 이익의 침해를 사전에 방지할 의무를 지고 있다는 것을 의미한다.[48)]

2) 사용자의 권리

사용자는 헌법 제15조의 직업의 자유의 내용으로서의 직업행사의 내용인 영업의 자유와 헌법 제23조에서 보장하는 재산권의 주체이다. 또 사용자는 사법영역에서도 이러한 헌법상의 기본권을 기초로 하여 자유로운 계약을 체결하고 이를 통해 획득한 근로자에 대한 노무지휘권을 행사하거나 또는 기업의 유·무형자산에 대하여 소유권에 기초한 기업시설관리권을 행사할 수 있다. 따라서 사용자는 이러한 영업의 자유와 노무지휘권의 행사의 일환으로서 생산성향상이나 기타 경영상 목적을 실현하기 위해 근로자에 의해 수행되는 작업과정을 통제하고 감시하는데 이해관계를 가지고 있다. 또 기업시설의 단순한 보안관리를 위해 정문이나 기업건물 내·외부에 감시카메라를 설치할 수도 있다.[49)]

이와 같이 사용자의 노무지휘권이나 시설관리권도 근로자의 인격권과 마찬가지로 보호할 가치 있는 권리이다. 그러나 이러한 사용자의 권리행사가 구체적인 근로관계에서 노동통제 · 감시의 형태를 취하게 되는 경우에 근로자와 사용자간의 이해관계의 충돌은 피할 수 없게 된다.[50)]

3) 사용자의 권리와 근로자의 권리의 이익형량 필요성

근로자가 노동력을 제공하는 과정에서 사용자는 근로계약의 부수적 의무로서 근로자에 대한 인격의 존중과 침해금지를 요구받는다. 따라서 사용자가 사업장에서 근로자의 신체적 완전성을 보호하고 침해하지 않을 의무, 나아가 근로자의 인격권을 침해하지 않을 의무는 사용자의 보호 · 주의의무로부터 도출된다고 할 수 있다.

이와 같이 사용자에게 인격권 침해금지의무가 부과되는 이상 적어도 근로자 인격권의 핵심이라고 할 수 있는 인간의 존엄성을 본질적으로 침해하는 행위는

48) 하경효, 앞의 논문(2004), 107면.
49) 하경효, 앞의 논문(2004), 109면.
50) 하경효, 앞의 논문(2004), 110면.

근로자의 동의여부를 불문하고 허용되지 않는다. 다만, 근로관계에서 정신적 고통을 발생시키는 사용자의 모든 행위가 언제나 그리고 무조건 근로자의 인격적 이익을 침해하는 것은 아니다. 그러한 근로자의 인격적 이익의 침해여부는 사용자의 계약상의 권리로서의 지시권 또는 감독권과의 이익형량을 거친 후에만 판단될 수 있다. 따라서 사업장의 전자노동감시의 허용여부에 대한 법적 판단은 필연적으로 사용자와 근로자간 이익형량을 요구하게 된다.[51]

(2) 전자노동감시의 정당성 판단기준

1) 감시의 대상, 목적 및 중요성에 대한 이익형량

사업장에서 전자적 장비에 의한 전자노동감시의 허용 여부를 판단함에 있어서 먼저 이를 둘러싼 사용자와 근로자의 각각 보호할 가치가 있는 이익을 서로 비교·형량하여야 한다. 이익형량을 위해서는 양 당사자의 이해관계상황을 특정하여야 한다. 이를 위해서는 첫째, 법적으로 평가되어야 할 사업장 감시의 대상이 무엇인지 확정해야 하고, 둘째, 감시장비의 구체적 목적을 고려해야 하고, 셋째, 그 이해관계 상황 각각의 중요성을 평가해야 한다. 사업장 감시가 근로계약상 근로자가 지게되는 노무제공의무와 밀접하게 관련될수록 감시장치에 의한 침해가 허용될 여지가 그 만큼 더 커질 수 있지만, 반대로 감시수단이 근로자의 사적 생활영역에서의 인권 내지 인격적 이익의 침해와 더 많은 관련성을 맺게 된다면 그러한 통제는 그 만큼 허용되지 않을 것이다.[52]

2) 근로자의 수인의무와 사용자의 사전통지의무

감시의 대상, 목적 및 중요성에 대한 이익형량을 통해서 사업장 감시를 둘

---

51) 하경효, 앞의 논문(2004), 110면.

52) EU의회 보고서(2002. 5)에 의하면, "근로자의 프라이버시 보호에 대한 권리는 사용자의 합법적인 권리와 요구, 특히 회사를 어느 정도 효율적으로 운영할 권리와 무엇보다 근로자의 행동에 의한 피해를 입는 것으로부터 보호받을 권리 사이에 균형을 이뤄야 한다. 이러한 다양한 권리와 요구들이 균형을 이루기 위해선 여러 가지 원칙들이 필요하다. 단순히 감시행위가 사용자의 요구를 만족시키기에 편리하다는 사실만으로 사용자의 행위가 정당화되지는 않는다. 감시는 이 보고서에 제시된 여러 원칙들의 검토를 거쳐 수행되어야 한다"고 하면서 사용자의 이익과 근로자 이익 사이의 이익형량이 필요하다는 점을 강조하고 있다. 이 보고서는 구체적인 평가기준으로 "① 감시행위가 근로자에게 투명한가? ② 전자통신감시가 필요한가? 전통적인 감시방법으로는 똑같은 결과를 얻을 수 없는가? ③ 개인정보의 처리가 근로자에게 공정하게 여겨지는가? ④ 결합되는 이해관계 사이에 균형이 유지되는가?"를 제시하고 있다(국가인권위원회, 앞의 보고서 「부록」에 수록되어 있는 EU의회, 「회사에서의 전자통신 감시에 관한 특별조사위원회 보고서」(2002. 5. 29) 참조).

러싼 근로관계 양 당사자의 이익 중 어느 쪽이 더욱 큰 이익을 가지는지를 판단할 수 있게 된다. 근로자의 인격적 이익 또는 프라이버시 보호이익이 더 크다고 판단되는 경우에 일단 전자노동감시는 허용될 수 없다. 반대로 사용자의 통제이익이 더 크다고 판단되는 경우에 관련 근로자는 이러한 통제장비의 설치와 운영을 수인할 의무를 부담하게 된다. 다만 여기에서도 양 당사자간에 상충되는 이익을 가능한 한 조정하여 적정한 균형을 유지하도록 하여야 한다. 따라서 사업장 감시에 대한 사용자의 이익이 일견 크다고 하더라도 그러한 감시장비의 설치는 그러한 목적달성을 위한 최소한의 정도에 머물러야 한다.

또 이익형량의 결과에 따라 사용자에 의한 사업장 감시가 허용될 수 있다고 판단되는 경우에도 원칙적으로 사업장 감시를 위한 기계장치의 설치 및 이를 통한 감시는 관련 근로자에게 사전에 통지되어야 한다. 따라서 사전통지 없는 감시장비의 설치(예컨대 몰래카메라 또는 전화도청 등)는 단순한 도난방지와 같은 업무상 필요성이 인정되는 경우라고 하더라도 근로자의 존엄성이나 인격권을 침해하는 행위로서 허용될 수 없다. 물론 업무상 필요에 의해 감시장비의 설치를 결정한 사용자가 이 사실을 근로자에게 사전에 통지했다고 해서 그러한 사용자의 잠시활동이 바로 정당화되는 것은 아니다. 이 경우에도 여전히 그 허용여부는 근로관계 당사자간의 이익형량을 통해서 결정되어야 한다.

3) 근로자의 동의

당사자 사이의 이익형량을 통해 근로자측의 불이익이 더 크고 근로자의 인격권이 침해될 가능성이 있어서 그 자체로서는 사용자측의 감시장비 설치가 허용될 수 없는 경우라고 하더라도 근로자가 이에 개별적으로 동의했다면 사용자의 감시행위가 정당화되는지 문제된다. 원칙적으로 근로자가 자신의 인격적 행위에 대한 침해행위에 대해 동의하였다면 그것이 인간의 존엄과 가치를 극단적으로 해치는 것이 아닌 한 사업장 감시는 허용될 수 있다.

원칙적으로 허용되는 근로자의 동의는 자유로운 의사에 기초한 것임을 요한다. 이러한 동의방식에 대해서는 그 진정성, 즉 근로자의 자유의사의 존재에 대해 엄격하게 평가하여야 한다. 서면상 동의의 진정성을 형식적으로 인정하여 근로자의 인격권 침해 소지가 존재함에도 불구하고 근로자가 이에 동의하였다는 이유만으로 당해 감시가 무조건 허용된다고 판단할 수는 없다. 결국 사업장 감시의 허용여부를 최종적으로 판단함에 있어서는 서면동의의 구체적 양태를 고려하여야 한다. 따라서 통일된 양식의 근로계약서에 의한 근로자의 동의가 유효한 것으로 인정받기 위해서는 당해 근로자에게 시행될 감시의 종류와 목적 등이 사전에 설명되어야 한다.

2. 전자노동감시 관련법의 실태

우리나라에는 일반인을 대상으로 한 전자적 장치에 의한 사생활의 감시에 관한 규제뿐만 아니라 근로자를 대상으로 한 사업장의 전자노동감시의 규제에 관한 일반법도 존재하지 않는다. 그나마 관련 특별법으로 우편물, 전자메일, 전화통화의 검열·감청의 제한 및 이로부터 획득한 통신내용 및 개인정보의 공개를 금지하는 「통신비밀보호법」, 「정보통신망 이용촉진 및 정보보호 등에 관한 법률」 및 「위치정보의 보호 및 이용 등에 관한 법률」 등이 있지만, 전자감시에 의한 일반인의 사생활이나 전자노동감시 자체를 규율하는 법으로서는 미흡하다고 하지 않을 수 없다. 이 법들은 주로 정보통신서비스 제공자와 이용자와의 관계를 규율하고 있으며, 개인정보보호나 감시규제 등에 관해서는 거의 규율하고 있지 않다. 따라서 아직까지는 헌법상 인간의 존엄과 가치, 사생활의 보호 및 통신의 자유 등의 기본권의 해석론에 의하여 해결할 수밖에 없으며, 새로운 입법이 요구되는 이유가 여기에 있다.

(1) 헌 법

우리 헌법은 앞에서 본 바와 같이 인간의 존엄과 가치 및 행복추구권(제10조)을 기본권 중 기본권으로 규정하고 있으며, 사생활의 자유(제17조)와 통신비밀의 자유(제18조)를 보장하고 있다. 또 헌법에 명시되지 않은 기본권도 헌법에 열거되지 아니한 이유로 경시되지 않는다는 일반적 기본권도 규정하고 있다(헌법 제17조). 이와 같이 사업장에서의 전자노동감시는 헌법상 인간의 존엄과 가치, 행복추구권, 사생활의 자유 및 통신비밀의 자유에 대한 기본권침해 문제와 직접적으로 관련된다.

뿐만 아니라 사업장에서의 전자노동감시는 헌법상 신체의 자유(제12조), 양심의 자유(제19조), 근로권(제32조) 및 근로 3 권(제33조) 등의 기본권 침해를 야기하기도 한다. 이와 같이 사업장에서의 전자노동감시가 이상의 헌법상 기본권을 침해하는 경우에 근로자는 기본권의 제 3 자적 효력을 근거로 사용자의 불법행위를 다툴 수 있으며, 감시의 배제와 손해배상을 청구할 수 있다.

(2) 노동관계법

우리 근로기준법은 사업장에서의 전자노동감시에 의한 근로자의 인격적 이익의 보호에 관한 직접적인 규정을 두고 있지 않다. 다만 근로기준법 제 6 조가 근로자의 신체 또는 정신상의 자유를 부당하게 구속하는 강제근로를 금지하고 있으며, 제101조에서 사업장의 부속기숙사에서 기숙하는 근로자의 사생활의 자유를 침해하지 못하도록 규정하고 있을 뿐이다.

또 법의 성격상 직접적인 규정을 두고 있지는 않지만, 사업장에서의 전자노동감시 장비를 이용하여 사용자가 조합활동을 감시하거나 노동조합에 관한 정보를 수집하는 경우에는 노동조합및노동관계조정법상 부당노동행위에 해당한다(동법 제81조 제 4 호 참조).

(3) 정보 · 통신 관련법

현재 우리나라 법률 중 '감시'를 일반적으로 규율하는 정보통신 관련법은 존재하지 않는다. 특정한 감시의 경우에는 통신비밀보호법이 적용될 수 있으나 이를 통한 전자노동감시의 규제는 실효성을 거둘 수가 없을 것으로 보인다. 통신비밀보호법의 관련 규정으로는 법 제 2 조(정의), 제 3 조(통신 및 대화비밀의 보호), 제 4 조(불법검열에 의한 우편물의 내용과 불법감청에 의한 전기통신내용의 증거사용금지), 제14조(타인간의 비밀대화 침해금지), 제16조(벌칙) 등이 있다. 통신비밀보호법에 의하면 "누구든지 이 법과 형사소송법 또는 군사법원법의 규정에 의하지 아니하고는 우편물의 검열 또는 전기통신의 감청을 하거나 공개되지 아니한 타인간의 대화를 녹음 또는 청취하지 못한다"고 규정하고(동법 제 3 조), 이 규정에 위반하여 우편물의 검열 또는 전기통신의 감청을 하거나 공개되지 아니한 타인간의 대화를 녹음 또는 청취한 자는 10년 이하의 징역과 5년 이하의 자격정지에 처하도록 하고 있다(동법 제16조). 동법에서 "전기통신"이란 전화 · 전자우편 · 회원제정보서비스 · 모사전송 · 무선호출 등과 같이 유선 · 무선 · 광선 및 기타의 전자적 방식에 의하여 모든 종류의 음향 · 문언 · 부호 또는 영상을 송신하거나 수신하는 것을 말하고(동법 제 2 조 제 1 호), "감청"이란 전기통신에 대하여 당사자의 동의없이 전자장치 · 기계장치 등을 사용하여 통신의 음향 · 문언 · 부호 · 영상을 청취 · 공독하여 그 내용을 지득 또는 채록하거나 전기통신의 송 · 수신을 방해하는 것을 말한다(동법 제2조 제7호).

위 법률의 규정에 의하여 '통신'과 '타인간의 대화'에 해당되는 작업장에서의 사사로운 이메일 열람, 전화통화 내용의 청취, 노동조합 사무실의 감청 등은 처벌할 수가 있다. 그러나 무단으로 다른 사람을 감시하여 촬영하거나 작업 속도를 전자적인 장치로 감시하는 것에 대해서는 이를 처벌대상으로 하고 있지 않다. 따라서 작업장에서 일하는 근로자들간의 대화를 녹음하는 것은 처벌대상이 되지만, 감시카메라를 설치하여 작업장 모습을 촬영하는 것은 통신비밀보호법에 저촉에 되지 않는다.

이와 같이 통신비밀보호법에 의하여 사업장에서의 전자노동감시를 규율하는 데는 한계가 있다. 그리하여 위 통신비밀보호법을 개정하여 법률명도 '사생활비밀보호법'으로 바꾸고 당사자가 원하지 않는 모든 촬영과 감청, 녹음을 제한하고 그 벌칙도 강화하는 쪽으로 개정하는 것이 바람직하다는 의견도 있다.[53]

또, 「정보통신망 이용촉진 및 정보보호 등에 관한 법률」과 「위치정보의 보호 및 이용 등에 관한 법률」(제정 2005. 1. 27, 법률 제7372호)이 제정되어 있다. 정보통신망이용촉진법에서 '개인정보'란 "생존하는 개인에 관한 정보로서 성명 · 주민등록번호 등에 의하여 당해 개인을 알아볼 수 있는 부호 · 문자 · 음성 · 음향 및 영상 등의 정보(당해 정보만으로는 특정 개인을 알아볼 수 없는 경우에도 다른 정보와 용이하게 결합하여 알아볼 수 있는 것을 포함한다)"를 의미한다(동법 제2조 제1항 제6호). 동법은 정보통신서비스제공자 등으로 하여금 개인정보를 일정한 허용범위를 벗어나 이용하거나 제3자에게 제공하는 것을 금지하고 개인정보보호를 위해 필요한 조치를 강구하도록 명령하고(동법 제24조 및 제28조), 누구든지 정보통신망에 의하여 처리 · 보관 또는 전송되는 타인의 정보를 훼손하거나 타인의 비밀을 침해 · 도용 또는 누설하는 것을 금지함으로써 개인정보의 침해금지 주체를 제3자에게까지 확대하고 있다(동법 제49조). 이 법은 주로 정보통신서비스제공자와 이용자 사이의 법률관계를 규율하고, 정보통신망을 이용하는 경우에만 적용됨으로써 사업장에서의 전자노동감시를 규율하는 데는 한계가 있다.

「위치정보보호법」에 의하면, 누구든지 개인 또는 소유자의 동의를 얻지 아니하고 당해 개인 또는 이동성이 있는 물건의 위치정보를 수집 · 이용 또는 제공할 수 없다(동법 제15조 제1항. 단서 있음). 또 위치정보사업자 등은 위치정보의 보호조치를 취하

53) 박훈, 앞의 글 참조.

여야 하고(동법 제16조), 직무상 알게 된 위치정보를 누설·변조·훼손 또는 공개해서는 안 된다(동법 제17조). 특히 위치정보보호법은 위치정보사업자가 개인위치정보를 수집하고자 하는 경우에는 미리 일정한 사항을 이용약관에 명시한 후 개인위치정보주체의 동의를 얻어야 한다(동법 제18조). 또 위치기반서비스사업자가 개인위치정보를 이용하여 서비스를 제공하고자 하는 경우에는 미리 일정한 사항을 이용약관에 명시한 후 개인위치 정보주체의 동의를 얻어야 한다(동법 제19조). 개인의 동의를 얻지 않은 핸드폰 위치추적은 동법에 의하여 위법으로 판단된다.

3. 전자노동감시의 법적 규제 방향[54)]

(1) 전자노동감시 규제입법의 필요성과 입법체계

앞에서 본 바와 같이 정보통신기술의 발달에 따라 사업장에서 전자적 기술을 이용한 감시장비를 도입하여 근로자를 통제하거나 감시하는 것이 일반화되고 있다. 이로 인하여 근로자의 인권침해 사례가 빈발하고 있으며 앞으로 더욱 심각하게 전개될 것이다. 그러나 현재 우리나라 노동관계법은 이에 관하여 직접적인 규율을 하지 않고 있으며, 근로자의 인격적 이익을 보호하기 위한 일반적인 입법도 없는 실정이다. 그리하여 구체적인 문제는 헌법상 기본권 해석론이나 미흡한 실정법에 의지한 해석론에 의하여 해결되고 있는 상황이다. 따라서 사업장에서의 전자노동감시에 의한 근로자의 인격적 이익을 보호하기 위해서는 무분별한 전자노동감시 장비의 도입과 이용을 규제하기 위한 보다 구체적인 입법적 조치가 필요하다고 하겠다.

사업장의 전자노동감시를 규제하기 위한 '입법체계'에 관해서는 다음과 같이 생각할 수 있다. 먼저 ① 사업장 감시에 관한 특별법을 제정하는 방안과 ② 사업장을 포함한 일반적인 감시를 규율한 법을 제정하고 거기에서 사업장 감시

54) 국가인권위원회, 앞의 보고서; 민주노총, 「근로자 감시 규제와 근로자 개인정보 보호에 관한 입법 제안」, 2003. 7; 이은우, 「해외 입법사례와 반감시입법제안」, "첨단기술에 의한 근로자감시, 어떻게 대응할 것인가" 토론회 발표자료(근로자감시근절연대모임), 2002. 11. 1; EU의회, 「회사에서의 전자통신 감시에 관한 특별조사위원회 보고서」, 2002. 5. 29; EU, 「개인정보의 처리와 자유로운 유통에 관한 개인정보보호지침」(Directive 95/46/EC), 1995; ILO, 「근로자의 개인정보보호에 관한 행동강령」, 1996. 10(http://www.ilo.org/public/english/support/publ/pdf/protect.pdf); OECD, 「프라이버시보호와 개인정보의 국제적 유통에 관한 가이드라인(Guidelines on the Protection of Privacy and Transborder Flows of Personal Data)」, 1980 등 참조.

를 규율하는 방안이 있을 수 있다.[55] 첫째 방안은 사업장에 한정하는 프라이버시보호법을 만드는 것인데, 사업장의 특수성을 고려한 세분화된 법률을 만들 수 있다는 장점이 있으나 현재 프라이버시 보호에 관한 일반법도 없는 상황에서 사업장에 대해서만 특별법을 만드는 데는 한계가 있을 수 있다. 오늘날 정보통신기술의 발달에 따른 전자감시 문제가 사업장의 근로자뿐만 아니라 일반인의 프라이버시권에 대한 심각한 위협이 되고 있다는 점을 감안한다면, 감시에 관한 일반 법률을 먼저 제정하고 그 법의 적용범위에 사업장 감시도 포함하되, 노사관계에 특수한 문제에 대해서는 따로 특별규정을 두거나 특별법을 제정한 방안이 일단 합리적이라고 생각된다.

둘째, 노동관계법 특히 근로기준법에 근로자의 개인정보, 사생활 및 인격권의 보호에 관한 근거규정을 명시적으로 둘 필요가 있다. 또 근로자의 인격권을 침해할 가능성이 있는 작업방식이나 감시장비의 도입과 관련된 사항을 근로기준법의 취업규칙의 필요적 기재사항 또는 노사협의회 의결사항으로 함으로써, 전자노동감시가 규제입법과 함께 단체협약, 노사협의 및 취업규칙에 의해서도 통제되도록 할 필요가 있다. 구체적으로 헌법과 노동관계법 및 관련 규제입법에 근거하여, 회사와 근로자(노동조합)간 단체협약 내지 노사협정을 통해서 전자노동감시 장비의 도입과 이용에 관한 규정 및 근로자의 프라이버시 보호에 관한 규정을 둠으로써 실효성있는 규범력을 획득할 수 있도록 한다.

(2) 전자노동감시 규제입법의 기본원칙

전자노동감시로 인한 근로자의 피해와 기술의 오·남용 사례를 사전에 차단하기 위한 법원칙이 설정되어야 한다. 이를 위해서는 먼저 전자노동감시는 헌법상 근로자의 존엄과 가치, 사생활의 자유(프라이버시권) 및 인격권을 침해하고, 근로조건에 영향을 미치며 또는 노동 3 권을 제약할 위험성이 높다는 점이 확인되어야 한다.

이를 전제로 다음과 같은 전자노동감시 규제입법의 기본원칙이 천명되어야 한다. 즉, 인간의 존엄성, 사상 · 행동 · 신체 · 양심의 자유를 억압하고 노동 3 권

55) 현재 국회에는 개인정보보호에 관하여 내용에 큰 차이가 없는 3개의 법률안이 제출되어 있다. 노회찬(2004. 11. 22), 이은영(2005. 7. 11) 및 이혜훈(2005. 10. 17) 등의 의원들이 대표발의한 「개인정보보호법안」이 그것이다. 각 법안의 주요 내용은 뒤의 〈참고자료〉 참조.

을 침해할 가능성이 있는 전자노동감시는 원칙적으로 금지되며, 예외적으로 사용자의 경영상의 이익과 비교형량하여 부득이 전자노동감시 장비를 도입하게 되는 경우에도 해당 감시가 근로조건에 미치는 영향을 면밀히 검토하여 헌법상의 기본권과 근로자의 인격적 이익을 침해하는 방식으로 이루어져서는 안 된다는 점이다. 근로자들은 사업장에서 노동을 제공하는 과정에서도 자신의 개인정보와 프라이버시를 보호받을 권리 및 자기정보 관리통제권이 침해되어서는 안 되기 때문이다. 이러한 기본원칙은 전자노동감시 입법의 해석기준이 된다.

먼저, 사용자가 합법적인 전자노동감시를 행하기 위해서는 구체적으로 다음의 요건을 갖추어야 한다. 첫째, 사용자는 전자노동감시 시스템을 도입함에 있어서 사전에 다른 방법이 없다는 것을 근로자에게 객관적인 방법으로 제시하여야 한다(보충성 원칙). 둘째, 사용자는 도입방법에 있어서 일방적 도입이 아닌 공개적이고 투명한 방법, 즉 시스템의 장단점을 투명하게 근로자에게 공개하여야 하며, 근로자의 사전 동의 또는 노동조합과의 교섭·협의를 통하여 민주적인 절차를 거쳐 도입방안을 제시하여야 한다(투명성·민주성 원칙). 셋째, 사용자는 전자노동감시 시스템을 도입할 경우 최소한의 범위에서 제한적으로 도입하여야 한다. 예를 들어 근로자가 전혀 없는 무인 자동화공장, 위험시설에 대한 통제·감시, 근로자가 없는 지하공간의 시설물관리를 위한 조치 등을 위하여 제한적으로 도입하여야 하며, 근로자의 산업재해예방을 위한 통제·감시장비를 설치하는 경우에도 우선적으로 안전설비를 모두 갖춘 후에 근로자와 노동조합이 인정하고 동의한 범위 내에서 최종적으로 선택하여야 하며 근로자의 인격권을 보호할 수 있는 방안이 강구되어야 한다.

또, 사업장에서 근로자와 사용자의 이익형량이 이루어져 전자노동감시가 허용될 수 있다고 하더라도 사용자의 감시행위가 당연히 정당화되는 것은 아니다. 이 경우에도 전자노동감시를 규제하는 몇 가지 기본원칙들의 검토를 거친 경우에 그 정당성이 인정된다.[56] 예를 들어 ① 감시가 행해지고 있다는 점에 대한 명시적이고 계속적인 고지와 표시가 있어야 하고, ② 감시의 결과물에 대한 근로자의 열람 및 정정이 허용되어야 하며, ③ 감시의 결과물에 대하여 접근할 수 있는 자, 보관 및 폐기의 주기, 보안대책 등이 마련되고 공표되어야 하며, ④ 어

56) EU의회, 「회사에서의 전자통신 감시에 관한 특별조사위원회 보고서」(2002. 5. 29)의 '서문' 참조.

떤 경우에도 감시는 인격권을 침해하지 않는 범위 내에서 가장 침해가 적은 방법으로 이루어져야 하며, ⑤ 감시의 결과물은 근로자에 대한 평가의 자료나 불리한 평가의 자료로 이용되어서는 안 된다.

(3) 전자노동감시 시스템 도입에 대한 개별적 · 집단적 동의

전자노동감시는 근로자의 인격적 이익과 근로조건에 중대한 영향을 미치는 문제이므로 그 도입에 대하여 근로자의 동의가 필요하다. 또 감시를 위한 장비의 도입 · 설치는 새로운 기술의 도입과 관련된 문제로서 노동조합, 노사협의회 또는 근로자대표와 교섭 · 협의를 하여야 한 사안이 될 수 있다.

먼저 근로자의 동의는 사용자와 동등한 지위에서 자유로운 의사에 기하여 행해져야 한다. 동의의 형식에는 구두동의와 서면동의가 있으나, 근로자의 자유의사의 진정성을 담보하는 데에는 서면동의가 바람직하다. 동의에서 가장 중요한 것은 근로자가 정확한 판단을 할 수 있도록 동의의 내용을 명확하게 제시하여야 한다. 사용자가 일방적인 설명과 서면을 제시하는 것, 예를 들어 경영상 목적의 당위성만을 제시하거나 고용불안을 조장하는 행위, 통제 · 감시의 궁극적인 목적을 우회적으로 표현하는 행위, 근무시간 중 서면동의를 요구하는 경우 등은 동의의 과정에서 근로자의 자유로운 판단을 흐리게 할 개연성이 있다. 또 대등하고 자유로운 결정은 합의의 한 형태, 즉 비강압적 · 비강제적 결정 또는 자발적 · 임의적 동의를 뜻한다.

한편, 많은 경우에 개별 근로자와 사용자의 실질적 대등성이 확보되기 어려운 현실에서는 근로자의 개별적 동의를 보완하는 근로자단체와 집단적 합의 또는 근로자들의 집단적 동의가 필요하게 된다. 더욱이 전자노동감시 장비의 도입 문제는 근로조건에 중대한 영향을 미치는 사안이므로 단체교섭 사항이 될 수 있다. 따라서 사용자는 전자노동감시와 관련하여 단체교섭에 응할 의무와 교섭과정에서 합의형성을 위하여 성실하게 노력할 의무가 있다. 단체교섭에서는 실질적인 근로자의 개인정보와 인권이 충분히 보호될 수 있는 세부적 내용을 다루어야 한다.

또 근참법 제19조 제10호는 신기술 · 기술의 도입 시 노사가 협의하도록 하고 있다. 우리나라 노사협의회의 법적 기능에 한계가 있기는 하지만, 노동조합이 없는 경우에는 전자노동감시의 도입과 관련하여 노사협의회와 협의하도록 하는 것도 집단적 동의의 한 방법이라고 할 수 있다.

이와 같이 사용자가 노동감시의 기구나 시스템, 제도를 도입할 경우에는 사전에 근로자 또는 노동조합의 동의를 얻어야 하며, 근로자는 이러한 기구나 시스템, 제도에 대하여 동의를 한 후에도 평가를 바탕으로 도입을 철회할 것을 요구할 수 있다. 특히 개별 근로자의 인격적 이익과 밀접하게 관련되는 경우에는 노동조합 등 근로자대표의 집단적 동의로 근로자의 동의를 대체할 수 없다.[57] 프라이버시권과 같은 개인의 인격권은 스스로 포기하지 않는 한 노동조합 등에 의하여 포기될 수 없기 때문이다.

(4) 전자노동감시에 의해 수집된 개인정보 보호

개인은 자기정보에 관하여 누가, 무엇을, 언제, 어떻게 알았고, 이를 저장했으며, 이 저장된 개인정보가 자기에게 유리한 것인지 불리한 것인지를 알 수 있어야 한다. 근로자의 경우에도 개인정보에 대한 자기결정권이 보장되어야 사업장에서 불안감 없이 근로를 제공할 수 있다. 개인정보에 대한 자기결정권, 즉 자기정보 관리통제권이란 정보기술의 발달에 따라 자기정보가 광범위하게 수집·처리·관리·재가공 되어 자기정보의 침해로 인하여 피해를 받게 되는 현상이 늘어가고 있으므로 자기정보 전반에 대하여 자신에 관한 정보를 직접 관리하고 통제할 수 있는 권리를 말한다.[58] 법원은 자기정보 관리통제권에 대하여 "헌법 제10조 및 제17조의 규정은 개인의 사생활 활동이 타인으로부터 침해되거나 사생활이 함부로 공개되지 아니할 소극적인 권리는 물론, 오늘날 고도로 정보화된 현대사회에서 자신에 대한 정보를 자율적으로 통제할 수 있는 적극적인 권리까지도 보장하려는 데에 그 취지가 있는 것"이라고 판시하고 있다.[59]

따라서 사용자가 근로자를 채용할 경우, 취업 중인 경우 또는 합법적인 전자노동감시에 의하는 경우 등 어느 경우에도 개인정보에 대한 자기결정권을 확

---

57) 노동조합 또는 근로자대표에 의한 근로자의 개인정보 처리에 관한 모든 협의는 자신에 대한 어떠한 개인정보가 어떠한 조건에서 어떤 목적으로 사용되어야 하는지 알고 결정할 수 있도록 개별 근로자의 권리를 보장하여야 한다. 이를 기초로 근로자의 대표는 근로자의 개인정보를 처리하는 전자기술 시스템의 채택 및 변경에 관하여 사업장 안의 전자노동감시 시스템의 채택에 앞서서 근로자의 개인정보에 대한 설문조사 및 검사를 해석하고 관리하는 방법과 내용, 목적에 대하여 통지받고 조언할 수 있다(ILO, 앞의 「행동강령」 제12항 참조).

58) 성낙인, "통신에서의 기본권보호," 「공법연구」 제30집 제 2 호, 한국공법학회, 2001. 12, 43-44면.

59) 대법원 1998. 7. 28. 선고 96다42789 판결.

보하기 위해서는 개인정보 보호원칙이 준수되어야 한다. 개인정보 보호원칙의 내용은 주로 ILO의 행동강령, OECD의 가이드라인 및 EU지침을 통해서 살펴볼 수 있다.[60] 즉, 개인정보 수집시 당사자의 동의, 개인정보 수집시 목적의 명확화, 명시된 목적 외 사용금지, 유통의 금지, 가공의 금지, 개인정보의 제 3 자에 대한 제공의 금지, 개인정보주체의 개인정보에 대한 열람, 정정청구권과 삭제권, 개인정보 수집에 대한 거부권과 이로 인한 불이익 취급 금지, 퇴직 시 개인정보에 대하여 문서보존연한에 개인정보의 최소화 관리 등이 그것이다. 또 인권침해 종류의 기록금지, 개인정보수집방법의 제한, 개인의 의사에 반하는 입력의 금지, 개인정보의 무제한 축적의 금지, 자기 파일에 대한 접근권의 보장, 개인정보의 정정권의 보장, 개인정보에 대한 남용의 금지 등이 그 내용이 되기도 한다.

특히 개인정보는 ① 수집시의 동의의 원칙, ② 목적의 특정, 명시의 원칙, ③ 직무수행과 관련된 정보의 최소수집의 원칙에 따라 처리되어야 한다. 이 경우 근로자로부터 취득할 수 있는 개인정보의 범위는 당해 고용계약 하에서 근로자의 직무의 수행에 필요한 정보로 제한되어야 한다. 정치활동에 관한 정보, 신앙에 관한 정보, 사상에 관한 정보와 그 밖의 민감한 개인정보의 취득은 금지되어야 한다. 가족에 관한 개인정보의 경우에도 그것이 업무의 수행을 위하여 필요한 경우가 아니면 수집되어서는 안 된다. 인종에 관한 정보도 민감한 정보로서 수집되어서는 안된다. 질병에 관한 정보는 당해업무 수행과 관련이 있는 범위 내에서만 수집되어야 하며, 이용되어야 한다. 업무와 관련이 없는 질병에 관한 정보를 취득하기 위한 신체검사도 허용되지 않는다. 질병에 관한 정보에 대해서는 근로자의 열람권과 항변권, 정정권이 인정되어야 한다. 그리고 근로자의 개인정보는 항상 최신성을 유지하여 정정되어야 하며, 내부적으로도 목적 외로 이용되지 않도록 하고, 해당업무를 담당하는 자 외에는 개인정보가 공개되거나 제공되어서는 안 된다. 이때 사용자는 근로자의 개인정보에 접근할 수 있는 업무담당자를 미리 지정해서 통보해야 한다. 근로자의 개인정보에 대한 보안조치는 적절하게 취해져야 한다.

60) ILO, 「근로자의 개인정보보호에 관한 행동강령」(1996); OECD, 「프라이버시 보호와 개인정보의 국제적 유통에 관한 가이드라인」(1980) 및 EU, 「개인정보의 처리와 자유로운 유통에 관한 개인정보보호지침」(Directive 95/46/EC, 1995) 참조.

(5) 권리구제 및 실효성 확보방안

전자노동감시를 규제하는 입법에는 전자노동감시에 의하여 근로자의 인권이 침해된 경우에는 사용자 및 관계자에 대한 처벌규정을 두고, 피해를 입은 근로자의 권리구제수단이 마련되어야 한다. 또 일반법원에 의한 권리구제방법 이외에 노동위원회 또는 예를 들어 '프라이버시위원회' 또는 '반감시위원회'에 의한 권리구제방법을 두어야 한다.[61)]

V. 맺는 말

오늘날 전자감시 문제는 사회의 다양한 영역에서 심각한 문제로 등장하고 있다. 특히 작업장에서 이루어지는 전자감시 문제에 대한 올바른 인권적 대응은 정보사회의 성격을 가늠하는 핵심지표가 되고 있다. 따라서 전자감시 문제의 심각성을 인식하고 이에 대한 사회적 대응방안을 모색하기 위한 노력이 본격적으로 이루어져야 할 때이다. 사회의 제 주체는 감시기술의 오·남용으로 인한 인권침해의 문제에 초점을 두고, 이를 방지하기 위한 사회적 공론화, 법제도 및 윤리적 기준 설정, 시민행동강령 설정 등에 주력할 필요가 있다.

이와 함께 일상생활과 사업장에서의 전자감시의 오·남용을 규제할 수 있는 입법이 마련되어야 한다. 국제기준과 외국의 입법례를 참고할 때 다음과 같은 법적 규제방향을 생각할 수 있다.

첫째, 사업장을 포함한 일상생활에서 개인정보 또는 프라이버시를 보호하기 위한 일반적인 감시규제법을 마련하여야 한다. 예를 들어 「사생활비밀보호법」 또는 「개인정보보호법」을 제정하거나 현행 「통신비밀보호법」을 「사생활비밀보호법」으로 전면 개정할 수도 있을 것이다.[62)] 그 후 사업장의 노동감시를 규제하

61) 다수의 EU국가와 호주·캐나다에서 설치·운영되고 있는 프라이버시보호위원회 또는 프라이버시감독관(Ombudsman)제도를 관련 입법에 포함시켜 도입할 필요가 있으며, 보다 적극적으로는 사업장 수준에서 노조 또는 근로자대표에게 프라이버시감독권을 부여하거나 프라이버시 관련문제를 노사협의회의 협의사항으로 포함시키는 방안도 검토해볼 수도 있다.

62) 그러나 위 3개 법안에 대한 국회 행정자치위원회의 검토보고서는 「개인정보보호법」의 제정에 난색을 표하고 있다. "현재 개인정보보호법의 제정과 관련하여서는 개인정보를 보호할 수 있는 체계적인 법제의 정비라는 측면에서 긍정적으로 보이나, 개인정보보호법 제정이 가져올

기 위한 노동관계 특별법, 예를 들어 「사업장감시규제법」을 제정한다.

둘째, 특별법 중 전자노동감시와 관련해서는, 인간의 존엄성, 사상·행동·신체·양심의 자유를 억압하고 노동 3권을 침해할 가능성이 있는 전자노동감시는 원칙적으로 금지되며, 예외적으로 사용자의 경영상의 이익과 비교형량하여 부득이 전자노동감시를 허용하는 경우에도 보충성, 투명성, 민주성의 원칙에 입각하여 최소한의 범위에서 감시가 이루어질 수 있도록 한다.

셋째, 전자노동감시 시스템을 도입하는 경우에 근로자의 동의를 필요로 하며, 노동조합, 노사협의회 또는 근로자대표와 집단적인 동의 또는 협의를 거치도록 한다.

넷째, 전자노동감시에 의하여 수집된 개인정보의 보호원칙을 명기하여야 한다.

다섯째, 중앙정부나 지방정부에 「프라이버시위원회」와 같은 전자노동감시 감독기관을 두어 감시규제기준을 설정하거나 감시정책을 담당하도록 한다. 또 사업장수준에서도 「프라이버시위원회」 또는 「프라이버시감독관」을 두어 감시시스템 문제를 협의 또는 감독하도록 한다.

경제적·사회적 효율성 하락에 대한 우려도 동시에 존재하고 있는 상황이라 할 수 있음. 특히, 현재 진행되고 있는 행정정보 공유 추진에 어려움이 발생할 수도 있을 뿐만 아니라 정보통신 제조업 및 정보통신서비스 산업 등 관련 산업계, 특히 중소기업의 경쟁력을 약화시킬 수도 있다는 우려가 강하게 제기되고 있음. 따라서 개인정보보호법 제정의 필요성을 인정하더라도, 개인정보보호법 제정이 각 분야에 미칠 다양한 효과 등에 대하여 관련 이해관계인 및 전문가 등으로부터 광범위한 의견수렴 과정을 거쳐 개인정보의 합법적 이용과 보호가 조화롭게 이루어질 수 있는 방안을 모색할 필요가 있다고 봄"(2005. 12).

〈참고자료〉

1. 노회찬의원 대표발의안「개인정보보호기본법안」의 주요 내용
   가. 타인의 개인정보를 수집하는 자는 당해 정보주체에게 개인정보의 수집목적 및 이용목적, 보존기간 등을 고지하고, 정보주체의 동의를 얻어야 함(안 제5조 제1항 및 제2항).
   다. 개인정보의 수집목적 또는 제공받은 목적을 달성한 때에는 당해 개인정보를 지체 없이 파기하여야 함(안 제8조).
   라. 개인정보는 수집한 최근의 것으로 갱신해야 하며, 이를 이용하기 전에 그 오류 여부를 확인해야 함(안 제9조).
   마. 정보주체는 개인정보 보유자에 대하여 자신의 개인정보에 대하여 정보주체의 개인정보를 수집한 경위, 현황, 제3자에게 제공한 내역 등에 관한 사항에 대하여 자료를 요구할 수 있고, 자신의 개인정보에 오류가 있는 경우에는 그 정정을 요구할 수 있음(안 제11조).
   카. 개인정보의 침해를 이유로 한 손해배상청구의 경우 공통의 이해관계를 가지는 피해자들을 위하여 피해자 중의 1인 또는 수인이 법원의 허가를 받아 대표당사자가 되어 손해배상청구소송을 제기할 수 있음(안 제29조).
   타. 이 법 및 개인정보 보호에 관한 다른 법률의 준수여부를 감독하기 위하여 개인정보보호위원회를 둠(안 제60조).

2. 이은영의원 대표발의안「개인정보보호법안」의 주요 내용
   가. 개인의 자유로운 인격발현과 정보사회의 지속적인 발전을 법의 기본이념으로 천명하고 개인정보 취급의 원칙을 제시함(안 제2조 제1항 및 제2항).
   나. 개인정보취급자가 정보주체의 동의, 법률의 규정, 법률행위의 목적달성, 언론·출판 목적 및 정보주체의 생명, 신체 및 재산을 보호하기 위하여 필요한 경우에 제한적으로 개인정보를 수집할 수 있도록 함(안 제6조).
   다. 개인의 사생활을 침해할 우려가 있는 개인정보의 수집을 제한하며 차별적인 목적의 개인정보 수집을 금지함(안 제7조 및 제8조).
   라. 자동화된 개인정보수집장치(CCTV, 쿠키 및 E-Mail수집기 등)를 이용하는 경우 일정한 사항을 정보주체에게 알리도록 하여 개인정보 무단수집을 제

한할 수 있는 근거를 마련함(안 제9조).

마. 정보주체의 열람·정정청구권을 보장하고 개인정보취급자에게 일정한 경우 개인정보를 삭제·파기하거나 접근을 차단하는 조치를 하도록 함(안 제11조 및 제12조).

바. 고유식별자를 정보주체의 동의없이 당해 식별자의 목적 이외에는 사용할 수 없도록 함(안 제15조).

자. 개인정보보호 업무의 체계적·일관적 집행을 위해 국무총리 소속하에 개인정보보호위원회를 설치함(안 제24조).

3. 이혜훈의원 대표발의안「개인정보보호법안」의 주요 내용

가. 개인정보의 보호와 이용을 조화시키기 위하여 개인의 자유 및 권리 보호와 함께 개인정보의 적정한 이용을 이 법의 목적으로 제시함(안 제1조).

나. 단순히 개인·가족의 이용을 목적으로 개인정보를 처리하는 경우, 정보주체의 급박한 생명·신체·재산상의 위험을 예방하기 위해 개인정보를 처리하는 경우, 통계·연구 등을 목적으로 식별성을 제거하고 개인정보를 처리하는 경우, 언론·출판기관, 종교단체, 정당 등이 고유의 활동을 목적으로 개인정보를 처리하는 경우에는 이 법의 적용을 제외함(안 제62조).

마. 원칙적으로 정보주체의 동의가 있거나 법률의 규정에 의하여 개인정보의 처리가 허용된 경우에만 제한적으로 개인정보를 수집·처리할 수 있도록 함(안 제6조 제1항). 다만, 개인정보처리자의 정당한 이익을 보호하기 위하여 필요한 경우, 공공의 안전과 이익을 위하여 필요한 경우 등에는 동의 없이 개인정보를 수집·처리할 수 있도록 예외사유를 인정함(안 제29조 제1항).

바. 개인정보는 정보주체로부터 직접 수집하는 것을 원칙으로 하고 정보주체 이외로부터 개인정보를 수집하는 경우에는 개인정보의 이용·제공시 그 출처 등을 고지하도록 함(안 제7조).

사. 고유식별자를 정보주체의 동의 없이 당해 식별자의 고유 목적 이외의 용도로 수집·처리하지 못하도록 함(안 제10조).

아. 정보주체의 권리를 구체적으로 실현하기 위하여 열람 및 정정 청구권, 이용 및 제공 정지 청구권, 파기·삭제 청구권을 규정함(안 제19조 및 제20조).

타. 개인정보보호에 관한 사무를 독립적으로 수행하기 위하여 국무총리소속으로 개인정보위원회를 두도록 함. 위원회의 임무가 개인정보의 보호와 이

용의 균형적 발전에 있음을 명확히 하기 위하여 명칭을 '개인정보위원회'로 함(안 제34조).

더. 개인을 고유하게 식별하기 위하여 부여·사용되는 신분증표 또는 식별정보의 도용, 사생활 침해를 목적으로 한 은밀한 자동화된 개인정보수집장치의 설치·운영 등을 금지함(안 제67조).

교수노조의 합법화와 노동법상 쟁점

강 성 태*

I. 서

노동기본권보장의 입장에서 볼 때, 현행 교원의노동조합설립및운영등에관한 법률(이하 '교원노조법'이라 한다)의 가장 큰 문제점 중 하나는 고등교육법상 교원 즉 대학 교수의 노동기본권이 전면 부정되고 있다는 점이다. 다른 교원 즉 유치원, 초등학교, 중등학교의 교원은 1999년 7월 1일부터 시행된 교원노조법에 의해 단체행동권이 제한된 형태이기는 하지만 노동기본권을 보장받고 있는 반면,[1] 대학 교수는 뚜렷한 이유 없이 교원노조법의 적용대상에서 제외된 후 지금까지 계속 노동기본권을 금지 당하고 있다. 한 가지 주의할 점은 여기서 노동기본권이 제한되는 대학 교수란 이른바 대학의 전임교원(전임강사, 조교수, 부교수, 교수)을 말하고, 흔히 시간강사로 불리는 대학의 비정규직 교원의 경우에는 일반 근로자와 마찬가지로 노동조합및노동관계조정법(이하 '노조법'이라 한다)에 의해 근로삼권 전부를 보장받고 있다. 실제로 전국에 걸쳐 약 5만 여명으로 추산되는 시간강사의 이익을 대변하기 위해 설립된 대학강사노조는 2002년 4월 그 명칭을 '한국 비정규직 대학교수 노동조합'으로 변경하여 활동하고 있다.[2]

* 한양대학교 법과대학 교수.

1) 교육부문의 근로자 중 특히 교원의 노동기본권 보장 요구는 1987년부터 시작되었다. 그러나 당시에는 교원의 노동조합 설립과 활동은 실정법에 의해 엄격하게 금지되어 있었기 때문에 교원노조와 국가의 대립과 갈등은 이후 10여 년간 계속되었다. 교원의 노동기본권 보장을 둘러싼 충돌은 엄청난 사회적 비용을 치룬 후 1999년에 와서 상당 부분 해결된다. 같은 해 7월 1일부터 교원노조가 합법화되어 전교조와 한교조가 설립신고를 마쳤고 이에 따라 노동조합활동이 공식적으로 합법화되면서 교육부문 노사관계는 새로운 국면을 맞게 되었다.

2) 시간강사에 대해 노동부 및 교육부는 이들이 법적 교원이 아니라 기간제 또는 일용직 근로자로 본다. 이에 따라 이들의 노동조합은 일반 노조법에 따라 합법적으로 설립신고증을 교부받

1999년 7월 교원노조법이 시행된 후 2001년에는 대학 교수로 구성된 전국교수노동조합이 설립되었다.[3] 전국교수노조는 설립 이후 교수노조의 합법화를 위해 여러 가지 노력을 하였고 2005년 10월 7일에는 노동부에 설립신고서를 제출하였다. 노동부가 전국교수노조의 설립신고서를 반려하자,[4] 같은 해 10월 25일 국가인권위원회에 진정을 제기하였다.[5] 이 진정에 대해서 국가인권위원회는 2006년 3월 27일 교수노조('현재 노동기본권이 금지되고 있는 대학교수로 구성된 노동조합' 이하 같다)를 합법화하라는 취지의 의견을 표명한 바 있다.

국가인권위원회의 의견표명 이전에도 몇 차례 교수노조를 합법화하려는 논의가 있었다. 정부차원에서 최초의 논의는 2001년의 일로서 노사정위원회에서 이루어졌다. 노사정위원회는 2001년 2월 6일부터 노사관계소위원회에서 2001년 논의 의제로 선정하여 논의를 진행하였다. 노사관계소위원회는 2001년 초 교육인적자원부, 민주화를 위한 교수노조추진기획단, 전국대학교수회, 한국대학법인협의회 등 이해관계자의 의견 청취한 후,[6] 2001. 3. 30.부터 같은 해 7.까지 국민 및 전문가를 상대로 여론조사를 하였다.[7] 노사정위원회의 노사관계소위원회

아 활동 중이다.

3) 대학교수노조는 2001년 4월 전국 82개 대학 총 693명의 교수가 참여하여 발족되어, 교권과 교수신분의 보장문제 외에 대학자치와 민주적 대학운영, 학문의 자유, 교육연구의 질 향상, 교육의 공공성을 지향 국공립학교 및 사립대학의 지배구조를 민주적으로 개혁한다는 목표를 내세우고 활동을 하고 있다. 현재 7개 지역지부와 서울대 등 다수의 대학에 지회를 두고 있다.

4) 노동부는 현행법상 대학교수 노동조합 설립의 근거 규정이 없다는 이유로 설립신고서를 반려하였다.

5) 교수노조는 초·중·고교 교원과 달리 대학교수의 노동조합결성권을 인정하지 않고 노조설립신고서를 반려한 것은 노동부가 법령의 미비를 근거로 합리적 이유 없이 모든 교원 중 대학교수만을 차별취급한 것이라며 국가인권위원회에 진정을 제기하였다.

6) 노사정위원회 노사관계소위원회에 제출한 각계의 의견은 다음과 같다.
- 교육인적자원부: 교수노조 허용은 직무의 특수성, 국민의 정서, 사회적 파급효과를 고려할 때 시기상조. 단기적으로는 교수노조 설립 추진을 반대하나 장기적으로는 교수의 단결권 허용을 신중히 검토
- 한국대학법인협의회: 교수노조 설립은 일반 국민의 정서, 대학의 현장 실상을 볼 때 바람직하지 않다며 반대
- 교수노조: 교수노조 설립여부는 당사자들이 선택할 문제로 최근 교수들에 대한 비정규직 강요는 대학과 학문의 위기로 귀결되기 때문에 교수노조 설립 필요성이 크다고 주장. 법외노조로 출범한 교수노조를 노사정위 논의 참여를 통해 합법화시켜나가겠다는 입장
- 전국대학교수회: 노동기본권은 교수들만 예외일 수 없으며 각 대학에 교수협의회가 사실상 대학 운영의 의사결정기구로 정착되었는데도 그 존재가치가 부정되는 현실을 볼 때 교수노조 설립은 불가피하다는 입장

7) 교수노조 허용과 관련하여 일반인 42.9%, 교수 61.2%가 찬성하였다. 연령 및 교수 직급별로 보면 젊고(30대 이하, 72.7%), 직급이 낮을수록(조교수급 이하, 72.7%) 교수노조허용에 대한 찬성응답이 상대적으로 높게 나타났다. 이는, 최근 대학에서 실시되고 있는 계약제 및 연

에서의 논의는 2002년 이후 현재까지 합의 없이 중단된 상태이다. 이후 교수노조 관련 논의는 국회로 옮겨졌다. 국회 차원에서는 우선 2004년 9월 14일 민주노동당의 단병호 의원이 발의한 '노동조합및노동관계조정법안중개정법률안'은 공무원과 교원 및 교수의 노동조합 조직 및 가입을 제한하고 있는 같은 법 제5조의 단서조항을 삭제하는 등의 내용을 담고 있었다.[8] 이 법률안에 따르면 교수(공무원 및 다른 교원과 함께)도 특별법이 아닌 노조법에 근거해 노동조합을 결성·가입할 수 있도록 하였다. 그러나 이 법률안은 국회를 통과하지 못하였고, 현재는 2005년 11월 열린 우리당의 이목희 의원 등이 발의한 교원노조법 개정안(이하 '이목희의원안'이라 한다)이 국회 환경노동위원회에 제출되어 있다. 이목희의원안은 교원노조법의 적용대상에 고등교육법상 교원을 포함시키는 것이었다.[9]

봉제가 주로 신규임용자에게 차별적으로 적용되면서 직급이 낮은 교수들의 신분보장 및 안정성이 크게 위협받고 있기 때문이라고 해석된다.

8) 단병호 의원은 법안 발의에 앞서 가진 기자회견에서 "공무원과 교사 및 교수는 명백한 노동자인 만큼 노동3권은 당연히 보장되어야 한다"며 "지난 수십 년 간 초보적인 노동기본권조차 보장받지 못했던 공무원과 교사 및 교수의 노동3권을 보장하는 것은 지난 시기의 과오를 시정한다는 점에서도 큰 의의가 있다"고 법안 발의의 배경을 밝혔다.

9) 제안이유는 다음과 같다. [교직원의 근로조건의 유지와 개선 및 경제·사회적 지위의 향상을 위한 자주적인 노동조합의 결성을 보장하기 위해 1999년 「교원의 노동조합설립 및 운영에 관한 법률」이 제정되었음. 그러나 현행 법률에서는 "교원"의 범위를 '초·중등교육법에서 규정한 교원'으로 한정하여 초·중등교육법 이외의 교원은 동법의 적용대상에서 제외되어 형평성의 문제가 있으며 동법의 기본 취지가 퇴색함. 따라서 본 개정안은 대학의 교원도 헌법과 노동법상 근로자로서 근로조건의 유지·개선과 경제·사회적 지위의 향상을 위한 자주적인 노동조합을 결성할 수 있도록 하고 교육계의 민주화와 학문발전 및 국가발전에 이바지하는 계기를 마련하기 위한 것임.] 주요 내용으로는 동법의 적용대상에 「고등교육법」에 의한 교원을 추가하고(안 제2조), 단체협약으로 정하거나 임용권자의 동의가 있는 경우 노동조합업무에만 종사할 수 있도록 한다(안 제5조 제1항)는 것이었다.

이 개정안에 대해 환경노동위원회는 (1) 교수노조의 합법화(안 제2조에 대학교원 추가)와 관련하여서는 ① 헌법 제31조 제4항에서의 대학의 자율성은 법률로 보장하도록 하고 있고, 이에 따라 대학의 교수들은 정당가입 및 정치활동이 허용되며(정당법 제22조 제1항 제2호 및 공직선거및선거부정방지법 제53조 제1항 제7호), 학문의 자유를 바탕으로 학문연구 및 교수·강학상의 자유가 보장될 뿐 아니라 대학자치원칙에 따라 대학의 의사결정과정에 직접 참여할 수 있는 기회가 폭넓게 부여되고 있음. ② 대학교수는 고도의 전문지식을 가지고 학문연구와 교육활동에서도 자율성이 보장되고 있고, 주체적 입장에서 학사운영에 참여하고 있다는 점에서 초·중등교원근로자와는 다르며, 따라서 사회의 지식주도층으로서의 사회적 위상을 고려할 때 교수사회의 요구나 공감대 형성뿐만 아니라 국민의 공감대 형성 또한 필요하다고 생각됨. ③ 대학교원의 노동조합가입이 허용될 경우 다수의 교수협의회 조직이 노동조합으로 전환될 것이 예상되며 이는 대학사회와 대학의 교직사회에 갈등과 분열을 초래할 우려가 있음. 또한 교수노조가 결성되면 그 구성원의 특성상 근로조건이나 연구여건개선 등 학내 문제보다는 정치적 쟁점들에 대한 사회적 의사형성과정에 개입하려 할 개연성이 크며, 이는 교원노동조합의 정치활동을 금지하고 있는 동법 제3조의 규정에 위반될 수 있으며, 나아가 사회불안의 또다른 요인으로 작용할 우려도 있어 보임. ④ 현행법상 설립최소단위(제4조 제1항), 교섭

국회에서 관련 논의가 답보 상태에 머물고 있던 중, 국가인권위원회의 관련 의견표명이 있었다. 국가인권위원회는 2005년 10월 25일 전국교수노조가 제기한 진정에 대해 2006년 2월 17일 정책토론회를 열어 외부전문가와 관련기관의 의견을 청취한 후,[10] 2006년 3월 27일 '대학교수의 노동기본권 보장 입법에 대한 의견표명'이라는 제목의 의견을 표명하였다. 구체적 내용은 다음과 같다.

- 대학교수의 근로자성에 대한 판단은 법적 가치판단에 의하여야 하는바, 국·공립대학 교수 및 사립대학 교수는 헌법과 법률의 규정, 국제인권기준에 의해 근로자성이 인정된다.

- 교수의 근로자성이 인정되는 이상 노동 3 권의 행사는 최대한 보장되어야 하는 것이 헌법 이념에 부합하는 것이며, 예외적으로 필요성이 인정되는 경우 과잉금지의 원칙에 근거하여 본질적 내용이 훼손되지 않는 범위 내에서 제한할 수 있는 것임. 그럼에도 불구하고 교수의 노조결성권을 원천적으로 금지하고 있는 현행 법제는 헌법과 국제인권기준 등에 위배된다고 할 것이므로, 노조결성권

구조(제 6 조 제 1 항), 정치활동금지(제 3 조) 등 관련조항을 교수노조에도 적용할 것인지 여부도 면밀한 검토가 필요함. 즉 현재 교원노조는 시·도 단위로 노조를 설립하여 시·도 교육감과 교섭하나 시·도교육감은 대학교원의 근무조건에 영향을 실질적으로 미칠 수 없으므로 교수노조의 설립최소단위(대학별 혹은 지역별 등), 교섭구조에 대한 면밀한 검토가 필요함. 또한 대학교수는 정당법(제22조 제 1 항 제 2 호)과 공직선거및선거부정방지법(제53조 제 1 항 제 7 호)에 따라 정치활동이 가능하나 이 법 제 3 조는 정치활동을 금지하고 있어 법률간의 상충문제에 대한 법률적 검토가 필요하다는 등의 이유로 관계주무부처인 교육인적자원부의 의견과 일반국민의 공감대 형성여부에 대한 여론 수렴을 거쳐 신중히 결정되어야 할 것이고, (2) 노조전임자 요건완화(제 5 조)와 관련하여서는, 먼저 임용권자 허가에서 임용권자 동의로 변경한 것은 내년부터 시행예정인 공무원노조법 제 7 조 제 1 항은 임용권자의 동의로 노조업무에 전임할 수 있다고 규정하고 있어 유사법간에 형평성 차원에서 허가를 동의로 변경한 것으로 보임. 이는 공무원노조법 제정당시 법안심사소위원회 심사시 노사간의 대등한 지위를 고려하여 정부원안을 변경한 것으로(허가→동의) 별다른 문제가 없는 것으로 보이지만, 다만 단체협약으로 노조전임을 인정하면 학기중에 전임자를 교체하는 문제가 생기게 되어 학생들의 학습권 침해소지(단체협약으로 노조전임을 인정하는 민간기업의 경우 2-3개월 단위로 전임하는 경우가 있음)가 있을 수 있고, 단체협약 체결시 노조전임자 결정문제로 단체교섭이 장기화되는 결과를 초래할 수도 있으므로 신중한 검토가 필요한 것으로 보았다.

교육위원회는 위 법률안에 대해 취지는 공감하지만 입법여부와 시기에 대해서는 여러 여건을 감안하여 신중해야 한다는 취지의 의견을 표명하였다.

10) 이 날 주제발표를 맡은 김인재교수(상지대)는 교수노동자의 노동기본권회복(위헌성 제거), 교수의 노동조건과 사회적 지위의 변화(노동통제의 강화), 교수협의회의 한계, 교수노조의 사회개혁 주체성 등의 이유를 들어 교수노조를 합법화해야 한다고 주장하였다(김인재, "교수 노동조합 설립의 당위성과 법적 문제," 국가인권위원회, '대학교수 노동조합 설립의 합법화 문제에 대한 정책토론회', 2006. 2. 17: 이하 김인재(2006)로 인용). 김인재교수의 주제발표에 대해 다섯 명의 전문가 또는 관련기관의 구성원들이 지정토론을 하였다(국가인권위원회, '대학교수 노동조합 설립의 합법화 문제에 대한 정책토론회', 2006. 2. 17. 참조).

은 원칙적으로 인정하되, 교수의 직무 및 법적 지위의 특수성을 고려하여 노동 3권의 인정 범위를 조정하는 것이 바람직하다.

-교원노조법이 제정되어 시행되고 있고, 대학교수 역시 교원에 해당하는 바, 교수노조 합법화의 입법형태는 교원노조법의 일부 개정 방식으로 하는 것이 적절함. 단, 가입범위는 원칙적으로 넓게 인정하되, 대학강사 노조가 별도로 조직되어 있는 점을 고려하면 고등교육법 상의 전임강사 이상을 가입대상으로 규정함이 적절하다.

-기본권 제한은 과잉금지의 원칙에 위배되어서는 아니되며, 기본권충돌의 경우 규범조화적 해결 방식이 적절한바, 교수노조의 단체행동권을 획일적으로 금지하는 것보다는 쟁의권의 행사가 공익 또는 다른 기본권과 상충되는 경우에 한해 예외적으로 제한하는 것이 바람직하다.

이 글은 국가인권위원회의 의견이 교수노조의 합법화에 대한 지금까지의 노동법학계의 다수의견을 반영한 지극히 올바른 것이라는 점을 전제로, 교수노조가 합법화될 경우 제기될 수 있는 몇 가지 노동법상 쟁점을 살펴보기로 한다.

Ⅱ. 노동법상 쟁점

1. 대학교수 노사관계의 특수성

교수노조를 합법화할 경우에는 국가인권위원회가 지적한 내용과 함께 교수 또는 대학교원의 노사관계상 특징을 고려하여야 한다. 대학교원을 둘러싼 노사관계는 우리나라 교육부문 노사관계의 특성[11]에 덧붙여 다음과 같은 몇 가지

11) 우리나라 교육부문 노사관계로 지적되는 것은 다음과 같다(김영문 · 김인재 · 이호근, 교원노조법의 제도 현황 성과와 문제점 연구, 2005년 교육인적자원부 연구용역보고서 참조). 첫째, 교섭주체 및 교섭체계의 복잡성과 모호성으로, ① 교육부문은 민간부문과 공공부문의 중복적 성격을 띠고 있다. ② 교섭의 주체가 매우 다양하다(사측: 교육인적자원부, 중앙인사위원회, 시도교육감, 사립학교를 설립 · 경영하는 자의 연합, 노측: 전교조, 한교조, 전국교직원노조와 전국비정규교수(강사)노조, 직원노조 및 법적 실체로 인정받기 위해 노력하고 있는 전국교수노조 등, 전문직대표: 한국교총, 학부모회: 정치적 성향에 따라 3-4개 조직 등). ③ 교원노조는 노동쟁의권이 인정되지 않고 있으며, 정치활동을 할 수 없고 통상적인 단체협상이나 교섭구조에 비해 제약을 받는 불완전한 특성을 갖고 있다. ④ 그 활동 및 교섭전략에 있어 교원 단체간 갈등이 심하다. ⑤ 임금, 근로조건, 후생복지영역과 정책영역이 분할 교섭내지 협의되고 있

특수성이 추가적으로 지적될 수 있다.

첫째 대학교원의 경우 근로조건 기타 대우는 대학별(국·공립대와 사립대, 국·공립대 상호간, 사립대 상호간)로 차이가 큰 편이다(일반 교원의 대동소이와 다름).

둘째, 교원의 근로에서 가장 중요한 영역을 차지하는 교육 및 연구활동에서 볼 때, 대학교원은 대학자치 등에 의해 개인적 자율성이 매우 크게 인정된다(일반교원의 집단적 표준성, 의무교육성, 동일성 등과의 차이).

셋째, 대학교원은 정치활동 기타 사회활동이 자유롭고 정책이나 여론을 주도하는 경향에 있다(일반교원의 경우에는 매우 규제적이다). 특히 정치활동의 경우 대학교원은 거의 제한을 받고 있지 않다.

넷째, 대학교원의 신분보장은 일반 교원에 비해 떨어지거나 차이가 많은 편이다. 다만 국·공립대학의 경우에는 상대적으로 사립대학의 교원보다는 신분보장이 강한 편이지만, 그래도 재임용제도 등에 의해 일반교원보다는 못한 편이다.

다섯째, 대학교원은 다양한 방식을 통해 학내 의사결정과정에 참여할 수 있다(일반교원의 제한적 참여통로와 비교). 교수협의회나 대학평의회 등이 대표적인 의사결정 참여기구로서 기능 중이다.[12] 그러나 의사결정에의 참여여부나 그 정도는 대학별로 차이가 큰 편이다.

2. 입법형식

교수노조를 허용하는 입법형식에 대해서는, 우선 공무원법 및 사립학교법 등에서의 노동운동 금지조항을 개정하는 것을 전제로, 일반 노조법에 두는 방안

어 사회적 갈등요인이 되고 있다. ⑥ 전국비정규교수(강사)노조와 교직원 노조 등이 활동하고 있으나 이들의 결집력이 약한 편이고, 전국교수노조 등은 노조로서 여전히 법적 지위가 인정되지 않고 있는 상황이어서 대학부문 구조조정 등을 앞두고 잠재적인 사회적 갈등요인이 되고 있다 등이 지적된다. 둘째, 노·정 또는 노·사간 교섭체계 문제로서, 교원노조법상 단체교섭 의제와 이행 책임소재 등이 불명확하고 학교 구성원의 역할을 규정한 일부 법령 등이 모호하여 ◦ 단체교섭 과정 및 이행추진 상 갈등발생, ◦ 직접적 단체교섭 대상 외의 교육정책 · 교육과정 · 인사분야 등의 영역이 교섭의제로 제시되나 이의 교섭이 원할하지 못하여 이로 인한 분규발생, ◦ 일부 애매한 법령이나 규정으로 학교구성원간의 갈등야기 등이 지적되고 있다. 셋째, 노동조합과 교원단체간 교섭권관련 논쟁으로 최근 노동조합 및 회원단체는 교섭권 또는 상호배타적 교섭권을 주장하는 경향이 있다.

12) 개정 사립학교법(2005. 12. 29/시행 2006. 7. 1)은 교육 관련 중요사항 심의기구로 대학평의회 설치, 법인이사 4분의 1 이상 대학평의원회 2배수 추천 인사 중 선임, 학교회계예산 대학평의원회 자문 경료 등을 규정하고 있다.

(교수노조는 조직단위와 활동, 교섭방식 등에서 교원노조보다는 일반 노조에 더 가깝기 때문에 일반 노조법에서 교수노조를 규율하는 방안), 현행 교원노조법에 두는 방안(제 2 조의 교원의 범위에 교수를 포함시켜 교원노조와 연계하는 방안 및 교원노조법의 문제점을 충분히 보완하여 교원노조와 교수노조를 통합하는 방안) 및 별도의 특별법을 두는 방안(한국대학의 특수성을 감안하여 교원노조법과 별도의 대학교원에 관한 특별법을 제정하여 기본권을 보장하는 방안) 등이 주장되어 왔다.

일반 노조법에 두는 방안은 (i) 교원노조법 등 특별법을 폐지하고 노조법 제 5 조 단서규정을 삭제함으로써 교원과 공무원을 특별법이 아닌 일반 노조법의 적용을 받게 하는 방안과 (ii) 현행 특별법들은 그대로 둔 채, 교수에 대해서만 일반 노조법의 적용을 받게 하는 방안으로 구별할 수 있다. 전자의 경우 장점으로는 일반 근로자와 거의 동등한 수준의 노동기본권 보장을 기할 수 있는 반면, 현실적으로 저항이 크다는 단점이 있다. 후자의 경우, 대학교원의 특수성은 잘 반영하고 교수노조의 '순수성'은 지킬 수 있는 반면 교원노동관계의 통일적 규율을 어렵게 한다는 단점이 있다. 반면에 교원노조법에 두는 방안은 (i) 현행 교원노조법을 전제로 그 인적 적용대상의 범위만을 대학교원까지 확대하는 방안과 (ii) 현행 교원노조법의 대폭적인 개선을 전제로 교원노조법에 대학교원을 포함시키는 방안으로 나눌 수 있다. 전자는 이목희의원안에서 제안된 것으로 교원의 노동관계를 통일적으로 규율할 수 있다는 장점이 있는 반면 교수노동관계의 특수성을 반영하지 못한다는 단점이 있다. 후자는 전자의 장점은 취하되 단점은 보완하는 긍정적인 면이 있지만, 입법기술상 복잡함이 남는다. 또한 교수노조법과 같은 특별법을 새로이 제정하는 방안[13]은 대학교원의 특수성은 잘 반영하고 교수노조의 '순수성'은 지킬 수 있는 반면 노동기본권 보장이라는 측면에서 일반 근로자와 크게 다르지 않는 각종 직업군의 근로자들을 위해 특별법을 남발하여 우리나라 노사관계 전체의 통일적 규율을 어렵게 한다는 단점이 있다.

이상에서 보듯이, 어떤 형식으로 입법화하든 이론상 또는 현실적으로 장·단

13) 이 견해에서는 초·중등교원과 대학교원의 법적 지위와 신분상의 차이를 주된 이유로 든다. 즉 전자의 경우 미성년 학생들을 지도 · 교육하고, 공립의 경우에는 시·도 단위 교육자치가 행해지고, 정치적 중립을 강하게 요구받는 법적 지위임에 비해 대학교원은 정치활동이 보장되고 개별 대학단위를 중심으로 하고 성년 학생들을 교육하는 법적 지위라는 차이가 있다고 한다 (김인재(2006) 참조).

점이 혼재한다. 노사관계의 규율을 통일화한다는 점에서 장기적으로는 모든 근로자에 대한 규율을 노조법으로 통일하는 것이 바람직하겠지만, 주요 직업군별로 규율법이 나누어진 현실을 감안한다면 잠정적으로는 교원노조법의 개정에 의해 교수노조를 합법화하는 것이 가장 무난하게 보인다. 즉 교원노사관계의 통일적 규율이라는 점을 고려하여 교원노조법에서 규율하되, 교수 및 대학 노사관계의 특수성을 고려하여 예외를 인정하는 방식(단서를 활용하는 방식과 별도의 장이나 조항을 두어 규율하는 방식 두 가지가 가능함)을 취하는 것이 타당할 것이다.

3. 노동기본권의 인정범위 및 정치활동의 보장여부

노동3권 중 어느 범위까지 인정할 것인지의 문제는 결국 대학 교원에게 단체행동권을 인정할 것인지에 관한 것이다. 이에 대해서는 단결권과 단체교섭권만 인정하여야 한다는 견해와 단체행동권까지 모두 인정하자는 견해가 있었다. 후자에서는 다른 교원에 대해서도 단체행동권을 인정하되 학생의 학습권 보호를 위해 쟁의행위에 일정한 제한을 가하자고 주장하였다. 전자는 다른 교원과의 형평성을 강조한 입장인 반면, 후자는 노동기본권 보장에 충실하자는 것으로서 양자 모두 일응 수긍할 만한 점이 존재한다. 이론적으로는 대학 교원의 단체행동권을 보장하는 것이 타당하겠지만, 다른 교원의 단체행동권이 제한되어 있는 현실에서는 여론의 저항이 클 것으로 예상된다. 궁극적으로는 후자의 견해와 같이 모든 교원의 노동기본권을 완전하게 보장하되, 학습권 침해와 쟁의권의 조정을 위한 규정을 두는 것이 타당할 것이다.

한편, 정치활동과 관련하여서도 교수노조의 경우 다른 교원들의 노조와 달리 정치활동을 허용할 것인지 아니면 다른 교원의 노조와 동일하게 정치활동을 금지할 것인지에 대해 견해의 대립이 있다. 대학 교수의 경우 다른 교원과 달리 정치활동이 허용되기 때문에 그들의 노조에 대해 정치활동을 금지한다는 것은 바람직하지도 현실적이지도 않다.

4. 노동조합의 조직과 관리

가입자격과 관련하여서는 시간강사 등 변형적인 형태의 교원(시간강사, 겸임, 강의전담, 대우, 객원 교수 등)을 가입대상에 포함시킬 것인지, 전임강사 이상만을 조직대상으로 할 것인지 및 국·공립대 교수를 가입대상으로 포함시킬 것인지 아니면 사립대 교수만으로 한정할 것인지에 대해 논의가 있었다. 우선 가입대상에는 비정규직 교수는 제외하는 것이 바람직하다. 왜냐하면 비정규직 형태의 교수들의 일부는 현재 조직화되어 있고 일반 노조법의 적용을 받고 있다는 점을 충분히 고려할 필요가 있기 때문이다. 이들도 대학 교육을 담당하고 있다는 점 등을 고려하면 이들을 교수노조에 참여시킬 것인가의 여부는 법으로 정하기보다는 노조의 자율에 맡기는 것이 이론상 맞다. 그러나 전자를 고려할 때 비정규직 교수를 전임교수들과 함께 규율하게 되면 지위보장은 없이 의무만 증가하게 되어 형평성에 문제가 있고, 이들의 지위는 대학교원 관련법에서 보장되고 있지도 않다. 한편, 현행 교원노조법에서도 국·공립 교원을 제외하고 있지 않다는 점에서 보면 가입대상에서 국·공립대 교수를 제외할 이유는 전혀 없다고 생각한다.

조직체계와 관련하여서는 다음 네 가지가 문제되었다. 광역시·도 또는 전국단위로만 할 것인지 아니면 대학단위로까지 확대할 것인지, 전임자의 경우는 어떻게 규율할 것인지, 국공립대와 사립대를 구분할 것인지 아닐지 등이다. 먼저 조직단위는 다른 교원과 달리 대학단위까지 인정해야 한다. 다른 교원 특히 초·중등교원과 달리 대학 교수의 경우 임용 · 승진 · 해임 등 인사, 급여 기타의 근로조건 등이 모두 대학별로 정해지고 그 차이도 상당하기 때문이다. 기타 전임자의 규율은 현행 교원노조법을 적용하면 될 것이고, 조직체계 등에서도 국·공립대와 사립대를 구별할 필요는 없을 것이다. 다만 단체교섭 및 단체협약의 효력에서는 국·공립대와 사립대를 구분할 필요가 있을 것이다.

5. 단체교섭

교섭구조와 관련하여서는 대학단위별 교섭구조로 가져갈 것인지 아니면 전국 단위 교섭구조로 가져갈 것인지 및 교섭창구단일화는 어떤 방식에 의할지에 대해 논의가 있었다. 또한 교섭창구단일화 방안에 대해서는 일반 노조법에 의할 것(다수대표제)인지 교원노조법에 의할 것인지(비례대표제) 논의가 있었다. 교섭구조는 전국 단위 교섭구조를 강제하는 것은 이론상으로나 현실상으로 문제가 많기 때문에 대학단위별 교섭까지 허용하는 것이 타당하다. 물론 교수노조들이 연합하여(특히 국·공립대에서는 그 필요성이 큼) 전국 단위 통일교섭을 요구할 경우에는 이것도 허용하여야 할 것이다. 복수노조의 경우 교수창구단일화 방안은 일반 노조와 교원노조의 논의에 따라 통일해야 하겠지만, 조직체계나 교섭은 다른 교원노조보다는 일반 노조에 더 가깝기 때문에 적어도 대학단위별 교섭에서는 일반 노조의 교섭창구단일화방안을 따르는 것이 타당할 것이다. 다만 교원노조법의 개정을 염두에 둔다면 보완된 비례대표제 방식도 무방할 것으로 본다.

교섭사항과 관련해서는 경제적 사항(임금, 근무조건, 후생복지 등 교수의 경제적 및 사회적 지위향상과 관련된 사항)에 한정할 것인지 아니면 교육적 사항(교육정책, 교육과정, 경영참가 등)까지 포함할 것인지 논의가 있었다. 교수노조와 여타의 교수대표기구의 역할과 기능은 분리되는 것이 바람직하다. 따라서 교수노조의 교섭사항은 전자에 한정되도록 하는 것이 타당할 것이다.

6. 분쟁해결기구

노동쟁의에 대해서는 노동위원회를 통해 해결하거나 노동위원회 내에 교수단체분쟁을 해결하기 위한 특별위원회를 신설하여 해결하는 방안 및 별도의 교수단체분쟁해결기구를 신설하는 방안이 논의되었다. 생각건대 대학 교수를 위한 특별분쟁해결기구까지 신설할 필요는 없겠지만, 교원의 노동분쟁이 가지는 특성[14]이 분쟁해결에도 반영될 수 있도록 현행 교원노조법을 개정하는 것을 전제로[15]

---

14) 교원의 노동분쟁해결에서는 유의할 점이 있다. 우선, 교원의 경우에는 쟁의행위가 금지되기 때문에 일반 근로자와 달리 쟁의행위로써 노동쟁의를 궁극적으로 해결할 수는 없다. 그러므로 노동쟁의조정이 가지는 중요성이 일반 근로자의 노사관계에서보다 더욱 크다고 할 수 있다. 둘째, 교원노조의 경우에는 근로조건 사항과 정책적 사항간의 구별이 애매하여 이와 관련된 분쟁이 발생할 가능성이 매우 크다. 최근에 발생했던 NEIS분쟁에서도 나타난 바 있지만, 이러한 분쟁은 이익분배를 둘러싼 일반 노동분쟁과는 상당히 성격이 다른 것이어서 쟁의조정 역시 일반 사업에 대한 그것과는 다른 접근을 필요로 한다. 특히 일반 노동분쟁에서의 전문가도 교원노동분쟁의 경우에는 비전문가일 가능성이 높다. 셋째, 교원 노동분쟁은 공무원 노동분쟁과 마찬가지로 국가나 지방자치단체 기타 공공기관이 사용자로 되는 경우가 많다. 따라서 공적 조정에서 정부로부터의 독립성이 한층 강조될 수밖에 없다.

15) 개선점으로는 우선, 교원 노동분쟁은 입구분쟁이 많다는 점이다. 따라서 노동쟁의조정의 실효성을 제고하기 위해서는 무엇보다 먼저 단체교섭의 입구에서 발생하는 분쟁에도 조정이 가능하도록 하는 것이 바람직하다. 둘째, 현행 교원 노동쟁의조정기구는 중앙노동위원회로 한정되어 있다. 그러나 단체교섭이 반드시 전국적 차원에서 발생하는 것이 아닌 만큼 지역적 분쟁에 대해서는 그 지역의 사정에 밝은 지방노동위원회도 쟁의조정을 담당할 수 있도록 하는 것이

노동위원회의 교원노동관계조정위원회가 대학 교수 관련 노동분쟁의 조정을 담당하는 것이 타당할 것이다.

Ⅲ. 결 론

이상의 논의를 정리하면 다음과 같다.

먼저, 입법형식은 교원노사관계의 통일적 규율이라는 점을 고려하여 교원노조법에서 규율하되, 교수 및 대학 노사관계의 특수성을 고려하여 예외를 인정하는 방식(단서를 활용하는 방식과 별도의 장 또는 조항을 두어 규율하는 방식 중 하나)이 타당할 것이다.

둘째, 노동기본권 보장범위는 다른 교원과의 형평성 차원에서 단결권과 단체교섭권만 인정하되, 장기적으로는 다른 교원과 함께 단체행동권까지 보장해야 할 것이다. 한편 정치활동에 관해서는 대학 교수의 경우 정치활동이 금지되지 않으므로 교수노조의 정치활동을 금지하는 것은 논리적 설득력이 떨어지고, 현실적으로도 실익이 적다.

셋째, 노동조합의 조직과 관리에서, 우선 가입자격에서 비정규직 교수는 제외해야 한다. 비정규직 교수들의 일부는 현재 조직화되어 있고 일반 노조법의 적용을 받고 있다는 점을 고려할 때 비정규직 교수를 전임교수들과 함께 규율하게 되면 지위보장은 없이 의무만 증가하게 되어 형평성에 문제가 있고, 이들의 지위는 대학교원 관련법에서 보장되고 있지도 않다. 국·공립대 교수의 가입자격을 제외할 이유는 없다. 조직체계와 관련해서는, 조직단위는 대학단위까지 인정하되, 전임자의 규율은 현행 교원노조법을 적용하는 것이 타당하다. 조직체계 등에서도 국공립대와 사립대를 구분할 필요는 없다.

타당할 것이다. 지방노동위원회에 의한 쟁의조정을 가능하게 하면 교원 노사관계에서도 일반 노사관계와 마찬가지로 재심의 기회가 생기는 효과가 생길 것이다. 한편, 교수노조가 허용될 경우에는 이러한 필요성은 더욱 증대된다고 하겠다. 셋째, 현행법상으로는 중앙노동위원회 산하의 교원노동관계조정위원회의 위원을 원칙적으로 중앙노동위원회 위원장이 일방적으로 지명하게 되어 있다(교원노조법 제11조 제 2 항). 선정과정에 교원 노사관계 당사자의 의견이 반영될 수 있도록 하는 것이 바람직하다. 또한 조정위원도 반드시 중앙노동위원회 소속의 위원 중에서만 구할 것이 아니라 공무원노조법에서와 마찬가지로 교원관계에 대한 식견과 경험을 갖춘 전문가도 참여할 수 있도록 하는 방안이 바람직할 것이다.

넷째, 단체교섭에서, 우선 교섭구조와 관련하여서는 대학단위별 교섭구조까지 인정해야 한다. 교섭창구단일화 방안에 대해서는 일반 노조법에 의할 것(다수대표제)인지 교원노조법에 의할 것인지(비례대표제)는 논의가 필요하다. 대학단위의 교섭요구에 대해서는 전자, 초대학적 단위의 교섭요구에 대해서는 후자를 적용하는 방안도 고려할 수 있으나 개정예정인 비례대표제도 무방할 것으로 생각된다. 교섭사항과 관련해서는 경제적 사항(임금, 근무조건, 후생복지 등 교수의 경제적 및 사회적 지위향상과 관련된 사항)에 한정함으로써 교수노조와 여타의 교수대표기구의 역할과 기능은 분리되는 것이 바람직하다.

다섯째, 쟁의조정에서는 일반 교원노조와 다르게 규율할 필요성은 적지만, 현행 교원노동관계조정위원회의 개선은 필요하다.

이러한 결론을 구체화하기 위한 교원노조법의 개정사항은 이렇다.

ㅇ "교원의 정의"(제2조)

- 교원의 범위에 고등교육법 제14조 제 2 항의 대학교원 포함

- 현행 규정: 제 2 조(정의) 이 법에서 "교원"이라 함은 초·중등교육법 제19조 제 1 항에서 규정하고 있는 교원을 말한다. 다만, 해고된 자로서 노동조합 및노동관계조정법 제82조 제 1 항의 규정에 의하여 노동위원회에 부당노동행위의 구제신청을 한 자의 경우에는 중앙노동위원회의 재심판정이 있을 때까지 이를 교원으로 본다.

- 개정안: 제 2 조(정의) 이 법에서 "교원"이라 함은 초·중등교육법 제19조 제 1 항 및 고등교육법 제14조 제 2 항[16]에서 규정하고 있는 교원을 말한다. (이하 같다)

ㅇ 교원의 정치활동 금지(제3조)

- 대학교원의 노동조합에 대해서는 정치활동을 허용함

- 현행 규정: 제 3 조(정치활동의 금지) 교원의 노동조합은 일체의 정치활동을 하여서는 아니된다.

- 개정안: 제 3 조 (정치활동의 금지) 교원의 노동조합은 일체의 정치활동을 하여서는 아니된다. 다만, 대학교원의 노동조합은 그러하지 아니하다.

16) 고등교육법 第14條(教職員의 구분) ② 學校에 두는 教員은 第 1 項의 規定에 의한 總長 및 學長 외에 教授·副教授·助教授 및 專任講師로 구분한다.

○ 노동조합의 설립(제4조)

- 대학단위별 조직이 가능하도록 함

- 현행 규정: 제 4 조(노동조합의 설립) ① 교원은 특별시 · 광역시·도(이하 "시·도"라 한다)단위 또는 전국단위에 한하여 노동조합을 설립할 수 있다.

② 노동조합을 설립하고자 하는 자는 노동부장관에게 설립신고서를 제출하여야 한다.

- 개정안: 제 4 조(노동조합의 설립) ① 교원은 특별시 · 광역시·도(이하 "시·도"라 한다)단위 또는 전국단위에 한하여 노동조합을 설립할 수 있다. <u>다만 대학교원은 대학단위별로 노동조합을 설립할 수 있다.</u>

② 노동조합을 설립하고자 하는 자는 노동부장관에게 설립신고서를 제출하여야 한다. <u>다만 대학단위별로 노동조합을 설립하고자 하는 자는 특별시장 · 광역시장 · 도지사에게 제출하여야 한다.</u>

○ 단체교섭 및 체결권한 등(제6조 제1항)

- 대학단위별 교섭이 가능하도록 하되, 교섭사항은 현행 유지

- 현행 규정: 제 6 조(교섭 및 체결권한등) ① 노동조합의 대표자는 그 노동조합 또는 조합원의 임금 · 근무조건 · 후생복지등 경제적 · 사회적 지위향상에 관한 사항에 대하여 교육인적자원부장관, 시·도 교육감 또는 사립학교를 설립·경영하는 자와 교섭하고 단체협약을 체결할 권한을 가진다. 이 경우 사립학교의 경우에는 사립학교를 설립 · 경영하는 자가 전국 또는 시·도단위로 연합하여 교섭에 응하여야 한다.

- 개정안: 제 6 조(교섭 및 체결권한등) ① 노동조합의 대표자는 그 노동조합 또는 조합원의 임금 · 근무조건 · 후생복지 등 경제적 · 사회적 지위향상에 관한 사항에 대하여 교육인적자원부장관, 시·도 교육감, <u>국·공립대학을 경영하는 자</u> 또는 사립학교를 설립 · 경영하는 자와 교섭하고 단체협약을 체결할 권한을 가진다. 이 경우 초등 · 중등 사립학교의 경우에는 사립학교를 설립 · 경영하는 자가 전국 또는 시·도단위로 연합하여 교섭에 응하여야 한다.[17]

○ 교섭창구단일화방안(제6조 제1항, 제3항, 제5항)

- 대학별교섭과 초대학적 교섭을 불문하고 통일적으로 개정예정 방안(보완

17) 교원노조법 제 6 조 제 1 항을 개정하는 경우에는 같은 법 제 7 조 제 2 항과 제14조 제 1 항에서도 '국·공립대학을 경영하는 자'를 포함시키는 개정이 필요함.

된 비례대표제 방식)을 택할 경우에는 비례대표제 방식을 적용하면 됨. 그러나 만약 대학별교섭과 초대학적 교섭에서의 교섭창구단일화방안을 달리하는 방안을 택한다면 별도의 규정이 필요함

한편, 이상과 같은 방식이 아니라 별도의 조문이나 독립된 장에서 규율한다면, 다음과 같이 교원의 정의 규정(제2조)을 개정하고(앞 참조) 및 교수노조의 특례(제14조의1)를 신설하면 될 것이다.

ㅇ 교수노조의 특례(제14조의1) 신설

제14조의1(대학교원 등에 대한 특례) ① 대학교원의 노동조합과 대학교원에 대하여도 제 2 항과 제 3 항에서 정하는 경우를 제외하고는 이 법에서 정하는 바에 따른다. 이 경우 이 법 제 6 조 제 1 항, 제 7 조 제 2 항 및 제14조 제 1 항의 "교육인적자원부장관, 시·도 교육감 또는 사립학교를 설립 · 경영하는 자"는 "교육인적자원부장관, 시·도 교육감, 국·공립대학을 경영하는 자 또는 사립학교를 설립 · 경영하는 자"로 본다.

② 대학교원은 제 4 조의 규정에도 불구하고 각 대학단위로도 노동조합을 설립할 수 있다. 이 경우 같은 조 제 2 항의 "노동부장관"은 "특별시장 · 광역시장 · 도지사(대학단위별로 노동조합을 설립하고자 하는 자에 한함) 또는 노동부장관"으로 본다.

③ 이 법 중 제 3 조와 제14조 제 3 항의 규정은 대학교원의 노동조합에 대하여는 이를 적용하지 아니한다.

하역노조의 집단적 노사관계

이 상 윤*

I. 서 론

1. 의 의

항만 및 철도 등에서 하역업·운송업·보관업 및 이에 부대되는 사업에 종사하는 근로자들은 소위 「항운노조」를 결성하고 있으며, 이들을 사용하는 사업주를 위하여 노무를 제공하고 있다.

최근 하역노조의 근로조건 개선을 위한 노사관계의 개선 문제가 주요 이슈로 부상하고 있다. 항만 하역근로자의 경우 이들을 하역회사의 근로자로 인정하는 대신에 하역노조의 독점적 근로자공급권을 포기하는 것을 골자로 하는 대타협이 제시되었으나, 결국 타결되지 못한 바 있다. 또한, 철도 하역근로자의 경우 철도 소운송업이 폐지되어 일자리를 상실한 하역근로자에 대한 보상방안이 논의되는 과정에서 하역근로자들의 노동법상 근로자성이 논의되고 있다. 이에 따라 본고에서는 항운노조의 조합원 중에서 하역업에 종사하는 조합원을 「하역근로자」, 이들을 사용하는 사업·사업장을 「하역회사」, 「하역근로자」를 조합원으로 하고 있는 항운노조를 「하역노조」로 부르고 하역노조의 노사관계를 크게 첫째, 하역근로자와 하역회사 간의 관계, 둘째 하역회사와 하역노조 간의 관계 및 셋째, 하역근로자와 하역노조 간의 관계로 나누어 보고자 한다.

---

* 연세대학교 법과대학 교수.

2. 법적 근거

하역근로자에게 적용되는 법률은 다음과 같다.

(1) 항만운송사업법

항만운송사업법[1]은 부두·항만에서의 하역작업에 적용되는 법률이다. 항만운송사업법은 항만운송사업을 항만하역사업, 검수사업, 감정사업 및 검량사업의 넷으로 구분하고 있다. 이 중 항만하역사업의 내용은 다음과 같다(동법 제2조 제1항 제1호 내지 제5호).

1) 하주 또는 선박운항업자의 위탁을 받고 선박에 의하여 운송된 화물을 항만 안에서 선박으로부터 인수 또는 하주에게 인도하거나, 선박에 의하여 운송될 화물을 항만 안에서 선박에 인도 또는 하주로부터 인수하는 행위와 이러한 행위에 선행 또는 후속하여 2) 내지 5)의 행위를 일관하여 행하는 일

2) 항만 안에서 화물을 선박에 적하하거나 선박으로부터 양하하는 일

3) 항만 안에서 화물을 선박 또는 부선에 의하여 운송하거나, 해양수산부령이 정하는 항만과 항만 이외의 장소와의 사이(이하 "지정구간"이라 한다)에 있어서 화물을 부선 또는 범선에 의하여 운송하거나, 항만안 또는 지정구간에 있어서 예선에 의하여 부선 또는 뗏목을 예항하는 일. 다만, 해운법에서 규정하고 있는 해상화물운송사업자에 의한 운송 및 해상여객운송사업자의 여객선으로 여객을 운송함에 수반되는 화물의 운송 및 해양수산부령이 정하는 운송을 제외한다.

4) 항만 안에서 선박 또는 부선에 의하여 운송된 화물을 창고 또는 하역장(수면저목장을 제외한다. 이하 같다)에 반입하거나 선박 또는 부선에 의하여 운송될 화물을 하역장으로부터 반출하거나 이러한 화물을 하역장에서 적하·양하 또는보관하거나 화물을 부선으로부터 양하 또는 부선에 적하하는 일

5) 항만 안 또는 지정구간에 있어서 뗏목으로 편성하여 목재를 운송하거나 항만 안에서 뗏목으로 편성하여 운송된 목재 또는 선박이나 부선에 의하여 운송된 목재를 수면저목장에 반입하거나, 뗏목으로 편성하여 운송될 목재 또는 선박이나 부선에 의하여 운송될 목재를 수면저목장으로부터 반출하거나 이러한 목재를 수면저목장에서 적하 또는 양하하거나 보관하는 일

---

1) 법률 제1404호, 1963. 9. 19.

(2) 철도소운송사업법

철도소운송사업법[2]은 철도에서의 하역작업에 적용되는 법률로서 2005년 폐지되었다.

철도소운송업은 철도소운송업을 (i) 자기 또는 타인의 명의로 철도를 이용하는 물품수송을 알선하거나, (ii) 철도를 이용하는 운송물품을 모으거나 배달하는 행위, (iii) 철도를 이용하는 물품운송행위, (iv) 철도를 이용하는 운송물품을 철도차량에 싣거나 내리는 행위의 넷으로 구분하고 있다(동법 제2조). 이 중 철도하역사업과 관련된 것은 (iv) 철도를 이용하는 운송물품을 철도차량에 싣거나 내리는 행위이다.

II. 하역근로자와 하역회사와의 노사관계

1. 하역근로자의 근로자성 여부

하역근로자가 근로기준법상의 근로자에 해당하는지의 여부, 즉, 하역회사가 근로기준법상 하역근로자의 사용자에 해당하는지의 여부에 관하여 학설이 나뉘고 있다.

첫째, 부정설은 하역근로자는 근로기준법상의 근로자에 해당하지 아니하므로 하역회사는 하역근로자의 사용자에 해당되지 아니한다고 한다. 우리나라 대법원 판례의 일관된 입장이다. 하역근로자와 하역회사 간에는 실질적인 사용종속관계가 존재하지 아니한다는 것을 논거로 하고 있다.[3] 대법원 판례는

"근로기준법상의 근로자에 해당되는지를 판단함에 있어서는 업무의 내용이 사용자에 의하여 정하여지고 취업규칙 또는 복무규정 등의 적용을 받으며, 업무수행과정에 있어서도 사용자로부터 구체적, 개별적인 지휘, 감독을 받는지 여부, 사용자에 의하여 근무시간과 근무장소가 지정되고 이에 구속을 받는지 여부, 근로자 스스로가 제 3 자를 고용하여 업무를 대행케 하는 등 업무의 대체성 유무, 비품, 원자재, 작업도구 등의 소유관계, 보수의 성격이 근로 자체의 대상적 성격

2) 법률 제865호, 1961. 12. 23.

3) 대법원 1980. 12. 9. 선고 79다2149 판결; 대법원 1987. 2. 10. 선고 86다카1949 판결; 대법원 2002. 5. 28. 선고 2001다72074 판결.

이 있는지 여부와 기본급이나 고정급이 정하여야 있는지 여부 및 근로소득세의 원천징수 여부 등 보수에 관한 사항, 근로제공관계의 계속성과 사용자에의 전속성의 유무와 정도, 사회보장제도에 관한 법령 등 다른 법령에 의하여 근로자로서의 지위를 인정받는지 여부, 양 당사자의 경제 사회적 조건 등을 종합적으로 고려하여 판단하여야 한다"라고 하여 근로자성 판단여부에 대하여 사용종속관계의 기준을 적용하고 있다. 이러한 사용종속관계 기준은 최근의 골프장 캐디, 학습지교사, 레미콘 운송업자 및 보험설계사의 경우에도 일관적으로 적용되어 왔다.

둘째, 긍정설은 하역근로자는 근로기준법상의 근로자에 해당되므로 하역회사는 근로기준법상 하역근로자의 사용자에 해당된다는 견해이다.[4)]

동 견해는 하역노조와 하역회사 간에 사용종속관계가 존재하지 않는다고 인정할 수 없으며, 하역근로자와 하역회사 간에 명시적인 근로계약관계가 존재하지 아니하더라도 사용관계는 존속될 수 있고, 또한 하역노조가 합법적인 노조설립신고를 마친 이상 이는 하역근로자가 근로기준법상의 근로자임을 전제로 하고 있다는 점을 논거로 하고 있다.

사견으로는 다음과 같은 논거에서 부정설에 찬동하고자 한다.

첫째, 근로기준법상의 근로자에 해당하기 위하여는 사용종속관계가 존재하여야 하는바, 종래의 대법원이 설정한 기준에 의하면 하역근로자와 하역회사 간에는 사용종속관계가 존재하지 아니한다.

둘째, 긍정설에 의하면 "대법원 판례가 「명문의 근로계약관계」가 없다는 것을 이유로 근로자성을 부인한다"고 지적하고 있으나, 이는 사실과 다르다고 할 것이다. 종전의 일부 판례가 사용종속관계의 존부 이외에 근로계약관계의 존부 여부를 근로자성 판단 기준으로 삼았던 것은 사실이나, 대법원 판례에 의하면 근로계약관계의 존부는 사용종속관계의 존부 여부를 판단하는 여러 가지 기준 중 하나에 불과하고, 또한 근로계약의 존부 여부를 판단함에 있어 「명시적」인 것 뿐 아니라 「묵시적」인 것까지 포함하고 있음을 간과해서는 안 될 것이다. 즉, 명시적인 근로계약이 존재하지 아니하는 경우에도 사실상의 사용관계가 존재하는 경우 이를 피용자로 볼 수 있다는 것이 대법원 판례의 입장이다.[5)]

셋째, 항운노조가 합법적인 노조로 성립되었다 하여 반드시 하역근로자가

---

4) 김형배, 「항운노조 조합원과 사용자 사이의 법적 관계」, 무지개출판사, 1996, 13면.

5) 대법원 1979. 2. 13. 선고 78다2245 판결.

근로자임을 인정하고 있는 것은 아니다. 즉, 하역노조에는 하역근로자 이외에도 다른 업무를 수행하는 근로자가 조합원으로 가입하고 있으며 또한 노동조합의 설립신고를 일단 마친 이후에도 조합원의 근로자성이 부정될 수 있음은 물론이다.

2. 관련 사항

하역근로자와 하역회사간의 노사관계와 관련된 주요 이슈는 다음과 같다.

(1) 근로기준법상의 지위

1) 퇴직금청구[6]

근로기준법상 사용자는 그가 사용하는 근로자에 대하여 퇴직금지급의무를 부담한다.

전국운수노조의 조합원으로서 대한통운의 하역작업에 종사하여 온 원고는 회사에게 종속근로를 계속 제공하거나 사실상 또는 묵시적인 근로계약관계가 성립되어 있지 아니하므로 근로자에 해당되지 아니한다. 따라서 대한통운은 이들 조합원에게 퇴직금지급의무를 부담하지 아니한다.

2) 임금채권의 우선변제[7]

근로기준법상 근로자에 대하여는 임금채권의 우선변제가 인정된다.

전북항운노조김제분회가 무연탄 하역작업에 따른 도급계약을 진표연탄공업사와 체결하였는바, 동 분회의 조합원은 근로자에 해당되지 아니한다. 따라서 도급비에 따른 작업비 채권은 임금채권 우선변제가 인정되지 아니하고 일반 채권과 동등하게 취급된다.

3) 다수의 사용자 등[8]

근로기준법 제17조에 의하면 근로계약이라 함은 근로자에게 근로를 제공하고 사용자는 이에 대하여 임금을 지급함을 목적으로 체결된 계약을 말하며 이는 민법상의 노무도급계약과는 달리 근로자와 사용자 사이에 부종적으로 체결된 근로조건하에서 근로자가 사용자의 지휘·명령에 따라 근로를 제공하는 관계가 유지되어야 한다.

---

6) 대법원 1980.12.9. 선고 79다2147 판결.
7) 대법원 1987.2.10. 선고 86다카1949 판결.
8) 대법원 1987.2.10. 선고 86다카1949 판결.

전북항운노동조합김제분회에 소속된 근로자들이 철도나 항만노무작업을 함에 있어서 특정회사에만 종속되지 아니한 채 노무제공에 따른 작업비만 받아왔고, 다른 회사들과도 동일 내지 유사한 하역계약을 맺고 그들에게도 마찬가지로 동일한 노무를 필요에 따라 계속적으로 공급하여 왔을 뿐 근로자들과 회사와의 사이에 부종적으로라도 임금이나 근로시간등 근로조건을 따로 마련했다거나 회사에게 독자적이고 구체적인 지휘감독권을 주었다고 볼 자료가 없다면 분회소속의 근로자와 회사사이의 하역계약을 근로기준법상의 근로계약이라고 볼 수 없다.

(2) 임금채권보장법상의 지위

임금채권보장법상 사업주는 그가 사용하는 근로기준법상의 근로자에 대하여만 부담금을 납부할 의무를 부담한다.

전국항운노동조합연맹 산하 단위 노동조합소속의 조합원인 하역운송노무자들은 사업주와 실질적인 사용종속관계가 존재하지 아니하여 근로기준법상의 근로자에 해당하지 아니하므로 사업자가 하역운송노무자들에게 임금채권보장법상의 부담금 신고·납부 의무를 부담하는 것은 그 하자가 중대하고 명백하여 당연무효이다.[9]

(3) 산업재해보장보험법상의 지위

산업재해보장보험법상 사업주는 근로기준법상의 근로자에 대하여만 보험료 납부의무를 부담한다.

전국항운노동조합연맹 산하 서울특별시 농산물종합시장노동조합 소속의 조합원과 이들을 하역작업 시켜온 농업협동조합중앙회 사이에는 실질적인 사용종속관계가 존재하지 아니하여 근로기준법상의 근로자에 해당되지 아니한다. 따라서 농업협동조합중앙회는 하역근로자에 대하여 산업재해보장보험법상의 보험료 납부의무를 부담하지 아니한다.[10]

---

9) 대법원 2002. 5. 28. 선고 2001다72074 판결.
10) 대법원 1996. 6. 11. 선고 96누1504 판결.

Ⅲ. 하역노조와 하역회사와의 노사관계

하역노조와 하역회사간의 노사관계에 관한 주요 이슈로는 첫째, 노동조합으로서의 지위가 인정되는지의 여부 및 둘째, 근로자 공급사업에 관한 것이 제기되고 있다.

1. 노동조합의 지위 인정

(1) 노동조합의 성립여부

하역노조는 노사관계법에 의하여 노조설립신고를 하고 설립신고증을 교부받은 바 있다. 그러나 대법원의 판례에서 보듯이 하역노조 조합원이 근로자에 해당하지 아니한다면 「근로자 아닌 자」를 노조가입대상으로 함으로써 노조설립요건에 위반된다고 할 것이다. 그렇다면 하역노조는 노조설립요건을 충족하지 못한 임의노조 또는 불법노조에 해당하는지의 여부가 다음과 같이 문제시 될 수 있다.

첫째, 하역노조가 근로자공급사업에 사용하는 근로자뿐 아니라 상용근로자도 조직대상으로 하고 있는 경우 상용근로자가 주체가 되어 노조를 조직하였다면 이는 합법적인 노조로 성립될 수 있음은 물론이다.

둘째, 하역노조의 조직대상이 주로 근로자 공급사업의 비상용근로자인 경우에도 하역노조는 합법적인 노조를 설립할 수 있다. 근로자공급사업에 사용되는 조합원도 하역노조가 설립되기 이전부터 「비근로자」로 그 지위가 한정되어 있는 것은 아니며 하역노조의 조합원으로 일단 가입한 이후에 근로자 공급사업에 사용되지 아니하고 하역노조의 내부결정에 따라 상용근로자로도 취업할 수 있기 때문이다. 즉, 하역노조의 조합원은 당연히 근로자로서의 지위를 보유하되, 단지 근로자 공급사업에 사용되는 경우에 한하여 근로자의 지위가 부정되는 것이다. 이에 대하여 하역노조의 조합원들이 근로계약을 갖고 있지 아니한 근로자 공급사업에 사용되므로 애당초부터 신고증을 교부하지 말았어야 한다는 견해[11]가 있는바, 이는 앞에서 언급한 바와 같이 하역노조 조합원의 이중적 지위를 간과

11) 김형배(1996), 앞의 책, 361면.

한 것으로서 타당하지 아니하다.

한편, 하역노조 소속의 조합원이 노동조합법상의 근로자, 즉, 집단적 노사관계의 근로자 개념에도 해당되지 않는지의 여부에 관하여 견해가 나뉘고 있다. 이는 비록 하역근로자들이 근로기준법상의 근로자개념에는 해당되지 아니하지만 노동조합법상의 근로자 개념에는 해당되어 동 하역근로자들이 소속된 노동조합이 사용자와 단체교섭을 할 수 있는지의 문제와 직결된다고 할 것이다.

(2) 단체교섭의 인정 여부

하역노조의 조합원이 근로자성이 부정되는 경우, 즉, 하역회사가 사용자에 해당하지 아니하므로 이들에 대하여 단체교섭을 할 수 없다. 이에 대하여 다음과 같은 의문점이 제기될 수 있다.

첫째, 하역노조가 합법적인 노조로 설립되어 있으므로 당연히 단체협약 체결능력을 갖고 있고 따라서 단체교섭권을 행사할 수 있다는 견해가 있다.[12] 동 견해는 판례가 항운노조의 단체교섭권을 인정하지 아니하는 것은 행정관청의 적법한 법집행에 반하는 것이라고 한다.[13]

그러나 이러한 견해는 다음과 같은 점에서 타당하지 아니하다. 적법하게 설립된 노동조합이 단체교섭권을 갖고 있다는 것은 부인할 수 없으나 이는 「근로자의 근로조건이 아닌 사항」에까지도 단체교섭권을 허용하는 것은 아니라는 것이다. 나아가 법원은 위법한 단체교섭권의 행사에 대하여 삼권분립의 원칙에 따라 당연히 판결할 수 있으며 이러한 사법적 기능이 행정관청의 법집행을 침해하는 것은 아니라 할 것이다.

이와 관련된 주요 판례에는 다음과 같은 것이 있다.

첫째, 사용자가 단체교섭의무를 부담하는 지의 여부에 관하여 대법원 판례는 이를 부정하고 있다.[14] 예컨대, 전남남부항운노조의 조합원은 남해화학주식회사와의 사이에 명시적·묵시적 근로계약관계 또는 사용종속관계가 존재하지 아니하므로 남해화학주식회사는 노동조합법상의 사용자에 해당하지 아니한다.

따라서 사단법인 항만운송협회가 전국항운노동조합연맹과 단체협약을 체결하여 온 경우에도 항운운송협회의 회원사가 전국항운노동조합연맹의 산하 단위

12) 김형배(1996), 앞의 책, 361면.
13) 김형배(1996), 앞의 책, 361면.
14) 대법원 1995. 12. 22. 선고 95누3565 판결; 대법원 1993. 11. 23. 선고 92누13011 판결.

노동조합에 대하여 단체교섭의무를 부담하는 사용자에 해당하지 아니한다.

둘째, 사용자 또는 사용자단체에 해당하기 위해서는 사용종속관계의 존재를 필요로 하고 있다.[15] 예컨대, 상·하차, 운반 등 노무작업을 수행하는 군산항운노조의 소속 조합원은 수행하는 청과물의 군산원예협동조합과 사용종속관계에 있지 아니한다. 또한 군산원예협동조합은 자신의 조합원들에 대하여 노동관계에 대한 통제력을 행사할 수 있는 단체가 아니므로 사용자 또는 사용자 단체에 해당되지 아니한다.

2. 근로자공급사업

하역노조는 직업안정법 제33조의 규정에 따라 노동부장관의 허가를 받아 근로자 공급사업을 하고 있다. 동 근로자공급사업의 법적 성질에 관하여 의문이 제기될 수 있다.

이에 대하여 근로자공급사업은 하역노조가 직업안정법에 따라 조합원들을 독점적으로 공급하는 집단적 노무공급계약관계를 정한 하역노조 및 하역회사간의 계약이라는 견해가 있다.[16] 그런데 이러한 견해는 타당하지 아니하다. 직업안정법 제33조의 근로자공급사업은 노조는「근로자」를 회사에 공급하고, 근로자는 회사의 지휘·명령하에 근로를 제공하는 것을 전제로 하고 있다. 그러나 실제 현장에서의 근로자공급사업은 노조가 회사의 하역업무를 자신의 지휘·명령하에 수행하고, 조합원을 동 업무에 사용하는 것을 본질적 내용으로 하고 있다. 이는 사실상 근로자공급사업이 아니라 민법상의「도급」에 해당한다고 할 것이다.

Ⅳ. 하역노조와 조합원의 노사관계

1. 하역근로자의 근로자성 여부

단위하역노조와 조합원의 관계는 노동조합과 조합원의 지위 및 근로자공급

15) 대법원 1986. 12. 23. 선고 85누856 판결.
16) 김형배(1996), 앞의 책, 465면.

사업의 사업자와 근로자의 이중적 지위를 보유한다.

근로자가 단위하역노조에 가입하는 경우 당해 노조의 조합원의 지위를 취득하는 것은 당연하다고 할 것이다. 한편, 단위하역노조는 직업안정법상 근로자공급사업허가를 받아 근로자 공급사업을 영위하면서 하역업체에게 소속 조합원으로 하여금 근로를 제공하도록 하고 있다. 이 경우 단위하역노조와 소속조합원의 관계는 근로기준법상의 사용자와 근로자의 관계에 해당된다.

2. 관련 사항

(1) 산업재해보상보험법상의 근로자 여부[17)]

전국항운노동조합연맹 산하 단위노동조합에 소속되어 직업안정법에 따른 근로자공급사업에 의하여 근로를 제공하고 그 대가를 받아 온 조합원은 단위노동조합을 사용자로 하는 근로기준법상의 근로자이다. 따라서 산업재해보상보험법의 적용을 받는 근로자이다.

(2) 근로능력이 없는 조합원의 작업배치의무[18)]

단위항운노조의 조합원은 조합에 가입하거나 등록함으로써 조합의 지시·감독 아래 각 하역업체에게 노무를 제공하고 그에 따른 대가를 지급받기로 하는 내용의 근로계약관계를 조합과 맺은 근로자에 해당된다.

이 경우 조합이 신체장애로 인하여 하역작업을 감당할 능력이 없는 조합원에 대하여 하역작업에 배치하지 아니한 것이 조합원을 해고하거나 제명하였다고 볼 수 없다.

V. 결　　론

현행 대법원 판례하에서 하역근로자의 법적 지위를 하역회사 소속의 노동법상 근로자로 파악하는 것은 하역근로자와 하역회사간의 사용종속관계의 존재를

17) 대법원 1996. 3. 8, 선고 94누15639 판결.

18) 대법원 1998. 1. 20, 선고 96다56313 판결.

필요로 한다. 즉 대법원 판례는 특정 그룹의 근로자들이 노동법상의 근로자에 해당하는지의 여부를 판단함에 있어 예외없이 사용종속관계의 존부를 가장 중요한 지표로 삼고 있는 것이다.

상기 관점에서 하역근로자의 법적 보호를 강화하기 위해서는 다음과 같은 세 가지 방안이 검토될 수 있다.

첫째, 하역근로자에게 사용종속관계를 부여하는 방안, 즉 하역근로자를 하역회사의 일반 근로자와 동일한 근로조건하에 근로자로 편입시키는 방안이다. 동 방안은 그 동안 하역근로자들이 향유하여 오던 업무의 자율성을 해치고, 독점적 근로자공급권을 포기하여야 하므로 하역근로자들이 반대하고 있어 실현 가능성이 희박하다고 할 것이다.

둘째, 종전의 대법원 판례에서 제시하고 있는 사용종속관계의 기준을 변경하는 방안이다. 이는 노동법의 근간이 되고 있는 근로자의 개념 자체를 부정할 위험이 있고, 사용종속관계의 기준을 어떻게 변경할 것인지에 관하여 현실적으로 구체적 대안이 제시되고 있지 못하며, 나아가 기준변경이 적용되는 파생 근로자들이 명확히 확정되지 못한다는 문제점이 제시되고 있다.

따라서 가장 현실적인 방안은, 기존의 사용종속관계 기준은 현행 그대로 유지하면서 하역근로자에 대한 사회보장법 및 공정거래법상의 보호를 강화하는 것이 타당해 보인다. 예컨대, 하역근로자에게도 산업재해보상보험법상의 보호를 부여하는 방안들이 검토되어야 할 것이다.

개성공업지구의 노동법제 적용상황과 노동인권

문 무 기*

I. 들어가며

최근 발생한 북한의 핵실험사건을 계기로 남북관계는 물론 한반도를 둘러싼 국제관계는 매우 긴장된 상황을 보여주고 있다. 이와 관련하여 금강산관광사업 및 개성공단운영사업 등 남북 경협의 계속여부도 초미의 관심사로 대두되고 있지만, 당장의 사업중단이라는 극단적 사태가 발생할 것 같아 보이지는 않는다. 특히 개성공업지구 특별사업은 남북간 최초의 대규모 투자사업으로서 대북 민간분야 직접투자의 시금석으로 평가되고 있으며, 남측기업의 대북 투자를 바탕으로 남북간의 경제적 상호이익을 추구할 수 있다는 경제적 측면에서의 의미뿐만 아니라 민족적 · 문화적 의의도 상당하다. 즉, 오랜 동안 계속된 남북분단의 폐해를 최소화하고 남북간 동질성을 회복할 수 있는 중요한 계기가 될 수 있기 때문이다. 따라서 개성공업지구 등 남북경협사업의 존폐여부를 결정하기 위해서는 매우 신중하고 다각적인 검토가 필요할 것이다.

그러나 최근 진행되고 있는 한미 FTA에서도 주요 의제로 부각되고 있지만, 개성공업지구에서 일하고 있는 북한 근로자의 노동인권이 적절히 보장되고 있지 못하다는 비판적 견해[1]가 강하게 제기되고 있다. 더구나 국내에서도 잘 알려져 있는 한 국제인권단체는 최근 발표된 보고서에서, '북한 개성공단 근로자들의 권리를 보호하기 위해서는 현재 수많은 위반사항이 발견되고 있는 해당 노동규정을 철

---

* 한국노동연구원 연구위원.

1) 예를 들어, 미국의 대북 인권특사 Jay Lefkowitz는 개성공단에서의 착취가능성 특히, 저임금과 간접적 임금지급방식에 대하여 강한 우려를 표현한 바 있다(Jay Lefkowitz, "Freedom for all Koreans," *The Wall Street Journal*, 2006. 4. 28).

저히 준수해야 함은 물론 관련 규정을 적절히 개정해야 한다'고 주장한 바 있다.[2]

따라서 개성공업지구 노동규정이 과연 얼마나 적절히 적용·준수되고 있는지에 대한 구체적 상황을 점검하고, 이에 대한 근본적인 분석·평가 및 향후 적절한 대응방안을 모색하는 것은 매우 시급하고도 의미 있는 연구작업이 될 것이다. 이하에서는 지난 2003년 9월 제정된 북한의 「개성공업지구 노동규정」이 개성공업지구에 진출한 우리 기업체 및 여기에서 각종 업무에 종사하는 북한 근로자들에게 적용되고 있는 법제 운영상황을 간략히 정리하고, 그 문제점 및 의미를 분석함으로써 향후 이에 대한 적절한 대응방안을 모색하고자 한다. 다만, 앞에서 제기된 주요 쟁점 특히, 임금 등 근로조건과 근로자대표 문제를 중심으로 살펴보고자 한다.

Ⅱ. 개성공업지구 노동규정 적용실태

현재의 개성공업지구는 본단지 가동에 앞선 시범단지 즉, 집중되고 있는 중소기업들의 개성공업지구 조기 입주요구를 나름대로 충족하면서 본 공업지구 가동시의 관련 법·제도 및 투자환경 등을 사전에 점검하는 Pilot Project로 조성되었다.[3] 현재 시범단지는 14개 기업이 입주하여 모두 가동 중인 상태이다.

필자를 포함한 한국노동연구원의 연구진은 지난 해 수행한 개성공업지구에 진출한 우리 기업들의 인사노무관리 담당자에 대한 면접조사·분석연구에 이어, 지난 5월에는 개성공업지구를 직접 방문하고 6개 기업체[4]를 찾아가서 남측 현

2) 휴먼 라이츠 워치, 「북한 개성공단의 노동권」, 2006. 10. 3; Human Rights Watch, *Human Rights Watch Briefing Paper — Worker Rights at Kaesong Industrial Complex in North Korea*, 2006. 9: 여기에서 주로 제기된 쟁점사항으로는 낮은 임금수준 및 임금의 간접지불방식, 열악한 노동환경 그리고 결사의 자유 및 단체교섭권의 침해여부 등이다.

3) 개성공업지구는 2003년에서 2007년 동안 3단계에 걸쳐 단계별로 개발을 계획하고 있다. 그 1단계는 100만평 규모의 시범공단을 완공하여 노동집약적이며 비용절감 효과가 크고 설비이전에 따른 경제적 효과가 큰 경공업 위주 산업을 유치하려고 한다. 특히 섬유제품, 봉제의복, 모피제품, 가죽, 가방, 신발, 조립금속, 전기, 전자영상 등의 조립업체 등을 그 대상업체로 보고 있다. 또 2단계 계획은 제2공단 3,000만평으로 노동집약적인 경공업과 조립금속제품, 기계 및 장비 등의 조립제품과 의료정밀, 컴퓨터 등의 도시형 업종을 유치하고자 하고 있다. 한편 3단계는 제3공단 4,000만평을 완공하여 중화학공업을 중심으로 남북의 산업구조 고도화와 지식기반 산업의 강화를 위한 첨단산업을 육성한다는 계획이다.

4) 구체적으로는 의류봉제업을 하고 있는 A사, 시계를 생산하는 B사, IT 부품산업의 C사, 신

장관리인 등으로부터 노동관련 법제운영상황에 대한 구체적인 이야기를 경청하였다. 비교적 성공적으로 사업을 이끌어 가는 것으로 평가되는 이들 기업들은 업종에 따라 약간씩은 상이한 모습을 보여주었지만, 상당 부분 유사한 공통점도 발견되었다.[5] 이하의 내용은 이 때 실시한 면접조사를 중심으로 하여 구성하였다.

1. 임금수준, 지급방식 및 노동생산성

개성공업지구 노동규정(이하 '노동규정'이라 한다)이 정하고 있는 노동보수의 내용에는 임금("로임"), 장려금, 상금이 해당된다. 현재 개성공업지구에서 지급되고 있는 노동보수는 "로임"에 해당하며, 장려금 및 상금의 별도지급 사례는 아직 없다. "로임"은 일반적으로 우리가 임금이라 부르는 금원이고, 상금에 대하여서는 노동규정 제31조에서 규정하고 있다.

구체적인 임금수준과 관련하여 노동규정 제25조는 최저임금을 50＄로 정하고 있고, 최저임금의 인상률은 5%를 초과하여 높일 수 없다고 정하고 있다. 임금인상("최저임금을 높이는 사업")에 대해서는 공업지구관리기관(실질적으로는 개성공업지구관리위원회[6](이하 '관리위원회'라 한다))와 중앙공업지구지도기관(중앙특구개발지도총국[7](이하 '지도총국'이라 한다))이 합의하도록 되어 있다.

따라서 실제로 현재 개성공업지구의 임금은 최저임금으로 정한 50＄이다. 그러나 이 최저임금의 성격에 대하여서 필자가 방문한 기업들에서는 대체로 기

발 제조업의 D사, 전선연결부품을 생산하는 E사, 화장품 케이스를 생산하는 F사 등이다. 이 중 C사의 경우에는 다른 5개사가 대체로 노동집약적 산업인데 반하여 기술·지식기반사업을 바탕으로 하여 다소 상이한 모습을 보여 주었다.

5) 이들 6개 기업은 각자의 사업영역의 특징에 따라서 나타나는 상이한 측면들도 있지만, 개성공업지구 내에서 개성공업지구 관련규정의 규제를 통일적으로 받으면서 운영되고 있는 점뿐만 아니라 현지 근로자의 공급체계 및 이에 대한 노무관리가 상당부분 유사하다는 공통점을 가지고 있으며, 노무관리에 있어서도 상당히 비슷한 경험·과정을 겪고 있었다. 본 논문에서는 가급적이면 공통적인 특징에 대하여 주목하고 이를 일반화하려고 노력하였지만, C사의 경우에는 개별적 참여관찰을 통한 심층적 후속연구가 필요하리라고 생각된다.

6) 개성공업지구법 제24조에 근거하여 북측 법인으로 설립된 개성공업지구관리위원회는 북측 당사자인 중앙특구개발지도총국과의 협의 등을 통해 개성공업지구를 실질적으로 관리·운영하는 남한측 민간기구이다. 동 관리위원회는 입주기업과 관련하여 기업(활동)지원, 교육지원, 노무관리 및 법무지원 등 크게 4가지 기능을 담당하고 있다.

7) 남측 기관인 개성공업지구관리위원회의 위상에 해당하는 북한측의 관리기구이다. 동 총국은 개성공업지구법 및 개성공업지구 노동규정이 제시하고 있는 북한의 공업지구관리기관 및 중앙공업지구지도기관의 역할을 아우르고 있다. 또한 실질적으로 근로자공급기관("로력알선기업")의 역할까지 겸하고 있는 실정이다.

본급으로 이해하고 있었다. 즉, 원칙적으로는 기능, 직무나 직급 등과 관계없이 일률적으로 50$가 지급되고 있으며 상여금이나 다른 급여는 지급하지 않고 있다. 이에 대해 북한당국은 일률적으로 지급되고 있는 임금에 대하여 불만을 표시하며 근로자에 따른 차등지급을 요구하고 있다고 한다. 그러나 방문기업들은 모두 직장, 조·반장 등에게 25$씩을 더 지급하고 있다고 주장하였는데, 이는 직무에 따른 별도의 급여라고 할 수 있을 것이다.

이에 더하여 북한에서도 초과근무수당과 성과급(가급금)은 실제로 존재하고 있고,[8] 북한의 내부실정에 따라 직무나 기능에 따른 임금의 차등지급을 요구하고 있는 것으로 볼 수 있다. 즉, 북한에서 임금의 차등지급은 자본주의 산업사회가 상정하고 있는 이른바 "인센티브"가 아니라 근로자 개인이 가지고 있는 소질과 기능, 능력에 따른 임금으로 볼 수 있을 것이다. 한편 노동규정은 초과근로시간에 대한 초과근로수당의 의미로서 연장, 야간작업의 가급금에 대한 규정을 두고 있다(제30조). 이에 따라 우리 기업들은 일정한 정도의 초과근무를 수행하고 있으며, 이에 따른 수당이 별도로 지급되고 있다. 따라서 방문기업들이 추산하고 있는 실제 북한 근로자들의 월 평균급여총액은 60-70$에 이르고 있는 것으로 나타났으며, 일부 간부직원(예를 들어, 앞에서 언급된 직장, 조·반장 등)의 경우에는 100$에 육박하는 임금수준을 보이고 있다고 주장하고 있다.

또한 노동규정 제31조에 따르면 기업이 이윤의 일부를 상금기금으로 조성하고 일을 잘한 종업원에게 상금 또는 상품을 줄 수 있다고 규정하고 있다.[9] 그러나 북한 당국은 개별근로자에 대한 금전적 인센티브 지급방식에 대해서는 매우 부정적인 입장을 취하고 있다. 이는 정치적인 문제로, 개성공업지구 운영사업에 매우 적극적이면서도 북한의 통치체제에 근본적인 혼란을 가져오는 것을 결코 원치 않기 때문에, 자본주의적 제도로서의 인센티브지급을 원하지 않는다고 한다.[10]

8) 생활비의 추가적 형태인 "가급금"은 노동의 질이 직접 표현되지 않는 조건, 즉 근무연한, 근로환경, 기술자격 등을 고려하여 지급하는 것이다. 한편 상금제란 국가계획을 초과 수행하였을 경우에 모범적인 집단 또는 개별적인 노동자들에게 지급하는 것이다(김보근, 「북한노동보수제의 비판적 고찰 — 평등과 효율의 관점에서」, 고려대학교 경제학과 석사학위 청구논문, 1995, 35-36면, 38-48면; 리기섭, 「조선민주주의인민공화국 법률제도; 로동법제도」, 사회과학출판사, 1994, 142-156면; 이철수, 「북한노동법」, 한국노동연구원(내부자료, 미간행), 1994, 34-35면 참조).

9) 노동규정 제31조(상금의 지불)는 "기업은 세금을 납부하기 전에 리윤의 일부로 상금기금을 조성하고 일을 잘한 종업원에게 상금 또는 상품을 줄 수 있다"라고 규정하고 있다.

10) 이러한 이유로 인하여 A사의 경우에는 금전적 인센티브보다는 온정적인 복리시설의 확충에

이러한 상금 내지 인센티브의 지급에 대해서는 각 기업마다 의견이 상이하였다. 이미 상금기금을 조성하여 상금을 지급한 경험이 있는 E사의 경우에는 생산성의 향상에 있어 초기에는 어느 정도 도움이 되지만 그것이 직접적인 생산성의 향상 원인인지에 대하여서는 의문을 가지고 있었다. 아직 생산성 향상의 원인이 밝혀지지 않았고, 상금이 지급된 이후 일시적인 것에 머물렀기 때문에 그 효과에 대해 미심쩍어 하는 것이다. 또한 유사한 경험을 가지고 있는 B사의 경우에도 상금의 지급에 대하여 회의적인 모습을 보였는데, 이는 사회주의 국가의 독특한 문화적 특징에서 나타나는 현상 즉, 개인의 성과가 아닌 당국에 의한 배분이 이루어지므로 근로의욕을 고취시킬 수 있는 기재로 작용하지 못하는 것으로 보고 있다. 또 A사의 경우에는 상금을 지급한 예는 없으나 개별적으로 차등성과급이 지급되지 않는 한 생산성 향상효과는 크지 않으리라고 예상하고 있었다.

한편 노동생산성을 향상시키기 위하여 근로자를 독려하는 방법 중 하나로 인식하고 있는 것이 임금의 직접지불 방식이다. 이와 관련하여 노동규정 제32조는 '기업은 임금을 화폐로 종업원에게 직접 주어야 한다'라고 규정하고 있지만, 현재 개성공업지구에서는 임금직불원칙이 아직까지 제대로 지켜지지 않고 있는 실정이라고 한다. 이와 관련하여 관리위원회를 비롯한 남측 당국에서는 조속하게 이를 실현할 수 있도록 해 줄 것을 지도총국 등의 북측 당국에 강력히 그리고 수차례에 걸쳐 요청하였다고 한다. 그러나 이에 대해 북측은 조속한 시일 내에 필요한 조치를 취하겠다고 약속 하였을 뿐, 아직까지 구체적이고 가시적인 성과는 보지 못하고 있다.

현재까지 북한에서는 노동력의 대가로서 임금의 지급방식이 아닌 '생활보장적 의미로서의 생활비'를 지급하고 있다. 따라서 북한 근로자의 생활에 있어서 전반적인 경제적 기반이 북한 당국에 의하여 집행되고 있는 생필품의 분배(배급)에 의해 이루어지고 있으므로, 개성공단과 같은 경제특구에서 근무하고 있다는 이유만으로 근로자에게 임금을 직접 지급받도록 하는 것은 북한 경제체제의

보다 많은 노력을 기울였다. 예를 들어, 근로자들이 이용하는 샤워시설을 확장하고 점심시간에 제공하는 국의 내용물을 보다 충실히 하도록 하고, 간식을 제공하는 등의 복리를 확충하였다. 그러나 초기에는 이러한 복리후생이 근로자들의 애사심 내지 생산성 향상에 어느 정도 영향을 주었으리라고 보이지만, 개성공단 내에 이러한 복리후생이 일반화되자 그 이후에는 생산성향상에 커다란 도움이 되지 않는 것으로 나타났다.

근간을 흔들 수 있는 위험을 내포하는 측면이 있다. 특히 북한 근로자들에게 미국 달러화를 직접 지급한다고 하더라도 이를 생활비로 직접 사용하는 것이 공식적으로는 불가능할 뿐 아니라,[11] 환율상의 문제[12] 등으로 그다지 큰 유인책이 되지 못하고 있다는 분석[13]도 나오고 있는 실정이다. 이러한 여러 가지 현실적인 이유로 지도총국은 규정은 있지만 이의 시행에 대해서는 매우 미온적인 것으로 보인다.

금전적 인센티브제도와 마찬가지로 임금직불방식에 의한 생산성향상 효과 달성여부에 대해서도 기업마다 의견이 상이하였다. 일부 기업은 직불이 되어도 사회주의가 가지고 있는 문화적 토대 때문에 근로자들의 생산성 향상에는 별다른 도움이 되지 않을 것이라고 전망하였지만,[14] D사, F사 등은 임금직불에 대하여 매우 희망적 방식으로 보고 있다. 다만 주목되는 것은 IT 부품제조업을 수행하면서 기술축적을 위한 연구개발과정을 함께 추진하고 있는 C사의 경우에는 상황이 많이 다르다는 사실이다. 즉, 북측 근로자가 주축이 되어 연구·개발업무를 추진하고 있는 C사는 생산성 내지 근로의 효율성을 높이는 방향에 대하여 북측 근로자가 스스로 목표를 설정하고 그 달성여부를 파악·분석하고 새로운 목표를 제시하는 등 상당히 주체적이고 능동적인 모습을 보여주었다.[15] 물론 이러한 모습이 업종의 차이에도 불구하고 C사가 독자적으로 추진하는 노무관리상

---

11) 북한에서는 공식적으로 즉, 일반적인 공개시장에서 미 달러화를 사용할 수가 없으며, 대부분의 생필품은 북측이 분배하는 "배급표"에 의해 거래가 이루어지고 있다. 아울러 암(거래)시장에 가서 달러화를 사용할 수는 있겠지만, 그나마 개성공업지구 인근지역에서는 고가품은 물론 생활용품이 귀해 이를 생활자금으로 사용하는데 상당한 장애가 있다고 한다.

12) 현재까지 북한에서는 주민들이 미국 달러화를 북한화폐로 교환할 수 있는 공식적인 환거래시장이 형성되어 있지 못하다고 한다. 또한 공식환율은 미화 1달러에 북한돈 150원이지만, 암시장 환율로는 3,000원 즉, 공식환율의 20배에 달하는 것으로 알려지고 있다.

13) 이에 따르면, 암시장이 비교적 활발하게 움직이는 평양 등 수도권과 달리 개성공업지구 인근지역은 암시장이 제대로 형성되고 있지 못하다고 한다. 따라서 개성공업지구의 근로자들이 남측 기업에서 주는 급여에서 북한 당국이 무상으로 지급하는 주택, 의료, 교육비에 충당하기 위해 일괄 공제하는 사회문화시책비 30%를 제외한 42$(월평균급여 60$의 70%)를 지급받더라도, 현실적으로 근로자들이 손에 쥘 수 있는 돈은 고작 북한돈 6,300에 불과한 실정이다. 따라서 북한 근로자들의 입장에서는 무리하게 임금을 자신들의 수입으로 주장하지 않고 북한 당국에 "위탁"하고, 대신에 북한돈 6,000여원과 상당량의 배급표를 지급받는 것으로 만족하는 것이 현명한 선택이라는 설명이다. 실제로 배급표는 북한 주민들 사이에서 현금과 동일하게 사용되고 있다고 한다.

14) A사나 E사의 경우에는 그 동안의 노동관행 내지 근로자에게 물들여진 타성 때문에 커다란 변화가 없을 것으로 내다보았다.

15) 이러한 모습은 C사의 업무보고회 등 현지공장 견학을 통해 필자가 직접 확인한 사실이다.

의 특성에서 오는 효과라고 결론을 내리기에는 아직 이른 점이 있기는 하다. 그러나 자율적이고 창의적인 업무에 북측 근로자를 보다 능동적으로 참여하도록 함으로써, 일정한 긍정적 효과를 도출하고 있다는 사실만큼은 분명하다. 다른 기업들의 경우에는 핵심기술의 연구・개발 등에 있어서는 남한이나 다른 해외지역에 기반을 두고 있고, 개성공단에서는 단순히 생산에만 주력하고 있는 점에서 C사와 가장 뚜렷한 차이를 보이고 있기 때문이다.

2. 근로시간 및 복리후생

북한 근로자들의 공식적인 근무시간은 하루 8시간 주당 48시간이며, 이는 개성공업지구에서도 그대로 적용되고 있다. 북한 노동법이 8시간 노동, 8시간 휴식 그리고 8시간 학습의 하루 일과를 지키도록 규정하고 있기 때문이다(북한 사회주의 로동법 제33조). 한편 개성공업지구에서 법정근로시간을 규율하고 있는 노동규정에서는 주당 근무시간만을 48시간으로 명시하고 있지만, 남측 기업들이 근로자들에게 연장근로를 요청하기 위해서는 그 대표 또는 근로자들과 미리 합의하여야 하며, 근로자들은 이러한 요청을 거부할 수 있다(노동규정 제20조, 제21조). 다만, 노동규정에서는 연장근로시간의 제한을 설정하고 있지는 않다. 개성공업지구에서 근무하는 북한 근로자에 대해서는 북한 명절일, 공휴일 및 주휴일을 보장하여야 하며, 연간 14일의 유급휴가도 부여되고 있다(노동규정 제22조, 제23조). 그러나 일반적으로 개성공업지구에서 북한 근로자들은 주당 평균 6-7시간 정도의 연장근무를 수행하는 것으로 알려지고 있으며, 물론 이에 대해서는 초과근무수당(50%의 가급금)이 지급되고 있다. 주목되는 점은 우리 기업들의 연장근로 요청에 대해 북측 근로자들이 대체적으로 무난하게 수용하고 있다는 점이며, 이는 우리 기업들이 연장근로의 필요성에 대해 북측 근로자대표들에게 성실히 설명하고 있으며 이에 대해 북측 근로자들의 이해도도 비교적 높기 때문이라고 한다.

다만, 이러한 통상적인 연장근로에 대하여 북측 근로자들이 집단적으로 거부하는 사태가 한 차례 발생하기도 하였다는 사실이 있어서 주목된다. 이는 주로 북측 당국이 현재 최저임금의 인상 내지 직무급임금의 추가지급 등을 주장하면서 발생한 것으로 파악되는데, 개성공업지구에 진출한 우리 기업 거의 대부분이 일정 기간 동안 연장근로를 수행하지 못했던 것으로 나타났다. 또한 방문기업 중에서 비교적 이른 아침시간에 하루 업무가 시작되는 경우[16]에는, 근로자 상당수가 졸음으로 인하여 아침시간의 생산성에 일정한 지장을 초래하기도 하는 것으로 나타났다. 이에 대해서는 북한 근로자들의 건강상태 내지 체력상의 문제점이 지적되기도 하지만, 퇴근후 북한 당국이 주도하는 여러 정치모임과 교육 등에 참여하도록 요구받고 있기 때문에 나타나는 현상이라고 한다.

북한 근로자에 대해 실시되고 있는 우리 기업의 복지제도는 매우 다양하게 나타나고 있다. 현재 개성공업지구 내에서는 각 기업이 북측 근로자들에게 금전을 지급하지 않고 근무복이나 간식 등을 주로 제공하고 있다. 우리에게 일반적이라고 할 수 있는 중식은 제공하지 않고 간단한 '국' 정도를 제공한다고 한다. 앞에서 언급한 바와 같이 북한에서는 근로자에게 개별적으로 지급되는 금전적 보상에 대해서 부정적이기 때문에, 근로자들에 대한 금전적 보상보다는 간접적 방법으로 근로자의 처우 및 복지장치를 보다 잘 정비할 필요성이 높게 나타나고 있다. 그러나 이러한 후생복리나 간접적 보상제도의 시행에 있어서는 북측 사회의 특수성을 인정하고, 기업간 형평성을 고려하여야 할 필요성도 제기되고 있다.[17]

구체적으로 근로자에게 제공되고 있는 복지·혜택으로는 예를 들어, 휴게·휴식시간에 사용할 수 있는 체육·오락시설을 확충한다든지 샤워시설 사용의 확대, 간식 등의 지급 등이다. 그밖에 기업에 대한 소속감을 보다 강하게 갖게 하고, 남측 근로자와 동등한 대우를 하고 있다는 의미에서 남측 근로자와 같은 근무복을 지급한다고 한다. 그러나 현재에는 이러한 온정적인 복리후생의 효과에 대하여서 회의적인 시각도 제기되고 있다. 즉, 개성공업지구 내 복리후생의 수준이 거의 유사해짐으로써 각 기업들이 제공하는 복지제도가 더 이상 특별한 것이 되지 못하기 때문에, 향후 복리후생을 통한 근로자의 생산독려나 노동생산성 향상에는 일정한 한계를 가질 것으로 예상되기 때문이라고 한다.

16) 현재 개성공업지구에서는 교통수단(공동으로 운영하고 있는 통근버스)의 한계로 인하여 출·퇴근 시간을 각 기업마다 달리하고 있는 상황이다. 대체로 출근은 아침 7시부터 9시 사이에 이루어진다고 한다.

17) 예를 들어 최근 한 언론매체의 보도(동아일보, 2005. 7. 15)에 따르면 "옆의 공장은 어제 '고깃국'을 줬다는데 우리는 왜 계속 된장국입니까"라는 기사를 통하여 북한 근로자들이 가지고 있는 평등의식에 대하여 다루었다. 이와 관련하여 개성공업지구에 진출한 우리 기업들 사이에 '잘 해 주고 싶어도, 가급적이면 형편이 그다지 좋지 못한 옆의 기업을 고려해서 자제해야 한다'는 목소리도 높다고 한다.

3. 근로자대표 및 집단적 노사관계

(1) 취업규칙

노동규정 제13조는 종업원대표와의 협의를 거쳐 취업규칙("로동규칙")을 작성하고 실시할 수 있도록 규정하고 있다.[18] 이는 우리 근로기준법상의 취업규칙에 해당하는 것으로 보이는데 근로시간, 휴식시간, 노동보호 기준, 노동생활 질서 및 상벌기준 등을 명시하도록 하고 있다.[19] 이러한 규정에도 불구하고 현재 대부분의 기업들은 취업규칙을 작성하고 있지 않다. 노동규정 제13조가 강행규정이 아니기 때문에 취업규칙의 미비가 당장의 심각한 법적 문제를 일으킬 것으로 생각되지는 않지만, 북측 근로자에 대한 합리적 · 효율적 인력관리라는 측면에서 취업규칙은 조속히 작성되어야 할 것이다.

그러나 6개의 방문기업 중 취업규칙을 작성하고 있는 기업은 A사와 D사 두 곳뿐이었다. 특히 대부분의 방문기업에 따르면, '근로자에 대한 노무관리가 기업에 의해 직접적으로 이루어지고 있지 않기 때문에 취업규칙의 적용은 전혀 이루어지고 있지 못하다'고 한다. 이는 곧 기술교육과 같은 초기 생산을 위해 필수적인 측면에 있어서는 남측 관리직 사원에 의하여 직접적인 노무관리 내지 현지 근로자에 대한 "접촉"이 이루어지지만, 근로자의 규율이나 징계 또는 포상 등의 일상적인 인사관리의 측면은 북측 근로자대표인 직장이나 조·반장을 통하여 수행되는 것을 의미한다. 직장이나 조·반장에 의한 간접적 규율만 이루어지기 때문에 경영진이 북한 근로자의 노무지휘에 직접적으로 개입할 여지를 두지 않고 있다. 따라서 일부 우리 기업측에서는 북한 근로자에 대하여 제대로 노무지휘권을 장악하지 못하기 때문에 지휘명령의 하달이나 근로자 인사관리에 어려움이 있다고 호소하였다. 또한 이러한 간접적인 의사소통은 경영진의 의사가 제때에, 제대로 현장 근로자들에게 전달되지 않는 등의 문제도 발생하고 있다고 한다.

---

18) 노동규정 제13조(로동규칙의 작성과 실시)는 "기업은 종업원대표와 협의하고 모든 종업원에게 적용하는 로동규칙을 작성하고 실시할 수 있다. 로동규칙에는 로동시간과 휴식시간, 로동보호기준, 로동생활질서, 상벌기준 같은 것을 밝힌다"고 규정하고 있다.

19) 특히 외국인투자기업 노동규정과 비교해 볼 때 직업동맹에 의한 관여를 배제한 대신 "종업원대표"와 일종의 노사협의회('협의')를 통하여 노사관계를 형성할 수 있게 되었다는 점이 주목된다.

(2) 근로자집단의 조직 · 운영

개성공업지구에서 근로자집단의 조직 · 운영에 대하여 노동규정은 아무런 규정을 두고 있지 않다. 아울러 개성공업지구 내에서 조직 · 활동 중인 공식적 북측 근로자집단이나 북한의 직업동맹과 같은 노동조합 역시 현재 존재하지 않고 있다. 다만 북측 근로자들은 업무가 끝나는 시간에 자체적으로 모여 그날의 업무를 되돌아보는 이른바 "짧은 총화시간"을 갖는다고 한다. 다만, 이러한 활동은 조직적 · 집단적 행동은 아니며, 하루 과업에 대한 서로의 평가와 짧은 코멘트 등이 주로 이루어진다고 한다. 근로자 전체가 참여하는 "총화"는 자주 있는 일은 아니며, 매일의 총화는 주로 직장과 조·반장을 중심으로 하여 이루어진다고 한다.

현재 입주기업들은 대체적으로 노조에 대해서 부정적인 입장을 보이고 있는 것으로 분석된다. 즉, 노사협의회와 같은 노사간 대화채널 내지 협의체의 구성·운영 가능성은 열어두고 있지만, 집단행동이 가능한 노동조합과 같은 형태로 근로자들의 집단이 형성되기를 원하지는 않는다는 것이다.[20] 그러나 이에 반해, 사회주의 국가로서의 체제 및 통치이념을 강하게 고수하고 있는 북한의 상황을 고려한다면 조심스럽게 접근해야 한다는 견해도 제기되고 있다. 이에 따르면 자칫 북측을 자극할 경우, 노사문제를 넘어 체제 내지 이념의 문제로 비화될 가능성도 배제할 수 없기 때문에, 많은 노력과 경비를 들여 이제 막 정착단계에 들어선 개성공업지구 내에서의 사업 자체가 불가능해 질 수도 있다는 것이다.

(3) 근로자대표

근로자대표와 관련하여 주목되는 것은, 개성공업지구에 진출한 기업에 공급(배치)된 근로자 가운데에는 당해 기업에 배치되는 때부터 근로자대표가 사실상 정해져서 온다는 점이다. 즉, 각 기업에 따라 처음부터 본인이 근로자대표라고 밝히는 경우도 있고, 명시적이 아니더라도 같이 생활하는 가운데 사실상 근로자대표를 파악할 수 있는 경우도 있다고 한다.

근로자대표를 지칭하는 명칭은 "직장, 조장, 반장, 지배인, 부지배인" 등의

20) 문무기 · 윤문희, 「개성공단의 인력관리 실태와 노동법적 분석」, 한국노동연구원, 2006. 5, 54면.

다양한 용어가 사용되고 있으며, 기업에 따라서는 북측의 용어를 배제하고 사업장의 용어로 대체하여 "공장장"과 "총무"라는 호칭을 사용하기도 한다. 부르는 호칭은 각각이지만 공통적인 것은 그들이 입주기업 내에 근로자조직으로부터 선출된 것이 아니며, 근로자들의 자주적인 참여를 통한 민주적인 선거절차로 선출된 근로자대표는 더더욱 아니라는 점이다. 이들은 입주기업에 채용되기 전 근로자공급("로력알선") 단계에서 이미 북한 당국에 의하여 근로자대표의 자격을 갖게 되는 것이기 때문이다. 한 기업 내에 보통 근로자대표라고 볼 수 있는 사람이 1인(직장 내지 지배인)인 경우도 있지만, 각 종업원의 규모에 따라 소그룹별로 인력관리를 담당하는 임원급(조장 내지 반장)으로 구성되어 나름대로 체계를 가지고 있다고 한다.

이들은 북한 근로자들을 대표하는 역할, 즉 근로자들의 고충을 대변하거나 집단적 요구사항을 전달하기도 하지만, 남측 기업의 관리자들을 대신하는 노무관리자적 성격을 가지고 있다. 이들이 노무관리자적 측면을 갖는 것은 대부분의 업무협조는 물론이고 비업무적인 부분에 이르기까지 근로자대표를 통한 업무지시가 이루어진다는 측면이 있기 때문이다. 즉, 채용초기부터 북측에 의하여 정하여진 근로자대표에 의해 종합적인 인사관리가 이루어지는 것이다.

한편 이들 근로자대표 가운데에는 실제 생산업무에 일체 참여하지 않고 근로자 대표기구로서의 업무만을 수행하는 '일종의 전임자적 지위'를 가지는 경우도 있으며, 실제 작업장에서 현업에 종사하면서 업무의 전반적인 측면에 대해 관리·감독하는 경우도 있다고 한다. 다만, 한 가지 주의해야 할 점은 전임자적 지위를 갖는다고 하더라도 우리 노사관계상의 '노조전임자'라기보다는, 기업의 인력관리업무를 부분적으로 담당하는 인사노무관리자 내지 사회주의식 노조간부라고 보아야 한다는 것이다.

Ⅲ. 현황분석 및 향후 개선방향

개성공업지구에 진출한 우리 기업이 처한 현황을 분석함에 있어서는 먼저, 그 기업이 대북경협사업에 대하여 지니고 있는 의식·지향점에 주목할 필요가 있다. 즉, 기업으로서 당연히 갖게 되는 이윤창출 목적 내지 남북간 상호이익의 추구라는 경제적 의미도 무시할 수 없겠지만, 민족적 사명감 내지 남북간의 동질성 회복이라는 문화적 측면도 나름대로 작용하고 있다는 점이다. 이에 따라 대부분의 기업에서는 단기간의 이윤창출보다는 좀더 장기적인 관점에서 '사업의 성공'을 도모하고 있었으며, 이를 위해서는 북측 시스템에 대한 이해와 신뢰가 바탕이 되어야 한다는 점이 자주 지적되었다. 즉, 북측의 통치체제를 근본적으로 흔들지 않고 오히려 그 기반 위에서 이윤창출이라는 기업의 목적을 함께 가져갈 수 있어야 한다는 것이다. 그리고 이를 위해서 북측 근로자에 대한 신뢰와 일관된 인사관리 원칙의 적용이 필요하며, 노동생산성이 조만간 향상되리라는 믿음과 함께 단기간의 생산성향상을 위하여 조급하게 여러 가지 방법을 도입하지 않고 일관된 방침을 수립, 추진해 나가는 모습을 보여줄 필요가 있다.

이러한 기본 전제 위에서 개성공업지구 운영의 활성화 및 노동인권강화를 모색하기 위한 제도개선의 방안으로 다음과 같은 사항들을 지적할 수 있겠다.

첫째, 노동생산성의 향상을 위한 새로운 기재의 발굴이다. 즉, 북한 당국이 가장 우려하는 체제변동을 수반하지 않고 북한식 사회주의체제 위에 기업경쟁력을 향상시키기 위한 기재의 개발이 필요하다는 것이다. 이를 위해서는 북한 근로자들이 자발적·적극적으로 참여하는 경영활동의 범위 확대 즉, 개성공업지구 내에서 자본주의적 경영참여를 가미한 이른바 "개성공업지구식 기업운영 방식" 등이 고려될 수 있으리라고 생각된다. 기업운영 사례에서 보았듯이, 일부 기업의 경우에는 단순 생산직 보다는 핵심기술의 개발·연구 등으로 우수한 북한 근로자들이 주체적으로 활동할 수 있는 범위를 대폭 넓혀 줌으로써, 금전적인 인센티브의 지급이 아니더라도 근로자의 노동생산성 향상을 기대할 수 있었다.[21] 물론 이 경우에는 IT산업에 대한 북한 근로자들의 적극적 관심 및 북한 당국의 이해와 배려가 상당히 기여한 것으로 보이지만, 남측 기업의 북한 근로자에 대한 신뢰에 기반한 적극적 투자와 교육이 오히려 북측의 신뢰와 지원을 이끌어 냈다고 볼 수도 있다.

둘째, 임금 직접지불원칙의 관철과 같은 제도적 정비이다. 앞에서 살펴본 바와 같이 임금의 직불방식에 대하여서는 그 평가가 엇갈리고 있지만 이는 당초, 개별 근로자와의 근로계약서 작성과 함께, 개성공업지구 노동규정에서 종래 북한 노동법이나 외국인투자기업법령 등에서 규정했던 임금지급방식을 자본주의적

21) 당해 기업의 북한 근로자에 대한 만족도와 기대치 역시 매우 높게 나타났다.

개념으로 전환시킴으로써, 우리 기업의 인력관리 특히, 노동생산성 향상에 상당히 기여할 것으로 기대되었던 사항이다. 특히 이 원칙이 조속히 실현되지 못할 경우에는 국제적·비판적 관점에서 북한 근로자에게 돌아가야 할 근로의 대가를 북한 당국이 가로채는 것으로 계속 의심할 수밖에 없는 중요한 계기가 될 뿐 아니라, 개성공업지구 자체가 심각한 인권침해의 현장으로 낙인찍힘으로써 사업의 정당성 자체가 심각하게 훼손될 수도 있다.

셋째, 채용, 해고, 작업지시 등에 있어서 보다 많은 인사권한을 우리 기업에게 회복시킬 필요도 있겠지만, 이에 못지않게 근로자대표의 민주성 역시 적극적으로 확보할 필요가 있다. 우리 기업의 북한 근로자에 대한 지휘·명령권 확보는 개성공업지구 입주기업의 일관된 요구사항이기도 하지만,[22] 이는 단순히 징계·해고권의 강화만을 뜻하는 것이 아니라 기업운영의 자율성 회복을 의미하는 측면도 있다. 앞에서 살펴보았듯이, 현재 북한 근로자에 대한 기업의 지휘·명령권이 직접적으로 기능하지 못하는 측면이 있고, 오히려 북측 당국이 사전에 내정한 근로자대표의 지시에 보다 쉽게 복종하는 등 근본적인 문제가 남아있기 때문이다. 아울러 근로자대표의 선출과정을 보다 자주적이고 객관화함으로써, 근로자대표가 근로자들의 감시·감독 기관이 아닌 진정한 의미에서 북한 근로자를 대표할 수 있는 기구로 거듭날 수 있어야 할 것이다. 그리고 이를 통하여 노사간 진정한 대화창구 내지 분쟁해결기구로서 기능할 수 있어야 국제사회에서의 따가운 시선 역시 잠재울 수 있을 것이다.

끝으로 비록 현재의 개성공업지구가 저렴하고 질 높은 노동력의 활용에 기반하여 전략적으로 조성된 생산기지로서 높이 평가되고 있지만, 인권 내지 근로자의 건강한 삶에 대한 배려가 그 바탕이 되어야 할 것이다. 즉, 북한 근로자가 단순한 생산수단이 아닌 인격체로서 대우받을 수 있도록 관련법령의 제·개정 시에 다양한 부분들이 참작되어야 할 것이다. 예를 들어, 산업재해를 당하거나 급박한 의료사고를 당한 근로자의 보호를 위하여 이행해야 할 사항을 구체화 한다든지, 개성공업지구에 근무하기 위하여 타지에서 이주한 북한주민의 거처를 효율적으로 확보할 수 있는 방안을 마련해야 할 것이다. 또한 여성근로자에 대한 성적 학대와 부당한 차별을 시정할 수 있는 방안을 마련한다든지, 고령자 내지 연소자에 대한 부당한 처우 등을 적절히 시정될 수 있는 장치도 필요할 것이다.

22) 조선일보. 2005. 11. 2.자 기사 참조.

FTA 체결에 대비한 한·중·일 사회법의 비교 및 대응방안 연구[1)]

김 재 훈*

I. 동북아권역 노동력 흐름과 한·중·일 사회법

1. 동북아권역 노동력의 흐름

최근 세계무역환경은 세계화 · 세계무역기구(WTO)의 출범 · 지역경제의 블록화 등에 따라 교역량이 급증하고 있다. 세계는 국제화 · 개방화 · 지식정보화 환경에서 다자주의와 지역주의의 병행발전을 모색하고 있으며, 동북아는 유럽연합(EU) 및 북미자유무역협정(NAFTA)과 함께 3대 경제권으로 부상하고 있다.[2)] 세계무역량의 97%를 커버하는 148개국에 이르는 회원국을 지니고 있고 이미 효력이 있는 광범위한 무역기준과 분쟁처리기구를 지니고 있는 WTO는 여전히 다각적인 무역기준을 설정하는 중요한 국제기구이며 다양한 분야에 걸쳐 국제무역기준을 만들어내고 있는데, 가령 현재 진행중인 도하개발 아젠다(Doha Development Agenda: DDA)의 서비스 협상에서 주요쟁점중의 하나인 인력이동(Mode

* 서강대학교 법학과 교수.

1) 본고는 2004년 10월 개최된 제3회 한국법률가대회(2004. 10. 23)에서 필자가 「동북아권역 노동력의 흐름과 사회법(노동 · 사회보장법)의 비교 및 보완책」이라는 주제로 발표한 논문을 수정 · 발전시킨 것이다.

2) 최근 통계로 EU의 인구는 3억 7600만명 · GDP는 7조 8370억$, NAFTA의 인구는 4억 1100만명 · GDP는 11조 1000억$에 달한다. 이에 비해 중국의 인구는 12억 6600만명 · GDP는 1조 800억$, 일본의 인구는 1억 2600만명 · GDP는 4조 7600억$를 기록하고 있고, 우리나라의 인구는 4800만명 · GDP는 6000억$를 나타내어 인구나 무역규모 면에서 동북아경제가 차지하는 비중이 적지 않음을 알 수 있다. 國松麻季, "自由貿易協定(FTA)をめぐる現狀," 「世界の勞働」, 2004년 1월호, 21면; 한국은행 통계 등 참조.

4)에 관한 논의에는 선진국과 개발도상국의 입장이 첨예하게 대립되어 있다.[3] 이와 같이 국제적 기준의 설정에는 비용과 시간이 소요되기 때문에, 각 국가 사이의 자유무역협정(FTA)은 자유화와 무역기준의 일부를 먼저 실행한다는 의미에서 WTO를 보완하는 기능을 제공하고 있다.[4]

동북아경제가 세계에서 차지하는 비중은 20%에 달하고, 동북아 국가들의 생산·수출주도와 발전전략 및 국제분업의 확대등으로 상호의존성이 지속적으로 높아지고 있다. 즉 동북아경제가 세계 GDP에서 차지하는 비중은 1970년 16.7%에서 2000년에는 19.6%로 증대되었으며, 2006-2020년에는 평균 20% 정도로 증가할 전망이다.[5]

이러한 동북아지역에서의 활발한 경제활동 반영하여 무역에 의한 재화 또는 인력 등 생산요소의 이동이 광범위하게 전개되고 있으며, 이에 따라 노동분야 보편적 규범의 필요성도 점증하고 있다.[6] 근래 우리나라와 일본간에 진행되고 있는 한일간 FTA협상에서 일본측이 시급히 해결되어야 할 중요내용으로 열거한 13개 항목중 노동분야항목이 6개를 차지하고 있는데, 이는 (i) 퇴직금산출 유연성 제고, (ii) 근로자의 미사용휴가에 대한 사용자 보상의무 폐지, (iii) 무노동 무임금원칙 준수, (iv) 근로자들의 불법행위에 대한 엄격하고 신속한 대응, (v) 한국 노동위원회가 노사간 분쟁해결에 더 적극적으로 나설 것, (vi) 종업원지주조합에 신주를 우선 배당하는 규정 폐지의 내용으로 되어 있다. 나아가 협상타결 만료시점을 1년 앞두고 일본 경제단체들의 노동시장 유연화와 노사관계관련규제의 완화요구는 점점 더 거세져, 2004년 8월 한국진출 일본경제인모임이 산업자원부장관에게 제출한 6개 분야·49개 애로사항 중 노동·노사관계분야의 애로사항은 13건에 달하고 있다.[7]

---

3) OECD, *Trends in International Migration,* Paris, 2002, 30면.

4) FTA 체결은 WTO의 원칙인 최혜국대우원칙에 대한 예외이지만 관세 및 무역에 관한 일반협정(GATT) 제24조에 의해 허용되고 있으며, 이와 같이 FTA를 체결한 경우 WTO 회원국은 WTO에의 통보의무를 부담한다. 손주찬, "한·중·일 자유무역협정의 전망과 경쟁법조항," 「아시아법제연구」, 창간호, 2004. 3, 83면 참조.

5) 강일규, "동북아 중심국가 건설에서 인적자원분야의 중요성과 정책과제," 「직업과 인력개발」, 제 6 권 제 3 호, 한국직업능력개발원, 2003. 6, 6-11면 참조.

6) 국경을 초월하는 인력의 이동에는 근로자의 속성·목적이나 송출국과 수입국의 관계 등 특징에 의해 극히 다양한 형태가 나타나게 되고, 특히 최근 인력의 이동은 송출국과 수입국 등 관계국가들의 정치·경제·사회적 차원에서의 강한 상호의존을 배경으로 하여 행해지고 있다. 日本勞働硏究機構, 「國際勞働力移動のフロンティア」, 1993, 8-19면 참조.

7) 이는 ① 노사협정·관행 시정, ② 유급휴가제도·근로시간제도 적정화, ③ 법정퇴직금제도

최근 쟁점화되고 있는 국가적 과제 중 하나인 한·미 FTA와 관련하여서는 노동관련 이슈로 산업정책적 견지에서, 인력의 자유로운 이동의 보장문제가 열거되고 있다. 이에서는 전문직 근로자의 자유로운 이동은 우리나라에게 더 많은 기회를 제공할 가능성을 담고 있으며, 그 한 예로 간호사의 미국 진출문제는 이미 구체화되고 있는 상황이라는 점을 들고 있다.

그러면서 전문직의 자격을 상호간에 인정하는 문제는 여러 가지 쟁점을 내포하고 있는데, 대표적으로 의사 · 변호사 · 회계사 등 전문직 자격증의 상호 인정문제를 들 수 있으며, 교사의 상호진출 가능성문제는 이미 구체화되고 있는 단계라고 한다.[8]

국가간 인력 교류시 법적으로 문제될 수 있는 점은 크게 두 가지로 나누어 볼 수 있다. 일정지역 내 자유무역협정시 노동사회보장기준을 '공정성'의 견지에서 검토하는 것이 그 하나이고, '인권'의 차원에서 외국인근로자에 대한 일반적인 법적 지위문제를 고찰하는 것이 다른 하나이다.[9] 본고에서는 먼저 동북아권역 주요국가인 한국 · 일본 · 중국에서의 사회법(노동 · 사회보장 관련법률)을 노동력 교류시 법적으로 문제될 수 있는 부분들을 중심으로 간략히 개관하여 보기로 한다. 이어서 인력이동과 관련되는 EU와 NAFTA에서의 기준과 외국인근로자관련 국제기준을 검토하고 나서 현재 상황에의 보완책을 논하기로 한다.

개정, ④ 양국간 사회보장협정 조기시행, ⑤ 단시간근로자 지침 폐지, ⑥ 파견근로자제도 개정, ⑦ 노조 전임자수 감축 · 임금지급금지, ⑧ 노조의 불법행위에 대한 엄정하고 신속한 법 적용, ⑨ 업무도급계약에 의한 기사 포함 렌트카 허용, ⑩ 국가유공자 고용의무의 탄력적 운용, ⑪ 노사협의회 구성 · 운영, ⑫ 근로조건의 하방경직성 해소, ⑬ 정규직 해고조건 완화의 내용으로 되어 있다. 레이버플러스, 「월간 참여와 혁신」, 2004년 10월호, 32-33면 참조.

8) 김도훈(산업연구원 연구본부장), 「한미 FTA 협상과 노동부문관련 주요쟁점」, 노사정위원회 2006년 2차 월례토론회 자료, 2006. 5. 23. 참조.

9) 1994년 GATT 각료회의에서 논의된 문제점 중 중요한 논점은 자유무역촉진에 관한 국제협정에 가입국이 국내법에서 정하는 일정수준의 환경보호기준 이외에 노동기준도 정하여야 할 것인가 하는 점에 있었고, OECD(경제협력개발기구)에서도 국제적으로 공정한 거래질서를 정함에 있어서 '무역과 근로기준'을 포함시키자는 논의가 지속적으로 행해지고 있다. 桑原昌宏, "北米貿易自由協定(NAFTA)とカナダ · 日本," 「季刊勞働法」 제171호(1994년 춘계호), 總合勞働硏究所, 94-95면 참조.

2. 한국의 사회법

(1) 헌 법

우리나라 노동법의 중요한 특징은 노동법의 기본적 원칙 내지 권리를 국가의 최고규범인 헌법에서 명확하게 선언・보장하고 있다는 점에 있다. 근로의 권리(제32조 제1항), 근로조건의 법정주의(제32조 제2항), 근로자의 노동3권 보장(제33조)이 그것이다. 헌법상 이와 같은 규정들은 모두 기본적으로 인간다운 생활을 할 권리(제34조 제1항)를 중심으로 하는 생존권적 기본권의 일종이고, 사회복지국가의 이념에 근거하여 근로자의 인간다운 생활을 실질적으로 보장하기 위하여 설정된 것[10]이다.[11]

사회보장과 관련하여서도 헌법상 인간다운 생활을 할 권리(제34조 제1항)를 기반으로 국가의 사회보장 증진의무(동조 제2항), 여성의 복지와 권익향상(동조 제3항), 노인과 청소년의 복지향상(동조 제4항), 신체장애자 및 생활무능력자에 대한 보호(동조 제5항)를 규정하고 있다. 이와 같은 사회보장을 받을 권리는 국민을 대상으로 하여 국가의 책임아래 직접적으로 생활보장을 하여야 할 국가의 구체적인 의무를 전제로 하는 것으로, 구체적인 권리성이 인정된다고 해석되고 있다.[12]

(2) 개별적 근로관계법률

1953년부터 제정되기 시작한 노동관련법률 중[13] 우선 개별적 근로관계를 다루는 개별법률로는 근로기준법・최저임금법・임금채권보장법・남녀고용평등법・산업안전보건법 등이 존재한다.

근로기준법상 계속근로연수 1년당 30일분 이상의 평균임금을 퇴직금으로

---

10) 유럽에서는 우리나라 노동관련법률상 부당노동행위제도(노동조합및노동관계조정법 제81조)·단체협약의 규범적 효력 부여(동법 제33조)와 같은 국가의 특별한 개별보호법률규정 없이 노동3권이 실현되고 있다. 그리고 노동3권의 경우에는 그 역사적 발전과정을 보거나 국가로부터의 자유도 법적 내용으로 한다는 점에서 자유권적 성격을 아울러 지니고 있다. 임종률, 「노동법」 제4판, 박영사, 2004, 3-26면 참조.

11) 한편 헌법 제32조 제6항에서는 국가유공자등의 근로기회를 우선적으로 보장하는 규정을 두고 있는데, 이는 국가와 민족을 위해 헌신한 공로에 대한 국가적 보상으로 이해되고 있다. 권영성, 「헌법학원론」, 법문사, 2004, 665면.

12) 김유성, 「한국사회보장법론」, 법문사, 2002, 96-99면 참조.

13) 20세기 초까지 조선왕조에 있어서는 경제구조와 사회체제가 오늘과는 상이하였기 때문에 당시의 노동법제는 근대적 노동법으로서의 동질성이 인정될 수 없는 것이었고, 일제통치시대에는 식민지정책으로 인하여 진정한 의미의 노동입법이란 기대될 수 없었다. 1945년 해방후 미군정시대의 노동입법은 노동보호법에 국한되었을 뿐이고, 1948년 7월 대한민국 헌법이 공포되자 본격적인 입법논의가 시작되었다. 김형배, 「노동법」 신판, 박영사, 2004, 70-72면 참조.

퇴직하는 근로자에게 지급하는 제도가 강제되고 있고(제34조), 정당한 이유가 없이는 해고할 수 없으며(제30조), 경영상 이유에 의한 해고의 요건과 절차가 규정되어 있다(제31조). 단시간근로자의 정의와 근로조건에 대하여 동법과 시행령으로 자세히 규율되고 있고(제25조·시행령 제9조), 사용자와 근로자대표간의 서면합의에 의해 3개월단위까지 탄력적 근로시간제가 인정되고 있다. 2004년 7월부터 규모별로 단계적으로 실시되고 있는 주 40시간제 개정법하에서 월차유급휴가는 연차유급휴가로 통합되어 15일-25일(계속근로연수 매 2년마다 1일 추가)이 부여되며, 사용자가 연휴사용을 촉진하기 위한 조치를 다하였음에도 불구하고 근로자가 연휴를 사용하지 아니한 경우 금전보상의무가 없음을 명시하고 있다(제59조, 제59조의2).[14] 연장·야간·휴일근로에 대해서는 통상임금의 50% 이상의 할증지급이 법정되어 있다(제55조).

(3) 집단적 노사관계법률

집단적 노사관계를 다루는 개별 법률로는 노동조합및노동관계조정법·노동위원회법·근로자참여및협력증진에관한법률·공무원의노동조합설립및운영등에관한법률·교원의노동조합설립및운영등에관한법률 등이 존재한다. 대표적인 노동조합및노동관계조정법에 따르면 사업(장)단위 복수노조는 2006년 말까지 금지되고,[15] 노조 전임자(專任者)에 대한 임금지급도 2007년부터 부당노동행위의 하나로 금지된다.[16] 사용자는 쟁의행위에 참가하여 근로를 제공하지 아니한 근로자에 대하여는 그 기간중의 임금을 지급할 의무가 없으며, 노동조합은 쟁의행위 기간에 대한 임금의 지급을 요구하여 이를 관철할 목적으로 쟁의행위를 하여서는 아니된다.[17] 쟁의행위가 사용자의 기업시설에 대한 소유권 기타 재산권과 조화를 이루는 방법으로 행해지도록 쟁의행위의 수단·태양에 대한 여러 제한규정을 두고 있는데,[18] 이러한 제한규정들은 쟁의권의 기본취지에 비추어 정당성

---

14) 종전에는 근로자들이 연차유급휴가를 사용하지 않고 계속 근로한 경우, 사용자를 대상으로 미사용휴가에 대한 금전대체청구권을 행사할 수 있다고 본 대법원 판례법리(1991. 1. 15. 선고 90다카25734 판결 등)에 의해 운영되어 왔다.

15) 2001년 3월 28일 개정 노동조합및노동관계조정법 부칙 제5조 참조.

16) 노동조합및노동관계조정법 제24조, 제81조 제4호, 2001년 3월 28일 개정 노동조합및노동관계조정법 부칙 제5조 참조.

17) 노동조합및노동관계조정법 제44조.

18) 노동조합및노동관계조정법 제37조에서 제46조까지 자세한 규정을 두고 있는데, 시설·설비의 파괴행위, 사용자의 생산시설을 점거하는 행위, 쟁의행위기간중에 보안작업을 수행하지 않는 행위, 평화적 설득의 한계를 넘는 파업감시 등은 명문규정에 따라 그 정당성이 인정되지 아

이 인정되지 않는 것을 주의를 환기시키기 위하여 규정된 것이므로 쟁의권에 대한 부당한 제한이라고 분석되지는 않고 있다.[19]

그리고 근로자참여및협력증진에관한법률에서는 상시 30인 이상의 근로자를 사용하는 사업장에 노사협의회 설치를 강제하고, 3개월마다의 정기회의 개최를 의무화하며, 협의사항 · 의결사항 · 보고사항에 대해 자세히 규정하고 있다(동법 제4조, 제12조, 제19조, 제20조, 제21조 참조).

(4) 노동시장법 · 사회보장법

직업소개 · 직업훈련 등을 다루는 노동시장에 관한 법률로는 직업안정법 등이 존재하는데, 이 부문 관련입법의 중요성도 급속히 증대하고 있다.[20] 파견근로자의보호등에관한법률에서는 원칙적으로 제조업의 직접생산공정업무를 제외하고 전문지식 · 기술 또는 경험등을 필요로 하는 업무에 대해 근로자파견을 인정하고 있다.

사회보장법의 대상에 대해서 사회보장기본법은 크게 그 대상을 사회보험·공공부조 · 사회복지서비스 · 관련 복지제도로 나누고 있는데(동법 제3조), 1960년대 초 저소득층을 위한 생활보호를 실시한 이후 사회보험제도등이 단계적으로 도입·실시되어 왔다. 노동분야와 관련하여서는 산업재해보상보험법이 1964년부터 시행되어 왔고, 고용보험법이 1993년 제정되어 1995년 7월부터 시행되고 있다. 노동시장에 관한 법률로도 분류할 수 있는 고용보험법은 실업급여만이 아니라 고용안정사업(실업의 예방 · 재취업의 촉진 · 고용기회의 확대 등)과 근로자의 직업능력개발사업을 연계하여 실시하는 예방적 · 적극적 성격의 사회보험제도로서의 성격도 지니고 있다. 고용안정사업 내용으로는 산업구조 변화에 수반하여 특정산업을 지원하는 고용조정의 지원(동법 제16조), 지역고용의 촉진(제17조), 건설근로자등의 고용안정지원(제18조의2)제도 등이 존재한다.

니한다.

19) 임종률, 앞의 책, 25면 참조.

20) 김유성, 「노동법Ⅱ — 집단적 노사관계법」, 법문사, 1999, 1면 참조.

3. 일본의 사회법

(1) 헌 법

일본 노동법의 하나의 큰 특색으로도 노동법의 기본적 원칙 내지 권리가 헌법이라고 하는 국가의 최고규범에서 체계적으로 밝혀지고 있다는 점이 들어지고 있다. 근로의 권리 및 의무(제27조 제1항), 근로조건 기준의 법정(제27조 제2항), 노동 3 권의 보장(제28조)이 이러한 규정들이다. 헌법상 이와 같은 규정들은 모두 근본적으로 국민은 건강하고 문화적인 최저한도의 생활을 할 권리를 가진다는 헌법규정(제25조 제1항)을 총칙으로 한 생존권적 기본권의 일종으로, 복지국가(사회국가)의 이념에 근거하여 근로자의 건강하고 문화적인 생존을 실질적으로 보장하기 위하여 설정된 것으로 보고 있다.[21]

사회보장과 관련하여서도 헌법상 건강하고 문화적인 최저한도의 생활을 할 권리(제25조 제1항)를 기반으로, 국가는 모든 생활부문에 있어서 사회복지 · 사회보장 및 공중위생의 향상 및 증진에 노력하여야 한다는 동조 제 2 항의 규정을 단순히 급부수준을 인상한다는 좁은 의미가 아니라 국민전체에 있어서 중장기적인 전망과 정책목표에 입각한 것이라고 해석하여야 한다는 견해[22]가 주를 이루고 있다.

(2) 개별적 근로관계법률

일본 노동법의 골격을 이루는 주요입법은 제 2 차 세계대전 후 미군 점령하에서 제정된 것이지만, 종전 노동법과 노사관계의 생성 · 전개와 밀접한 관련을 지니는 것으로 분석되고 있다. 봉건적 시대의 전근대적인 노동관계의 경험과 노동운동에 대한 형벌법규에 의한 억압의 경험, 공장근로자의 열악한 근로조건에 대한 관심에서 1911년부터 마련되기 시작한 공장법의 성립, 1920년부터 1931년에 걸친 노동조합법 제정시도 등이 그 배경으로 열거된다.[23] 미 군정하에서 새로이 제정되기 시작한 노동관련법률중 우선 개별적 근로관계를 다루는 개별법

21) 菅野和夫,「勞働法」제 6 판, 弘文堂, 2003, 16면. 한편 근래에 특히 노동 3 권을 규정한 헌법 제28조에 대하여 그 자유권적 성격을 강조하는 견해가 강하게 제기되고, 또한 이를 헌법 제13조(모든 국민은 개인으로서 존중된다. 생명 · 자유 및 행복추구에 대한 국민의 권리에 대해서는, 공공의 복지에 반하지 않는 한도에서 입법 기타 국정상에서 최대의 존중을 필요로 한다)에 기초를 둔 인격적 자율권(자기결정권)에 의해 설명하는 견해도 나타나고 있다고 한다.

22) 岩村正彦,「社會保障法 I」, 弘文堂, 2001, 35-36면.

23) 菅野和夫,「勞働法」제 6 판, 弘文堂, 2003, 4-7면 참조.

률로는 노동기준법 · 최저임금법 · 임금지불확보법 · 고용기회균등법 · 노동안전위생법 등이 존재한다.

대표적인 노동기준법에서는 최근 그 유연화 · 다양화를 도모하는 내용들이 규정되고 있는데 근로계약기간,[24] 다양한 근로시간운영 유연화제도[25]에 관한 내용들이 대표적이라고 할 수 있다. 그간 기간의 정함이 없는 근로계약에 대해 판례상의 해고권남용 금지법리에 의해 규율되었던 해고제한법리가 최근의 법개정에서 정당한 이유가 없는 해고는 권리남용으로 무효라는 규정의 신설로 명문화되었고,[26] 경영상 이유에 의한 해고는 우리나라에서의 입법 규정내용과 거의 동일한 판례법리에 의해 규제되고 있다. 퇴직금 지급을 법률로 강제하는 규정은 존재하지 아니하며,[27] 단시간근로자에 대하여 우리나라의 경우와 별 차이 없이 통상근로자와의 비례원칙하에 휴가부여 · 일정일수 이상 근로시 사회보험 적용과 근로조건의 명확화 · 취업규칙 작성 노력의무가 부과되어 있다.[28] 연차유급휴가는 근속 6개월에 10일이 발생하고, 1년 6개월 근속시 11일, 2년 6개월 근속시 12일, 3년 6개월 근속시 14일, 4년 6개월 근속시 16일, 5년 6개월 근속시 18일, 6년 6개월 근속시 상한선인 20일이 부여되도록 규정되어 있다.[29] 연장 · 야간근로에 대해서는 통상임금의 25% 이상의 할증지급이, 휴일근로에 대해서는 35% 이상의 할증임금 지급이 법정되어 있다.[30]

(3) 집단적 노사관계법률

이에 비하여 집단적 노사관계를 취급하는 개별 법률로는 노동조합법 · 노동관계조정법 · 국영기업노동관계법[31] · 노동위원회법 등이 마련되어 있는데, 노동

---

24) 근로계약기간은 기간의 정함이 없는 것과 일정한 사업완료에 필요한 경우를 제외하고는 원칙적으로 1년을 초과할 수 없다고 규정되어 있었지만, 전문지식을 지닌 경우나 60세 이상의 근로자를 고용하는 경우 3년까지 예외적인 기간설정이 가능하도록 하였고, 최근의 개정에서는 다시 원칙적 3년 · 예외적 5년으로 연장하였다.

25) 일본에서는 근로자대표와의 서면협정으로 1년 단위의 탄력적 근로시간제가 인정되고 있다.

26) 2003년 개정 노동기준법 제18조의 2(2004년부터 시행)에 규정되어 있다.

27) 다만 사업(장) 노사간 합의로 확정기여형이나 확정급부형 기업연금제를 실시할 수 있다.

28) 1993년 제정 단시간근로자의 고용관리 개선등에 관한 법률 참조.

29) 노동기준법 제39조 참조.

30) 노동기준법 제37조 참조.

31) 이는 공무원 · 공사(公社)직원의 쟁의행위를 금지하고 그 근무조건 결정에 대해 특별한 규제를 정한 공공기업체노동관계법이 공사의 민영화에 따라 국영기업만을 다루는 법률로 바뀐 것이다.

조합법이나 노동관계조정법에서는 세부 쟁점사항에 대해 자세히 규율하기보다는 판례나 해석에 맡기는 경우가 많다. 사업장단위 복수노조가 금지되어 있지 않고, 노조 전임자에 대해 별도의 규율을 하고 있지 않다. 쟁의행위 수단이나 태양에 대한 제한도 법규정상으로는 안전유지의무[32]나 공익사업에 있어서 쟁의행위 예고제[33] 정도가 존재하며, 쟁의행위기간중 임금지급에 대해서도 판례법리에 의해 규율[34]되고 있다.

한편 노사협의제는 명문상 제도화되어 있지 않고 기업별 노사간 정보공유·의사소통·합의형성의 수단으로 산업·기업·사업장 등 다양한 레벨에서 공식·비공식적인 다양한 모습으로 존재하고 있다.[35]

(4) 노동시장법·사회보장법

일본 노동시장에서 구인·구직을 결합시키는 법적 구조에 대한 노동시장에 관한 법률로는 전후 대량실업사태하에서 마련된 직업안정법, 경제성장기 노동력 부족에 대한 노동력대책으로서의 직업훈련법 등이 존재한다. 근로자파견제에 대해서는 종전 전문적인 업무에 한정하였던 대상범위를 1999년 네거티브방식으로 변경하여 대폭 허용하는 개정을 행하였고, 2003년 개정에서는 제조업 직접생산 공정업무도 1년간 파견대상으로 허용하고 있다.

사회보장제도는 크게 그 대상을 사회보험·국가부조·공중위생 및 의료·사회복지의 4분야로 나눌 수 있는데, 제2차 세계대전 전부터 일부가 시행되어 왔다. 일반근로자에 대해 1927년 건강보험제도, 1942년 근로자연금보험제도가 마련되어 있었는데[36] 전후 이른 시기에 근로자재해보상보험과 실업보험제도도 1947년 창설되었다. 1973년 전세계적으로 닥친 석유위기(oil-shock) 이후 실업

32) 노동관계조정법 제36조.

33) 노동관계조정법 제37조.

34) 파업에 따른 임금삭감범위에 대해서는 三菱重工業事件 최고재판소 1981년 판례 이후 계약해석설에 의해 규율되고 있다. 이에 따르면 파업에 의한 임금삭감의 범위에 대해서는 이에 관한 단체협약 내지 취업규칙의 정함과 종래의 관행, 그리고 통상의 결근·지각·조퇴에 관한 임금삭감의 취급 등을 고려하여 문제되는 임금항목이 no work-no pay 원칙의 예외로서 근로계약상 삭감의 대상으로부터 제외되고 있는지 여부를 검토해야 된다고 한다. 菅野和夫, 앞의 책, 630면 참조.

35) 1999년 노동성의 조사에 따르면 노동조합이 있는 종업원 50인 이상 사업장의 약 85%가 노사협의제를 두고 있다고 한다.

36) 국민건강보험제도의 확립에 의해 국민개(皆)보험이, 국민연금제도의 설립에 의해 국민개(皆)연금이 1959년 실현되었다.

보험제도는 고용보험법으로 개편되어 고용의 개선과 실업방지를 위한 적극적 시책을 강구하는 점에 초점을 두었다. 이것이 고용개선등 3사업인데, 특히 그 중 구체적 시책의 하나인 '고용조정급부금'은 기업이 불황에 의해 일시휴업하는 경우 기업이 근로자에게 지급한 휴업수당의 1/2 내지 2/3를 국가가 기업에게 지급하는 제도로서 활용빈도가 높아왔다.

4. 중국의 사회법

(1) 헌 법

중화인민공화국 헌법은 중국의 최고 법이며 기타 기본법률, 행정법규와 지방적 법규가 이를 위반해서는 안되는데, 중국 헌법 제14조에서는 경제조항으로 중국의 경제체제를 설명하고 있다. 제42조는 근로의 권리와 의무에 대하여 규정하고 있는데, 국민에게 근로의 권리와 의무가 있음을 천명하고 국가가 노동취업조건을 만들고, 노동보호를 강화하고 근로조건을 개선하며, 생산의 향상을 기하고 보수와 복리후생을 제고한다고 규정하고 있다. 노동기본권과 관련하여 중국 헌법은 제35조에서 결사의 자유에 대하여 규정함으로써 단결권을 보장하고 있다.[37)]

과거의 중국 노동정책은 노사관계에서 안정중시 및 갈등봉쇄(공회의 소극적 역할), 임금부문에서 저임금정책을 기조로 한 외자유치 및 개별근로자의 계약적 임금결정, 고용부문에서 노동유연성 제고를 통한 일자리 창출, 5대 사회보험에서 개별기업에 대한 예외 인정정책을 기조로 하여 왔다.

그런데 최근의 중국 노동정책은 노사관계에서 안정 및 갈등관리(노동관계법 강화, 공회의 적극적 역할), 임금부문에서 최저임금의 잇따른 인상 및 단체협약을 통한 임금결정, 고용부문에서 퇴직금제도를 통한 장기고용의 유도, 5대 사회보험에서 전면적 시행 원칙정책으로 그 기조를 전면적으로 개편하여 주의가 요망된다.[38)]

---

37) 문무기, 「중국 노동법제 분석을 통한 북한 노동법제 변화전망」, 한국노동연구원, 2003, 27면 참조.

38) 이규철, "중국의 노동법제와 노동환경 고찰," 「국제노동브리프」, 2006년 3월호, 한국노동연구원, 2006. 3. 15, 69-76면 참조.

(2) 개별적 근로관계법률

1994년에 제정되고 1995년부터 시행되고 있는 노동법은 취업의 촉진, 근로계약, 근로시간, 임금, 산업안전 · 위생, 직업훈련, 여성노동보호, 노동쟁의 및 근로감독 등의 장을 두고 있다. 노동법은 민족 · 성별 · 종교 등의 이유로 직업선택에 있어서 불평등한 대우를 받지 않도록 규정하고 있으며(제3조), 근로에 대한 대가로 취득하게 되는 노동보수에 대한 보호(제46조-제51조)를 규정하고, 휴식 · 휴가의 권리로서 근로자는 근로 이후에 일정한 휴식시간을 가져야 한다고 정하고 있다.

근로관계의 종료에 대하여 노동법 제26조 및 제27조에 규정되어 있는데, 업무외 부상시 원직에의 복귀불가능으로 판단되면 해고가 가능하고, 업무능력 부족시 배치전환이 불가능하면 해고가 인정되며, 기업의 규율을 위반하거나 기업에 중대한 손실을 초래한 경우 해고가 가능한 것과 같이 우리나라나 일본의 경우와 큰 차이가 존재하지 않는다. 경영상 이유에 의한 해고시 요구되는 조건[39]도 3국간 유사하다. 해고시 노동법 제28조에서는 근속연수 1년에 대해 1월분의 임금을 주도록 하여 일종의 법정퇴직금제도가 설정되어 있다.

근로시간 유연화제도에 대해서는 노동법 제39조 등에서 종합계산 근로시간제를 규정하여, 기준근로시간을 주·월·분기 · 연단위로 정한 후 평균근로시간이 법정근로시간 범위 이내이면 1일 8시간 · 1주 40시간[40]을 초과할 수 있도록 하고 있다. 일반적인 연장근로시에는 통상임금의 50%가 할증지급되어야 하고, 주휴일 근무시에는 임금의 100%가 가산지급되어야 하며, 기타 법정휴일 근무시에는 200%의 할증임금 지급이 규정되어 있다.[41] 1년간 근속시 연차유급휴가 이외에 본인 및 직계존비속의 결혼 · 상례시 3일의 유급휴가를 부여하도록 한 규정,[42]

39) 이에 대해서는 노동법 제27조와「기업의 경제적 요인으로 인한 인원삭감규정」에 규정되어 있는데, 인원감축의 필요 · 근로자측과의 협의 등 우리나라나 일본의 경우와 유사하다. 다만 한·일 국가에서는 대량해고시에 요구되는 행정관청에의 신고가 요건으로 규정되어 있다. 한편 중국에는 '하강(下崗)'이라는 특별한 실제상의 제도가 존재하는데, 이는 법적으로 제도화되어 있지는 않지만 종전의 평생고용제하에 있던 근로자에 대해 업무에서 물러나 직업훈련을 받도록 하는 제도로서, 사실상 일시해고의 기능을 수행하고 있다. 문무기, 앞의 책, 96-101면 참조.

40) 중국에서는 1994년 주당 법정근로시간이 48시간에서 44시간으로, 1995년 40시간으로 단축되었다. 정부가 이와 같이 급속한 시간단축을 하게 된 이유는 심각한 실업문제를 완화하기 위해서였다. 文大永등,「中國の勞働政策と勞働市場」, 日本勞働硏究機構, 1997, 120면 참조.

41) 노동법 제44조.

42) 노동법 제51조, 기업최저임금규정 제21조 참조. 이 경우 3일에는 왕복소요일수가 제외되며, 기본급이 지급되는 것으로 풀이되고 있다. 문무기, 앞의 책, 84면 참조.

업무외 질병의 경우 근속연수에 따라 3-24개월의 치료를 위한 휴직을 부여하도록 정한 규정[43]이 특징이라고 할 수 있다.

(3) 집단적 노사관계법률, 사회보장법

노동법 제 7 조와 노동조합법 제 4 조는 단결권에 대해 규정하고 있는데, 25명 이상의 노조원을 가진 기업의 경우에는 단위노조를 설립하여야 한다고 규정하고 있다.

노동조합법의 구체적 내용에는 노동조합의 활동준칙,[44] 근로자의 합법적 권익 보호,[45] 노조 전임자의 배치근거,[46] 노조 간부의 신분보장 강화,[47] 노조 경비의 징수강제화, 각종 단결활동 침해행위에 대한 법적 책임 등이 규정되어 있다. 단체교섭에 대해서는 노동법 제33조에서 노동보수 · 작업시간 · 휴식휴가 · 노동안전위생 등과 관련해서 기업측과 서면으로 단체협약을 체결할 수 있다고 정하고 있다.

중국에서 노동분쟁이 발생하면 당사자는 먼저 노동분쟁을 해결하기 위하여 마련된 '기업노동분쟁처리조례'에 따라 협상을 통하여 분쟁을 해결하도록 노력하여야 하는데, 협상이 결렬된 때에는 노동분쟁조정위원회에 조정을 신청하고, 조정이 결렬되면 중재절차로 들어가게 된다. 중국에서는 과거에 파업권을 인정한 바 있으나 1982년 헌법에서 파업권이 삭제되었고, 여타 노동관계법에서도 파업권 및 단체행동을 인정하고 있지 않다. 즉 중국에서 노동분쟁처리에 관하여 규율하고 있는 1987년의 국영기업노동분쟁처리잠정규정과 1993년의 기업노동분쟁처리조례, 그리고 1994년의 노동법에는 파업에 관한 명시적 규정이 존재하지 아니한다.

그리고 중국의 근로자참여제도로서는 민주관리제도가 존재하는데, 이는 근로자들이 절차에 따라 선출하는 근로자대표가 기업의 관리에 참여하는 절차로

43) 주중한국대사관, 「노동법내용해설」, 2000 참조.

44) 노동조합법 제 4 조에서 헌법을 준수하고 근로자의 합법적 권익을 보호하여야 하며, 헌법을 근본으로 하여 활동하여야 한다고 규정하고 있다.

45) 노동조합법 제 6 조 · 제19조 · 제20조에서 노동조합이 근로자를 대표하여 기업측과 근로자의 노동권익 보호문제를 교섭하고 기업에 그 시정을 요구할 수 있도록 명시하였다.

46) 노동조합법 제13조에서 200인 이상의 근로자를 둔 사업장의 경우에는 사용자와의 협의를 통하여 노조 전임자를 둘 수 있도록 규정하고 있다.

47) 노동조합법 제51조에서 노조 임원의 임기중에는 본인의 중대한 과실이 있을 때를 제외하고는 근로계약을 해제할 수 없다는 규정을 추가하여 노조 간부의 신분을 확실히 보장하고 있다.

서, 근로자가 단순한 피용자일 뿐만 아니라 생산수단의 소유자인 동시에 직접적인 점유자로서 노동조합(工會)은 기업의 관리에 참여할 권리를 지니고 국가가 입법을 통하여 그들의 민주관리권을 보장하는 것으로 이해되고 있다.[48]

중국에서 사회보험은 사회보장제도의 핵심이며 사회안정을 유지하는 기반인데, 1951년 정부는 '사회보험에 관한 규정'을 발표하였다.[49] 그런데 개방을 지향하는 개혁 이후 기업소유권의 다변화 · 노동인구 대량이동 · 국유기업의 개혁심화 등 다양한 변화가 발생하자 기존의 사회보험제도로는 더 이상 급변하는 사회경제적 요청에 부응할 수 없게 되었고, 사회보장에 대한 관심의 증가에 따라 '사회보험법'의 공포시기가 관심사로 등장하였다. 이 법안에서는 노후연금 · 의료보험 · 실업보험 · 산재보험 · 출산보험의 5대 사회보험 항목을 다루고 있는데, 노후연금 · 의료보험 · 실업보험료는 노사가 공동부담하고 산재 및 출산보험료는 사용자가 부담하게 된다.

5. 한·중·일 사회법 비교

(1) 헌 법

우리나라 사회법관련 헌법조항과 일본의 그것은 유사하고 별 차이점을 발견할 수 없다. 최근 노동 3 권에 대해 사회권적 성격만이 아니라 자유권적 성격을 함께 강조하여 국가로부터의 자유(내지 인격적 자율권)를 부각시키는 해석이 양국에서 등장하고 있는 점이 특징이라고 할 수 있겠다.

그런데 노동 3 권 규정과 관련하여 중국 헌법 제35조는 결사의 자유에 대하여 규정함으로써 단결권을 보장하고 있는데, 단체교섭권과 단체행동권에 대해서는 정하고 있지 않다. 문화대혁명의 여파 속에 있었던 1975년 개정헌법에서는 노조의 파업권과 그 전제가 되는 단체교섭권을 인정하고 있었지만, 1982년 헌법을 수정하면서 파업권조항을 삭제한 후 지금까지 이르고 있다. 다만 단체교섭권은 노동법과 노동조합법(工會法) 등 개별법에서 부분적으로 규정되고 있으며, 앞에서 본 바와 같이 결국은 중재로 귀착되는 분쟁처리절차가 존재한다.

따라서 우리나라와 일본의 경우 노동 3 권(단결권 · 단체교섭권 · 단체행동권)

48) 史探徑, 「勞動法」, 經濟科學出版社, 1990, 278면.
49) 과거에는 실업연금, 퇴직연금, 노후연금 등을 전액 정부가 지원하여 왔다.

이 병렬적으로 규정하여 보장되는 독특한 입법방식을 채택하고 있음[50]에 비하여 중국의 단체교섭권과 단체행동권의 보호수준에 대해서는 헌법적 차원에서 미흡한 점이 지적될 수 있겠다.[51] 이는 노동3권 조항의 규범적 의의를 밝히는데 있어서 상당한 의미를 지니게 된다.

(2) 개별적 근로관계법률

우리나라에서 1953년 제정되기 시작한 노동관련법률들은 전후 맥아더 군정의 노동정책에 의해 이루어진 일본 노동법의 영향을 받은 것이라고 분석되고 있다.[52]

개별적 근로관계부문에서 장기고용시스템을 기본으로 한 일본형 고용사회구조는 세계적인 경쟁시대로의 돌입과 버블경제 붕괴 후 장기불황, 인구의 고령화·정보사회의 전개 등의 상황에서 고용형태의 다양화·연공급 시스템의 대폭수정(성과주의·개별관리)을 도모하는 개혁이 추진되고 있다. 근로계약기간, 다양한 근로시간운영 유연화제도, 가정과 직장의 병립이 가능하도록 하는 여성취업지원제도[53] 등이 우리나라나 중국보다 앞서 규정된 내용들이라고 할 수 있다. 나아가 유연한 고용형태가 확산되면서 근로조건 개별화경향[54]이 두드러지고, 근로자개인의 고충과 권리주장을 신속하고 간편하게 처리할 수 있는 체제를 강구해 나가는 일본의 최근 경향도 참조할만하다.

근로계약과 관련하여 중국에서 근로계약법제가 성립하여 일반적으로 시행되고 있는 것은 중국 고용관행의 변화와 관련하여 시사점을 주고 있다. 외자계기

---

50) 김유성, 「노동법 II — 집단적 노사관계법」, 법문사, 1999, 21-22면 참조.

51) 경제의 글로벌화와 중국의 WTO 가입에 따라 파업권 관련조항이 국제협약과 뚜렷한 격차를 보이고 있는 문제라고 지적하며 발전적 개편을 논하는 견해로 程宗璋, "WTO 체제하의 노동기준과 국제무역문제," 「중국의 노동시장과 노사관계」, 한국노동연구원, 2004, 163-166면 참조.

52) 김형배, 「노동법」, 신판, 박영사, 2004, 72면. 이에서는 우리나라 노동관계법들의 제정은 근로관계의 본질이라든가 우리나라 노사관계의 현실 또는 주요국 법제에 관한 면밀한 조사·연구에 의해 이루어진 것이 아니라, 당시 일본의 노동관련 제법을 그대로 모방한 것에 불과하다고 지적하고 있다. 그런데 일본의 노동관계 제법도 종전 후 미군 점령하에서 미국 노동법제의 영향을 받아 제정된 것이라고 하면서, 부당노동행위제도·노동위원회제도를 그 예로 들고 있다.

53) 일본 육아·개호휴업법에 의하면 근로자는 개호를 요하는 상태에 있는 배우자(사실혼 포함), 부모, 자녀 또는 배우자의 부모를 개호하기 위하여 개호가 필요한 1인에 대해 연속 3개월을 한도로 하여 휴업할 수 있다.

54) 현대산업사회에서 근로자측의 구조적 변화를 설명한 내용으로 강희원·김영문, 「근로자개념과 계약의 자유」, 중앙경제사, 2001, 51-58면 참조.

업과 특구기업에서 실시되기 시작한 근로계약제는 종전의 평생고용제[55]에 비하여 직업선택의 자유를 보장하고 기업의 의사를 반영한 제도로, 노동력과 생산수단을 보다 합리적·효과적으로 결합시키고 국민들의 반응도 좋아 일반적으로 실시되기에 이르렀는데, 사회주의 경제의 시장경제화로의 경과를 보여주는 하나의 징표라고도 할 수 있을 것이다.[56]

현재 한일간 FTA협상에서 제기되고 있는 논점들을 중심으로 간략히 살펴보면, 법정퇴직금제도에 대한 유연화요구는 중국에 대해서도 제기될 수 있는 문제인데, 우리나라의 경우 근로자퇴직연금제가 조만간 시행될 경우 다소 완화될 수 있을 것이다. 정규직 해고조건의 완화요구는 역시 중국에 대해서도 제기될 수 있는 문제인데, 해고시 요구되는 '정당한 이유'의 범위에 한·중·일간 큰 차이가 있다고 보이지 아니하며,[57] 특히 우리나라의 경우 1987년 민주헌정 이후 판례나 입법등을 통해 일관되는 흐름이 '노동보호의 규제완화와 단결활동의 규제강화'에 있다고 볼 때[58] 일본측의 요구에는 그 논리적 근거가 더욱 희박하다고 보인다. 단시간근로자 보호를 위한 규제에 있어서도 한일 양국간 별 차이가 보이지 아니하며, 근로자의 미사용휴가에 대한 사용자의 보상의무 폐지요구[59]는 우리나라에서 주 40시간 근로제관련 개정법 내용들이 단계적으로 확대되면 해소될 수 있다. 이 개정법 내용대로 월차유급휴가가 연차유급휴가로 통합되어 일반적으로 운영된다면 우리나라의 휴가일수도 일본의 그것과 큰 차이가 없게 되어[60] 휴가제도 적정화 요구에 대한 대책도 별 문제가 없을 것이며, 오히려 중국의 독특한 휴가제도에의 정비요구가 3국간 문제될 것으로 보인다. 근로시간제도 유연화경향은 우리나라에서 1997년 개정 근로기준법에서 1월간 탄력적 근로시간제가 도입되었고 주 40시간제 개정법에서는 3개월단위로 확대되었음을 보면,

55) 이는 고정공(固定工)제도라고 불리운다.

56) 문무기, 앞의 책, 40-62면; 나형욱, 「중국의 국가 — 노동관계」, 풀빛, 2000, 189-193면 참조.

57) 나아가 경영상 해고시 요구되는 요건에 대해서도 3국간 별 차이가 보이지 아니한다.

58) 이홍재, "민주헌정이후 노동판례 경향의 특징," 「노동법학」 제15호, 한국노동법학회, 2002, 129-165면 참조.

59) 일본의 경우 당해 연도에 사용되지 못한 연차유급휴가는 다음해로 이월되어 2년의 소멸시효에 걸린다고 풀이되고 있다. 菅野和夫, 앞의 책, 326면 참조. 우리나라의 경우 금전보상은 사실상 임금인상의 수단으로 활용되어 온 결과라고 볼 수 있다.

60) 우리나라의 연휴 부여일수는 1년간 근속시 15-25일로 일본의 경우(10일-20일)에 비하여 많지만, 일본의 경우 6개월 근속시 연휴가 부여되고 우리에 비하여 상당히 빠른 기간 내에 상한선에 도달할 수 있으며, 우리나라의 부여일수가 ILO 국제기준에 유사하다.

탄력적 근로시간제에 대한 올바른 이해가 확산되면 더욱 유연화될 것으로 보인다. 아울러 할증임금제도와 관련하여 중국과 일본에서는 휴일근로에 대한 할증률을 더욱 높이고 있다는 점이 특색인데, 25%에서 200%에 이르는 다양한 할증률의 적정한 조정을 둘러싸고 3국간에 논의가 행해질 것으로 보인다.

(3) 집단적 노사관계법률

집단적 노사관계부문에서 한국 · 중국 · 일본 공히 기업별노조를 기본형으로 한다는 점에서 공통된다. 중국 노동조합의 조직체계는 기업별로 설립된 기초조직인 기층노동조합 위에 산업별 조직과 지역별 조직의 원리를 결합한 상급노동조합의 지도가 관철되는 형태로 구성되어 있는데, 산별노동조합의 연합회를 결성하는 등 형식적 산별체제를 탈피하려는 움직임이 나타나고 있는 것[61]은, 최근 우리나라에서 산별 단위노조들이 기업별노조의 한계를 넘어 여러 조직적 활동을 시도하고 있는 경향과 관련된다.

중국의 노동조합은 일원화된 조직을 강조하고 있는 관계로 사실상 복수노조가 금지되고 있는데, 우리나라는 2006년 말까지 기업단위의 복수노조가 금지되고 있어서[62] 복수노조가 전면 허용되고 있는 일본의 경우와 대비되고 있다. 노조조직과 관련하여 중국 노동조합법은 2001년 개정법에서 '노동조합의 조직을 방해할 수 없다'는 문구를 추가하였는데, 이는 현대화정책과정에서 많은 조직이 공유제로부터 민영화되면서 노조조직화를 가로막는 장애가 발생하고 있고 이를 제거할 필요가 있다는 점을 반영한 것이라 하겠다. 아울러 노조 활동과 관련해서는 노조 전임자에 대한 여러 보장규정이 법규정으로 존재한다는 점이 우리나라나 일본의 경우에 비하여 특징이라고 하겠다. 단체협약의 유효기간은 일본[63]과 중국[64]의 경우 3년이 최장기간으로 설정되어 있어서, 최장기간이 2년인 우리나라의 경우[65]와 대비된다.

단체행동권과 관련해서는 중국의 경우 파업권이 원칙적으로 금지되어 있어

---

61) 백승욱, 「중국의 노동자와 노동정책: 단위체제의 해체」, 문학과 지성사, 2001, 374-379면; 문무기, 앞의 책, 112면 참조.

62) 최근인 2006년 9월 11일 노·사·정 간에 복수노조 허용과 노조 전임자 임금지급 금지를 다시 3년간 연장하여, 2010년부터 시행하는 합의가 행해진 바 있다.

63) 노동조합법 제15조 제 1 항.

64) 단체협약규정 제16조.

65) 노동조합및노동관계조정법 제32조 제 1 항.

서 국제기준과의 관련에서 논의가 행해지고 있으며, 우리나라의 경우도 필수공익사업의 경우 직권중재가 가능하도록 되어 있는 규정[66]은 일본에서 긴급조정이 행해지는 경우에도 50일간 파업은 금지되지만 중재는 당사자 합의의 요건을 갖추어야 행하는 규정[67]과 비교되고 있다.

현재 한일간 FTA협상에서 제기되고 있는 논점들을 중심으로 더 살펴보면, 무노동 무임금원칙의 적용문제는 현재 우리나라 법률에서 확인되고 있으며 일본의 경우에도 앞서 살핀 바와 같이 계약해석에 따라 일부 임금지급이 가능한 점으로부터 본다면 별문제가 없을 것이다. 근로자들의 불법행위에 대한 신속한 대응요구는 현재 법률에서 불법쟁의행위에 대해 여러 제한규정들을 두고 있다는 점을 감안할 필요가 있으며, 다만 일부사업장에서 다소 편법적인 타협이 이루어지고 있는 것은 법규정의 정착단계에 접어드는 과도기적인 현상이라고 볼 수 있을 것이다.

노조 전임자 수나 임금지급금지 요구도 앞서 살핀 바와 같이 일본에 비하여 상대적으로 역사가 짧은 우리나라의 노조들이 재정기반을 확충하여 향후 개정법이 시행되면 문제삼기가 어려울 것이다. 노사협의회 관련문제도 사실상 일본에서도 노사협의제가 기능하고 있으며, 대항구도가 아니라 참여와 협력을 도모한다는 제도의 취지를 고려하면 별 문제로 되지 않을 것이다. 집단적 노사관계와 관련해서는 중국에서의 단체행동권 금지문제가 핵심이 될 것으로 보인다.

(4) 노동시장, 사회보장법

노동시장관련법과 사회보장법부문은 산업구조의 고도화와 서비스경제화, 급속한 기술혁신, 인구의 고령화추세 등 여건변화를 반영하여 나타나는 고용형태 다양화 등 노동력 수요공급 쌍방의 구조적 변화, 사회구조 개편을 염두에 두고 발전해 나갈 것으로 보인다. 비정규직에의 사회보험 적용, 산업·지역·연령간 고용구조와 경제변동을 연결시키면서 행해지고 있는 고용정책, 고령화추세에 따른 공적 연금제도 개편 등 일본에서 행해지고 있는 최근의 개편동향을 앞으로 우리나라나 중국의 경우 참조할 수 있을 것이다.

세계적인 추세에 따라 민간부문의 효율적인 직업안정기능의 확대가 3국간

66) 노동조합및노동관계조정법 제62조 제 3 호.

67) 노동관계조정법 제30조, 제35조의2, 제35조의4, 제38조 등 참조.

에 도모될 것으로 전망되며, 관련하여 직업안정기능을 수행하며 나름대로의 수요·공급요인에 따라 작동하고 있는 근로자파견제에 대해서는 오·남용을 규제하면서 활성화하는 방안에 대한 공동연구가 행해질 것으로 보인다. 사회보장관련 규범의 정비는 보다 실질적이고 장기적인 인력교류를 위해 요구되는 분야인데, 이어서 살펴보는 EU 등에서의 사례를 참조하여 3국간 사회보장협정의 체결 방안을 강구할 수 있을 것이다.

Ⅱ. 노동력 이동과 관련되는 국제규범 및 시사점

이 부분에서는 동북아 주요국가 사이에 자유무역협정(FTA)이 체결될 경우 참조로 되는 기준인 유럽연합(EU)에서의 인력자유이동에 관한 정책[68] 및 북미자유무역협정(NAFTA)에서의 인력이동정책을 먼저 살펴보고 나서, 외국인근로자의 법적 지위에 관한 국제기준을 검토하면서 현재 상황에의 시사점을 파악하기로 한다.

1. EU에서 인력의 자유로운 이동정책

인력의 자유로운 이동은 로마조약의 큰 부분을 이루고, 시장통합의 인적 기초로서 단순히 사회정책만이 아니라 경제정책 나아가 내무·사법정책에도 관계되는 중요한 테마이다.[69] 그런데 노동법분야는 주권국가의 경제통합이라는 EU의 특수한 사정에 따라, 특별한 분야로서 일반성에 다소 문제가 있다는 점을 감안할 필요가 있다.

---

68) 장기적으로 중국·일본과 함께 통합시장을 결성하는 것만이 한국경제가 살 수 있는 길이며, 정치적으로 역내 평화와 안정 정착에 대한 합의가 이루어지면 시장통합은 10년 정도면 가능하다는 김세원 경제학 교수의 입론(2004년 5월 26일 조선일보 24면)을 참조하면 EU 인력이동 기준도 검토할 필요가 있게 된다.

69) EU의 노동정책에 관하여는 홈 페이지(www.europa.eu.int) 및 濱口桂一郞, 「EU 勞働法の形成」, 日本勞働硏究機構, 1999; 한국무역협회·한국노동연구원, 「EC의 노사관계 및 고용제도」, 1993 등 참조.

(1) 로마조약

EEC(유럽경제공동체)가 설립된 1957년부터 인력의 자유로운 이동은 로마조약상 다음과 같이 중요한 위치를 점해 왔다. 과도기를 경과한 1969년 이후에 이 규정들은 직접적인 효력을 지니고 있다.

1) 근로자의 자유이동(제39조 (구 제48조))

자유이동의 권리로서는 i) 실제로 제공된 고용에 응할 권리, ii) 이를 위하여 EU 권내를 자유로이 이동할 권리, iii) 취업하기 위해 회원국 내에 체재할 권리, iv) 취업한 후 회원국 내에 거주할 권리가 열거되어 있다. 다만 사회질서, 공공의 안전 및 공중위생을 이유로 하는 제한은 인정된다. 또한 행정기관에 있어서의 고용에는 적용이 없다. 그리고 근로조건에 관하여 국적에 의한 모든 차별대우를 폐지하는 것이 강구되어 왔다.

2) 자영업자 · 기업경영자의 자유이동(제43조 (구 제52조))

원어로는 'establishment'인데, 이른바 '거주의 자유'는 아니고 비임금활동에 참가하는 권리 및 기업을 설립하고 경영할 권리를 말하고 있다. 이것도 근로자의 경우와 마찬가지로 사회질서 · 공공안전 및 공중위생을 이유로 하는 제한이 인정되고, 공권력의 행사에 관계되는 활동에는 적용되지 아니한다.

3) 서비스제공자의 자유이동(제49조 (구 제59조))

위 자영업자 · 기업경영자의 자유이동이 장기간 사무소를 설치하고 영업하는 자를 대상으로 한 것임에 비하여, 이는 단기간 체재하며 공업 · 상업 · 자유업 서비스를 제공하는 자를 대상으로 하고 있다.

(2) EU 규칙 · 지침에 있어서의 구체화

인력의 자유로운 이동에 관한 EU 규칙[70] · 지침[71]에 의한 구체화는 출국 · 입국 · 거주의 권리, 영주의 권리, 차별의 철폐로 나누어 볼 수 있다.

---

70) EU법의 법원(法源)으로서 규칙(regulation)이란 일반적으로 적용되고 그 자체가 구속력을 지니며 전체 회원국에 직접 적용된다. 지침과 달리 회원국에 의한 국내법으로의 전환을 요하지 않고 직접적으로 국내의 국민에게 적용된다.

71) EU법의 법원(法源)으로서 지침(directive)이란, 달성되어야 할 결과에 대해서는 명령된 회원국에 대해 구속력을 지니지만, 그 형식 및 방법에 대하여는 회원국의 권한 있는 기관에 맡겨진다. 결국 회원국은 국내법 제정 등의 의무를 부담한다.

1) 출국, 입국, 거주의 권리

(가) 회원국의 근로자 및 그 가족의 권역 내 이동 및 거주제한의 철폐에 관한 지침[72] 이 지침은 근로자 및 그 가족의 출국, 입국 및 거주의 권리를 규정하고 있다.

① 출국의 권리(제2조) 다른 회원국에서 근로하고자 하는 자 및 그 가족은 신분증명서 또는 여권을 발행받고 출국할 권리를 갖는다.

② 입국의 권리(제3조) 출신국가의 신분증명서 또는 여권을 지닌 근로자 및 그 가족은 회원국에 입국할 권리를 가진다. 입국비자 등을 요구해서는 안 된다.

③ 거주의 권리(제4조 이하) 회원국 국민인 근로자 및 그 가족은 다른 회원국에 거주할 권리를 가진다. 거주허가기간은 고용계약의 기간에 따라 상이하다. 1년 이상의 고용계약의 경우는 적어도 5년 이상의 거주허가를 발행하여야 하고, 자동적으로 갱신된다(제6조 제1항 b호). 3개월 이상 1년 미만의 고용계약의 경우에는 고용계약기간에 따른 거주허가를 발행하여야 한다(제6조 제3항). 3개월 미만의 고용계약의 경우 및 구직을 위해 입국한 실업자의 경우에는 거주허가 없이 3개월간 거주할 수 있다(제8조). 이와 같은 거주허가는 회사의 사정으로 실업한 경우에는 철회되지 아니한다(제7조).

(나) 영업 및 서비스 제공과 관련되는 회원국 국민의 권역 내 이동 및 거주제한의 철폐에 관한 지침[73] 이 지침은 (가)지침과 마찬가지의 내용을 자영업자 등에게도 미치게 하는 것인데, 거주권에 대해서는 자영업자의 개업의 경우에는 최저 5년의 거주허가가 부여되고 자동적으로 갱신되지만, 단기적인 서비스 제공의 경우에는 서비스 제공기간에 따른 거주허가로 되어 이것이 3개월 이내인 경우에는 거주허가가 주어지지 아니한다.

2) 영주의 권리

(가) 근로자가 고용종료 후 회원국에 잔류할 권리에 관한 규칙[74] 이 규칙

---

72) Council Directive on the abolition of restrictions on movement and residence within the Community for workers of Member States and their families[68/360/EEC].

73) Council Directive on the abolition of restrictions on movement and residence within the Community for nationals of Member States with regard to establishment and the provision of services[73/148/EEC].

74) Regulation of the Commission on the right of workers to remain in the territory of a Member State after having been employed in that State[1251/70].

은 근로자 및 그 가족의 영주의 권리를 규정하고 있다.

① 근로자의 경우(제2조) 근로자는 다음의 경우 등에는 출신국 이외의 회원국에 영주할 권리를 취득한다. (a) 3년 이상 거주하고 직전 12개월간 고용되었으며 퇴직연령에 도달한 경우, (b) 2년 이상 거주하여 항구적인 노동불능의 상태로 된 경우 또는 산업재해와 직업병에 의해 항구적인 노동불능으로 된 경우

② 근로자 가족의 경우(제3조) 근로자의 가족은 근로자가 ①의 조건을 충족시키고 사망한 경우, 또는 충족시키기 전에 사망한 경우라도 다음의 경우 등에는 영주권을 취득한다(제3조). (a) 근로자가 2년간 거주한 경우, (b) 근로자가 산업재해와 직업병에 의해 사망한 경우.

(나) 회원국 국민이 자영업활동 종료 후 다른 회원국에 잔류할 권리에 관한 지침75) 본 지침은 (가)와 마찬가지의 내용을 자영업자 등에게도 미치는 것이다.

3) 차별의 철폐

(가) 권역 내 근로자의 이동의 자유에 관한 규칙76) 이 규칙은 조약 제39조(구 제48조)의 국적에 의한 차별의 철폐를 구체화하기 위한 규칙이다.

① 고용조건(제1부 제1장) 다른 회원국 국민이 취업하는 것을 방해하는 어떠한 규정도 허락되지 아니한다(언어능력을 조건으로 하는 것은 가능, 제3조). 자국민의 최저고용률을 정해서는 아니된다(제4조). 그리고 채용시 자국민과 다른 건강·직업훈련 기타의 기준을 적용해서는 아니된다(제6조).

② 고용과 균등대우(제1부 제2장) 임금·해고·복직 등의 고용조건상 자국민과 차별해서는 아니된다(제7조 제1항). 노동조합에의 가입, 활동측면에서도 균등하게 취급하여야 하고, 노사협의회와 같은 근로자대표제에의 참가문제도 마찬가지이다(제8조). 특히 중요한 것은 자국민과 사회보장과 세제상 균등하게 취급하여야 한다는 원칙(제7조 제2항)이며, 주거의 소유권을 포함하여 주거의 권리도 자국민 근로자와 같은 권리가 보장되어야 한다.

③ 근로자의 가족(제1부 제3장) 회원국은 근로자의 다음과 같은 가족에게

---

75) Council Directive concerning the right of nationals of a Member State to remain in the territory of another Member State after having pursued therein an activity in a self-employed capacity[75/34/EEC].

76) Regulation of the Council on freedom of movement for workers within the Community [1612/68].

함께 지낼 권리를 인정하여야 한다(제10조). (a) 배우자 및 21세 미만의 또는 부양되고 있는 비속, (b) 근로자 또는 배우자가 부양하고 있는 직계친족, (c) 기타 종전 국가에서 함께 지내고 있고 부양되고 있던 친족. 그리고 위 (a)의 자에 대해서는 근로자로서 고용될 권리가 있다(제11조). 아울러 근로자의 자녀에게는 자국민과 마찬가지로 교육, 훈련을 받을 권리가 있다(제12조). 이 연관하에 「이민근로자의 자녀의 교육에 관한 지침」[77]이 존재한다.

④ 유럽직업소개서비스 이는 유럽 차원에서의 구인 · 구직 및 고용관련정보의 network system을 말한다. EU는 국내의 노동력수급조정 시스템에 대해서는 정책을 제시하지 않아 왔는데, 조약의 커다란 지주인 인력의 자유이동이라는 관점에서부터 근로자 이동의 원활화를 위한 고용정보시스템을 운영하고 있다.

「권역내 근로자의 이동의 자유에 관한 규칙」[78]은 로마조약 제39조(구 제48조)의 국적에 의한 차별의 철폐를 구체화하기 위한 규칙인데, 그 제 2 부는 근로자의 이동의 원활화를 위해 유럽차원에서 구인 · 구직정보를 교환하는 것을 정하고 있다. 이에 따라 1972년의 EC위원회 결정[79]에 따라 「구인구직의 국제적 처리를 위한 유럽시스템」(SEDOC)이 설립되었다. 그러나 이는 각국 내에서 충족되지 않는 잉여 구인구직정보에 한정되었기 때문에 질이 나쁜 정보가 많았고, 정보수단이 서면이나 텔렉스 형태로 행해졌기 때문에 신속성에 문제가 있어서 실제로 거의 제 기능을 하지 못하였다.

이와 같은 이유로 말미암아 1992년에 동규칙 제 2 부의 개정[80]이 행해져서 교환하는 정보는 각국에서 충족되지 않는 것에 한정되지 아니하고, 컴퓨터 네트웍을 정비하여 신속한 정보제공을 행함과 함께, 단순히 구인구직정보만이 아니라 이동하는 곳의 생활정보 · 근로조건 등의 정보도 함께 제공하는 것으로 하였으며, 이 새로운 시스템은 유럽직업소개서비스(EURES)라고 불리우고 있다.[81]

(나) 가족 재통합에 관한 (가)규칙의 개정안(COM(90)108) 이 개정안의 내

77) Council Directive on the education of the children of migrant workers[77/486/EEC].

78) Regulation of the Council on freedom of movement for workers within the Community [1612/68].

79) COM(72) 1485.

80) 2434/92.

81) 이 시스템은 EU 회원국 및 노르웨이, 아이슬랜드 등 27개국 직업안정기관에 Euro-Advisor를 두어 1994년부터 개시되고 있다.

용은 다음과 같다.

① 근로자의 배우자에 사실상 혼인관계에 있는 자도 포함할 것.

② 근로자의 비속 및 존속에 연령 및 부양되고 있는지 여부에 관계없이 함께 생활할 권리를 인정할 것.

③ 근로자의 사망과 이혼이 있어도 가족의 권리는 존속시킬 것.

4) 적용제외

조약상 인력의 자유이동에 관한 일정한 제한이 인정되고 있지만, 이를 조정하기 위하여 다음과 같은 지침이 인정되고 있다.

㈎ **공공질서, 공공안전 및 공중위생의 관점으로부터 정당화되는 외국인의 이동 및 거주에 관한 특별한 수단의 조정에 관한 지침**[82] 이 지침은 근로자, 자영업자, 서비스제공자 및 그 가족에게 적용되는데, 입국거부・체재거부・국외추방은 경제적 이유에서 행해져서는 아니되고, 오로지 당해 개인의 행동에 근거하여 행해져야 한다. 입국을 거부할 수 있는 질병은 지침 부칙에 열거되어 있다. 그리고 이와 같은 결정들에 대해서는 법적인 구제수단이 준비되어야 한다. 그리고 영주권에 관해서는 다음의 2가지 지침이 존재한다.

㈏ **공공질서, 공공안전 및 공중위생의 관점으로부터 정당화되는 외국인의 이동 및 거주에 관한 특별한 수단의 조정에 관한 지침(64/221/EEC)의 범위를 근로자의 고용종료후 회원국에 잔류할 권리로 확대하는 지침**[83]

㈐ **공공질서, 공공안전 및 공중위생의 관점으로부터 정당화되는 외국인의 이동 및 거주에 관한 특별한 수단의 조정에 관한 지침(64/221/EEC)의 범위를 회원국 국민의 자영업활동 종료후 다른 회원국에 잔류할 권리로 확대하는 지침**[84]

---

82) Council Directive on the co-ordination of special measures concerning the movement and residence of foreign nationals which are justified on the grounds of public policy, public security or public health[64/221/EEC].

83) Council Directive extending to workers exercising the right to remain in the territory of a Member State after having been employed in that State the scope of the Directive on co-ordination of special measures concerning the movement and residence of foreign nationals which are justified on the grounds of public policy, public security or public health[72/194/EEC].

84) Council Directive extending the scope of the Directive on co-ordination of special measures concerning the movement and residence of foreign nationals which are justified on the grounds of public policy, public security or public health to include nationals of a Member State who exercise the right to remain in the territory of another Member State after having pursued therein an activity in a self-employed capacity[75/35/EEC].

㈑ 조약 제48조와 제55조는 행정기관에 있어서의 고용과 공권력의 행사에 관여하는 활동을 자유이동의 적용제외로 하고 있지만, 현실적인 운영상으로는 그 범위를 실질적으로 파악하고 있다.[85)]

(3) 직업자격

조약 제47조(구 조약 제57조)는 인력 자유이동의 원활화를 위하여 이사회가 직업자격의 상호승인과 제도의 접근을 위한 지침을 채택할 것을 규정하고 있다.

1) 직역마다의 지침

의사와 변호사를 포함하여 35개의 직업에 대하여 현재 직업자격에 관한 지침이 채택되어 있는데, 이는 회원국 각국에 대하여 다른 회원국에서 당해 직업에 종사한 경력연수를 고려해 산입할 것을 추구하는 것이고, 다른 회원국에서 취득한 직업자격을 바로 인정하도록 하는 것은 아니다.

2) 일반적 지침

㈎ **적어도 3년 이상의 직업교육훈련의 수료에 부여되는 고등교육 수료증서의 일반적 승인제도에 관한 지침**[86)] 이는 3년 이상의 고등교육과정을 수료했다는 것을 증명하는 증서에 대하여, 다른 회원국에서도 원칙적으로 자동승인하는 것을 정하고 있다. 다만 필요가 있다면 적성검사와 적응기간을 설정할 수 있다.

㈏ **지침(89/48/EEC)을 보완하기 위한, 직업교육훈련 승인의 제2차 일반적 제도에 관한 지침**[87)] 여기에서는 위보다 낮은 레벨의 직업교육훈련 수료증명에 대하여 마찬가지의 규정을 두고 있다.

(4) 사회보장

조약 제42조(구 조약 제52조)는 근로자의 자유이동을 확보하기 위하여, 급부산정 기초기간과 국내거주자에의 급부에 대하여 각국 사회보장제도의 조정조치를 취할 것을 규정하고 있다. 이를 위하여, 실체법으로서는 「EU 권역 내를 이동하는 근로

---

85) 즉 기구상으로 행정기관에 해당한다고 하여도, 기능적으로 행정기관이 아닌 경우(국철과 우편국 등)에 대해서는 예외적인 취급을 인정하고 있지 않다.

86) Council Directive on a general system for the recognition of higher-education diplomas on completion of professional education and training of at least three years' duration [1251/70].

87) Council Directive on a second general system for the recognition of professional education and training to supplement Directive 89/48[92/51/EEC].

자, 자영업자 및 그 가족에 대한 사회보장제도의 적용에 관한 규칙[88]」이, 절차법으로서는 「EU 권역 내를 이동하는 근로자, 자영업자 및 그 가족에 대한 사회보장제도의 적용에 관한 규칙(1408/71)의 실시절차를 정한 규칙[89]」이 제정되어 있다.

1) 조정의 4원칙

(가) 직접적 차별만이 아니라 간접적 차별도 금지된다(제3조).

(나) **1국 제도의 적용원칙** 원칙적으로는 근로하고 있는 국가의 제도에 따른다. 예외는 다른 국가에 1년 이내 파견되어 근로하고 있는 경우에, 본국의 제도에 따른다. 이는 2국가의 제도가 중복되어 적용되거나 어느 국가의 제도도 적용되지 않게 되는 것을 방지하기 위해서이다(제13, 14조).

(다) **통산의 원칙** 급부를 행하는 국가는 종전 거주국에서의 가입기간을 자국 제도상 가입기간으로 간주하여 적용한다.

(라) **국외지급의 원칙** 일단 취득한 수급권은 다른 회원국으로 옮겨도 그대로 존속한다(제10조).

2) 적용대상

본 지침은 우선적으로 근로자와 그 가족만을 대상으로 한 것이었는데, 1981년 개정에 의해 자영업자와 그 가족도 적용을 받게 되었다.

3) 적용범위

대상으로 되는 것은 다음의 사회보장급부(갹출제이든 무갹출제이든 불문)로서, 공적부조 급부는 대상으로 되지 아니한다.

i) 질병・출산급부,[90] ii) 장애급부,[91] iii) 노령연금・유족연금,[92] iv) 산업재해・직업병 급부,[93] v) 사망일시금,[94] vi) 실업급부,[95] vii) 가족급부.[96]

88) Council Regulation on the application of social security schemes to employed persons, to self-employed persons and to members of their families moving within the community (1408/71).

89) Council Regulation laying down the procedure for implementing Regulation on the application of social security schemes to employed persons, to self-employed persons and to members of their families moving within the community(574/72).

90) 제18조-제36조

91) 제37조-제43조.

92) 제44조-제51조.

93) 제52조-제63조.

94) 제64조-제66조.

95) 제67조-제71조. 이주한 곳에서 실업하여 급부를 받는 경우에 가입기간과 근속연수를 통산하

2. 북미자유무역협정상 노동사회조항에 관한 정책

노동 및 사회보장 관련기준에 관한 협정은 북미자유무역협정 전체에서 본다면 부속협정(side agreement)에 해당하는데, 정식명칭은 「노동에 관한 체결국의 협력에 관하여 정한 북미협정(the North American Agreement on Labor Agreement)」이다.[97)]

(1) 전문(前文) 및 목적

전문에서는 협정 체결국인 멕시코·캐나다·미국은 현행법인 노동법을 국내 공장·사업장 등에서 준수할 것을 확인하면서, 시장확대와 국제경쟁력 강화와의 관계에서[98)] 고용[99)]·근로조건·생활조건의 개선과 기본적인 근로자권리(basic workers' right)의 보호·향상과 실시를 선언하고 있다.

여기서 기본적인 근로자권이란 노동단체와 사용자 사이의 대화를 촉진하고 또한 근로현장에서 창조성과 생산성을 강화하기 위하여 노사협력을 강화하는 것이라고 설명되고 있으며, 그리고 주목되는 것은 단순히 근로조건의 개선만이 아니라 생활수준 일반의 개선도 목적으로 들어가 있는 관계로 사회보장제도의 보편적 적용도 향후 문제될 수 있다.[100)] 근로조건 개선과 관련해서는 노동법 및 그 원리가 중요한 것에 대하여 타당한 배려를 하고 투자를 촉진할 것이라고 하고 있는데, 이는 단순히 일정한 근로조건을 준수한다는 것만이 아니라 노동법의 원리로부터 근로자안전위생이라는 근로기준 설정 및 준수, 캐리어형성이라고 하는 고용실무를 촉진하는 내용을 담고 있다.

여야 한다는 것을 정하고 있으며, 기타 실업한 후에 다른 국가로 이주한 경우에 대하여 원래 소속국가의 재원으로 이주한 국가의 직업안정기관에서 3개월간 급부를 지급하는 것을 규정하고 있다.

96) 제72조-제76조.

97) 자세한 내용은 홈 페이지(www.nafta.net) 및 桑原昌宏, "北米貿易自由協定(NAFTA)とカナダ·日本,"「季刊労働法」제171호(1994년 춘계호), 94-109면 참조.

98) 이는 자세히 보면, 「체결국내에서 생산되는 상품과 제공되는 서비스에 관한 시장을 확대·확보할 것」과 「세계시장에서 기업의 경쟁력을 강화할 것」으로 되어 있다.

99) 자세히는, 「직업소개서비스 등을 통하여 고용보장과 캐리어형성의 기회를 증진케 할 것」과 「취직중인 기간은 물론 실업중인 기간에도 계속적으로 인적 투자의 개발을 위해 투자할 것」으로 되어 있다.

100) 그런데 근로자권과 근로조건의 보호, 개선·실시도 높은 생산성의 추구와의 관계에서 고찰되고 있다.

목적은 (a) 협정당사자 국가의 영토에 적용되는 근로조건 및 생활수준을 개선한다, (b) 부칙 제 1 조에 정하는 노동법의 원리(the labor principle)를 가능한 최대로 촉진한다, (c) 생산성 및 그 질의 개발과 레벨의 향상을 위하여 노력한다, (d) 당사가 국가의 영토에 적용되는 노동에 관한 법률 및 제도를 서로 이익이 되도록 이해할 수 있도록 출판이나 정보교환등을 촉진한다는 내용 등으로 구성되어 있는데, 근로조건 · 고용 · 사회보장과 관련하여 중요한 의미를 지니는 협정부분은 부칙 제 1(Annex 1: Labor Principle)에 정해져 있다.

이 부칙에서는 근로자의 집단적인 권리로서 노동 3 권의 보호를 정하고, 개별근로자의 권리로서는 강제근로의 금지, 연소근로자의 보호, 최저고용조건의 설정, 고용차별의 금지, 동일노동 동일임금의 원칙, 근로안전위생, 근로자재해보상, 외국인근로자의 내국민취급에 대하여 정하고 있다. 문제는 이 규정들에 위반한 경우 협약상 제재방법인데, 제 1 조 목적규정에 의하면 이러한 규정들은 체결국이 자주적으로 국내법에서 최대한 가능한 한도에서 촉진한다는 목표 설정의 지위를 부여하고 있다.

(2) 협정상 의무

제 2 장에서 협정 체결국가의 의무에 대하여 정하고 있는데, 이에서는 노동법제의 정비, 그 실시를 위한 제조건의 정비, 법원과 행정위원회에서의 절차 보장, 법령 등의 주지 · 홍보 등을 정하고 있다. 일반적인 의무로서는 국내노동법을 높은 수준으로 정비할 의무를 부과하고 있다(제2조). 문제로 되는 것은 강제력인데, 어느 체결국 국내에서 다른 체결국은 그 국가의 법을 집행할 권한을 갖지 않는다고 확인하면서(제42조), 정부의 법 실시정책으로 감독관의 선임 및 교육이나 기록보존, 작업현장에서의 보호조치를 위한 노사위원회 구성 등에 관하여 정하고 있다(제3조).

제 4 조에서는 노사간 분쟁해결수단으로서의 공적 제도(사법기관과 행정위원회 등)를 근로자들에게 보장할 것을 의무화하고 있으며,[101] 제 5 조 절차보장에서는 이와 같은 절차들이 공평 · 공정 · 투명성을 확보하면서 운영되어야 함을 정하고 있다.

101) 특히 근로안전위생 · 고용기준 · 노사관계 · 외국인근로자에 관한 노동법과 단체협약에 근거하는 권리를 보장하는 절차가 이용될 수 있도록 하여야 한다고 정하고 있다.

(3) 국제노동협력위원회와 그 이사회, 각국 내 조직

협정 제3장에서는 체결국간의 기술협력이나 분쟁처리에 중요한 역할을 하고 노동법상의 협력을 위한 국제노동협력위원회(Commission for Labor Cooperation)에 대하여 정하고 있다. 이 국제위원회에는 이사회와 사무총국이 설치되고, 각 체결국가에는 사무국이 운영된다.

이사회는 체결국의 노동부장관 등에 의해 구성되며, 정기적으로 매년 1회 개최되고 원칙적으로 체결국 전체의 합의에 의해 운영된다. 위원회는 기술협력을 추진하며 이외에 위원회가 추진하는 체결국간 협력사항은, 앞에서 서술한 바와 같은 협정상 의무를 체결국들이 이행하는 것을 도와주기 위한 것이므로 상당히 광범위하다.

각 협정국에서는 연방차원에서 각 협정국 정부 및 국제노동협력위원회 사무국과 연락사무를 취급하는 행정담당부를 설치하여야 한다(제15조, 제16조).

(4) 협정의 적용과 해석, 분쟁처리

각 협정국은 협정의 해석과 적용에 관하여 의문이 발생한 때에는 일단 협력과 협의에 노력을 기울인다. 각 국가의 행정담당부 사이에 협의가 행해지고, 여기서 해결이 되지 않으면 협정국 장관차원의 협의가 행해진다. 이 단계에서 해결이 되지 않으면 전문가에 의한 평가위원회를 설치하고, 이 위원회는 최종보고서를 국제노동협력위원회에 제출하는 절차를 거치게 된다.[102]

전문가에 의한 평가위원회의 최종보고서로 문제가 해결되지 않으면 2국간 또는 3국간 분쟁처리절차에 따르게 된다. 이 경우도 관할사항이 한정되어「노동안전위생, 유아노동 또는 최저임금노동기준의 실시에 관한 최종보고서가 제출된 이후」로 한정되어 있다. 여기서는 당사자국간 서면협의 교환이 행해지고, 이 절차에서도 해결이 되지 않으면 분쟁국은 국제노동협력위원회 이사회에 특별회의를 소집할 수 있으며, 이사회는 알선 · 조정을 행한다. 이사회에 의한 해결이 되지 않는 경우 분쟁국의 요청에 따라 중재위원회가 구성되어 해결책이 제

102) 협정국이 현행법 실시가 잘 되고 있지 않다고 하여 전문가에 의한 평가위원회에 제출할 수 있는 사항은「노동안전위생 기타 근로조건의 실시」에 불과하다. 결국 단체교섭이나 단체협약, 파업권을 포함하여 노동조합의 권리는 그 대상으로 되어 있지 않다. 여기에 이 협정의 한계가 명확히 나타나게 된다.

시된다.[103)]

(5) 협정 위반에 대한 제재와 분쟁처리

북미자유무역협정은 지역적인 무역과 투자를 둘러싼 분쟁에 대응하는 것을 목적으로 하고 있다는 점이, 노동기준이라는 부속협정의 경우에도 적용된다. GATT 제22조와 제23조가 정하는 원칙에 따르게 되는데, 협정국들이 전문가위원회를 구성하여 분쟁에 관한 신청을 조사하고 결론을 얻으면 당해 국가에 대해 중재를 하는 권한을 지닌다.

협정국이 국내법을 준수하지 않는 기업을 묵인하는 등의 경우 제재가 행해진다. 전문가위원회인 중재위원회가 제소된 국가의 특정산업이 국내법상 근로기준을 효과적으로 준수하고 있지 않다는 사실인정이 행해지면 부과금(fine)이 내려지고, 이를 이행하지 않는 경우 협정상 최혜국취급의 정지와 관세인하의 철회가 미국과 멕시코의 경우 가능하며, 캐나다의 경우 부과금의 제재에 그친다. 사태가 악화되어도 수입량의 제한이나 상쇄관세의 부가, 긴급 Safe-Guard의 활용과 같은 제재조치에 이르는 경우는 극히 드물다.

한편 사회보장의 경우를 본다면, 실업보험금과 같이 근로자 일반에 대해 국가로부터의 직접적인 조성금을 내용으로 하는 경우는 근로자 전체에게 이익을 주는 제도이기 때문에 자유무역의 원칙인 경쟁조건의 평준화에 반하지 아니하고, 상쇄관세의 대상으로도 되지 아니한다. 그러나 특정산업 혹은 특정기업을 국고로부터의 조성금으로 후원하는 제도의 경우에는 이와 같은 제도가 없는 국가들로부터는 무역상의 경쟁조건에 불공정(unfair)하다는 제소를 받을 수 있는데, 종래 미국이 취해온 입장이다.[104)]

(6) 최근 논의중인 한·미간 FTA 협상과 노동관련조항문제

최근 국가적인 문제로 논의되고 있는 한·미간 FTA 협정과 노동관련조항문제를 간략히 검토하면 다음과 같다.[105)]

---

103) 중재위원회는 5명으로 구성되는데, 분쟁당사국간의 합의로 중재인 명부에서 선발된다.

104) 따라서 캐나다의 철강산업에만 적용되는 기업 내 직업훈련에의 국가로부터의 조성금은 상쇄관세의 대상으로 될 수 있다. Ontario Priminister's Council, *People And Skills In The New Global Economy For Ontario,* Queen's Printer, Toronto, 1990, 179면.

105) 김도훈(산업연구원 연구본부장), 「한미 FTA 협상과 노동부문관련 주요쟁점」, 노사정위원회 2006년 2차 월례토론회 자료, 2006. 5. 23 참조.

미국은 다른 국가와의 FTA 협상에서 예외없이 국제노동기준 준수에 관한 사항을 협정문에 포함시키고 있는데, 그 배경에는 미국 노동계의 압력이 존재한다. 즉 국제노동기준 미준수국(또는 낮은 노동기준을 가진 국가)과의 자유무역시 미국 자국산업의 경쟁력 저하에 수반하는 실직을 기본적으로 우려하고 있다.

이에 따라 미국 협상대표단의 협상지침인 미국 무역법 규정에서는, 무역협상의 목적에 ILO의 핵심노동기준과 관련된 근로자의 권리존중 증진, 무역촉진을 위한 국내노동법 완화 금지노력 촉구 등을 명시하도록 하고 있다.

앞에서 본 NAFTA 노동관련규정들에서는 위 원칙을 구체화하여, EU와는 달리 전문직 종사자들에게만 자유이동의 규정을 두고 있으며, NAFTA 보충협상으로 북미노동협력협정을 체결하여 노동문제에 대한 국제규범 준수의무를 부과하고, 노동협력위원회를 별도로 설치하여 운영하도록 하고 있다.

향후 예상되는 노동관련 주요쟁점으로는 ① 핵심국제노동기준의 법제화를 위한 노력, ② 무역 · 투자를 촉진하기 위한 노동기준 저하 금지, ③ 공정한 노동법 집행노력의무 등을 들 수 있겠다.

① **핵심국제노동기준의 법제화를 위한 노력**과 관련해서는 ILO의 핵심노동기준협약들(결사의 자유 원칙과 관련되는 기본협약, 강제근로 폐지, 아동근로 근절을 위한 협약, 고용상 차별금지 등), 적정수준의 최저임금 보장문제, 근로시간의 적정화, 산업안전보건문제 등을 들 수 있다.

② **무역 · 투자를 촉진하기 위한 노동기준 저하 금지**에 대해서는, 투자유치 유지 내지 확대를 위해 국제적으로 인정된 노동기준을 약화시키지 않도록 노력하는(strive to) 방안을 들 수 있다.

③ **공정한 노동법 집행노력의무**와 관련해서는 공정한 무역에 영향을 미치지 않도록, 지속적으로 국제적으로 인정된 노동기준과 직접적으로 관련된 노동법 집행에 실패해서는 아니되는 점(shall not fail to enforce labor laws)을 들 수 있겠다.

이와 같은 점들을 담보하기 위해 관련제도가 설치 · 운영될 가능성이 있는데, 이의제기절차, 정부간 협의절차, 사실조사 및 권고절차, 제재조치로 나누어 볼 수 있다.

먼저 이의제기(Public Communication)절차에 대하여, 무역상대국의 노동기준 준수 여부 등 노동협정문 이행상황에 대한 국내 이해관계자의 의견을 반영할 수 있는 제도적 장치가 마련될 필요가 있다.

다음으로 양국 정부간 협의(Consultation)절차 규정이 필요하고, 중립적인 기구(Dispute Settlement Panel)를 통한 사실관계조사 및 시정권고 절차마련을 예상할 수 있다. 이는 3인(공동추천 의장, 양국이 지명한 각 1인으로 구성)으로 구성될 가능성이 있고, 이 기구는 정부간 협의로 문제가 해결되지 않을 경우에 작동될 것이다.

이어서 제재조치(Sanction)를 고려할 수 있는데, 앞서의 사례를 참조하면 연간 최대 $1,500만의 벌과금이 부과될 가능성이 있다.

3. 외국인근로자의 법적 지위에 관한 국제기준

(1) 국제연합(UN)상의 기준

UN의 경우에는 사회권규약과 이주근로자 권리협약에 외국인근로자에 관련되는 규정을 두고 있다. 1966년에 채택되어 1976년부터 발효되고 있는 「경제적·사회적 및 문화적 권리에 관한 국제규약(사회권규약, A규약)」과 「시민적 및 정치적 권리에 관한 국제규약(자유권규약, B규약)」의 경우[106]를 먼저 본다.

우리나라는 1990년에 이 규약들을 비준하였는데, 사회권규약은 제 7 조에서 모든 인간은 공정하고 유리한 근로조건을 향유할 권리가 있다고 정하고, 구체적인 근로조건의 예를 열거하고 있다.[107] 사회권규약은 규약상 권리들이 내외국인에게 차별없이 적용되어야 하는 것으로 해석되기 때문에(제 3 조 참조), 외국인에게도 내국인과 같은 근로조건을 보장해야 한다고 풀이되고 있다.[108] 그리고 자유권규약이 정하고 있는 '결사의 자유'에는 노동조합의 결성 및 가입권이 보장되어 있다.[109]

106) 이는 최초의 포괄적 권리장전이라고 할 수 있는 "인권에 관한 세계선언"을 구체화한 규약들이다.

107) 이에서는 모든 사람이 자유로이 선택하는 노동에 의하여 생계를 영위할 권리(제 6 조), 동등한 가치의 노동에 대한 동등한 보수를 포함한 근로조건을 향유할 권리(제 7 조), 노동조합 결성 · 가입 · 활동 · 파업권(제 8 조), 사회보험을 포함한 사회보장에 관한 권리(제 9 조) 등이 규정되어 있다.

108) 다만 이 권리들에 대해서는 일반적 법률유보조항과 개별적 법률유보조항이 설정되어 있기는 하지만(가령 제 8 조 제 1 항 A호), 가용자원의 범위 내에서 최대한도로 보장할 것을 규정하고 있기 때문에(사회권규약 제 2 조) 당사자국가에 대하여 끊임없이 한층 높은 수준의 권리를 보장할 의무를 부과하는 것으로 해석할 수 있다.

109) 동규약 제22조상의 결사의 자유에 대해서는 동조 제 2 항에서 일반적 유보조항을 두고 있고 우리나라가 1990년 가입 당시 유보한 조항이기는 하지만, 자유권규약 내용의 하나로 존중하는

1990년 12월 채택된 이주근로자의 권리협약은 외국인근로자에 대한 지위를 정한 포괄적인 국제법규로서의 의미를 지니고 있는데, 균등대우의 원칙과 함께 노동조합에 대한 권리 등110)에 관하여 정하고 있다.

(2) 국제노동기구(ILO)상의 기준

1949년 채택된 ILO의 이주근로자 협약(제97호)에서는 근로조건에 대하여 "… 임금, 근로시간, 초과시간의 조치, 유급휴가, 가내근로의 제한, 고용을 위한 최저연령, 수습 및 훈련, 여성노동 및 연소자노동…"에 대하여 내외국인 균등대우를 정하고 있다(협약 제6조 제1항). 동조 동항에서는 그 외에도 노동조합원의 자격과 단체교섭 이익의 향유, 숙박시설, 사회보장, 고용관련세 · 조합비 · 법적 절차 등에 대하여 균등대우를 정하고 있다.111)

외국인근로자의 사업장 이동 자유와 관련해서는 같은 해인 1949년에 만들어진 제86호 이주근로자 권고(제16조 제2항)에서 외국인근로자가 5년 이상 거주한 경우에는 취업에 대한 제한을 할 수 없다는 권고가 채택되었다.

1975년에 제정된 제143호 이주근로자 보충협약에서는 국내조건 및 관행에 적합한 방법으로 노동조합, 사회보장, 고용 및 직업 등에 대한 균등대우의 원칙을 규정하고 있다. 이 협약에서는 노동조합 활동 일반에 대한 보호를 규정하고 있고(제10조 제1항), 아울러 회원국은 이주근로자의 결합에 대하여 필요한 조치를 취하도록 하고 있으며(제13조), 외국인근로자의 이동의 자유와 직업선택의 자유에 대해서는 합법적 거주 2년이 되는 경우에는 이동의 자유를 제한할 수 없다고 하여, 종전 권고상의 5년 상한보다 더 강화된 기준을 제시하고 있다. 한편 이주근로자 보충협약에서는 불법체류근로자에 대해서도 규정을 두어 기왕 행해진 근로에 대한 보호를 정하고 있다.112)

것은 국제적인 흐름이라 하겠다. 최홍엽, 「외국인근로자의 노동법상 지위와 정책과제」, 한국노동연구원, 1997, 90면 참조.

110) 이외에도 적법상태에 있는 근로자에게는 가족적 결합을 확보하기 위한 조항, 외국인근로자와 그 가족은 고용국에서 일정한 조건과 제한에 따라 보수활동을 할 권리, 해고에 대한 보호와 실업수당 등의 권리에 대해 내국민대우를 향유한다는 조항, 직업의 자유로운 선택에 관한 권리 등에 대하여 규정하고 있는데, 이 협약의 발효에는 최저 20개 국가의 비준이 요구된다.

111) 이 협약에서는 외국인근로자에 대한 정확한 고용정보의 제공을 위한 규정도 두고 있는데, 제2조에서는 이주근로자에 대한 적절하고 무료로 제공되는 서비스사업의 유지에 대하여 정하고 있다.

112) 동 협약 제9조에서는 "이주근로자가 법령에 따라 회원국의 영토내에 입국하고 취업이 인가

4. 시 사 점

(1) 권역내 자유무역협정시 노동사회보장조건(EU의 경우)

EU의 기준을 살펴볼 때 우선 동기준이 다소 차이가 있기는 하지만 상대적으로 경제력이 균등화되고 문화적으로도 상대적인 동질성을 지니고 있는 국가들간의 노동력 이동에 관한 기준이라는 점을 고려할 필요가 있으며, 이는 동북아 주요국가들간 인력교류시 장기적인 방향설정으로 참조할 수 있을 것이다.

근로자(및 그 가족)의 자유이동권만이 아니라 자영업자·기업경영자 내지 단기 서비스제공자의 자유이동권이 보장되고 있다는 점, 입국비자 없이도 입국할 권리가 있다는 점이 기본적인 특색이다. 그리고 고용계약 기간에 따라 근로자 및 그 가족에게 일정기간 이상의 거주권이 보장되고 있고(1년 이상의 경우 5년 이상·자동갱신), 자영업자의 경우 최저 5년의 거주허가가 부여된다는 점, 근로자가 2년 이상 거주하거나 산재로 사망한 경우 당해 근로자와 그 가족에게 영주권이 부여된다는 점이 특징적이다.

EU 기준상으로 균등대우의 원칙은 내국인 최저고용율 설정 금지 및 다양한 근로조건(임금·해고·복직)만이 아니라 사회보장·세제상 취급·주거의 소유권등 주거권의 동등한 확보로 종합적으로 보장되고 있고, 노동 3 권 보장만이 아니라 근로자대표제에의 참여도 확보되고 있다. 그리고 직계가족과 함께 지낼 권리의 보장만이 아니라 그 자녀에게 내국민과 같은 교육·훈련을 받을 권리의 보장을 통하여 실질적인 가족생활권의 확보를 도모하고 있으며, 생활정보·근로조건 등의 정보를 컴퓨터 네트웍을 통해 보급하고 있다.

이와 같은 인력의 자유이동에 관한 제한은 사회질서·공공안전·공중위생을 이유로 하여서만 가능하도록 하고 있으며, 이 경우 경제적 이유에 의해서는 제한이 허용되지 않고 당해 개인의 사정에 의해서만 가능하도록 규정되어 있다.

됨으로써 취업 이주를 통제하는 조치를 침해하지 않았다면 이주근로자는 이러한 법령이 존중되지 아니하거나 또는 자신의 위치가 정상적으로 될 수 없더라도 보수·사회보장 및 기타 급여는 과거 취업에 기인한 권리를 근거로 하여 당사자 및 그 가족에게 동등하게 보장되어야 한다"(제 1 항)고 정하고 있다. 그리고 동조 제 3 항에서는 이주근로자 또는 가족이 추방당하는 경우 그 비용을 그들에게 부담하도록 하여서는 아니된다고 규정하고 있다. 이 조항들을 문언상으로만 보면 입국시 합법적으로 들어와서 취업하다 불법체류가 된 경우만을 대상으로 한 것으로 보이지만, 1975년 이주근로자 권고에서 합법입국자에 한정하지 않고 불법체류 근로자 일반에 대해 위의 권리를 인정하고 있다는 점을 감안할 필요가 있다. 최홍엽, 앞의 책, 104면 참조.

인력 자유이동의 실질적인 원활화를 위해 직업자격의 상호승인과 같은 제도의 접근을 위한 지침을 채택할 것을 정하고 있는 것도 특징적이며, 사회보장제도의 통합접근을 위해 급부산정 기초기간과 국내거주자에의 급부에 대하여 각국 사회보장제도의 조정조치를 취할 것을 규정하고 있기도 하다.

우리나라 사회보장기본법에서는 국내에 거주하는 외국인에 대한 사회보장제도의 적용은 상호주의의 원칙에 의하되 관계법령이 정하는 바에 따른다(제8조)고 하여 상호주의 원칙하에 각국간 협정에 따른 규범설정을 예상하고 있으며, 국민연금법에서는 외국과 사회보장협정을 체결한 경우에는 상호주의원칙에 대한 예외적 취급이 가능함을 상정하고 있는데(제102조, 제102조의 2 참조), 이 경우 참조할 수 있는 규범이라 할 수 있다.

(2) 권역내 자유무역협정시 노동사회보장조건(NAFTA의 경우)

NAFTA협정상의 기준을 살펴 볼 때 우선 동기준이 단순히 근로조건의 개선만이 아니라 생활수준 일반의 개선도 목적으로 하고 있어서 사회보장제도의 보편적 적용도 문제되고 있다는 점, 다양한 근로조건[113]에 대한 동일취급원칙만이 아니라 집단적인 노동3권 인정을 인정하고 있는데 특히 안전위생기준에 대한 강조가 행해지고 있다는 점을 참조할 수 있다.

협정체결국들에게는 각 국의 노동법을 높은 수준으로 정비할 의무가 부과되어 있는데, 근로기준 내지 노사관계상 문제에 대해 각국에서의 분쟁해결절차를 정비하고 각 회원국의 내·외국 근로자들에게 보장할 의무를 설정하는 정도에 그치고, 구체적인 문제들에 대해 일반적으로 행해지는 제재절차에 대해서는 협약상 규정하고 있지 않다. '안전위생 · 유아노동 · 최저임금기준'에 관한 협정국간 협정의 해석과 적용에 대하여 의문이 생긴 경우 협정상 기구인 국제노동협력위원회에 의한 해결이 시도된다.

NAFTA협정은 지역적인 무역과 투자를 둘러싼 분쟁에 대응하는 것을 목적으로 하고 있다는 기본적인 성격이, 노동기준을 다루는 부속협정의 경우에 나타나게 된다. 협정국이 국내법을 준수하지 않는 기업을 묵인하고 있다든가 어느

---

113) 앞에서 살핀 바와 같이 그 범주는 강제근로의 금지, 연소근로자의 보호, 최저고용조건의 설정, 고용차별의 금지, 동일노동 동일임금의 원칙, 안전위생기준, 재해보상, 외국인근로자의 내국민취급 등에 걸쳐 광범위하다.

국가 특정산업이 국내법상 근로기준을 효과적으로 준수하고 있지 않다는 사실인정이 행해지면 부과금이나 관세인하의 철회·최혜국취급의 정지 등과 같은 제재가 행해지게 된다.

NAFTA협정의 경우를 동북아 국가들간 협정체결시 고려한다면 우선, 권역내 공정무역을 추구한다는 기본적인 목적을 감안할 때 헌법 구조상의 문제를 들 수 있다. 우리나라나 일본의 경우 근로의 권리를 정한 조항과 노동3권을 정한 조항이 사회복지국가의 이념을 구체화한 기본적인 조항으로 풀이되고 있는데, 중국 헌법상 근로의 권리·의무의 개념과 결사의 자유의 하나로 이해되고 있는 노동기본권의 개념에 대한 이해의 차이를 고려하지 않을 수 없다.

앞에서 살펴 본 바와 같이 중국 헌법 해석상 단결권만 보장되고 있으며 단체교섭권과 단체행동권은 헌법차원에서 보장되고 있지 않다. 그리고 중국에서 기업의 주체는 근로자로 보기 때문에 자본주의 국가에서 말하는 근로자와 사용자간의 관계가 일반적으로 성립되지 아니하며, 노동조합(工會) 또한 국가기관으로서의 성격이 있고 일원화된 조직체계가 강조되고 있다. 이와 같은 헌법구조상 기본적인 문제들은 노동3권의 보장정도에 관한 기준 마련시 곤란한 점으로 작용할 수 있다.

그리고 국가에 의한 각종 지원제도, 가령 고용보험법에 근거하는 각종 지원제도(조성금제도등)가 국제자유무역상 불공정한(unfair) 경쟁조건으로 비난될 수 있다는 세부문제들에 봉착하게 될 우려가 있다. 이 점은 동북아 권역 내만이 아니라 한·중·일 각국이 다른 국가들과 자유무역협정 체결을 시도할 때 노동사회보장기준과 관련하여 공통적으로 지적될 수 있는 문제들이다.[114)]

아울러 각국에서 실제로 행해지는 장시간근로의 현실이나 열악한 산업안전기준이 불공정한 무역기준의 하나로 지적될 우려도 있다. 그 표준적인 기준을 마련하는 작업이 선행되어야 할 필요가 있다.

(3) 외국인근로자의 법적 지위

우리나라에서 외국인 인력을 활용하는 제도로는 전문·기술인력취업제도[115)]

114) 가령 고용보험법상의 지원조치등이 사회복지국가 헌법이념상 정당화되지 않는 헌법구조를 지니는 국가들과의 자유무역협정의 경우 등에 문제될 수 있다.

115) 이는 출입국관리법상 교수·회화지도·연구·기술지도·전문직업·예술흥행·특정활동의 체류자격을 지니는 인력의 취업과 관련되는 제도이다.

와 서비스분야 취업관리제,[116] 산업연수생제도[117]가 존재하는데, 특히 산업연수생제도 하에서 근무하는 외국인근로자들의 근로조건 · 사회보장제도 적용과 관련하여 문제들이 발생하여 2004년 8월 고용허가제가 실시되기에 이르렀다.

고용허가제는 외국인력정책위원회에서 매년 국내인력 수급동향과 관련하여 적정 외국인근로자 도입규모와 업종을 결정하고 송출국가를 선정하여 외국인근로자를 선정 · 도입하는 제도로, 외국인근로자는 3년으로 설정하여 1년마다 갱신되는 취업기간 하에 표준근로계약서를 작성하여 근무하게 되며 사업체의 휴·폐업등 불가피한 경우 3회에 한하여 다른 사업장으로의 변경이 허용되고, 이 제도하의 외국인근로자에 대해서는 내국인과 동등하게 노동관계법을 적용하여 산재보험 · 최저임금 · 노동3권 등 기본적인 권익이 보장되게 된다.

외국인근로자에 대한 법적 취급에 대해서는 우선 균등대우의 원칙이 문제로 될 수 있는바, 앞서 살펴 본 UN의 사회권규약 · 이주근로자 권리협약과 국제노동기구(ILO) 제97호 협약 및 제143호 협약을 참조하여 가능한 한도의 균등대우 원칙이 정립될 필요가 있을 것이다. 사업장 이동의 자유와 관련해서는 ILO 제143호 협약을 참조하여 합법적 거주 2년 이상이 되는 경우 이동의 자유가 제한되지 않도록 제도가 정비되어야 하는데, 고용허가제의 경우 이에 관한 정함이 마련되어 종전보다는 전향적이기는 하지만 향후 보완책이 강구될 필요가 있다.

노동3권의 경우 UN의 자유권규약 · 사회권규약 · 이주근로자 권리협약과 ILO 제97호 협약 및 제143호 협약을 참조하면 노조활동 전반이 보호된다고 해석된다. 외국인근로자가 가족결합을 요청할 수 있는 권리에 대해서는 ILO에서도 1975년에 이르러서야 이주근로자 보충협약(제143호)에서 합법적인 자격이 있는 근로자의 경우 직계가족과의 재결합을 위해 회원국이 필요한 조치를 취하도록 요구하고 있다. 그렇지만 이 규정을 근거로 외국인근로자가 가족 결합을 요구할 수 있는 권리가 있다고는 해석되고 있지 아니한데,[118] 동협약에 따른 제151호 권고(1975년)가 규정하는 바와 같이 일정한 경우[119] 일시귀국을 통한 가족방문을

116) 이는 서비스분야의 인력부족을 해소하고 외국국적 동포의 국내취업 욕구를 충족시키기 위해 서비스분야의 외국국적동포를 대상으로 일정기간 국내취업활동을 허용하는 제도이다.

117) 이는 제조업 · 건설업 등의 분야에서 연수 1년 후 소정의 기술자격시험에 합격하거나 연수취업교육을 이수하는 경우 2년간 근로자로서 취업할 수 있도록 허용하는 제도이다.

118) International Labour Office, *The Rights of Migrant Workers,* Geneva, 1988, 8면.

119) 이에서는 1년간 고용된 외국인근로자는 가족과 동거할 수 없더라도 연차유급휴가 기간 중에 본국에 있는 가족을 방문하거나 방문받을 수 있다고 정하고 있다.

인정하는 방안을 고려할 수 있을 것이다.[120] 불법체류 외국인근로자 관련방안에 대해서는, 기왕의 근로에 대한 보호책을 강구하도록 한 ILO 제143호 협약 제 9 조의 내용을 참조할 수 있을 것이다.

중국에서는 경제단계상 외국인근로자를 송출하는 단계인 이유로 외국인근로자에 대한 별도의 논의가 보이지 아니하며, 일본의 경우 전문적 · 기술적 분야의 외국인근로자에 대해서는 일본 경제의 활성화와 국제화를 촉진하기 위해 적극적으로 받아들이는 반면, 단순근로자의 수입에 대해서는 일본 경제사회 및 국민생활에 많은 부정적인 영향을 미칠 것을 우려하여 매우 신중한 자세를 견지해 왔다.

그 예로 1990년까지 민간차원에서는 해외투자기업만 외국인연수생을 들여올 수 있었는데, 1990년 「출입국관리 및 난민인정법」이 대폭 개정되어 해외투자기업이 아닌 중소기업도 외국인을 연수시킬 수 있는 요건을 갖추면 외국인 연수생을 도입할 수 있게 되었다. 최근에는 연수생제도를 고용허가제도로 전환하는 것에 대하여 학계를 중심으로 연구가 진행되고 있는데,[121] 그 방안으로는 위의 국제적 기준과 우리나라 제도상의 논의를 참조할 수 있을 것이다.

120) 최홍엽, 앞의 책, 130면 참조.
121) 유길상 · 이정혜 · 이규용, 「외국인력제도의 국제비교」, 한국노동연구원, 2004, 211면 참조.

부 록

서울대학교 노동법연구회 창립 이야기

박 상 훈*

1. 머 리 말

김유성 선생님의 정년을 맞이하여 선생님께서 심혈을 기울이셨던 서울대학교 노동법연구회에 관하여 생각해 본다. 서울대학교 노동법연구회는 1988년 5월에 선생님의 주도 아래 창립되어 18년이 넘었고 앞으로 1년 남짓 지나면 스무 살의 성년이 된다. 선생님께서 안 계셨으면 연구회는 탄생할 수도 없었고 유지될 수도 없었지만, 연구회가 없었으면 선생님의 학문세계도 지금과는 많이 달라졌을 것이다. 어찌 보면 연구회는 곧 선생님이요, 선생님은 곧 연구회라고 말할 수도 있다.

다른 존재와 마찬가지로 연구회도 역사적 존재이다. 연구회는 현재 매우 확고한 존재로 보이지만 1988년 5월 이전만 하더라도 존재하지 않았다. 연구회는 창립된 지 약 3년 만인 1991년 5월에 '노동법연구'를 창간한 후 2006년까지 20권의 책을 편찬하였고, '노동법연구'는 내년에 학술진흥재단의 등재지로 승격될 것이 예상된다. 1991년 이후 연구회의 역사는 '노동법연구'를 통해서 어느 정도 기록되어 있는 셈이다. '노동법연구회'에는 어느 주제를 누가 언제 발제하고 그 중 어느 논문이 실렸으며 누가 어떤 내용의 토론을 하고 월례세미나 이외에 어떤 활동이 이루어졌는지에 관한 부분이 생략되어 있기는 하지만, 대략 발간 전 6개월 또는 1년 동안 어떤 주제에 관하여 월례세미나를 해 왔는지를 짐작할 수 있다.

하지만, 1988. 5. 연구회 창립부터 1991. 5. '노동법연구'의 발간까지 3년의 기간과 연구회 창립 당시의 상황에 관한 기록은 거의 남아있지 않다. 더욱이 연

---

* 서울행정법원 부장판사.

구회 창립전사(創立前史)에 관해서는 기록이 거의 없을 뿐만 아니라 창립회원들의 기억도 희미해져 간다. 여기에서는 기억의 저편으로 사라져 가는 연구회 창립비사(創立秘史)를 정리해 보기로 한다.

2. 산장(山莊)의 창립총회(創立總會)

연구회는 1988. 5. 27. 창립되었다. 당시 기록을 맡았던 강성태 회원(한양대 교수)의 기록을 토대로 창립총회의 과정을 회고해 본다.

창립총회는 창립일 하루 전인 5. 26.부터 1박 2일에 걸쳐 도봉산 그린파크 산장에서 열렸다. 당시에는 선생님을 포함하여 자가용 승용차를 가진 회원이 거의 없어서 전철과 버스를 이용하여 산장으로 모였다. 이 날의 저녁식사는 강성태 회원이 생생하게 기억하고 있는 것처럼 그야말로 포식의 자리였다. 당시 변변한 소득원이 없었던 대부분의 회원은 김유성 선생님과 이철수 회원이 준비한 엄청난 양의 양념 불고기로 오랜만에 충분한 영양보충을 했다.

저녁식사 후 창립총회는 회칙제정, 임원선출, 각 부서의 임무와 부원확정 등의 순서로 진행되었다. MT의 기분을 가진 많은 회원은 빨리 창립총회를 끝내고 걸쭉한 뒤풀이를 기대하고 있었지만 창립총회는 초반부터 난관에 부딪혔다. 다름 아닌 연구회의 명칭 때문이었다. 창립총회가 시작된 것이 5. 26. 19 : 30경이고 끝난 것이 5. 27. 03 : 00경인데, 제 1 조(이름)에 관한 논의가 끝난 것이 5. 27. 01 : 00경이고 보면 총회시간의 대부분을 명칭에 할애했다고 해도 과언이 아니다.

미리 준비한 연구회 회칙안에는 지금과 같이 '서울대학교 노동법연구회'로 되어 있었다. 이 명칭에 대해서는 다양한 이유의 반대가 있었다. 가장 큰 이유는 명칭이 주는 인적 범위의 협소성과 배타성이었다. 다른 이유로는 연구회의 지향이나 목적을 살릴 수 있는 명칭이 더욱 타당하지 않겠느냐는 것이었다. 여러 대안이 제시되었는데, 대표적인 것들만 꼽아본다면 한국노동법연구회, 현대노동법연구회, 우리노동법연구회, 우리사회노동법연구회, 노동자를 위한 노동법연구회 등이 있었다. 연구회 명칭을 둘러싼 논의가 길어지자 21 : 00경에는 회원들이 약간의 음주를 하면서 논의를 계속하였다. 시간이 갈수록 논의는 더욱 격렬해져서 대안으로 제시된 명칭들에 대한 찬반양론이 끊이지 않았다.

연구회 명칭을 둘러싼 논의는 드디어 5.26. 자정을 넘기고 말았다. 그 후 김유성 선생님과 이홍재 교수님(서울대)의 적극적인 중재로 연구회의 명칭을 '서울대학교 노동법연구회'로 하되 이후 연구회의 활동상황에 비추어 더욱 좋은 명칭이 있으면 바꾸기로 하였다. 연구회 명칭을 현재와 같이 정한 가장 큰 이유를 강성태 회원은 "대안으로 제시된 명칭들이 당시 연구회 상황이나 수준을 고려할 때 현실성과 담백성이 없었기 때문"이었다고 분석하였다. 한국노동법연구회 등의 명칭은 연구회 현실에 비추어 이름이 너무 컸고, '노동자를 위한 노동법 연구회' 등은 지향성이 명확하기는 하나 반대로 그 지향이 너무 명백하여 '담백성'이 없었던 것이다. 그리고 이 명칭이 주는 배타성과 관련하여 연구회 모태가 된 모임이 시작된 기원과 주된 모임장소 등이 서울대학교인 점을 고려하여 정해진 것이지, 결코 회원의 자격을 서울대학교 출신자로 한정하려는 취지가 아니라는 점에 모두 동의하였다. 실제로 창립회원 중에는 서울대학교 출신이 아닌 이재명 회원(중앙대)이 포함되었고, 그 후 열심히 활동하는 회원들 중에도 이승길 회원(성균관대), 문무기 회원(한양대), 고태관 회원(경찰대), 강현주 회원(이화여대)을 비롯하여 최근 구민경 회원(고려대) 등까지 비서울대 출신이 많다.

연구회 명칭이 정해지자 나머지는 비교적 순조롭게 진행되었다. 이렇게 하여 5장 15조로 이루어진 회칙이 제정되었다. 제2조의 목적을 보면 "노동법, 노동판례 및 관련분야의 연구와 발표를 통하여 회원의 학문적 기초를" 다지는 일 외에 "이를 노동현실에 적극 활용함으로써 우리나라의 전반적인 노동문제 해결에 기여함"을 목적으로 하고 있다. 그 동안 학문적 기초를 다지는 일은 상당히 진전되었으나 노동문제 해결에 이바지하는 일은 어느 정도 이루어졌는지 모르겠다. 제11조에서는 모임의 부서로 기획부, 자료조사부, 편집출판부 및 총무부를 둔다고 한 점이 눈에 띈다. 당시 회원과 부서의 관계에 관해서는 정해진 부서란 주로 활동하는 부분으로 회원들은 모두 여러 개의 부서에서 중첩활동을 할 수 있고, 회원의 여건에 따라 부서를 바꿀 수 있도록 하였다. 편집출판부는 현재 편집위원회의 형태로 운영되고 있고, 총무부라는 명칭은 따로 사용하지 않고 있으나 간사와 회계가 그 역할을 하고 있으며, 기획부는 따로 두지 않고 그 역할을 회장단에서 하고 있다. 자료조사부는 유명무실한 상태이고 자료조사는 모든 회원의 임무가 되어 있다. 그리고 제12조에서는 번역작업 등을 맡기기 위해서 특별위원회를 둘 수 있다고 하였으나 실제로 활용된 일은 없다. 제15조(부칙)에서는 효력발생일을 1988. 6. 1.로 규정하였다.

창립회원은 김유성, 이흥재, 이원희, 이홍국, 고호성, 김인재, 오문완, 이철수, 김선수, 문병호, 정재성, 박상훈, 김홍준, 이오영, 김인만, 정진경, 조원철, 박주현, 이정한, 김재완, 이재명, 차지훈, 강성태, 최홍엽, 문형배, 김성식(무순, 존칭 생략) 등 26명이었다. 임원으로는 회장에 김유성 선생님, 부회장에 이흥재 교수, 감사에 김선수 변호사가 선임되었다. 각 부서를 보면 기획부에 이흥재(간사), 김선수, 박상훈, 차지훈, 자료조사부에 이원희(간사), 문병호, 문형배, 이재명, 편집출판부에 김인재(간사), 조원철, 이오영, 정진경, 총무부에 이철수, 강성태 회원(무순, 존칭 생략)이 소속되었다. 운영위원회는 김유성, 이흥재, 이원희, 이철수, 김인재, 김선수 회원(무순, 존칭 생략)으로 구성되었다.

강성태 회원은 창립총회를 회고하면서 “창립정신을 새로이 돌아봄으로써 앞으로 우리 연구회가 활동하면서 잘 될 때에는 더욱 정진하고 겸손할 수 있는 계기로, 어려울 때에는 다시금 힘을 모을 수 있는 계기로 삼자. (…) 연구회가 발전할수록 우리 사회에서 연구회의 책임은 더욱 커진다. 창립일 당시 그토록 치열하게 전개되었던 토론들도 지금 생각하면 연구회의 사회적 책임의 범위와 정도에 관한 고민의 발로가 아니었나 생각한다. 우리 연구회의 발전이 그대로 우리나라 법학계와 법조, 나아가 일반 사회의 발전으로 이어지기를 기원한다”라는 바람을 나타냈다.

3. 창립총회 전사(前史)

(1) 등산모임(1987년): 창립 1년 전

전두환 정권의 폭압통치는 1987년의 6월 항쟁을 통해 다소 누그러졌지만 1988년의 연구회 창립 당시에는 아직 노동법의 “노(勞)”자만 나와도 불온시하던 분위기가 남아 있었다. 무엇보다도 회원이 될 사람들의 끈끈한 유대와 신뢰가 중요했다. 지하써클에서 가졌던 동지의식 같은 것도 필요했다. 그래서 김유성 선생님은 바로 연구회를 창립하지 않고 1년 동안 등산모임을 통해 유대를 다지는 기간을 설정하셨다. 회원이 될 사람들은 주로 대학원에서 선생님의 노동법 강의를 듣는 제자들이 많았고, 뒤에서 소개할 A팀과 B팀의 실무가들도 있었다.

선생님은 학부 때부터 노동법 강의를 듣는 학생들에게 한 학기 강의를 마친 후 뒤풀이를 베풀어 주셨다. 밥과 고기와 술을 사 주시면서 담배를 피우고 싶은 사람은 피우라고 하셨던 기억이 난다. 1982년에는 대학원에서 노동법을 전공하는 사람들이 많아졌다. 그 이전까지는 매년 대학원의 노동법 전공자가 1, 2명 정도에 불과했는데, 1982년에는 학부 78학번들을 중심으로 7, 8명의 노동법 전공자가 입학하고 1983년에도 4명이 가세하였다. 대학원 82학번 중 이홍재 교수(서울대), 고호성 교수(제주대), 김인재 교수(상지대), 오문완 교수(울산대), 이철수 교수(서울대), 대학원 83학번 중 이현주 변호사, 정재성 변호사, 조경배 교수(순천향대), 최영훈 국제부장(동아일보) 등이 나중에 회원으로 가입하였고, 그 중 여러분이 등산모임에 참여하셨다. 이원희 교수(아주대)도 등산모임에 참여하셨다. 등산모임은 매월 한 번씩 토요일에 모여서 서울 근교의 관악산, 북한산, 도봉산을 올랐고, 북한산은 다양한 코스를 두루 이용하였다. 등산을 마치면 빠지지 않고 하산주를 마시면서 시국에 관한 이야기 등을 나누었다.

(2) A팀의 결성(1984년~1986년): 창립 4년 전

1984년 12월 종로의 어느 다방에 더벅머리 총각 다섯 명이 마주앉았다. 대학원 그룹 중 이철수, 김인재, 최영훈 선배, 연수원 그룹(16기) 중 이오영 변호사와 필자였다. 모두 학부에서 김유성 선생님의 강의를 들었던 제자들이다. 다섯 명의 청년들은 의기투합하여 노동법 연구모임을 만들기로 하였다. 당시 전두환 정권의 폭압통치가 극에 이르러 모임 자체에 관하여 극도의 보안을 유지하였다. 종로의 그 다방에서도 목소리를 죽여가면서 서로의 의사를 확인하였고, 이야기 도중에 다방 종업원이 다가오면 말을 멈추거나 화제를 돌리곤 했다. 대학원 그룹과 연수원 그룹에 모두 속한 정재성 변호사가 양쪽의 연결고리 역할을 했는데, 정작 본인은 당시에 부산에 머물면서 참석을 못하였다.

A팀의 소모임은 1985년 봄부터 한 달에 2, 3번씩 모여서 세계 각국의 노동운동사를 공부하였다. 영국 노동운동사(상, 하), 독일 노동운동사, 프랑스 노동운동사, 미국 노동운동 비사(秘史), 중국 노동운동사, 일본 노동운동사를 섭렵한 후 한국 노동운동사(상, 하)를 공부하였다. 장소는 필자의 집을 이용하다가 나중에는 이홍재 교수의 방통대 연구실과 박석운 선배(노동정책연구소장)가 일하시던 조영래 변호사의 사무실도 이용하였다. 노동운동사 공부를 마친 후 1985년 6월경부터는 일본의 노동법사전(勞動法事典)을 강독하였다. 이 책에는 국내

노동법 교과서에 나오는 것보다 상세한 내용이 들어 있었고 무엇보다 전체에 흐르는 진보적 시각이 청년학도들의 지적 호기심을 자극하였다. 이 책은 약 1,280쪽으로 한 페이지가 상하로 나뉘어 있어서 다른 교과서 분량으로 치면 2,000쪽이 넘을 정도이다. 노동법과 노동운동, 개별적 노동관계, 집단적 노동관계, 실업과 고용보장 등의 내용이 들어있었다. 2주에 한 번씩 모여서 각자 맡은 부분을 강독하는 식으로 진행하였다. 이 책의 내용 중 집단적 노사관계법은 그 후 "김유성 감수, 이철수 편역, 노동법사전(勞動法事典), 법문출판사, 1990년"으로 편역되었다.

1986년에는 A팀의 멤버가 보강되었다. 사법연수원 17기 중 김선수 변호사, 김홍준 부장판사, 김인만 변호사, 이정한 변호사, 정진경 부장판사 등이 합류하였다. 17기 중에서 박주현 변호사(전 청와대 국민참여수석)은 조금 늦게 들어왔다. 17기 그룹은 기존 멤버들과 노동법사전의 강독을 하면서 따로 이철수 선배와 함께 각국 노동운동사와 노동법사전의 앞부분을 공부하였다. 김선수 변호사는 당시 모임에 참여하게 된 계기를 다음과 같이 회고하였다.

"제가 변호사의 길을 선택했을 때 염두에 둔 것은 우리 사회에서 억눌리고 소외되고 가난한 계층의 입장을 대변해 주고 그들의 권리의 쟁취를 위해 온몸을 바쳐 정열적으로 활동하는 변호사상이었다. (…) 학생운동이나 노동운동 또는 기타 변혁운동의 장에서 활동하고 있는 동료들에 대하여 미안한 마음과 죄의식을 남몰래 숨기고 공부를 하였다. (…) 인류사회는 노동의 산물을 향유하는 것에 의하여 동물의 세계와 다르고, 그러한 의미에서 노동자 계층은 인류역사의 주체이자 우리 사회의 원동력이라고 할 수 있다. (…) 역사는 노동하는 사람들이 그 노동에 상응한 대우를 받을 수 있는 방향으로 발전되어야 한다. (…) 법조인은 그 전문적인 법률지식을 노동자들을 위해 사용해야 한다. 그래서 저는 노동법을 전문적으로 공부하기로 했다. (…) 노동법은 이중적 성격을 가질 수밖에 없다. 즉, 한편으로는 노동자를 보호하는 성격을 갖지만, 다른 한편으로는 자본주의를 유지하는 기능을 수행한다. (…) 우리는 사법연수원에서 공개적으로 공부를 하지는 못했고 비공식적으로 대학강의실이나 우리 구성원의 집에서 매주 1회 모임을 갖고 공부를 하였다. 주로 김홍준 회원의 봉천동 집에 모여서 공부를 하였다. (…) 저는 외부에 저를 소개할 때 김유성 학파의 일개 소총수라고 소개를 하곤 한다. 우리 연구회가 진보적인 노동법학파로서 성장하기를 바라면서 조그만 힘이라도 기여할 수 있다면 연구회의 일원인 것을 자랑스럽게 생각한다."

(3) B팀의 결성(1987년)

1987년 말경 노동법 연구모임 B팀이 결성되었다. 당시 A팀은 이미 3년 또는 2년 가까이 공부를 마친 상태였기 때문에 새로운 멤버들은 별개의 팀으로 운영하기로 하였다. B팀은 주로 사법연수원 18기들로 구성되었다. 문병호 변호사(국회의원), 김진국 변호사(청와대 법무비서관), 조원철 부장판사, 최원식 변호사, 문형배 부장판사, 김성식 변호사, 차지훈 변호사 등이다. 여기에 강성태 교수(한양대)도 B팀에 참여하였다. B팀은 이철수 교수와 함께 노동운동사를 공부하고 노동법사전을 강독하였다. A팀과는 1년에 한두 번씩 마련된 술자리나 체육대회를 통해 만났다. 사법연수원 18기 회원들은 사법연수원에 노동법학회를 창립한 후 주로 거기에 주력하면서 연구회 모임에는 자주 나오지 않게 되었다.

4. '노동법연구'의 탄생(1991. 5. 30): 창립 3년 후

1988. 5. 27. 연구회가 창립된 후 매월 셋째 토요일에 방배연구실이나 서울대학교 법과대학 15동에 모여서 하나의 연구논문이나 판례평석을 발표하다가 점차 연구논문 1편, 판례평석 1편을 발표하는 방식으로 정립되어 갔다. 매년 1월의 신년회와 7월 또는 8월의 휴가기간을 제외하고 1년에 10회 월례세미나를 개최하였다. 토론방식은 김유성 선생님이 고정사회를 보시면서 지정토론자를 따로 두지 않고 난상토론을 하는 방식이었다. 난상토론에서는 의견과 의견이 불꽃을 튀기면서 부딪칠 때 이따금 진리의 섬광이 번득였다. 참석 회원수는 대략 15명에서 20명 정도였다. 1988년에는 김재훈 교수(서강대)가 가입하였다. 정인섭 교수(숭실대)와 최홍엽 교수(조선대)가 가입한 것도 그 무렵이다. 1990년에 조용만 교수(건국대)와 이승욱 교수(이화여대)가 가입하였고, 최윤희 교수(건국대)와 최일숙 변호사가 가입한 것도 그 무렵으로 기억한다. 조휴옥 판사, 이홍구 판사와 고 박성수 변호사도 그 무렵에 가입하였다. 필자가 보관하고 있는 세미나 소식지 중 가장 오래된 것은 1990년 5월의 소식지인데 참석자 중 신장수 회원은 필자가 잘 모르는 분이다. 김홍영 교수(충남대)는 그 무렵에 조금씩 관여하다가 1993년 경에 정식으로 가입하였다.

1991. 5. 30. 드디어 '노동법연구' 제 1 호가 탄생하였다. 1990년부터 1991년 사이에 발표된 논문들을 수록하였다. 당시 연구회 간사를 맡았던 강성태 회원의 회고를 들어본다.

"1990년은 노동법연구 창간호를 내기 위한 준비작업이 시작된 해였다. (…) 창간호 준비는 게재할 글들을 모으는 작업, 출판사를 알아보는 작업, 필요비용을 마련하는 작업 등 여러 각도에서 이루어졌다. 이들 작업의 실무는 김유성 교수님과 이홍재 교수님이 주도하시고 학교에 있는 회원들이 보좌하였다. 게재할 글은 연구회 정례세미나에서 발표된 논문과 판례평석을 위주로 하고 거기에 판례요지모음을 더하기로 결정되었다. (…) 글을 모으다 보니 쟁의행위에 관련된 글들이 상당히 많았는데, 그것은 아마도 1987년 이후 우리나라에서도 쟁의행위가 산업사회의 일상적인 모습으로 자리 잡아 가고 있음에 비해 당시로서는 그에 관한 연구가 별로 축적되어 있지 않았던 상황 때문이 아니었나 생각한다. (…) 어려운 여건 속에서 노동법연구의 창간호에서 3호까지를 도서출판 까치에서 맡아 주었던 데에는 이홍재 교수님과 까치의 대표였던 박종만 사장님의 개인적 연분이 작용했다고 생각한다. 박종만 사장님은 교정작업에서 출판에 이르기까지 전 과정에 직접 참여하셨는데, 특히 교정작업에서 박사장님의 주문은 완벽주의 그 자체였다. 지금까지도 기본체제가 그대로 유지되고 있는 노동법연구의 식자와 표지형식, 한글 쓰기 등은 전적으로 박사장님의 덕분이다. (…) 책이 나오자 김유성 교수님과 이홍재 교수님은 책의 홍보에 관하여 논의하였고, 직접 중앙 일간지 등에 홍보부탁 편지를 쓰기도 하였다." 홍보편지에는 노동법연구가 전문적인 이론연구지이기 때문에 촌각을 다투어 홍보해야 할 필요는 없고 도리어 차분하고 체계적인 홍보가 필요하므로 되도록이면 중점적으로 출판물을 홍보하는 날에 해 주십사는 내용도 담았다.

5. 마 무 리

1991년 이후 연구회의 역사는 '노동법연구'를 통해서 어느 정도 기록되어 있는 셈이므로 여기에서는 생략하기로 한다.

연구회의 창립비사를 정리하면서 찾아낸 흐름을 보면, 김유성 선생님께서는 서울법대에 재직하시는 동안 석사과정과 박사과정을 거친 학계의 제자들과 사법시험에 합격한 실무계의 제자들이라는 두 줄기의 물줄기를 내보내셨다. 두 줄기는 1988년에 하나의 강을 이루는데 그것이 바로 우리 연구회이다. 처음에 소규모로 시작한 한 줄기의 강은 서서히 그 폭을 넓혀갔고 이제는 큰 강이 되어 도도한 흐름을 형성하였다. 연구회의 강물에서 또 하나의 작은 강이 흘러나갔다. 바로 사법연수원 노동법학회이다. 연수원 학회는 때로 독자적인 흐름을 형성하곤 했으나 그 뿌리가 우리 연구회에 있음은 앞에서 본 것처럼 분명하다. 사법연수원 18기에서 시작하여 현재 37기에 이르기까지 20기에 걸쳐 매년 30명씩 약 600명의 연수원 노동법학회 회원들 중 상당수는 자신들의 뿌리가 우리 연구회에 있다는 것을 모르고 있으나, 모르면 또 어떠랴. 연수원 노동법학회 회원들 중 많은 사람이 우리 연구회에 가입하여 활동하고 있다.

끝으로 김유성 선생님께서 연구회와 더불어 빛나는 업적을 남기면서 정년퇴임을 맞이하신 것을 축하하고, 선생님께서 정년 이후에도 중앙노동위원회 위원장으로서 활발한 활동을 하시면서 연구회의 회장직을 계속 맡아주시는 점에 대하여 감사의 말씀을 올린다.

金裕盛教授 停年紀念論文集

勞動法의 存在와 當爲

2006年 11月 10日 初版印刷
2006年 11月 17日 初版發行

編 者 金 裕 盛 敎 授 停年紀念論文集 刊行委員會

發行人 安 鍾 萬

發行處 博 英 社
서울特別市 鍾路區 平洞 13-31番地
電話 (733)6771 FAX (736)4818
登錄 1952.11.18. 제 1-171 호(倫)

www.pakyoungsa.co.kr e-mail: pys@pakyoungsa.co.kr

定 價 40,000원 ISBN 89-10-51406-X